牛鴻恩 注譯

新譯逸周書（下）

三民書局 印行

國家圖書館出版品預行編目資料

新譯逸周書/牛鴻恩注譯.——初版一刷.——臺北市: 三民, 2015
冊; 公分.——(古籍今注新譯叢書)

ISBN 978-957-14-6019-2 (一套: 平裝)

1. 逸周書 2. 注釋

621.51 104007278

© 新譯逸周書(下)

注譯者 牛鴻恩
責任編輯 劉培育
美術設計 蕭伊寂

發行人 劉振強
著作財產權人 三民書局股份有限公司
發行所 三民書局股份有限公司
地址 臺北市復興北路386號
電話 (02)25006600
郵撥帳號 0009998-5
門市部 (復北店) 臺北市復興北路386號
(重南店) 臺北市重慶南路一段61號

出版日期 初版一刷 2015年5月
編號 S 033410
上下冊不分售
行政院新聞局登記證局版臺業字第〇二〇〇號

ISBN 978-957-14-6019-2 (一套:平裝)

http://www.sanmin.com.tw 三民網路書店

新譯逸周書 目次

下冊

卷六

卷七

卷八

卷九

卷十

附錄

卷六

周月第五十一

【題解】潘振曰：「『周月』者，周正朔之月也。」陳逢衡曰：「『周月』從周正，故以『惟一月既南至』起篇。」《周書・序》曰：「周公正三統之義，作〈周月〉。」陳逢衡曰：「以中氣定十二月，較唐堯以閏月定四時又加密矣。」〈序〉以為周公作〈周月〉，是不對的，本文實作於戰國、秦漢間。

惟一月既南至❶，昏，昴畢見❷，日短極，基踐長❸，微陽動于黃泉，陰降慘于萬物❹。是月斗柄建子，始昏北指❺，陽氣虧，草木萌蕩❻。日月俱起于牽牛之初，右回而行，月周天進一次而與日合宿❼，日行月一次十有二次而周天，歷舍于十有二辰，終則復始，是謂日月權輿❽。周正歲首，數起于時一而成于十，次一為首，其義則然❾。

【章旨】冬至是陰陽的轉折點，是日月運行的新起始，故周曆以冬至之月為一月（正月）。

【注釋】❶惟一月既南至　周曆正月，當夏曆十一月，通常是冬至日所在之月（如紫金山天文臺《新編萬年曆》西元一八四〇～二〇五〇年間，除二〇三三年冬至在十月三十日以外，其餘均在十一月）。既，已經。南至，太陽行經黃道上最南的一點即冬至點，這一天北半球白天最短，夜間最長，古籍稱為「日南至」或「日短」、「日短至」，即二十四節氣的冬至。陳逢衡曰：「南至，冬至也。《孝經說》：『斗指子為冬至。』至，有三義，一者陰極之至，二者陽氣始生，三者日行南至。」❷昏二句　有兩種理解：陳逢衡曰：「畢，盡也。〈堯典〉之『日短星昴』，乃昴宿之初見。此云『畢見』，乃昴宿所占之分盡見也，非畢宿也。」是說黃昏時盡見昴宿。而朱右曾以昴、畢均為二十八宿中的兩宿，曰：「古曆冬至中星去日八十二度，日在牽牛初，則奎十度為中星，自奎十一度至畢十六度，凡五十九度，故昴、畢見極。」是說，黃昏時天空中可以見到昴宿和畢宿。劉起釪〈堯典〉「日短星昴」注曰：「昴，即冬天夜間看到天空有一簇不太顯明的密集星團，肉眼能看到六顆或七顆。竺可楨〈論以歲差定堯典四仲中星之年代〉說，昴星能作為仲冬中星，確是傳說中的唐堯時代即西元前二三〇〇年以前的現象。西方天文學者湛約翰、俾奧也發覺唯昴是堯時冬至所見星。昴居二十八宿『西方白虎』奎、婁、胃、昴、畢、觜、參七宿的中間。劉朝陽引俾奧、飯島以冬至中星為金牛座η（昴六），宋君榮以為金牛η及ε（昴六、畢一），橋本、新城、墨特霍斯特、約翰威廉及能田以為昴星團，竺氏以為昴一，趙元任《中西星名圖考》同之。顯以昴星團為定論。今陽曆一月黃昏在南方天空中可見到。」又說〈堯典〉「所舉鳥、火、虛、昴四星分別為古時春分、夏至、秋分、冬至的標準星。……所謂『中星』，是傍晚在南方天空正中的星。」（《尚書校釋譯論》第五五、四〇頁）劉起釪所引諸人多以〈堯典〉為四、五千年以前的真實記事，可能不可信。劉所作結論，主要依據天文學家劉朝陽對於〈堯典〉天文記事及〈堯典〉寫成年代的考證。劉朝陽《從天文曆法推測〈堯典〉之編成年代》曰：「〈堯典〉編成之時限，最大之範圍為自殷代至春秋中頃，最小之範圍為自西元前七七六～前六〇〇年。」劉起釪並進一步論證：「〈堯典〉原篇之編定當出孔子手。」（同上第三八一、三八二頁）陳遵嬀《中國天文學史》認為，〈堯典〉所記以四仲中星確定四季，「由於殷代只有春秋兩季，還沒有夏冬兩季，則這個記載（指〈堯典〉）所反映的天文知識，顯然不可能是殷代，更不可能是唐堯時代，它大概就是周代春秋以前的天文學成就。」（陳《史》第一四〇頁）如此說來，則〈周月〉與〈堯典〉的時代相差不遠，劉朝陽等人以為只看見昴六或昴星團之說，或可適用於本篇，與陳逢衡意見一致（只有宋君榮與朱說一致）。今取陳說。❸基踐長　劉師培曰：「《玉海》九引『基』作『其』，注云：『一作「基」。』」陳逢衡：「晷影極長也。」朱右曾曰：「基，始。踐，履也。冬至日出辰入申，陽照三不覆九，故極短。短即長之始也。」《漢書・律曆志》：「日南至，極于牽牛之初，日中之時，景（影）最長，以此知其南至也。」《周禮・大司徒》：

「日至之景尺有五寸。」鴻恩按，朱釋「基踐」，恐不切文意，今從陳說。然「基踐」何以釋為晷影陳無說。《玉海》「基」字作「其」，應是，「其」代指上句之「日」。踐，通「𢓜」。《說文》：「𢓜，跡也。」跡即行跡、印痕，故陳釋為日晷之影。❹微陽動于黃泉二句　朱右曾曰：「陽伏泉下，故泉動而溫。陰氣盛于地上，故物慘而死。慘，寒氣慘烈也。」黃泉，地底。《史記・律書》：「日冬至，則一陰下藏，一陽上舒。」鴻恩按，冬至日微陽動，是物極則必反之義；陰降慘，是指冬至之後寒冷加劇，節氣為小寒、大寒，冬至日開始數九，而「冷在三九」，則是從實際、經驗而言。❺是月斗柄建子二句　陳逢衡曰：「古人定時建月多用斗杓，故云斗柄建子。《鶡冠子・環流》曰：『斗柄北指，天下皆冬。』」斗柄，北斗七星，排列於北天，其第一至第四星像斗（杓）形，第五至第七星即玉衡、開陽、搖光像斗柄。古人依照斗柄方向分辨四季，《鶡冠子》除上引說冬以外，還說「斗柄東指，天下皆春；斗柄南指，天下皆夏；斗柄西指，天下皆秋」。建子，北斗星斗柄所指曰建。斗柄每月移指一個方位，周而復始。因為依照北斗定季節，從東向西分為子、丑、寅、卯、辰、巳、午、未、申、酉、戌、亥十二等分，此即所謂「十二辰」，周曆一月（夏曆十一月）叫建子之月，二月叫建丑之月等等。❻陽氣肇虧二句　原無「肇」字，孫詒讓曰：「《玉燭寶典》引，『虧』上有『肇』字，當據補。」鴻恩按，「虧」與「肇虧」意不同，今從補。陽氣肇虧，丁宗洛釋「虧」為「微」，「非虧損之謂也」。朱右曾釋為「少」。句意為開始有微少之陽氣。萌蕩，（即將）萌動；發芽。❼日月俱起于牽牛之初三句　「日月俱起于牽牛之初，右回而行，月周天進一次而與日合宿」，明章檗本「進一次」之「進」作「起」，孫詒讓曰：「以文義校之，疑『起』當為『超』，形近而誤。超與『超辰』之『超』義同，謂月行每月超一次而與日會也。沈彤改為『進』，義通而非其元文。」劉師培曰：「『之初』二字疑屬後儒所增，《天原發微》卷三上作『起于牽牛』，無『之初』二字。……魯僖公五年冬至日躔適在牽牛初度之初……〈周月解〉之作，蓋在武王既崩之後，下距魯僖五年約四百五十年〔依今人推算，不足四百年〕，則冬至日躔當在牽牛七八度之間，故云『日月起于牽牛』。後儒據《漢・志》諸書增『之初』二字，實則彼書所據均春秋時天象，與周初天象不符。《周髀算經》言『冬至日在牽牛』，不言在初度（李籍《音義》亦僅言『冬至日在牽牛』），其證也（《御覽》三十七引《尸子》云『天左舒而起牽牛』，亦不言初度）。」朱右曾曰：「牽牛之初，星紀也。于辰（十二辰）為丑，日月起此而右轉入子。月行二十七日而周天，又二日九百四十分日之四百九十九而與日會，則進一次矣。〔鴻恩按，月行一周天為 29 又 499/940 日，即一朔望月，這裏說 27 加 2 又 499/940 日，27 是祖沖之發現的『交點月』，指月在自身繞地球運行一周的軌道和地球繞日運行一周的軌道的同一交點所經歷的時間，故不同於朔望月。〕」按，劉以本文寫於西周初，「武王既崩之後」，與本文所言曆法不合，此不待辨。但他指出，僖公五年即春秋中期，此時日適在牽牛初度之初，而陳遵嬀曰，據《漢書・律曆志》的記載推算，「即根據冬至點在星紀的中央，而它相當於二十八宿的牽牛初點及其中央大星牛宿一而推算的。據推算，牛宿一赤經〔指以赤經與赤緯兩個坐標表示天球上任一天體的位置〕恰為二百七十度的年代，是在西元前四三〇年；赤經每百年約有一度半的變動。」（《中國天文學史》第二八一頁）僖五（西元前六五五年）至西元前四三〇年不過二百二十五年，則赤經變動為三度餘，應是由劉說「初度之初」至〈律曆志〉「之初」的變動。然則「之初」二字應是〈周月〉作者據春秋戰國之際實測當時天象，並非後人誤加，故仍保留「之初」。起于牽牛，《史記・律書》曰：「氣始于冬至，周而復始。」陳遵嬀引徐圃臣曰：「周初之曆象，冬至日在女二度，武成〔偽古文《尚書・武成》曰武王滅商，祀于周廟，『大告武成』〕二年癸巳歲，天正正朔甲申，冬至甲午，合朔在冬至前十日，故曰日月皆起牽牛，牽牛初至女二度，恰為十度。」（《中國天文學史》第二三九頁）二說不同，未知孰是，可知者〈律書〉是從氣象的規律而言。右回而行，向西回轉而行。朱曰「于辰為丑……右轉入子」，就是說十二辰。《禮記・月令》孔穎達題疏：「諸星之轉，從東而西……星既左轉，日則右行。」右，指西方。連上句而言，說的又是天文學上的「十二次」，其名稱分別為星紀、玄枵、諏訾、降婁、大梁、實沈、鶉首、鶉火、鶉尾、壽星、大火、析木。歲星（木星）每十二年運行一周天，把周天自西向東的方向分為十二等分，即歲星每年所在的位置，同時用以說明日月和節氣的變換。每次都有二十八宿中的某些星宿作為標誌，如星紀有斗、牛二宿，玄枵有女、虛、危三宿等。上一句即是說冬至日處於牛宿的範圍。《史記・天官書》載稱攝提格之歲正月旦，歲星和斗、牽牛同出現於東方，叫做監德。單閼之歲歲星和女、虛、危同出現於東方，叫做降入。這樣把十二歲、十二月，歲星和二十八宿的關係，都給以名稱……就是說在戰國中期創立了十二次。」（陳遵嬀《中國天文學史》第二七九、二八一頁）歲星紀年法之十二次應用不方便，古人假想一個假歲星叫做「太歲」，讓它和真歲星「背道而馳」，所以是由東向西配以子、丑、寅、卯等十二支，即「太歲紀年法」，亦即十二辰。十二次和十二辰的對應關係如下（依王力《古代漢語》第八〇一頁）：

十二次（由西向東）	星紀	玄枵	諏訾	降婁	大梁	實沈	鶉首	鶉火	鶉尾	壽星	大火	析木
十二辰（由東向西）	丑	子	亥	戌	酉	申	未	午	巳	辰	卯	寅

「右回而行」，向西回轉，可知所說是指十二辰，十二辰的方向和「諸星」相反。月周天，指月繞行天球一周，天文學上以天

球大圓三百六十度為周天。月行一周天為 29.53059 日，日行天球一周為 365.242216 日（陳遵嬀《中國天文學史》第九九三頁）。《左傳》記載，春秋時代已經有了十九年置七閏的方法，可知一朔望月為 29 又 499/940 日 =29.53085 日強，一回歸年為 365 又 1/4 日 =365.25 日，自不如今日觀測、計算精密。）月每進一個位次（即一月），則與日會合，即所謂合朔，一般在夏曆每月初一。次、宿，《周禮・春官・大宗伯》「柴祀日月星辰」賈公彥疏：「若日月所會則謂之宿，謂之辰，謂之次，謂之房。」

❽日行月一次十有二次而周天四句　「日行月一次十有二次而周天，歷舍于十有二辰，終則復始，是謂日月權輿」，原無「十有二次」，孫詒讓曰：「《寶典》兩引，『一次』下並有『十有二次』四字，是也，當據補。」鴻恩按，今從補。劉師培曰，舍，《玉海》引作「會」注云「一作『舍』。」《天原發微》亦作「會」。朱右曾曰：「日行三十日進一次，三百六十五日九百四十分日之二百三十五而復其故處。舍，躔也，日月之會為辰，自星紀以至析木之津是也。權輿，始也。造曆必始冬至以正氣朔，故曰權輿。孫星衍曰：『權輿，草木之始。〈釋草〉云「其萌虇蕍」〔蘆荻生芽〕，即權輿也。』」日一歲（中國古代曾以 365 又 1/4 日為一歲）運行一周天，月則 29 又 499/940 日運行一周天，故日行一次，則月行十二次，即所謂一歲日月十二會，但不盡相等，則用閏月即十九年七閏的方法調劑，彼此的天數幾乎相等，現在的計算則更為精密（參《中國天文學史》中冊〈曆法・閏周〉）。「舍」本為止息之義，但日月運行實際是不止息的，故多使用天文術語「躔」（日月星辰在黃道上的運行或經行某個星宿）。是謂日月權輿，「是」，指上文「日月俱起于牽牛」。❾周正歲首四句　「周正歲首，數起于時一而成于十，次一為首，其義則然」，「時一」之「時」，朱右曾據《玉海》刪，當誤，今補，「時」之義即下文徐發釋文之「此」（朱右曾未見陳逢衡注）。周規定一歲之首（以夏曆十一月為周曆一月），月數從起於牽牛的第一個月算起，完成於十（十月為一歲之終），下一個一月（夏曆正月）就是時令之首，日月起始的道理就是這樣的。陳逢衡曰：「施彥士曰：『歲首，蓋以一月為正歲之首，與《周禮》「正歲」合。』徐發曰：『正讀如政。歲與年不同，《周禮・太史》「正歲年」注：「中數曰歲，朔數曰年。」中數者節氣之謂，言歲必節氣，全年則以月論，十二月不必全節氣也。凡作曆必始冬至，故以冬至之月〔夏曆十一月為仲冬之月〕為正歲，言歲月之道從此而始正也。數，月數。言數必起于四時之首，當以春為月數之首明矣。但數止于十，起孟春即次一矣。次一為時之首而仲冬卻為歲之首者〔意為孟春正月為四季之首而十一月為歲之首〕，天道由正，日月權輿之義不得不然也，故〈豳風〉與《周書》仲冬皆稱一月。』衡案，周正歲首，指仲冬建子之月，次一為首指孟春建寅之月。數起于時一而成于十者，《董子・陽尊陰卑篇》云：『天之大數，畢于十旬〔蘇注引俞曰「旬」為衍文〕。古之聖人，因天數之所止，以為數紀。十如〔蘇注：而〕更始，是故天道十月而成，人亦十月而成，合于天道也。故陽氣出于東北，入于西北，發于孟春畢于孟冬，

而物莫不應是〔陳引無「是」字，蘇于「是」下注曰「句」，蘇是，今補「是」字〕。』」陳遵嬀曰：「中氣一周，從冬至到冬至，365日多，叫做一歲。朔望十二周，自正月朔到正月朔，叫做一年。」（《中國天文學史》第九九二頁）歲的月名和年的月名不同，孟春、仲春、季春等即歲的月名，正、二、三或子、丑、寅等以朔望為紀的即年的月名。據陳逢衡注，「正」有二讀，施氏讀正月之「正」，即《周禮・天官・小宰》「正歲」疏：「諸言正歲者，皆四時之正，是建寅之月。」徐發讀「正」為「政」，則其義為定，規定。均可通，今取徐說。時一，是一；這一個月。指日月起於牽牛的權輿之月。次一為首，徐、陳解「次一」為「孟春」、「孟春建寅之月」，則其義為「次年孟春一月」，即夏曆正月，則所說是夏曆了，但與文末之意相合。本文周曆、夏曆合說，看來與當時周曆、夏曆合用有關。

【語譯】周曆一月，到了冬至，黃昏時昴宿盡現，白天短到極限，日晷的影最長，微弱的陽氣開始萌動於黃泉之下，陰氣也把慘烈布散給萬物。這個月北斗的斗柄指向子，黃昏開始時斗柄指向北方，陽氣微少，但草木即將萌生。日、月都起始於牽牛的初度，自東向西回轉而行。月一周天前進一個位次，而與日會合於一處。日行周天一次等於月行周天十二次，逐次會合於十二辰，終而復始，起於牽牛這就叫做日、月的起始。周規定歲首，月數從起於牽牛的月份算起而完成於十月，而以次年孟春建寅之月為四季之首，它的道理就是這樣的。

凡四時成歲，歲有春、夏、秋、冬❶，各有孟、仲、季，以名十有二月❷。月有中氣，以著時應❸。春三月中氣：驚蟄、春分、清明❹；夏三月中氣：小滿、夏至、大暑；秋三月中氣：處暑、秋分、霜降；冬三月中氣：小雪、冬至、大寒❺。閏無中氣，斗指兩辰之間❻。萬物春生、夏長、秋收、冬藏❼，天地之正，四時之極❽，不易之道❾。

【章　旨】說明一歲分為四季，四季各分為孟、仲、季以及十二中氣所在的月份，閏月無中氣。春生、夏長、秋收、冬藏，是天地四時永不改易的規律。

【注　釋】❶凡四時成歲二句　按照太陽所在位置，把一歲分為春、夏、秋、冬四季。陳夢家曰：「春夏秋冬四季的分法，起於春秋以後。……（殷墟）卜辭只有春秋兩季而無冬夏。」（《殷墟卜辭綜述》第二二六～二二七頁）陳遵媯《中國天文學史》全取陳夢家說。劉起釪引李約瑟《中國科學技術史》說：〈堯典〉「『曆象日月星辰』的部分可能屬於西元前五、六世紀。」劉說「西元前五、六世紀則為春秋末期戰國前期」，「不知他（李約瑟）何所據」（《尚書校釋譯論》第三七五頁）。鴻恩按，〈堯典〉「曆象日月星辰」一節是說四季的，李約瑟沒有說出根據，而與陳夢家所說「春秋以後」完全一致。證以《詩經》、《尚書》，我國之有四時，可能起於西周中後期（詳見「研析」），陳夢家之說似偏晚些。❷各有孟仲季二句　即以孟春、仲春、季春稱正、二、三月；以孟夏、仲夏、季夏稱四、五、六月；以孟秋、仲秋、季秋稱七、八、九月；以孟冬、仲冬、季冬稱十月、十一月、十二月。對這些季月名稱，記載最完備的是《禮記・月令》。「〈月令〉天象的觀測年代，當在魯文公七年（西元前六二〇年）前後，即以這為中心前後一百年間（參照能田忠亮〈禮記月令天文考〉）。」這些名稱絕大部分也已出現於《周禮》不同篇章中（《中國天文學史》第四九三、四九四頁）。仲春、仲夏、仲秋、仲冬已見於〈堯典〉。孟，長也。仲，中也。季，少也（〈月令〉鄭玄注）。❸月有中氣二句　我國曆法有二十四節氣：立春、雨水、驚蟄、春分、清明、穀雨、立夏、小滿、芒種、夏至、小暑、大暑、立秋、處暑、白露、秋分、寒露、霜降、立冬、小雪、大雪、冬至、小寒、大寒，以太陽曆二十四節氣配陰曆十二個月。二十四氣細分為節氣和中氣兩種，每月二氣，如立春是正月節，驚蟄是正月中，雨水是二月節，春分是二月中，節氣和中氣相間，由此順推。中氣，在月中以後的節氣叫中氣。以著時應，以表明時令的承應關係。❹春三月中氣二句　「春三月中氣：驚蟄、春分、清明」，「驚蟄、春分、清明」原作「雨水、春分、穀雨」，順序和《淮南子・天文》所載及今所用節氣相同，盧文弨以為「非古法也」，而改同《漢書・律曆志》的順序（驚蟄在春分之前，清明在穀雨之後）。鴻恩按，〈夏小正〉「正月啟蟄」「始發蟄也」（啟蟄即驚蟄，避漢景帝諱而改），《禮記・月令》「孟春之月，蟄蟲始振」和《左傳》、《考工記》的記載，以驚蟄為正月中，穀雨為三月節，是古曆法。故顧炎武、錢大昕等以為《淮南子》「失之」、「妄改」。但陳遵媯以為《漢書・律曆志》所用劉歆《三統曆》是據〈月令〉修改，由於驚蟄、穀雨安排得早，不合於農民耕作實際，故《淮南子》有所修改（《中國天文學史》第九九一頁）。但本文不應與《淮南子》相同，應當與〈夏小正〉、〈月令〉相同，即正月中驚蟄，二月中春分，三月中清明。下文要說閏月，所以這裏只說中氣。❺小滿夏至大暑五句　朱右曾引孔穎達釋諸節氣曰：「雨水，雪散而為雨水也。驚蟄，蟄蟲驚而走出。穀雨，言雨以生百穀。清明，謂物生清淨明潔。小滿，言物長於此，小得盈滿。芒種，言有芒之穀可稼種。小暑、大暑、小寒、大寒，謂極寒、極熱之中，分為大小，月初為小，月半為大。處暑，暑將退伏而潛處。白露，陰氣漸重，露濃色白。寒露，言露氣寒，將欲凝結。小雪、大雪，以霜、雨凝結為雪，十月猶小，十一月轉大。」春分、秋分，董仲舒曰：「至于中春之月，陽在正東，陰在正西，謂之春分。春分者，陰陽相半也，故晝夜均而寒暑平。」「至于中秋之月，陽在正西，陰在正東，謂之秋分。秋分者，陰陽相半也，故晝夜均而寒暑平。」（《春秋繁露・陰陽出入上下》）夏至，與日南至相反，這一天日北至，北半球晝最長，夜最短。❻閏無中氣二句　朱右曾曰：「朔數三百五十四日有奇為一年，中數三百六十五日有奇成一歲，中、朔參差，正之以閏，中氣在月盡，則後月是閏也。」此即所謂「閏月無中氣」（《中國天文學史》第九九七頁）。朱氏又曰：「《淮南子・天文訓》云：『斗指子則冬至，加十五日指癸則小寒，加十五日（此與下之「加十五日」朱氏均省，今據原文補，以明語意）指丑則大寒，加十五日指報德之維（《淮南子・天文》「東北曰報德之維」，注：「報，復也。自陰復陽，故曰報德之維。四角為維也。」）則越在陰地而立春……』又『十五日指子』，是屆中氣而後指辰。閏無中氣，故指兩辰之間也。」鴻恩按，二十四氣只有中氣指向子、丑、寅、卯……十二辰，閏月無中氣，所以說「斗指兩辰之間」。❼萬物春生夏長秋收冬藏　陳逢衡曰：「《爾雅》：『春為發生，夏為長贏（贏義亦為長），秋為收成，冬為安寧。』」陳引《管子・四時》曰「冬閉藏」。❽極　中（陳逢衡）；準則。❾道　規律。

【語　譯】大凡四季組成一歲，一歲有春、夏、秋、冬，四季各有孟、仲、季，用以指稱十二個月。每個月都有中氣，以表明時令的承應關係。春季三個月的中氣：驚蟄，春分，清明；夏季三個月的中氣：小滿，夏至，大暑；秋季三個月的中氣：處暑，秋分，霜降；冬季三個月的中氣：小雪，冬至，大寒。閏月沒有中氣，斗柄指向兩辰之間。萬物都是春季萌發，夏天生長，秋天收穫，冬季閉藏，這是天地的正道，四季的準則，永不改變的規律。

夏數得天，百王所同❶。其在商湯，用師于夏，除民之災，順天革命❷，改正朔❸，變服殊號❹，一文一質❺，示不相沿。以建丑之月為正，易民之視❻。若天時大變，亦一代之事❼。亦越我周王❽，致伐于商❾，改正異械❿，以垂三統⓫。至于敬授民時⓬，巡狩烝享⓭，猶自夏焉⓮。是謂〈周月〉，以紀于政⓯。

【章　旨】說明商、周更改正朔，形成夏、商、周三正之統系，但許多事情仍舊依照夏曆。篇末點明本篇寫作的用意。

【注　釋】❶夏數得天二句　「夏數得天」語出《左傳》昭公十七年，梓慎說。楊伯峻注：「言夏正與自然氣象適應。」陳逢衡曰：「百王所同，則固而不改也，其改者為歲首。」❷革命　更改天命。古人認為帝王受命於天，改朝換代是由於天命變更。《周易・革・彖》：「湯武革命，順乎天而應乎人。」❸改正朔　正，一年的開始。夏代以孟春建寅之月（即今之陰曆正月）為正月，商代以季冬建丑之月（夏曆十二月）為正月，周代以仲冬建子之月（冬至所在之夏曆十一月）為正月。朔，陰曆每月初一日；一月的開始。夏以平旦（天明）起為朔，殷以雞鳴起為朔，周以夜半起為朔（朱右曾）。此即所謂改正朔。按，今學者認為，夏、商、周三正之說是後人的附會，實際是不同時代、不同地區使用的曆法不同，其中的夏正最便於農事。自漢代用《太初曆》至今均使用夏曆正月。❹殊號　使用不同的名號。❺一文一質　潘振曰：「夏尚忠，殷尚質，以之相較，則夏質而商文。」孔子曰：「周監于二代，郁郁乎文哉！」（《論語・八佾》）《禮記・表記》孔穎達疏引《元命包》及董仲舒均言夏尚忠，殷尚敬，周尚文。❻易民之視　視，猶今言看法、觀點，蓋謂使民適應新的統治。❼若天時大變二句　「若天時大變，亦一代之事」，孫詒讓曰：「亦，疑當作『示』，形近而誤。」劉師培曰：「《斠補》云『亦』疑當作『示』，其說是也。若天時大變，當作『若天時之變』（之、大草書形近），猶言順天時之變也。」若，順從。鴻恩按，孫、劉說均是，改正朔並非「天時大變」，「示」亦更切文意。今譯文從其說。❽亦越我周王　又到我周王。亦，又。越，及。❾致伐于商　對商給予討伐。❿異械　械，器用的總名，這裏指禮樂之器（朱右曾）。⓫三統　此說初見於漢代，董仲舒始有商、周、春秋（即所謂「新王」）為白、赤、黑「三統」之說（《春秋繁露・三代改制質文》）。而至匡衡、劉向等，已改造為夏、商、周「三統」說，即夏、商、周三代的正朔。朱右曾曰：「寅為人統，丑為地統，子為天統。」朱即據《漢書・劉向傳》「王者必通三統」

顏注引張晏說。⑫敬授民時　語出〈堯典〉，把對日月星辰所作觀察得到的天象節令知識傳授給人民，以便於民間從事農事的安排（劉起釪〈堯典〉「敬授民時」注）。⑬巡狩烝享　「巡狩」原作「巡守」，章本、盧本作「巡狩」，狩為借字，守為本字。《孟子・梁惠王下》：「巡狩者，巡所守也。」今從章、盧。帝王巡察諸侯國曰巡狩。烝享，「烝」字原作「祭」，孫詒讓、劉師培曰，《黃氏日鈔》、趙汸《周正考》等均引作「烝」，同於〈商誓〉「罔不維后稷之元穀用蒸（烝）享」之「烝享」，今從改。烝，祭祀（也特指冬祭）。⑭猶自夏焉　言還依照夏曆。自，從。陳逢衡引徐發曰：「此尤見改正不改月之明證矣。」⑮以紀于政　把它記載在政治制度中。紀，通「記」。政，政事；政治制度。這裏是說把曆法「周月」作為政事制度的一種記錄下來。或釋為「用以綱紀政事」。

【語　譯】夏曆的月數合於日月運行的規律，是歷代帝王都相同的。在商湯時候，對夏用兵，除去民害，順從天意更改夏命，改變正、朔，更改服飾，使用不同名號，一文明一質樸，表示不相沿襲。把建丑之月當作正月，以改變人民的觀點。順從天時的變化，以顯示一個時代（到來）之事。又到我周王，對商施行討伐，改變正月，使用不同的禮樂之器，而留傳下夏、商、周三代正朔的統系。至於觀察日月星辰的天象向百姓報告節令而適時耕作，巡狩地方，祭祀神靈祖先，都還是依照夏時。這叫做〈周月〉，把它記載在政事之中。

【研　析】〈周月〉是講說周代曆法的專文，涉及很多天文曆法知識，諸如二至二分，二十八宿，十二次，十二辰，日月運行周天，歲與年，斗建，朔望月，季月，二十四氣，中氣，閏月，三正，正朔等等。

《周書・序》說〈周月〉是周公所作，正如《禮記・月令》漢代馬融、賈逵等曾認為周公所作，至鄭玄、高誘而加以否定（以為〈月令〉來自《呂氏春秋・十二紀》）。本文的作者當然不是周公，作者不可考。但是其寫作的大致時代是可以考定的。

天文曆法，隨著人們對於天體認識的不斷提高而逐漸加密。例如一年分為春夏秋冬四季，上文已經說到，陳夢家以為我國分四季在「春秋以後」，王力《古代漢語》有所不同，說：「在商代和西周前期，一年只分為春秋二時。」（第七九四頁）殷商卜辭中有無「夏」、「冬」雖然至今仍有爭論，目前而言，《古代漢語》的說法比較穩妥。《詩經》中「夏」、「冬」見於〈唐風〉、〈陳風〉，〈小雅・四月〉也有「四月維夏」、「冬日烈烈」。

《尚書・洪範》「庶徵」部分有「日月之行，則有冬有夏」。〈小雅〉的大部分詩，作於西周末期，此為學界共識。〈洪範〉的時代有爭議，劉起釪研究的結論是：「到春秋前期已基本寫定成為今日所見的本子。」（《尚書校釋譯論》第一二一八頁）先有春秋，後有冬夏（《墨子》、《管子》、《禮記》等都說「春秋冬夏」），到孔子時代，開始出現了「四時」一詞（見於《周易・文言》、《論語》、《左傳》昭公、《國語》太子晉和椒舉，《孫子》、《晏子春秋》，都出於孔子之口及其同時人。〈堯典〉已有「四時」，劉起釪以〈堯典〉為孔子寫定）。

本文寫及十二次、二十四氣。

陳遵嬀說：「我們說十二次制定於戰國時代，是根據《漢書・律曆志》的記載。即根據冬至點在星紀的中央，而它相當於二十八宿的牽牛初點即其中央大星牛宿一（摩羯座β星）而推算的。……考慮到十二次和分野是在同時代所制定，則其年代以對於歲星紀事及歲陰紀年的元始年，即西元前三六五年比較適當（見新城新藏《東洋天文學史研究》第三七三～三七七頁）。」（《中國天文學史》第二八一頁）又說：「分野大概先以實沈配於趙（晉），大火配於宋，鶉火配於周……《國語》所載，周武王伐紂歲星在鶉火，這顯然是在創用歲星紀年法以後，由推算而得的；所以周和鶉火的關係當在西元前三六〇～前三五〇年以內。從周的分野為鶉火，魏的分野為大梁，以及其它等等情況來推算，可以知道制定分野的年代，當和制定十二次的年代同時，即在戰國時代，可能在西元前三五〇年前後。」（同上第二八四頁）這表明，〈周月〉的寫作，必在戰國中期以後，或西元前四世紀中期以後。

關於二十四氣，陳遵嬀說：「可以說〈月令〉已在建立二十四氣的過程中，或可把〈月令〉看為二十四氣的起源。」「〈月令〉的日躔是指月初或月半即節氣或中氣那天。」「也可解釋為是指月初（節氣）。」（《中國天文學史》第四九四頁）這說明，從〈月令〉還看不出節氣和中氣的分別。陳氏又說：「春秋初期，閏月一般都放在冬十二月後面，到了春秋後期，似乎可以隨時安插閏月，不必在十二月後面。」「頻大月的安排法和置閏法還沒有統一。」（鴻恩按，《左傳》昭公二十年即西元前五二二年，即有失閏之記載。）「曆法確立時期，當在戰國中期。」（同上第一〇二三頁）這又說明，整個春秋時期似乎都還沒有節氣和中氣之分，還沒有

「閏無中氣」，因而閏月沒有規律。〈周月〉中二十四氣非常完備，除了盧文弨所改兩處順序之外，其曆法和漢代沒有不同，明分節氣、中氣，明依中氣定閏月，完全是曆法確立以後的情形，自然不可能早於戰國中期。陳遵嬀還指出：「一年分為二十四氣，大概是前漢初年以後，《淮南子》成書（西元前一三九年）以前。」（同上第九九〇頁）此說可據，則〈周月〉的寫作就只能在戰國、秦漢間了。晚出之「三統」說也是一個明證。「文質」之說有其發展演變過程，孔子「周監于二代，郁郁乎文哉！」開始將文質與朝代聯繫，而「一文一質」這種與朝代聯繫並且具有循環論含義的說法，則始見於本文、《春秋繁露・三代改制質文》、和《史記・孔子世家》。和「三統」一樣，起始於漢代。

日本天文學家新城新藏早就指出〈周月〉、〈時訓〉「此兩篇為戰國末葉以後之作也」（《東洋天文學史研究》第二編〈周初之年代・逸周書〉）。

周玉秀的研究結論是：〈周月〉等文「是戰國末期乃至漢人根據傳說或原有文獻改作的，具有明顯的戰國末期至漢代的語言特點。」（《文獻學價值》第二七二頁）

但是，有人認為本文是春秋人的文字；有人據《左傳》昭公十七年已有三正說，斷言此篇必為昭公十七年以前的作品，不會晚至戰國；還有人斷言《逸周書》中〈周月〉等禮書之作可以確定在西元前四〇〇年前後。這些說法都與我國天文曆法發展的實際不符合。

時訓第五十二

【題　解】時訓，關於季節物候的古訓。本文在講二十四氣的同時，著重講七十二候。每月二氣六候，詳細講述各候的變化。「驗氣候，察物異，導君修德也。」（潘振）陳逢衡曰：「此七十二候所由始也。《困學紀聞》曰：『《夏小正》具十二月而無中氣，有候應而無日數，〈時訓〉則五日為候，三候為氣，六十日為節。《易通卦驗》所記氣候，比之〈時訓〉，晚者二十有四，早者三，當以〈時訓〉為正。』」（鴻恩按，《易通卦驗》為《易緯》八書之一，舊題鄭玄注。）《周書·序》曰：「辨二十四氣之應，以明天時，作〈時訓〉。」

立春之日❶，東風解凍❷；又五日，蟄蟲始振❸；又五日，魚上冰❹。風不解凍，號令不行；蟄蟲不振，陰氣奸陽；魚不上冰，甲胄私藏❺。

驚蟄之日❻，獺祭魚❼；又五日，鴻雁來❽；又五日，草木萌動❾。獺不祭魚，國多盜賊❿；鴻雁不來，遠人不服；草木不萌動，果蔬不熟⓫。

雨水之日⓬，桃始華；又五日，倉庚鳴⓭；又五日，鷹化為鳩⓮。桃不始華⓯，是謂陽否⓰；倉庚不鳴，臣不從主⓱；鷹不化鳩，寇戎數起⓲。

春分之日⓳，玄鳥至⓴；又五日，雷乃發聲㉑；又五日，始電㉒。玄鳥不至，婦人不娠；雷不發聲，諸侯失民；不始電，君無威震㉓。

穀雨之日㉔，桐始華㉕；又五日，田鼠化為鴽㉖；又五日，虹始見㉗。桐不華，歲有大寒；田鼠不化鴽，國多貪殘㉘；虹不見，婦人苞亂㉙。

清明之日，萍始生㉚；又五日，鳴鳩拂其羽㉛；又五日，戴勝降于桑㉜。萍不生，陰氣憤盈㉝；鳴鳩不拂其羽，國不治兵㉞；戴勝不降于桑，政教不中㉟。

【章旨】說明春季之三月、六氣、十八候的變化，特別講述反常氣候導致動植物的異常表現所預示的人事——國事、家事等可能會出現的不良現象。

【注釋】❶立春之日　正月節氣。按，此文所說均依夏曆。❷東風解凍　東風，又稱條風，東北風。《淮南子・天文》：「距日冬至四十五日條風至。」《史記・律書》：「條風居東北，主出萬物，條之言條治萬物而出之，故曰條風。」❸又五日二句　以下每一節氣之下，都有兩個「又五日」，是講「七十二候」的，即「用鳥獸草木的變動來驗證季節的變易，而這些鳥獸草木的變動，大概是按當時陝西的氣候來定的。……它以五日為一候，三候為一氣，六氣為一時（季），四時為一歲，所以一歲有二十四氣、七十二候。」（陳遵嬀《中國天文學史》第九九二頁）朱右曾曰：「《易乾鑿度》云：『天、氣三微而成一著。』康成曰：『五日為一微，十五日為一著。故五日為一候，十五日成一氣。』」蟄蟲，冬眠的動物。振，動，這裏指漸漸蘇醒。❹魚上冰　陳逢衡曰：「正月陽氣至（魚）則上游而近冰，即〈（夏）小正〉所謂『魚陟負冰』也。」❺風不解凍六句　陳逢衡曰：「此占驗之始也。風為號令之象，蓋風行于天猶令行于國，今不解凍，故其占為號令不行。」朱右曾曰：「凡言此者，人君政失則氣候乖，天事恒象，著以示警，使修省焉。奸，犯也。陽不勝陰，故不振。魚有鱗，甲胄之象。凡此災祥之應有三：蟄蟲不振，陰奸陽義也；鴻雁不來，遠人不復象也；草木不萌動，果蔬不熟類也〔鴻雁、草木見『驚蟄之日』下〕。餘仿此。」鴻恩按，所謂「風為號令之象」，應是來源於《周易》之〈巽〉卦，「巽」義為順從，其象徵物為風，今風不能解凍，則不順從，故引申為號令不行之象。周玉秀謂，〈時訓〉共二十四節，前半節多為散文，與《呂氏春秋・十二紀》、《禮記・月令》語言、所記物候大致相同，後半節多讖緯之說。前半乃先秦所傳，後半是漢人創作（《文獻學價值》第一八六頁）。❻驚蟄之日　「驚蟄」原作「雨水」，盧文弨曰：「古雨水在驚蟄後，此舊本非也。」改驚蟄於雨水前。〈夏小正〉稱啟蟄，漢避景帝諱改啟蟄為驚蟄。驚蟄之日即正月中氣（中氣參〈周月〉「月有中氣」注）。陳逢衡引《淮南子・天文》曰：「斗指甲則雷驚蟄。」即蟄蟲聞雷而驚出。鴻恩按，這是漢代改啟蟄為驚蟄並以驚蟄在雨水之後所作的解釋，此時雷尚未發聲。❼獺祭魚　朱右曾曰：「獺似狐而小，青黑色，冰解魚多，獺將食之，先陳以祭。」獺捕魚陳列水邊，如同陳列供品祭祀，故稱獺祭魚。❽鴻雁來　指正月雁自南而北返。❾萌動　發芽。❿獺不祭魚二句　陳逢衡曰：「魚潛于水，猶盜賊伏于草莽，獺能捕魚則魚避之，今不祭魚則魚得肆志矣，故其占為國多盜賊之象。」⓫果蔬不熟　孫詒讓曰：「《寶典》引『蔬』作『瓜』，疑當作『蓏』之訛。」蓏，瓜類植物的果實。熟，成熟；有收穫。⓬雨水之日　雨水原在上節，盧文弨據古曆與「驚蟄」對調，則雨水之日在二月。⓭倉庚鳴　黃鶯叫。倉庚，即黃鸝、黃鶯。⓮鷹化為鳩　此與下文「田鼠化為鴽」、「爵入大水為蛤」

之說都是不科學的。陳逢衡曰：「鷹也者，鷙鳥也。化為鳩者，猛戾化為慈柔。蓋其質猶是而其性則變也。郎瑛曰：「仲春之時鷙喙尚柔，不能捕鳥，瞪目忍飢如痴而化，故曰鳴鳩。」」朱右曾亦曰鷹「應陽而變，喙柔而不鷙」。鴻恩按，「其質猶是而其性則變」之類，自是強解。〈月令〉「田鼠化為鴽」孔穎達疏：「凡云化者，若『鼠化為鴽』、鴽還化為鼠，皇氏云：『反歸舊形謂之化。』故鄭注《周禮》云『能生非類曰化也』。」鳩、鳴鳩，即布穀。⑮桃不始華　不始華，章本、盧引《御覽》作「始不華」，盧本、朱本均作「不始華」，依文例，盧、朱當是。潘振曰：「桃能祛邪，陽木也。」華，花（《說文》：「華，榮也」），這裏指開花。⑯是謂陽否　盧氏曰《御覽》引作「是謂否塞」。否，塞也（朱右曾）。⑰臣不從主　劉師培以「主」與否、起不協韻，疑本作「至」。⑱寇戎數起　孫詒讓曰：「《寶典》引『戎』作『賊』。」數，屢次。⑲春分之日　為二月中氣，即「日夜分」，《呂氏春秋・仲春紀》「日夜分」高誘注：「分，等也，晝夜均也。」⑳玄鳥至　朱右曾曰：「康成云：『燕以施生來，巢人堂宇而孚〔孵卵〕乳。』」（《禮記・月令》注）故玄鳥為祈子之候。」玄鳥，燕子。㉑雷乃發聲　陳逢衡曰：「雷也者，震氣也。正月必雷，雷不必聞，至二月始得聞之。」㉒始電　朱右曾曰：「陽盛上奮，與陰相搏，其聲為雷，其光為電。」㉓雷不發聲四句　朱右曾曰：「雷震百里，諸侯之象；電光照耀，象君之威。」雷為諸侯之象（參下文「秋分之日」一節「雷不始收，諸侯淫泆」注。又，雷震百里，用《周易・震》卦辭「震驚百里」，〈震〉卦基本象徵物為雷）。威震，令人震驚的威力。㉔穀雨之日　「穀雨」原在下節，盧氏據古曆與「清明」對調。㉕桐始華　桐，梧桐。「桐有白桐、青桐、油桐，今始華者白桐也。」（陳逢衡）㉖田鼠化為鴽　見上「鷹化為鳩」注。田鼠，鼸鼠，頰中能藏食物，非食禾之田鼠（陳逢衡）。鴽，亦作「鴑」，鵪鶉，即《列子・天瑞》所說「田鼠之為鶉」。「一說田鼠即田雞，《淮南子・齊俗訓》『夫蝦蟆為鶉』是也。」（陳逢衡）㉗虹始見　陳逢衡曰：「虹也者，陰陽交媾之象，其物青紅二氣相抱。或曰雄者謂之虹，雌者謂之蜺，其實一物也。」㉘桐不華四句　孫詒讓曰《寶典》、劉師培曰《類聚》均引作「桐不始華」，較今本長。也有與今本同者。陳逢衡曰：「桐木挺生，中虛而外直，其得氣最易。今不華是陽氣不至也。故其占為歲有大寒之象。田鼠耗物而害于民者也，今乃不因氣候而化，則鼠竊必眾，故其占為國多貪殘之象。」㉙虹不見二句　盧文弨曰：「苞亂，《御覽》作『亂色』。」孫詒讓曰：「虹不見，《寶典》引作『虹不始見』。」朱右曾曰：「苞，叢也。叢亂，淫也。《易緯》注云：『虹，陰陽交接之氣，失節不見，似夫人淫亂。』亦此意也。」鴻恩按，古人不能正確認識虹為何物，又從不正確的認識引發其意。㉚清明之日二句　「清明」原作「穀雨」，盧氏據古曆更改。清明為三月中氣。萍，浮萍，生與水平，根垂水中，古人誤以為楊花入水所化。㉛鳴鳩拂其羽　鳴鳩，一名鶻鳩，《爾雅・釋鳥》郭璞注：「似山雀而小，短尾，青黑色，多聲，今江東亦呼為鶻鵃。」也作鶻鳩、滑鳩，即《莊子》之「鶯鳩」。春來冬去，應春而鳴。拂羽，羽翼相擊（朱右曾引鄭玄說）。32戴勝降于桑　《呂氏春秋・季春紀》「戴任（鵀）降于桑」，高誘注：「戴任部（抱）生于桑，是月其子強飛，從桑空（孔）中來下，故曰。」《爾雅・釋鳥》「鵖鴔，戴鵀」，郝懿行《義疏》曰：「戴鵀即今之鏤鏤穀，小于鵓鳩，黃白斑文，頭上毛冠如戴華勝，戴勝之名以此。常以三月中鳴，鳴自訴也。」朱右曾引《埤雅》云：「三月飛在桑間，蠶生之候。」《方言》以為即鳲鳩。33萍不生二句　不生，《寶典》引作「不始生」（孫詒讓）。陳逢衡曰：「萍者，浮蕩之物，最易生者也，微陽蒸煦便盈溝壑，今乃為寒氣逼而不生，故其占為憤盈之象。」憤，盛。盈，滿。34鳴鳩不拂其羽二句　陳逢衡曰：「羽者，舞人所執。羽舞所以息兵也，今不拂羽，無以動物也，故其占為國不治兵之象。」治兵，練兵；出兵作戰。這裏指出兵。35戴勝不降于桑二句　不中，《御覽》、《寶典》引作「不平」（盧文弨）。戴勝為蠶事候鳥，潘振曰：「織紝之鳥，一名戴鵀，〈曹風〉謂之鳲鳩，飼子均平，象政教也。」《詩經・曹風・鳲鳩》「鳲鳩在桑，其子七兮」，毛傳：「鳲鳩之養其子，朝從上下，莫（暮）從上下，平均如一。」揚雄、高誘等誤以鳲鳩即戴勝，郭璞、郝懿行等以鳲鳩即布穀，非戴勝。

【語　譯】立春這天，東北風吹來解除冰凍；又經過五天，冬眠的動物開始活動；又經過五天，魚上游到冰面下。如果東北風不能解冰凍，意味著號令不得實行；如果冬眠動物不活動，表明陰氣干犯陽氣；如果魚不上游到冰面，說明武備隱藏在私家。

驚蟄這天，水獺在岸邊祭魚；又經過五天，大雁從南方飛來；又經過五天，草木發芽。如果水獺不祭魚，意味著國家將增多盜賊；如果大雁不飛來，表明遠方人不歸附；如果草木不發芽，說明瓜果不能成熟。

雨水這天，桃樹開始發花；又經過五天，黃鸝鳴叫；又經過五天，鷹變化成鳲鳩。如果桃不開始發花，這叫做陽氣阻塞；如果黃鸝不鳴叫，表明臣下不服從君主；如果鷹不變成鳲鳩，說明敵人來犯的戰事將屢次發生。

春分這天，燕子飛來；又經過五天，雷就發出聲音；又經過五天，開始有閃電。如果燕子不來，意味著婦人不懷孕；如果雷不發聲，表明諸侯失掉民心；如果不開始閃電，說明君主沒有使人震驚的威力。

穀雨這天，梧桐開始發花；又經過五天，田鼠變化成鵪鶉；又經過五天，虹開始出現。如果梧桐不開始發花，意味著這年有大寒；如果田鼠不變成鴽鶉，表明國家貪婪殘暴的人增多；如果虹不出現，說明婦人淫亂。

清明這天，浮萍開始出生；又經過五天，鶻鳩拍擊牠的翅膀；又經過五天，戴勝從桑樹間飛來。如果浮萍不出生，意味著陰氣盛滿；如果鶻鳩不拍擊翅膀，表明國家不能出兵作戰；如果戴勝不從桑間飛來，說明政治教令不公平。

立夏之日❶，螻蟈鳴❷；又五日，蚯蚓出；又五日，王瓜生❸。螻蟈不鳴，水潦淫漫❹；蚯蚓不出，嬖奪后命❺；王瓜不生，困于百姓。

小滿之日❻，苦菜秀❼；又五日，靡草❽死；又五日，小暑❾至。苦菜不秀，賢人潛伏❿；靡草不死，國縱盜賊⓫；小暑不至，是謂陰慝⓬。

芒種之日⓭，螳螂生⓮；又五日，鵙始鳴⓯；又五日，反舌無聲⓰。螳螂不生，是謂陰息⓱；鵙不始鳴，號令壅偪⓲；反舌有聲，佞人在側⓳。

夏至之日⓴，鹿角解㉑；又五日，蜩始鳴㉒；又五日，半夏生㉓。鹿角不解，兵革不息㉔；蜩不鳴，貴臣放逸㉕；半夏不生，民多厲疾㉖。

小暑之日㉗，溫風至；又五日，蟋蟀居辟㉘；又五日，鷹乃學習㉙。溫風不至，國無寬教㉚；蟋蟀不居辟，恒急之暴㉛；鷹不學習，不備戎盜㉜。

大暑之日㉝，腐草為蠲㉞；又五日，土潤溽㉟；又五日，大雨時行㊱。腐草不為蠲，穀實鮮落㊲；土不潤溽㊳，物不應罰㊴；大雨不時行，國無恩澤㊵。

【章旨】說明夏季三月、六氣、十八候的變化，特別講述反常氣候導致動植物的異常表現所預示的人事——國事、家事等可能會出現的不良現象。

【注釋】❶立夏之日　為四月節氣。❷螻蟈鳴　鄭玄〈月令〉注：「螻蟈，蛙也。」陳逢衡曰：「螻蟈一名蛙，色青而長股，今所謂水雞。」鴻恩按，蝦蟆是青蛙（屬蛙科）和蟾蜍（屬蟾蜍科）的統稱，二者有別，陳確指青蛙。高誘《呂氏春秋·孟夏紀》注：「螻蟈，蝦蟆也。」朱右曾曰：「蛙之屬，舊謂即蝦蟆，非也。」❸王瓜生　王瓜生長。王瓜，一名土瓜，「四月生苗延蔓，五月開黃花，子如彈丸，生青熟赤，或以為即瓝瓟也。」（朱右曾）蓋即今所謂「假栝樓」。❹螻蟈不鳴二句　水大無蛙，故為水潦之徵（朱右曾）。潦，雨水。淫漫，大水四溢的樣子。❺蚯蚓不出二句　「蚯蚓不出，嬖奪后命」，嬖奪后命，《御覽》引作「臣奪后命」，《開元占經》引作「臣奪后令（令或命訛）」（盧文弨、劉師培）。王念孫曰：「《御覽·時序部八》引此作『嬖奪后命』。」陳逢衡引李兆洛曰：「蚯蚓純土，不出者土氣否也。地為后象，故嬖奪后命。」嬖，受寵愛者。❻小滿之日　四月中氣。❼苦菜秀　苦菜即荼，陳逢衡引《通卦驗》曰：「苦菜葉似苦苣而細，斷之有白汁，花黃似菊，堪食但苦耳。」秀，開花。❽靡草　指薺菜、葶藶之類枝葉靡細的植物。❾小暑　這裏指小的暑氣，不是節氣名。❿苦菜不秀二句　孫詒讓曰：「『賢人潛伏，盧云《御覽》『賢』作『仁』，案《寶典》同。」陳逢衡曰：「賢人守節在下，如荼之苦。今不秀，是無發榮之日，故其占為賢人潛伏之象。」⓫靡草不死二句　陳逢衡曰：「靡草蔓延于地，盜賊潛伏之應。」縱，肆行（潘振）。⓬小暑不至二句　陳逢衡曰：「暑者，陽氣外發之應。今其氣不至，則陽不勝陰，故曰是謂陰慝。」慝，惡。⓭芒種之日　五月節氣。⓮螳螂生　螳螂出現。螳螂，昆蟲，綠色或土黃色，前腿呈鐮刀狀。⓯鵙始鳴　伯勞開始鳴叫。鵙，鳥名，即伯勞，善鳴，「五月陰極于下，應候而鳴」（朱右曾）。⓰反舌無聲　《淮南子·時則》高誘注：「反舌，百舌鳥也，能辨變（劉文典注：即遍變）其舌，反易其聲，以效百鳥之鳴，故謂百舌。無聲者，五月陽氣極于上，微陰起于下，百舌無陰，故無聲也。」百舌鳥又名烏鶇，春日善鳴。⓱螳螂不生二句　陳逢衡曰：「螳螂感陰氣而生，今不生，則是陽極而陰不出也，故曰是謂陰息。」息，滅。⑱鵙不始鳴二句　「鵙不始鳴，號令雍偪」，號令，原作「令姦」，孫詒讓曰：「『令姦』，《寶典》作『號令』，是，當據改。」章本、盧本「雍」字作「壅」，不同於朱本，二字相通。鴻恩按，今從孫說改為「號令」。雍偪，偪、匐與「伏」相通（《周禮・考工記・輈人》「不伏其轅」鄭玄注：「故書伏作偪。」孫詒讓以為伏應作匐）。然則雍伏，即壅塞隱伏，不能施行。⑲反舌有聲二句　即《詩經・小雅・巧言》所謂「巧言如簧」者，佞道也（陳逢衡）。⑳夏至之日　五月中氣，即「日長至」，《呂氏春秋・仲夏紀》「日長至，陰陽爭」，高誘注：「陰氣始起于下，盛陽蓋覆其上，故曰爭也。」㉑鹿角解　鹿為陽獸，感陰氣而解角（朱右曾）。㉒蜩始鳴　蜩即蟬，楚謂之蜩（《方言》）。陰生而始鳴。㉓半夏生　半夏，治痰藥草，其生也當夏之半，葉三三相偶，白花圓上，根辛平有毒（陳逢衡）。㉔鹿角不解二句　鹿角似兵刃，不解則戰鬥之象。兵革，兵器和甲冑，這裏指戰爭。㉕蜩不鳴二句　蟬居高不鳴，是權貴之臣放縱安逸之象（參朱右曾說）。㉖厲疾　瘟疫；疾疫。㉗小暑之日　六月節氣。㉘居辟　居於牆壁（的穴中）。辟，通「壁」。章檗本作「壁」。㉙鷹乃學習　陳逢衡曰：「前此鷹性慈柔，至此始順殺氣習肄搏擊，〈小正〉所謂『六月鷹始摯（鷙）也』。」學習，小鳥學飛。《說文》：「習，數飛也。」即指小鳥一次次學著起飛。㉚溫風不至二句　陳逢衡曰：「溫風，陽氣所結，陽為德、為生。今不至，則刑政之酷而陰氣愁慘也，故其占為國無寬教之象。」㉛蟋蟀不居辟二句　「蟋蟀不居辟，恒急之暴」，「蟋」字原作「蝍」。蝍，為後起字，今從章、盧等本改作「蟋」。章本「辟」作「壁」，二字相通。章本作「急恒之暴」，多本作「急迫之暴」，盧氏從多本，朱本據《御覽》改「急迫」為「恒急」。孫詒讓曰：「《寶典》『迫』作『垣』，即『恒』之誤。」陳逢衡曰：「蟋蟀居辟，猶民得所依，今不居辟，則無所容也，故其占為暴急之象。」恒，常常。急，褊急（朱右曾）。之暴，走向暴虐。㉜鷹不學習二句　與「雨水」一節「鷹不化鳩，寇戎數起」，二者所說角度不同，但「戎盜」與「寇戎」意思相近，指戰事、盜匪。㉝大暑之日　六月中氣。鴻恩按，言大暑，義為比小暑時更為炎熱。曆法規定，夏至之後第三個庚日為初伏，第四個庚日為中伏，立秋後第一個庚日為末伏。諺語曰：「冷在三九，熱在中伏」，如西元二〇〇八年之中伏在七月二十九日至八月七日，而大暑在七月二十二日，表明最熱之際恰在大暑至立秋間。㉞腐草為蠲　章本、盧本「為蠲」均作「化為螢」。《讀書雜志》載王引之曰，「螢」本作「蛙」，後人習聞〈月令〉「腐草為螢」，故改蛙為螢，蛙即蠲之借字。《說文》：「蠲，馬蠲也。」引〈明堂月令〉（即《禮記・月令》）曰：「腐草為蠲。」蛙從圭聲，圭、蠲古同聲。唐段公路《北戶錄》引《周書》正作「腐草為蛙」，是其明證。《呂氏春秋・季夏紀》「腐草化為蚈」，蚈即蠲之或體。朱右曾據《說文》、《北戶錄》訂改。劉師培曰，〈月令〉作「螢」，是因為圭聲、同聲之字互相通轉。《說文》：「烓，圭聲，讀若同。」熒字或從冂，故昔人又以熒音況蠲音，螢、熒同字，嗣遂易蠲為螢。劉又曰，本篇多處「化」、「為」並言，化即為也，蓋一本作「化」，一本作「為」，校者合而一之。鴻恩按，蠲即馬蚿、馬陸，節肢動物，多足，生活於陰濕之地，食腐敗植物。㉟土潤溽　原作「土潤溽暑」，《禮記・月令》孫希旦《集解》曰：「注疏皆不解『暑』字，疑本無此字，後人據《呂氏春秋》增之耳。」俞樾亦曰：「『暑』字衍文也。下文當作『土不潤溽』。」鴻恩按，孫、俞均以不應有「暑」字，是，「土潤溽暑」不成句法，下文「土潤不溽暑」，亦不順。今刪二「暑」字。溽，濕。㊱時行　按季節到來。㊲腐草不為蠲二句　陳逢衡曰：「腐草朽落之物化而為螢，則天地之生氣所憑。今不化，則終于朽壞矣，故其占為穀實鮮落之象。鮮，解也。《呂氏春秋》作『解落』，鮮即解也。」鴻恩按，《呂氏春秋・季夏紀》「穀實解落」，陳奇猷校釋引于省吾曰，「解」字或從角、羊，故易訛為鮮；引高誘注曰「穀實散落」。則「鮮」當為「解」訛。穀實，五穀的果實、籽粒。㊳土不潤溽　原作「土不潤溽暑」。從孫希旦、俞樾說刪「暑」字。孫詒讓謂《玉燭寶典》引此作「土潤不暑」，無「溽」字。鴻恩按，《寶典》刪不當刪，不可通。今參上下文例，改作「土不潤溽」。㊴物不應罰　土不濕潤，是刑罰過峻之象（參陳逢衡說）。物，人；眾人。㊵大雨不時行二句　陳逢衡曰：「雨者，天之發施，猶國之恩澤也。今萬物皆待命而大雨不降，是惠不及眾也。」澤，恩惠。

【語　譯】立夏這天，青蛙鳴叫；又經過五天，蚯蚓出現；又經過五天，王瓜生長。如果蛙不鳴叫，意味著雨水漫溢；如果蚯蚓不出現，表明受寵愛的人將奪走王后生命；如果王瓜不生長，說明百姓將受困苦。

小滿這天，苦菜開花；又經過五天，枝葉靡細的薺菜之類枯死；又經過五天，小的暑氣到來。如果苦菜不開花，意味著賢士隱居不出；如果枝葉靡細的草類不枯死，表明國家將盛行盜賊；如果小的暑氣不到來，這就叫陰類作惡了。

芒種這天，螳螂生出來；又經過五天，伯勞開始鳴叫；又經過五天，百舌鳥不再出聲。如果螳螂不生出來，這是說陰氣止息；如果伯勞不開始鳴叫，表明命令被壅塞隱伏；如果百舌鳥出聲鳴叫，說明巧言諂媚之臣就在身邊。

夏至這天，鹿角脫落下來；又經過五天，蟬開始鳴叫；又經過五天，半夏長出來。如果鹿角不脫落，意味著戰爭不停息；如果蟬不開始鳴叫，表明權貴之臣放縱安逸；如果半夏不長出來，說明人民將多患疾疫。

小暑這天，溫熱的風吹來；又經過五天，蟋蟀居住在牆壁中；又經過五天，雛鷹就試著一次次學起飛。如果溫熱的風不吹來，意味著國家沒有寬厚的訓教；如果蟋蟀不居住於牆壁，表明（統治者）常常性情褊急並且發展到暴虐；雛鷹不學起飛，說明不預防戰爭和盜賊。

大暑這天，腐敗的草變成馬陸；又經過五天，土地濕潤；又經過五天，大雨依季節到來。如果腐草不變成馬陸，意味著五穀的果實將會散落；如果土地不濕潤，表明人們不該受懲罰；如果大雨不依季節到來，說明國家不施恩惠。

立秋之日❶，涼風至；又五日，白露降❷；又五日，寒蟬鳴❸。涼風不至，國無嚴政❹；白露不降，民多欬病❺；寒蟬不鳴，人臣力爭❻。

處暑之日❼，鷹乃祭鳥❽；又五日，天地始肅❾；又五日，禾乃登❿。鷹不祭鳥，師旅無功；天地不肅，君臣乃□⓫；農不登穀，暖氣為凶⓬。

白露之日⓭，鴻雁來⓮；又五日，玄鳥歸⓯；又五日，群鳥養羞⓰。鴻雁不來，遠人背畔⓱；玄鳥不歸，室家離散；群鳥不養羞，臣下驕慢⓲。

秋分之日⓳，雷乃始收⓴；又五日，蟄蟲培戶㉑；又五日，水始涸。雷不始收㉒，諸侯淫泆；蟄蟲不培戶，民靡有賴㉓；水不始涸，甲蟲為害㉔。

寒露之日㉕，鴻雁來賓㉖；又五日，爵入大水為蛤㉗；又五日，菊有黃華㉘。

鴻雁不來，小民不服㉙；爵不入大水，失時之極㉚；菊無黃華，土不稼穡㉛。
霜降之日㉜，豺乃祭獸㉝；又五日，草木黃落；又五日，蟄蟲咸俯㉞。豺不祭獸，爪牙不良㉟；草木不黃落，是為愆陽㊱；蟄蟲不咸俯，民多流亡㊲。

【章　旨】說明秋季三月、六氣、十八候的變化，特別講述反常氣候導致動植物的異常表現所預示的人事——國事、家事等可能會出現的不良現象。

【注　釋】❶立秋之日　七月節氣。❷白露降　降下白露。白露，白色的露水，這裏不指節氣。陳逢衡曰：「露者，天地滋潤之氣至，是應金行之象而白也。」❸寒蟬鳴　寒蟬似蟬而小，色青，其鳴則天涼。❹涼風不至二句　陳逢衡曰：「涼風者，金行之應，金主刑殺，嚴政也。今不至，則上慢而下縱矣，故其占為國無嚴政之象。」嚴政，嚴肅之政。❺白露不降二句　陳逢衡曰：「露者，陰陽之和也。季夏暑熱煩悶，得秋氣之清潤，則暑鬱解而民氣和。今白露不降，故變而旱，天地清潤之氣不行，則于五行為金者于人主肺，肺喜潤而惡燥，又主氣，故其占為民多欬病之象。」欬，咳嗽。❻寒蟬不鳴二句　「寒蟬不鳴，人臣力爭」，「人臣」，章、陳、朱本作「人皆」，《御覽》、《寶典》、《類聚》等作「人臣」（盧、孫、劉），今據改。陳逢衡曰：「寒蟬飲而不食，應時而動，如守之清而治化行也。今不鳴，則賢者尸位而民氣不靖矣，故其占為人多力爭之象。」❼處暑之日　七月中氣。❽鷹乃祭鳥　陳逢衡曰：「是月鷹鷙殺鳥于大澤之中，四面陳之，有似于祭也。」❾天地始肅　《淮南子・時則》高誘注：「肅，殺也，殺氣始行也。」朱右曾曰：「肅，嚴急也。」❿禾乃登　黍稷等成熟。登，穀物成熟。⓫君臣乃□　潘振疑闕文為「訌」，義為亂。朱駿聲補「怠」字。按，訌與功、凶合韻，姑從潘說。⓬農不登穀二句　陳逢衡曰：「木得秋金而成其時，必有清涼之氣助之。今農不登穀，則火剋金，而木亦受其害矣，故其占為暖氣為凶之象。」鴻恩按，五行家以五行配五方，東方為木，南方為火，西方為金，陳氏以五行相剋說釋之，暖氣為凶，指南方之火剋西方之金。又，疑此源於〈月令〉「(孟秋)行春令，則其國乃旱，陽氣復還，五穀無實」，鄭玄注：「陽氣能生而不能成」。⓭白露之日　八月節氣，露凝而白。⓮鴻雁來　指雁從北方南飛。⓯玄鳥歸　燕去而蟄，如歸家然（朱右曾）。⓰群鳥養羞　群鳥積蓄食物備冬，如藏珍饈。養，儲藏（朱右曾）。羞，同「饈」。⓱鴻雁不來二句　陳逢衡曰：「鴻雁者，遠人之應也。今不至，則所以柔之者無道也。」畔，通「叛」。⓲臣下驕慢　臣子驕傲懈怠。臣下，原作「下臣」，王念孫曰：「下臣，本作「臣下」，謂群臣也。《類聚》、《御覽》引此並作「臣下」。」孫詒讓曰：「《寶典》引作「群臣」。」今改為「臣下」。陳逢衡曰：「群鳥者，臣下之應也。」⓳秋分之日　八月中氣。《呂氏春秋・仲秋紀》、《禮記・月令》、《淮南子・時則》作「日夜分」，意即秋分這天，晝夜的長短恰好相等。⓴雷乃始收　原作「雷始收聲」，陳奇猷引王念孫曰：「『聲』字當刪，注內舉正文無『聲』字，《淮南・時則》及《初學記》引〈月令〉、《類聚》、《書鈔》引《周書・時訓》，並作『雷乃始收』，是也。自唐〈御修月令〉始改作『雷乃始收聲』。」」今據刪「聲」字。㉑蟄蟲培戶　蟲入穴蟄伏而增益其穴口之土以防寒。培，增益；壅土。戶，指洞穴之口。㉒雷不始收　「收」下原有「聲」字，據王念孫說刪之。陳逢衡曰：「雷震百里，大國諸侯之象。雷應天地之凝肅而收聲，猶諸侯服天王之政教而寧輯也。今不收聲，則號令不肅矣。」鴻恩按，此陳以《周易》卦象為說，〈大壯〉卦乾下震上乃雷乘乾之象，（《左傳》昭公三十二年「雷乘乾曰〈大壯〉」杜預注：「乾為天子，雷為諸侯，而在乾上。」）故雷不收，即以諸侯淫泆非禮為說。淫泆，放恣；淫逸驕奢。㉓蟄蟲不培戶二句　陳逢衡曰：「蟄蟲培戶，猶民之綢繆牖戶也。今不培戶，則不安厥居，而寒莫能禦，故其占為民靡有賴之象。」㉔水不始涸二句　陳逢衡曰：「水者，介蟲之窟宅也。今不始涸，則黿鼉之屬得有所憑藉以肆其毒。」甲蟲，朱右曾釋為稻蟹（食稻之蟹）。今從朱說。㉕寒露之日　九月節氣。露氣轉寒，故曰寒露。㉖鴻雁來賓　「鴻雁孕育乳孳俱于北方，北方乃其巢宇之所，南方乃其作客之鄉。賓之為言賓旅也。」（陳逢衡）鴻恩按，《呂覽》、《淮南》作「鴻雁來賓，爵入大水為蛤」，高誘注，俱以「賓爵」連文，此文與彼不同，今從陳說。㉗爵入大水為蛤　孫希旦曰：「孔氏曰：『《國語》云：「雀入于海為蛤」（〈晉語九〉趙簡子語），故知大水是海也。』」爵，通「雀」。蛤，蛤蜊，生活於淺海。〈晉語九〉韋昭注：「小曰蛤，大曰蜃，皆介物蚌類也。」㉘菊有黃華　菊（古籍別稱治蘠）始開花。㉙鴻雁不來二句　陳逢衡曰：「鴻雁至秋而就燠（溫暖）南方，如小民之知依而懷樂土也。今不來，是不相歸附也。」㉚爵不入大水二句　陳逢衡曰：「爵入大水，時之應也。今不入，則物失其性矣。」失時，違背季節。極，過（朱右曾）。㉛菊無黃華二句　菊開黃花，為種麥之候，今菊不花，知來歲力田不能種植和收割（參陳氏說）。㉜霜降之日　九月中氣。㉝豺乃祭獸　豺於是捕獸陳列。豺，狼屬，耳短而圓，牙似錐。㉞蟄蟲咸俯　俯，蟄伏；冬眠。㉟爪牙不良　武士不精良。爪牙，武士。㊱愆陽　過時而陽不斂；陽不潛藏。愆，差錯。㊲民多流亡　蟄蟲不咸俯，則寒而無以安其身，故其占為民多流亡（陳逢衡）。

【語　譯】立秋這天，涼風吹來；又經過五天，白色露水降下來；又經過五天，寒蟬鳴叫。如果涼風不吹來，意味著國家沒有嚴厲的法制；如果白色露水不降下，表明人民多患咳喘病；如果寒蟬不鳴叫，說明人臣極力爭鬥。

處暑這天，鷹於是陳列捕殺的鳥；又經過五天，天地間開始流行肅殺之氣；又經過五天，黍稷等即成熟。如果鷹不陳放鳥，意味著軍隊沒有戰功；如果天地間沒有肅殺之氣，表明君臣之間就會發生爭吵；農家五穀不能成熟，說明暖陽之氣造成災荒。

白露這天，大雁從北方飛來；又經過五天，燕子飛走；又經過五天，群鳥積蓄食物像儲藏珍饈。如果大雁不飛來，意味著遠方的人背叛；如果燕子不回歸，表明家人離散；如果群鳥不儲藏珍貴食品，說明臣下驕傲懈怠。

秋分這天，雷聲這才開始止息；又經過五天，蟄伏的蟲類開始壅堵門戶；又經過五天，水開始乾涸。如果雷聲不開始止息，意味著諸侯淫逸驕奢；如果蟄蟲不開始壅堵門戶，表明人民沒有依賴；如果水不開始乾涸，說明稻蟹之類為害。

寒露這天，大雁飛來作客；又經過五天，雀入海變成蛤蜊；又經過五天，菊開黃花。如果大雁不來，意味著小民不歸附；如果雀不入海，這是過分違背節候；如果菊沒有開黃花，說明來年土地不能種植、收割。

霜降這天，豺於是捕獸陳列；又經過五天，草木由發黃而落葉；又經過五天，蟲類都蟄伏冬眠。如果豺不捕獸陳放，意味著武士不精良；如果草木不發黃而落葉，這是陽不潛藏的差錯；如果蟲類不蟄伏，說明民眾大多要流亡。

立冬之日❶，水始冰；又五日，地始凍；又五日，雉入大水為蜃❷。水不冰，是謂陰負❸；地不始凍，災咎之徵❹；雉不入大水，國多淫婦❺。

小雪之日⑥，虹藏不見⑦；又五日，天氣上騰，地氣下降⑧；又五日，閉塞而成冬⑨。虹不藏，婦不專一⑩；天氣不上騰，地氣不下降，君臣相嫉⑪；不閉塞而成冬，母后淫佚⑫。

大雪之日⑬，鶡旦不鳴⑭；又五日，虎始交⑮；又五日，荔挺生⑯。鶡旦猶鳴，國有訛言⑰；虎不始交，將帥不和⑱；荔挺不生，卿士專權⑲。

冬至之日⑳，蚯蚓結㉑；又五日，麋角解㉒；又五日，水泉動㉓。蚯蚓不結，君政不行㉔；麋角不解，兵甲不藏㉕；水泉不動，陰不承陽㉖。

小寒之日㉗，雁北鄉㉘；又五日，鵲始巢㉙；又五日，雉始雊㉚。雁不北鄉，民不懷主㉛；鵲不始巢，國不寧㉜；雉不始雊，國大水㉝。

大寒之日㉞，雞始乳㉟；又五日，鷙鳥厲疾㊱；又五日，水澤腹堅㊲。雞不始乳，淫女亂男㊳；鷙鳥不厲，國不除兵㊴；水澤不腹堅，言乃不從㊵。

【章　旨】說明冬季三月、六氣、十八侯的變化，特別講述反常氣侯導致動植物的異常表現所預示的人事——國事、家事等可能會出現的不良現象。

【注　釋】❶立冬之日　十月節氣。❷雉入大水為蜃　「雀入于海為蛤，雉入于淮為蜃」（〈晉語九〉），雉為野雞，「立秋來，立冬去」（朱右曾）。此大水指淮，蜃為大蛤。雉大於雀，故化而後亦有大、小。❸陰負　陰的失敗。❹地不始凍二句　「地不始凍，災咎之徵」，「災咎之徵」原作「咎徵之咎」，王念孫曰文不成義，據《御覽》改，孫詒讓以王改是。今從改。災咎，災禍。❺雉不入大水二句　朱右曾曰：「雉與蛇交合，不以類，淫之象也。」❻小雪之日　十月中氣。❼虹藏不見　虹為陰陽之交氣，今陰陽之氣不交，故不見（潘振、陳逢衡）。❽天氣上騰二句　朱右曾曰：「六陽（十一月至來年四月，為陽氣上升之時，稱六陽；五月至十月為陰氣上升之時，稱六陰）盡消，天不近物，故曰上騰。純陰用事，地體凝凍，故云下降。」即指陰陽不相通。❾閉塞而成冬　「指天地之氣言」（陳逢衡），「閉塞，謂物盡蟄」（朱右曾）。鴻恩按，此時大地封凍，即俗語所謂「小雪封地，大雪封河」。❿虹不藏二句　陳逢衡曰：「虹為天地之淫氣，當藏而藏，婦德之應也。今不藏，則雌雄逐，故其占為婦不專一之象。」⓫天氣不上騰三句　陳氏曰：「天尊地卑，君臣之應也。今乃天不上騰則于事為逼下，地不下降則于事為淩上，故其占為君臣相嫉之象。」嫉，惡（朱右曾）。⓬不閉塞而成冬二句　陳氏曰：「冬者四時之終也，坤道也，今乃不閉塞，則于至靜之德不協，故其占為母后淫佚之象。」朱右曾曰：「老陰，母后之象。」鴻恩按，陳、朱俱以《周易》為說。《周易・繫辭上》「易有兩極，是生兩儀，兩儀生四象」，陰陽從太極生出，萬事萬物都可歸屬於陰陽兩儀，陰儀代表安靜、關閉等。四象指太陽（⚌）、少陽（⚎）、太陰（⚏）、少陰（⚍）。太陽（老陽）代表夏、午，老陰即純陰，代表冬、子夜。佚，放蕩。⓭大雪之日　十一月節氣。陰氣盛，雨變雪且比前月大，故謂大雪。⓮鷃旦不鳴　鷃旦，盧本校作「鴠鳥」，盧曰：「鴠鳥，鷃鴠也，或作䳘鴠。《禮記・坊記》作『盍旦』，夜鳴求旦之鳥也。《御覽》『鴠』作『鷃』，亦可通。」朱本據王念孫說改為「鷃旦」。劉師培同王說。孫詒讓與王念孫父子說不同，以為「鷃鳥」不誤。鴻恩按，鷃鴠、䳘鴠、鷃旦及鷃鳥、鴠鳥均應為一物，俗名寒號蟲，屬蝙蝠類。《呂覽》高誘注：「鷃鴠，山鳥，陽物也，是月陰勝故不鳴也。」朱右曾曰：「鷃旦，夏月毛采五色，至冬落盡，夜則忍寒而號以求旦。」⓯虎始交　《呂覽》高誘注：「虎，陽中之陰也，陰氣盛，以類發也。」⓰荔挺生　〈月令〉鄭玄注：「荔挺，馬髴也。」王引之、陳逢衡、朱右曾均主鄭玄說。《呂覽・仲冬紀》、《淮南子・時則》高誘注：「荔，馬荔。挺，生出也。」二說不同。《顏氏家訓・書證篇》譏笑鄭玄「荔」與「挺」連讀。劉師培從高誘說，並以下文「荔挺不生」應作「荔不挺出」。陳奇猷〈仲冬紀〉校釋引許維遹、沈祖綿力主高誘說。至今意見不一。今從鄭玄注，見注⓳。⓱鷃旦猶鳴二句　陳逢衡曰：「鴠以陽鳥而鳴于陰極之時，則口舌為祟之應也，故其占為國有訛言之象。」⓲虎不始交二句　陳曰：「虎者將帥之應，今不交，則貔貅必有不相能者。」俞樾曰：「『將帥不和』，字不入韻，必有誤。」劉師培曰：「案『和』當讀『桓』。《史記・孝文紀》《索隱》云：『陳、楚俗「桓」聲近「和」。』是其證。」《詩・魯頌・泮水篇》：『桓桓于征』，毛傳云：『威武貌。』將帥不桓，猶言將帥無威耳。桓與言、權均協韻。」⓳荔挺不生二句　荔挺不生，章、盧、陳、朱本均作「茘挺不生」，與高誘注、顏之推說不合，劉師培據顏說主張改為「茘不挺出」。王引之曰：「檢〈〔禮記・〕月令篇〉凡言草名二字者，則但言『生』，一字者則言『始生』以足其文，未有狀其生之貌者。倘經意專以『茘』之一字為草名，則但言『茘始出』可矣，何煩又言『挺』也。且據顏氏引《易通卦驗》『茘挺不出』，則以茘挺為草名者，自西漢時已然。鄭氏注非臆斷也。挺之言莛也。《說文》曰：『莛，莖也。』茘草抽莖作華，因謂之茘挺矣。」（《經義述聞》卷十四「茘挺出」）陳曰：「茘挺生而正直如臺端得人，有正色立朝之概，今不生，則朝列無所懼，故其占為卿士專權之象。」卿士，周王朝的執政大臣。⑳冬至之日　十一月中氣。〈仲冬紀〉曰：「是月也，日短至，陰陽爭。」㉑蚯蚓結　結，盤屈如結。㉒麋角解　麋是陰獸，冬至得陽氣而解角。鴻恩按，〈仲冬紀〉陳奇猷校釋引沈祖綿曰：「清乾隆間，御苑實驗，麈角于冬至皆解，而麋角不解，于是改時憲書『麋角解』為『麈角解』。」此可備參。麋，麋鹿，即四不像。《呂覽》、《禮記》、《淮南子》與本文四書均作「麋」（麈，鹿屬動物，似鹿而大）。解，脫落。㉓水泉動　陽氣聚於內，故秉微陽而動（陳逢衡）。㉔蚯蚓不結二句　君政，《占經》引作「政令」（劉師培）。蚯蚓蠕動之物，今陽氣已達黃泉而猶挺然若死，則是君政不得實行之象（參陳逢衡說）。㉕麋角不解二句　不解，是耀武也（陳逢衡）。參上文「鹿角不解，兵革不息」。㉖水泉不動二句　陳氏曰：「水泉乘陰而凝，乘陽而達，今不動，則嫌于無陽矣，故其占為陰不承陽之象。」承，奉。㉗小寒之日　十二月節氣。㉘雁北鄉　「鄉」字原作「向」，《御覽》、《寶典》、《類聚》引此「向」與下「不北向」之「向」為「鄉」（盧、孫、劉）。鴻恩按，鑒於《呂覽・季冬紀》、《禮記・月令》、《淮南・時則》此句亦並作「鄉」，上下二「向」字均改為「鄉」。孫希旦曰：「雁北鄉者，始鄉之而尚未北也；至正月候雁北，始北歸矣。」鄉，這裏音、義同「向」。㉙鵲始巢　高誘曰：「鵲感陽而動，上加〔架〕巢也。」鵲，喜鵲。㉚雉始雊　高誘曰：「《詩〔・小雅・小弁〕》云『雉之朝雊，尚求其雌』是也。」《說文》「雊，雄雉鳴也。」㉛雁不北鄉二句　陳逢衡曰：「雁北向，向北闕也，是小民拱戴王室之應。」不北鄉，象徵民不懷主。㉜國不寧　陳氏據《類聚》改為「國不安寧」，孫氏引惠云《御覽》作「國家不寧」，孫氏曰《寶典》作「國乃不寧」。各本不同而句意不異。㉝雉不始雊二句　《御覽》、《類聚》「國」下有「乃」字（盧、陳）。孫希旦曰：「是月雷應陽氣，始發聲于地中，雉聞之而雊。《漢書〔・五行志中〕》云『雉者聽察，先聞雷聲，故〈月令〉以紀氣』是也。」朱右曾曰：「不雊，不聞雷也。陽不勝陰，陰沴〔亂；反常〕，故主水。」古人認為水為陰，陰盛故曰主水。㉞大寒之日　十二月中氣。陳逢衡曰：「《易稽覽圖》所謂『冬至後三十日極寒』是也。《白虎通〔・冬至休兵〕》曰：『冬至陽始起，反大寒何也？陰氣推而上，故大寒。』〔陳立注：《御覽》引作『推陰而上之，故大寒于上』。〕」㉟雞始乳　陳逢衡曰：「謂當字育之時，即〈〔夏〕小正〉『雞桴粥』，〈小正〉以為正月，舉其晚者而言也。」鴻恩按，王念孫《廣雅疏證》：「捋粥，孚育，生也。」伏卵謂之孚（孵），或以為產卵，非是。㊱鷙鳥厲疾　鷙鳥，鷹隼之屬。厲疾，猛迅。㊲水澤腹堅　水塘之冰堅固凸出如腹。㊳雞不始乳二句　陳氏曰：「雞乳所求在得子，今不始乳，則牝雞之逐惟雄是戀矣，故其占為淫女亂男之象。」㊴鷙鳥不厲二句　「鷙鳥不厲，國不除兵」，除兵，章本、盧本作「除兵」，陳、朱據《御覽》改為「除姦」，孫詒讓曰《寶典》「姦」亦作「兵」，劉師培證明「兵」字與「男」、「從」均可協韻。今據《寶典》及孫、劉說改回「兵」字。陳氏曰：「鷙鳥厲疾，則雀角（角指雀之喙）之屬皆遠避，今不厲疾，雖禍在肘腋而不能制也，故其占為國不除姦（兵）之象。」㊵水澤不腹堅二句　陳氏曰：「澤也者，兌也。兌為口，象言語，今不腹堅，則言皆虛偽矣，故其占為言乃不從之象。」鴻恩按，兌為《周易》八卦之一，由上一陰爻、下二陽爻組成，其名為「兌」，其義為「說（悅）」，其基本象徵物為「澤」，《周易・說卦傳》曰「兌為澤，為口舌」，陳說據此。朱右曾曰：「《論衡（・言毒篇）》曰『火為言』，言不從，則水火相射，故不堅。」鴻恩按，《論衡・言毒》亦有「火為口舌之象」。

【語　譯】立冬這天，水面開始結冰；又經過五天，大地開始封凍；又經過五天，野雞飛進淮水變成大蛤蜊。水面如果不結冰，這是陰的失敗；大地如果不開始封凍，這是發生災禍的跡象；野雞如果不飛進淮水，意味著國家會有很多淫婦。

小雪這天，虹藏匿不再出現；又經過五天，陽氣往上升騰，陰氣往下降；又經過五天，大地凝凍封閉而成為冬天。虹如果不隱藏，意味著婦人不專一；陽氣如果不往上升騰，陰氣不往下降，表明君臣相互憎恨；大地如果不封凍而成為冬天，說明母后淫亂放蕩。

大雪這天，鶡旦不再鳴叫；又經過五天，老虎開始交配；又經過五天，荔莖生出。鶡旦如果仍舊鳴叫，意味著國家會流傳謠言；老虎如果不開始交配，表明將帥不威武；荔莖如果不生出，說明執政大臣專擅大權。

冬至這天，蚯蚓盤屈在一起；又經過五天，麋鹿的角脫落；又經過五天，地下水開始活動。蚯蚓如果不盤結，意味著君王的政令不能施行；麋鹿的角如果不脫落，表明兵甲不能收藏；地下水如果不開始活動，說明陰不能尊奉陽。

小寒這天，大雁飛向北方；又經過五天，喜鵲開始築巢；又經過五天，野雞開始鳴叫。大雁如果不飛向北方，意味著人民心裏並沒有想著君主；喜鵲如果不開始築巢，表明國家將不安寧；野雞如果不開始鳴叫，說明國家就要發生大水。

大寒這天，雞開始孵卵；又經過五天，鷹隼猛烈而迅疾；又經過五天，水塘內部都結為堅冰。雞如果不開始孵育，意味著淫蕩的女人迷亂男人；鷹隼如果不猛烈，表明國家不能解除軍隊；水塘內部如果不能結為堅冰，說明話就不會被聽從。

【研　析】本文中的物象是據《禮記・月令》寫成，其寫成時代自然在〈月令〉之後。

在《呂氏春秋・十二紀》、《禮記・月令》、《淮南子・時則》中都詳細記錄物候，記述的事項都比本文廣泛得多，它們的內容基本相同。鄭玄以為〈月令〉「本《呂氏春秋・十二月紀》之首章，禮家好事抄合之，其中官名、時、事，多不合周法。」孫希旦也說：「愚謂是篇雖祖述先王之遺，其中多雜秦制，又博采戰國雜家之說，不可盡以三代之制通之。」（《禮記集解・月令》題解）今人劉起釪明確說〈月令〉、〈十二紀〉出現於戰國末期，是「〈月令〉抄襲〈十二紀〉」（《尚書校釋譯論》第一一五五頁）。陳遵嬀一面指出：「《禮記・月令》的天象紀事，除極少數外，可以說和《呂氏春秋》完全一致。」同時認為〈月令〉的天象紀事「是根據實測」，實測年代在西元前六二〇年為中心的前後一百年間，陳顯然認為是〈十二紀〉抄錄〈月令〉的。陳氏還說：「恰如從〈月令〉能夠看到二十四氣的成立樣子，同時也可以看出〈月令〉已有七十二候的形勢。（自注：《唐書・曆志・大衍曆議》中〈五卦候議〉：『七十二候，原于周公〈時訓〉，〈月令〉雖頗有增益，其先後之次則同。』）」又說：「〈月令〉所載各月的節氣，共有十三，可以說〈月令〉已在建立二十四氣的過程中，或可把〈月令〉看為二十四氣的起源。」（《中國天文學史》第四九三、四九四頁）

要確定〈時訓〉的寫作時代，不能脫離中國天文曆法的發展史，還應當與同類作品作比較，看它所屬的思想體系。

說〈月令〉是在二十四氣建立的過程中，這是肯定的，〈月令〉、〈十二紀〉明確提到了立春、立夏、立秋、立冬四個節氣和日夜分（春分）、日長至（夏至）、日夜分（秋分）、日短至（冬至）四個尚未正式定名的節氣。此外還有「蟄蟲始振」、「始雨水」、「小暑至」、「白露降」、「霜始降」，都還並非節氣名，而且順序不對，如「蟄蟲始振（驚蟄）」在立春前，「小暑至」在夏至前，「白露降」在秋分後，都與二十四氣順序不合，早或晚一個月，只有「始雨水」在春分前，與古曆順序合。所以「蟄蟲始振」、「白露降」等似乎都只是作為物候來敘述，還出於向節氣名稱演變的過程中。至於說「也可以看出〈月令〉已有七十二候的形勢」，〈月令〉確實具備了〈時訓〉七十二候的物候資料，但這時二十四氣尚未建立，哪會有七十二候的觀念？這恐怕不合於事物發展的邏輯。《左傳》僖公五年說「凡分、至、啟、閉必書云物」，分指春分、秋分，至指夏至、冬至，啟指立春、立夏，閉指立秋、立冬。〈月令〉、〈十二紀〉至少在記載中並沒有比《左傳》增加節氣數（二十四氣是逐漸完備起來，〈夏小正〉、《左傳》還提到「啟蟄」，至《淮南子》和本文才有了和今天一致的二十四氣記載）。關於「七十二候」，學者也肯定地說：「此七十二候所由始也。」（陳逢衡）「七十二候之分則始于本篇。」（劉師培《周書補正》）

讓我們先把〈月令〉、〈十二紀〉、〈時則〉和〈時訓〉有關的文字作一點比較。諸篇春季三月的記述為：

孟春之月……東風解凍，蟄蟲始振，魚上冰，獺祭魚，鴻雁來（〈十二紀〉、〈時則〉同作「候雁北」）。……是月也，以立春。……是月也……草木萌動（〈十二紀〉「萌」作「繁」；〈時則〉無此內容）。

仲春之月……始雨水，桃始華（〈十二紀〉、〈時則〉「桃」下有「李」），倉庚鳴（〈十二紀〉、〈時則〉「倉」作「蒼」），鷹化為鳩。……玄鳥至。……是月也，日夜分，雷乃發聲，始電（〈時則〉無「玄鳥至」，無「始電」），蟄蟲咸動，啟戶始出。

季春之月……桐始華，田鼠化為鴽，虹始見，萍始生。……鳴鳩拂其羽，戴勝降于桑（〈十二紀〉「勝」字作「任」，〈時則〉作「鵀」）。

到了本文，這段文字則成為：

立春之日，東風解凍；又五日，蟄蟲始振；又五日，魚上冰。雨水（今改為「驚蟄」）之日，獺祭魚；又五日，鴻雁來；又五日，草木萌動。

驚蟄（今改為「雨水」）之日，桃始華；又五日，倉庚鳴；又五日，鷹化為鳩。春分之日，玄鳥至；又五日，雷乃發聲；又五日，始電。

清明（今改為「穀雨」）之日，桐始華；又五日，田鼠化為鴽；又五日，虹始見。穀雨（今改為「清明」）之日，萍始生；又五日，鳴鳩拂其羽；又五日，戴勝降于桑。

由此我們可以知道：㈠〈月令〉所寫三個月，只寫了立春、日夜分兩個節日和「蟄蟲始振」、「始雨水」兩個疑似者，〈時訓〉則六個節日俱全，而且其稱說和後代完全一致；㈡〈時訓〉所寫物候無一不在〈月令〉和〈十二紀〉中，而且先後順序也都相同；㈢〈時訓〉最主要特點是分五天為一候，把〈月令〉中物候分配在七十二候之中，是現存分全年為七十二候的最早的曆法資料，這是它的價值所在；㈣本文另一特點是二十四氣和《淮南子‧天文》一樣完備，而且它們的順序也完全相同，驚蟄在雨水後，穀雨在清明後，不同於古曆，而同於後代的順序；㈤〈時訓〉語句、用字大多同於〈月令〉而不同於〈十二紀〉，如「鴻雁來」、「萌動」、「桃始華」、「倉庚」、「戴勝」等（〈時則〉的語句、用字則多與〈十二紀〉相同），本文物候摘抄於〈月令〉，有用者拿來，無用者棄去，這是無庸置疑的。舉例說，〈時訓〉「霜降」一節「蟄蟲咸俯」句，在〈月令〉、〈十二紀〉分別作「蟄蟲咸俯在內」、「蟄蟲咸俯在穴」，〈時訓〉抽出「蟄蟲咸俯」四字，顯然不夠完整；「小雪」一節「又五日，天氣上騰，地氣下降；又五日，閉塞而成冬」，在〈月令〉、〈十二紀〉中本作：「（天子）命有司曰：『天氣上騰，地氣下降，天地不通，閉塞而成冬。』命百官謹蓋藏。」〈時訓〉的裁截有點兒生吞活剝。所以不可能是〈月令〉抄襲〈時訓〉，又把它們分散開來布置一番。

那麼〈月令〉究竟出於何代呢？清人孫希旦在〈月令〉「孟春之月」最後「行冬令，則水潦為敗，雪霜大摯，首種不久」《呂氏春秋》惟「久」字作「入」，其餘全同）下，注曰：「《呂氏春秋》本戰國雜家之書，所言行某令失則致某氣之說，支離破碎，蓋出于陰陽五行家之言，其義無足深究。」今人劉起釪說：「〈月令〉和〈時則〉抄襲〈十二紀〉，它們把宇宙中各方面複雜的食物都安排成五，如五方、五色、五聲、五蟲、五嗅、五祀、五穀、五畜、五臟、五帝、五神等等，無不和五行配起來，荒謬怪誕不可理喻！顯然成了極端唯心的陰陽五行說的東西。」（《尚書校釋譯論》第一一五五頁）楊寬先生對我們的古人則表現得寬容和客觀。他說〈月令〉是戰國時代十分流行的陰陽五行家的著作，「普遍為人民所採用」。〈月令〉是「戰國後期陰陽五行家為即將出現的統一的中央集權王朝制定的行政月曆。它分月記載了氣候、生物、農作物的生長關係，相應地制定了保護、管理各種生產的政策和措施，具有一定的科學性。」他有一段評論〈月令〉的話，正適用於評價〈時訓〉的七十二候：

> 〈月令〉中記載有比較豐富的物候觀察的結果，體現了長期以來我國在物候學研究方面取得的成就。物候學是沒有觀測儀器時代的氣象學和氣候學。它研究一年中四季氣候變化和草木抽芽生長開花結果、生物活動變化和候鳥春來秋往等等現象的關係。（《戰國史》第五八一頁）

可以認為，這是對於我國曆法中七十二候的全面概括和評價。

我們看得出，〈時訓〉中每一季節的文字都分為前後兩半，前半就是上述物候，後半則說生物反常、氣候反常（違背七十二候的規律），對於國事、君、臣、百姓的影響或者禁忌的事情，關於君王方面的：「君無威震」、「號令不行」、「佞人在側」、「君臣相嫉」、「君政不行」、「臣不從主」、「民不懷主」及「嬖奪后命」、「母后淫佚」等；關於國事方面的：「遠人不服」、「國多貪殘」、「國縱盜賊」、「國不治兵」、「政教不中」、「國無嚴政」、「國無寬教」、「國無恩澤」、「命令壅偪」、「兵革不息」、「爪牙不良」、「師旅無功」、「國不除兵」、「國多淫婦」、「賢人潛伏」、「小民不服」等；關於諸侯、臣下的：「諸侯失民」、「貴臣放逸」、「臣下驕慢」、「卿士專權」等；關於民生和百姓的：「水潦淫漫」、「困于百姓」、「民多厲疾」、「民靡有賴」、「民多流亡」、「室家離散」、「淫女亂男」等。主要內容都是有關國事、君臣、百姓的，和《月令》一樣，也是占驗吉凶、表述宜與不宜的官家曆書。作者對國事和民生十分關心。

但是特別引人注意的是，每節文字的後半表現了強烈的「天人感應」思想。「風不解凍，號令不行；蟄蟲不振，陰氣奸陽；魚不上冰，甲冑私藏。」蟄蟲不振確與陰氣盛有關，但風不解凍與「號令不行」有什麼關係？魚不上冰與「甲冑私藏」有何關聯？「獺不祭魚，國多盜賊；鴻雁不來，遠人不服；草木不萌動，果蔬不熟。」草木萌不萌動，關係到果蔬的收成，但是獺不祭魚如何就能判定「國多盜賊」？鴻雁不來與「遠人不服」有什麼必然聯繫？「倉庚不鳴，臣不從主；鷹不化鳩，寇戎數起」，「玄鳥不至，婦人不娠」，「蚯蚓不出，嬖奪后命」，「苦菜不秀，賢人潛伏」等等，都牽強附會，無道理可講，只是對於表象的無類聯想，是占卜心理在作怪。每一節氣的後半，絕大多數均屬此類。（我們在注釋中收入陳逢衡的解釋，就是為了瞭解作者的思想路徑，否則我們將茫然無知。）但是有一些說法，作者自有其根據。如「風不解凍」之「風」，在解《易》的著作和《後漢書》中大量記載著「風為號令」，「風者，天之號令」，「風者，天之號令，所以譴告人也」，作者釋「風不解凍」，為「號令不行」，自是源於《周易》。「雷不發聲，諸侯失民」，「雷不始收，諸侯淫泆」，「水澤不腹堅，言乃不從」，都是依據《周易》卦象；「螻蟈不鳴，水潦淫漫」，是根據生活經驗；「螳螂不生，是謂陰息」，「白露不降，民多欬病」，「草木不黃落，是為愆陽」，是根據陰陽寒暑，都有一定道理。但這些只是少數。所以楊寬先生同時指出：「陰陽家的著作屬於『術數』性質，是科學思想和神話以及迷信相結合的。」《月令》「是把『天人感應』的說法進一步運用到政治上。」（同上第五八二頁）

眾所周知，「天人感應」思想盛行於漢代，其代表學者為董仲舒。但是，「春秋時盛行的占星術，依據天體的運行推測人事的吉凶禍福，是天人感應思想的直接來源。戰國後期，陰陽家鄒衍『深觀陰陽消息而作怪迂之變』，使天人感應趨於系統化。漢代董仲舒繼承和發揮了陰陽家的思想，使天人感應說臻於成熟。」《中國大百科全書・哲學》第八七五頁）天人感應說既有限制君權的積極作用，又有歪曲人和自然關係的消極面。天人感應思想彌漫的〈月令〉既然寫成於戰國末期，抄錄〈月令〉而天人感應思想更加強烈的〈時訓〉的時代，也就可想而知了。陳遵媯說：「一年分為二十四氣，大概是前漢初年以後，《淮南子》成書（西元前一三九年）以前。」（《中國天文學史》第九九〇頁）

周玉秀指出，本文每一節氣的後半節與前半節語言不相同，「後半部分是漢人創作的」，用韻（合韻）屬於漢代（《文獻學價值》第一七九～一八六頁）。核之思想史、曆法史等，這一結論是可信的。

月令第五十三 亡

月令，一年十二個月所應當實行的政令。本書此篇亡佚。盧文弨引蔡邕〈明堂月令論〉曰：「因天時，制人事，天子發號施令，祀神受職，每月異禮，故謂之〈月令〉。所以順陰陽，奉四時，效氣物，行王政也。成法具備，各從時月，藏之明堂，所以示承祖考神明，明不敢泄瀆之義。故以『明堂』冠『月令』，以名其篇。」蔡邕以為〈月令〉是周公作，本在《周書》中，呂不韋著書收入《呂氏春秋》。《隋書・牛宏傳》說同蔡邕。盧文弨據此，即「依《呂氏・十二紀》以補斯闕」。但鄭玄之說與蔡邕相反。《禮記・月令》孔穎達疏引鄭玄《目錄》曰：「名為〈月令〉者，以其記十二月政之所行也，本《呂氏春秋・十二月紀》之首章也，以禮家好事抄合之，後人因題之，名曰《禮記》。言周公所作，其中官名、時事多不合周法。此于《別錄》屬《明堂陰陽記》。」潘振、丁宗洛從盧氏補錄。陳逢衡曰：「出自《呂氏》，恐未必即《周書・月令》之舊，故仍從舊闕。」朱右曾亦曰：「馬融《論語》注引〈月令〉『改火』之文，蔡邕、牛宏引〈月令〉論明堂之制，今俱不見于《呂覽》，則其同異未可知也。」今從陳、朱，不作補錄。

《周書・序》曰：「周公制十二月賦〔頒布〕政之法，作〈月令〉。」〈周月〉、〈時訓〉不可能是周公所作，可以肯定〈月令〉也不會是周公所作，鄭玄說可據。作〈序〉者已經不知道文章之所從出。

《論語・陽貨》「鑽燧取火」馬融注曰：「《周書・月令》有『更火』之文，『春取榆、柳之火，夏取棗、杏之火，季夏取桑、柘之火，秋取柞、楢之火，冬取槐、檀之火。』」按，今本〈十二紀〉、〈月令〉均無更火之事，然《淮南子・時則》有此內容，文字則不同，春三月「爨萁〔木名〕燧火」，夏三月、秋三月均「爨柘燧火」，冬三月「爨松燧火」。四時三改火，陳逢衡以為秋用柘必誤，「蓋傳者失之」。《周禮・夏官・司爟》「掌行火之政令，四時變國火」，鄭司農注所引《鄹子》之五句與馬融所引《周書》之文全同，賈公彥疏曰：「《鄹子書》出于《周書》，其義是一。」李學勤主編《十三經注疏》標點本《周禮》校勘記引孫校曰：「《鍾師》疏載《五經異義》引《周書》『騶虞，獸名』。『周』本作『鄒』，『鄒』、『周』音近，故多互訛。今《周書》無此文，疑本在鄒衍書內，《論語》注誤耳。」鴻恩按，孫校勝賈疏說。孫氏《斠補》曰：「大抵《周書・月令》必與《禮記》大同小異。」但馬融明說出於《周書・月令》，而抄錄〈十二紀〉或〈月令〉而成的《淮南子・時則》又有改火之事，則此終是一疑。劉師培曰：「此篇當漢魏之時，一為《周書》本，一為〈明堂月令〉本，六朝之際二本均亡。」

朱右曾以《太平御覽》所引《周書》「明堂」亦為本篇逸文，今錄經朱氏校勘之文於下：

明堂方一百四十四尺，高三丈，階廣六尺三寸。室居中，方百尺，室中方六十尺。戶高八尺，廣四尺，牖高三尺，門方十六尺。東應門，南庫門，西皋門，北雉門。東方曰青陽，南方曰明堂，西方曰總章，北方曰玄堂，中央曰太廟，亦曰太室，左曰左介，右曰右介。

朱氏又曰：「蔡邕〈明堂月令論〉雖云依《周書》立論，其實半雜前漢之制，《大戴禮》亦然，學者宜分別觀之。」

謚法第五十四

【題解】帝后、諸侯、卿大夫死後，依據其業績所評定的具有褒貶意義的稱號，叫做謚（無疑，褒美之謚居多）。《說文》：「謚，行之跡也。」《禮記・樂記》：「聞其謚，知其行也。」陳逢衡引《五經通義》曰：「謚者，死後之稱，累生時之行而謚之，生有善行，死有善謚，所以勸善戒惡也。」謚法，即評定謚號的法則。本文開端說周公、太公望製作謚，後人因稱此文為「周公謚法」。劉師培《周書補正》對本文有詳細論述，其要曰：宋王應麟《玉海》五十四引沈約《謚例・序》云：「《周書・謚法一》第五十六、〈謚法二〉第五十七」，《蘇洵集・謚法總論》也提到〈謚法〉有上下篇，說明舊本《周書》或析〈謚法〉為二。沈約〈序〉又云《大戴禮》及《世本》並有〈謚法〉，而二書傳至約時已亡其篇。劉氏考《漢書》顏注、《白虎通義・號篇》等所引《大戴》，「均《大戴・謚法》同《周書》」。《白虎通義・謚篇》引《禮記・謚法》、《書・堯典》引馬注，以堯、舜為謚，〈湯誓〉釋文引馬注云「湯、禹不在〈謚法〉中」。而《書・堯典》疏等又以禹、湯為謚。蔡邕《獨斷》又以桀、紂為謚。劉氏考證，張守節《史記正義》（以下簡稱《正義》，載中華書局本《史記》之末）所錄〈謚法〉與《周書》相合，又「確係唐本」，因而欲校孔晁注本，「捨湯謚而外」，自當依據《正義》。鴻恩按，《正義》無堯、舜、禹、桀、紂之謚，有湯，但無孔注，孔本無堯、舜、禹、桀、紂，且無湯，《正義》與孔本基本相合，如劉說。

維三月既生魄，周公旦、太師望相嗣王發，既賦憲受臚于牧之野。將葬，乃制作謚❶。謚者，行之跡也❷；號者，功之表也❸；車服者，位之章也❹。是以大行受大名❺，細行受細名，行出于己❻，名生于人❼。

【章　旨】說明制謚的緣起、原則和謚的意蘊。

【注　釋】❶維三月既生魄五句　「維三月既生魄，周公旦、太師望相嗣王發，既賦憲受臚于牧之野。將葬，乃制作謚」，開首這一段文字，記載有歧異，章檗本作「維周公旦、太公望開嗣王業，攻于牧野之中。終葬，乃制謚敘法」，字有脫訛；盧文弨據張守節《正義》及金履祥《通鑑前編》訂正為：「維周公旦、太公望開嗣王業，建功于牧之野。終將葬，乃制謚，遂敘謚法。」今正文是朱右曾據宋王應麟《困學紀聞》卷二所引《周書・謚法》所改，亦合於《玉海》卷六十七所引《周書・謚法》文（劉師培）。但劉師培以為，《困學紀聞》所錄，是據宋代周沆等所編《六家謚法》之《周書》，兼引《大戴禮記・謚法》漢末劉熙注本，並非《周書》孔晁注本。《紀聞》所引之今傳本《周書》與《正義》相合，是孔注舊本，認為盧本允當。按，據劉說，則朱右曾所取欠妥。不知何以形成兩個不同版本，尤其是「既生魄」是西周紀年法，春秋時已不使用，謚法始於何時，今意見不一，但作為主流意見，西周時代已有謚法，「既生魄」是本文原有還是後人添加，不得而知。又，孫詒讓曰：「時武王在殯，則嗣王自是成王，安得以武王為嗣王？且武王雖未葬，然以大行（天子死而未定謚號曰大行）故王而稱為嗣王，且直斥其名，其為不敬甚矣。又賦憲受臚于牧野，乃武王初得天下時事，胡為于此述之乎？竊謂此書雖作于成王元年，而〈謚法〉自是為改葬先王時，並追謚文王而作。〈敘（序）〉云：『周公肇制文王之謚義以垂于後。』是其證。然則此書非主葬武王為文明矣。《禮記・大傳》、〈中庸〉言武王：『追王太王、王季，上祀先公以天子之禮。』鄭注云：『追王者，改葬之矣。』依鄭說，是武王追王，周公又有改葬先王之事，蓋于葬武王時並以天子禮崇飾先王之陵墓。因遂作謚法。故以『相嗣王發』發端，不嫌其指斥也。」劉師培贊同孫氏改葬說：「《斠補》以終葬為改葬先王，今考《白虎通義・謚篇》云：『所以臨葬而謚之何？因眾會欲顯揚之也。』則制謚與臨葬同時。據〈作雒〉言六月葬武王，此言三月，則非葬武王甚明。蓋改葬先王在成王元年（即周公攝政二年）三月，葬武王則在六月（《穀梁》桓公十八年范甯《集解》云：『昔武王崩，周公制謚法。』則此篇作于武王崩後固無疑），孫說至允。」鴻恩按，依孫、劉說，則朱右曾依《紀聞》所訂之文有「三月」、「嗣王發」等，能體現二氏之意。而盧氏所引《史記正義》之文不能體現或加進此許多意思。故今正文仍存朱氏之舊，並錄盧氏校文於注中，兩存以俟考。既生魄，每月八、九日至十四、五日（王國維《觀堂集林・生霸死霸考》說）。相嗣王發，輔佐武王姬發。

對先王而言，故稱武王為嗣王。嗣，繼承。既賦憲受臚于牧之野，朱右曾曰：「賦，布；憲，法；臚，旅也。布法于天下，受諸侯旅見（眾諸侯、大夫晉見之禮）。」臚，通「旅」。眾。牧之野，即牧野，詳見〈克殷〉注。將葬，盧本主語不明，依孫、劉之說這裏是指改葬先王。乃制作謚，我國帝王有謚號起源於何時，今意見不一，一般認為周文王、武王之稱是生稱（說詳研析）。多以為周代始有謚。朱右曾曰：「《五經通義》云：『自殷以前有名號而無謚，堯、舜、禹皆名也。』湯，號也。《春秋繁露》、《風俗通》、《獨斷》並以黃帝之『黃』亦為謚，非也。但湯有成湯、武湯之目，則亦謚之先聲矣。」制謚之初只有善謚，西周末始有惡謚，如幽王、厲王。❷行之跡也　行為的印跡。跡，腳印；業績。❸號者二句　號，稱號。《周禮・春官・大祝》：「辨六號」，鄭玄注：「號，謂尊其名，更為美稱焉。」秦始皇曰：「朕聞太古有號無謚，中古有號，死而以行為謚。」（《史記・秦始皇本紀》）《白虎通義》明確分號與謚，其〈號〉篇曰：「帝王者何？號也。」以為帝、王、皇是號。諸侯稱公，也是號。本文帝、王、公、侯等即號。表，標記；顯示。❹車服者二句　潘振曰：「車，所以載柩者；服，所以飾棺者。」陳逢衡曰：「車服者，賜葬之器，如公以九為節，侯伯以七為節，故曰位之章。」朱右曾說不同：「以車服動之于生前，以號謚惕之于身後。」鴻恩按，職位、功德不同，無論生前、身後車服均有不同，以為專指生前或專指身後恐泥。謚固在身後，號則不一定分生前、身後。朱即曰：「湯，號也。成湯既歿，猶稱為湯。」車服等級即隨爵、號。章，彰顯；顯示。❺大行受大名　大行，指做大事，或有高尚的德行。受，同「授」。給與。名，指號、謚。❻行出于己　《白虎通義・謚》「出」作「生」，《白帖》六十六同（劉師培）。❼名生于人　指帝王的謚由臣下議定。秦始皇就因為「子議父、臣議君，甚無謂」而下令廢除謚法（《史記・秦始皇本紀》）。以上是本文之序。

【語　譯】在三月月光已經明亮的時候，周公旦、太師望輔佐繼位之王發已經在牧野頒布了法令，接受了諸侯與眾官員的晉見。將要（以天子之禮）改葬先王時，於是制作謚號。謚，是行為的印痕；號，是功業的標記；所用車服，是職位高低的標誌。因此，生前做大事授予大名稱，做小事授予小名稱。行為產生於自己，名稱產生於別人。

德象天地曰帝❶。靜民則法曰皇❷。仁義所生曰王❸。賞慶刑威曰君❹；從之成群曰君❺。立志及眾曰公❻。執應八方曰侯❼。

【章　旨】「號者，功之表也」，此即「號」及其含義。原「帝」上有「神」、「聖」二字，與帝王、諸侯爵號帝、皇、王、君、公、侯六字並列，已移下文。

【注　釋】❶德象天地曰帝　孔晁曰：「同于天地。」朱右曾曰：「博厚高明，同于天地。」❷靜民則法曰皇　《正義》「靜」作「靖」，注同，二字通（陳逢衡）。陳又曰：「《論衡》、《獨斷》『皇』並作『黃』，黃帝亦作皇帝。」鴻恩按，此不可從，「黃」字非謚，朱已言之。《白虎通義・號》曰：「皇者何謂也？亦號也。皇，君也，美也，大也。」❸仁義所生曰王　「生」字原作「在」。《正義》「在」字作「往」。王念孫曰：「『往』字是也。仁義所往，猶言天下歸仁耳。古者王、往同聲而互訓。」陳逢衡據改。盧氏曰：「《正義》作『往』，非。」朱右曾亦不改「在」。劉師培曰：「今考《白虎通義・號》引《禮記・謚法》云『仁義所生稱王』，所引即《大戴》佚文（《書鈔》卷五亦有此語）。宋雲《翻譯名義集》五引〈謚法〉亦同。則『在』乃『生』訛。惟『王』謚匪僅一義，此下疑有挩詞，或即『民所歸往曰王』一語也。《〔文獻〕通考》作『仁義歸往曰王』（《穀梁傳》莊公元年有『其曰王者，民之所歸往也』語），亦合二語為一。」鴻恩按，王氏之說合於「王」字之義，盧、朱蓋以「仁義所往曰王」有語病，不同於「民所歸往」。劉意亦不以王說為然，故曰「在」為「生」訛。竊疑「往」字為「生」之誤讀，「往」初無「雙人」旁，僅上「止」下「土」（或下「王」），形近「生」（《古文字詁林》第二冊第四七八頁說解），故誤為「在」。今從劉說改「在」為「生」。❹賞慶刑威曰君　《正義》引孔注曰：「能行四者。」朱右曾曰：「賞足以慶，刑足以威，君之道也。」朱糾正孔注以為四字平行之解，是。❺從之成群曰君　《正義》引孔注：「民從之。」朱右曾曰：「如一年成聚，二年成邑，三年成都（此為《史記・五帝本紀》言舜之語）。」❻立志及眾曰公　志，原作「制」。鴻恩按，《正義》「制」字作「志」，孔注亦曰：「志無私也。」「制」、「志」不同，盧、朱等於此無說，蓋以為可以說通。❼執應八方曰侯　孔注曰：「所執行八方應之。」陳逢衡曰：「蓋即屏藩之意。」《白虎通義・爵》：「侯者，候也，候逆順也（義為伺察臣民順從與否）。」于鬯曰：「顧帝、皇、王、君、公、侯六者，皆號也，非謚也。班固《白虎・號通》云：『帝、王者何？號也。』『皇者何謂也？亦號也。』『皇，君也』，則君亦號矣。公、侯在古蓋亦號，後乃因號為爵。是六者皆號而非謚也。……自下文『壹德不解曰簡』以下，乃正周人所定之謚，與號截然為別者矣。」鴻恩按，于說是。唯於「神」、「聖」何以列於號中，于氏作不定之辭，「儻〔也許〕亦號而非謚」？朱右曾言謚數：「『周公謚法』當共有九十五字。今本除去神、聖、帝、皇、王、君、公、侯八字外，尚有九十六字，蓋有後人羼入者矣。」朱以「神」、「聖」為號。劉師培曰：「朱謂『周公謚法』當僅九十五字，實則今本〈謚法解〉舍帝、皇、王、公、侯、君、長〔長字見後〕七字外，與九十五字之數亦略相符。」劉不除外「神」、「聖」，則明以之為謚。鴻恩按，《白虎通義》亦以皇、帝、王、君、伯、公為號，而不及「神」、「聖」。《正義》雖「神」在前，而「聖」在諸號之後，疑是原次第。今依劉說參《白虎通義》移「神」、「聖」二謚於「號」之後，「長」姑不動。查《孟子‧盡心下》：「大而化之之謂聖，聖而不可知之之謂神」，焦循《正義》：「孟子推極于聖、神，至于神，則堯、舜之治天下也。孟子所以言必稱堯、舜。」孔子曰：「聖人，吾不得而見之矣。」朱熹注：「聖人，神明不測之號。」（《論語‧述而》）《荀子‧正論》曰：「聖王沒」，楊倞注曰：「聖王，禹湯也。」儒家大約以為非堯、舜、禹、湯，不足以稱聖、稱神（儘管《世本》有衛聖公（西元前三七二～前三六二年在位）、北魏神元皇帝謚神、宋有神宗），仍置聖、神於號中，如果不是傳寫亂序，則可能出於儒者之見。本文無堯、舜、禹、湯（《正義》有湯），可證作者不以堯、舜、禹、湯為謚、號。顧炎武曰：「堯、舜、禹皆名也。古未有號，故帝王皆以名紀，臨文不諱也。夏后氏之季，而始有以十干為號者……曰湯，曰紂，則亦號也。」（《日知錄》卷二〈帝王名號〉）

【語　譯】功德可以比配天地，叫做帝。安定民眾，以法度為準則，叫做皇。能生仁生義，為天下人歸往者，叫做王。賞之可慶，刑之有威，叫做君；天下人成群地跟隨，叫做君。建立制度恩惠及於社會大眾，叫做公。執守王命，八方響應，叫做侯。

民無能名曰神❶。稱善賦簡曰聖❷；敬賓厚禮曰聖❸。壹德不解曰簡❹；平易不疵曰簡❺。經緯天地曰文❻；道德博厚曰文❼；勤學好問曰文❽；慈惠愛民曰文❾；愍民惠禮曰文❿；錫民爵位曰文⓫。剛彊理直曰武⓬；威彊叡德曰武⓭；克定禍亂曰武⓮；刑民克服曰武⓯；夸志多窮曰武⓰。敬事尊上曰恭⓱；尊賢貴義曰恭[18]；尊賢敬讓曰恭[19]；既過能改曰恭[20]；執事堅固曰恭[21]；愛民弟長曰恭[22]；
執禮御賓曰恭[23]；芘親之闕曰恭[24]；尊賢讓善曰恭[25]。照臨四方曰明[26]；譖訴不行
曰明[27]。威儀悉備曰欽[28]。大慮慈民曰定[29]；安民大慮曰定[30]；安民法古曰定[31]；
純行不爽曰定[32]。諫爭不威曰德[33]；綏柔士民曰德[34]。辟土有德曰襄[35]；甲冑有勞
曰襄[36]。有伐而還曰釐[37]；質淵受諫曰釐[38]；小心畏忌曰釐[39]。博聞多能曰憲[40]。
聰明叡哲曰獻[41]；知質有聖曰獻[42]。溫柔聖善曰懿[43]。五宗安之曰孝[44]；慈惠愛親
曰孝[45]；協時肇享曰孝[46]；秉德不回曰孝[47]。大慮行節曰考[48]。執心克莊曰齊[49]；
資輔共就曰齊[50]。淵源流通曰康[51]；溫柔好樂曰康[52]；安樂撫民曰康[53]；令民安樂
曰康[54]。安民立政曰成[55]。布德執義曰穆[56]；中情見貌曰穆[57]。敏以敬順曰頃[58]；
祗勤追懼曰頃[59]；慈仁和民曰頃[60]。昭德有勞曰昭[61]；威儀恭明曰昭[62]；聖聞周達
曰昭[63]。保民耆艾曰胡[64]；彌年壽考曰胡[65]。彊毅果敢曰剛[66]；追補前過曰剛[67]。
柔德考眾曰靜[68]；恭己鮮言曰靜[69]；寬樂令終曰靜[70]。治而無眚曰平[71]；執事有制
曰平[72]；布綱治紀曰平[73]。由義而濟曰景[74]；布義行剛曰景[75]；耆意大慮曰景[76]。
清白守節曰貞[77]；大慮克就曰貞[78]；不隱無屈曰貞[79]；外內用情曰貞[80]。猛以剛果
曰威[81]；猛以彊果曰威[82]；彊毅信正曰威[83]。治典不殺曰祁[84]。辟土服遠曰桓[85]；

克敬勤民曰桓[86]；辟土兼國曰桓[87]。道德純一曰思[88]；大省兆民曰思[89]；外內思索曰思[90]；追悔前過曰思[91]。柔質慈民曰惠[92]；愛民好與曰惠[93]；柔質受諫曰惠[94]。能思辨眾曰元[95]；行義說民曰元[96]；始建國都曰元[97]；主義行德曰元[98]。兵甲亟作曰莊[99]；叡圉克服曰莊[100]；勝敵志強曰莊[101]；死于原野曰莊[102]；屢征殺伐曰莊[103]；武而不遂曰莊[104]。克殺秉政曰夷[105]；安民好靜曰夷[106]。執義揚善曰懷[107]；慈仁短折曰懷[108]。夙夜警戒曰敬[109]；夙夜恭事曰敬[110]；象方益平曰敬[111]；合善典法曰敬[112]。述義不克曰丁[113]；迷而不悌曰丁[114]。有功安民曰烈[115]；秉德遵業曰烈[116]。剛克為伐曰翼[117]；思慮深遠曰翼[118]。剛德克就曰肅[119]；執心決斷曰肅[120]。愛民好治曰戴[121]；典禮不愆曰戴[122]。死而志成曰靈[123]；亂而不損曰靈[124]；極知鬼神曰靈[125]；不勤成名曰靈[126]；死見鬼能曰靈[127]；好祭鬼神曰靈[128]。短折不成曰殤[129]；未家短折曰殤[130]。不顯尸國曰隱[131]；隱拂不成曰隱[132]；見美堅長曰隱[133]。中年早夭曰悼[134]；恐懼從處曰悼[135]。不思忘愛曰刺[136]；愎很遂過曰刺[137]。外內從亂曰荒[138]；好樂怠政曰荒[139]。在國逢難曰愍[140]；使民折傷曰愍[141]；在國連憂曰愍[142]；禍亂方作曰愍[143]。蚤孤短折曰哀[144]；恭仁短折曰哀[145]。蚤孤隕位曰幽[146]；雍遏不通曰幽[147]；動靜亂常曰幽[148]。克威捷行曰魏[149]；克威惠禮曰魏[150]。去禮遠長曰煬[151]；好內遠禮曰煬[152]；好內怠政曰煬(153)；肆行勞神曰煬(154)。醜心動懼曰甄(155)。威德剛武曰圉(156)。聖善周聞曰宣(157)；善聞周達曰宣(158)。治民克盡曰使(159)。行見中外曰愨(160)。持義不撓曰勇(161)。昭功寧民曰商(162)；仁見中外曰商(163)。狀古述今曰譽(164)。心能制義曰度(165)。好和不爭曰安(166)。外內貞復曰白(167)。不生其國曰聲(168)。暴慢無親曰厲(169)；殺戮無辜曰厲(170)。官人應實曰知(171)。凶年無穀曰穅(172)。名實不爽曰質(173)。不悔前過曰戾(174)。溫良好樂曰良(175)。怙威肆行曰醜(176)。德正應和曰莫(177)。勤施無私曰類(178)。好變動民曰躁(179)。慈和遍服曰順(180)。滿志多窮曰惑(181)。危身奉上曰忠(182)。思慮果敢曰悍(183)。怠政外交曰攜(184)。疏遠繼位曰紹(185)。彰義掩過曰堅(186)。肇敏行成曰直(187)。內外賓服曰正(188)。華言無實曰夸(189)。教誨不倦曰長(190)。愛民在刑曰克(191)。嗇于賜與曰愛(192)。逆大虐民曰抗(193)。好廉自克曰節(194)。擇善而從曰比(195)。好更故舊曰易(196)。名與實爽曰謬(197)。思慮不爽曰愿(198)。貞心大度曰匡(199)。能優其德曰于(200)。

【章　旨】縷述九十多個謚的含義，此即命謚的法則。其中有的一謚多義，如「文」、「武」、「恭」、「莊」、「靈」等。

【注　釋】❶民無能名曰神　上注已說「神」、「聖」依劉師培說從上章之首移來，且《正義》「聖」本在「皇」、「帝」、「王」、「公」、「侯」、「君」諸號後，「明」、「文」諸謚前，「神」、「聖」都有作謚之例。章本、陳本原作「一人無名曰神」，盧文弨據

《正義》改。無能名，言其德不可以言語形容（潘振）。名，稱述；稱讚。孔子推崇堯，曾說「民無能名焉」（《論語・泰伯》）。鴻恩按，查《國學寶典》，「無能名」三字最早見於《論語・泰伯》。❷稱善賦簡曰聖　章本「賦」字為闕文，盧文弨、朱右曾從《正義》補；《正義》「稱」作「揚」。盧氏疑「賦」是「無」字，「所謂『禹吾無間然』方與『聖』相稱」。鴻恩按，「禹吾無間然」為《論語・泰伯》孔子讚禹之語，陳逢衡引沈濤亦以為應作「稱善無間」。但與《正義》不合。《通鑑前編》（以下簡稱《前編》）注：「賦，一作『副』。」（盧文弨）朱右曾曰：「孔曰：『所稱得人，所賦得簡。』賦，布也。簡，壹德不懈也。」❸敬賓厚禮曰聖　劉師培曰：「《文苑英華》八百四十蘇滌〈宣宗謚議〉作『敬祀享禮曰聖』。《〔文獻〕通考》同，引注作『既敬于祀，能通神道』，與今本及《正義》均殊。」孔晁曰：「聖于禮也。」陳逢衡曰：「《禮記・鄉飲酒義》：『仁義接，賓主有事，俎豆有數，曰聖。』」厚，重；深。❹壹德不解曰簡　孔晁曰：「壹，不委曲。」朱氏曰：「壹，專一也。」解，同「懈」。簡，簡約（朱右曾）。❺平易不疵曰簡　平易，無城府（朱右曾）。不疵，《正義》作「不訾」。劉師培曰：「《唐會要》七十九亦作『訾』，訾、疵古通。惟《正義》引注作『不信訾毀』。」訾，毀謗；詆毀。章本孔注以「疵」為本字，注曰：「病」（據盧校）。譯文從孔本。盧文弨曰：「此『簡』字不優于『文』而列于『文』之前，蓋篇中錯簡多矣。《史記正義》本作兩排，首排盡然後及次排。後人不知，改兩排為一排，而以一上一下為次。然《正義》中間，又有為後人所紛亂及脫漏者，故今亦不能考之以復其舊。」❻經緯天地曰文　這是《左傳》昭公二十八年晉大夫成鱄所說的「九德」之一。杜預注：「經緯相錯，故織成文。」指經營天下，治理國家。《國語・周語下》單襄公亦曰：「經之以天，緯之以地，經緯不爽，文之象也。」❼道德博厚曰文　「厚」字，《正義》作「聞」，孔注：「無不知之。」聞與孔注相合。盧校本從《正義》作「聞」，潘、陳、丁從之。朱氏不從，曰：「博厚，廣博深厚，學問所以成文理。」劉師培曰：「晉謝安〈簡文帝謚議〉（《世說・文學》注引《晉紀》）、魏彭城王勰〈孝文帝謚議〉（《魏書・勰傳》）等所引〈謚法〉亦均作『聞』。……各本不同。」按，除盧、潘、陳、丁與朱之外，諸家所引作「厚」者四家，作「聞」者九家，晉代謝安引文與孔晁本同作「聞」，今譯文從「聞」字。竊以非謂無不知其有道德，應是說既有道德，又聞見廣博。❽勤學好問曰文　勤學，《正義》、章本、盧本作「學勤」，《前編》、《論語》疏、朱氏本作「勤學」。孔注曰：「不恥下問。」陳逢衡引孔子論陳文子曰：「敏而好學，不恥下問，是以謂之文也。」（《論語・公治長》）敏，勤勉。鴻恩按，孔子如是說，至少可證當時並無此條謚法，反而是歸納孔子之語而成。❾慈惠愛民曰文　孔晁曰：「惠以成政。」陳逢衡曰：「如漢孝文帝是。春秋時邾文公卜遷于繹，志在利民，亦慈惠愛民之一證也。」❿愍民惠禮曰文　《正義》引孔注曰：「惠而有禮。」朱右曾曰：「憂民而順理，則政事斐然。」愍，憂；哀憐。⓫錫民爵位曰文孔晁曰：「與可舉也。」盧氏改「與」字為「舉」，《正義》所引孔注曰：「與同升。」盧引謝云：「注不恥下問與同升二語直以《論語》二事作解，似反不該括。」陳逢衡曰：「公叔文子之臣大夫僎與文子同升，諸公子聞之曰：『可以為文矣。』疏：『以〈諡法〉「錫民爵位曰文」也。』」朱曰：「舉所可舉，順理成章。」錫，通「賜」。賜給。朱右曾又曰：「《左傳正義》〔文公元年〕又有『忠信接禮曰文』。」朱未補入，劉師培亦未列於補入條目，今不補。⑫剛彊理直曰武　理直，原作「直理」，盧氏、朱氏校為「理直」，劉師培以為是。孔注曰：「剛，無欲；彊，不撓；理，忠恕；直，無曲也。」（據盧校）⑬威彊叡德曰武　孔晁曰：「思有德者，叡也。」朱氏曰：「威武競彊，而有叡聖之德、叡思之德也。」叡，明智；通達。⑭克定禍亂曰武　劉師培曰：「《論語・為政》皇疏『克』作『撥』。」孔注曰：「以兵征，故能定。」朱引《左傳》〔宣公十二年〕曰：「止戈為武。」克，能。⑮刑民克服曰武　朱右曾曰：「法以正民，而民服法，本于德故也。」刑，同「型」。《周禮・秋官・司寇》「刑邦國」，鄭玄注：「刑，正人之法。」⑯夸志多窮曰武　盧文弨依《正義》改「大志」為「夸志」。孔晁曰：「大志行兵，多所窮極。」朱右曾曰：「夸，大也，好大喜功，黷武不厭。《管子〔・霸言〕》曰：『兵威而不止，名曰武滿。』」

⑰敬事尊上曰恭　朱右曾曰：「尊上，舊作『供上』，據《後漢書・竇皇后紀》注訂。《禮記・檀弓》疏引作『敬順事上』，《左傳》疏引作『敬長事上』，俱非。敬事，不懈于位；尊上，責難于君〔責難，要求做難做之事，語出《孟子・離婁上》：『責難于君謂之恭，陳善閉邪謂之敬』〕。」⑱尊賢貴義曰恭　尊賢則有所畏懼，貴義則莊重敬慎（參朱右曾說）。⑲尊賢敬讓曰恭　孔晁曰：「敬有德，讓有功。」此同僚之恭（潘振）。⑳既過能改曰恭　孫詒讓曰：「《獨斷》『既』作『知』，以孔注推之，似亦本作『知』。」劉師培曰：「今考《唐書・許敬宗傳》、《續博物志》、《唐會要》七十九並作『既』。又『能改』，《志》作『能正』。」鴻恩按，《國語・楚語上》「則請為『恭』」，韋昭引〈諡法〉曰「既過能改曰恭」（《故訓匯纂》「恭」字引）。《通鑑・晉紀》胡注引同。然則「既」、「改」不誤。孔晁曰：「言自知。」《左傳》襄公十三年載，楚恭王死前，告大夫：「不穀不德，少主社稷……請為『靈』若『厲』。」（杜注：「欲受惡諡。」）王卒，子囊謀諡，曰：「赫赫楚國，而君臨之，撫有蠻夷，奄征南海，以屬諸夏，而知其過，可不謂共（恭）乎？請諡之共。」為「既過能改曰恭」之事例。此省身之恭（潘振）。

㉑執事堅固曰恭　孔晁曰：「守正不移。」朱右曾曰：「言奉承弗失。」執，掌管。此幹事之恭（潘振）。㉒愛民弟長曰恭　「弟長」原作「長弟」。盧文弨曰：「《前編》作『愛人悌長』。」劉師培曰：「《通考》作『愛民悌長』。」王念孫曰：「予謂長弟者，仁愛之意。倒言之則曰『弟長』，《〔禮記・〕鄉飲酒義》曰：『焉知其能弟長而無遺矣？』又《墨子・非命》曰：『出則弟長于鄉里。』」鴻恩按，依王說、據《前編》、《通考》改為「弟長」。此馭民之恭（潘振）。㉓執禮御賓曰恭　孔晁曰：「迎

侍賓也。」朱氏曰：「賓客主恭，執禮以迓之。」御，迎接。此待客之恭（潘振）。㉔芘親之闕曰恭　孔晁曰：「修德以蓋之也。」（章本作「無德以益之也。」）芘，通「庇」。遮蓋；庇護。闕，失。陳逢衡引《國語・魯語》閔馬父曰：「周恭王能庇護昭、穆之闕而為恭。」鴻恩按，此近於《公羊傳》閔公元年所謂「為親者諱」也。此親親之恭（潘振）。㉕尊賢讓善曰恭　章本「賢」字作「長」，盧、朱均從《正義》作「賢」，《故訓匯纂》引《通鑑・隋紀》、〈唐紀〉胡注所引〈諡法〉亦作「賢」。朱右曾曰：「讓善，謂己有善而讓之人也。」此泛言處世之恭（潘振）。章櫱本下有「淵源流通曰恭」，盧文弨曰：「《正義》以文、武、成、康、穆、昭為次，其「淵源流通曰康」在「溫柔好樂曰康」三句之前，今錯簡于此，改「康」為「恭」，非本文也。又《書正義》引作「淵源流通曰禹」。案《獨斷》有堯、舜、禹、湯之諡，《史正義》僅有「除殘去虐曰湯」一諡，而此無之。然案《書・湯誓》釋文引馬融之說，謂禹、湯皆不在〈諡法〉中，故今亦闕之。」朱本已移「淵源流通曰康」於下文。劉師培曰：「今考原本《玉篇・广部》引〈諡法〉云「淵源流通曰康」，盧、朱并改「康」，今據此文，益信。」鴻恩按，《故訓匯纂》引《史記・孝景本紀》「城陽共王」張守節《正義》所引〈諡法〉有「嚴敬故事曰恭」，《後漢書・和帝紀》注引〈諡法〉有「正德美容曰恭」，今諸本不載。㉖照臨四方曰明　陳逢衡曰：「《左》昭二十八年傳〔引〕《詩・皇矣》『其德克明』箋、《禮・樂記》『其德克明』注並云：『照臨四方曰明。』」服虔曰：「『預見安危也。』」值得注意者，諸家引「照臨四方曰明」，無人提及〈諡法〉，似皆以即《左傳》昭公二十八年成鱄之言。㉗譖訴不行曰明　陳逢衡引《論語》曰：「子張問明，子曰：『浸潤之譖，膚受之愬（訴），不行焉，可謂明也已矣。』」（《論語・顏淵》）程樹德《論語集釋》曰，《漢書・五行志》、《後漢書・儒林傳》注引此「愬」字均作「訴」。鴻恩按，此諡顯然是歸納孔子語而成，因〈諡法〉被說成「周公〈諡法〉」，故古代注家不講其間聯繫。朱右曾曰：「譖訴不行，能先覺也。」譖，讒謗；毀謗。訴，《論語》邢昺《正義》：「訴，亦譖也，變其文耳。」㉘威儀悉備曰欽　朱本「悉」字據馬融〈堯典〉注改為「表」。《正義》、章本、盧本均作「悉」。劉師培曰：「今考原本《玉篇・欠部》、《慧琳音義》七十引〈諡法〉亦作「悉」，《通考》同。」然則朱之改不確，今復原。孔注曰：「威則可畏，儀則可象。」欽，敬（陳逢衡）。㉙大慮慈民曰定　「慈」字原作「靜」（同《正義》），然《獨斷》、《前編》、《續博物志》、《通考》均作「慈」（孫詒讓、劉師培），陳逢衡已改為「慈」，今據改。孔注曰：「思樹惠也。」（劉師培：「《通考》引『惠』作『德』。」）大慮，深思遠慮（朱右曾）。㉚安民大慮曰定　朱右曾以為衍文，重複出現，刪之。劉師培曰：「今考《唐會要》七十九亦有此語，似非衍文。」鴻恩按，《春秋》定公元年《經典釋文》、《穀梁傳》定公元年楊士勛疏均引〈諡法〉「安民大慮曰定」。今復之。潘振曰：「安民大慮者，所以為後人定其統也。」㉛安民法古曰定　孔晁曰：「不失舊意也。」

朱右曾曰：「法古以安民，有定識。」㉜純行不爽曰定　「爽」字章本作「傷」，元本墨釘，餘諸本作「二」（《彙校集注》），《正義》作「爽」。王念孫曰，當作「爽」。此本作「純行不忒曰定」，古書忒或以「貣」字為之，貣訛為「貳」，後人因改為「二」矣。鴻恩按，王說是，當作「爽」，《正義》可證。忒、貣、貳，應是注文混入正文，或訛誤，或義同而混寫。《尚書・盤庚》「爽德」注：「爽，貳也。」《爾雅・釋言》：「爽，忒也。」《詩・大雅・大明》：「无貳爾心。」馬瑞辰《傳箋通釋》：「貳者，貣之訛；貣者，忒之借。」㉝諫爭不威曰德　《正義》引孔晁曰：「不以威拒諫。」諫，以禮義正之（《周禮・地官・保氏》「掌諫王惡」鄭玄注）。爭，同「諍」。強諫；極諫。《荀子・臣道》：「有能進言于君，用則可，不用則死，謂之爭（諍）。」㉞綏柔士民曰德　孔晁曰：「安民以居，安士以事。」此條與注均朱本據《正義》增。綏，安定。柔，安撫；懷柔。㉟辟土有德曰襄　「土」字原作「地」，朱右曾、孫詒讓、劉師培列舉七種書「地」字均作「土」，《正義》、章槃本作「地」，盧、朱從。鴻恩按，「地」、「土」義雖同，似原作「土」，故今從眾，改為「土」。孔注曰：「取之以義。」辟，同「闢」，開廣。襄，見下條注。㊱甲胄有勞曰襄　劉師培曰：「（甲胄有勞）《左傳》疏作『因事有功』（朱本引），勞、功義同，此作『甲胄』疑緣形近致訛。《晉書・范弘之傳》、《唐會要》八十並作『因事有功』，無『甲胄』語，其證也。惟孔本自作『甲胄』。」鴻恩按，《左傳》襄公元年《經典釋文》、《穀梁傳》襄公元年疏、《孟子・梁惠王上》「孟子見梁襄公」疏、《資治通鑑・晉紀二十三》「建城襄公周撫卒」胡三省注引〈謚法〉，並作「因事有功」。惟《通鑑・陳紀八》「周鄖襄公韋孝寬卒」胡注引〈謚法〉有「甲胄有勞」語（《故訓匯纂》「襄」字），胡注時代晚，然孔晁「言成征伐」，「成」字釋「襄」，「征伐」是釋「甲胄」。朱右曾曰：「有勞，言能攘除外患。」朱釋「襄」為「攘」，與本文末段所說一致。㊲有伐而還曰釐　盧文弨曰：「《正義》、《前編》『伐』俱作『罰』。」鴻恩按，罰，通「伐」。音同相通。《廣雅・釋詁》曰：「罰，伐也。」朱駿聲《說文通訓定聲》：「罰，叚借為伐。」朱右曾曰：「戰功曰伐，不窮兵所以受福。」釐，通「僖」。《史記》謚號用字皆用「釐」。僖義為樂。以釐字又通「禧」，禧義為福、吉祥，故朱氏又釋釐為福。㊳質淵受諫曰釐　孔晁曰：「深故能受。」朱右曾曰：「淵，深也。受諫，獲益求福也。」質淵，生性深沉。質，性。㊴小心畏忌曰釐　章槃本無此句，《正義》有，而「釐」字作「僖」，《左傳》僖公元年釋文、《獨斷》、《續博物志》等皆有。孔晁曰：「思所當忌。」朱右曾曰：「畏忌，敬憚也。能敬憚則過寡矣。」義近於臨事而懼。㊵博聞多能曰憲　「憲」章本作「獻」，盧文弨據《正義》、《通鑑前編》訂正，朱本從。朱右曾：「通古今，多才能，故能制憲令。」憲，法。㊶聰明叡哲曰獻　劉師培曰：「《唐會要》七十九作『睿哲』，《漢書・河間獻王傳》、《爾雅・釋言》郭注、《續博物志》及《〔文苑〕英華》八百四十〈宣宗謚議〉並作『睿智』，哲、智義符」。鴻恩按，《故訓匯纂》「獻」

字引蔡邕《獨斷》、《史記·五宗世家》「河間獻王」《索隱》、《後漢書·獻帝紀》李賢注等均作「睿知」或「睿智」。章本、《正
義》同作「哲」，今姑不改。孔晁曰：「有通知之聰也。」睿，古文「叡」字（《說文》）。朱右曾曰：「具視、聽、思之德。」
獻，賢；聖（潘振）。㊷知質有聖曰獻　孔注曰：「有所通而無蔽。」鴻恩按，知，即「智」字。質，本性；質素。知質，即
才性、材質。義同班固〈遊居賦〉「美周武之知性，謀人神以動作」之「知（智）性」。知質有聖，即才性有聖，智性有聖，
故注曰「有所通而無蔽」。㊸溫柔聖善曰懿　《正義》、《唐會要》等「聖善」作「賢善」，《獨斷》、《前編》作「聖善」，與此
同。孔晁曰：「性純淑也。」懿，美。㊹五宗安之曰孝　朱右曾曰：「五宗，五服內之族屬。」即自高祖父至本人的五世族
屬。陳逢衡曰，指繼承始祖的大宗，和繼承高祖、曾祖、祖父、父親的小宗，大宗一，小宗四，合為五宗。㊺慈惠愛親曰孝
「孝」字原作「釐」，盧文弨依《正義》改，曰：「『慈惠愛親』于『孝』義為允。」且移於此處。劉師培曰：「盧改是也，
《續博物志》三、《唐會要》七十九並作『孝』，《通考》同。」《正義》引孔注曰：「周愛族親。」朱右曾曰：「體親心以惠
其下。」㊻協時肇享曰孝　孔晁曰：「協，合。肇，始也；常如始。」享，祭享。㊼秉德不回曰孝　朱本改「孝」為「考」，
未言其據。劉師培曰：「朱改，非也。《唐會要》七十九及《通考》亦作『孝』。」今改回。孔晁曰：「順于德而不違。」陳
逢衡曰：「孝莫大于守身秉順也。」秉，順；遵循。回，違。鴻恩按，《故訓匯纂》所引《玄應音義》二十五尚有「慈愛忘勞
曰孝」、「從命不違曰孝」。㊽大慮行節曰考　「考」原作「孝」，盧文弨據《公羊》隱公元年疏及孔注改為「考」，諸家從。考，
成也。孔晁曰：「言成其節。」朱右曾曰：「大慮，所以成其節。」㊾執心克莊曰齊　劉師培曰：「《穀梁》襄公二年楊疏引
〈謚法〉作『克壯』，《通考》同。」孔晁曰：「能自嚴也。」潘振曰：「執持其心，心敬則色容能莊，表裏如一。齊者，肅
也。」鴻恩按，壯、莊相通。㊿資輔共就曰齊　孔晁曰：「資輔佐而共成（此《正義》所引。盧氏校孔本為『有所輔而共成
也』）。」潘振曰：「就，成也。藉輔佐以共成其治，上下同心，故曰齊。齊，又等也。」資，憑藉；借助。(51)淵源流通曰康
此句由「恭」字謚移來，說詳注㉕。朱右曾曰：「淵源流通，言明于義禮，觀物無滯。」(52)溫柔好樂曰康　溫柔，章本作「溫
年」，孔晁曰：「好豐年，勤民事。」盧文弨改同注，潘、陳、丁、朱從之。然各本多歧。《前編》、原本《玉篇》作「溫良」；
《正義》、《唐會要》七十九作「溫柔」。劉師培曰：「則作『柔』、作『良』均非訛本。惟孔本自作『年』。」鴻恩按，《資治
通鑑》胡三省注「韓康子」、「臨淮康公」、「康皇帝」、「魏昌武康」，四引〈謚法〉均作「溫柔」（《故訓匯纂》「康」字）。「溫
年」，豐足年成，《漢書·張敞傳》顏師古注「溫厚」曰：「言豐足也。」「柔」、「年」形較近，未知孰是。前人徵引多作「溫
柔」，然「溫年」、「豐年」與「康」義甚合，今不敢遽定是非，今姑仍盧、陳、朱本之舊。下文有「溫良好樂曰良」，則此不

應作「溫良」。陳逢衡曰：「好樂，優游伴奐（閑逸自在之義）也。」[53]安樂撫民曰康　「撫」字，《續博物志》、《獨斷》作「治」。孔晁曰：「無四方之虞。」[54]令民安樂曰康　孔晁曰：「富而教之。」[55]安民立政曰成　孔晁曰：「政以安之。」潘振曰：「民安政立，業斯成矣。」[56]布德執義曰穆　朱右曾曰：「布德不私，執義而固。」布，施行。穆，溫和而恭敬。[57]中情見貌曰穆　朱右曾曰：「情貌相符，表裏若一，皆敬以成之。」劉師培曰：「《金史・禮志》作『申情』，中係『申』訛。孔注『性公（《通考》作『心』）露也。』」朱讀「中」，劉讀「申」，似均可說通，《正義》作「中」。[58]敏以敬順曰頃　「順」字《正義》作「慎」、《唐會要》七十九、《通考》亦作「慎」（盧文弨、劉師培）。鴻恩按，《資治通鑑・周紀四》「頃公讎立」胡三省注引亦作「慎」，二字通用，本書之例甚多。章本作「順」，孔注同，盧、朱同，今不改。頃，章本作「傾」，通「頃」。潘以「傾」為本字，誤。盧文弨所訂孔注曰：「疾于所敬順也。」朱右曾曰：「敏，疾也。頃，敬也。」[59]祗勤追懼曰頃　此與以下二條，是朱右曾據《左傳》昭公八年、三十年《正義》引〈諡法〉所增。朱曰：「追懼，能悔過也。」祗勤，敬慎勤勞。[60]慈仁和民曰頃　陳逢衡引《獨斷》作「慈仁和民曰順」，唐、宋人，或作「頃」（孔穎達、《續博物志》）或作「順」（《全唐文》八百七十四）。《正義》、章本均無此條。和民，與民和洽。按，《正義》、盧本有「甄心動懼曰頃」，朱右曾改為「醜心動懼曰甄」，移於下（見注[155]）。[61]昭德有勞曰昭　劉師培曰，《三國志・魏甄后傳》裴注引《魏書》所引之〈諡法〉曰「德明有功曰昭」，《唐會要》七十九作「明德有功」，義同。朱右曾曰：「昭德，明其德也。勞，功也。」[62]威儀恭明曰昭　章本在下文，作「容儀恭美曰勝」，《正義》作「容儀恭美曰昭」，盧文弨曰，《左傳》釋文、《正義》並引作「威儀恭明曰昭」，朱本據改並與「昭」移於一處。朱曰：「恭明，恭敬昭明也。」[63]聖聞周達曰昭　盧文弨曰：「《獨斷》作『聖聞宣遠』。」劉師培曰，《三國志》注、《唐會要》七十九並引作「聖聞」，惟《續博物志》作「聲聞宣遠」，似較各本為長。朱右曾曰：「聖聞，令聞也。」鴻恩按，聖、聲相通，《左傳》文公十七年經「葬我小君聲姜」，《公羊傳》「聲」字作「聖」。《史記・六國年表》「衛聲公」，《索隱》引《世本》「聲」作「聖」。聖聞，即聲聞，即名聲、名譽。然則《獨斷》與《續博物志》相同。「宣遠」與「周達」，宣、周義亦同：《詩經・大雅・公劉》毛傳：「宣，遍也。」《左傳》隱公十一年杜注：「周，遍也。」周達，遍達。宣遠，遍遠；無遠不到也。意無別。遠與達蓋因形近混誤，王念孫《讀書雜志・淮南子・主術》「則其窮不達矣」，王曰：「達，當為遠，字之誤也。」聲聞宣遠或周達，都指聲名滿天下。[64]保民耆艾曰胡　孔晁曰：「六十曰耆，七十曰艾。」保，安定；安撫。胡，大。[65]彌年壽考曰胡　《正義》引孔注曰：「久也。」章本孔注曰：「大其年也。」孫詒讓曰：「胡雖訓『大』，而此注則似釋『彌年』之義，後文云：『胡、久也。』《正義》本似不誤。」壽考，長壽。考，老。[66]彊毅果敢

曰剛　朱右曾曰：「自勝為彊，致果為毅。果敢，勇敢也。」(67)追補前過曰剛　劉師培曰：「《唐會要》八十『剛』作『密』，七十九又作『定』，竊以『密』為長，作『剛』、作『定』均以形近致訛，蓋『密』訛為『罔』，校者因改為『剛』也。(密，即密勿〔義即黽勉〕之密，與『勉』同。)」此可成一說。朱右曾曰：「剛以勝私，故能補過。」(68)柔德考眾曰靜　由諸家注，知本條異文較多，《正義》作「柔德安眾曰靖」，《獨斷》作「柔德好眾曰靖」，《魏書・源懷傳》作「柔直考終曰靖」，《唐會要》七十九作「秉德考眾曰靖」。作「靖」者居多。《史記・六國年表》「晉靜公」，《漢書・人表》作「晉靖公」。多本作「柔德」，其義為溫和之德。孔晁曰：「成眾，使安也。」考，成也(《尚書・洪範》「考終命」鄭玄注)，則孔注之「成眾」是釋「考眾」。靜、靖二字義通，都有「安」義。鴻恩按，周慎靚王之「靚」，〈謚法〉無之，而靜、靖均通「靚」，靚亦無適於作為謚字之含義，靚應是靜或靖之借字。朱右曾曰：「『柔德考眾』當依《魏書・源懷傳》作『柔直考終』，『直』作『德』，『終』作『眾』，並古文假借。」如依朱說，「柔直」之義則是外柔而內直；考終，成就好的結果。各成其意。今仍依孔注。(69)恭己鮮言曰靜　《正義》引孔晁曰：「恭己正身，少言而中。」陳逢衡曰：「恭己，不妄動。鮮言，不妄言。」(70)寬樂令終曰靜　孔晁曰：「性寬樂義，以善自終。」令，善。(71)治而無眚曰平　盧文弨據《正義》改「清省」為「無眚」，潘、陳、丁、朱從。劉師培曰：「治而無眚，與孔注合。惟《論語・公冶長》疏、《孟子・公孫丑上》疏並引〈謚法〉作『治而清省』，則宋本已訛。」孔晁曰：「無失闕之病也。」朱右曾曰：「眚，過也。」(72)執事有制曰平　朱右曾曰：「制，法度。言不偏也。」(73)布綱治紀曰平　「治」原作「持」，朱本據《左傳》昭公二十二年《正義》引文改。然章本、《史記正義》作「治」，《漢書・平帝紀》師古引應劭說亦作「治」。孫詒讓曰《獨斷》亦作「治」。然則朱右曾不應改，今改回。孔晁曰：「施之政事。」頒布法律並加以實施。(74)由義而濟曰景　孔晁曰：「用義而成也。」朱右曾曰：「景，強也；大也。用義而成，能自強也。」(75)布義行剛曰景　孔晁曰：「以剛行義也。」布，施。(76)耆意大慮曰景　劉師培曰：「此條舊挩，盧據《史記正義》、《通鑑前編》補。《通考》亦同。孔注：『耆，強也。』《詩・周頌〔・武〕》毛傳云：『耆，致也。』耆兼致意，故《獨斷》及李石《續博物志》並作『致志大圖』。」句意是致志於遠大的謀慮。(77)清白守節曰貞　守節，《獨斷》等作「自守」。《正義》引孔晁曰：「行清白，執志固也。」劉師培曰：「據孔注似正文當同《獨斷》。惟《後漢書・蔡邕傳》注所載〈蔡攜碑〉末引〈謚法〉亦作『守節』。」貞，正；有操守。(78)大慮克就曰貞　孔晁曰：「能大慮，非正而何？」劉師培曰：「《通考》引注作『幹事能成。』」朱右曾曰：「就，成也。精定不動惑，故成也。」(79)不隱無屈曰貞　劉師培曰：「《通考》『屈』作『屏』。」孔晁曰：「坦然無私也。」朱右曾曰：「不隱無屈者，堅守其正。」既無隱瞞也不屈服，故曰正。蘇洵《謚法》卷二曰：「諸家皆云：『不隱無屏曰貞』，于義不通。世有書號《師春》者，載古諡法百餘字，與諸家名同，其一曰『不隱無藏曰真』，于義為允。真與貞相近，自誤耳。」鴻恩按，蘇說似是。貞、真復有相通之例。西周末年，魯有真公，《世本》、《漢書・人表》寫作「慎公」。真、慎相通，依「不隱無藏」則本字應作「真」。體會蘇氏口氣，似不以《師春》即晉代出土汲冢書《師春》，今不知其詳。

(80)外內用情曰貞　朱右曾曰：「舊脫，據《〔禮記・〕檀弓》疏、《左傳》疏補。外內用情者，內外如一。」即內心、行動均真誠如一。鴻恩按，《資治通鑑》胡三省注引〈諡法〉有「事君無猜曰貞」、「固節幹事曰貞」、「直道不撓曰貞」三條，《玉篇零卷・卜部》引〈諡法〉有「幹事能正曰貞」、「圖國忘死曰貞」、「內外無懷曰貞」三條，《慧琳音義》引〈諡法〉有「德政應和曰貞」（《故訓匯纂》「貞」字）。「德政應和曰貞」疑與「德正應和曰莫」相亂，見注(177)。其餘六條，諸家無引、無說。「內外無懷」與「外內用情」疑是一條之歧出，「幹事能正」疑與《通考》引注「幹事能成」相關（正，定也。定，成也。）「直道不撓」似與「不隱無屈」同義。「事君無猜曰貞」、「固節幹事曰貞」、「圖國忘死曰貞」三條，不知引自何書，故不補。(81)猛以剛果曰威　《正義》引孔晁曰：「猛則少寬。果，敢行也。」猛，嚴厲（與「寬」相對）。剛果，剛毅果敢。(82)猛以彊果曰威　孔晁曰：「彊甚于剛也。」朱右曾曰：「剛在心，彊在力。」彊果，彊力果敢。(83)彊毅信正曰威　孔晁曰：「信正，言無私也。」朱右曾曰：「彊于行，毅于斷，以伸其正。信、伸同。」(84)治典不殺曰祁　章、盧本原無此條。盧文弨曰：「《正義》有『治典不殺曰祁』，注云：『秉常不衰。』此脫去『祁』。《獨斷》作『祈』，一作『震』。」朱右曾據《正義》補。劉師培於「甄心動懼曰頃」下曰：「《周書》本有『甄』諡。《獨斷》及《續博物志》並作『治典不敷曰震』，震亦甄也，是即此下挩文。蓋甄取『震警』為義，故『醜心動懼』及『治典不殺』者，均取為諡。蓋祈、震古通，敷乃『殺』訛。《左〔傳・莊六年〕》疏引作『經典不易』，亦與『秉常』義同。朱本歧『甄』、『祈』為二，非也。」治典，治國的經典，語出《周禮・天官・太宰》。殺，衰微。參注(155)。(85)辟土服遠曰桓　《正義》引孔注曰：「以武正定。」劉師培曰，《通考》引注作「以武力征四夷。」服，使之歸服。桓，武；威武之志。(86)克敬勤民曰桓　此與下條是盧文弨據《正義》、《前編》增補。朱右曾曰：「克敬，當作『克敵』。」鴻恩按，勤民常指興兵作戰而勞民，《左傳》僖公三十三年「秦違蹇叔而以貪勤民」，《國語・周語上》「則增修于德而無勤民于遠」。孔晁曰：「敬以使之」，即敬而使民而辟土、兼國之意，可通。今不改。(87)辟土兼國曰桓　孔晁曰：「兼人，故啟土也。」（章本脫以上二條，誤以此注係「辟土服遠」下。）鴻恩按，肯定「兼國」，應出春秋以後。又《後漢書・桓帝紀》李賢注引〈諡法〉有「克敵服遠曰桓」，疑是「辟土服遠曰桓」的異文。(88)道德純一曰思　「一」字朱本據〈堯典〉馬融注改為「備」。劉師培曰：「今考《唐會要》八十、《金史・禮志》亦作『一』，與孔本合。」今改回「一」字。

孔晁曰：「道大而德一也。」純，大。一，專一。89大省兆民曰思　孔晁曰：「大親民而不殺。」朱氏曰：「省察疾苦，思興利革弊也。」兆民，眾民；百姓。兆，古代以十萬為億，十億為兆；也以萬億為兆。今以百萬為兆。90外內思索曰思　孔晁曰：「言求善也。」外而四方，內而朝廷（潘振）；外謂國，內謂身（陳逢衡）。索，求。91追悔前過曰思　孔晁曰：「思而能改也。」陳逢衡曰：「追補前過曰剛，剛在『補』字上看，此思在『悔』字上看。」92柔質慈民曰惠　此與下條盧文弨據《正義》、《前編》補錄。孔晁曰：「知其性也。」劉師培曰：「《通考》引注作『賑孤惸加施惠』，義較長。」朱右曾曰：「柔質，寬柔之質。」93愛民好與曰惠　孔晁曰：「與，謂施予也。」94柔質受諫曰惠　盧文弨以為字誤，改「惠」為「慧」，朱本從之。俞樾以為仍是「惠」字，當從舊。劉師培曰：「今考《唐會要》七十九引〈謚法〉『柔質受諫曰惠』，字不作『慧』，《通考》亦然。惠、慧古通，不必析分為二。」今據俞、劉之說，改回「惠」字。本文末解曰：「惠，愛也。」《說文》：「惠，仁也。」95能思辨眾曰元　《正義》、章本、盧本作「辯眾」，辯是借字，朱用「辨」，是本字。孔晁曰：「別之，使各有次也。」朱右曾曰：「能以深思辨章〔辨明〕百姓，可以長人矣。元，長也。」96行義說民曰元　《獨斷》、《續博物志》「行」字作「仁」。朱右曾曰：「行義說民，民說其義。」說，同「悅」。97始建國都曰元　孔晁曰：「非善之長，何以始也？」朱右曾曰：「元，始也。」98主義行德曰元　劉師培曰：「《魏書・馮熙傳》引作『善行仁德』，《通典・禮三十三》引作『尊仁貴德』。」孔晁曰：「以義為主，行德政也。」99兵甲亟作曰莊　劉師培曰：「《通考》『甲』作『革』，『莊』作『壯』，下同。《唐會要》七十九引〈謚法〉『莊』亦均作『壯』。」鴻恩按，壯與莊字通，但作為謚號如魯莊公、楚莊王等未見寫作「壯」。孔晁曰：「以數征為嚴〔陳逢衡：漢避明帝諱，『莊』字作『嚴』〕。」亟作，屢次發生。100叡圉克服曰莊　王念孫《讀書雜志》釋曰：「叡圉克服者，既叡智而又彊圉，能服人也。叡圉二字兼智勇言之。」劉師培曰：「『叡』當作『叡』。叡誼訓堅。叡圉，猶言強圉。（《雜志》以『圉』為強是也，以『叡』為叡智亦非）。《唐會要》七十九作『敵國』，《通考》作『共圉』，似非。」今譯文從劉說。101勝敵志強曰莊　盧文弨據《正義》補此條，曰：「《左氏》釋文『志強』作『克亂』，《疏》作『克壯』。」劉師培曰：「《穀梁〔傳・莊公〕》疏亦作『克壯』。」《正義》引孔注：「不撓，故勝。」102死于原野曰莊　孔晁曰：「非嚴（莊）何以死難？」陳逢衡曰：「不辱社稷，不辱宗廟，以身殉焉，可謂莊矣。」103屢征殺伐曰莊　劉師培曰：「孔注：『以嚴釐〔《通考》作「整」〕之』。盧校云：『《前編》作「屢行征伐」。』《唐會要》七十九與《前編》同。據孔注，似讀『征』為『正』，故訓為『釐』。或孔本『屢』亦作『嚴』。」鴻恩按，「屢征殺伐」文不順，應有誤。《通鑑前編》作「屢行殺伐曰莊」，亦不合理。且均與《正義》孔注不合。孔注應當是劉解「嚴征（正）殺伐」或《通考》「嚴整殺伐」之意。今譯文依從孔注以符合「莊」。

[104]武而不遂曰莊　孔晁曰：「武功不成。」朱右曾曰：「遂，成也。」陳逢衡曰：「不遂，謂不窮兵耀武也。」陳說恐非。[105]克殺秉政曰夷　「政」字，《正義》及注與盧本、朱本同，《彙校集注》曰諸本作「正」。劉師培曰：「《唐會要》七十九及《通考》亦作「正」。」孔晁曰：「秉正，不任賢也。」朱右曾曰：「夷，傷也。誅戮不忌，傷人多矣。」鴻恩按，如依諸本及《唐會要》、《通考》作「正」，則與孔、朱注不同，句意是克制殺而秉持正，則「夷」之義為平。「克」作「能」或「克制」解，一般是往好處說，不是向壞處說。疑諸本作「正」是。[106]安民好靜曰夷　安民，《正義》、章本、《唐會要》八十、《通鑑・漢紀》胡注引〈謚法〉均作「安心」，《左傳》僖公二十八年、昭公二十六年疏均作「安民」，《春秋》僖公十五年疏引〈謚法〉作「安人」，陳從「民」，朱本改「心」為「民」。「心」、「民」未知孰是，今姑從朱本。夷，平。朱曰：「好靜則平易之義也。」[107]執義揚善曰懷　《正義》引孔注曰：「稱人之善。」懷，來（潘振）；歸向。[108]慈仁短折曰懷　孔晁曰：「短未六十，折未三十。」陳逢衡曰：「注有誤，其德在人而無大年之享，故黎民懷之。」朱右曾曰：「鄭康成說：『未冠曰短，未婚曰折。』」[109]夙夜警戒曰敬　孔晁曰：「敬身思戒。」（陳逢衡引《詩・大雅・常武》「既敬既戒」，箋：「敬之言警也。」）[110]夙夜恭事曰敬　劉師培曰「《左傳》閔元年孔疏引『恭』作『勤』。」孔晁曰：「敬以莅事也。」陳逢衡引《周禮・天官・小宰》「廉敬」注曰：「敬，不解（懈）于位也。」[111]象方益平曰敬　《正義》無此條，章、盧有。朱右曾曰：「孔曰：『法之以常而加敬也。』語不可曉，今從《史記正義》、《儀禮通解》、《文獻通考》刪。」鴻恩按，語不可曉，存之可也，不應刪。潘振曰：「象，法也。方，常也，道也。益，進也。（此見於《廣韻・昔韻》。又，《禮記・坊記》「故亂益亡」，孔疏：『益，漸也。』《周易・序卦》：『漸者，進也。』）言法乎常行之道，進乎平易之塗，無敢戲愉，無敢馳驅。此敬天命者也。」依潘說，似是效法常道而進乎平正。[112]合善典法曰敬　朱本作「善合法典」，章本、《正義》作「合善典法」。《通鑑》胡三省引同。盧文弨從《前編》改為「善合」。劉師培曰：「《唐會要》八十作『令善法典』。」鴻恩按，「令善」乃「合善」之訛。陳本仍作「合善」。今改從《正義》等作「合善典法」。合善，有意合之。[113]述義不克曰丁　陳逢衡引《說文》曰：「齊太公子伋謚曰玎公。」引段玉裁曰，齊太公望之後為丁公、乙公、癸公，「猶之魯禽父、晉燮父、衛康伯、宋微仲皆無謚，不聞謚丁也。」引梁玉繩曰：「《通志・氏族略》云：『齊五世後稱謚，則所謂丁公者，長第之次也。』呂伋賢嗣，何以蒙此不韙之名乎？」陳逢衡堅持齊丁公為謚，曰：「合觀全謚，周一代未用者甚多，使必盡有證而後為謚義，似未免拘虛之見。」「述義不克，謂紹述前業而不可肖其父，不克二字非貶謚。」鴻恩按，此「丁」自是謚號，然而齊丁公非謚，則段、梁之說可以信據。劉師培曰：「《玉篇・玉部》『玎』字注引作『義（上挩一字）不克曰玎』。《說文繫傳》引作『述義不勉曰玎』，是正字當作『玎』。又案《通考》引

注作『欲立志義而弗能成』，與今本異。」章本作「述善」，《正義》作「述義」，孔晁曰：「不能成義。」[114]迷而不悌曰丁　此條盧文弨據《前編》訂正。迷，迷惑。不悌，孔晁曰：「不遜順也。」[115]有功安民曰烈　孫詒讓曰：「《後漢書・皇后紀》李注引蔡邕〈和熹鄧后謚議〉云：『〈謚法〉有功安人曰熹』（《蔡中郎集》『熹』作『憙』）。是此『烈』字當作『熹』，今本傳寫誤作『烈』，遂無熹謚，非也。」劉師培曰：「《唐會要》七十九作『安民有功』。」鴻恩按，依孫說，則「有功安民」漢代自是「熹」謚（熹，光明），應依改。然孔晁曰「以武立功」，孔晁時應已是「烈」字，訛之已久，故《正義》、《通鑑》胡注等均曰「有功安民曰烈」。此待定。今譯文姑從「烈」。[116]秉德遵業曰烈　《正義》「遵」作「尊」。劉師培曰：「《唐會要》七十九、《通考》『遵』作『尊』。」鴻恩按，《後漢書・皇后紀上》、〈皇后紀下〉李賢注引〈謚法〉「秉」並作「執」，《通鑑》胡注引〈謚法〉或作「秉」或作「執」（《故訓匯纂》「烈」字）。秉、執之義均為持。孔晁曰：「遵世業不墮改。」（劉師培曰：「《通考》引作『業以通德，為而能尊』。」）遵、尊義有別，遵義為遵守；奉守。尊義為尊重；看重。然二字又相通。今以「遵」為本字。朱右曾曰：「烈，業也，光也。」[117]剛克為伐曰翼　剛克，《尚書・洪範》劉起釪曰：「以強硬的方式取勝。剛，剛強。克，勝。」孔晁曰：「伐，功也。」翼，嚴正；壯盛。[118]思慮深遠曰翼　孔晁曰：「好遠思不任亂也（劉師培依《通考》訂）。」陳逢衡曰：「翼有敬義，故思慮深遠。」翼，嚴肅敬慎。[119]剛德克就曰肅　劉師培曰：「《慧琳音義》卷四、卷六引〈謚法〉並作『強德剋義曰肅』。」陳逢衡曰：「《御覽》：唐獨孤及謚呂諲曰肅，曰：『肅者，威德（《冊府元龜》作盛德）克就之名。』」朱右曾曰：「嚴整不撓，成其剛德。」[120]執心決斷曰肅　孔晁曰：「言嚴果也。」執心，秉性。[121]愛民好治曰戴　孔晁曰：「好民治也。」劉師培曰：「《通考》引注作『愛養其民，天下戴仰。』」朱右曾曰：「戴，奉也。」[122]典禮不寋曰戴　寋，章本作「塞」，盧文弨改為「寋」曰：「《正義》作『愆』，《前編》作『㥶』，音義並同。」鴻恩按，「寋」乃「从寒省」（《說文》「愆」字），只是改置「豎心」於下部而已，為「愆」字或體。其另一義為「實也」，讀「塞」（見《說文・心部》），章本作「塞」，誤，讀「塞」其義則為「實」，與「愆」之音義皆不同。《正義》引孔注曰：「無過。」典禮，有二義，一指制度禮儀（《國語・周語下》「省其典圖刑法」韋昭注：「典，禮也。」）；一指主管禮儀（典，主持；掌管）。前一義適用於君；後一義適用於臣。[123]死而志成曰靈　孔晁曰：「立志不恪命也。」王充曰：「謚之美者，成、宣也；惡者，靈、厲也。」（《論衡・須頌》）陳逢衡曰：「鄭氏《通志・謚略》謂靈非惡謚。案《周書》靈謚六條俱不甚惡，蓋平謚也。」朱右曾曰：「生前之志死而成之，所謂為厲鬼以殺賊也。」[124]亂而不損曰靈　劉師培曰：「宋馬永卿《嬾真子》卷二云：『謚之曰靈，蓋有二義。〈謚法〉曰「德之精明曰靈，亂而不損曰靈。」』（《莊子・則陽》成疏引〈謚法〉同）。今《周書》無『德之精明」語。」《正義》引孔注曰：「不能以治損亂。」朱右曾曰：「棄法行私曰亂。損，減（《萬有文庫》朱本訛作『滅』）也。」鴻恩按，依成疏和《孏真子》則當有「德之精明曰靈」一條。(125)極知鬼神曰靈　「鬼神」章本作「鬼事」，劉師培曰：「《通考》『神』作『事』。」《正義》作「神」，盧、朱均從《正義》。孔晁曰：「其智能聰徹。」朱右曾曰：「窮幽測隱，不務民義也。」(126)不勤成名曰靈　劉師培曰：「江鄰幾《雜記》自注作『勤不成名』。」《正義》引孔注曰：「任本性，不見賢思齊。」朱右曾曰：「若周靈王之生而能神。」（鴻恩按，《史記・周本紀》《集解》引《皇覽》曰：「靈王生而有髭，而神，故諡靈王。其家，民祀之不絕。」）(127)死見鬼能曰靈　《正義》「鬼」字作「神」，引注作「有鬼不為厲。」章本作「鬼」，盧、朱均據《正義》改為「神」。朱駿聲曰：「當作『鬼』。能，讀為『態』。」劉師培曰：「見，讀若『現』。能，即『態』省。《素問》有〈病能論篇〉，此假『能』為『態』之例。死見鬼能，如杜伯、伯有是。盧本易『鬼』為『神』，于注文『為厲』上增『不』字，雖與《通考》合，實則非也。」今依朱駿聲、劉師培說，據章本改回「鬼」字。(128)好祭鬼神曰靈　《正義》「鬼神」作「鬼怪」。引注曰：「瀆鬼神不致遠。」盧本「致」作「敬」。朱右曾曰：「好祭鬼神，謂瀆祀如靈巫。」鴻恩按，古人反對淫祀、淫祭，如祭不應祭的對象和不合禮制之祭。《禮記・曲禮下》：「非其所祭而祭之，名曰淫祀。」本書〈命訓〉：「民鬼則淫祭，淫祭則罷（疲）家。」(129)短折不成曰殤　孔晁曰：「有知而夭殤也。」（劉師培曰，有知，《通考》作「幼稚」。）陳逢衡曰：「《釋名・釋喪制》：『未二十而死曰殤。殤，傷也，可哀傷也。』」又引《儀禮・喪服傳》：「年十六至十九為長殤，十二至十五為中殤，八歲至十一為下殤，七歲以下為無服殤（原文為『不滿八歲以下皆為無服之殤』）。」不成，未成年（二十歲為成年）。(130)未家短折曰殤　《正義》「殤」作「傷」，注作「未娶」。孔本作「殤」，注曰：「未家者，未室家也。」章、陳等本均作「殤」。孔晁曰：家，「夫謂妻為家」（《左傳》僖公十五年「棄其家」孔疏）。(131)不顯尸國曰隱　盧文弨曰：「《左傳》釋文作『不尸其國』。」劉師培曰：「《唐會要》八十作『明不治國曰隱』。『明不』係『不明』之誤。」朱右曾曰：「顯，明。尸，主。以暗主國，若郲隱公。」按，郲隱公之事見於《春秋》、《左傳》定公十五年至哀公二十二年間。(132)隱拂不成曰隱　盧文弨曰：「《前編》作『隱括』。《獨斷》作『違拂』。」孔晁曰：「言其隱拂改其性也。」《正義》引注作「不以隱括改其性」。朱右曾曰：「隱拂，違拂也。如魯隱公欲讓國而不成。」隱括，矯正邪曲之具。(133)見美堅長曰隱　《正義》有此條，注曰：「美過其令。」盧文弨曰：「《前編》無之。」鴻恩按，朱本亦無之。劉師培曰，欲校孔本，惟張守節《史記正義》，且此條注與正文相應。今據增。見美，所表現的美善。「過其令」，超過了其本身實有的美善。《廣雅》：「長，善也。」「令」是釋「長」的。下文曰：「彰義掩過曰堅」，朱右曾注：「堅，自多其能之意。」然則此條有隱蔽、掩飾與自我顯示之義，與「隱」諡相合。(134)中

年早夭曰悼　中年，《正義》、章本、盧本、朱本作「年中」，《前編》、《獨斷》、《唐會要》八十及《通考》均作「中年」，《續博物志》作「中身」（盧、孫、劉說）。按，《通鑑》胡注亦引作「中年」，「中年」文順，今據改。孔晁曰：「年不稱志。」潘振曰：「不盡天年謂之夭。悼，傷也。」下句原為「肆行勞祀曰悼」，朱右曾依《穀梁傳・疏》改為「肆行勞神曰煬」置於下文。而《通鑑・魏紀五》胡注又引有「肆行無禮曰悼」一條，「肆行無禮」何以曰「悼」，似不可解，不補。[135]恐懼從處曰悼　孔晁曰：「從處，言險圮也。」王念孫曰：「『險圮』二字與『從處』義不相近，未解注意云何。『從』疑當讀為『聳』。聳，懼也。成十四年《左傳》曰『大夫聞之無不聳懼』等，杜注并云『聳，懼也』。《說文》：『悼，懼也。陳、楚謂懼曰悼』。」朱右曾不從王說，曰：「從處，未詳。孔曰『言險圮也』，亦未詳。」孫詒讓曰：「以孔注推之，疑『從』當為『徙』，形近而訛。《書・敘》『祖乙圮于耿』，偽孔傳云：『圮于相，遷于耿。河水所毀曰圮。』孔注似隱據彼文，謂遇險圮遷徙，去其故都也。」按，孫說由孔注推尋正文，甚是。今從孫說。[136]不思忘愛曰刺　《正義》引注作「忘其愛己者。」章本孔注作「忌其愛己畧也」，盧訂正之如《正義》。劉師培曰：「《唐會要》八十作『妄愛』，《通考》同，引注作『忌甚』，與今本殊。」陳逢衡謂《新唐書・高璩傳》引〈謚法〉曰「不思妄愛曰刺」，陳以妄與忘通，「不思忘愛」，即不肯忘記與自己有私交、私情者。鴻恩按，於此謚理解易生歧義。刺，刺謬；乖違。[137]愎佷遂過曰刺　孔晁曰：「去諫曰愎，反是曰佷。」潘振曰：「佷，違而不從也。遂過者，擅成其過而不改，乖孰甚焉?」鴻恩按，《漢書・武五子傳》顏注、《通鑑・漢紀十五》胡注并引〈謚法〉曰「暴戾無親曰剌」，應是「暴慢（或作『虐』）無親曰厲」（見下文）之歧出，古音厲、剌同為月韻來紐。佷，同「很」。[138]外內從亂曰荒　《前編》、《通考》「從」作「縱」。按，從同縱，放縱。盧文弨訂正孔注為「官不治，家不理。」陳逢衡曰：「迷亂曰荒。」[139]好樂怠政曰荒　劉師培曰：「《史記・漢興以來諸侯年表》《索隱》引蕭該云：『〈謚法〉「好樂怠政曰康」』。《漢書》作『糠』，所引或非《周書》。又案《唐會要》八十引〈謚法〉有『凶年無穀曰荒』語，誤『糠』為『荒』，說詳下。」盧訂孔注曰：「淫于聲色，怠于政事。」[140]在國逢難曰愍　《正義》「逢難」作「逢覯（同『艱』）」。鴻恩按，逢難、逢覯同義。孔晁曰：「逢兵寇之事也。」朱右曾曰：「難，外患也。」陳逢衡曰，愍，憂也，痛也。愍與「閔」通，又與「湣」通。按，王力《同源字典》以為閔、愍為同源字，「在憂的意義上，『閔、愍』實同一詞」。[141]使民折傷曰愍　盧文弨、劉師培引《正義》、《前編》、《慧琳音義》、《唐會要》「折傷」並作「悲傷」。《通考》引注作「妨政敗害」，《正義》、章本之孔注並作「苛政賊害」。與《通考》之注一致。盧注曰：「折，作『悲』非。」朱右曾曰：「災癘水旱，民多夭折。」鴻恩按，章、陳、朱本作「折」，《正義》等均作「悲」，未知孰是。比較而言，朱注切合「愍」義。[142]在國連憂曰愍　盧文弨曰：「《正義》、《前編》『連』作

『遭』，非，注『仍』正釋『連』字。」劉師培曰：「《唐會要》八十作『遭』，《通考》同。」《彙校集注》曰，清王謨《增訂漢魏叢書》本亦作「遭」。章本作「連」，孔晁曰：「仍多大喪。」朱右曾曰：「憂，內難也。」《左傳》桓公九年「曹大子其有憂乎！」楊伯峻注：「為下年其父死作預言。」《國語・晉語》「父母死為大喪。」則「憂」可釋為大喪，義同後世「丁憂」之「憂」。

(143) 禍亂方作曰愍　孔晁曰：「國無政，動長亂。」方作，滋長（朱右曾）。

(144) 蚤孤短折曰哀　孔晁曰：「早者，未知人事。」潘振曰：「少而無父謂之孤。蚤孤而又夭，是可哀也。」蚤，通「早」。

(145) 恭仁短折曰哀　孔晁曰：「體恭質仁，功未施也。」潘振曰：「體恭有其容，質仁有其德，而無其壽，是可哀也。」

(146) 蚤孤隕位曰幽　隕位，章本作「有位」，盧文弨從《正義》改「有位」為「鋪位」（注為：「鋪位，有位而卒。」），朱右曾從《通考》改為「隕位」。劉師培以下條注之「弱損」當作「弱殞」（鴻恩按，「殞」是「隕」的分別字），即本條孔注。陳逢衡曰：「幼而孤露，嗣位即病，故曰鋪位。《詩・江漢》傳：『鋪，病也。』」隕位，失其位（朱右曾）。鴻恩按，隕位、鋪位，意無甚別。幽，暗昧；不明。

(147) 壅遏不通曰幽　「壅」各本多用本字「壅」，朱本用借字「雍」。劉師培曰：「孔注：『弱損〔隕〕不凌也。』弱隕為上語注文，不凌為『不達』之訛，係此語注文。《通考》作『權臣擅命，政令不達。』當據補。」鴻恩按，今從劉說。

(148) 動靜亂常曰幽　「靜」字《正義》、章本均作「祭」，孔注：「易神之班。」朱右曾曰：「靜，舊作『祭』，據《左傳》〔宣公十年〕疏訂。」又曰：「動靜亂常，言起居無節，號令不時。」鴻恩按，孔本等是「祭」字。

(149) 克威捷行曰魏　孔晁曰：「有威而敏行。」張澍《世本補注》、茆泮林輯《世本》並據《史記索隱》作「微公」，張澍曰：「微公，《史記〔・魯世家〕》作魏公、微公，《左傳》釋文引《世本》又作『徽公』，與《索隱》引不同，當係字誤。」朱右曾曰：「魏，大也。《史記・〔建元以來侯者〕年表》《索隱》引作『克捷行軍曰魏』。魏音巍，通作『微』，魯魏公亦作微公。」《說文》：「巍，高也。」段玉裁注：「高者必大，故《論語・注》曰：『巍巍，高大之稱也。』後人省『山』作『魏』，分別其義與音。」依段說結合朱釋，則「魏」、「巍」同字，微、徽均與「魏」音近，是通假。

(150) 克威惠禮曰魏　劉師培曰：「《通考》『惠』作『順』。」《正義》引孔注曰：「雖威不逆禮。」惠，順從。

(151) 去禮遠長曰煬　「長」字原作「眾」。《正義》引孔注曰：「不率禮，不親長。」劉師培曰：「據孔注似正文亦作『遠長』，故《史記索隱》及《通考》『長』作『正』（《爾雅》『正，長也。』）」。然則「眾」為「長」字訛，今正。去，離棄。遠，違背。

(152) 好內遠禮曰煬　孔晁曰：「朋淫于家，不奉禮。」朱右曾曰：「非禮宣淫也。」鴻恩按，諸家於「煬」字無釋，作為諡號之「煬」讀陽平，如隋煬帝，但讀陽平之「煬」，字書只有二義，一為「釋金也」（《廣韻》），即熔化金屬；一為「諡也」。至於「煬」之字義，即各諡所說「去禮遠長曰煬」等。

(153) 好內怠政曰煬　孔晁曰：「內則朋淫，外則荒政。」（「內則朋淫」

原作「內好多淫」，劉師培據《通考》引文訂。朋，群；群聚。）按，以上兩條，「好內遠禮」係盧氏據《正義》補，「好內怠政」據《春秋》定公元年孔疏補。章本「去禮遠長」下即為「內好朋淫」二句注文，其脫文之跡儼然而在。

[154] 肆行勞神曰煬　朱右曾曰：「恣肆其行，疲憊其神也。」此條「煬」字原作「悼」，朱據《穀梁傳》定公元年疏改移於此。

[155] 醜心動懼曰甄　盧文弨從《正義》作「甄心動懼曰頃」。朱右曾改「從故書，與《文獻通考》合」，即今本之文。孫詒讓曰：「盧從《史記正義》校，盧校是也。甄，當讀為『震』。甄，猶掉也。甄、震訓同。振、震、甄聲義並相近。注訓〔甄〕為『積』，疑即『振』之訛。」而劉師培則以朱改為是：「舊本作『醜（郝懿行氏謂當作「甄」）心動懼曰甄』，舊本是也。《周書》本有甄謚，《史記正義》所錄有『治典不殺曰甄』語，注云『秉常不衰』。《獨斷》及《續博物志》並作『治典不敷（乃「殺」訛）曰震』，震亦甄也，是即此下脫文。蓋『甄』取震警為義，故『醜心動懼』及『治典不殺』者均取為謚。惟《獨斷》今本均作『祈』，注云『一作震』。蓋祈、震古通。《左〔傳〕》疏引作『經典不易』亦與『秉常』義同。朱本歧甄、祈為二，非也。《詩・小雅》『吉日其祈』，鄭箋曰：『祈當作麎。』是祈、震古通之證。」鴻恩按，朱本作「祁」，祈、祁相通，《左傳》成公八年「祁奚」，李富孫《〔春秋三傳〕異文釋》曰：「《呂覽・開春》、《風俗通・十反》、《易林》『祁』作『祈』。」依劉說，則「經典不殺曰祁」當作「經典不殺曰甄」。朱右曾曰：「醜，恥也。心能有恥，動則戒懼。甄，讀若『真』，魯真公、衛真公是也。」真、甄音同，〈謚法〉有「甄」、無「真」，魯慎公、衛慎公均有作「真公」者（真、慎相通），未見作魯甄公、衛甄公者。《通鑑》衛慎公、周慎靚王胡注引〈謚法〉曰：「敏以敬曰慎。」又引《戴記》曰：「思慮深遠曰慎。」可證本字為「慎」，而前者句法異於本書，後者明說引自《戴記》。故劉師培曰：「『慎』也云云《周書》無。」劉說「祁（祈）」即「甄」，以「祁」字久存（《左傳》莊公六年即有「鄧祁侯」），今姑不改。

[156] 威德剛武曰圉　盧文弨曰：「《史〔記〕・表六》《索隱》『剛』作『強』。」孔晁曰：「圉，禦也，能禦亂患也。」

[157] 聖善周聞曰宣　此為章本原有，朱本改為「善聞周達曰宣」，孫詒讓、劉師培以為不然。孫曰：「《獨斷》作『聖善同文』，『同文』疑即『周聞』之訛。蔡〔邕〕書與相近，似不必改。」劉曰：「孔注曰：『聞，謂所聞善事也。』朱本據《左氏》釋文改作『善聞周達』，今考〔魏收〕《魏書・彭城王勰傳》（劉芳議〔勰謚〕）、《穀梁》『宣公』疏、《孟子・梁惠王上》疏、宋孔煒〈南軒先生張子謚議〉引〈謚法〉亦作『善問周達』。惟《漢書・宣帝本紀》顏注引應劭云〈謚法〉『聖善周聞曰宣』，《通考》同。又《唐會要》七十九引〈謚法〉云『聖善周聞曰宣』（《續博物志》、《金史・禮志》同。）『施而不秘曰宣』，『善聞周達曰宣』，似『聖善周聞曰宣』別係一語，非『善聞周達』之訛。惟《會要》所引『聖善周達曰憲』，當係此語異文。」又曰：「疑宣、憲本一謚，後人因傳寫不同析分為二。」鴻恩按，劉說是，宣、憲音近相通，

《說文》「憓」：「憓，憲聲，或从宣。」朱駿聲《說文通訓定聲》：「憲，假借為宣。」《說文解字今釋》：「憓、宣，上古同屬元部、曉紐。」本字是「宣」。《唐會要》所引「施而不秘曰宣」，本文末章有「施而不私為宣」應是一條。(158)善聞周達曰宣　此條為朱本所增，理由見上條劉說。《後漢書・朱穆傳》注引〈諡法〉亦同。「善聞」或作「善問」，意同，意即好名聲。

(159)治民克盡曰使　《正義》、章本孔注均作「克盡，無恩惠也。」丁宗洛《管箋》曰：「『使』字尚是好諡，〔無恩惠〕或是『無遺恩惠』，而誤脫一『遺』字耳。」朱右曾曰：「使民以義。」劉師培曰：「《通考》引孔注曰『克盡思慮』。」鴻恩按，「無恩惠」有誤。《荀子・榮辱》「農以力盡田」，楊倞注：「盡，謂精于事。」克盡，即能盡心力。(160)行見中外曰慤　劉氏疑舊本作「行見中外曰商」（說詳注(163)）。孔晁曰：「言表裏如一也。」鴻恩按，疑此有誤。蘇洵《諡法》卷二有「行見中外曰顯」，《通鑑・周紀二》「顯王」胡注引《十一家諡法》亦曰：「行見中外曰顯。」不知蘇洵所據何書。(161)持義不撓曰勇　原作「勝敵壯志曰勇」。盧氏曰：「《正義》『勝敵志強曰莊』，與『莊』諡五條皆連接，此作『勇』，脫簡于此，誤。」劉師培曰：「孔注：『不撓折。』《慧琳音義》十一引〈諡法〉云：『懸命為仁曰勇（卷十三引「懸」作「棄」），知死不避曰勇。』卷七十同。《唐會要》八十引〈諡法〉『率義恭用曰勇，率義死用曰勇（恭用，疑即死用），懸命為仁曰勇，後身為義曰勇，持義不撓曰勇，知命不避曰勇』。均無『勝敵壯志』語，盧校疑即『勝敵志強曰莊』條之脫簡是也。又案，據注所釋，似正文本有『持義不撓』語，『不撓折』三字，即彼注文。」鴻恩按，今從劉說據孔注刪「勝敵壯志」，增「持義不撓」。(162)昭功寧民曰商　孔晁曰：「明有功者也。」劉師培曰：「《通考》引注作『商度事宜所以安民』，與此異。」商字之義，見下條解。(163)仁見中外曰商　劉師培曰：「原本《玉篇・㕯部》、《慧琳音義》八十二引〈諡法〉並有『仁見中外曰商』語，疑上文『行見中外曰慤』，舊本『慤』或作『商』。」鴻恩按，《說文》：「商，從外知內也。从㕯，章省聲。」段玉裁釋「商」曰：「從外知內，了了章箸（著）曰商。」「仁見中外」即「商」字義，今從劉說據原本《玉篇》、《慧琳音義》補。然「行見中外」不同於「仁見中外」，前者似應另為一諡。(164)狀古述今曰譽　孔晁曰：「言立人稱。」盧校從《正義》作「立言之稱」。孫詒讓曰：「惠較注作『言立之稱』，是也。《左》襄廿四年傳云：『死而其言立。』」（鴻恩按，此又「人」、「之」訛誤之例。）朱右曾曰：「譽，美也。以文章狀述古今。」劉師培曰：「原本《玉篇・言部》『訔』字注引〈諡法〉云：『收今述古曰訔。』《慧琳音義》十二同，惟『收』又作『牧』。是『譽』為『訔』訛。訔，與『咨詢』之『咨』同。」鴻恩按，劉所引原本《玉篇》、《慧琳音義》「譽」作「咨」，均唐以前之本，譯文從其說。(165)心能制義曰度　度，舊作「庶」，盧據《正義》改，為《左傳》昭公二十八年成鱄之言。孔晁曰：「制事得宜。」《詩經・大雅・皇矣》孔疏：「心能制義者，服虔云：『心能制事，使得其宜。』」言揆度事也。」制，裁斷；規劃。166好和不爭曰安　章本孔注曰：「失在少斷」，盧、朱從之。《正義》作「生而少斷。」陳逢衡曰：「俱與正文不合。」潘振曰：「情好和平，不與人爭，身心皆安也。」「失在少斷」明說其不足，潘說不以為過誤。《通鑑・晉紀三十一》「安皇帝甲」，胡注引〈謚法〉曰：「生而少斷曰安」，乃誤以注文為謚。鴻恩按，《後漢書・安帝紀》李賢注引〈謚法〉有「寬容和平曰安」，《通鑑・漢紀四十》「濟南安王康」，胡注引〈謚法〉有「寬裕和平曰安」（《故訓匯纂》「安」字），當是同一條，未知出於何書。167外內貞復曰白　孔晁曰：「正而復，終始一也。」（此依《正義》及王謨本）潘振曰：「外指身，內指心。」上文注80「外內用情曰貞」、「內外無懷曰貞」，孔晁「行清白，執志固」，可以互參。復，往還；反其所始。168不生其國曰聲　孔晁曰：「生于外家。」（盧依元刊本、王謨本）陳逢衡曰：「曹有聲公野，鄭有聲公勝，蔡有聲公產，楚有聲公當，衛有聲公訓，列國大夫謚聲者尤多，豈盡不生其國者？意聲謚或兼聲聞之義，而《周書》流傳日久不無缺漏，乃僅傳不生其國一義，其義亦太專矣。」鴻恩按，陳說有理。169暴慢無親曰厲　朱本據《左傳》隱公三年孔疏補。孫詒讓曰：「《獨斷》『慢』作『虐』。」鴻恩按，《史記・淮南衡山列傳》「謚淮南王為厲王」張守節《正義》、《資治通鑑・魏紀六》「邵陵厲公上」胡注引同孔疏。170殺戮無辜曰厲　《正義》、盧本同，《通鑑》胡注引同。劉師培曰：「原本《玉篇・厂部》作『煞戮不辜』。」鴻恩按，《左傳》襄公十三年杜預注引作「戮殺不辜」。孔晁曰：「賊良殺人。」辜，罪。陳逢衡曰：「厲，惡也，虐也。」171官人應實曰知　孔晁曰：「能官人也。」朱右曾曰：「量才授官，知之要務。」應實，合於實際。172凶年無穀曰糠　孔晁曰：「不務稼穡。」盧文弨曰：「《漢書・諸侯王表》有中山糠王昆侈，則〈謚法〉之有糠明矣。師古注引『好樂怠政曰糠』，則與前『荒』之謚相同，《正義》此『糠』字亦作『荒』。上苟勤于民事，則緩急自當有備，歲亦不能為之災。糠之為言虛也。注以『不務稼穡』為言，可謂深得制謚之旨。至《正義》之作『荒』，則以二謚相次比而致誤耳。」劉師培曰：「《穀梁》襄二十四年傳『四穀不升謂之康』，原本《玉篇・欠部》引作『歑』，又引劉兆注云：『歑，虛也。』是『糠』之正字當作『歑』。《說文》：『歑，饑虛也。』與此合。《唐會要》作『荒』（與《史記正義》同），失之。」鴻恩按，朱駿聲曰：「歑假借為『⿰禾荒』。」（《說文通訓定聲・欠部》）《廣雅・釋天》：「四穀不升曰歑」，王念孫疏證：「《韓詩外傳》歑作荒。」可證歑、糠、康與荒、⿰禾荒均音近相通。173名實不爽曰質　孔晁曰：「不爽，言相應也。」劉師培曰：「《通考》引注作『名實內外相應不差』。」潘振曰：「爽，失也。名不失其實，可謂正矣。質，正也。」陳逢衡曰：「質，信實也。後謚『名與實爽曰繆』，正與此相反。」174不悔前過曰戾　孔晁曰：「知而不改。」戾，乖戾；乖背。175溫良好樂曰良　劉師培曰：「此與《史記正義》所引『康』謚複。」鴻恩按，《正義》、章本有「溫柔（章本作『溫年』）好樂曰康」，又有「溫良好樂曰良。」兩條的孔注不同。本條盧文弨孔注訂曰：「言其行可好可樂也。」似不屬於一謚之複。亦有引作「溫良好樂曰康」者（參注52），有可能是因為良、康同屬陽韻，二字音近、形亦有近似處而發生混誤。溫良，溫和善良。176怙威肆行曰醜　《正義》引孔注曰：「肆意行威。」朱右曾曰：「恃其威勢，肆行妄為。」怙，仗恃。177德正應和曰莫　盧文弨據《正義》補此條。《慧琳音義》引〈謚法〉有「德正應和曰貞」，應是本條之誤，見注80。本條也是《左傳》昭公二十八年成鱄所說「九德」之一。朱右曾引服虔注曰：「發號施令，天下應和之，莫然而定，無喧嘩也。」孔晁曰：「正其德，應其和。」莫，〈皇矣〉作「貊」，毛傳：「靜也。」《左傳》引作「莫」，即「漠」字，杜預注：「莫然清靜。」178勤施無私曰類　劉師培曰：「《通考》作『施勤無私曰惠』。」鴻恩按，此亦成鱄「九德」之一，「曰類」與《左傳》同。杜預注：「施而無私，物得其所，無失類也。」孔晁曰：「無私，惟宜所在。」類，善（朱右曾）。179好變動民曰躁　《正義》、章本同。劉師培曰：「《慧琳音義》五十七、七十四引〈謚法〉同，五十及一百作『好動變民』。《通考》引注作『好改舊以勞動民。』與此殊。」孔晁曰：「數徙移也。」朱右曾曰：「使民不安。」躁，擾動（潘振）。180慈和遍服曰順　成鱄所說「九德」之一。孔穎達疏：「服虔云：『上愛下曰慈。和，中和也。』為上而愛下，行之以中和，天下遍服，從而順之。」181滿志多窮曰感　孔晁曰：「自足者必不足也。」盧文弨曰：「《正義》、《前編》『感』俱作『惑』，非也。感，古『憾』字，注云于『憾』之義正合。」朱右曾從之。陳逢衡仍從《正義》作「惑」，曰：「後周有陳惑王宇文純，盧改作『感』，非也。」鴻恩按，章本作「感（憾）」，即盧說注與正文相合。句意謂志意滿滿而行動多窮窘，故憾。《正義》「感」作「惑」，則「滿志多窮曰惑」亦甚通，然與《正義》注文「自足者必不惑」則不相應，「自足」是訓「滿志」，「驕為滿，恭為謙」（《國語・魯語下》「其滿之甚也」韋昭注），故曰「多窮」，故曰「憾」或「惑」，「滿」並不是「知足常樂」之「足」意。改「自足者必不足」為「自足者必不惑」大誤。據孔注可知「惑」字非是。182危身奉上曰忠　盧文弨據《正義》訂孔注曰：「險不辭難也。」陳逢衡曰：「事君能致其身故曰忠。」183思慮果敢曰悍　「敢」原作「遠」，「悍」原作「赶」。章本此條與上文「思慮深遠曰翼」全同，必有誤。《正義》作「思慮果遠曰明」，孔晁曰：「自任多，近于專。」陳逢衡、丁宗洛均以孔注語非釋「明」字。陳引明王圻《謚法考》所引《會編》「思慮深遠曰捍」句，以為「與注意稍近」。劉師培上文已有「思慮深遠曰翼」，此處亦重出，曰：「《通考》『深遠』作『果敢』。」《通鑑》之〈晉紀〉、〈齊紀〉胡注引〈謚法〉均同《正義》。盧、朱據《前編》改為「思慮果遠曰趕」，又引《前編》曰：「『趕』恐當作『悍』。」鴻恩按，通考諸家之說，此謚應如《通鑑前編》和王圻所引《會編》之說，當作「悍」（「捍」通「悍」）。「深遠」字誤，疑「果遠」亦不確，當從《通考》作「果敢」。朱駿聲亦從《通考》定為「果敢」（《古文字詁林》第二冊第二三二頁馬敘倫引〉。「赶」字後出，在《說文・走部》為最後一字，段玉裁以為「後人所增」。昔以為「赶」始見於《管子・君臣下》「滔赶者主勞」，劉師培、黎翔鳳以為是「滔迂」或「滔赶」字的訛誤（《管子校注》第五八七～五八八頁）。然則先秦尚無發現「趕」字。本文的「赶」，肯定出於後人之手，以「赶」、「趕」與「扞」、「捍」、「悍」音、形相近所致。「悍」義為猛悍、凶戾、性急，與「思慮果敢」與注「自任多，近于專」，均可相應。今定為「思慮果敢曰悍」。(184)怠政外交曰攜　章本作「息政外交曰推」，盧文弨據蔡邕《獨斷》改「推」為「攜」，朱右曾又據《獨斷》改「息」為「怠」。劉師培曰：「《通考》『息』作『怠』。」孔晁曰：「不自明而恃外也。」朱曰：「不自強而恃人也。攜，離也。」(185)疏遠繼位曰紹　劉師培曰：「《慧琳音義》一引〈諡法〉作『遠繼先位』。」孔晁曰：「非其次第偶得之也。」紹，繼。(186)彰義掩過曰堅　孔晁曰：「明義以蓋前過。」朱右曾曰：「著善而掩不善，是長其過也。堅，長也。」(187)肇敏行成曰直　王念孫曰：「《爾雅》：『肇，敏也。』郭注引《書》『肇牽車牛』（〈酒誥〉），是肇與敏同義。《論語》曰：『敏于行』（〈里仁〉），故曰『肇敏行成』。孔訓肇為始，云『始疾行成，言不深也』，失之。」朱右曾曰：「敏于行而行成，則能正人之曲。」鴻恩按，《詩經・大雅・江漢》「肇敏戎公」，馬瑞辰《詩經傳箋通釋》亦曰：「肇、敏連言，則訓肇為敏。」(188)內外賓服曰正　孔晁曰：「言以正服之。」潘振曰：「內指國，外指敵。」朱右曾曰：「外賓內服，非正不能。」賓服，歸順；服從。(189)華言無實曰夸　劉師培曰：原本《玉篇・言部》云：「〈諡法〉『華言無實曰誇』。今亦或為『夸』字，是字以作『誇』為正也。」章本孔注全脫，《彙校集注》曰，王謨本孔注作「言其恢誕也。」與《正義》合。陳逢衡曰：「夸，大也，張也，虛也。」(190)教誨不倦曰長　這也是成鱄「九德」之一。孔晁曰：「以道教之也。」朱右曾引服虔曰：「教誨人以善不懈倦，言善長人以道德也。」《左傳》昭公二十八年孔疏曰：「長，即師也。《（禮記・）學記》曰：『能為師，然後能為長。能為長，然後能為君。』」鴻恩按，劉師培以「長」為「號」而非「諡」，蓋以〈學記〉與孔疏之說。(191)愛民在刑曰克　孔晁曰：「道之以政，齊之以刑。」劉師培曰：「《通考》引注『以刑』作『以法』。」鴻恩按，《正義》引注亦作「以法」。朱右曾曰：「在，察。克，服。」陳逢衡曰：「克，勝也，能也。」此諡大約是說，愛民表現於用刑（適當）叫做勝任。在似不必釋為「察」。(192)嗇于賜與曰愛　孔晁曰：「貪吝也。」嗇，慳吝。愛，吝嗇。(193)逆大虐民曰抗　「大」字原作「天」。章本「抗」作「煬」（劉師培曰，《慧琳音義》八十七亦引作「煬」），其孔注曰：「所尊天而逆天。」盧據《正義》、《前編》改作「逆天虐民曰抗」，《正義》所引孔注作「背尊大而逆之」，盧以為「似訛」。孫詒讓曰：「惠校本從《史記正義》〔注〕是也，此正文當作『逆大虐民曰抗』，言背大國而行暴虐民也。」鴻恩按，「背尊大而逆之」正是對「逆大」之釋，今從孫說，改「天」為「大」。(194)好廉自克曰節　《正義》引孔注曰：「自勝其情欲。」章本之孔注曰：

「自節以情欲也。」盧文弨曰：「『勝其』舊作『節以』，非，克訓勝也。」鴻恩按，二注文文異意同。「以，猶『于』也。」「以，用同『於』。」此說不見於《經傳釋詞》，而並見於《經詞衍釋》與《詞詮》、《古書虛字集釋》、《古籍虛字廣義》等書。「節以情欲」，即在情欲方面加以節制、克制，不可曰「非」。自克，自我克制。195擇善而從曰比　成鱄「九德」之一。孔晁曰：「比方善而從之。」比，比照；按照。196好更故舊曰易　「故」字原作「改」，蓋因注文訛誤。劉師培曰：「《通考》『改』作『故』。」鴻恩按，《通考》是，「好更改舊」文不順，《史記·十二諸侯年表》「易王」《索隱》引〈謚法〉、〈五宗世家〉「江都易王」《索隱》引〈謚法〉、《古文苑》董仲舒《集敘》「相事易王」章樵注引〈謚法〉並作「好更故舊」（《故訓匯纂》「易」字），是，今據改。孔晁曰：「變改故常。」（《正義》作「變故改常。」）易，改變。197名與實爽曰謬　謬，盧、朱據《正義》作「繆」，章本作「謬」。孔晁曰：「言名美而實傷。」劉師培曰：「原本《玉篇·言部》云：『名與實爽曰謬』，劉熙曰：『謬，差也，名清而實濁也。』《慧琳音義》六、七『繆』均作『謬』。又引劉熙曰：『謬，差也。』是《大戴》劉注本『繆』作『謬』，此書孔注亦出于劉。『傷』或『濁』訛。」鴻恩按，「繆」為借字，今據劉所舉諸證及章本改為本字「謬」。朱右曾曰：「名美實惡。」爽，違背；不合。198思慮不爽曰愿　朱本作「思慮不爽曰厚」，朱右曾曰：「舊作『思厚不爽曰愿』，據《史記正義》、《通鑑前編》所引訂。」陳逢衡本作「思慮不爽曰愿」，陳曰：「愿，謹厚也。欽定《續通志·謚略》曰：『古字愿、原同，故此謚《周書》作「愿」，蘇洵《謚法》作「原」。』《漢〔書·〕王子侯表》劇侯錯、山侯國……皆謚『原』，貰侯文謚『愿』。顏師古曰：『愿音願，又音原。』蓋漢時兩字通用。」劉師培曰：「《通考》作『思慮不爽曰原』。」孔晁曰：「不差所思而得也。」爽，過失；差錯。鴻恩按，除章本外，盧、陳、朱、劉與諸書於「思慮不爽」四字沒有異議。分歧在《正義》、《前編》作「曰厚」，蘇洵《謚法》、《通考》、章本、《續通志》均作「曰愿」或「曰原」，陳又舉出漢代謚愿、原者甚多。如改此謚為「厚」，則此書無「愿」謚。今仍依章本作「愿」。199貞心大度曰匡　《正義》引孔注曰：「心正而用察少。」盧、朱從。盧曰：「舊作『心正而明察也』，非。」朱本「用」作「明」。鴻恩按，「用察少」釋「大度」，則「大度」，意為粗略的度量。大，粗；不細。度，謀慮；思量。匡，糾正。200能優其德曰于　劉師培曰：「《史記·五宗世家》《索隱》引《逸周書·謚法》云『能優其德曰于』，確屬《周書》。」鴻恩按，此條章、盧、朱本及《正義》等均無，司馬貞於〈五宗世家〉、〈漢興以來諸侯王年表〉「于王端」兩引之，一曰《廣周書·謚法》，一曰〈謚法〉。于王端為西漢景帝子，其時所據不外《逸周書》、《大戴》和《世本》謚法（秦嘉謨《世本輯補》卷十謂《大戴》、《世本》的〈謚法篇〉，「采自《周書》」，劉師培亦謂《大戴·謚法》「同《周書》」）。宋人所編《六家謚法》，列《廣謚》於沈約前，《廣謚》所收當不出《逸周》等三書，今據劉說補。優，饒（《說文》）；多；足。于，大；廣大（《禮記・檀弓下》「于則于」孔穎達疏）。

【語　譯】百姓簡直不知道怎樣稱讚他的功德，叫做神。推舉的都是賢能的人，傳布的是不懈地專一於道德，叫做聖；敬待賓客，深於禮數，叫做聖。專一於道德，始終不鬆懈，叫做簡；為人平易沒有疵病，叫做簡。經營天下，治理國家，叫做文；有道德而聞見廣博，叫做文；勤奮學習，喜好請教，叫做文；仁慈和順，熱愛百姓，叫做文；憂慮百姓，順從禮法，叫做文；賜予人民官爵職位，叫做文。為人剛強理直，叫做武；威武剛強，有明智通達之德，叫做武；能平定禍亂，叫做武；以法正民而人民服法，叫做武；志意張狂，窮兵黷武，叫做武。敬慎於自己的職事，尊敬長上，叫做恭；尊敬賢士，看重道義，叫做恭；尊敬賢能，敬重謙讓，叫做恭；有了過錯而能改正，叫做恭；行事堅定不移，叫做恭；熱愛百姓，友愛尊長，叫做恭；秉持禮儀迎接賓客，叫做恭；修德以掩蓋父母的缺失，叫做恭；尊重賢能，讓良善給別人，叫做恭。光明照臨四方，（能預見安危，）叫做明；讒謗詆毀之言不能實行，叫做明。威嚴和儀容兼備，叫做欽。深謀遠慮，慈愛民眾，叫做定；安定百姓，深謀遠慮，叫做定；安定百姓，取法古道，叫做定；行為純正，沒有差錯，叫做定。臣下進諫、強力死爭，不以威勢拒絕、治罪，叫做德；使民安居，使士安於職事，叫做德。開闢土地，有德行，叫做襄；征戰有功勞，叫做襄。出師征伐，凱旋而歸，叫做釐；秉性深沉，能接受進諫，叫做釐；小心謹慎，臨事而懼，叫做釐。聞見廣博，多才多藝，叫做憲。耳聰目明，思慮通達，叫做獻；質性明達，有極高的智慧和道德，叫做獻。溫柔聖明賢淑，叫做懿。使五服之內的族屬安居樂業，叫做孝；仁慈和順，敬愛父母，叫做孝；按時祭祀，敬重如初，叫做孝；秉持道德，從不違背，叫做孝。大謀慮在成就氣節，叫做考。持守心志，能做到莊敬，叫做齊；借助輔佐，共同獲得成就，叫做齊。明於義理，通達地看待事物，叫做康；年成豐饒，優遊閒逸，叫做康；太平快樂，撫慰民眾，叫做康；使百姓平安快樂，叫做康。安定民眾，政治有建樹，叫做成。施行德惠，執守道義，叫做穆；內心所思表露於外，表裏如一，叫做穆。辦事敏捷而敬慎，叫做頃；敬慎勤勞，能夠悔過，叫做頃；慈愛仁善，與百姓和洽，叫做頃。道德昭著，又有功勞，叫做昭；

有威儀，恭敬英明，叫做昭；聲名滿天下，叫做昭。安定民眾，養護老人，叫做胡；年齡大壽命長，叫做胡。剛強，堅毅，勇敢，叫做剛；能追補以前的過錯，叫做剛。以溫和的德行，成全民眾，叫做靜；為人恭謹不妄動，不妄言，叫做靜；生性寬和快樂，得到善終，叫做靜。治理政事沒有過失，叫做平；行事有法度，叫做平；頒布法律並加以實施，叫做平。經由正義而成事，叫做景；施行德義，做得剛強，叫做景；執意於大謀慮，叫做景。清清白白固守節操，叫做貞；能夠成就大謀慮，叫做貞；不隱瞞，不屈服，叫做貞；內心外表真誠如一，叫做貞。嚴厲而剛毅果敢，叫做威；嚴厲而強力果敢，叫做威；強力堅毅，伸張正義，叫做威。治國的經典不衰減，叫做祁（甄）。開闢土地，使遠人歸服，叫做桓；能敬慎於興兵勞民，叫做桓；開闢土地，兼併敵國，叫做桓。道德純一完善，叫做思；普遍省察萬民疾苦，思興利除弊，叫做思；外而國家，內而自身，外而四方，內而朝廷，思慮求善，叫做思；追思以前的過錯而悔改，叫做思。性情溫和，慈愛百姓，叫做惠；愛民眾，好施與，叫做惠；性情溫和，接受進諫，叫做惠。善思慮辨章民眾，叫做元；施行德義使民眾喜悅，叫做元；開始建立國都，叫做元；以義為主，實行德政，叫做元。屢次發起戰爭，叫做莊；強壯多力能使人服，叫做莊；戰勝敵人，意志堅強，叫做莊；戰死於原野，叫做莊；嚴肅治理戰亂殺伐，叫做莊；用兵而未遂所願，叫做莊。克制殺，秉持正，叫做夷；安定民眾，喜好平靜，叫做夷。主持正義，光大善行，叫做懷；慈惠仁愛而短命早亡，叫做懷。早晚警惕戒慎，叫做敬；早晚敬慎於職事，叫做敬；取法常道而進乎平正，叫做敬；遵從法典並且做得很好，叫做敬。紹述德義而未能做到，叫做丁；迷惑而不遜順，叫做丁。有功於安定民眾，叫做烈；秉持道德，遵守先世之業，叫做烈。以強硬的手段獲勝立功，叫做翼；謀慮深遠，敬慎於職事，叫做翼。能夠成就剛正之德，叫做肅；秉性果敢有決斷，叫做肅。愛民眾，樂於治理，叫做戴；制度禮儀沒有缺失，叫做戴。用死成就大志，叫做靈；不能用治減少亂，叫做靈；盡知鬼神之事而不做利民的事，叫做靈；不用力做使自己成名的事，叫做靈；死後又以鬼態出現，叫做靈；喜好祭祀鬼神，叫做靈。短命夭折，尚未成年，叫做殤；尚未成家而短命夭折，叫做殤。不明顯主持國政，叫做隱；矯正而不成功，叫做隱；表現出的美善超過其自身所實有，叫做隱。中年早夭不能實現大志，叫做悼；恐懼災患而遷移國都，叫做悼。身在高位而不忘記私愛，叫做刺；拒絕進諫，以非為是而成其過錯，叫做刺。官事不治，家事不理，放縱迷亂，叫做荒；淫於聲色，怠於政事，叫做荒。當國期間遭遇外患，叫做愍（閔、湣）；災癘水旱，使民折傷，叫做愍；當國期間連續遭逢患難，叫做愍；禍亂正在滋長，叫做愍。年幼喪父，又短命夭折，叫做哀；恭敬仁愛而短命夭折，叫做哀。年幼喪父，又隕失君位，叫做幽；權臣作梗，政令不能通達，叫做幽；或動或靜亂了常道，號令不時，叫做幽。能憑藉權威迅速推行政令，叫做魏；能運用權威而又順於禮，叫做魏。離棄禮儀，違背尊長，叫做煬；喜好女色，違背禮儀，叫做煬；喜好女色，荒廢政事，叫做煬；放肆亂來疲勞精神，叫做煬。有廉恥之心，動則戒懼，叫做甄（真）。有威勢有道德，剛強武勇，叫做圉。聖明仁善，天下無不知曉，叫做宣；好名聲傳遍各地，叫做宣。治理百姓能盡心力，叫做使。有醜恥之心，行動戒懼，叫做甄。持守正義而不屈撓，叫做勇。彰顯有功者，安定民眾，叫做商；仁愛表現於內心和行動，叫做商。以文章陳述古代述說今世，叫做咨。具有規劃事情合宜的能力，叫做度。喜好和平，與人無爭，叫做安。外表內心無不中正，始終如一，叫做白。不出生於自己國家，叫做聲。暴虐傲慢，沒有可以親信的人，叫做厲；殺戮沒有罪過的人，叫做厲。任命官員與其實際才能相合，叫做知。災荒年而沒有儲積的糧食，叫做糠。名聲和實際相合，叫做質。對以前的過錯不思改悔，叫做戾。溫和善良，可好可樂，叫做良。依仗威勢為所欲為，叫做醜。德行正，發號施令而天下應和，叫做莫。勤施與，無私心，叫做類。喜好改變，擾動民眾，叫做躁。仁慈平和，天下人心服，叫做順。志滿意足，到頭來走投無路，叫做憾。不顧自身危險忠心奉上，叫做忠。慮事果決勇敢，叫做悍。懈怠政事而依恃外交，叫做攜。疏遠的子孫繼位，叫做紹。彰顯正義以掩蓋過錯，叫做堅。敏捷地表現於行動，取得成功，叫做直。國內國外的人全都歸服，叫做正。花言巧語而沒有實質內容，叫做夸。教誨人不知道疲倦，叫做長。愛民眾表現於用法得當，叫做克。在賜予方面小氣吝嗇，叫做愛。違抗大國又虐害百姓，叫做抗。愛好廉潔，自我克制情欲，叫做節。選擇古今做得好的，比照著做，叫做比。喜好變舊章改常道，叫做易。名聲與實際不相合，叫做謬。思慮沒有差錯，叫做愿。心思正而謀事不細，叫做匡。能增長自己的品德，叫做于。

隱，哀之方；景，武之方也❶。施為文也，除為武也❷。辟地為襄❸，服遠為桓❹。剛克為發❺，柔克為懿❻。履正為莊❼，無過為僖❽。施而不私為宣❾，惠無內德為平❿。失志無轉，則以其明⓫，餘皆象也⓬。

和，會也⓭。勤，勞也。遵，循也。爽，傷也⓮。肇，始也。乂，治也⓯。康，安也。怙，恃也。享，祀也。胡，大也。服，敗也⓰。秉，順也⓱。就，會也⓲。蹇，過也。錫，與也。典，常也。肆，放也。穅，虛也。叡，聖也。惠，愛也。綏，安也。堅，長也⓳。耆，強也。考，成也。周，至也⓴。懷，思也。式，法也㉑。布，施也。敏，疾也。捷，克也㉒。載，事也㉓。彌，久也㉔。

【章旨】對上章諸謚略作分析、比較、概括，對若干謚字作了訓釋。應當出於後人之手。

【注釋】❶隱四句　「隱，哀之方；景，武之方也」，盧文弨曰：「舊脫『方，景武之方』五字，今從《前編》增。潘、丁、朱從。《正義》作『隱，哀也。景，武也。』」句意謂，隱，哀之類；景，武之類。這是總括地說，隱與哀義近（都有傷痛、哀憐、同情義），屬於一類；景與武義近（景有強大義，武義為勇健、剛猛），屬於一類。方，類也（朱右曾）。隱即上章「隱拂不成曰隱」等，哀即上章「蚤孤短折曰哀」等，景即上章「由義而濟曰景」等，武即上章「克定禍亂曰武」等。❷施為文也二句　「施為文也，除為武也」，盧文弨曰，蘇洵《謚法四卷》本，上句孔注曰「施德」，下句注曰「除惡」。《正義》則作「施德為文，除惡為武」，盧從《正義》改。文即「經緯天地曰文」、「慈惠愛民曰文」等。❸辟地為襄　朱右曾曰：「襄，攘也。《詩（・小雅・出車）》曰：『玁狁于襄。』」「襄」即「辟土有德曰襄」。❹服遠為桓　即「辟土服遠曰桓」。❺剛克為發　劉師培曰：「盧校云：『發與伐同，蘇明允引「剛克為伐」。』今考《通考》亦同。惟發、伐二謚不見于前。上云「剛克為伐曰翼」，或此節復舉其文，各本挩下二字。」鴻恩按，以文例言，此處「為」下必為謚，下句「柔克為懿」指「溫柔聖善曰懿」，則此句應指「剛克為伐曰翼」，以彼例此，則應作「剛克為翼」。今譯文姑依此。❻柔克為懿　柔克，和柔而成德。懿，美。懿即「溫柔聖善曰懿」。❼履正為莊　行得正，就是莊。履，行。莊即「勝敵志強曰莊」、「屢征（嚴正）殺伐曰莊」。❽無過為僖　「無」原作「有」，丁宗洛曰：「疑『宥』誤。」劉師培曰：「僖，即前文之『釐』。釐凡三義，均非惡謚。此文『有過』當係『無過』之訛。《通考》所引正作『無』，當據正。」今正。朱右曾曰：「僖，樂也。」❾施而不私為宣　「私」字原作「成」，劉師培曰：「不成，《唐會要》七十九作『不秘』，《通考》作『不私』，又引注文云『雲行雨施，日月無私』，『不私』之義與『宣』義合，今本作『成』涉下注誤。」今改為「私」。宣，即「善聞周達曰宣」、「聖善周聞曰宣」。❿惠無內德為平　《正義》引孔注曰：「無內德，惠不成也。」欠缺內在的德性，不可能真正施惠。由「治而無眚曰平」、「執事有制曰平」可知，平謚不高，缺乏內德。⓫失志無轉二句　「失志無轉，則以其明」，孔晁曰：「以其明所及為謚。」盧文弨從《通鑑前編》訂正章本「失無補」為「失志無轉」。盧又曰：「一作『失忘無傳』。」丁宗洛曰：「『轉』疑『傳』訛。經意猶言德業無所表現，不足傳之銘志，則以心偶明白者謚之。」朱右曾曰：「失，當為『矢』。志定不移，則以其明所及為謚。」劉師培曰：「《通考》作『無補』。」鴻恩按，「失志無轉」應有訛誤，體會此節大意，「失無補」、「失忘無傳」，似乎是說，一個人一生的過失是無法補救的（或不足以傳揚的），謚只好如實評價，不過謚法大致還是就其光明處作謚罷了。言外之意是，上述諸謚，有惡謚，有平謚，即使美謚又有高低，這都是由其生前的事、行決定的。⓬餘皆象也　孔晁曰：「象其事、行也。」⓭和二句　盧文弨曰：「自『和，會也』以下廣訓篇內字義，非盡謚也。」劉師培曰：「自此以下非《周書・謚法解》正文，乃注釋此篇之詞也。前人為書作詁，均與本書別行，故詮釋之詞不復分繫于各條之下。後儒取以附篇末，脫漏紛亂，蓋失本書之舊矣。」朱右曾曰，《詩經・小雅・常棣》「兄弟既具，和樂且孺」，毛傳曰：「九族會曰和。」鴻恩按，上至高祖下至玄孫為九族，另一說法，父族四、母族三、妻族二為九族。⓮爽二句　此見於《廣雅・釋詁》，朱右曾引《老子》「五味令人口爽」，曰：「言傷其口也。」⓯乂二句　「乂，治也」，此《爾雅・釋詁》文。鴻恩按，「乂」字不見於今本上文，應是上文有脫漏，或此處有誤。⓰服二句　朱右曾曰：「《顏氏家訓（・音辭篇）》曰：『打破人軍曰敗。』敗之則服之矣。」⓱秉二句　「秉，順也」，「秉」原作「康」，盧文弨據《正義》改，又曰：「『順』字亦可疑。」王念孫曰：「此釋上文之『秉德不回曰孝』也，孔彼注曰『順于德而不違』，即用此訓。又上文『秉德遵業曰烈』，亦謂順前人之德。」⓲就二句　俞樾曰：「就與集一聲之轉。《詩・小旻篇》『是用不集』，《韓詩》作『是用不就』，毛傳亦曰：『集，就也。』是就與集聲近義通。此云『就，會也』，蓋即讀就為集，故訓會耳。」上文「貞」謚有「大慮克就」。⑲堅二句　朱右曾曰：「堅與臤、賢並通，自多其能之意。」指「彰義掩過曰堅」。⑳周二句　上文「周」字多作周遍解，這裏釋為周至、周到，義亦相近。㉑式二句　式，法式。鴻恩按，今本上文並未出現「式」字，或上有脫文，或此處有誤。㉒捷二句　捷、克都有戰勝之義。此指「克威捷行曰魏」。㉓載二句　「載，事也」，《詩經・大雅・文王》「上天之載」，毛傳：「載，事也。」鴻恩按，今本上文無「載」字，或上有脫文，或此處有誤。㉔盧文弨曰：「此篇及《史記正義》皆為後人殽亂。《前編》所載，其去俗本亦無幾矣。《正義》云：『以前《周書・謚法》，周代君王並取作謚，故全寫一篇，以傳後學。』據此，則《正義》所錄實出《周書》，今故取以訂訛補缺云。」

【語　譯】隱謚，是哀謚之類；景謚，是武謚之類。施與德惠，是文謚；除去罪惡，是武謚。開闢土地，是襄謚；征服遠人，是桓謚。強硬而獲勝，是翼謚；和柔而成德，是懿謚。行得正，是莊謚；無過錯，是僖謚。施與而無私，是宣謚；行惠而無內德，是平謚。人的過失無法彌補，就以他事跡、行為的光明處命謚。其餘的謚都是依照其本人的事跡、行為。

和，是九族會集。勤，是勤勞、辛苦。遵，是遵循。爽，是傷害。肇，是開始。乂，是治理。康，是安泰。怙，是依仗。享，是祭祀。胡，是大、老。服，是戰敗而歸服。秉，是順從。就，是成功、成就。蹇，是過失、差錯。錫，是賜予、給與。典，是常道。肆，是放肆。穅，是空虛。叡，是明哲、通達。惠，是仁愛。綏，是安撫。堅，是增長、自誇長處。耆，是強、強力。考，是完成。周，是周到、周遍。懷，是思念。式，是法式、標準。布，是施行。敏，是敏捷、迅疾。捷，是克服。載，是事、事情。彌，是長久。

【研　析】這是一篇關於命謚的專文，是帝后、諸侯、卿大夫命謚的依據。

事物都有一個由不自覺到自覺，由不完善到完善的發展過程。謚法的出現也是如此。《禮記・檀弓上》說：「死謚，周道也。」孔穎達疏：「殷以上有生號，仍為死後之稱，更無別謚，堯、舜、禹、湯之例是也。周則死後別立謚，故總云『周道也』。」這是說立謚始於周，殷商無謚。宋鄭樵《通志・謚略》：「以諱事神者，周道也。周人卒哭而諱，將葬而謚。」就是採用本文和〈檀弓〉、孔穎達之說。《儀禮・士官禮》：「死而謚，今也。古者生無爵，死無謚。」（這話又見於《禮記・郊特牲》）這是指士而言，所以鄭玄注曰：「殷士生不為爵，死不為謚。周制以士為爵，死猶不謚耳，下大夫也。」是說周之卿大夫以上則生有爵死有謚。「古者生無爵，死無謚」和「死謚，周道也」與所謂「周公制謚」是一致的，這代表了春秋戰國人的看法。梁玉繩《史記志疑・齊世家》於「子丁公伋立」，曰：「《通志・氏族略》云：『謚法雖始有周，是時諸侯猶未能遍及。齊五世後稱謚，則知所謂丁公者，長第之次也。』杞、宋、曹、蔡，四世未稱謚，衛亦五世後稱謚，可驗已。」段玉裁《說文解字注》「玎」字注，對齊丁公、乙公、癸公及魯、晉、衛、宋早期無謚，有相同說法。魏源依據《國語》、《新書》、《呂氏春秋》、《史記》等書，「證明成王是『生時尊號』，『周人及西漢初人皆知之』（《書古微》卷十）。」（《西周史》第一八一頁引）皮錫瑞說：「生號曰『成王』，沒因為謚。其義最塙。」（《今文尚書考證・顧命》第四一八頁）王國維發現〈遹敦〉銘文生稱穆王，經對一些銘文和文獻的進一步考證，認為：「周初諸王，若文、武、成、康、昭、穆，皆號而非謚也。……然則謚法之作，其在宗周共、懿諸王以後乎？」（《觀堂集林》卷十八〈遹敦・跋〉）這一說法受到很多學者認同。嗣後，郭沫若不同意王說，也依據銘文資料等，提出「蓋謚法之興不僅當在宗周共、懿諸王以後，只當在春秋之中葉以後也。……謚法之興當在戰國時代，其時學者慣喜託古作偽，《逸周書》即一偽託之結晶，〈謚法解〉其結晶之一分子也。」（《郭沫若文集》卷十四）西元一九九五年，汪受寬《謚法研究》一書出版，該書指出：周初天子無謚，「西周前期的王妃」、「武王同母兄弟」以至重臣周公、太公望、召公「均無謚號」。「春秋之世，通君臣皆有謚者惟魯、衛、晉、齊四國為然」。然而西周早期〈班簋〉的銘文，特別是穆王至幽王時期的王臣，在銘文中給死去的父母加上剌（烈）、聖、恭等謚號的很多。「於是，到周孝王時（約西元前九〇九～前八九五年），謚法正式成為周朝制度了。」「謚號之有善惡，是從西周共和以後開始的。」（《謚法研究》第一、二章）汪書重申王國維氏之說，說得更為具體。楊寬指出，銘文中西周中、後期稱「公」的大臣，如「穆公」、「武公」、「益公」等也都是生稱（《西周史》第三四六頁）。可見自漢至清、至今，很多學者主張周初王號生稱說，王國維不過是充實前人說法而已，並非新說。

彭裕商發表〈謚法探源〉一文，重申八十年代有的學者提出的「謚法之興當在商末或周初」說，指出王國維認為屬於「生稱」的諸器銘，以及西元一九七六年出土的〈利簋〉，實鑄造於「下一王之初」，「『生稱王號』與史實不符」，「自西周初期開始，王號就不是生時所稱，而應是死後之謚」。又說：「謚法的興起，應上溯到晚商文丁之時」，其後「已用文、武、康等美稱來稱呼故去的先王。」（《中國史研究》一九九九年第一期）但彭文對《國語》、《呂氏春秋》、《史記》等書都沒有論及，對〈酒誥〉及〈顧命〉「翌日乙丑成王崩」等也未涉及。如果說謚之起源應當追溯到殷商，自有道理。商朝三十一王，到後期，對先王的稱謂確有明顯變化，即出現了「武」、「康」、「文」，例如商湯，武丁時期卜辭稱「唐」，稱「成」。到武丁的兩個兒子祖庚、祖甲即第二十四、二十五位商王時期及武丁孫子廩辛、康丁時期的卜辭，則稱為「武唐」。最後兩位商王帝乙、帝辛卜辭中出現「武丁」，又稱其祖父、曾祖為「武乙」，稱其父、祖文丁為「文武丁」，帝辛卜辭又稱其父帝乙為「文武帝」，周原甲骨文則有「文武帝乙」（孟世凱《甲骨學辭典》）。「武唐」、「武丁」、「文武帝」之「武」可以肯定是出於後人頌美（或有本人自號），「武乙」之「武」、「文丁」之「文」不知道是尊稱還是生稱。尊稱與生稱並存的情形應當是有過的。總之，周文王、武王之稱不是突然而起，就是在殷商晚期這種背景下出現的。周之文、武、成、康四世都沒有超出商王的稱謂。以為王國維等人所舉生稱周王的銘文都鑄造於下一代周王，甚至於包括〈利簋〉，與大多數人的意見不一致。

《謚法研究》引宋羅泌《路史・發揮五・論謚法》：「蔡邕之書才四十六，然猶不及《世本》、《大戴禮》之所載者。」引秦嘉謨《世本輯補》卷十說：《大戴》、《世本》的〈謚法篇〉，「采自《周書》，學者以其重見雜出，遂不復加著錄。」（《謚法研究》第二二四頁）而《白虎通義・謚篇》說「為謚有七十二品」，《玉海》五十四引沈約云劉熙注《（大戴・）謚法》有七十六名。《玉海》又云：「沈約案，《謚法》上篇卷前云『《禮・大戴記》』，後云『《周書・謚法》第四十二』。」又云：「凡有一百七十五謚。」劉師培據此曰：「王〔應麟〕氏所引蓋亦〔沈約〕《謚例・序》文。據彼說，是《周書・謚法》別有單行本，與《大戴・謚法》為一編，所載之謚計百餘。」查唐張守節《史記正義》，含皇、帝、王、公、侯、君及湯七字，僖與釐分，傷與殤分，為一百零二字。蘇洵《謚法》卷二說：「世有書號《師春》者，載古謚法百餘字，與諸家名同。」蘇洵似不以此《師春》為汲冢《師春》（鴻恩按，《晉書・束皙傳》言「汲冢書」，有「《師春》一篇，書《左傳》諸卜筮」，不言謚法），要亦唐宋之本。從沈約到張守節、到蘇洵，謚「百餘」沒有異說。朱右曾說：「宋太平興國八年，詔增周公謚法五十五字。美謚七十一字，為一百字；平謚七字，為二十字；惡謚十七字，為三十字。據此，則周公謚法當共有九十五字。今本除去神、聖、帝、皇、王、君、公、侯八字外，尚有九十六字〔『神』、『聖』加於謚中，除掉誤改之『慧』，則為九十七字，又補加了一個『于』，故今有九十八字〕，蓋有後人羼入者矣。」張守節一百零二字，除去「號」與「湯」七字，合併僖、釐與殤、傷，校改「凶年無穀曰荒」為「日穅」，則為九十四謚。二者基本相同。

九十多個謚，加上一謚多義，凡一百九十多條（不含「號」），絕不可能一次制定出來，或由誰一次編寫出來。實際情況肯定是，由少到多，由無「法」到有「法」，先有謚而後有載錄著作，一代代、一次次逐漸累積、整理而成。陳逢衡對盧文弨沒有採入的《史記正義》條目，和「《獨斷》及兩漢史注等書所錄不見于《周書》者，亦依次采入，其錄及《左》、《公》、《穀》正義與《論》、《孟》正義者」，加以彙集，今臚列其要者如下：「忠和純淑曰德」（《後漢書・明德馬皇后傳》），「聲聞宣遠曰昭」（《獨斷》），「謀慮不愆曰思」（《後漢書・安思閻皇后傳》），「好勇致力曰莊」（《獨斷》），「夙興夜寐曰敬」（《獨斷》），「暴戾無親曰剌」（《漢書・武五子傳》），「寬容和平曰安」（《後漢書・孝安皇帝》注），「忠正無邪曰質」（《後漢書・孝質皇帝》注），「柔賢慈惠曰順」（《冊府元龜》載《〔趙〕雲別傳・姜維議》引〈謚法〉），「蔽仁傷善曰繆」（《漢書・景十三王傳》「廣川繆王齊」注）。以上諸謚用字俱見《周書》，以下為《周書》不載之謚字：「善行不怠曰敦」（《史記・王子侯年表》「臨樂敦侯」《索隱》引〈謚法〉），「能紹前業曰光」（《漢書・光武皇帝》注），「溫克令儀曰章」（《漢書・孝章皇帝》注），「不剛不柔曰和」（《漢書・孝和皇帝》注），「正德美容曰和」（同上），「幼少在位曰沖」（司馬彪曰：「沖幼早夭故謚曰『沖』」）。謚書不載的還有：周顯王之「顯」、宋休公之「休」、陳之「申」、「相」、「利」三公等，以及漢代清河綱王之「綱」、鄭侯蕭何謚「文終」之「終」、呂澤謚「令武」之「令」等，無法一一備舉。劉師培也考得「未冠《周書》之目」可能是「兼據」蔡邕、杜預、沈約、賀琛之書的十多個諡：「貪而敗官曰墨」，「言行相違曰僭」，「好功自是曰專」，「昭公間民曰高」（此語有誤，似即「昭功寧民曰商」之異文），「不污非義曰絜」（一作「不行不義曰潔」），「溫恭有儀曰章」、「法度明文曰章」，「除天之際曰誼」、「善能制命曰誼」、「行議不疾曰誼」，「□貴親親曰仁」、「煞身成仁曰仁」、「度功而行曰仁」，「寬柔以敬（當作『教』）曰強」、「不報無道曰強」、「和而不流曰強」，「先義後利曰榮」，「亡身從物曰殉」，「于事不信曰誣」，「德性寬柔曰溫」。劉師培說：這些諡「均為今本《周書》所無，疑非〈諡法解〉固有之文。」陳、劉的核查，清楚說明一個事實：諡在不斷增加，兩漢不是完全按照〈諡法〉篇削足適履，而是不斷提出新諡，東漢皇帝之諡越出〈諡法〉的十分明顯。諡，可以新增，諡文就不能改動嗎？有些諡異文很多，不僅同一諡字之文發生混淆，有時不同諡字之文也分辨不清。其中自有傳抄生異，另外肯定有針對死者具體事、行，改動諡文的情況。兩漢對待〈諡法〉的做法，可以反證戰國、春秋。到了宋代，又由皇帝下令增加五十五個諡，達到一百五十個，其中就有規範用諡的含義。

有人似不分別號、諡，這是不對的，本文序言性質的開端明分號、諡，《白虎通義》、朱右曾、劉師培等都分別號、諡。很明顯，皇、帝、王、君、公、侯是生稱，並不是死後之諡。此外，〈諡法〉不收堯、舜、禹、湯、桀、紂，這也是很正確的。

諡之中，有美諡，如「經緯天地曰文」、「道德博厚曰文」、「威彊叡德曰武」、「安民立政曰成」、「聰明叡哲曰獻」、「善聞周達曰宣」、「布德執義曰穆」、「壹德不解曰簡」、「照臨四方曰明」等；有平諡，如「治而無眚曰平」、「疏遠繼位曰紹」、「不生其國曰聲」等；有哀悲之諡，如「蚤孤短折曰哀」、「中年早夭曰悼」、「短折不成曰殤」、「蚤孤隕位曰幽」等；有惡諡，如「外內從亂曰荒」、「去禮遠長曰煬」、「不悔前過曰戾」、「動靜亂常曰幽」、「暴慢無親曰厲」、「不思忘愛曰剌」、「怙威肆行曰醜」等。「溫柔聖善曰懿」、「恭己鮮言曰靜」、「慈和遍服曰順」等，是適用於王后之諡。「危身奉上曰忠」、「尊賢讓善曰恭」、「狀古述今曰譽」、「清白守節曰貞」、「好廉自克曰節」等，是適用於大臣之諡。

號、謚表彰什麼，批評什麼，表現著時人的思想傾向，我們即可以結合思想史的發展探索它產生、存在的時代。文中出現十六個「德」字，推崇統治者重德、修德，施德，表彰「德象天地」、「壹德不解」、「道德博厚」、「道德純一」，強調「靜民則法」、「慈惠愛民」、「綏柔士民」、「安樂撫民」、「慈仁和民」、「柔質慈民」、「治民克盡」。文中出現二十四個「民」字，出現很多「愛民」、「安民」、「保民」、「寧民」、「撫民」、「靜民」、「慈民」、「愍民」、「說（悅）民」（本書只有本文和〈王佩〉兩篇有此字樣，除此之外，〈大匡〉有「利民」、〈本典〉有「與民利者仁也」），反對「虐民」、擾民。這些提法，和《尚書・周書》周公、召公強調「敬德」、「保民」、「慎罰」的思想，和春秋時期政治家「視民如傷」、「先民後神」的重民輕神思想，均相吻合；與孔子、《左傳》、孟子、荀子安民、愛民的仁義思想更加接近。全書出現五個「愛民」、五個「安民」，各有四個在本文（一個在〈王佩〉）。文中出現七個「禮」、五個「仁」、十二個「義」、一個「仁義」、三個「尊賢」，更說明這些條目應當在春秋以後，表現了儒家施行禮治、德政的思想。「仁義」和「尊賢」，《詩》、《書》沒有，《左傳》、《論語》有「尊賢」無「仁義」。到戰國，子思學派的著作《郭店楚簡》（西元一九九三年出土）的《五行》、《唐虞之道》，就把「仁、義、禮、智、聖」定為「五行」，大量講此「五行」。「仁義所生曰王」、「尊賢貴義曰恭」、「尊賢讓善曰恭」等，應當產生在戰國時代。《詩》、《書》中沒有「慈」字，《左傳》開始用「慈」表述「國人」與「君」的關係。而本文有七個「慈」。至於肯定「辟土服遠」、「辟土兼國」、「兵甲亟作」等，肯定是春秋戰國的思想。我們在〈謚法〉中還很容易舉出一些出現於《左傳》、《論語》以後的條目。《左傳》昭公二十八年，晉大夫成鱄依據《詩經・大雅・皇矣》所引申出的「九德」，即「心能制義曰度」、「德正應和曰莫」、「照臨四方曰明」、「勤施無私曰類」、「教誨不倦曰長」、「賞慶刑威曰君」、「慈和遍服曰順」、「擇善而從曰比」和「經緯天地曰文」，盡數為本文吸收，《左傳》的注家沒有人說成鱄是依據〈謚法〉，反而是本文注者注明這些條目為成鱄所說「九德」，這可作本文晚於成鱄的證據。成鱄說這話在西元前五一四年，再過四十年，就進入戰國。《詩經》中有四個「過」字，其中只有一個「過」，有人釋為失誤。《尚書・周書》只在〈呂刑〉中有二個過失義的「過」。而孔子從修德出發，反復強調改「過」，「過而不能改，是謂過矣」（《論語・衛靈公》），「過，則勿憚改」（〈學而〉）。〈謚法〉中「悔過」、「補過」、「改過」、「追懼」（朱注：「能悔過」）和批評「掩過」、「遂過」、「不悔過」的條目達七、八條之多。「民無能名曰神」、「勤學好問曰文」、「譖訴不行曰明」等肯定和孔子的話有關（見注文）。〈謚法〉屬於禮書，與儒家關係密切，因而本文相當突出地表現了儒家思想，竊以為多數謚文及號文出於戰國。從語彙的角度看，本文的很多條目表現出晚出的特徵。前面提到的「道德」一詞，只見於《莊子》外、雜篇、《管》、《荀》、《韓》、《呂》、《大戴》、《鶡冠》與「戰國時代成書」（《西周史》第六〇四頁）的《穆天子傳》。「剛強（理直曰武）」一詞，僅見於《荀子》、《國語・越語下》、《六韜》和《文子》（傳本《老子》第三十六章「柔弱勝剛強」，馬王堆帛書甲、乙本都無「剛」字）。「大慮」出現五次，但此詞僅見於《管》、《荀》、《六韜》和《戰國縱橫家書》。「清白（守節）」一詞，只見於《離騷》和《莊子》雜篇，「（執心）決斷」僅見於《呂氏春秋》。其餘「淵源（流通）」、「追悔（前過）」、「（刑民）克服」、「勤學好問」不見於先秦其他著作。語言是交際工具，詞彙既有穩定性，又有時代性。通過比較，弄清一些詞產生的時代和出現頻率，大致可以確定它的時代。據此，可以判定「道德」、「大慮」、「決斷」等詞應出現於戰國中期以後。「單騎獨進」的情況肯定有，但一篇文章中不應當很多，「淵源」、「追悔」、「克服」應當是當時的新詞。更有明顯者，「德象天地曰帝」，「靜民則法曰皇」，「仁義所生曰王」，這三條號文，都應當產生於戰國。「德象天地曰帝」，顯然是說人王，即甲骨文中與上帝相對的「王帝」。裘錫圭認為，「商王只把死去的父王稱為帝……『王帝』大概就指時王之考」，西周金文有「帝考」，這種「帝」和見於典籍的「嫡庶」之「嫡」是「關係極密切的親屬詞。也可以說，這種『帝』字就是『嫡』字的前身。」因此，《大戴禮記・誥志》：「天子……卒葬曰帝。」《禮記・曲禮下》：「君天下曰天子……措之廟立之主曰帝。」這種說法「並不完全可信」（《古代文史研究新探》第二九八～三〇〇頁）。今文《尚書・周書》中周人於其先王沒有一個稱「帝」之例，本書〈序〉、作者分配給文、武、周公、成王很多篇章，他們都稱「文考」、「武考」，也沒有稱先王為「帝」的確例。只有〈武順〉、〈武穆〉、〈太子晉〉之「帝」泛指人王，〈殷祝〉之「大帝」指大禹，證明這四篇時代之晚。除此之外，「帝」均指上帝。本人一再引用羅根澤之說：「以皇為君，產于戰國中世」，「帝之名容或甚早，而鑄成政治學之名詞，則在戰國之末。」科學研究既不應抱殘守缺，也不應當一風吹，苟無證據，不應輕出新論。

汪受寬以為〈謚法〉篇的最後整編者，「大約與孟子同時」（《施法研究》第二三頁）。可能距實際不遠，但仍可商。他的證據是，見於《春秋》、《左傳》、《國語》的所有謚，均見於〈謚法〉，不見於《春秋》、《左》、《國》而見於《竹書紀年》的五個謚，也見於本篇，但《紀年》中的慎、鄂、顯三謚不見於本篇。周烈王元年（西元前三七五年）至秦統一六國，新見的謚慎、休、辟、肅、顯、易、赧，只收入一個肅字。按，這些說法不準確。鄂、辟、赧三字並非謚。《左傳》說得明白，晉國人把奔隨的翼侯迎回晉，「納諸鄂，（楊注：『今山西寧鄉南一里。』）晉人謂之鄂侯。」（《左傳》隱公六年）鄂是地名。所謂「宋辟公」，錢穆先生《先秦諸子繫年》早就引用洪頤煊《讀書叢錄》說：「辟公既名辟兵，當從《紀年》作桓公，『辟』字即涉其名而訛」。至於「赧」非謚，則皇甫謐、司馬貞、張守節均有說，正確的稱呼應該是「王赧」。屬於戰國七雄的楚肅王（卒於西元前三七〇年）、燕易王（卒於西元前三二一年）之謚，本文都已收入（《正義》、章、盧各本都有「好更故舊曰易」，汪氏忽略了）。周顯王（卒於西元前三二一年）、周慎靚王（卒於西元前三一五年）之謚，不見於本篇。「不收顯字，說明作者絕沒有見到周顯王的死。」（《謚法研究》第二二七頁）據此，定〈謚法〉成書不晚於西元前三二一年，即周顯王死年。只是，讀者於此不能無疑。周顯王、燕易王死於同年，為何有諸侯之「易」而無周王之「顯」，燕易王之外，還有其他易王、易公、易侯嗎？這至少證明編者知道燕易王的死和命謚。因之本文無「顯」不能排除訛誤和脫佚。蘇洵《謚法》卷二有「行見中外曰顯」，不是他所「新補」和「新改」的條目。《通鑑》胡注引《十一家謚法》也說：「行見中外曰顯」（胡三省自宋入元，其《通鑑》注成書於宋亡後六年，則《十一家謚法》也必出於宋，是宋有《六家謚法》，復有《十一家謚法》）。「行見中外曰顯」，比《正義》、本書「行見中外曰愨」似更為貼切。這個問題應當做一個疑案對待。所以，西元前三二一年，還不足以成為劃界的標準。關於「慎」，西周有陳慎公，西、東周之際，有魯真公，戰國時有衛慎公（西元前四一四～前三七三年在位）。對魯真公，司馬貞說：「真音慎，本亦多作『慎公』，按衛亦有真侯，可通也。」

梁玉繩說：「真乃『慎』之誤。」韓兆琦《史記箋證》引沈家本說：「《左傳》釋文引作『順公』。順、慎，聲轉字通。」劉師培據應劭所引《大戴・謚法》、《白虎通義・號篇》及《太平御覽》五六二所引《大戴禮・謚法》「周公旦、太師望嗣王……行出于己，名出于人（下有『謚慎也』云云）」等，「均《大戴・謚法》同《周書》之證。」既然《大戴》同《周書》，《大戴》有「慎」謚，怎麼能肯定今傳〈謚法〉後世無脫誤、當時沒有「慎」謚？而且《史記正義》、本書都有「順」謚。周慎靚王之謚，「靚」不見於〈謚法〉，但「靚」、「靖」與「靜」相通存在大量實例，《正義》的三個「靖」謚，本書都作「靜」，足證可以相互替代。「靚」在這裏是通「靖」或「靜」，還是另有含義，不敢妄言，但從本文表述的思想和所用語彙，不像是早於慎靚王，應當在戰國後期。

有人以〈謚法〉篇作於春秋周王室未衰之前，有人仍持周公制作之說，都把〈謚法〉中很多有濃重儒家思想的謚和戰國的語言上移到西周去了。周玉秀認為，西周本有謚法文獻，「其寫定時代，可能是戰國時人據西周的史料進行加工的。」（《文獻學價值》第一四八頁）篇末訓釋出於漢代是可以肯定的。

明堂第五十五

【題　解】明堂，是朝廷宣明政教的場所。本文的重點，應當是寫成王六年，東都落成以後，官員、諸侯、附屬國之君在明堂朝見天子時所處的位置，所以《禮記》中前半與本文相同的一篇，即名為〈明堂位〉。

大維商紂暴虐❶，脯鬼侯以享諸侯❷，天下患之。四海兆民欣戴文、武❸，是以周公相武王以伐紂，夷定天下❹。既克紂六年而武王崩❺，成王嗣，幼弱❻，未能踐天子之位❼。周公攝政君天下❽，弭亂六年而天下大治❾，乃會方國諸侯于宗周❿，大朝諸侯于明堂之位⓫。

【章旨】武王去世後，周公攝政平亂，六年，天下大治，在宗周明堂大朝諸侯。

【注釋】❶維商紂暴虐　因為商紂暴虐無道。維，為；因為。❷脯鬼侯以享諸侯　殺死鬼侯，曬成肉乾分享給諸侯。《戰國策‧趙策三》載，鬼侯（鬼、九聲相近，一作九侯）、鄂侯、文王為紂之三公，鬼侯有女兒而美，進獻給紂，紂以為醜，「醢（剁成肉醬）鬼侯」，鄂侯爭辯，又「脯鄂侯」，文王嘆息，又拘禁了文王。《戰國策》、《史記‧周本紀》都說「醢鬼侯」，與此異。❸兆民欣戴文武　百姓愛戴文王武王。兆民，百姓；民眾。欣戴，猶愛戴（唐大沛）。❹夷定天下　平定天下。❺既克紂六年而武王崩　唐大沛曰：「『六年』疑當作『二年』，以涉下『弭亂六年而誤也。』」楊寬指出，這裏所說「既克紂六年」，是「武王總共在位六年之誤」（《西周史》第一三八頁）。鴻恩按，楊說甚是。王國維〈周開國年表〉依《史記》定武王在位六年，即武王四年伐商，六年崩。《尚書‧金縢》「既克商二年，王有疾，弗豫」，王國維曰：「《史記》所記武王伐紂及崩年，根據最古。〈金縢〉于武王之疾書年，于其喪也不書年，明武王之崩即在是年。《史記》云『武王有瘳後而崩』，可謂隱括經文而得其旨矣。」即《史記‧封禪書》「武王克殷二年，天下未寧而崩」。《夏商周斷代工程階段成果報告》主武王克商後在位四年（該書第四八頁），與上說不同。《禮記‧文王世子》謂「武王九十三而終」，不確，當如古本《竹書紀年》「年五十四」。❻幼弱　幼小。一般都相信古文《尚書》之說「武王崩，成王年十三」。楊寬曰：「其實十三歲之說也是出於後人推測。周公攝政三年成王親自參與伐奄的戰爭，這時成王必然已經成年，那麼當周公攝政之初，成王雖未成年，也應有十七八歲。」（《西周史》第一四〇頁）王暉以為「十三歲」是「二十三歲」之誤，因為武王生前，成王弟弟唐叔已能參與征伐。❼未能踐天子之位　是說不能實際執政。但周公東征，成王是參與了的，且「親主政事」（馬承源《銘文選‧何尊》注〔一七〕）。❽君天下　《史記‧魯周公世家》：言周公「踐阼代成王，攝行政當國。」陳漢章曰：「雷氏學淇據定四年《左傳》『周公相王室以尹天下』，謂『君』為『尹』之訛，其說是也。〈嘗麥〉篇『里君』即《禮記‧雜記》之『里尹』，是本書之明證。」唐大沛、朱右曾都不承認周公踐天子之位。今人從〈魯周公世家〉說。❾弭亂六年而天下大治　滅商六年後天下太平。弭亂，指周公平定

了管叔、武庚與徐、奄之亂。弭，平定。六年，這裏是指既克商六年。據王國維〈洛誥解〉，周公攝政本無七年之事，這是由
於〈洛誥〉末句有「惟七年」，由於後人不知道「上紀事，下紀年……遂生周公攝政七年之說，蓋自先秦然矣。」（《觀堂集林》
卷一）「惟七年」指「既克商七年」，不是「攝政七年」，本文末段「七年致政于成王」，就是對於〈洛誥〉「惟七年」的誤解，
楊寬、劉起釪都贊同王說。王說打破了七年致政的傳統說法。楊寬並指出，出土的〈何尊〉銘文「維王五祀」，完全證實了王
國維〈周開國年表〉的創說：〈洛誥〉「惟七年」是「武王克商後之七年，成王嗣位，于茲五歲。」所以這裏的六年是指既克
商六年（亦即成王四年、周公攝政四年）。周公於明年還政成王，攝政共五年。馬承源指出，證以〈何尊〉銘文，周公攝政稱
王，並沒有自己的紀年（《商周青銅器銘文選・何尊》注）。本年周公營成周，主要工程當年告成，成王來成周於年末舉行慶
功典禮，即《尚書大傳》所說「營成周，改正朔，立宗廟，序祭祀」。今本《紀年》及當代一些學者認為五年營成周，七年建
成，周公致政。王國維、楊寬據〈洛誥〉主五年建成，還政。〈洛誥〉有「以功作元祀」，「元祀」自來有兩種理解，一說「元
祀」指改為成王元年，一說指第一次祭祀，至今意見不一。⑩會方國諸侯于宗周　在宗周大會諸侯。方國，四方諸侯國。于
鬯以為本作「万國」，《說文》無「万」字，云「萬，蟲也。」則「萬」非千萬本字，蓋本字為「万」，下文「萬國各致其方賄」，
正與「万國」相應。《韓非子・定法》「故托万乘之勁」，用「万」字。于說可從。宗周，有二解：陳逢衡、劉師培以為指鎬京；
朱右曾據《禮記・祭統》鄭玄注而曰：「宗周，雒邑也。」《左傳》昭公九年「暴蔑宗周」，楊伯峻注：「宗周謂周王室……
雖指鎬京，實乃王室所在。《禮記・祭統》雖指洛邑，亦借周王室所在言之。」鴻恩按，楊說勝前人，今從之。本文相當於《禮
記・明堂位》前面一部分，《禮記・明堂位》寫周公大會諸侯。陳祥道、孫希旦以為在洛邑。⑪大朝諸侯于明堂之位　原「明
堂」上無「于」字。劉師培曰：「『明堂』上挩『于』字。當據《玉海》九十五所引補。」鴻恩按，今補「于」。明堂，楊寬
曰：「阮元說：『古人無多宮室，故祭天、祭祖、軍禮、學禮、布月令、行政、朝諸侯、望星象，皆在乎是。故明堂、太廟、
大學、靈臺、靈沼，皆同一地，就事殊名。』（《問字堂集・贈言》）這個推斷是可信的。辟雍是舉行祭祀、集體行禮、宣布政
令以及宴會、練武、奏樂的地方。」辟雍，周圍有水環繞，圓如璧（辟即「璧」字）；雍、邕通用，即四面有水來，自相擁
抱成池。中間高地上有宮室建築，四周無壁，蓋以茅，外戶不閉，十分明亮，故稱明堂（《西周史》第一一六頁）。

【語　譯】因為商紂大大地暴虐，殺了鬼侯做成肉乾給諸侯吃，天下諸侯都為此憂慮。四海之內萬民愛戴文王、
武王，因此周公輔佐武王攻打商紂，平定了天下。戰勝商紂以後二年，武王去世，成王繼嗣，因為年齡小，

未能就天子之位。周公代理主持天下政事，平定叛亂，滅殷商第六年，天下大大地太平。(成王)就在宗周大會各國諸侯，在規定的明堂之位隆重地朝見諸侯。

天子之位，負斧扆，南面立，率公卿士侍于左右❶。三公之位❷，中階之前❸，北面東上❹。諸侯之位，阼階之東❺，西面北上。諸伯之位，西階之西，東面北上。諸子之位，門內之東，北面東上。諸男之位，門內之西❻，北面東上。九夷之國❼，東門之外，西面北上。八蠻之國❽，南門之外❾，北面東上。六戎之國❿，西門之外，東面南上。五狄之國⓫，北門之外，南面東上。四塞、九蕃之國⓬，世告至者⓭，應門之外，北面東上：此宗周明堂之位也。

明堂者，明諸侯之尊卑也，故周公建焉⓮，而朝諸侯于明堂之位。制禮作樂，頒度量⓯，而天下大服，萬國各致其方賄⓰。

七年⓱，致政于成王。

【章　旨】講天子、公卿、各級諸侯、夷蠻戎狄、邊塞屬國之君在明堂的不同位置；不同位置，表明各自的尊卑等級。周公制禮作樂、頒度量，天下服，七年還政成王。

【注　釋】❶天子之位四句　「天子之位，負斧扆，南面立，率公卿士侍于左右」，率公卿，朱本原作「群公卿」，據王念孫說改。王曰：「此負扆南面立者即周公也。」劉師培曰：「考〈明堂位〉鄭注以此天子為周公，觀上言成王嗣，幼弱未能踐天子之位，則非成王甚明。」鴻恩按，《禮記・明堂位》與本文所記為同一事，其文曰：「昔者周公朝諸侯于明堂之位，天子負斧依南鄉而立」，孫希旦《禮記集解》曰：「此篇記周公相成王朝諸侯于明堂以致太平。」「成王免喪即政，求助群臣，見于〈閔予小子〉〔《詩經・周頌》〕諸詩，必無至六年尚不能朝諸侯之理。」潘振、陳逢衡、唐大沛、朱右曾均以天子為成王，證以〈洛誥〉及周公東征時銘文等，孫及潘、陳、朱說可信，「率公卿」者自即周公。今仍改回「率公卿」。負斧扆，背靠戶牖間繡斧的屏風。扆，戶牖間畫有斧形的屏風。《爾雅・釋宮》：「戶牖之間謂之扆。」斧，亦作「黼」，繡以斧文，故謂之斧，蓋取其有斷也（陳逢衡）。❷三公之位　唐大沛曰：「三公蓋指三恪（虞、夏、商後代之封公者，如宋公）。」于鬯以為「『三公』蓋『上公』之誤。上公者，諸侯之九命（猶後世所言九品，不過九品品級最高，後世一品品級最高）者也。若三公，則天子之官也。上文云『大朝諸侯明堂之位』，則朝者諸侯也。」鴻恩按，西周無「三公」。「上公」之「上」古文作「二」形，易誤為「三」。但「上公」僅見於《左傳》一次，而《左傳》「三公」還不是後代太師、太保、太傅之官職名，《周禮》則「上公」、「三公」多次出現，並非周代實有官制，《西周金文官制研究》已有說明。于鬯說即或正確，也足證此文出於後人之手。❸中階之前　在明堂南面。孫希旦曰：「明堂九階：東、西、北各二階，而南面三階。中階、阼階、賓階，南面之三階也。三公中階之前，以對王為尊也。」❹北面東上　面向北，以東為上。鄭玄曰：「朝位之上，上近主位，尊也。」《周禮・司士》：「正朝儀之位，辨其貴賤之等：王南鄉，三公北面東上；孤（少師、少保、少傅）東面北上。」句法與此相同。❺阼階之東　唐大沛曰：「阼階在東，諸侯位次面西，以北為上。」阼階，即東階，主人所升之階。西階，又叫賓階，為賓客升降之階。❻門內之西　孫希旦曰：「門東、門西，應門之左右也，明堂四面有門，而南門之內，又有應門也。」朱右曾曰：「門，正門也。」正門即應門。下句之「門」同此。鴻恩按，應門，《詩經・大雅・緜》「應門」毛傳曰：「王之正門曰應門。」王宮的正門即應門。《尚書・顧命》「王出在應門之內」，江聲《尚書集注音疏》則稱「明堂正門」。本文在明堂朝諸侯，孫希旦等亦以門為應門，與王宮無別。而孫詒讓以為明堂在近郊，與太廟在宮中明屬兩地（見《周書斠補》卷二所載〈作雒城郛圖〉），楊寬明堂「建設在郊區」，與孫說同（《西周史》第六六七頁）。下章引文原亦有「應門、庫門」等四門之文。以上言公、侯、伯、子、男五等爵之位次。鴻恩按，從古代文獻與出土銘文，不能證明西周初年已有此五等爵。顧頡剛曰：「分等級為公、侯、伯、子男四等而確定其名分，此皆始自《春秋》，前此固無此硬性規定之稱呼也。」（《春秋三傳及國語之綜合研究》第五頁）楊寬曰：「到了春秋時代，《春秋》記載列國諸侯，有嚴格的公、侯、伯、子、男五等爵」，「成、康之際，執政大臣稱『公』，其他朝廷大臣，由四方諸侯進入為卿的稱『侯』，由畿內諸侯進入為卿的稱『伯』，很是分明。」（《西周史》第三三七、三四一頁）說明當時有了公、侯、伯三稱。王玉哲曰：「在春秋確有公、侯、伯、子、男五等爵位，並且爵位固定。」「西周確有侯、甸、男、采、衛等爵是可以肯定的。」（《中華遠古史》第五八六頁）張亞初、劉雨據西周銘文提出新說：「金文中公、侯、伯、子、男五稱皆備」，「子、男二稱乃西周晚期才出現。因此可能《周禮》所反應的三等、五等爵制是西周晚期以後的情況。」（《西周金文官制研究》第一四四頁）這表明本文所說五等爵制，西周晚期以前並不存在。〈明堂位〉與本文相同。❼九夷之國　九夷，東方的九種民族，始見於《論語・子罕》。《後漢書・東夷傳》與《爾雅・釋地》「九夷」疏所說九夷不相同，今不列舉。❽八蠻之國　偽古文《尚書・旅獒》「惟克商，遂通道于九夷、八蠻」，偽孔傳：「四夷慕化，貢其方賄。八、九言非一，皆通道路，無遠不服。」蔡沈《書經集傳》曰：「《爾雅》言九夷、八蠻，但言其非一而已。」❾南門之外　南門，鄭玄曰：「正門謂之應門。」應，當也。以當朝正門，故謂之應門（孔穎達疏）。鴻恩按，此文名曰「明堂位」，而注者以王宮之制說明堂。依孫《圖》、顧頡剛《史林雜識初編・明堂》、楊寬《西周史・西周時代大學（辟雍）的特點》，明堂與王宮大異。❿六戎之國　西方戎族的多個部落國家。⓫五狄之國　居於北方的多個少數民族國家。朱右曾曰：「夷、蠻、戎皆上右，狄上左者，以亦南面避尊也。」⓬四塞九蕃之國　蕃，章本為闕文，盧、朱本據〈明堂位〉補「采」字。唐大沛引姚鼐《九經說》曰：「當作『蕃』。《周禮〔・大行人〕》：『九州之外，謂之蕃國，世一見。』」俞樾亦以為「采」為「蕃」，蕃省作「番」，又省作「采」也。鴻恩按，今據姚、俞說參《周禮》改為「蕃」。四塞，四方邊塞之國（孫希旦）。〈明堂位〉此數句作「九采之國，應門之外，北面東上。四塞，世告至。」序與此不同，〈明堂位〉之序，與上文文例完全一致。⓭世告至者　孫希旦曰：「謂無朝貢常期，每父死子立，及嗣王即位，乃一來至。」又曰：「以應門之內象中國，以四門之內象九服，近者在內，遠者在外。」⓮故周公建焉　周公營成周，這裏說周公建明堂，進一步表明，明堂在東都。⓯制禮作樂二句　《禮記・明堂位》孔疏曰：「鄭注〈康王之誥〉（《尚書・顧命》後半）云：『攝政六年，頒度量，制其禮樂。成王即位，乃適用之。』故〈洛誥〉云：『王肇稱殷禮，祀于新邑。』鄭云『猶用殷禮者』，至成王即位，乃用周禮是也。」度量，度指丈、尺，量指斗、斛。⓰方賄　地方特產。⓱七年　即「既克紂」七年。

【語　譯】天子之位，在明堂中央太室的戶牖間，背靠繡有斧文的屏風面向南而立，周公率領公卿士侍立於左右。上公之位，在中階前面，面向北，以東為尊；諸侯之位，在阼階東面，面向西，以北為尊；諸伯之位，在西階西面，面向東，以北為尊；諸子之位，在應門內的東面，面向北，以東為尊；諸男的位置，在應門內的西面，面向北，以東為尊。九夷之國，在東門外面，面向西，以北為尊；八蠻之國，在南門外面，面向北，以東為尊；六戎之國，在西門外面，面向東，以南為尊；五狄之國，在北門外面，面向南，以東為尊。四方邊塞、九州之外的附屬國，一世朝見一次的，都在應門外面，面向北，以東為尊：這就是周王朝明堂的位置。

明堂，是表明諸侯等級尊卑高低的，所以周公建立明堂，朝見諸侯於明堂的各自位置。周公制定周禮，創作樂章，頒布量長度和容量的標準，天下人大大地敬服，所有諸侯國都進貢各地的物產。

克殷七年，周公還政給成王。

明堂方百一十二尺，高四尺，階廣六尺三寸❶。室居中方百尺，室中方六十尺，戶高八尺，廣四尺，牖高三尺，門方十六尺❷。東方曰青陽❸，南方曰明堂，西方曰總章❹，北方曰玄堂❺，中央曰太室❻。左為左介❼，右為右介。

【章　旨】講明堂建築的結構。

【注　釋】❶明堂方百一十二尺三句　盧文弨曰：「《御覽》五百三十三引《周書・明堂》云云，實此之闕文。今取以繫於後。自『戶高八尺，廣四尺』以上，亦見《隋書・宇文愷傳》。」朱本未收此段文字。類書皆曰引自《周書》，今從盧本。❷室居中方百尺六句　王念孫曰：「《藝文類聚・禮部上》、《初學記・禮部上》引『室中方六十尺』下，無『戶高八尺』云云，而有『牖高三尺，門方十六尺』九字。」于鬯曰：「『戶高八尺，廣四尺』惟見於〈宇文愷傳〉；『東應門，南庫門，西皋門，北雉門』四句，篇中言夷、蠻、戎、狄在東、南、西、北門之外，『四塞九采之國世告至者，應門之外』，明所謂應門者別在東南西北四門之外，則不合東亦曰應門。且《隋書・宇文愷傳》、《藝文類聚》、《初學記》所引《周書》皆無『東應門』四句，獨見於《御覽》所引，『竊恐他文羼入』。今從王說增『牖高三尺，門方十六尺』，從于說刪『東應門』四句。牖，窗。按，西周尺之大小未詳，戰國一尺相當於今二十三點一釐米。❸東方曰青陽　《呂氏春秋・孟春紀》「天子居青陽左个」，高誘注：

「青陽者，明堂也，中方外圜，通達四出，各有左右房謂之个。个，猶隔也。東出謂之青陽。是月天子朝日告朔，行令于左个之房，東向堂，北頭室也。」《爾雅・釋天》：「春為青陽」，郭璞注：「氣清而溫陽。」❹西方曰總章　《呂氏春秋・孟秋紀》：「天子居總章左个」，高誘注：「總章，西向堂也。西方總成萬物，章明之也，故曰總章。左个，南頭室也。」❺北方曰玄堂　《呂氏春秋・孟冬紀》：「天子居玄堂左个」，高誘注：「玄堂，北向室也。左个，西頭室也。」玄，黑色，陰陽五行家認為北方為水，黑色。顧頡剛《史林雜識初編・明堂》曰：「〈月令〉式之明堂」，「全出」陰陽家理想，陳奇猷謂顧說「最通。」（《呂氏春秋校釋・孟春紀》）❻中央曰太室　盧本原作「中央曰太廟」，朱本又據《初學記》卷十三加入「亦曰太室」四字。鴻恩按，王國維據諸書考定「中央」為「太室」，無曰「太廟」者，「亦曰太室」當出於後人補正，朱右曾亦曰「中為太室」，今刪「太廟」與「亦曰」四字。❼介　于鬯曰：「介」字《御覽》作「个」。鴻恩按，《呂氏春秋》、《禮記》亦均作「个」，《左傳》昭公四年亦有同一意義的「个」字，均指正堂兩旁的側室。以《說文》無「个」字，徐鉉因曰「个」當作「介」，其實介通「个」。俞樾《群經平議・孟子二》「一介不以與人，一介不以取于人」，曰：「一介即一个也。个、介實一字，乃隸體之變。」上引高誘曰：「个，隔也。」《易・兌》「介疾有喜」，王弼注：「介，隔也。」是二字相同之證。

【語　譯】明堂大小，方一百一十二尺，高四尺，階廣六尺三寸，屋室居中，方一百尺，中間的室方六十尺，門高八尺，廣四尺，窗高三尺，門方十六尺。東邊的室叫青陽，南邊的叫明堂，西邊的叫總章，北方的叫玄堂，中央的叫太室。正室左邊的側室是左个，右邊的側室是右个。

【研　析】王國維說：「古制中之聚訟不決者，未有如明堂之甚者也。」王國維、顧頡剛、楊寬三家都對「明堂」作過詳細考證，但見解仍然有同有不同。今簡要揭其要點如下：

王國維說：「《呂氏春秋（・十二紀）》之四堂、一太室實為古制。」「太室之上為圓屋以覆之，而出于四屋之上，是為重屋。」「四堂、四室，兩兩對峙，則其中有廣庭焉。」即「太室之庭」。「太室者，以居中央及絕大為名，即此一語之中，而明堂之制已略具矣。」「古宗廟之有太室，即足證其制與明堂無異。」然王國維所繪「明堂圖」和「宗廟圖」同有太室，同為四室相對，然而明堂則東為青陽太廟、南為明堂太廟、西為總章太廟、北為玄堂太廟。而宗廟之四堂則無此區分，內部不盡相同（《觀堂集林》卷三〈明堂廟寢通考〉）。

顧頡剛一說「明堂」之稱出現晚：「明堂之名，《詩》、《書》、《易》、《春秋》皆無有，以至《論語》、《墨子》亦未見。」再論其實：「《尚書・洛誥》之『王入大室祼』，《春秋》文十三年《公羊經》：『世室屋壞』「此類屋宇以容積言，謂之『大室』，以方向言，又可謂之『明堂』，《呂氏春秋・慎大覽》云：『武王勝殷……周明堂外戶不閉，示天下不藏』是也。」三說「〈月令〉式之明堂」不可信：「〈月令〉式之明堂，乃陰陽家言之集中表現與其最後成就，全出理想，不必以事實求之也。」（《史林雜識初編》二十六〈明堂〉）最後一點是對於王國維所說《呂氏春秋・十二紀》、《禮記・月令》「明堂」的否定。然顧說沒有明確明堂與祖廟之關係。

楊寬的考證要點是：《詩經・文王有聲》之「鎬京辟雍」，即《禮記・王制》「大學在郊，天子曰辟雍」。「建設在郊區，四周有水池環繞，中間高地建有廳堂式的草堂，附近有廣大的園林。」可在園林、水池射鳥獸。辟雍高地上的建築，即《大戴禮記・盛德》、《韓詩說》、《呂氏春秋・召類》所說之「明堂」，兼有禮堂、會議室、俱樂部、運動場和學校的性質。楊先生指出，東漢末年許多學者「都認為太廟、大學、辟雍、明堂、靈臺是『異名而同事』」，「從西周金文看來，西周時宗廟和辟雍顯已不是一物。」（《西周史》第六六七～六七三頁）鴻恩按，明堂與祖廟之關係，當如楊說。孫希旦也說鄭玄誤解〈明堂位〉「太廟，天子明堂」之意，「遂謂魯太廟為明堂制，又謂天子太廟為明堂制，皆誤也。」〈作雒〉說：「乃位（立）五宮：太廟、宗宮、考宮、路寢、明堂。」朱右曾注：「明堂在國南者也。」是明分宗廟與明堂為二。阮元《問字堂集・贈言》、孫詒讓《作雒城郛圖》都從《禮記・王制》「大學在郊」說，以為「別建明堂于郊外」。孫〈圖〉所繪成周路寢與宗廟、大社的位置，與北京故宮朝廷、太廟、社稷壇的位置相同，而明堂則在宮外十餘里的東南方，遠離宗廟。但明堂可以舉行祭禮，這也是可以肯定的。武王時〈大豐簋〉銘文說：「王又（有）大豐，王凡（泛）三方。」楊寬以為「大豊」即祈求豐年。馬承源讀「豊」作「禮」，曰：「指周王在辟雍中泛舟射禽、祀於天室和饗食等禮。」明堂可以舉行祭祀，但不等於宗廟。

綜合以上諸說：明堂即《詩經》、金文中的「辟雍」，建於近郊，明堂在池水環繞的高地上，上圓下方，土階三等，外戶不閉；其中間為太室（或稱天室），即重樓，以茅蓋頂，下層以瓦蓋頂；明堂是貴族成員公共活動的場所和貴族子弟的學校；明堂不是宗廟，但可以舉行祭祀。

但在本文中，完全看不到上述明堂的特點。而且從上述明堂的形制，似不適合在其中「大朝諸侯」，文中所說「應門」等四門，更與王宮無異。本文只是截取《禮記・明堂位》開端一部分，而〈明堂位〉重點在侈陳周天子「命魯公世世祀周公以天子之禮樂」，所以陳澔、孫希旦給予〈明堂位〉嚴厲批評，孫說：「魯用天子禮樂，蓋東遷以後之僭禮，記者不知其非，而反盛夸之以為美。」〈明堂位〉下文又說所用樂器有「女媧之笙簧」，歷史學家說，伏羲、女媧是我國古代苗蠻族的祖先，戰國中期始由楚國傳入中原，伏羲始見於《楚辭・天問》、《莊子・人間世》、《周易・繫辭》，都是戰國楚人著作。女媧始見於〈天問〉、《山海經・大荒西經》和〈明堂位〉（徐旭生《中國古史的傳說時代》第二七六頁）。由此可證，本文必出於戰國中期以後。

「明堂」之稱既然始見於戰國，本書〈作雒〉、〈大匡〉第三十七也言及「明堂」，說明〈作雒〉一文有後人的筆墨。

如此整齊劃一的大臣諸侯、夷蠻戎狄的位置，這在西周初年是不可能有的事。比如九夷、八蠻、六戎、五狄說得若有其事，可是《周禮・夏官・職方》則說四夷、八蠻、五戎、六狄，《墨子・節葬下》又有「八狄」，可見這都是戰國時人的不同說法，都「不必以事實求之也」。再說囉嗦一點，其中「九夷」見於《論語・子罕》、《國語・魯語下》與古本《竹書紀年》，應是出現時代最早的。

竊以本文大約與〈王會〉的寫作相先後，「天下大服。七年，致政于成王。」這是〈明堂位〉原有的，而「萬國各致其方賄」，則是本文獨有的，而這七個字正是〈王會〉篇的內容。本文有可能是啟發〈王會〉作者創作靈感的因素之一。

嘗麥第五十六

【題　解】嘗麥，品嘗新麥。《禮記・月令》：「孟夏之月，農乃登麥，天子乃以彘嘗麥，先薦寢廟，祈禱告事，為民求福也。」嘗麥的同一個月，周王命令修訂刑書，文中寫了修訂刑書的整個過程。本文的時代，是哪一位周王的事，後人意見不一。

維四月❶，王初祈禱于天宗❷，乃嘗麥于廟❸。是月，王命大正正刑書❹。

【章旨】周王在四月間求雨、嘗麥，並在本月正刑書。

【注釋】❶維四月　原作「維四年孟夏」，今本《竹書紀年》作「（成王）四年春正月，初朝于廟。夏四月，初嘗麥。」孫詒讓曰：「首句《玉燭寶典》引作『維四月』。」劉師培曰：「《書抄》九十『禱于宗周』，注引《周書》曰『四月孟夏，王初禱于周宗』，竊以作『四月』是也。（『年』）仍以作『月』為確。」李學勤〈嘗麥篇研究〉曰：「『孟夏』這類詞，學者多認為出現不早。許多人懷疑〈嘗麥〉，就由於這個緣故。」鴻恩按，諸家引錄均有「四月」，可證劉說是，原無「年」字（今本《紀年》因本文而誤）。「孟夏」二字係後人誤加，西周尚無「孟夏」之說。今據改。四月，指夏正四月，即後世所說孟夏。❷王初祈禱于天宗　王，《周書・序》、孫詒讓、劉師培等以為成王。莊述祖曰：「非成王之時，當在穆王之後，故叔向以為叔世亂政。殆宣王復古之書也。」李學勤亦以「至少也要在穆王時『王道衰微』之後」。禱，指四月的雩（求雨）祭。《左傳》桓公五年：「龍見而雩」，指蒼龍七宿之角、亢二宿黃昏時出現於東方，即「龍見」，這時當孟夏建巳之月，即夏正四月（參楊伯峻注）。天宗，原作「宗廟」，盧文弨曰：「《御覽》引作『岱宗』。」孫曰：「《寶典》『宗』下無『廟』字，注云：『一本作「天宗」。』作『天宗』是也。天宗即天神，見〈月令〉。〈世俘〉亦云『告天宗上帝。』」劉曰：「當作『天宗』。」鴻恩按，今依孫、劉說據一本改正。❸乃嘗麥于廟　「廟」字原作「大祖」，章本、盧本「大」字作「太」，二字同，蓋本作「大」，後世作「太」。盧文弨曰：《御覽》「太祖」作「廟」。劉師培曰：《書抄》作「廟」，較今本為長；《書抄》「禱于宗周」注引《周書》亦作「廟」。鴻恩按，《禮記・月令》曰：「孟夏之月，農乃登麥。天子以彘嘗麥，先薦寢廟。」然則「太祖」似本作「廟」字。唯陳逢衡曰：「《管子・輕重己》曰：『以春日至始，數九十二日，謂之夏至，而麥熟。天子祀于太宗，其盛以麥。』」宗，其義本為宗廟，今改為「廟」。莊述祖曰：「太祖，文王也。」孫曰：「雩祀上帝于南郊之兆（壇域），故云天宗也。嘗麥則在太廟。二者皆于孟夏有事。此因正刑書與彼同月，特首紀之耳。其實正刑書與祈雩、嘗麥二事絕不相涉也。」❹命大正正刑書　命司寇修訂律法書。大正，這裏指司寇，掌刑獄、糾察的長官。孫詒讓曰：「大正本為六卿〔冢宰、司徒、宗伯、司馬、司寇、司空〕之通稱，此正刑書則宜為大司寇矣。」正刑書，修定法律之書。正，定。刑書，即下文曰「刑書九篇」。多認為本文所說「刑書」、「刑書九篇」即《左傳》昭公六年叔向所說「夏有亂政，而作《禹刑》；商有亂政，而作《湯刑》；周有亂政，而作《九刑》」之《九刑》。倘叔向之說可靠，則夏、商、周三代均有刑書。《左傳》文公十八年載：「先君周公……作《誓命》曰：『毀則為賊，掩賊為藏。竊賄為盜，盜器為姦。主藏之名，賴姦之用，為大凶德，有常，無赦。』」杜預注：「《誓命》以下皆《九刑》之書，《九刑》之書今亡。」據《左傳》則周公曾作《九刑》。

【語　譯】在四月，王先向上帝求雨，同時就到祖廟嘗新麥。就在這個月，王命令大正修定刑書。

爽明❶，僕告既駕❷，少祝導，王亞❸，祝迎王，降階❹，即假于□□，太宗、少宗、少秘于社，各牡羊一、牡豕三❺。史導王于北階❻，王陟階❼，在東序❽。乃命太史尚大正❾，即居于戶西南向❿。九州牧伯咸進在中廷，西向⓫。宰乃承王中⓬，升自客階⓭，作策執策從中⓮。宰坐，奠中于大正之前⓯。大祝以王命作策策告太宗，王命□□秘⓰，作策許諾，乃北向繇書于兩楹之間⓱。

王若曰⓲：「宗掩大正⓳，昔天之初，誕作二后⓴，乃設建典㉑：命赤帝分正二卿㉒，命蚩尤宇于少昊㉓，以臨西方㉔，司□□上天未成之慶㉕。蚩尤乃逐帝，爭于涿鹿之阿㉖，九隅無遺㉗。赤帝大懾，乃說于黃帝㉘，執蚩尤，殺之于中冀㉙。

以甲兵釋怒(30)，用大正順天思序(31)，紀于大常(32)，用名之曰絕轡之野(33)。乃命少昊清嗣為鳥師，以正五帝之官，故名曰質(34)。天用大成(35)，至于今不亂。

「其在啟之五子(36)，忘伯禹之命(37)，假國無正，用胥興作亂(38)，遂凶厥國(39)。皇天哀禹，賜以彭壽(40)，思正夏略(41)。

「今予小子聞有古遺訓(42)，予亦述朕文考之言不易(43)。予用皇威(44)，不忘祇天之明典(45)，令□我大治(46)，用我九宗正州伯教告于我(47)。相在大國有殷之□，辟其自作□于古(48)，是威厥邑(49)，無類于冀州(50)。嘉我小國(51)，其命余克長王國(52)。

「嗚呼，敬之哉！如木既顛厥巢(53)，其猶有枝葉。作休爾弗(54)，敬恤爾執(55)，以屏助予一人集天之顯(56)，亦爾子孫其能常憂恤乃事(57)。勿畏多寵，無愛乃囂(58)，亦無或刑于鰥寡非罪。惠乃其常(59)，無別于民(60)。」

眾臣咸興(61)，受大正書，乃降(62)。太史策刑書九篇(63)，以升，授大正，乃左還自兩楹之間(64)。箴(65)，大正曰：「欽之哉(66)！諸正敬功(67)，爾頌審三節(68)，無思民因(69)，順爾臨獄無頗(70)，正刑有掇(71)。夫循乃德(72)，式監不遠(73)。以有此人(74)，保寧爾國(75)，克戒爾服，世世是其不殆(76)。維公咸若(77)。」太史乃降，大正坐舉書乃中，降，再拜稽首(78)。王命大正升，拜于上，王則退(79)。

【章　旨】周王策命修正刑書典禮的全過程。重點是宣讀周王策書，講了蚩尤、五觀、殷紂三件違背法典的事。大正接受刑書，叮囑屬官慎於職事。

【注　釋】❶爽明　天亮。爽，義亦為明。❷僕告既駕　僕御報告車馬已備好。僕，莊述祖曰：「太僕。」《周禮・夏官・太僕》：「掌正王之服、位，出入王之大命」，又「王出入，則自左馭」。賈公彥疏：「僕即大馭也，大馭則左執轡。」在西周金文中，「僕是武官職名」，「掌正王之服位」云云，均得不到證明，與《周禮》之太僕「是否能劃等號，則未敢稱必。」（《西周金文官制研究》第五五頁）❸少祝導王二句　孫詒讓曰：「言少祝前王為導引，王則次少祝後而行也。」少祝，大祝的屬官，即小祝，《周禮・春官・小祝》：「凡事，佐太祝。」亞，次也。❹祝迎王二句　孫詒讓曰：「祝乃大祝（即『太祝』）也。《大戴禮・諸侯遷廟篇》云：『祝曰請，導君降立于階下，奉衣服者皆奉以從祝。』」大祝為祝官之長，此所載與《大戴禮》相合。《周禮・春官・序官》：「大祝，下大夫二人。」周公之子伯禽曾任王朝大祝，郭沫若曰：「非《周官》所云下大夫也。」（《西周金文官制研究》第三六頁）未知這裏與《大戴》所載是否合於周初官制。階，路寢（天子正殿）階（莊述祖）。❺假于□□三句　「假于□□，太宗、少宗、少秘于社，各牡羊一、牡豕三」，原「假于」直接「大宗」，莊述祖、孫詒讓俱以「于」下有脫文，莊以為或當作「廟」（即上章「乃嘗麥于廟」），孫以為脫「大祖」。劉師培謂當從莊說，而加闕文符號二，今姑從。假，通「格」。至。孫以「秘」上「少」字應是衍文。劉曰，《史記・孝文本紀》、〈封禪書〉載，秦、漢均有秘祝之官。孫釋此句曰：「此王自告廟，而命大宗伯、小宗伯告社也。」劉曰：「于社者，代王假于社也。因上有『假』字，此遂省文。《周禮・春官・序官》賈疏引孔晁《國語・注》云：『大宗者，于周為宗伯。』」李學勤曰：「大宗之稱，見《尚書・顧命》。」〈顧命〉又稱大（太）宗為上宗，偽孔傳亦以即《周禮・春官》之宗伯，古代掌禮之官，主宗廟祭祀等事。社，朱右曾曰：「社主陰，陰主殺。將頒刑書，故假社而告焉。」牡羊一、牡豕三，陳逢衡曰：「羊、豕，少牢也。羊一、豕三者，嘗麥以彘，故加二豕，俎不與常禮同。」莊、孫以「三」字當作「二」，孫氏曰：「正刑書告廟、社，用少牢，無祼（斟酒澆地的祭祀儀式）獻之節，其禮甚殺，與祈雩、嘗麥絕不相涉也。」譯文從孫說。牡羊，雄羊。鴻恩按，本文「太宗」、「太史」、「太祝」之「太」或作「大」或作「太」，章本、朱本自身亦前後不一，今從盧本，凡「太宗」、「太史」等一律作「太」，「大正」一律作「大」，各家注文則各從其舊。下文不再說明。❻史導王于北階　孫詒讓曰：「王入廟，必無于北階升之理，當為乍階之誤，乍即『阼』之借字，阼階即東階，對下自客階為西階也。」鴻恩按，孫說是，王必自主人之階而升。商承祚曰：「北，此「背」之本字也。金文同「作」。」(《古文字詁林》第七冊第四九一頁)而「作」之古文為「乍」(同上第三四七頁)。史，潘氏曰：「小史也。」唐大沛曰：「單言史，非太史、小史等官，蓋府史之史，小臣也，故司引導之事。」❼陟階　登階。陟，升。劉師培曰，《玉海》引「陟」作「陞」。❽東序　東牆。序，殿堂的東西牆。❾太史尚大正　劉師培曰：「尚當作『向』，上有挩字，蓋「太史□向」，與「大正南向」及下「西向」並文，或所挩即「東」字。」李學勤曰：「尚，『右』字之誤。」鴻恩按，《爾雅・釋詁》：「右，導也。」《儀禮・覲禮》也有「大史是右」的記載，與李說此「大史右大正」相合。今從李說。太史，在西周地位尊崇，金文有時稱「公大史」，不是一般官員，不同於《周禮・春官・序官》所說「太史，下大夫二人，上士四人」。卿事(卿士)掌卿事寮，太史掌太史寮，兩寮是西周王朝處理政務的兩個最高官署(《西周金文官制研究》第二六～二七頁)，周初由周、召二公分掌。❿即居于戶西南向　孫詒讓曰：「居，當為『位』，古文形相近。戶西者，客位。《儀禮・）士官禮》『筵于戶西』，《記》云『醮于客位』(尊者為卑者酌酒而卑者不需回敬曰醮)是也。天子廟制，有東、西房，室居中，戶東而牖西，以戶牖之間為堂之正中，戶西之位當堂中微偏東，與戶牖之間小異。大正，亦臣也，而即客位者，以將受中，特尊禮之也。」⓫九州牧伯咸進在中廷二句　九州牧伯之「牧」，原為闕文，朱本據丁本補「牧」字作「牧伯」，孫詒讓謂「未塙」，莊述祖、陳逢衡補「之」字。今姑不補。《禮記・王制》「州有伯」，鄭玄注：「殷之州長曰伯，虞夏及周皆曰牧。」劉起釪曰，漢以前沒有九州長，詳見〈度邑〉「九牧」注。伯為諸侯之長，《竹書紀年》為周季歷為殷牧師，牧當亦諸侯之長。州長之說，肯定後人誤入。咸進在中廷，原無「廷」字，莊述祖改「在」為「廷」，以為古文相近而誤。孫詒讓以為是。李學勤曰：「『在中』下，應補『廷』字。以上篇文所述右者、即位、在中廷等語，都與西周金文近似。」今不改「在」，從李說依金文補「廷」。⓬宰乃承王中　宰，或以為即大宰，可是，「《周禮》中的冢宰(《周禮》亦稱「大宰」)是百官之長，這與銘文中所反映的情況是不符的。西周之宰，主要是管理王家宮內事務，與《周禮》的小宰、內宰地位職司相當。但是，宰的權勢的確有與日俱增的趨勢。」(《西周金文官制研究》第四一頁)承，奉。中，「盛策之器也」(唐大沛)，「簿書亦謂之中」(《觀堂集林》卷六〈釋史〉)。孫詒讓以為刑書即今之律刑，「中」指獄訟之成案，「以與刑書相鉤考也」。⓭升自客階　大正在客位，宰將要修改的刑書交給大正，故亦升自客階。⓮作策執策從中　作策(作冊)執簡從行(李學勤)。作策，官名，又作「作冊」，即內史(孫詒讓、王國維)。「作冊和內史是性質更為接近的職官，甚至是同一職官的不同稱呼。作冊是各種冊命文書的起草人、各種禮儀的參與者、各種政治活動的參加者。」(《西周金文官制研究》第三四頁)⓯宰坐二句　「宰坐，奠中于大正之前」，「奠」原作「尊」，莊述祖改「尊」為「奠」。朱右曾曰，「尊」下部本作「廾」，與「奠」形似。《儀禮・士喪禮》鄭注：「古文奠為尊也。」孫詒讓曰：「莊校是也。」鴻恩按，《儀禮・鄉飲酒禮》「坐奠爵」之說屢見，即此「坐奠」之意。今從改。陳逢衡曰：「坐，止也。」陳說非是。《禮記・少儀》「寢則坐而將命」，孔穎達疏：「坐，跪也。」《禮記・曲禮上》「坐而遷之」，孔疏：「坐亦跪也。坐通名跪，跪名不通坐。」即此「坐」之意。奠，獻也（《禮記・玉藻》鄭玄注）。坐奠，即跪獻之意，以示鄭重。⑯大祝以王命作策策告太宗二句　章本、盧本作「作策策告」，朱本不重「策」字，未說明原因，今仍從章、盧。此斷句依孫詒讓說。孫曰，告、誥字通；「大宗」下挩「以」字，闕文為「少宗」，意為「大祝先以王命命內史作策辭，以告大正，而大宗又以王命告少宗，使秘于社。上命作策者，乃告大正，非告大宗也。上文云『大宗、少宗秘于社』，則宗伯自主秘社事。」依孫說，則上文「大宗、小宗、少秘于社」，當時實未到社，似於此受命後方赴社祭祀。太宗，唐大沛、劉師培引《玉海》作「宗正」，下文有「宗正」，莊述祖以「□□秘」應為「大秘」，如此則與祭社無關，而意亦不明通。文字錯亂，難求其是。今姑從孫說。秘，仍從劉說作官名。⑰北向繇書于兩楹之間　繇書，宣讀王修改刑書的文告。繇，通「籀」。誦讀。書，即下文「王若曰」的內容。楹，廟堂前部的柱。⑱若曰　這樣說。若，如此。⑲宗揜大正　莊述祖曰，揜與尹「古文近而訛，尹，正也，長也，謂大宗。」朱右曾曰：「揜，大宗名。訓刑而告宗伯者，亦出禮入刑之意。」孫詒讓曰：「『宗揜』二字必是訛文，疑『宗』當為『尒』（即『爾』字），『揜』當為『格』，並形近而訛。此當云『格尒大正』，言命大正升聽告辭（格，義為告），猶《書・湯誓》云：『格爾眾庶』也。此篇前後所記正刑書、即位、受書、降拜諸事，並專屬大正，無與宗伯事，不當于此忽又以宗伯廁其間。若如朱說宗揜呼其名而大正獨不著名，于文例亦參差不合，不可通也。」李學勤曰：「王兼誥大宗、大正，與篇上下文並無矛盾。孫詒讓改為『格爾大正』，是缺乏根據的。」鴻恩按，「宗揜」之「揜」，雖不知究為何義，然上下文俱有「太宗」，莊、朱、李說大同（然下文又有「宗正」，究不知「宗」為「太宗」還是宗正。揜如通「尹」，尹，正也，則宗尹為宗正）。⑳誕作二后　「誕」原為闕文，丁、朱據《蔡中郎集・胡黃二公贊》「誕育二后」補「誕」字。誕，誕生。作，興起。二后，莊、朱以為當作「元后」。丁宗洛、李學勤以為指下文赤帝、黃帝。徐旭生以為諸說明顯不合文意，二后即指下述之炎帝和蚩尤兩個氏族的首領（《中國古史的傳說時代》第五七頁）。后，君主。鴻恩按，從行文看，「命赤帝」與「命蚩尤」二句並列，徐說當是，今從之。劉起釪引《漢書音義》曰：「蚩，古之天子。」可以印證本文。㉑設建典　建立典章制度。設建，建設。㉒赤帝分正二卿　赤帝，即炎帝，「炎」、「赤」篆體形近而訛。傳說中上古帝王。少典氏的後裔。居於姜水，即岐水（今陝西岐山縣西），以姜為姓。《帝王世紀》說炎帝傳八世。傳說黃帝與炎帝戰於阪泉之野，黃帝又敗蚩尤於涿鹿。梁玉繩《史記志疑》謂，炎帝族末世受蚩尤攻擊，黃帝助炎帝，在涿鹿打敗蚩尤，被尊為華夏族的領袖。未有黃、炎作戰之事，涿鹿與阪泉實為一地。劉起釪以梁說「甚確」，又引陸德明《莊子音義》曰：炎帝第八帝榆罔時，蚩尤氏強，與榆罔爭王，「榆罔與黃帝合謀殺蚩尤。」與梁說相合。分正二卿，分治二卿，其事未詳。正，治。朱右曾曰：「二卿，左右大監監萬國者，猶周之周、召分陝也。蚩尤，古諸侯，即二卿之一。」㉓蚩尤宇于少昊　蚩尤，相傳是黃帝時九黎族首領，「宇于少昊」說明他屬於東夷集團，所以《鹽鐵論・結和》說：「黃帝戰涿鹿，殺兩曎、蚩尤而為帝。」與黃帝戰於涿鹿，（《晉太康地志》載：「涿鹿城東一里有阪泉，上有黃帝祠。」可知涿鹿、阪泉實即一地）兵敗被殺。劉起釪說蚩尤及黃帝蚩尤阪泉之戰甚詳，可以參閱（《尚書校釋譯論》第一九一八頁有「典籍中的蚩尤」）。宇于，章本、盧本作「于宇」，朱本據《路史》改為「宇于」。宇，陳逢衡曰：「謂隸其下以佐之。」劉師培曰：「《越絕書・計倪內經》云：『臣聞炎帝有天下以傳黃帝，黃帝于是上事天、下治地，故少昊治西方，蚩尤佐之。』宇，當從陳注訓『隸』，斯與佐少昊義符。『于』亦衍文。」少昊，是遠古東夷族首領。其族以鳥為圖騰，以鳥名官，春秋時郯國之君為其後裔（《左傳》昭公十七年）。《尸子》等書均稱「少昊金天氏」、「主西方」，《帝王世紀》等曰其「登帝位，都曲阜。」徐旭生列舉本文「蚩尤宇于少昊」、《鹽鐵論・結和》「黃帝戰涿鹿，殺兩曎〔皞或暤，即指太皞、少皞〕、蚩尤而為帝」、九黎故地（在今山東鄆城至河南浚縣一帶）接近兩暤之墟等四證說明蚩尤屬於太暤、少暤之東夷集團（《中國古史的傳說時代》第五六～六二頁）。㉔以臨西方　「西」原作「四」，《路史・後紀》、陳本、唐本均改「四」為「西」，今從。馬驌曰：「方少昊之宅西，所任者侯伯之職，所司者一方之治。」（《繹史・少昊紀》按語）曲阜為「少昊之墟」，而後有西遷之事，故又被稱為「少昊金天氏」。歷史上有名的皋陶即屬於東夷集團，與少昊同姓（少昊瀛姓，皋陶偃姓，是「語之轉」。詳見徐旭生書第五五頁〈東夷集團〉）。㉕司□□上天末成之慶　莊述祖刪二闕文，唐大沛依楊升庵補「明明」，朱駿聲補「承左」。末，原作未，章本、盧本、潘本等並作「末」，潘、莊均釋為「終」。今改為「末」。莊曰：「司，望；末，終；慶，賜也。望終成之慶者，言炎德已衰，天將棄之不復，終成其所賜之命。」鴻恩按，闕文不知何字，徑刪恐不妥，朱駿聲所補似可與莊氏之意相合。承左，承順佐助。《說文》：「左，手相左助也。」即「佐」之本字。意謂順從與佐助上天終成其命。㉖涿鹿之阿　「阿」字原作「河」，鍾惺本作「阿」。盧文弨曰：「或當作『阿』。」王念孫曰，《史記・五帝本紀》、《水經・㶟水注》均作「涿鹿之阿」。張守節注〈五帝本紀〉曰：「涿鹿故城在涿鹿山下。」山下即阿。河、阿形近、音近，故訛，今正。㉗九隅無遺　九州皆為蚩尤所併（莊述祖）。鄭玄也有「蚩尤霸天下」之說（《尚書校釋譯論》第一九二四頁）。九隅，九州。《楚辭》王褒〈九懷・匡機〉「彌覽兮九隅」，王逸注：「歷觀九州求英俊也。」㉘說于黃帝　劉師培曰：「《路史・國名紀一》述此事作『禬于熊』，又作『于是與諸侯委命于有熊氏』，是羅以『說帝」即禪讓，竊以羅氏所據，「說」蓋作「稅」。稅誼同「脫」，猶言以天下委于黃帝也。稅、說古通。」意即解脫天子職務給予黃帝。㉙中冀　冀州境內。冀，大河以東、以北之地，今山西、河北即古代之冀州。㉚以甲兵釋怒　大刑用甲兵也（陳逢衡）。釋怒，釋民之怒（朱右曾）。釋，消。㉛用大正順天思序　莊述祖曰：「大正，大政也。政失則廢，舉則興。」朱右曾曰：「順天思序，致天討使民畏法而思倫序。」孫詒讓曰：「朱云「思倫敘」，「思敘」義難通，朱說亦迂曲。疑「思」當為「卑」，篆文形近而誤。卑即「俾」之省。《爾雅・釋詁》云：「俾，從也。」從與「順」義亦相近，言順天命而從其尊卑之敘，不僭亂也。」劉師培曰：「《路史・後紀》作「用大政順天思敘。」」鴻恩按，劉引《路史》，體其意，蓋以朱說可用。今譯文姑用孫說。㉜紀于大常　「大常」原作「大帝」，朱駿聲曰，偽古文《尚書・君牙》用此文，作「大常」（即「厥有成績，紀于太常」）。惠棟從《路史》校作「太常」。盧、莊均以為「太常」。今改「帝」為「常」。大常，即太常，旌旗名。《周禮・春官・巾車》：「建大常，十有二斿（旌旗的下垂飾物）。」《儀禮・覲禮》「載大旂」，鄭玄注：「大旂，大常也。縿（旌旗垂飾的正幅）首畫日月，其下及旒（同「斿」）交畫升龍降龍。」㉝絕轡之野　放牧的原野。絕轡，潘振曰：「猶歸馬放牛之謂。」轡，韁繩。㉞乃命少昊清嗣為鳥師三句　「嗣為」二字原為「司馬」，字誤。孫詒讓疑作「始為」，劉師培以作「嗣為」。朱右曾曰：「知清非即質者，《禮（記）・祭法》疏引《春秋命曆序》云：「黃帝傳十世，少昊傳八世，顓頊傳十二世，帝嚳傳十世。」是金天氏不得親代黃帝明矣。」劉曰：「《後漢書・張衡傳》李注引《衡集》云：「〈帝繫〉黃帝產青陽、昌意。《周書》「乃命少昊清」，即清陽也。」是衡以此文之清即青陽。又《漢書・律曆志》述《世經》云：「少昊帝，《考德》曰清，清者黃帝之子青陽也，是其子孫名摯（《家語・辨物篇》亦作「少皓摯」）立，土生金，天下號曰金天氏。」由此觀之，上文摯、質古通。名質之少昊則青陽子孫。此文「司」當作「嗣」，（《尚書・高宗肜日》「王司敬民」，《史記・殷本紀》作「嗣」，臨西方之少昊，與此文少昊清為一人，即清陽也。（《史記》言青陽降居江水，《大戴・帝繫》作泜，泜水在蜀，此即居西之事。）是其例。）「馬」當從孫記（說？）作「為」。嗣，即《世經》所謂子孫也。（《御覽》卷七十九引曹植〈少昊贊〉曰：「祖自軒轅，青陽之裔。」與此文及《世經》並合。）今改「司馬」為「嗣為」。「為鳥師」三字當屬下讀，為鳥師以正五帝之官，即《左傳》昭十七年所云「為鳥師而鳥名」，分立五鳥五鳩諸官也。五帝之官即五官，與《左傳》合。」鳥師，意謂各官之長皆以鳥為名。師，長也（楊伯峻注）。五官，以鳥名者五種官職，以鳩名者五種官職，又以五雉為五工正，詳見《左傳》。「故名曰質」，用一「故」字，應是說以鳥名官是一種質樸的做法，故名之曰「質」。㉟天用大成　上天因而取得偉大的成就。用，以；因而。㊱啟之五子　夏啟的兒子五觀。啟，禹之子，夏王朝的建立者。《史記・夏本紀》載，禹傳位於益，益讓啟，天下人也屬意於啟，啟遂即天子之位。古本《竹書紀年》之說則不同：「益干啟位，啟殺之。」總之從此開始了「父傳子，家天下」的時代。五子，即五觀，也稱武觀，《國語・楚語上》：「堯有丹朱，舜有商均，啟有五觀……皆有元德也，而有奸子。」韋昭注：「啟子，太康昆弟也。」㊲伯禹之命　禹的訓教。禹，又有崇禹、伯禹、大禹之稱。命，教。㊳假國無正二句　劉師培曰：「假，讀《禮記・曲禮上》『假爾大龜有常』之『假』，孔疏：『假，因也。』正，即古『政』字，言五觀因國失政，相起倡亂也。《路史・後紀四》引作『假國亡政』，是其證。」胥，相。鴻恩按，本文所講乃啟之子作亂，古本《竹書紀年》有「啟征西河」。今本《竹書紀年》有「(啟)放季子武觀于西河。」「武觀以西河叛。」「彭伯壽帥師征西河，武觀來歸。」《國語》、古今本《紀年》似均一致，而與《墨子・非樂上》及〈離騷〉所說夏啟「淫溢康樂」、「康娛以自縱」不同。故孫詒讓不以此與《墨子》並說。但說「假國無正(亡政)」，即利用國家失政之機，這就話中有話，似乎也透露出啟之失政。㊴遂凶厥國　於是危害了他的國家。凶，作惡；禍亂。㊵彭壽　朱右曾曰：「夏之伯諸侯者，壽其名也。」㊶思正夏略　孫詒讓曰：「『思』當作『卑』，即『俾』之省，言命彭壽伐武觀，使正夏之疆略也。」略，疆界。㊷今予小子聞有古遺訓　現在我聽說有古代的遺訓。小子，周王自稱的謙詞。古遺訓，指蚩尤作亂、五觀作亂之事。㊸予亦述朕文考之言不易　文考，此應有誤。莊述祖疑「予亦述朕文考」六字為後人所加，此文「非成王之時」。朱右曾以「文考」當作「文祖」。孫詒讓曰：「文考，謂文德之考，即指武王言之，朱誤以為謚，遂改考為祖，非也。」鴻恩按，孫以本文之王即成王，故曰「文考」指武王。《尚書》、《詩經》、金文中以「文人」、「前文人」稱先祖則為習用語。〈大雅・江漢〉「告于文人」，朱熹《集傳》：「先祖之有文德者。」(參《尚書校釋譯論》第二二二〇頁)不易，不變易(陳逢衡)。施猶舍也(孫詒讓)。均可通。㊹皇威　更加畏懼。皇，通「況」(孫詒讓)。愈益；更加。威，通「畏」。畏懼(唐大沛)。㊺祗天之明典　敬天的嚴明法典。祗，敬。㊻令□我大治　使我周大治。□，闕文陳、唐補「底」，義為至、達到。㊼九宗正州伯教告于我　九族之長、九州牧伯訓誨告訴我。㊽相在大國有殷之□二句　「相在大國有殷之□，辟其自作□于古」，各家所補闕文與斷句，均有不同。莊述祖補二闕文為「末」、「亂」，陳逢衡補「多」、「虐」，丁宗洛補「哲」、「訓」。《彙校集注》引朱駿聲補「嗣」、「戾」，以「有殷之嗣」為句，「辟自其作」為句，「戾于古」為句。陳逢衡、唐大沛、朱右曾、《萬有文庫》本皆以「辟」字、「古」字斷句。唐曰：「『□辟』或當作『弗辟』，言不君也。『自其作，□于古』，此句或是『作孽于古』。『自其』二字亦疑倒。」鴻恩按，朱駿聲、唐大沛說均可通。今取諸家之說，讀作「相在大國有殷之末，辟其自作戾于古」，文似較順。相，視。大國有殷對下文「我小國」而言。辟，君。戾，相背。㊾是威厥邑　王念孫曰：「『威』字義不可通，疑是『烕』字之誤。烕即滅字(〈小雅・正月〉『褒姒烕之』，昭元年《左傳》威作滅）。」王說是，譯文從之。㊿無類于冀州　莊述祖曰：「無類，言紂無後也。」類，種（王念孫）；族（《大戴禮記・禮三本》孔廣森補注）。冀州，這裏指紂都，紂都在今河南安邑西北小屯村，別都朝歌（今河南淇縣），都在大河之北，屬於冀州。51小國　莊氏校「小國」為「小邦」，鴻恩按，莊校或是，在整本偽古文《尚書》中，「邦」字一百一十二個，「國」字三十二個（其中今文二十五個），周人自稱「周邦」、「小邦周」，而稱殷為「大邦殷」（〈大誥〉、〈召誥〉、〈顧命〉）。據出土文獻《孔子詩論》所稱〈邦風〉，即今本《詩經》之〈國風〉（《上博館藏戰國楚竹書研究》），可證是漢人改「邦」為「國」，本文六個「國」字而不見「邦」，其中肯定有後人所改者。52其命余克長王國　命我任周王掌理國家。克，擔任。朱駿聲《說文通訓定聲》：「以肩任物曰克。」53既顛厥巢　孫詒讓曰：「巢，當為『椔』之誤。《爾雅・釋木》云：『木立死，椔。』椔或誤書，變為上聲下形遂類巢字，故傳寫訛舛。」句意為「綢繆牖戶不可不謹也」（陳逢衡）。顛，殞（《小爾雅・廣言》）；死亡。54作休爾弗　善汝之輔弼大臣（孫、劉）。休，善。孫氏曰：「弗，讀為『佛時仔肩』（《詩經・周頌・敬之》詩句，佛通『弼』）之佛，謂輔助。」55敬恤爾執　劉師培曰：「『執』乃『埶』訛，埶又『暬』省。《國語・楚語》云『居寢有暬御之臣』，韋注訓暬為近，則暬為近臣。敬恤爾埶，猶言恤爾之親近侍臣。」56屏助予一人集天之顯　屏，輔（丁宗洛）。予一人，天子自稱。集天之顯，「言成上天眷顧之顯命」（朱右曾）。集，成。顯，明。莊述祖曰：「此誥州伯之辭。」57亦爾子孫其能常憂恤乃事　劉師培曰：「《玉海》六十七引無『憂』字，『憂』疑校者旁注之文。」事，國事。58勿畏多寵二句　朱右曾曰：「言用法者勿憚貴寵之臣，勿惜嚚言之奸。」多寵，眾多的貴寵之臣。乃，其。嚚，口不道忠信之言為嚚（《左傳》僖公二十四年）；無實而長於口才（莊述祖）。無或，不許有人；不要有人。59惠乃其常　莊述祖曰：「惠，順也，用刑必順常法，無法外之法。」60無別于民　貴賤無別（朱右曾）。孫詒讓曰：「別，當讀為『偏』，無別猶《書・洪範》云『無偏無黨』也。」61咸興　陳逢衡曰：「前此拜聽王命，至語畢而咸起也。」62受大正書二句　李學勤曰：「宣讀王命的作策便把所讀的誥書授予大正，然後退下。」受，同「授」。63太史策刑書九篇　太史繕寫刑書九篇。策，書寫；繕寫。刑書九篇，朱右曾曰：「蓋即《春秋・〔左〕傳》之《九刑》。」64左還自兩楹之間　左還，上文說大正居於客位即尊位。大史居於主位，所以說「左還」。左，卑也（《春秋繁露・玉杯》「右志而左物」，凌曙注）。兩楹，原作「兩柱」，莊、孫以為當從上文作「楹」，今改。65箴此與下文之「箴」字，前人均不得其解，李學勤曰：「應作『咸』，訓為『終』（楊樹達《積微居小學述林》第二二三頁）。西周金文中有不少類似的文例。」孫詒讓曰：「〔咸〕與成事之義相近。」（《古文字詁林》第二冊第六七頁）張玉金曰：「〔咸〕猶『既』也，表示前一件事情的完結」（《甲骨文虛詞詞典》第二四一頁）。鴻恩按，三說相通。66欽之哉　敬重王的告誡啊。

67諸正敬功　諸正，這裏是指司寇的屬官們。功，職事通謂之功（《周禮・天官・宮正》「功緒」孫詒讓《正義》）。68頌審三節　誦讀審察蚩尤、五觀、殷紂三節。頌，通「誦」。69無思民因　孫詒讓曰：當作「無俾民困」，並形近而訛，下文「無思民疾」之「思」也是「卑（俾）」之誤。70順爾臨獄無頗　順，臨獄，判案。獄，獄訟。頗，不正。孫詒讓曰：「此箴皆協韻，惟「無頗」句止二字，又與韻不協，疑「無頗」下當有「無側」二字。《書・洪範》云：『無偏無頗，遵王之義……無反無側，王道正直。』此箴蓋以節、側、德、國、服、若為韻。」71正刑有掇　「掇」字丁、朱改為「惙」，義為憂。莊述祖曰：「掇，讀曰『啜』，表也。刑者，所以明民，使不陷，如表啜然。」孫詒讓同莊說，今改回「掇」。鴻恩按，掇、啜同為月部韻，以「叕」為聲，不煩改字。啜為阡陌間道路，其連接處有樹木作標記，即「表」。有啜，猶言有標準。72夫循乃德　莊述祖改「夫」為「矢」，釋曰：「矢，陳。循，自。無訟之本在德。」孫詒讓謂，循當釋為「順」。73式監不遠　應當以殷為鑒。式，副詞，表示勸勉之義，「在《尚書》、《詩經》中用得較多。」（《古代漢語虛詞詞典》第五一二頁）74以有此人　唐大沛曰：「能慎獄撫揗百姓，民心悅服，故有人。」此人，此民（朱右曾）。75保寧爾國　保有並安定國家。76克戒爾服二句　朱右曾曰：「敬戒爾事，慎用中罰世世不危。」服，事；職事。是其，這就會。77維公咸若　只要公正無私就會一切順利。若，順。78大正坐舉書乃中三句　孫詒讓曰：「乃，當從莊校改「及」為是，謂兼舉刑書及獄訟之中以降也。」劉師培曰：「其（孫）說固通，然本篇上文云『眾臣……乃降』，『太史乃降』，以彼相衡，『中』字疑衍。《玉海》六十七所引作『乃降』，是宋本或無『中』字也。」鴻恩按，前此，宰跪獻中，作策授王誥、太史授刑書，此則寫大正跪舉刑書（應當還有周王誥書）及中；降，再拜稽首，大正接受中、王誥及刑書以後，走下臺階謝王命，這是成拜的應有禮節。79王命大正升三句　《儀禮・公食大夫禮》「命之，成拜，階上北面再拜稽首」，賈公彥疏：「《論語（・子罕）》孔子曰：『拜下，禮也，今拜乎上，泰也。』拜于下，盡臣之禮，為成拜。」如果君辭於拜下，則不算成拜，「故命之升成拜，賓遂主君之意，故升更拜也。」這裏正是王辭拜下，命大正升拜於上以成禮而退（參莊、陳說）。

【語　譯】天一亮，僕御報告已經備好了車，少祝在前面導引，王隨在後面，大祝迎接王走下臺階，就來到太廟；太宗、小宗、少秘來到社，都用一隻雄羊、三頭雄豬作為祭品。史官引導王到東階，王走上臺階，進入廷中的東牆邊。王就命令太史引導大正位於門的西面，南向站。九州牧伯都進入廟堂，站在廷中間，面向西。宰就捧著王的獄訟簿書，從客階走上來，作策拿著竹簡跟在簿書後面，宰跪獻簿書到大正面前。太祝以王的名義命令作策，用策辭告大正，太宗以王的名義命令少宗、少秘主持社祭之事。作策許諾，就在兩楹之間面向北宣讀策書。

王這樣說：「宗正、大正，從前天地開闢之初，誕生、興起了兩位君王，就設立了法典，命令炎帝由兩位卿分長政事，命令蚩尤輔佐少昊而治理西方，希望承順、佐助上天終成其所賜之命。蚩尤竟然驅逐炎帝，戰鬥於涿鹿的山下，鬧得九州之內無一處平安之地。炎帝大恐慌，就解除天子之位傳給黃帝。黃帝活捉蚩尤殺之於冀州之野，通過戰爭釋放人民怒氣，使用重大的政治舉措順從天意和上下尊卑之倫序，並記功於太常之上，因而把那裏稱作歸馬放牛的原野。於是命令少昊清的後代實行以鳥名命名官長，以明定帝王的五種官職，所以把他稱名為質。上天因而取得偉大的成就，直到今天都沒有發生混亂。

「那是在夏啟的時候，啟子五觀忘記了大禹的教誨，利用國家失政，從而相起倡亂，於是危害了他的國家。皇天憐愛禹，把彭壽賜給夏，讓他保全了夏的疆界。

「如今我小子曾經聽到有關古代的遺訓，我也傳述我先輩的話而不捨棄。我因而越發畏懼，不忘記敬天的嚴明法典，讓我周達到大治的局面，因而我周的九宗正、諸侯之長要教告我。看那在大邦殷的末年，君主自我作孽，背離古道，因此滅亡了他們的國家，在冀州境內沒有了他的族類。上天嘉獎小邦周，現在就命我擔當了周王主管國家。

「唉呀，要敬慎啊！如同已經倒仆死亡的樹木，它立在那裏的木樁還有枝葉，要善待你們的輔弼大臣，體恤你們的親近侍臣，來輔助我一人成就上天眷顧的明命，就是你們的子孫也要常常憂恤你們的職事。執法者不要畏懼眾多的寵臣，不要姑息那些奸惡的言論。也不許有人對於鰥夫、寡婦、無罪的人施予刑罰，順從的是國家常規，對於所有百姓都無偏無黨。」

眾臣都站起身來，作策把王的誥書交給大正，就都退下。太史拿著繕寫的九篇刑書，走上臺階，交給大正，就從兩楹之間回到左邊。之後，大正就對他的屬官說：「欽敬刑書啊！各位官長要嚴肅地對待職事，要誦讀、審察王所說蚩尤、五觀、殷紂三件事。不要使百姓困擾，要敬慎對待獄訟，不要有偏頗不公正，公正的刑罰是有標準的。有了刑書如果能做到陳放不用，要靠你們品德良好。要以殷商作為借鑒啊，時代並不遙遠。因為能得到天下百姓的悅服，就能安保王國。能戒慎你們的職事，世世代代這就不會有危殆。只要公正無私就會一切順利。」太史於是退下。大正跪舉刑書、誥書及簿書退下，再拜叩頭。王（辭拜下之禮，）命令大正走上臺階，大正拜於階上，王這才退下。

是月，乃命太宗序于天時，祠大暑❶；乃命少宗祠風雨百享，士師用受其胾，以為之資❷。邑乃命百姓遂享于富❸，無思民疾，供百享歸祭，閭率、里君用受其胾，以為之資❹。野宰乃命家邑、縣、都祠于太祠及風雨也，宰用受其胾，以為之資❺。采君乃命天御豐穡享祠，為施，大夫用受其胾，以為之資❻。太史乃藏之于盟府❼，以為歲典❽。

【章旨】寫國、野、采邑均就執行刑書舉行祭祀、盟誓，並藏載書於盟府。

【注釋】❶是月三句　「是月，乃命太宗序于天時，祠大暑」，「乃命」上原有「士師」二字。莊述祖以為「士師」誤，改為「工師」。唐大沛曰：「此下皆言祀事，以事在孟夏之月，祈禱嘗麥而類記之。與上文正刑書事，全不相涉。『是月』下『士師』二字蓋妄人所加。應刪。下文『士師』當作『肆師』，肆師，禮官之屬，在大宗伯、小宗伯之下，佐宗伯者也。以下官命上官，古無此禮。士師，刑官之屬，與宗伯不相涉。蓋因上正刑書事，遂妄加。『乃命』者，王命之也。」孫詒讓曰：「以下雜記享祀之事，與正刑書事咸不相涉也。」又曰：「序，疑當為『享』，形近而誤。祠大暑，蓋祀祝融于南郊之壇。《大戴禮記・夏小正》云：『夏有暑祭，祭也者用羔。』」祠，祭祀。鴻恩按，工師為司空屬官，見於《禮記・月令》，也與下文祭祀不相干。唐、孫既均以下文與正刑書無涉，則與掌「五禁之法，以左右刑罰」的「士師」無關，與宗伯的屬官、「掌立國祀之禮」的「肆師」有關。今據唐說刪「士師」二字。❷乃命少宗祠風雨百享三句　百享，孫詒讓曰：「朱云：『百享，百神在祀典者。』案，享與祀義同，百享猶言百祀也。」士師用受其㦸，以為之資，孫詒讓曰：「莊本『㦸』改『職』，云：『古文相近而誤』。莊校以『㦸』為『職』，是也。《〔儀禮・〕鄉射禮》〔鄭注〕云：『古文職為「㦸」』，今文或作『植』。下文『宰用受其職㦸』，㦸即職之衍文。受，當為『授』。職，謂祭祀之職事，士師〔當依唐說作『肆師』，肆、士二字準雙聲，蓋以音誤〕命而授之。《周禮・封人》『命社稷之職』，鄭注：『將祭之時，令諸有職事于社稷者也。』此與彼義正同。資，讀為粢，謂命共其粢盛。為資與授職即謂祭祀之職事。資，盛也。」鴻恩按，㦸、職音近相通，㦸為借字，職為本字。粢，供祭祀用的穀物，盛於祭器之中，謂之粢盛。「資」是借字，今一律不改。❸邑乃命百姓遂享于富　陳、唐、朱並以「邑」屬上句讀，莊述祖、孫詒讓、劉師培屬下讀，是，今從之。「富」字丁宗洛、朱右曾為「家」，孫詒讓以為「亦通」。邑，如雒邑、商邑之邑，謂都城也，亦通鄉、遂言之（孫詒讓）。享于富，劉師培有長篇考證，劉謂，富即副辜（義為分裂肢體）之祭，《周禮・大宗伯》職云「以副辜祭四方百物」，《說文》副作副，注云：「判也。」《周禮》曰副辜祭，蓋副由判牲得名。即秦人所云伏祭。《史記・（十二諸侯）年表》云：「初作伏，祠社，磔狗邑四門。」是伏為副牲之祭。伏即副叚。因伏祭在夏，故稱六月為三伏。此文之「富」亦「副」叚文。證以後世三伏之名，則古代此祭自行於夏，故與上文祠暑同時。又〈年表〉謂磔狗邑四門，則此祭行於邑中，與「邑乃命百姓」尤為符合。顏師古《匡謬正俗》六「副」字條云：「義訓剖、劈，字或作副。」鴻恩按，副字取義於判、析、剖、劈時，則與副為同一字，音、義全同。今從劉說改回「富」。百姓，百官。遂，這裏的意思是盡、全面（《古代漢語虛詞詞典》第五六一頁）。❹無思民疾四句　莊述祖曰：「歸，讀曰饋。閭率、里君，鄉、遂之有司也。」朱右曾曰：「閭率、里君，《周禮》謂之閭胥、里宰。」孫詒讓曰：「思，亦『卑』之誤，詳前。享饋，皆通內外祭祀言之。閭率、里君，即莊說鄉、遂之吏。君，尹之借字，《禮記・雜記》有里尹。鄭注引《王度記》云：『百戶為里，里一尹。』即此。下亦當有『用受其職』四字，今本誤挩，當據上下文補。」鴻恩按，上文有「用受其㦸，以為之資」，下文亦有「用受其（職）㦸，以為之資」、「……以為資」等，此有「以為之資」，可證孫說，今補「用受其㦸」。閭，與「里」都是居民組織，《周禮》之六鄉，二十五家為一閭，《周禮》之六遂，二十五家為一里。❺野宰乃命家邑縣三句　「家邑」原作「冢邑」，莊述祖校作「家邑」，孫、劉從。鴻恩按，典籍無「冢邑」，而有「家邑」，《周禮・地官・載師》「以家邑之田任稍地」，鄭玄注：「家邑，大夫之采地。」與野宰命家邑，意相合，故莊、孫、劉並以為誤。今從改。「乃風雨也」，朱右曾以為衍文，刪之，莊校「乃」作「及」，孫、劉從莊說，今恢復，而改「乃」為「及」。孫以「及風雨也」之「也」，當為「野」，音近而誤。劉謂孫以「也宰」為「野宰」，則「未盡然」，下有「采君乃命天御豐穡享祠為施」，語雖訛挩，此亦當有「為施」一語，「也」即「施」之壞字，惟上有挩文，「宰」即野宰，不必增「野」字。莊曰：「《周官》有都宗人、家宗人，國有大祀故，則令禱祀。」太祠，風伯雨師之廟也（潘振）；邑中尊祭之神（朱右曾）。莊刪「蘵」。孫曰：「野宰，蓋治野之吏，若《周禮・縣師》之屬（《周禮・縣士》云「掌野」，故縣吏謂之野宰）。蘵、職字通，上文云「受其蘵」，此不當重出，當刪其一也。」今依上文刪「職」字。鴻恩按，楊寬認為，西周已確定了國、野對立的鄉遂制度，《周禮》所記鄉遂制度，基本還保存著西周春秋時代的特點。關於「野」的社會組織，《周禮・遂人》說：「五家為鄰，五鄰為里，四里為酇，五酇為鄙，五鄙為縣，五縣為遂。」（《西周史》第三七七、三九五、三九八頁）《周禮・秋官・縣士》「掌野」，鄭玄於野、縣、都注曰：「玄謂地距王城二百里以外至三百里曰野，三百里以外至四百里曰縣，四百里以外至五百里曰都。都、縣、野之地，其邑非王子弟、公卿大夫之采地，則皆公邑也。」二百里至五百里又總名為野。李家浩曰：「『縣』的出現至少可以追溯到西周。那時所謂的『縣』是『縣鄙』之『縣』，指王畿以內國都以外的地區或城邑四周的地區。……只是『縣』字寫作『還』、『睘』或『郻』。」舉出西周金文〈免瑚〉有奠還（鄭縣），〈師旋簋〉有豐還（縣）。《穀梁傳》隱公元年「寰內諸侯」，陸德明《釋文》：「寰，音縣，古縣字。」《匡謬正俗》卷八：「州縣字本作『寰』，後借『縣』字為之。」還、寰從「睘」得聲，古音與「縣」同屬匣母元部，音近可通。周代的「縣」是指國都或大城邑四周的廣大地區。從「還」的字多有環繞義。「縣」本是由「還」（環）派生出來的一個詞，「縣」是假借字。西周縣小，一般與鄙聯在一起稱縣鄙（均見《古文字詁林》第八冊第四八至五十頁引《先秦文字中的「縣」》）。李說與鄭說相合。下文「采君乃命」孫注曰：「上野宰已命家邑，此采君內唯有大小都即公卿、王子弟之采邑也。」是孫以「都」為公卿、王子弟之采邑，有異於鄭說。❻采君乃命天御豐穡享祠四句　孫曰：「天御，疑當作『內御』，內、天篆文形近而訛。大夫即采君下亦當云『用受其職，以為之資』，當據上文補正。」今據上文補「用受其蘵」，「為資」補作「為之資」。采君，有封邑的卿大夫。采，卿大夫的封地。孫以「天御」為「內御」之訛，適於此處之意的解釋，有《儀禮・既夕禮》「則內御者浴」，鄭玄注：「內御，女御也。」未知是否。穡，同「嗇」。節省。鴻恩按，李學勤與莊、唐、孫說不同，曰：「這一段歷述司寇下屬士師以及國、野、采邑舉行祭祀受職之事，均與刑書的推行有關。」鴻恩按，唐大沛等以正刑書之月祠暑，與正刑書無關，但太史藏於盟府者肯定包括刑書，孫詒讓亦言之。❼太史乃藏之于盟府　句首原有「箴」字，孫詒讓以為讀作「蘵」，言諸事完成。劉師培謂，《玉海》六十七引此作「太史乃箴之于明府」，注云：「一本作『藏于盟府』」，今本與王氏所云一本同，語首「箴」字即「藏」字異文之錯書者也，當據刪。鴻恩按，今刪之。莊、朱刪「于」字，似不必，孫、劉均有，今恢復「于」。孫曰：「謂上正刑書、受中、及命祭祀諸事咸備成，太史乃總藏其典于盟府也。」盟府，收藏盟約之所（楊伯峻）。李學勤曰：「盟府屢見於《左傳》，這是由於策動行賞等事都有盟誓，其載書即由司盟收藏。武億、阮芝生等清代學者認為，大史主藏載書係周朝定制，頗與〈嘗麥〉符合。推測士師以至國、野、采邑執行刑書，在舉行祭祀時也有盟誓，載書歸大史總藏。」❽歲典　本年的典籍。

【語　譯】這個月，天子於是命令太宗依照天時順序，祭祀大暑；於是命令少宗祭祀風伯、雨師，以及百神的祭祀，肆師於是交辦職事，來供給祭祀的供品。京都就命令百官全都分裂牲體舉行伏祭，不使民眾發生疾疫；供給百神獻祭物品，閭長、里尹於是交辦職事，來供給祭祀的供品。野宰就命令卿大夫的采邑、縣、都到太祠祭祀，兼及風伯雨師，野宰於是交辦職事，來供給祭祀的供品。有封邑的卿大夫就吩咐女侍或豐盛或節省地舉行祭祀……卿大夫於是交辦職事，來供給祭祀的供品。太史於是把刑書、獄訟案卷及祭祀諸事的記載收藏到盟府，作為本年的典籍。

【研　析】在我國歷史上何時始有刑書，是一個懸而未決的問題。我們讀《左傳》知道，昭公六年（西元前五三六年）鄭國子產鑄刑書，叔向反對。昭公二十九年（西元前五一三年），晉鑄范宣子制作的刑書，孔子反對。叔向、孔子不僅反對鑄刑書即反對公布成文法，而且反對有刑書：「昔先王議事以制（楊伯峻注：『制，斷也。謂度量事之輕重，而據以斷其罪』），不為刑辟（刑法）。」（叔向）「宣子之刑……晉國之亂制也。」（孔子）可是孔子主張「寬以濟猛，猛以濟寬，政是以和。」（《左傳》昭公二十年）叔向一面說「閑（防閑）之以義」，「行之以禮」，一面又說「嚴斷刑罰，以威其淫」，「莅之以強，斷之以剛」。他們都沒有否定寬和猛、禮和刑的相輔相成，都主張必要時「嚴斷刑罰」，似乎只是反對制定和公布法律條文。《左傳》文公十八年（西元前六〇九年），魯國大史克對魯君說：「先君周公制周禮曰：『則以觀德，德以處事，事以度功，功以食民。』作〈誓命〉（楊伯峻注：『似亦姬旦作』）曰：『毀（楊注：毀棄禮）則為賊，掩賊為藏。竊賄為盜，盜器為姦。主藏之名，賴姦之用，為大凶德，有常，無赦。在《九刑》不忘。』」這明明是說周公既制定了「周禮」，又制定了〈誓命〉，有《九刑》。「誓命」，顧名思義，應即關於盟約的命令，也就是強制性的約誓，即刑書。當然〈誓命〉還只是刑書的綱要、原則，而不是細緻的內容。而《九刑》不管如本文所說是「刑書九篇」，還是如楊伯峻所說指「九種刑罰（墨、劓、刖、宮、大辟和流、贖、鞭、扑）」，可就都是具體的條文了。叔向還說：「夏有亂政而作《禹刑》，商有亂政而作《湯刑》，周有亂政而作《九刑》，三辟之興，皆叔世也。」視刑書為亂政的產物，這恐怕就不合於實際了。楊伯峻《春秋左傳注》引本文「王命大正正刑書，太史策刑書九篇以升，授大正」以後說：「則周初本有刑書，名曰《九刑》，故史克引〈誓命〉及之，至成王而又正之，至穆王又作〈呂刑〉。……刑律古已有之，但由統治者掌握。」又認為，叔向所說「叔世」並非指「衰亂之世」，而是《漢書・刑法志》師古注所說「晚時也」，即〈刑法志〉所說：「禹承堯、舜之後，自以德衰而制肉刑，湯、武順而行之者，以俗薄于唐、虞也。」並將「在《九刑》不忘」，當作〈誓命〉的內容。這個理解是正確的，從原始社會進入階級社會，肯定要有刑律的制定。周公所處的周初不能說是「亂世」、「亂政」。竊以叔向由《禹刑》、《湯刑》、《九刑》得出亂政制刑書的結論是不正確的（這種思想的進一步發展，大概就是《老子》所謂「法物滋章，盜賊多有」了），這恐怕是春秋時人對於歷史事實的誤解。楊寬也由史克的話得出與楊伯峻相近的結論：「周公須發給伯禽的……不外乎把『禮』和『刑』用作主要的統治手段。」「周公所給魯國的典策，屬太史掌管，所以太史克會如此熟悉周公所制作的周禮和誓命」（《西周史》第三八四頁）。他們都信從史克的話。這件事使人聯想到，殷商大肆實行人殉、人祭的制度，春秋時也偶有發生，但是春秋時人對於當時的人殉、人祭則是口誅筆伐，好像不知道殷商曾經大行人殉、人祭。孔子、孟子反對殺伐，孟子完全不相信武王會殺人祭祀，於是反映武王伐紂真實情況的〈世俘〉、〈克殷〉被排除於《尚書》之外。以彼例此，《禹刑》、《湯刑》（在西周以前，如果不是禹、湯所制刑書，大約不會命以禹、湯之名）、《九刑》應當都是歷史上實有的，不應當輕信叔向「亂政」出刑書之說就否定制刑書的人。亂世制刑書，此說不可信據，因為史克明說周公作了刑書。

由於上述原因，本文時代，或定於西周，或定於東周、戰國。李學勤先生定〈嘗麥〉為「西周作品」（《逸周書彙校集注・序言》），又說：「〈嘗麥〉所記是哪一代周王時的史事，是一個很難確定的問題。」《周書・序》說：「成王既即政，因嘗麥以語群臣而求助，作〈嘗麥〉。」李學勤認為，「從〈嘗麥〉本文看，無法證明王是成王。篇中所講的『正刑書』很可能就是『作《九刑》』，那麼其事蹟應在周的叔世，至少也要在穆王時『王道衰微』之後，《周書・序》之說恐不足信。」（〈嘗麥篇研究〉）叔向的話難以作為憑據，認為本文所寫即「作《九刑》」，與史克的話抵觸。如果就「相在大國（邦）有殷之□……嘉我小國（邦），其命余克長王國」，這位周王頭腦裏還有「大邦殷」、「小邦周」的觀念，緊接著一句「其命余……」，要說是成王，未為不可。但莊述祖《尚書記》提出本文「殆宣王復古之書也」，此後孫詒讓、劉師培等均未接受，仍然認為在成王之世。或周公所作為原則，成王所修為具體條文？

楊寬先生〈論逸周書〉認為：「〈嘗麥解〉是用三段不同的斷簡連綴而成。第一段孟夏嘗麥的祭典，用的是夏正的曆法，當是東周以後的作品，這一段只有十八個字，當即一片斷簡。第二段講授給大正刑書的典禮，也可能是東周的作品，所講授給刑書的禮制比較具體，對於研究冊命的禮制及策書的制度很有參考價值。第三段所講祭祀風雨等情況，也是研究祭祀制度的史料。」（《西周史・附錄》第八六九頁）第一，楊先生以本文為三斷簡連綴而成，與諸家之說不同，按諸實際，恐未必然，文字似尚連貫。第二，不存在曆法上的夏、商、周三正交替論，似已成不少學者共識，但是或認為是春秋戰國時期不同地域的曆日制度（陳遵媯《中國天文學史》第一〇二三頁引錢寶琮說），或認為「自夏、殷、周三代迄春秋以前之間，恐採用近於所謂夏正之曆，而入春秋時代，前半葉所用之曆係近於所謂殷正之曆，自春秋中葉以後迄戰國時代中葉之間，採用近於所謂周正之曆。」（新城新藏《東洋天文學史研究》第二九四頁）春秋時代，似僅晉國用夏正，如依新城氏說則在春秋以前。二說未知孰是。第三，如果「孟夏」為本文固有，非後人添加，則本文時代必在春秋。〈堯典〉中有了「以閏月定四時成歲」，並且有了仲春、仲夏、仲秋、仲冬之說。但是，我國「在商代和西周前期，一年只分為春秋二時」（王力《古代漢語》第七九四頁），以孟、仲、季定四時又必在其後。趙光賢先生〈逸周書作雒篇辨偽〉也說：「西周書及金文中無記四時者，至春秋時期始用四時。」即此而言，學者舉出多種理由認為〈堯典〉的寫定不在春秋以前，應當是對的。言「孟夏」確不應當在西周，但今本《紀年》和《玉燭寶典》引用本文都沒有「孟夏」字樣，這就不好說一定在東周了。曾經有人認為，我國歷史上設縣在春秋時期，李家浩發現西周就有縣，消除了本文可能在春秋時代的證據。

劉起釪以為本文出於戰國：「到戰國資料如《山海經》、《逸周書・嘗麥》……皆擴展冀州的含義為中土、中國、天下。」（《尚書校釋譯論》第八四〇頁）按，本文中，一曰殺蚩尤於「中冀」，冀即冀州，中冀即冀州之中，冀州境內，絲毫沒有「中土」的意思；一曰「無類于冀州」，冀州沒有了紂的族類，因為紂的族類微子改封於豫州的宋，在商丘，故曰「無類于冀州」，這裏的冀州哪裏有「中土、中國、天下」之意？劉說恐是誤解。

筆者傾向於本文為西周作品。當然，它經過後人改動，比如「孟夏」，比如改「邦」為「國」，比如「余」、「予」混用（甲骨文、西周金文有「余」無「予」），「九州牧伯」等等。但是，總體而言，本文用字習慣屬於西周，理由如下：

(1)用「俾」不用「使」。孫詒讓指出，文中四個「思」字，是「卑（俾）」字的訛誤，孫說至確。《左傳》使用十三個「俾」字，因為俾、卑通段，《春秋經傳引得》注明其中五個「一作卑」，可為此證。古文「思」不從田心，而從囟心，與「卑」二形相近，故「卑」訛為「思」。「俾」為西周用字，後世「俾」逐漸被「使」取代，春秋時已不使用。《詩經》中「使」字十五見，「俾」字四十九見；〈雅〉、〈頌〉「俾」三十八見，而主要作於春秋時的〈國風〉僅二見。（《詩經》時代最晚的〈魯頌・閟宮〉「俾」九見，是有意仿古。）今文《尚書》「俾」十二見，「使」四見。《春秋經》「俾」無見，「使」五十九見；《左傳》「俾」十三見，「使」約近三千。可證春秋已不用「俾」。

(2)用「咸」不用「皆」。「咸」與「皆」產生都比較早，但早期多用「咸」，管燮初《西周金文語法研究》有「咸」無「皆」。今文《尚書・周書》「咸」字十六見，「皆」六見。《左傳》「咸」七，「皆」三百多；《論語》無「咸」有「皆」。而本文無「皆」而「咸」字五見。顯然是早期的用字習慣。

(3)「用」、「以」的使用接近《尚書・周書》。「用」的介詞、連詞用法「在先秦早期文獻中較多，以後逐漸被『以』字代替」（《古代漢語虛詞詞典》第七三八頁）。張玉金《甲骨文虛詞詞典》有「用」無「以」。我們這裏僅用簡單的方法，通過「用」、「以」兩字在文獻中出現頻率的變化，就可以看出本文的時代。今文《尚書・周書》中，「用」出現一百次，「以」出現八十三次，比例為一比零點八三。在《詩經》中，「用」出現四十二次，「以」出現二百九十八次，一比七點零九。《春秋經》「用」出現六次，「以」出現三十四次，一比五點六七。本文依校後統計「用」出現十次，「以」出現十四次，比例為一比一點四。顯而易見，本文「用」、「以」的使用比例，低於《尚書・周書》（《周書》中多周初作品，而且周初八誥中也有「用」、「以」相當和「以」多於「用」者），但是大大高於《春秋經》和含有大量春秋民歌的《詩經》。本文使用的「式」、「誕」、「厥」、「胥」等都是早期虛詞，春秋時已很少使用。李學勤指出，在西周金文中，「咸」字的意思就是「完了」。這樣讀〈嘗麥〉的「箴」即「咸」，「就全讀通了」，〈嘗麥〉「一定是西周的材料」。（《文物中的古文明》第一一〇頁）

這些都表明，本文時代與《尚書・周書》接近，距離《春秋經》很遠，屬於西周，不是春秋作品。

本典第五十七

【題　解】本典，根本的法典。「本典」見於本文末句。《周書・序》曰：「周公為太師，告成王以五則，作〈本典〉。」〈序〉所說「五則」，即文中周公所述文王所說之智、仁、義、德、武。劉師培相信〈序〉之說，曰：「〈序〉言周公為太師，則此篇之作，與《尚書・君奭》同時，在周公歸政後。」文章雖寫成王和周公問答，觀其內容並非西周作品。

維四月既生魄❶，王在東宮❷。召告周公曰❸：「嗚呼！朕聞武考不知乃問，不得乃學，俾資不肖❹，永無惑矣。今朕不知明德所則❺，政教所行，字民之道❻，禮樂所生，非不念，念而不知❼，敬問伯父❽。」

【章旨】成王傳召周公，向周公請教自身修養和治理國家諸問題。

【注釋】❶既生魄　月相名，指每月的八、九日至十四、五日。詳見〈世俘〉注❶。❷東宮　古代太子居於東宮，這裏非指太子宮。劉師培曰：「《詩・大雅・靈臺》疏引袁準《正論》云：『《尸子》曰：「昔武王崩，成王少，周公踐東宮，祀明堂，假為天子。」』準申之曰：『明堂在左，故謂之東宮。』《淮南・齊俗訓》亦云：『武王既歿，殷民叛之，周公踐東宮，履乘石，攝天子之位。』是東宮即明堂也。此文東宮亦謂宗周明堂，蓋王在東宮即成王聽政時也，與太子所居東宮異。（此篇作於成王踐阼後，非以世子禮自居之時也，奚得仍居世子宮？）」❸召告周公曰　章檗本作「召公告周公曰」，盧本刪「召公」，朱本從。丁宗洛移「周」字與「召」下，作「召周公，告公曰」。孫詒讓據章本「疑當作『告召公、周公』」，復引《史略》作「召周公旦」，「他篇常見，疑高（高似孫）本近是，『召』非衍文。」鴻恩按，今取孫詒讓後說，下文無召公事，必是「召」下誤增「公」字。今據《史略》恢復「召」字，疑「告」是「召」字誤衍。❹俾資不肖　以便幫助提高自己。俾，劉淇曰：「意欲其如此，其義虛而未定，非使令之謂也。」（《助字辨略》卷三）不肖，成王對自己的謙稱，猶言凡庸、不才。❺明德所則　（達到）完美的德性要取法什麼。所，代詞，這裏指代「則（取法）」的對象。則，效法；取法。❻字民之道　劉師培曰：「『之道』二字與上下文『所則』、『所行』、『所生』并文，疑亦『所道』之訛（《文選・新漏刻銘》李注引作『字民道』，無『之』字），猶言所由所循也，道與導同。」譯文從劉說。字，愛（朱右曾）。❼非不念二句　「非不念，念而不知」，原作「非不念而知」，朱本依王念孫說據〈大戒〉篇「非不念，念不知」改，丁宗洛引浮山曰，應改作「非不念，而不知」，亦可通。❽伯父　丁宗洛曰：「應作『叔父』。」鴻恩按，「天子稱同姓諸侯曰伯父。」（《書・康王之誥》孔傳）「同姓大國則曰伯父」，「同姓小邦則曰叔父」（《儀禮・覲禮》），據此則丁說不確。

【語譯】在四月月光已明而未盛的時候，成王在東宮，傳召周公，告訴周公說：「唉！我聽先父武王說過，不知道的事就請教，請教不到的就自己學習，以便幫助不才，就永遠沒有迷惑了。如今我不知道完美的德性要取法什麼，政治教化應如何推行，愛護百姓要如何引導，禮樂從哪裏產生。不是不思慮，而是不知道，謹向伯父請教。」

周公再拜稽首曰：「臣聞之文考：能求士者，智也；與民利者，仁也；能收民獄者❶，義也；能督民過者❷，德也；為民犯難者❸，武也。智能親智，仁能親仁，義能親義，德能親德，武能親武，五者昌于國曰明❹。明能見物，高能致物，物備咸至曰帝❺。帝鄉在地曰本❻，本生萬物曰世❼，世可則效曰至❽。至德照天，百姓□驚❾；備有好醜，民無不戒❿。顯父登德⓫，德降為則，則信民寧⓬；為畏為極，民無淫慝⓭。生民知常利之道⓮，則國強；序明好醜，□必固其務⓯。均分以示之則民安，利用以資之則民樂，明德以師之則民讓⓰。生之樂之，則母之禮也；政之教之，遂以成之，則父之禮也⓱。父母之禮以加于民，其慈□□⓲。古之聖王，樂體其政⓳。士有九等，皆得其宜⓴，曰材多；人有八政，皆得其則㉑，曰禮服。士樂其生而務其宜㉒，是故奏鼓以章樂㉓，奏舞以觀禮㉔，奏歌以觀和㉕。禮樂既和㉖，其上乃不危。」

王拜曰：「允哉，幼愚㉗敬守，以為本典。」

【章 旨】周公回答，照文王要求，作到智、仁、義、德、武。招致人才，使各得其用；治理好百姓，使懂得禮讓，安居樂業。如此則禮樂和諧。

【注 釋】❶收民獄者 指停止民間的獄訟。收，收斂；收束。❷督民過者 糾正百姓的過失。督，正（朱右曾）。❸為民犯難者 指推翻暴君如滅紂、反擊侵略等事。❹智能親智六句 朱右曾曰：「方以類聚，君有是德然後能用是人，賢能在位，是謂明主。」昌，興盛；盛行。❺明能見物三句 朱右曾曰：「識以別人，權以達識，物備咸至，則如天之無為而四時行、百物生。」物，這裏指人、賢士，即「能求士者智也」之「士」。致物，招致賢人。下句「物備」之「物」，朱釋為「百物」，即萬物。唐大沛曰：「萬物之理備全于胸中，而皆能底于至善之地。如此，則德同于天，故曰帝。」鴻恩按，唐、朱所說「帝」指人王，非上帝。❻帝鄉在地曰本 唐大沛曰：「句義未詳，疑有訛字。」丁宗洛、孫詒讓以「鄉」當為「饗」，孫謂即「享」之借字。鴻恩按，然則句意謂帝王所享有的在於土地，這是根本。本書〈武紀〉篇：「國有本，有幹……土地，本也；人民，幹也」與此意通，句意為帝王享有天下，在於土地，（土地）叫做根本。如此與上下文俱能貫通。本文言「武」，故及於土地。❼本生萬物曰世 世，人世；世代相傳。❽世可則效曰至 「效」字原為闕文，唐大沛補「法」，朱右曾補「效」，均可通。則法，即效法、作為法則。至，至善；達到頂點。唐大沛釋「世可則法」為：「帝德同天。其道可垂于萬世，所謂世為天下法，世為天下則者也。」❾至德照天二句 「至德照天，百姓□驚」，闕文陳逢衡據楊慎本補「用」字，唐大沛補「不」，朱駿聲補「震」。唐曰：「帝世之民，不識不知，何驚之有？」鴻恩按，唐以道家思想說之，不合，上下文均可證。譯文用「用」字。照天，光照天下（唐大沛）；如天之臨照（朱右曾）。❿備有好醜二句 備，措施；舉措。潘振曰：「好醜，猶言好惡。好用紼冕，惡用斧鉞（鴻恩按，此見於〈命訓〉，賞與罰），民皆戒惡而為善矣。」⓫顯父登德 陳逢衡曰：「顯父，司徒也。登德，尚德也。」父，尊敬之詞。鴻恩按，此與下二句又見於〈成開〉篇。⓬德降為則二句 原作「德降則信，信則民寧」，劉師培曰：「此文似誤，當從〈成開解〉作『德降為則，則信民寧』，冢上『明德所則』及『世可則□（疑當作「世世可則」，與〈武順解〉「世世能極」同）曰至』言。〈和寤解〉云『德降為則，振于四方』，〈寤儆解〉云『克明三德維則』。」按，劉說順，今從劉說改。德降為則，〈成開〉陳逢衡注：「五教敷也。」即將道德原則頒布為法規。信，真實；可信賴。⓭為畏為極二句 朱右曾曰：「民有所畏而協于中，自無淫慝矣。」為極，立下了準則。極，中；標準。淫慝，邪惡。⓮生民知常利之道 生民，人；人民。常利之道，陳逢衡曰：「農桑是也。重農桑則民富，故國強。」⓯序明好醜二句 「序明好醜，□必固其務」，「□必」朱本原作「必先」，陳氏曰：「楊（升庵）本作『乃』字，此『乃』當衍。」陳逢衡刪方框。朱本依陸麟書說補「先」字，又改「先」為「必先」。鴻恩按，朱改無據，陳刪亦無據，今仍章本、盧本之舊以俟考。序明好醜，陳曰：「旌別淑慝也。」序明，旌別；區分清楚。固其務，即《孟子・梁惠王上》所說使民有「恒產」。務，事業，指農桑。⑯均分以祘之則民安三句　「均分以祘之則民安，利用以資之則民樂，明德以師之則民讓」，「祘之」原作「利之」，朱本據《說文》訂正為「祘之」。「利用」原作「□用」，陳本據楊慎本補「阜」，丁宗洛補「足」，朱駿聲補「日」，朱右曾本據陸麟書說補「利」，朱本可從。朱右曾曰：「祘，讀若『算』，明示之也（《說文》作『明視（示）以筭之』）。示以等威（指與身分、地位相當的威儀）則無覬覦，給以田里、通其財用則無窮乏，教以禮樂則無爭競。」算的內容，或以為計口授田，或以為指賦稅。西周後期出現了私田，井田制開始瓦解。春秋時期，私田大量存在，齊、晉、魯、鄭、楚各國先後改變賦稅制度，承認私田的合法性。其中魯國於西元前五九四年實行「初稅畝」，西元前五九〇年「作丘甲」，全面實行了按田畝徵稅的賦稅制度（詳見顧德融等《春秋史》第二二九～二三六頁）。本文如作於春秋中期以前，則應是指授田，作於春秋中期以後，則是指賦稅。在土地、賦稅方面產生「均分」的思想應當在春秋中後期。利用，財貨器物有利於民用。明德以師之，陳逢衡曰：「興賢能也。賢能興，則齒、德寵。」⑰生之樂之五句　陳逢衡曰：「此則字民之道也。生之樂之，慈也；政之教之，遂以成之，則慈而濟以嚴焉。禮，猶道也。」政，通「正」。糾正。遂以成之，順利地使他成長。遂，順遂。⑱其慈□□　陳本據楊本補「惟博」，朱駿聲補「至矣」。是否未可知，今姑從後說。⑲樂體其政　樂，音樂（陳逢衡），與下文之「禮」相對。體，實現；體現。⑳士有九等二句　本書〈常訓〉篇有「九德」、「八政」，朱右曾以之釋本文「九等」、「八政」，今用其說。九德是說九種品德，即忠、信、敬、剛、柔、和、固、貞、順。士有九等，則指具有九種品德之士。㉑人有八政二句　八政，夫婦、父子、兄弟、君臣。其則，其法則；即禮也（朱說）。㉒務其宜　務，從事。㉓奏鼓以章樂　陳逢衡曰：「樂有八器，獨舉鼓者，鼓人掌六鼓四金之音聲，樂以金鼓為重。」鴻恩按，陳說與朱說「樂以鼓為節」，均據《周禮・地官・鼓人》。章，表；彰顯。㉔奏舞以觀禮　朱右曾曰：「舞有揖讓之容，故可觀禮。」㉕和　和諧。㉖禮樂既和　陳逢衡曰：「禮樂既和則治之盛也。」㉗幼愚　成王謙稱自己。

【語　譯】周公拜兩拜，跪下叩頭至地並停留，說道：「臣從先父文王聽說，能夠尋求賢士的，是智；給與人民好處的，是仁；能停止民間獄訟的，是義；能糾正百姓過失的，是德；能替百姓冒犯患難的，是武。智者能親近賢智之士，仁者能親近仁愛的人，義者能親近有義的人，德者能親近有德的人，武者能親近武勇之士，這五條盛行於國家，叫做英明。英明能識別人才，高超能招致人才，萬物齊備，人才會集，叫做帝。帝享有天下在於土地，（土地）叫做根本；土地產生萬物，叫做社會代代相傳；（國家的治理）可以被世世代代效法，叫做達到至善。最高的道德如同上天的照臨，百姓為之震驚；政治措施有獎賞有刑罰，人民就無不警惕。司徒崇尚道德，道德普及為法典，法典真實有信用，人民就安寧；立下刑罰立下標準，人民就不會有邪惡。百姓懂得農桑的重要，國家就會富強；要辨明善惡好壞，必須穩定他們的本業。均平分配賦稅，百姓就安定；財貨器物利於資助百姓，百姓就快樂；有完美道德的人做師長，百姓就謙讓。生養他使他快樂，這是為母之道；糾正他教導他，順利地讓他成長，這是為父之道。做父母的禮數施加給民眾，君上的慈惠就達到了極至。古代的聖王，用音樂實行他的政治。士人有九等，各盡其用，叫做人才多；人有八政，各盡其禮法，叫做禮制實行。士樂其生業並且從事他適宜的工作，因而通過演奏鼓樂可以彰顯音樂，通過舞蹈可以觀察禮制，通過歌唱可以觀察和諧。禮制、音樂已經和諧，他們的主上就沒有危險了。」

成王拜一拜，說道：「確實啊，幼愚敬守您的教誨，把它作為治國的根本法典。」

【研　析】文中「今朕不知明德所則」以下肯定都出後人之手。開頭數句中有原始資料，還是全文都是偽託，不敢遽斷。但是本文內容具有戰國時代的思想特點。智、仁、義、德、武「五則」，其中「德」是周初提出的思想，周公、召公都強調「敬德」。「智」字，《詩經》中沒有，《尚書・周書》只在〈召誥〉中有一個「智」，兩書也都沒有相當於「智」的「知」字。而本文以「智」作為「五則」之首，使用三個「智」。「仁」字，前已說過，《周書》中只有〈金縢〉中有一個「仁」，俞樾認為實際是「佞」；《詩經》中只有〈鄭風〉、〈齊風〉各有一個「仁」。本文有三個「仁」字。又，本文講「禮樂所生」、「禮樂既和」及「樂體其政」、「奏鼓以章樂」，四個「樂」字，且兩次「禮樂」並提。在《尚書・周書》無禮樂之「樂」，《詩經》只有兩個「樂」，都沒有出現「禮樂」並稱。至《左傳》一書，始有三次「禮樂」並稱。這表明本文的時代不早。朱右曾以為「九等」、

「八政」即〈常訓〉之「九德」、「八政」，潘振以為「好醜」指〈命訓〉之紼絻和斧鉞，我們讀本文「備有好醜，民無不戒。……為畏為極，民無淫慝」，感到本文有和「三訓」相近之處。講「禮樂」，講「和」，也和「三訓」一致。〈序〉所謂「五則」中第二、三、四、五條都是說「民」：與民利、收民獄、督民過、為民犯難，以及「則民安」、「則民樂」，這一點與本書多數篇章傾向有別。但本文把「智」放在「五則」第一條，何謂「智」？——「能求士者，智也。」並且要求使「士……皆得其宜」，「士樂其生而務其宜」。「明能見物，高能致物」之「物」及「材多」也都指「士」言。要求統治者重士，為士從政發出強烈呼籲，空前重士。這樣的思想必屬於戰國。又如「帝」字，《詩經》中出現十九個「帝」（「上帝」之「帝」除外），學者認為都指天帝、上帝。《尚書・周書》中有二十個「帝」字（「上帝」除外），含兩個「皇帝」、三個「帝乙」，除「帝乙」指殷王帝乙外，其餘全部指天帝。《論語》中三個「帝」均指上帝，《左傳》中除去「帝」的所有複音詞，其餘十五個「帝」，只有兩個指黃帝、帝舜，其餘均指上帝。反觀本文，「帝」能夠識別、招致賢士，他所治理之世可以「則效」，這當然是說人王。但文獻記載，所有周王從來不稱「帝」，所以《詩》、《書》、《論語》、《左傳》中，找不到以「帝」稱周王之例。而本文以「帝」稱周王，其時代就必在戰國無疑，因為西元前二八八年有秦、齊並稱東、西帝之事，反映了戰國後期人的思想。各國都已稱「王」，「王」不再尊貴，所以要稱「帝」。這是本文出於戰國後期的明證。文中的「周公」所說都是戰國語言、戰國人的思想。

卷七

官人第五十八

【題解】官人，是說如何考察、選任官員。盧文弨曰：「此篇亦見《大戴禮》，名〈文王官人〉，通篇皆文王之言，與此不同。」按，彼篇文王說話對象之「太師」，是太公望姜尚。陳逢衡曰：「其辭義與《六韜》相似，其源蓋出于太公而周公復錄以進成王。」丁宗洛以為本文與《大戴》「蓋傳聞異詞」。劉師培曰：「此篇之文符于《大戴禮記·文王官人》，又《治要》所引《六韜》，內言八徵、六守，並與此篇多近，疑均上有所本。」鴻恩按，諸家說明了本篇與〈文王官人〉的關係，但究竟是上有所本而傳聞異詞，還是戰國人改作，需要進一步討論。本文只相當於〈文王官人〉的前一部分。就其文風而言，則是戰國時代的文風。

王曰：「嗚呼，大師❶！朕維民務官❷，論、用有徵❸，觀誠、考志、視聲、觀色、觀隱、揆德❹，可得聞乎？」

周公曰：「亦有六徵。嗚呼！乃齊以揆之❺。」

【章　旨】周王向太師提出選任官員要考察其誠、志、聲、色、隱、德六個方面，請太師細為闡述。周公回答從六個方面的表現加以考察。

【注　釋】❶大師　即太師，在《大戴禮》中明顯是指太公望，《史記・齊太公世家》說周文王立太公「為師」。本篇注者陳逢衡引《帝王世紀》曰：「八年王始躬親政事，以周公為太師。」又曰：「案〈洛誥〉成王于周公稱公，未聞稱太師也。」孫詒讓以本文太師指周公的另一個證據即《周書・本典・序》「周公為太師」，劉師培也相信〈序〉說。張亞初、劉雨曰：「大師（太師）之職未見於殷代卜辭。從西周銘文看，目前僅見於恭王以後。也就是說，這種職官的上限不超過西周中期。」《詩經・節南山》、〈常武〉有「大師」，但「西周的大師是武官」（《西周金文官制研究》第三頁）。依此，則本文記載不合於西周初年實際。張、劉又說：文獻、銘文都稱召公為保或太保；「西周早期銅器銘文中反映的情況是周召二公合秉國政，總宰王朝內外一切，克商、伐東夷等重大軍事行動的統帥非周公即召公。……《史記・周本紀》『召公為保，周公為師，東伐淮夷，殘奄，遷其君薄姑』，《尚書・序》『召公為保，周公為師，相成王，為左右』，這些文獻……與金文的內容是一致的。」周公掌卿事寮，其屬官有師、師氏（同上第一〇一～一〇五頁）。這樣說來，周初雖無「三公」，似又不能肯定周公絕無「太師」之稱。但本文不是實錄，詳見本篇研析。❷維民務官　維，思。〈文王官人〉「太師」下為「慎維深思，內觀民務」。務，尋求；謀求。《呂氏春秋・孝行》「務其人也」高誘注：「務，猶求也。」❸論用有徵　考量、任用官員是有跡象的。論用，考量而任用之。《禮記・王制》「凡官民材，必先論之。」鄭玄注：「論，謂考其德行道藝。」鴻恩按，這裏說「論用」，但本文只說了「論」之「六徵」，而未言「用」之「九用」，《大戴・文王官人》有，可證本文不是全文。❹觀誠考志視聲觀色觀隱揆德　視聲，考察其說話的語聲。觀隱，觀察其隱藏在背後的真實情況。揆德，考察其品德。揆，度量。❺乃齊以揆之　乃，你。潘振說是「語詞」，似非是，《大戴》這句作「女（汝）因方以觀之」，可證「乃」是第二人稱代詞。齊，朱氏曰：「齊，辨也；齊如齊大小之齊，差其等列也。」

【語　譯】王說：「唉，太師！我考慮民事而尋求官員，考量、任用官員是有跡象的：觀察他的誠實，考察他的志向，辨別他的語聲，觀看他的臉色，審察他的隱情，度量他的品德，這些方面可以說來聽一聽嗎？」

周公回答說：「將會有六種表現。唉！你要分辨各種情形加以估量。

「一曰❶：富貴者觀其有禮施❷，貧賤者觀其有德守❸，嬖寵者觀其不驕奢❹，隱約者觀其不懾懼❺。其少者，觀其恭敬好學而能悌；其壯者，觀其廉潔務行而勝私❻；其老者觀其思慎□，彊其所不足而不逾❼。父子之間，觀其孝慈；兄弟之間，觀其和友❽；君臣之間，觀其忠惠❾；鄉黨之間❿，觀其信誠。省其居處，觀其義方⓫；省其喪哀，觀其貞良⓬；省其出入⓭，觀其交友；省其交友，觀其任廉⓮。設之以謀以觀其智⓯，示之以難以觀其勇，煩之以事以觀其治⓰。臨之以利以觀其不貪，濫之以樂以觀其不荒⓱；喜之以觀其輕，怒之以觀其重⓲；醉之以觀其恭，從之以觀其常⓳；遠之以觀其不二，暱之以觀其不狎⓴。復徵其言以觀其精㉑，曲省其行以觀其備㉒。此之謂觀誠。

【章旨】首先要「觀誠」，即考察人們在各種不同情況下的表現是否誠實。

【注釋】❶一曰　以下分說「六徵」，此為六徵之一。❷有禮施　有禮而施惠（朱右曾）。❸有德守　守，操守。陳逢衡曰：「貧賤者能以德守，則不干進、不辱身而動必以正矣。」❹嬖寵者觀其不驕奢　受寵幸之臣觀察他是否不傲慢。驕奢，潘振曰：「接人倨傲曰驕，用物汰侈曰奢。」❺隱約者觀其不懾懼　低賤而貧困的士人觀察他是否不灰心不恐懼。不懾懼則有以當大任而不疑（陳逢衡）。懾，喪氣。鴻恩按，《大戴．曾子立事》「居約而觀其不營。」王聘珍曰：「營，惑也。」❻務行而勝私　專力於做事而能戰勝其私欲。❼其老者觀其思慎□二句　「其老者觀其思慎□，彊其所不足而不逾」，盧文弨曰：「觀其思，《大戴》作『觀其意憲』，下作『慎強其所不足而不逾也。』《周書》舊本作『慎而□彊其所不定者觀其不逾』，字多訛，今從《大戴》訂正。」盧本定為「其老者，觀其思慎，彊其所不足而不逾」，朱本從之。鴻恩按，明章檗本作「其老者觀其思慎，而□彊其所不足者，觀其不愉」，清《四庫》本後二句作「其所不定者，觀其不逾」，盧氏所引舊本同於《四庫》本。劉師培曰：「竊以舊本非盡羨文，『思慎而□彊』與上『恭敬好學而能悌』並文，『其所不定』則與『其老』並文。或即《論語》『大德不逾，小德出入』之義也，故下云『觀其不逾』。」劉於少者、壯者、老者之外添出「不定者」或「不足者」似可商，《大戴》文字與本文多異，然此處可證不與少者、老者等並文，當是章本「不足」下衍「者」及「觀其」字，上一「觀其」貫全句。又「思慎而□」應與「意憲慎」同義，衍「而」字，盧、朱刪方框無據。今從劉說據《大戴》恢復方框。思慎□，應即「意憲慎」。《玉篇・心部》：「意，思也。」是「思」與「意」義近；二者均有「慎」，則「□」或即「憲」字。王聘珍《大戴禮記解詁》注曰：「憲，敏也。」今譯文姑依「憲」字。彊其所不足而不逾，朱右曾曰：「(老者)血氣衰，往往貪得自恣，故觀其所慎勉也。」朱以《論語・季氏》「及其老也，血氣既衰，戒之在得」作解，則不足指老而貪得，「不逾」即劉說《論語・子張》「大德不逾閑」之「不逾」，不越過界限，與劉解「不逾」意同。王聘珍釋為「不逾矩」，則用《論語・為政》「七十而從心所欲，不逾矩」，則「不逾」仍就「老」而言。孫詒讓讀「不逾」為「不偷」，今不從。朱右曾曰：「富貴者至此「此皆觀其所難」。❽和友　指弟和兄友。❾忠惠　忠武仁愛。惠，仁愛；仁慈。❿鄉黨之間　鄉親之間。鄉黨，同鄉；鄉親。⓫義方　行事應當遵守的規範。⓬省其喪哀二句　王聘珍曰：「《論語(・子張)》曰：『喪致乎哀而止。』貞，誠也。良，信也。」⓭出入　與人往來。⓮任廉　以恩相親信之謂任，臨財毋苟得之謂廉(盧、潘)。朱右曾曰：「此節觀其所當然。」⓯設之以謀以觀其智　《大戴》無此句，而有「考之以觀其信，挈之以觀其知」二句。劉師培曰：「竊以此句以上似挩『考之以□以觀其信』語，《莊子・列禦寇》引孔子述『九徵』云：『卒然問之以觀其知，急與之期以觀其信』，亦信、智並言，是其證(《大戴》『挈』字元本作『絜』，盧據宋本)。」鴻恩按，此節為三句，應缺一句，證之以《大戴》和《莊子》，劉說甚是。設，假設。⓰治　治理能力。朱右曾曰：「此皆觀其才。」⓱濫之以樂以觀其不荒　放縱其聲色用來觀察他是否不迷亂。濫，氾濫。樂，王聘珍曰：「樂，謂聲色。」荒，沉迷；廢亂(《詩經・唐風・蟋蟀》「好樂無荒」鄭箋)。⓲喜之以觀其輕二句　陳逢衡曰：「輕佻則易犯，持重則難奪。喜怒皆不為所奪，則中有主也。」⓳醉之以觀其恭二句　原作「醉之酒以觀其恭，從之色以觀其常」，王念孫曰：「酒、色二字，後人所加也。醉之以觀其恭，文義已明，無庸更加『酒』字，若『縱之以觀其常』，則非止一事，但言『色』則偏而不具矣。且『喜之』、『怒之』、『醉之』、『縱之』、『遠之』、『昵之』六者相對為文，則原無『酒』、『色』二字可知。《群書治要》作『醉之以觀其失，縱之以觀其常』；《大戴記》作『醉之以觀其不失，縱之以觀其常』，皆無『酒』、『色』二字。」《彙校集注》曰，元刊本亦無「酒」、「色」。鴻恩按，《六韜・龍韜・選將》「八徵」有「六曰試之以色以觀其貞……八曰醉之以酒以觀其態」，《莊子・列禦寇》「九徵」亦有「醉之以酒而觀其側（則）」，故盧、陳、朱等於「酒」、「色」俱存而不刪。竊以王說可從，今據《治要》、《大戴》、元刊本刪「酒」、「色」，二字當因《六韜》、《莊子》而後增（本文言「六徵」，《六韜》、《莊子・列禦寇》言「八徵」、「九徵」，應晚於《大戴》和本文）。常，常度；常態。⑳昵之以觀其不狎　朱右曾曰：「昵，親也。狎則犯禮。」狎，輕慢。朱曰，以上八句「皆觀其養」。㉑復徵其言以觀其精　《大戴禮記》有「探取其志，以觀其情……覆其微言，以觀其信」，盧文弨曰：「此『精』當作『情』。」王念孫《讀書雜志・管子第七・水地》引本句曰：「精，即情字。」潘振曰：「反覆明證其言。」情，誠實，與《大戴》之「信」同義（孔廣森《大戴禮記補注》以「覆其微言以觀其信」當本文「復徵其言，以觀其精」）。㉒曲省其行以觀其備　陳逢衡曰：「曲折以察其行之邪正也。」曲省，詳細察看。備，細（朱右曾）；周到。

【語　譯】「一是說：富貴的人，看他是否有禮貌施德惠；貧賤的人，看他是否有德行操守；受寵幸的，看他是否不傲慢，不奢侈；地位低而貧困的，看他是否不灰心，不恐懼。那些年輕人，看他是否恭敬好學並且敬愛兄長；那些壯年人，看他是否廉潔，專力做事並且戰勝私欲；那些老年人，看他思想是否慎重敏捷，抑制其不足而不超越界限。父子之間，看他們是否子孝父慈；兄弟之間，看他們是否弟和順兄友愛；君臣之間，看他們是否臣下忠誠君上仁惠；鄉親之間，看他們是否講誠實，講信用。察看其居住生活的處所，看他行事是否遵守應遵守的規範；察看他失位窮處，看他是否堅貞誠信；察看他與人來往，看他結交什麼樣的朋友；察看他結交朋友，看他是否親信別人，廉潔不貪。假設一件事情讓他謀劃，藉以觀察他是否睿智；告訴他一件困難的事，藉以考察他的勇敢；麻煩他做一件事，藉以察看他的辦事能力。讓他面對財利，來看他是否不貪婪；不加節制地放浪於聲色，來看他是否不迷亂；讓他高興，來看他是否輕佻；讓他生氣，來看他是否穩重；讓他喝醉了，來看他是否恭敬；讓他放縱，來看他能否保持常度；疏遠他，來看他是否忠誠不貳；親近他，來看他是否不輕慢。反復驗證他的話，來審察他所說是不是實情；仔細省察他的行動，來審察他做事是不是周密。這個叫做觀察是否忠誠。

「二曰：方與之言以觀其志[1]。志殷以淵，其氣寬以恤[2]，其色儉而不諂[3]，其禮先人，其言後人[4]，見其所不足，曰日益者也[5]。好臨人以色[6]，高人以氣[7]，賢人以言[8]，防其所不足[9]，發其所能[10]，曰日損者也。其貌直而不止[11]，其言正而不私，不飾其美，不隱其惡，不防其過，曰有質者也[12]。其貌曲媚[13]，其言工巧，飾其見物[14]，務其小證[15]，以故自說[16]，曰無質者也。喜怒以物而色不變，煩亂以事而志不營[17]，深導以利而心不移，臨攝以威而氣不卑[18]，曰平心而固守者也[19]。喜怒以物而心變易，煩亂以事而心不治[20]，導之以利而心遷移，臨攝以威而氣慄懼[21]，曰鄙心而假氣者也[22]。設之以物而數決[23]，敬之以卒而度應[24]，不文而辯[25]，曰有慮者也。難決以物，難說以言[26]，守一而不可變[27]，困而不知止，曰愚依人也[28]。營之以物而不誤，犯之以卒而不懼[29]，置義而不可遷[30]，臨之貨色而不過[31]，曰果敢者也[32]。易移以言[33]，志不能固，已諾無決[34]，曰弱志者也[35]。順予之弗為喜[36]，非奪之弗為怒[37]，沈靜而寡言，多稽而險貌[38]，曰質靜者也[39]。屏言而弗顧[40]，自順而弗讓[41]，非是而彊之[42]，曰妒誣者也[43]。微而能發，察而能深[44]，寬順而恭儉，溫柔而能斷，果敢而能屈[45]，曰志治者也[46]。華廢而誣[47]，巧言令色[48]，皆以無為有者也。此之謂考志。

【章　旨】其次是「考志」，即運用各種辦法，考察人們有怎樣的志向。

【注　釋】❶方與之言以觀其志　俞樾曰：「當在上文『以觀其備』之下，三句相對成文，皆觀誠之事也。今誤在『二曰』之下，則不類矣。」劉師培曰：「上文『乃齊以揆之』，《大戴》作『女因方以觀之』，此文之『方』即『因方』之『方』也。」鴻恩按，劉氏不同意俞說，俞說非是，此言「考志」之事，不得屬上，《大戴》同在「二曰」之下。上文王聘珍注「因方」句曰：「《易》曰：『方與類聚，物以群分。』」方，類。❷志殷以淵二句　「志殷以淵，其氣寬以悌」，「悌」原作「柔」。「志殷」、「淵」、「柔」諸字均盧氏參《大戴》改。劉師培曰：「實則作『悌』亦通，悌如〈謚法解〉『愛民長弟』之『弟』。本篇下文云『寬順而恭儉』，悌、順義符。」鴻恩按，原字通則不應改，今依劉說改回「悌」字。殷，正（王聘珍、朱右曾）。淵，深。寬，能容眾。❸儉而不諂　謙卑而不諂媚。儉，卑謙也（王聘珍）。❹其禮先人二句　禮讓，在別人前頭；說話，在別人後頭。朱右曾曰：「篤于禮，訥于言。」鴻恩按，《大戴・曾子立事》：「君子……行必先人，言必後人。」❺見其所不足二句　朱右曾曰：「不自諱其不足，是求益者也。」王聘珍曰：「日益，謂日有增益，猶言日新也。《易（・繫辭上）》曰：『日新之謂盛德。』」❻臨人以色　拿臉色待人。❼高人以氣　盛氣淩人。高，陵也（王聘珍）。陵、淩字通。❽賢人以言　在言語上壓倒別人。賢，勝（朱右曾）。潘振曰：「其所以賢人之賢者，僅以言而已。」係誤解。❾防其所不足　防，蔽而衛之（朱右曾）。❿發其所能　發，《大戴》作「伐」，二字相通。伐，矜誇（陳逢衡）。⓫其貌直而不止　「不止」《大戴》作「不侮」，王聘珍曰：「侮，謂倨侮。」孫詒讓曰：「惠（棟）校作『不傷』（盧未采）。案惠亦據宋本《大戴記》校也。盧校未及宋本，未晐。」于鬯曰：「朱右曾訓『止』為留，迂矣。其貌直而不止，即其貌率直而無容止，蓋所謂質而不文者，故下文云『有質者也』。《大戴》孔廣森《補注》引宋本『侮』作『傷』，王引之《述聞》謂『傷』當為『偒』。鬯謂果為『偒』字，當讀如《論語・八佾》『喪，與其易也』之『易』，亦與容止義相近。」鴻恩按，《說文》：「偒，輕也。」即輕率，直則易犯輕率、輕慢之病，子路性直，於孔子之問「率爾而對」（《論語・先進》），即其例。「不偒」與下句「不私」一律，「偒」、「私」同為否定的對象。以「偒」為「易」，此即率易之「易」。「傷」與「偒」二字雙聲，今從王引之說。⓬有質者也　質，誠（《左傳》昭公十六年「蠻子之無質也」杜預注）；誠信。⓭其貌曲媚　劉師培曰：「《書抄》三十引『貌』作『口』。」曲媚，曲意討人喜歡。⓮飾其見物　粉飾有助於表現自己的好事。見物，著見區區之美事（潘振）；表見（現）之事（朱右曾）。⓯務其小證　不識大體，專力於小事證明自己不凡或無過失。小證，小小之證據（潘振）；猶云小節（朱右曾）。⓰以故自說　以偽詐為自己解脫。王引之曰：「古謂詐為故也」（《經義述聞・大戴禮記下・以故自說》）。陳逢衡曰，說，同「悅」，句意謂以用詐術騙人而沾沾自喜。也通。⑰喜怒以物而色不變二句　朱本「不營」作「不淫」，章本、盧本、陳本及《大戴》均作「不營」，朱本未言改字，且其注曰：「營，惑亂也。」足證「淫」為與「營」音近之誤字。今據各本正之。潘振曰：「予物以喜之而不喜，奪物以怒之而不怒，其色不變。以人欲之事煩亂之，而志不惑。」「物，如爵祿、田宅之類。」⑱臨攝以威而氣不卑　以威勢逼迫他而意態不卑屈。攝，迫（朱右曾）。⑲平心而固守者也　朱右曾曰：「和平其心，堅固其守，非有學者不能也。」⑳心不治　謂志亂也（潘振）；慌亂無主。朱駿聲曰：「當依《（大戴）禮》作『不裕』。」㉑導之以利而心遷移二句　「導之以利而心遷移，臨攝以威而氣慄懼」，王念孫曰，上句「心遷移」之「遷」，下句「氣慄懼」之「懼」字，均為後人誤加，據《大戴》、《文選・東都賦》李善注當刪，朱本或以理據尚不充分而不刪，今姑存之。㉒鄙心而假氣者也　朱右曾曰：「言不學而假血氣以自強。」鄙心，內心鄙陋。假，借。㉓設之以物而數決　朱右曾曰：「物，事也。數之言速也。」㉔敬之以卒而度應　盧文弨曰：「敬，當為『儆』。」朱右曾曰：「當依《（大戴）禮》作『驚』。」卒，同「猝」。倉猝。度應，度量應之（潘振）。《大戴》作「度料」，王聘珍引《字林》云：「料，量也。」㉕不文而辯　《大戴》此句作「不學而性辨」，王聘珍曰：「雖不習其事，而能明其是非可否也。」潘振曰：「不拘一定之文法而有隨時之辯別。」陳逢衡曰：「不必繁稱文辭而自中典要。」鴻恩按，疑朱讀、潘注、陳注均不切。此「文」應是《論語・學而》「行有餘力，則以學文」之「學文」意，指學道藝、詩書六藝、禮樂射御書數（鄭玄、朱熹、黃震，見程樹德《論語集釋》）。孔子以德行、躬行為本，《大戴》「不學而性辨」即此句之意，足以證明。㉖難決以物二句　王念孫曰：「決，當為『設』，難設以物，正與上文『設之以物』相應。『難設以物，難說以言』者，設之以物而不能決，說之以言而不能喻，言其愚也。今本『設』作『決』，即涉上文『數決』而誤。《大戴記》作『難投以物』，『投』亦『設』之誤，則本作『設』明矣。」鴻恩按，王說雖有理，然作「決」自可通，上文、此處均言決物，即決事，故盧、朱不改。㉗守一而不可變　執守一端，不能變通，即《孟子・盡心上》「執中無權，猶執一也」之「執一」。㉘愚依人也　俞樾曰：「『依』字義不可通，疑是『㤰』字，《說文》曰：『古文以為魯衛之「魯」。』然則『愚㤰』猶愚魯也。」魯，愚鈍。鴻恩按，俞說是，《大戴》作「愚贛者」，贛義為傻、愚昧。㉙營之以物而不誤二句　誤，《大戴》作「虞」。《大戴解詁》曰：「虞，憂也。」且引《大戴》盧辯連下文注曰：「果敢，謂不憂不懼也。」陳逢衡曰：「營，亂也。誤，與『虞』通。」㉚置義而不可遷　勇於赴義（陳逢衡）。置，立。㉛臨之貨色而不過　拒之決絕（陳逢衡）。貨色，財貨與美色（偽古文《尚書・伊訓》孔傳）。不過，猶云「不顧」（朱右曾）。鴻恩按，朱說是，《呂氏春秋・貴直》「往過之」，高誘注：「過，猶見也。」㉜果敢者也　勇敢果決的人。果，勇決；有決斷。㉝易移以言　對自己說過的話輕易改變。以，於。㉞已諾無決　《大戴解詁》：「《（禮記・）表記》曰：『君子與其有諾責也，寧有已怨』，鄭注云：『已，謂不許也。』已諾無斷者，欲已、欲諾而不能決也。」于鬯曰：「已，與諾反，已即不諾也。《荀子・富國》：『已諾不信則兵弱。』又〈王霸〉云『刑賞已諾，信乎天下矣。』是已諾連文，亦古人恒語。」㉟弱志者也　王聘珍曰：「愚懦不壯毅曰弱。」㊱順予之弗為喜　順從並且讚許他不因此高興。㊲非奪之弗為怒　非奪，不當奪而奪之（王聘珍）。奪，強行改變。㊳沈靜而寡言二句　潘振曰：「性不淺露曰沉，心不妄動曰靜。險，當作『儉』，收斂之義也。」朱右曾曰：「多稽，學之博。險讀為『儉』；儉貌，心之廉。」劉師培曰：「今考險、儉均『斂』叚，即不形于色也。」王聘珍曰：「稽，考也。」㊴質靜者也　質，穩重。《漢書・石奮傳》顏師古注：「質，重也。」）㊵屏言而弗顧　屏，《大戴》作「辨」，王聘珍曰：「辨言者，言偽而辨也。」陳逢衡曰：「屏、辯通。屏言，便言也。弗顧，言與行違也。」鴻恩按，此句意近〈中庸〉「言不顧行，行不顧言」。㊶自順而弗讓　王聘珍曰：「順，順非也。自以為是而不遜也。」㊷非是而彊之　朱右曾曰：「明知其非，故蹈之也。」㊸妒誣者也　《大戴》盧辯注：「謂妒賢誣善。」㊹微而能發二句　朱右曾曰：「淵微之理，發而顯之。所揆察者，能見其深。」㊺溫柔而能斷二句　陳逢衡曰：「溫柔而能斷，則非婦人之仁；果敢而能屈，則非匹夫之勇。」㊻志治者也　心志有條理的人。志治，志有條理而不亂（潘振）。㊼華廢而誣　朱駿聲曰：「廢，當作『㢋』，字之誤也。」盧文弨曰：「《詩（・小雅・四月）》『廢為殘賊』，王肅云：『廢，大也。』」鴻恩按，「㢋」，《說文》、《廣雅》並釋曰：「廣也」，「大也」，義同「廢」，則無煩改字。《大戴解詁》曰：「華，不實也。誣，妄也。」句意謂言語浮華誇大不真實。㊽巧言令色　語見《論語・學而》，朱熹注曰：「好其言，善其色，致飾于外，務以說（悅）人。」令，善。

【語　譯】「二是說：分門別類地與他們談話以觀察其志向。志向正而且深遠，他的氣度寬大和順，他的表情謙卑卻不諂諛，禮讓在別人前頭，說話則在別人後頭，不掩飾自己的缺點：這叫做天天有長進的人。喜好居高臨下，拿臉色對待人，用氣勢壓倒人，以言語勝過人，掩蔽自己的缺點，卻矜誇自己的長處：這叫做天天退步的人。他的相貌直率但不輕率，他說話公正而沒有偏私，不誇飾自己的優點，不隱藏自己的壞處，不掩蔽自己的過失：這叫做有誠信的人。他的相貌表現出曲意奉承人，他的言辭精工乖巧，粉飾能表現自己的事，用力於以小證據維護自己，以偽詐解脫自己：這叫做沒誠信的人。用財物讓他喜歡或者生氣，而他的臉色不改變；用某件事麻煩他擾亂他，而他的心志不惑亂；用財利深深地引誘他，他的心志不改變；用威勢從上面逼迫他，他的意態不卑屈：這叫做心地和平，堅守志節的人。用財物讓他喜歡或者生氣，他的心意隨之改變；用某件事麻煩他擾亂他，他的心就惑亂了；用財利引誘他，他的心意就改變；用威勢從上面逼迫他，他就表現出恐懼：這叫做心志鄙俗，不學而僅憑血氣的人。給他假設一件事情，他能迅速作出決斷；用猝然發生的事情驚嚇他，他能斟酌具體情況應變；雖然未學道藝，卻能辨明事情的是非可否：這叫做有謀慮的人。他對事情很難作出決斷，與他說話很難使他明白，執守一端而不能變通，處於困境卻不知停止：這叫做愚笨的人。用事情惑亂他，他不憂慮；用猝然發生的事干犯他，他不懼怕；樹立正義而勇於赴義，面對財貨女色連看都不看：這叫做果決勇敢的人。和他談談話就很容易改變他的主意，他不能固守自己的心志，別人要求他的事是拒絕還是承諾，他不能作出決斷：這叫做心志愚懦的人。順從他並給予讚許，他並不因此而高興；不該讓他改變而強行改變，他並不因此而發怒；深沉冷靜很少說話，多考究而不形於顏色：這叫做質性沉靜的人。言辭雄辯然而言不顧行，依從自己的歪理而不謙讓，明知不對而強自行之：這叫做妒賢誣善的人。精微的道理而能闡發得淺顯，審察事物而能洞見底裏，寬厚和順而恭敬儉約，性情溫和而善於決斷，果決勇敢而能伸能屈：這叫做心志有條理的人。言辭浮華誇大甚至誣陷別人，話說得乖巧臉色表現得和善，但都是把沒有的事說成有。這些，就叫做考察志向。

「三曰：誠在于中，必見諸外❶，以其聲，處其氣❷。氣初生物❸，物生有聲，聲有剛柔清濁❹，好惡咸發于氣❺。心氣華誕者其聲流散❻，心氣順信者其聲順節❼，心氣鄙戾者其聲醒醜❽，心氣寬柔者其聲溫和。信氣中易，義氣時舒，和氣簡備❾，勇氣壯力。聽其聲，處其氣，考其所為，觀其所由，以其前觀其後，以其隱觀其顯，以其小占其大❿，此之謂視聲。

【章　旨】說「視聲」，不同心性的人說話，會發出剛柔、清濁等不同的聲音，通過考察各種語聲，即可以辨察人才。

【注　釋】❶誠在于中二句　「誠在于中，必見諸外」，劉師培曰：「《大戴》『必』作『此』。盧〔辯〕注曰『此，上之諸志。』則所據之本亦作『此』。」而王念孫以為應作「必」。鴻恩按，此「此」猶〈大學〉「有德此有人」之「此」，用同「則」。可從劉說。王聘珍以為二句即〈大學〉所說「誠于中，形于外」。❷處其氣　處，定也（王聘珍）。氣，志意，猶今言精神狀態。❸氣初生物　《大戴》作「初氣主物」。鴻恩按，疑均有誤，似應作「初氣生物」。初氣，太初之氣（王聘珍）。在先秦，多種著作講到氣生萬物，如《老子》：「道生一，一生二，二生三，三生萬物。萬物負陰而抱陽，沖氣以為和。」（第四十二章）即道生混沌之氣，分化為陰陽二氣，於是產生萬物。《周易》：「精氣為物」（〈繫辭上〉），孔穎達疏：「謂陰陽精靈之氣，氤氳積聚而為萬物也。」《管子》：「摶氣如神，萬物備存。」（〈內業〉）《莊子》：「通天下一氣耳。」「天不得不高，地不得不廣。日月不得不行，萬物不得不昌。」（〈知北遊〉）它們都認為萬物由氣生成，與本文一致。物，生物，這裏指人。❹清濁，聲音低沉粗重。❺咸發于氣　「氣」字原作「聲」。于鬯曰：「『聲』字當作『氣』，必涉上下文諸『聲』字而誤。不知言聲有剛柔清濁，好惡咸發于氣，故下文即云『心氣華誕者，其聲流散』云云。且若作『聲』，則既云『聲有』，又言『發于聲』，意義重複無理，此誤字之顯然者。惟聲發于氣，故上文云『以其聲處其氣』，下文云『聽其聲處其氣』，此尤作『氣』之明證。」于說是，今據上下文改正。❻心氣華誕者其聲流散　華誕，虛妄（朱右曾）；虛浮荒誕。流散，飄忽（陳逢衡）；游移散亂。❼心氣順信者其聲順節　順信，謹密誠信。此「順」讀為「慎」（陳逢衡）。順節，暢順有節度。❽心氣鄙戾者其聲醒醜　鄙戾，淺陋乖戾。醒醜，《大戴》作「斯醜」，王聘珍引《說文》：「斯，裂也。」朱右曾曰：「『醒』讀為『嘶』（，醒、嘶同聲）」，散聲。孔廣森〈內則〉注『沙猶斯也。』《正義》曰：『斯謂酸嘶，古嘶字但作斯耳。』《漢書・王莽傳》『大聲而嘶』，注云『聲破也。』」醜，醜惡。❾信氣中易三句　朱右曾曰：「中正坦易，信實之徵；義剛氣充，故時而舒也；智者，簡通賅備；勇者，壯毅有力。」舒，展現；發抒。潘振曰：「聲各如其心氣而發也。」簡，通（盧辯）。❿以其前觀其後三句　潘振曰：「凡人之情，每忽于前而勉于後，忽于隱而勉于顯，忽于小而勉于大。觀人不于其所勉而于其所忽，然後可以見其所由之實也。」鴻恩按，竊以「聽其聲」應一直貫通到「占其大」，方與「此之謂視聲」相合。王念孫曰：「人之聲顯而易見，其心氣則隱而不可見。」依孫說，「顯」指聲，則「前」、「小」亦應指聲，依此潘說不指聲言則盡誤。占，估計。

【語　譯】「三是說：真實的想法在內心，就會表現在外面，通過他的聲音，可以判定他的心志。最初由氣產生萬物，生物生下來就有聲音，人的語聲有剛毅、溫和、清亮、低沉種種不同，不管好的、壞的都是從心志發出來。心志虛浮荒誕的人，他的聲音游移散亂；心志慎密誠信的人，他的聲音暢順有節度；心志鄙陋乖戾的人，他的聲音嘶啞惡濁；心志寬厚和柔的人，他的聲音溫順平和。誠信之心中正坦易，正義之氣隨時發抒，智慧之心通達周備，勇武之氣壯健有力。通過聽他的語聲，判定他的志意，考究他做的事，審察他的來由，由當前聲音看他背後的思想，從顯現的語聲看他隱藏的心意，透過語聲的細微處估計他的大節。這就叫做辨察聲音。

「四曰：民有五氣❶，喜、怒、欲、懼、憂。喜氣內蓄，雖欲隱之，陽喜必見❷。怒氣內蓄，雖欲隱之，陽怒必見。欲氣、懼氣、憂悲之氣皆隱之，陽氣必見❸。五氣誠于中，發形于外❹，民情不可隱也。喜色猶然以出❺，怒色茀然以侮❻，欲色嫗然以愉❼，懼色薄然以下❽，憂悲之色纍然以靜❾。誠智必有難盡之色❿，誠仁必有可尊之色⓫，誠勇必有難懾之色⓬，誠忠必有可新之色⓭，誠潔必有難污之色⓮，誠靜必有可信之色⓯。質浩然固以安，偽蔓然亂以煩⓰，雖欲改之，中色弗聽⓱。此之謂觀色。

【章旨】言觀察神色，各種思想感情必定表現出相應的神色，想要掩飾是掩飾不了的，因而觀色可以識別人之賢否。

【注釋】❶氣　意態；神態。❷喜氣內蓄三句　劉師培曰：「《文選・七發》云：『然陽氣見于眉宇之間』，李注云：『《周書》曰：雖欲隱之，陽氣必見。』引『陽喜』作『陽氣』，與今本殊。」王聘珍曰：「畜（蓄），積也。隱，藏也。昭七年《左傳》曰『陽曰魂』，杜注云：『陽，神氣也。』」朱右曾曰：「陽，外也。」孔穎達曰：「外貌為陽，內心為陰。」（《禮記・檀弓下》「不亦善乎」疏）陽喜必見，即欣喜之情必表現於顏色。〈七發〉劉良注曰：「陽氣，喜色也。」（《故訓匯纂》引）「陽」字含義極明確，有人不耐煩閱讀前人繁複的注文，毫無根據地獨出心裁：「陽，猶真」，這種注，貽誤讀者，徒增紛擾。❸欲氣懼氣憂悲之氣皆隱之二句　陽氣必見，此指欲氣、懼氣、憂悲之氣必表現於外形。❹發形于外　發生、表現在外面。潘振曰：「此色之所由形也，下文遂言色。」❺喜色猶然以出　盧文弨曰：「《大戴》『猶』作『由』，盧（辯）注曰：『當為「油」。』又『出』作『生』。」朱右曾曰：「猶然，舒和貌。」《莊子・逍遙遊》「宋榮子猶然笑之」，陸德明《經典釋文》：「崔、李云：『猶，笑貌。』」鴻恩按，由、油、猶並通，此例甚多。又，出，猶「生」也（《呂氏春秋・大樂》「安由出乎」高誘注）。❻怒色茀然以侮　「茀」原作「薦」，《讀書雜志》記王引之曰：「『薦』字義不可通。當為『茀』，字形相近而誤也。茀與艴同。《孟子・公孫丑》『曾西艴然不悅』，〈楚策〉『王怫然作色』，《大戴記》『怒色拂然以侮』，怫、茀、拂皆『艴』之借字也。」潘振從《大戴》以「拂然」作解。朱右曾不以「薦」不通，以王說「亦通」，今依王說參《大戴》改為「茀」。侮，欺侮；凌辱。❼欲色嫗然以愉　《大戴》「嫗然」作「嘔然」，「愉」作「偷」。嫗、嘔通用（王念孫《廣雅疏證》「嘔」字）。王聘珍曰：「《廣雅》云：『嘔嘔，喜也。』」陳逢衡曰：「嫗然以愉，謂和悅也。嫗然，好色貌。」朱右曾曰：「愉，讀為『偷』，苟且求悅人也。」❽懼色薄然以下　潘振曰：「凡人心壯則氣昂，心懼則氣下。下，降也。」薄然，相附薄也（王聘珍）。❾憂悲之色纍然以靜　「纍然」原作「瞿然」。王念孫曰：「《（禮記・）玉藻》說喪之視容曰『瞿瞿梅梅』，則瞿然乃視容非色容也。經傳中凡言瞿然皆是驚貌（《說文》作『界』，云：『舉目驚界然也。』），則又不得言『瞿然以靜』矣。《大戴記》作『纍然以靜』，是也。〈玉藻〉『喪容纍然』，鄭注曰：『羸憊貌也。』《家語・困誓》注曰：『纍然，不得意之貌。』故曰『憂悲之色，纍然以靜』。纍字上半與瞿略相似，因誤而為『瞿』矣。」陳氏、朱右曾不同王說，都解「瞿然」為「瞪視」。鴻恩按，《說文》段玉裁注、桂馥義證、邵瑛《群經正字》等均以經典中「瞿然」、「瞿瞿」皆應作「界」，是驚視之容，與王說一致（見丁福保《說文解字詁林》「畀」），與「憂悲之色」不相容。今從王念孫說，據《大戴》等改為「纍然」。❿誠智必有難盡之色　潘振曰：「智不可窮，故難盡。」陳逢衡曰：「難盡之色，謂不與人以揣測也。」⓫誠仁必有可尊之色　王聘珍引曾子曰：「君子以仁為尊。」鴻恩按，此語在《大戴記・曾子制言中》。⓬誠勇必有難慴之色　王聘珍曰：「《論語（・子罕）》曰：『勇者不懼。』」⓭可新之色　《大戴》「新」字作「親」，新、親古通假（朱右曾）。潘振曰：「忠于人，故可親。」⓮誠潔必有難污之色　王聘珍曰：「《論語（・陽貨）》曰：『不曰白乎，涅而不淄。』」潘振曰：「身心皆潔，是至白也，故難污。」⓯誠靜必有可信之色　王聘珍曰：「《（大戴記・）千乘》曰：『靜斯潔，信在中。』」陳逢衡曰：「誠靜則坦率自然，故必有可信之色。」⓰質浩然固以安二句　「質浩然固以安，偽蔓然亂以煩」，盧文弨曰：「質字、偽字下《大戴》皆有『色』字；浩，作『皓』；蔓，作『縵』。」潘振曰：「正色浩然貞固以安恬，偽色縵然雜亂以煩擾。」質，本（王聘珍）；正。均可通。浩然，浩浩然無所阻閡也（朱右曾）。蔓然，蕪雜、雜亂的樣子。蔓、縵字通借（《戰國策・魏策一》「縵縵奈何」，吳師道注）。⓱雖欲改之二句　「雖欲改之，中色弗聽」，《大戴》「改」字作「故」，盧辯注曰：「言雖欲故隱之于中，而無奈色見于外。」作「改」亦通。中色弗聽，意謂內心真實想法所決定的臉色並不會聽從「欲改」而改變。

【語譯】「四是說：人有五種意態，即喜悅、憤怒、欲望、懼怕、憂慮。欣喜之情蓄積在內心，即使想要把它隱藏起來，欣喜必定還要表現在外面；憤怒之氣蓄積在內心，即使想要把它隱藏起來，憤怒必定還要表現在外面；欲望之念、懼怕之心、憂傷之意都隱藏起來，這些意念必定還是要表露在外面。這五種心意真實地存在於內心，表現到外面，人的感情是不能隱藏起來的。欣喜的表情是笑呵呵地表現出來，憤怒的表情是憤怒地侮辱別人，欲望的表情是用一副好臉色苟且地取悅人，懼怕的表情是靠近別人低聲下氣，憂傷的表情是頹喪而不說話。確實聰慧，必定有難以看透的神色；確實仁愛，必定有可以讓人尊敬的神色；確實勇敢，必定有難以使之畏懼的神色；確實忠愛，必定有使人感到可親的神色；確實廉潔，必定有難以玷污的神色；確實沉靜，必定有可以信賴的神色。正大的神色表現著無所阻擋地堅定和鎮靜，虛偽的神色表現著蕪亂和煩雜。即使想要改變他的表情，他內心意念所決定的那種表情也不會聽從。這叫做觀察神色。

「五曰：民生則有陰有陽，人多隱其情，飾其偽，以攻其名❶。有隱于仁賢者❷，有隱于智理者，有隱于文藝者❸，有隱于廉勇者，有隱于忠孝者，有隱于交友者，如此，不可不察也。小施而好德，小讓而爭大❹，言願以為質，偽愛以為忠，尊其得以攻其名❺：如此❻，隱于仁賢者也。前總唱功❼，慮誠弗及，佯為不言❽；內誠不足，色示有餘❾；自順而不讓，措辭而不遂❿：如此⓫，隱于智理者也。動人以言，竭而弗終⓬；問則不對，佯為不窮，貌而有餘⓭；假道而自順用之，物窮則託深⓮：如此，隱于文藝者也。□言以為廉⓯，矯厲以為勇⓰，內恐外誇⓱，亟稱其說⓲，以詐臨人：如此，隱于廉勇者也。自事其親⓳，而好以告人；飾其見物⓴，不誠于內；發名以事親，自以名私其身㉑：如此，隱于忠孝者也。比周以相譽，知賢可徵而左右㉒；不同而交，交必重己㉓；心說而身弗近，身近而實不至，懼不盡見于眾而貌克㉔：如此，隱于交友者也。此之謂觀隱。

【章　旨】言觀隱，人多隱情飾偽，要留意觀察人們在仁賢、智理、文藝、廉勇、忠孝、交友方面的隱情。

【注　釋】❶民生則有陰有陽四句　「民生則有陰有陽，人多隱其情，飾其偽，以攻其名」，盧文弨曰：「以攻其名」上《大戴》有「以賴于物」一句。陳逢衡曰：「內藏曰陰，外見曰陽。隱其情，陰也；飾其偽，陽也。」朱右曾曰：「盧辯云：『人含陰陽之氣，生而有知，有知故生隱偽、情實。」攻，取。」隱其情，隱瞞其實情。鴻恩按，此數句較《大戴》流暢，但「以賴于物」句似原有，「物」即指下文「仁賢」、「智理」、「文藝」、「廉勇」、「忠孝」、「交友」六者。又，陳說解陰陽直接，《大戴》之文尚有「觀其陽以考其陰，察其內以揆其外，是故隱節者可知」，則陰陽不指「陰陽之氣」。❷隱于仁賢者　仁賢，《大戴》作「仁質」。丁宗洛曰：「隱是掩著意。掩其不仁不賢，令人見之竟似仁賢。」❸隱于文藝者　文藝，文辭表達的技藝。潘振曰：「成章為文，成技為藝。」以上所說是本章寫作的綱目。❹小施而好德二句　「小施而好德，小讓而爭大」，盧文弨曰：「好德、爭大，《大戴》作『好大得』、『好大爭』。」潘振曰：「德，與『得』同，貪得也。言小惠施人而好之在得，小利讓人而爭之于大。」朱右曾曰：「好德，好人之德己。」❺言願以為質三句　盧文弨曰：「願，當與『愿』同，盧（辯）注以為聲誤。」朱右曾曰：「願當為『愿』，愨也。尊得攻名者，表暴其一德以取美名。」❻如此　《大戴》此章各節多作「如此者」，比較整齊。❼前總唱功　盧文弨曰：「《大戴》無此四字，有『推前惡忠，府知物焉，首成功，少其所不足』十六字。惡，一作『恃』，與此文義皆難曉。」王聘珍曰：「言推究人之舊惡舊善，而自附于知物也。」引盧辯注曰：「有先功者因首之，有不足者因薄之，詐以為知。」陳本刪「前總唱功」。鴻恩按，刪恐非是，今本以此四字緊接「慮誠弗及，佯為不言」，亦與《大戴》不合。「前總唱功」之「前」、「功」二字為《大戴》固有，疑為《大戴》之殘文或改寫。朱右曾曰：「前，始也。唱，導也。始則總率而唱導其功。」今姑從朱說。❽慮誠弗及二句　朱右曾曰：「慮其實有不及，則佯為聰明內蘊之狀。」❾色示有餘　外表顯示出來綽綽有餘。義同下文的「貌而有餘」。❿自順而不讓二句　《大戴》作「故知以動人，自順而不讓；錯辭而不遂，莫知其情」，鴻恩按，可證本文是《大戴》的簡化。陳氏曰：「自順而不讓，自順其非而不少讓也。」朱右曾曰：「蓋能發不能收，又欲掩其不能者也。」王聘珍曰：「遂，竟也。辭不竟，情不見。」⓫如此　鴻恩按，原脫「如」字，此章其餘五節均作「如此」，《大戴》此節亦有「如是者」，今據上下文增「如」字。⓬動人以言二句　「動人以言，竭而弗終」，《大戴》作「素動人以言，涉物而不終」，意有不同。陳逢衡曰：「竭，揭也。既揭其旨，而又弗終其說以啟人。」朱右曾曰：「竭而弗終者，意竭而弗竟其詞。」⓭問則不對三句　朱右曾曰：「佯為不窮者，對非所問也。」王引之曰：「而，讀為『如』。貌而有餘，承『佯為不窮』而言。《大戴記》作『色示有餘』。」⓮假道而自順用之二句　「假道而自順用之，物窮則託深」，《萬有文庫》本原標作「假道而自順，因之□初」為句，《大戴》作「有道而自順用之，物窮則為深」。鴻恩按，《大戴》「假道」作「有道」，則需屬上讀為「色示有餘、有道」，本文作「假道」，則應從《萬有文庫》本屬下讀。「因之□初」四字，證之《大戴》，「因」字本作「用」，為形近「用」而訛，《韓非子．揚權》「皆用其能」，王先慎《集解》：「《御覽》引『用』作『因』」。」

即其證。「初」字本作「物」，亦因形近「物」而訛，方框不應有，「因之□初」即「用之物」三字的訛衍。今參《大戴》讀為「假道而自順用之，物窮則託深」，刪方框。王聘珍曰：「道，謂道藝。順，讀曰『慎』，示人以……不輕于自用也。物窮，謂不能終究其理，而為物所困也。為深者，故為艱深，以文其陋也。」⑮□言以為廉　陳逢衡曰：「『□言』疑是『矯言』。矯言以為廉，廉于口而不廉于心也。」⑯矯厲以為勇　矯厲，矯情厲色（朱右曾）。⑰內恐外誇　內恐人知，外誇於人（潘振）。⑱亟稱其說　屢次稱揚自己的說法。⑲自事其親　事，奉侍。⑳飾其見物　緣飾其人所共見之事，若割股、廬墓之類。見，顯示之；被看見（參朱右曾）。㉑發名以事親二句　發名以事親，以事親自誇而博取名聲。發，《大戴》作「伐」，發與「伐」通（陳逢衡），誇耀。鴻恩按，此節之文，《大戴》作「自事其親，好以告人，乞（亟）言勞辭（瘁）而面于敬愛，飾其見物，故得其名，名揚于外，不誠于內，伐名以事其親戚，以故取利，分白其名，以私其身：如此者，隱于忠孝者也。」本書縮減其文。㉒比周以相譽二句　朱右曾曰：「結黨相譽，知賢名之可求而相為左右也。」㉓不同而交二句　朱右曾曰：「雖不同量，亦與之交，將借其人以重己也。」㉔心說而身弗近三句　朱右曾曰：「實，實德也。能為己重故心說（悅），憚其嚴正故身弗近，即近焉實亦弗至。但懼眾不知其能交賢士，故貌為親密耳。克，能也。」鴻恩按，「實」字釋為誠，似較切。

【語　譯】「五是說：人生下來就有陰、陽兩套，人們大多隱瞞真情，粉飾虛偽，以取得好名聲。有在仁愛賢良方面隱瞞的，有在聰慧道理方面隱瞞的，有在文辭表達技藝方面隱瞞的，有在正直勇敢方面隱瞞的，有在忠愛孝敬方面隱瞞的，有在結交朋友方面隱瞞的。像這些情況，不能不留意觀察。施行小惠卻喜歡受到別人感激，作小謙讓卻力爭大收益，話說得誠實把自己裝扮成質樸，假意仁愛把自己裝扮成忠誠，抬高自己的一點兒德惠以博取好名聲：這樣的，是在仁愛賢良方面隱瞞實情的人。開始統領人倡導立功，而智謀實在趕不上別人，就假裝不說話；內心確實缺少主意，外表卻表現得好像有很多謀略似的；依照自己錯誤的想法一點不謙讓，說話滔滔不絕（讓人不曉得他的底細）：這樣的，是在聰慧道理方面隱瞞實情的人。使用言辭打動人，意思說盡了話還說個沒完；問他問題，而答非所問，裝作不是沒詞兒，外表上好像還有很多話要說；假託有道藝而慎重運用，為事情所困卻又故作高深：這樣的，是在文辭表達技藝方面隱瞞實情的人。說假話把自己裝扮成正直的人，矯情嚴厲把自己裝扮成勇敢的人，實際上外表誇飾，內心卻擔心別人知道內情，反復稱道自己的說法，用欺詐的手法對待人：這樣的，是在正直勇敢方面隱瞞實情的人。自己奉侍父母，卻喜好把孝敬父母的事跡告訴別人；緣飾其人所共見的事情，內心裏不誠實；誇飾自己奉侍父母的名聲，又用這種名聲替自己謀私利：這樣的，是在忠愛孝敬方面隱瞞實情的人。相互勾結以彼此吹捧，知道賢名可求而相互庇護；不同道的人也去結交，結交目的是必借其人抬高自己；對方能抬高自己心裏高興，卻又害怕對方嚴正而不去接近，即使接近也不是誠心相見；又害怕眾人看不見自己結交賢士，而又能在外表上作出親密的樣子：這樣的，是在結交朋友方面隱瞞實情的人。這叫做觀察人的隱情。

「六曰：言行不類❶，終始相悖，外內不合❷，雖有假節見行❸：曰非誠質者也❹。言忠行夷，爭靡及私❺，施弗求多❻，情忠而寡貌❼，莊而安人❽：曰有仁者也❾。事變而能治❿，效窮而能達⓫，措身立方而能遂⓬：曰有知者也⓭。少言以行，恭儉以讓⓮，有知而言弗發，有施而心弗德⓯：曰謙良者也。微忽之言久而可復⓰，幽間之行獨而弗克⓱，其行亡如存⓲：曰順信者也⓳。貴富恭儉而能施，嚴威有禮而不驕：曰有德者也。隱約而不懾，安樂而不奢⓴，勤勞而不變㉑，喜怒而有度㉒：曰有守者也㉓。直方而不毀㉔，廉潔而不戾，彊立而無私㉕：曰有經者也㉖。虛以待命㉗，不召不至，不問不言，言不過行㉘，行不過道：曰沈靜者也。忠愛以事親㉙，驩以敬之，盡力而不面；敬以安之，盡力而不名㉚：曰忠孝者也。

合志而同方㉛，共其憂而任其難㉜，行忠信而不疑，跡隱遠而不舍㉝：曰交友者也。志色辭氣㉞，其入人甚俞㉟，進退工故㊱，其與人甚巧㊲，就人甚速，叛人甚易：曰位志者也㊳。飲食以親㊴，貨賄以交，接利以合㊵，故得望譽征利㊶，而依隱于物㊷：曰貪鄙者也㊸。質不斷，辭不至㊹，少其所不足㊺，謀而不已：曰偽詐者也。言行亟變㊻，從容克易㊼，好惡無常，行身不篤㊽：曰無誠者也㊾。少知而不大決㊿，少能而不大成，規小物而不知大倫(51)：曰華誕者也(52)。規諫而不類(53)，道行而不平(54)：曰竊名者也(55)。故曰事阻者不夷(56)，時□者不回(57)，面譽者不忠(58)，飾貌者不靜(59)，假節者不平(60)，多私者不義(61)，揚言者寡信(62)。此之謂揆德。」

【章　旨】言揆德，講述從各個方面考察人的品德，包括十個好的方面，七個壞的方面。

【注　釋】❶言行不類　王聘珍曰：「類，似也。不類者，言不顧行，行不顧言也。」❷終始相悖二句　此言終與始相違背，表與裏不相合，均就「誠」而言，故下文曰「非誠質者也」。《禮記・中庸》：「誠者物之終始，不誠無物……（誠者）性之德也，合外內之道也。」悖，違背。《大戴・曾子立事》說到人之言行，亦言及「外內合」。❸假節見行　假託有節操，故意顯示自己的行為給人看。朱右曾曰：「節非所安，故曰假；行皆緣飾，故曰見（現）。」鴻恩按，《大戴》上文有「假節以示之，故其行以攻其名」，盧辯注：「假節，假仁質（本文作「仁賢」）之節。故其行者，故為是行。」❹非誠質者也　誠質，誠信。《國語・楚語下》「忠信之質」韋昭注：「質，誠也。」丁宗洛曰：「此段自『有仁』至『交友』凡十節，皆說好者，自『詐偽』至『竊名』十四節（鴻恩按，『位志』、『貪鄙』二節係朱右曾據《大戴》後補），皆說不好者，而首節『非誠質』先列一不好者在前，似不相類，或有錯簡。」按，丁說是，此節應當置於「交友者也」以下。❺言忠行夷二句　「言忠行夷，爭靡及私」，《大戴》作「其言甚忠，其行甚平，其志無私」，王聘珍曰：「言忠者，言必由中也。」朱右曾曰：「言發于中，行歸于庸，所爭必公。」然則「忠」本字為「中」，夷義為平易、平常。靡，無。❻施弗求多　施德惠不求人以己為多。❼情忠而寡貌　原作「情忠而寬貌」，《大戴》作「靜而寡類」。孫詒讓曰：「此當作『情忠而寡貌』，《大戴》『寡』字不誤，當據以訂正。彼『情』作『靜』者，同聲叚借字。貌作『類』，則『䫉』之形誤也（詳王氏《經義述聞》）。情忠而寡貌者，忠、中古通，謂中誠信而外少文貌。《大戴禮記・主言篇》云『多信而寡貌』，與此文義略同，可以互證（《大戴》亦當作『多靜而寡䫉』，王引之謂當作『靜忠而寡䫉』，未塙。）」今從孫說據《大戴》改「寬」為「寡」。❽莊而安人　原無「人」字，《大戴》作「莊而安人」，王聘珍曰：「莊，嚴也。安人者，人安其莊，威而不猛也。」鴻恩按，「莊而安」句不完，《論語・憲問》亦曰「修己以安人」，今增「人」字。❾有仁者也　有仁愛之心的人。有仁者，《大戴》作「有仁心者」。❿事變而能治　此句下《大戴》有「物善而能說」一句，本文似脫。⓫效窮而能達　有屈而能伸之效驗。效，驗（潘振）。達，地位顯達，與「窮」相對。⓬措身立方而能遂　朱右曾曰：「遂，成也。不苟合于世而能保身以遂志。」措身，置身。立方，樹立道義。⓭有知者也　有智慧的人。⓮恭儉以讓　恭敬節制而謙讓。儉，約束；有節制。⓯有知而言弗發二句　「有知而言弗發，有施而心弗德」，章本、盧本「心」字皆為闕文，朱本始有，但未言所據。王念孫曰：「此文本作『有知（與智同）而弗發，有施而弗德』，發，讀曰『伐』（上文『發其所能』、『發名以事親』，《大戴記》作『伐』），《淮南・修務篇》高誘注曰：『伐，自矜大其善也。』有知而弗伐，有施而弗德，皆五字為句，上句本無『言』字，下句亦無闕文，後人于『弗發』上加『言』字（誤以為發言之發），校書者遂于下句內作空圍，此誤之又誤也。《大戴記》正作『有知而不伐，有施而不置』（置，與『德』同。《荀子・哀公篇》『言忠信而心不德』）。」鴻恩按，朱本不從王說，又加「心」字以與「言」相對，蓋正從王引《荀子・哀公》句受到啟發。「言弗伐」亦通，姑不改朱本以俟考。⓰微忽之言久而可復　微忽，細微易忽（朱右曾）。復，實踐。《論語・學而》「信近于義，言克復也」，朱熹注：「復，踐言也。」⓱幽間之行獨而弗克　孫詒讓曰：「克，當為『兌』之誤。」劉師培曰：「以『克』為『兌』，是也。《淮南・本經訓》云：『其行侻而順情。』《玉篇》『侻』字注云：『一曰輕也。』弗兌即『弗侻』之省，謂幽間之行，不以獨處而忽也。又戴望校語云：『克、怠艸書形近，克或怠訛。』今考《法苑珠林》六十一載佛圖澄引先民之言曰：『不曰慎乎？獨而不怠。』是戴說亦通。」《大戴》亦作「克」，前人注並誤。今從劉前說，不改字。幽間，深居獨處。間，隔（《漢書・西域傳下》師古注）。⓲其行亡如存　履行對於死者的諾言，就像對方還活著一樣。⓳順信者也　順從誠信的人。⓴隱約而不懾二句　陳逢衡曰：「窮不失志故不懾，富而好禮故不奢。」隱約，困窮，「如窮而未達，仕而見黜皆是」（潘振）。㉑不變　不改變心志。㉒有度　有節制。㉓有守者也　有操守的人。㉔直方而不毀　《禮記・儒行》「舉賢而容眾，毀方而瓦合」，鄭玄注曰：「去己之大圭角……君子為道不遠人。」孔穎達疏曰：「方，謂物之方正有圭角鋒芒也。言儒者身雖方正，毀屈己之方正，下同凡眾，如破去圭角，與瓦器相合也。」鴻恩按，這裏說「不毀」，是用《禮記・儒行》的反命題，下句「廉潔而不戾」則用《論語》的正面含義。㉕廉潔而不戾二句　「廉潔而不戾，彊立而無私」，「彊立」《大戴》作「立強」，意同。王聘珍曰：「《論語（・陽貨）》曰：『古之矜也廉，今之矜也忿戾。』〈中庸〉曰：『中立而不倚，強哉矯。』」二句意謂清白不貪財而不乖戾，處世堅強而無私心。㉖有經者也　能守常道的人。有經，言能守其常道（朱右曾）。㉗虛以待命　《大戴》「虛」作「靜」。虛，無欲也（《淮南子・氾論》「恒虛而易足」高誘注）。待命，等待徵召的命令，王聘珍引《（周禮・天官・）宰夫》曰「掌百官府之徵令」。㉘言不過行　朱右曾曰：「不過行，言必顧行。不過道，以道制行也。」㉙忠愛以事親　王聘珍引曾子曰：「君子之孝也，忠愛以敬。」（《大戴・曾子立孝》）㉚驩以敬之四句　「驩以敬之，盡力而不面；敬以安之，盡力而不名」，前三句是朱右曾據《大戴》和《初學記》所引《周書》訂正；《初學記》「面」作「固」，《大戴》「固」字作「面」，章本、盧本作「回」，盧曰：「回與固，皆『面』之訛，即上文所云『面于敬愛』。」朱右曾亦當依《大戴》作「面」。今改「固」為「面」。原有「盡力而不□」，朱本刪之。劉師培曰：「據《初學記》所引，『敬以安之』似與『驩以敬之』對文，『盡力而不□』五字似未可刪。」盧文弨曰：「缺處疑是『名』字，亦見上文。」鴻恩按，盧、劉說俱是，上文「隱于忠孝」一節曰「發名以事親，自以名私其身」，《大戴》與「盡力而不□」對應的亦為「名故不生焉」（王聘珍曰：「言為名之事不出于己也。」），足證闕文為「名」，今恢復本句，並據補「名」字。朱右曾曰：「驩以養，敬以事，力竭而不見于面。」㉛合志而同方　鴻恩按，此《禮記・儒行》「儒有合志同方」之語，孔疏：「合志同方者，方，猶法也。言儒者與交友合齊志意，而同于法則也。」㉜共其憂而任其難　《禮記・儒行》：「（儒）患難相死也。」㉝跡隱遠而不舍　跡，尋求蹤跡。王聘珍曰：「隱，微也，謂卑微也。舍，棄也。《（禮記・）儒行》曰：『久相待也，遠相致也。』」鄭玄云：「久相待，謂其友久在下位而不升，己則待之乃進也。遠相致者，謂己得明君而仕，友在小國不得志，則相致達也。」」㉞志色辭氣　所表現出的心意、臉色、語氣。㉟入人甚俞　朱氏曰：「俞，然也。人以為必應然也。」俞，嘆詞，表示同意的應答聲。㊱進退工故　工故，工於詐謀（朱右曾）。故，詐（注已見上）。㊲與人甚巧　對付人很巧妙。㊳就人甚速三句　朱右曾曰：「未得志則乞憐，已得志則背叛：是志于爵位之鄙夫也。」㊴飲食以親　即俗語所說酒肉朋友。㊵接利以合　接利，以利相接（朱右曾）。㊶望譽征利　王聘珍曰：「如伐名以事其親戚，以故取利也。」望譽，聲望名譽。㊷依隱于物　以他人作為憑藉。隱，據（朱右曾）。㊸貪鄙者也　貪婪卑鄙的人。按，自「叛人甚易」以下至下節「質不斷」原脫，係朱本據《大戴》校補。㊹質不斷二句　人有所質正不能決斷，言辭又不切至（參王聘珍說）。㊺少其所不足　王、朱理解不同。王聘珍曰：「少，猶薄也。所不足，人之所不能也。」朱右曾曰：「所不足，未能致者。」鴻恩按，「少」應即《莊子・秋水》「我嘗聞少仲尼之聞而輕伯夷之義者」之「少」，即以為少，少其所不足，即以其不足為少。不足，未能獲得者（朱右曾）。㊻亟變　屢次改變。㊼從容克易　克易，《大戴》作「謬易」。王念孫曰：「『克易』義不可通。克當為『交』。隸書形相似，故交誤為克。《大戴》上文「終始相悖，陰陽克易，外內不合」，今本『交』亦誤作『克』。從容交易，言其舉動之變易無常也。宣十二年《公羊傳》曰：『君之不令臣交易為言。』義與此相近。」（交易，交替；更易。）朱駿聲以「克」當依《大戴》作「謬」。朱右曾曰：「從容克易，言安然變易無慚怍。」理解與王說不相悖而不改字。㊽行身不篤　立身處世不忠實。㊾無誠者也　沒有誠心的人。無誠，《大戴》作「無誠志」。㊿少知而不大決　稍稍有點兒聰明但不能決斷大事。51規小物而不知大倫　謀劃小事而不懂大原則。大倫，大端；大原則。「大倫」下《大戴》尚有「亟變而多私」一句。52華誕者也　浮華荒誕的人。華誕，朱右曾曰：「略有知能，便自誇詡，故曰華誕。」53規諫而不類　劉師培曰：「類，疑『貇』誤，猶上文『寬貌』《大戴》作『寡類』也。不貇，猶言不摯。詳〈武順解〉。」不貇，不懇摯。規諫，正言諫諍。54道行而不平　陳逢衡曰：「道，引導也。」朱右曾曰：「不平曰多詭異也。」潘振以不平為「不平其心」。今取潘說。55竊名者也　盜取名聲的人。竊名，《大戴》作「巧名」。56事阻者不夷　潘振解「不夷」曰：「不平易，指偽詐言也。」鴻恩按，以上十七節，七節說「不好者」，這裏自「事阻者不夷」以下說「不好者」亦正好是七句，潘說當是，然而其對應關係或明或暗，潘解恐未全是，此節疑指「位志者」，位志者亦詭詐多端。潘以「不夷」指品質則甚是，「不忠」、「不靜（情）」等均指品質。王聘珍解「夷」為「常」，《廣雅》卷三下：「常，質也。」卷一上：「質，正也。」然則不夷即不正。亦通。朱右曾曰：「事阻，謂行險也。」57時□者不回　此句《大戴》作「畸鬼者不仁」，「時」、「畸」形近，當初應為一字，（劉師培《古書疑義舉例補》曰，畸鬼即《荀子・修身》「倚魁之行」之「倚魁」，表象之詞，《荀子》楊注曰：「偏僻狂怪之行。」）然「仁」、「回」二字大異。潘以為指「位志者」，疑指「華誕者」。不回，潘振曰：「不自以為邪曲。」鴻恩按，未知「回」字有誤否，姑不譯此句。58面譽者不忠　潘以為指「華誕者」，疑指「偽詐者」。59飾貌者不靜　潘以為指「無誠者」，「從容交易」即「飾貌」。靜，《大戴》作「情」，古通假（朱右曾）。60假節者不平　潘以為指「非誠質者」，該節有「假節見行」。平，正（《大戴・文王官人》「其行甚平」王聘珍注）。61多私者不義　潘以為指「貪鄙者」。62揚言者寡信　潘以為指「竊名者」。揚，振揚張大也（朱右曾）。盧文弨曰：「此下《大戴》尚有數百字，《周書》闕文也。今錄于此以備考。」鴻恩按，在本文開始筆者就指出，本文只是《大戴・文王官人》「論、用」的前一部分，沒有後一部分「用」。加入《大戴》的後一部分，本文才算完整。其文曰：

王曰：「太師！女推其往言以揆其來行，聽其來言以省往行，觀其陽以考其陰，察其內以揆其外，是故隱節者可知，偽飾無情者可辨，質誠居善者可得，忠惠守義者可見也。」

王曰：「於乎，敬哉！女何慎乎非心，何慎乎非人？人有六徵，六徵既成，以觀九用，九用既立：一曰，取平仁而有慮者；二曰，取慈惠而有理者；三曰，取直愍而忠正者；四曰，取順直而察聽者；五曰，取臨事而絜正者；六曰，取審察而絜廉者；七曰，取好謀而知務者；八曰，取接給而廣中者；九曰，取猛毅而度斷者：此之謂九用也。平仁而有慮者，使是治國家而長百姓。慈惠而有理者，使是長鄉邑而治父子。直愍而忠正者，使是莅百官而察善否。慎直而察聽者，使是長民之獄訟，出納辭令。臨事而絜正者，使是守內藏而治出入。慎察而絜廉者，使是分財臨貨主賞賜。好謀而知務者，使是治壤地而長百工。接給而廣中者，使是治諸侯而待賓客。猛毅而度斷者，使是治軍事為邊境。因方而用之，此之謂官能也。九用有徵，乃任七屬：一曰，國則任貴；二曰，鄉則任貞；三曰，官則任長；四曰，學則仁師；五曰，族則任宗；六曰，家則任主；七曰，先則仁賢。」

正月，王親命七屬之人曰：「於乎！慎維深，內觀民務，本慎在人，女平心去私，慎用六證（徵），論辨九用，以交一人，予亦不私。女廢朕命，亂我法，罪致不赦！」三戒然後及論，王親受而考之，然後論成。

【語　譯】「六是說：言與行不一致，終與始相抵觸，表與裏不相合，即使有假託的節操和故意顯示的行為：叫做不誠信的人。說話發自內心，行為歸於平易，即使與人爭執也不涉及私事，施行德惠不謀求讓別人以為多，內心誠信而少表面禮儀，儀態莊敬而使人安樂：稱得上是有仁愛之心的人。遇到事變而能處治，地位卑下而能做到顯達，置身於樹立道義而能成就志向：稱得上是有智慧的人。說話少而實際去做，恭敬有節制而謙讓，有智慧而說話不自誇，施恩惠而內心不以為是施惠：稱得上是謙敬善良的人。細微而易忽略的承諾，時間過了很久也能實踐；深居獨處的行為，不因為獨處而輕忽；履行對於死者的承諾，就像對方活著一個樣：

稱得上是順從誠信的人。貴寵富有恭敬儉束而能施德惠，威嚴有禮貌而不驕慢：稱得上是有道德的人。處境困窮而不懼怕，安適逸樂而不奢侈，勤苦勞作而不變心，高興生氣而有節度：稱得上是有操守的人。為人方正而不毀損自己的鋒芒，清白不貪財貨而不乖戾，立世堅強而沒有私心：稱得上是能守常道的人。靜心等待朝廷徵召命令，不徵召不來，來了不問不說話，說話不超越自己的行動，行動不超越常道：稱得上是沉穩鎮靜的人。誠心敬愛以奉侍父母，高高興興地孝敬，盡心竭力而不只是表面服從；孝敬父母使他們安適，盡心竭力而不是為了取得名聲：稱得上是忠愛孝敬的人。志意相合法則相同，與之共憂戚同患難，共行忠信而沒有猜疑，追尋地位卑微、在遠方不得志的朋友一同顯達：稱得上是結交朋友的人。表現出的心意、臉色、語氣很像是對人作出了承諾，但或進或退又工於詐謀，對付人很巧妙；接近人很快，背叛人很輕易：這叫做有志於爵位的人。靠吃喝而親近，靠錢財而結交，通過利益結合在一起，故意得到聲譽以取利而依靠別人：這叫做貪婪卑鄙的人。向他質正而不能決斷，言辭又不切至，自認為他不能得到的東西很少，謀求個沒完：這叫做虛偽奸詐的人。說話做事屢次改變，改變得從容坦然；所好所惡沒有一定，立身處世不忠實：這叫做沒有誠心的人。稍微有點兒聰明但不能決斷大事，稍微有點兒能力但不能成就大功，謀劃小事而不懂大局：這叫做浮華荒誕的人。正言諫諍但不懇摯，引導前行內心又憤憤不平：這叫做盜取聲名的人。所以說，行險的人心術不正，……，當面奉承人的不忠誠，掩飾外貌的不誠實，假託有節操的不端正，私心多的沒有道義，張揚自己言論的少誠信。這叫做考察品德。」

【研　析】本文與《大戴‧文王官人》同源，《大戴》所載為全文，而本文則為節略。《大戴》之文曰：「六徵既成，以觀九用……九用有徵，乃任七屬」，九用、七屬本文均未錄。而且所錄部分也往往是《大戴》詳而本書略，這在注釋中已經說到。以文章開頭而言，《大戴》是這樣：

王曰：「太師！慎維深思，內觀民務，察度情偽，變官民能，歷其才藝，女維敬哉！女何慎乎非倫，倫有七屬，屬有九用，用有六徵（徵）：一曰觀誠，二曰考志，三曰視中，四曰觀色，五曰觀隱，六曰揆德。」

王曰：「於乎！女因方以觀之。富貴者觀其禮施也……」

顯然，本文不僅刪削，而且改寫。題目由〈文王官人〉改成〈官人〉，人物則由文王、太公望改成了周公及成王，「七屬」、「九用」，一概刪除，但保留了一個沒有著落的「用」字，留下了刪略、改寫〈文王官人〉的痕跡。周玉秀在談「以數為紀」時指出：「在《六韜》中為姜太公與文王、武王的對話，到《逸周書》中就成周公與文、武等的對話了。這體現了編者要突出周公的思想，《六韜》固兵家言，但太公為齊國之祖，由齊國方士傳誦整理其事跡和言論，當在情理之中。」《六韜・文韜・六守》太公回答文王「慎擇六守」一節：「富之，而觀其無犯。貴之，而觀其無驕。付之，而觀其無轉。……」與本篇「富貴者觀其有禮施，貧賤者……」一節「非常相似」。而《大戴禮記・文王官人》則記作文王授太師之辭。《六韜・龍韜・選將》太公回答武王「知之有八徵」，「其十五貌、八徵與《逸周書・官人》大同小異……不但內容相似，辭氣亦同，皆用數字排比，這應當也是所傳聞異辭者。」「但編輯此書的人，為突出文、武、周公功業皆加小序改成了文王、武王的言辭，我們推測，此編者當在田氏代齊之後。因為田齊要盡可能淡化姜齊的王統和姜齊祖先的影響。這也同戰國中期以後孟軻等儒家學者大講文、武、周公之業的狀況相一致。」（《文獻學價值》第二四五～二四八頁）依據這個脈絡，源頭應是《六韜》，《六韜》演變出《大戴・文王官人》，本文又來自〈文王官人〉，加工改編者又在姜齊後的田齊時代。我們比較現在流傳的兩種本子，彼此有一些異文，似乎在單獨成篇至寫定時已經分別流傳了一段時間。如果推測不錯，已經經歷數次改變，但有一個共同點：都是擬託。什麼文、武、太公、周公，都不必計較。正如《六韜》寫文、武與太公望一起論當時並不存在的騎兵戰，道理是一樣的。

「六徵」、「九用」、「七屬」這一大套理論，只有在世襲制破壞之後，經過較長期實踐才可能總結出來。

孔子創辦私學，培養了一大批弟子，所以他要求「舉賢才」，「舉善」，「舉直錯諸枉」，打破世襲制，並且提出「知人」，「不知言，無以知人也。」（《論語・堯曰》）「視其所以，觀其所由，察其所安，人焉廋（匿；隱）哉？人焉廋哉？」（《論語・為政》）孟子也說：「我知言。……詖辭知其所蔽，淫辭知其所陷，邪辭知其所離，遁詞知其所窮。」（《孟子・公孫丑上》）這些話都可以發明本文。

本文的寫作，極盡鋪排之能事，條目之多、之細，可謂無以復加。例如在「觀誠」一節，「富貴者觀其有禮施」至「曲省其行以觀其備」凡二十一條，其中又細分為若干小類。「考志」一節，「日益者」至「以無為有者」凡十二條。「揆德」一節，好的、壞的一口氣提出十七條，其餘不可備舉。這樣的文風，只能在、必定在戰國時期。《六韜・龍韜・選將》寫武王問太公「簡練英雄，知士之高下」，太公曰：「知之有八徵：一曰問之以言以觀其聲，二曰窮之以辭以觀其變……八徵皆備，則賢不肖別矣。」《莊子・列禦寇》：「遠使之而觀其忠，近使之而觀其敬……九徵至，不肖人得矣。」《六韜》、《莊子・列禦寇》其文雖簡，本文說「六徵」，它們說「八徵」、「九徵」，但本文細目要多得多。

劉師培曰：「蓋此為周家官人之法，始于文王，迄于武王，成王之時作傅之臣咸舉斯言相勖，惟所舉之詞互有詳略異同，此則周公述文王言以語成王也。自《大戴・曾子立世篇》以下，諸子多述其言。」劉氏信從文中所說，認其時代在周初，基於以上所說和下文所述理由，筆者以為劉說不確。他說〈曾子立事〉以下多述其言，則須辨明孰先孰後。例如：

「隱約者觀其不懾懼……省其喪哀，觀其貞良……喜之以觀其輕，怒之以觀其重；醉之以觀其恭，從之以觀其常。」鴻恩按，《大戴・曾子立事》：「臨懼之而觀其不恐也，怒之而觀其不惛也，喜之而觀其不誣也……飲食之而觀其有常也……居哀而觀其貞也，居約而觀其不營也。」

「省其喪哀，觀其貞良。」王注：「《論語》曰：『喪致乎哀而止。』貞，誠也。良，信也。〈檀弓〉

曰：『喪三日而殯，凡附于身者必誠必信……三月而葬，凡附于棺者必誠必信，勿之有悔焉爾矣。』」

「誠在其中，此見于外。」王注：「〈大學〉：『誠于中，形于外。』」鴻恩按，《大戴．曾子立事》：「故目者心之浮也，言者行之指也，作于中則播于外也。故曰以其見者，占其隱者。」

「誠仁必有可尊之色。」王注：「《曾子（．制言）》：『君子以仁為尊。』」

「合志而同方，共其憂而任其難……跡隱遠而不舍：曰交友者也。」鴻恩按，《禮記．儒行》：「儒有合志同方，其交友有如此者。」「儒有……患難相死也，久相待也，遠相致也。其任舉有如此者。」本文「直方而不毀」，也由〈儒行〉「毀方而瓦合」之「毀方」而來。

「言行不類，終始相悖，外內不合……曰非誠質者也。」《禮記．中庸》：「誠者物之終始，不誠無物。……〈誠者〉性之德也，合外內之道也。」

由以上諸例可以看出，第一，本文與《論語》，與《禮記》之〈檀弓〉、〈大學〉、〈儒行〉、〈中庸〉等篇，與《大戴》之〈曾子立事〉、〈曾子制言〉等篇關係密切，有些語句略有變化，有的竟然完全相同，此例頗多；第二，如果這些儒家著作的作者看到文王、周公的著作而明用或暗用之，均不明說出於文王、周公以自重，反而把文王、周公之言當成自己的平常話說出，這是不可理解的；第三，一種見解的出現，一般是正命題在前，反命題在後，本文「言行不類，終始相悖，外內不合……非誠質者也」及「直方而不毀」等，明顯是使用〈中庸〉、〈儒行〉的反命題；第四，認為這麼多儒家著作都來抄錄本文，這是很難想像的，最可能的是，本文參考以上各文鋪演成篇，「隱約者觀其不懾懼」一條和「合志而同方」一條可以說是本文吸納《大戴．曾子立事》和《禮記．儒行》的鐵證，「誠在其中」一條也是本文引用〈大學〉、〈曾子立事〉的有力證據。在寫法上，〈儒行〉以「儒有……其××有如此者」的形式，一連寫了十六節，本文章法亦頗似之。

詞彙之發展，和任何事物一樣，都是由少到多，由簡單到複雜。本文表示性情、品德、神態意義的詞彙相當繁富，西周初年遠未發展到這種地步。這裏以這類含義並且為後代常用的「誠」、「氣」、「質」、「廉」四字為例（非性情、品德、神態之義者不計），看看它們在幾部著作中的出現頻率：

	誠	氣	質	廉
今文《尚書》	0	0	0	1
《詩經》	0	0	1	0
《論語》	0	0	7	1
《左傳》	1	12	8	0①
《孟子》	9	22②	0	5
〈官人〉	7	23	6	6

注①在《左傳》中「廉」字只見於人名鬥廉。
②《孟子》中的「氣」字，楊伯峻注「體氣，精神，神態」者全部計入，包括「夜氣」等。

由以上幾部書的對比可知，〈官人〉一文的「誠」、「氣」、「廉」三字，與《孟子》一書不相上下，其「質」字接近於《論語》、《左傳》二書，足見其使用此四字頻率之高（〈官人〉一千九百餘字，而《左傳》為十八、九萬字之巨著，《孟子》三萬四千六百餘字，《論語》一萬二千七百字）。即此而言，〈官人〉根本不可能和《尚書》、《詩經》為同一時代之作，而且必在《孟子》之後，即晚於戰國中期。又，本篇應當是本書複音詞最多的篇章之一，而戰國時期，是「聯合式雙音詞的增長速度」比偏正式雙音詞「顯著加快」的時期（程湘清主編《先秦漢語研究》第一一二頁），就以本文的第一徵而言，就有：「富貴」、「貧賤」、「驕奢」、「隱約」、「懾懼」、「恭敬」、「廉潔」、「父子」、「孝慈」、「兄弟」、「和友」、「君臣」、「忠惠」、「信誠」、「貞良」、「出入」等等，非常突出。又如現代意義的「文藝」一詞，就出現於本篇。大約先秦著作《呂氏春秋・博志》〈貴當〉中始見「文藝」：「養由基、尹儒，皆文藝之人也。」陳奇猷以為是作者自「創新詞」，注曰：「文藝者，有文采之技術也。……技術高超，文采斐然，故顏之曰文藝」。但是以「文藝」指射的技藝，終與現在的「文藝」不同，而本篇說：「動人以言，竭而弗終；問則不對，佯為不窮……如此隱于文藝者也。」這就基本等於今天所用的「文藝」了。因而本篇的時代絕不會早。

劉師培《周書補正》，於詮釋本書厥功甚偉，後學深受其教益，但他以為本篇是周公述文王之言以告成王，這就見得百年來歷史觀念、思想方法進步之大，疑古之學也是思想解放必然之一事。

周玉秀以為本文作於戰國（《文獻學價值》第一七一、二六九頁）。沈文倬、羅家湘以為作於西元前四〇〇年前後（《逸周書研究》第四九頁），時代偏早。

王會第五十九

【題解】王會，指周天子朝會藩國、諸侯。《周書·序》曰：「周室既寧，八方會同，各以職來獻，欲垂法厥世，作〈王會〉。」這顯然是說在周成王時代。王應麟《王會篇補注》曰：「成周之會，在成王時。《詩〈·周頌·清廟〉·序》：『周公既成洛邑，朝諸侯』是也。」這明確是說成王初年。唐大沛曰：「此篇非作于成王之世，蓋後人追想盛事，繪為王會之圖。今則圖已泯滅久矣，幸此篇未泯，正如《山海圖》失傳而《山海經》尚在。」何秋濤《王會篇箋釋》曰：「《戴記·明堂位》亦有公、侯、伯、子、男及九夷、八蠻、六戎、五狄之朝位，與此篇合觀，足見會同之盛矣。《周官·大宗伯》曰：『時見曰會，殷見曰同。』」（鄭玄注「殷見」曰：「殷，眾也，十二歲王如不巡守，則六服盡朝。朝禮既畢，王亦為壇，合諸侯以命政焉。」）朱右曾曰：「此名為會，其實殷同。」按，本文所寫，並非實錄。

本文在《逸周書》中不是最長的文章，但其注文最為繁富，宋王應麟有《王會篇補注》一書，清何秋濤有《王會篇箋釋》三卷，劉師培《周書補正》之外復有《周書王會篇補釋》。作者於篇中極力鋪寫方國及其所貢方物，後人要說明那些方國、方物，頗費周章，其中有的已經說不清楚。

成周之會❶，墠上張赤帟陰羽❷。天子南面立❸，絻無繁露❹，朝服九才，物搢珽❺。唐叔、荀叔、周公在左❻，太公望在右，皆絻，亦無繁露❼，朝服七才，物搢荼❽，旁天子而立于堂上❾。

堂下之右，唐公、虞公南面立焉❿；堂下之左，殷公、夏公立焉⓫，皆南面，絻有繁露，朝服九才，物皆搢荼⓬。

阼階之南⓭，祝淮氏、榮氏次之，珪瓚次之，皆西面⓮；彌宗旁之⓯，為諸侯有疾病者之醫藥所居⓰。相者太史魚、大行人⓱，皆朝服，絻有繁露⓲。

堂下之東面，郭叔掌為天子菉幣焉⓳，絻有繁露⓴。

內臺西面正北方㉑，應侯、曹叔、伯舅、中舅㉒，比服次之，要服次之，荒服次之㉓。西方東面正北方，伯父、中子次之㉔。方千里之內為比服，方二千里之內為要服，方三千里之內為荒服：是皆朝于內者㉕。

堂後東北，為赤帟焉㉖，浴盆在其中㉗。其西，天子乘車立焉，青帟陰羽鳧旌㉘。

中臺之外，其左泰士，臺右彌士㉙。受贄者八人，東面者四人㉚。

陳幣當外臺㉛。天玄韜宗馬十二㉜，二方玄繚璧綦十二㉝，參方玄繚璧豹虎皮十二㉞，四方玄繚璧琰十二㉟。

外臺之四隅㊱，張赤帟，為諸侯欲息者皆息焉，命之曰爻閭㊲。

周公旦主東方之所，青馬黑鬣，謂之母兒㊳，其守營牆者，衣青，操弓執矛㊴。

【章　旨】周王朝大會諸侯、方國，周王與大臣各在預設位置冕服而立以及有關人員所在位置，朝見場所的設置、陳設等。

【注　釋】❶成周之會　孔晁曰：「王城既成，大會諸侯及四夷也。」成周，即東都洛邑。楊寬曰：「成王之所以稱『成』，確實取義於周朝開國大業之完成。」「成周之所以稱『成』，和成王之所以稱『成』，意義是一樣的。」（《西周史》第一八一頁）❷墠上張赤帟陰羽　墠，壇、墠二字相通（唐大沛、朱右曾）。王應麟曰：「《（儀禮・）覲禮》：『諸侯覲于天子，為宮方三百步，四門，壇十有二尋，深四尺。』《（周禮・秋官・）司儀》：『將合諸侯，為壇三成〈三重〉。』公于上等，侯、伯于中等，子、男于下等。《（周禮・天官・）幕人》：『朝覲、會同共帟。』〈掌次〉：『合諸侯設重帟。』」這是說，在國都之外，封土為壇，壇上畫地為堂，為階，為庭。築土牆，張帷帳（參鄭玄說）。帟，張掛於天子座上面，有庇下、承塵作用。陰羽，孔晁曰：「以羽飾帳也。」陰，淺黑色（王引之）。王應麟引作「張陰羽」。洪頤煊《讀書叢錄》以陰羽為羽葆幢之屬，朱右曾以其非是，實即「以黑羽飾赤帟」。❸天子南面立　王應麟曰：「古者受朝，立而不坐。」唐大沛曰：「據下文有周公旦、太公望諸人，則天子謂成王也。其實此篇不知作于何時，篇首不記成王年月及洛邑告成、大會諸侯于東都事，而概之曰『成周之會』，所列旦、望又無倫次，殆因所繪者任意臚舉耳。」❹絻無繁露　孫詒讓曰：「此篇為周初大會同之禮，而絻服與《儀禮・覲禮》、《周禮・司服》、《（周禮・）弁師》不合，為此書一大疑案。據〈弁師〉云：『掌王之五冕……五采繅（合五采絲之繩，通「藻」）十有二，就〈一匝〉皆五采玉十有二。諸侯之繅斿九就，瑉玉三采。』鄭注以為王袞冕十二斿，鷩冕九斿，毳冕七斿，希冕五斿，玄冕三斿。又云：大裘之冕蓋無斿。依鄭說，是惟王祀天服大裘冕，乃無斿（鄭此說亦不塙），餘皆有斿。可知覲禮天子袞冕，則大朝覲會同當服袞冕十二斿，不當無繁露明矣。況依此下文大史魚、大行人、郭叔絻皆有繁露，而王與太公、周公乃無之，則似有繁露反殺于無繁露。揆之禮例，尤為傎舛（鄭說大裘之冕無斿，乃取示質之義，示不以此為尊卑隆殺之差也）。竊以二《禮》參綜詳核，以意推之，以此文本有省叚，展轉訛舛，遂致差迕。『絻無繁露』，無，疑當為『璑』之省，〈弁師〉『瑨玉』注云：『故書瑨作璑。』鄭司農云：『璑，惡玉名。』《說文・玉部》云：『璑，三采（朱、白、蒼）玉也。』璑繁露，即〈弁師〉之瑨玉。王與諸侯冕或同用此玉矣。」鴻恩按，孫說甚是，此「無」即「璑」之省，「瑨玉三采」，「璑，三采玉也」，「故書瑨作璑」，足以證「璑」即「瑨」。賈公彥疏以為當以「璑」為正。孔晁曰：「繁露，冕之所垂也，所尊敬則有焉。」王應麟曰：「絻、冕同。崔豹《古今注》：『綴玉而下垂，如繁露也。』冕之旒似露而垂。無繁露，所以廣視也。」鴻恩按，「廣視」之說不確，何秋濤亦疑此說，當依孫氏。孫說理據充分。❺朝服九才二句　「朝服九才，物搢珽」，「九才」原作「八十」。孔晁曰：「八十物，大小所服。搢，插也。珽，笏也（王應麟本作『似笏』）。」王應麟曰：「珽，玉笏也。《〔考工記・〕玉人》：『大圭長三尺。』大圭或謂之珽。」唐大沛曰：「孔指佩服之物言，然為數亦太多矣，他書無所見。珽非大圭也。天子搢此三尺大圭無乃太重乎？其必不然矣。總之，此篇所記服飾、采章及人名、國名，皆非成王時實錄，不足憑信者也。」孫詒讓疑本作「朝服九采，笏搢珽」。孫曰：「舊讀『朝服八十物』，句，義亦難通。竊疑當讀『朝服八十』，句，此亦即指袞冕服。經典凡云朝服，在王則為皮弁服，在諸侯以下，則為委貌（皂絹所做的冠）、緇衣、素裳，皆非此朝服也。物，屬下『搢珽』句。八十，以下文七十、五十校之，此王禮當作九十。《禮經》說王侯以下禮等隆殺，率以二為升降，〈弁師〉注說冕旒亦然，今作『八十』非其差也。十，當作『才』，鐘鼎古文『在』字皆省作『才』，與『十』形相近，此當為『采』之叚借字。《書・咎繇謨》『在治忽』，在，〈夏本紀索隱〉引今文《書》作『采』，《漢書・律曆志》引，又作『七』。此采作『十』，猶《漢・志》采或作『七』，皆形之誤也。九采，即九章，〈司服〉注所謂『袞冕九章』也。物，當為『曶』之叚借，曶古『笏』字（物、曶、笏，聲類同），言王之所搢之笏，則珽也。依此校定則與《禮經》約略相應。」鴻恩按，孫引〈司服〉所說九章源於《尚書・皋陶謨》：舜曰：「予欲觀古人之象：日、月、星辰、山、龍、華蟲（雉），作會（繪）；宗彝（飾虎和蜼圖像的彝器）、藻、火、粉米、黼（白黑相間的斧形花紋）、黻（黑青相間的兩『己』字相背的花紋），絺（縫）繡（刺繡），以五采彰飾于五色作服。」此即所謂十二章為五服，天子之服備有之。九章，《周禮・司服》鄭玄注：「冕服（天子和上公的冠服）九章，初一曰龍，次二曰山，次三曰華蟲，次四曰火，次五曰宗彝，皆畫以為繢（花紋圖案）；次六曰藻，次七曰粉米，次八曰黼，次九曰黻，皆希（絺）以為秀（繡）。則袞之衣五章，裳四章，凡九也。」采，《玉篇・音部》：「章，采也。」故孫曰九采即九章，與十二章相比，無日、月、星辰。今從孫說改「八十」為「九才」。讀「物」為「曶」。❻唐叔荀叔周公在左　唐叔，武王之子，成王之弟，名虞。晉國始封君。封於唐（有今山西太原和山西翼城西唐城村二說），子燮改國號曰晉。荀叔，文王之子，武王之弟。《說文》、孔晁誤以為武王之子，段玉裁、何秋濤正之。《左傳》僖公二十四年：「管、蔡……郇，文之昭也。」荀，即郇，在今山西臨猗西南。陳逢衡曰：「周道親親，故周公、唐書、荀叔皆在左，太公異姓，故在右。」何秋濤曰：「《周書》原文荀必列唐之上，今本或傳寫偶爾顛倒。」鴻恩按，不僅荀叔，周公亦應在唐叔前，排列順序應有淆亂，今姑依舊。❼皆絻二句　唐大沛曰：「太公、周公當用袞冕九章，唐叔、荀叔當用鷩冕七章，禮也。今云亦無繁露，是何禮也？其必不然矣。」唐說據《周禮・司服》：「公之服，自袞冕而下如王之服，侯伯之服，自鷩冕而下如公之服。」孫詒讓曰：「無繁露，『無』疑亦當作『璑』，此與〈弁師〉『故書』諸侯冕斿用璑玉正合。」❽朝服七才二句　「朝服七才，物搢荼」，「才」原作「十」，「荼」原作「笏」。孫詒讓曰：「七十，亦當為『七采』，即七章也。依《周禮・典命》侯伯之服以七為節，此與彼合。物搢笏，物，亦『曶』叚字，下『笏』字則疑當作『荼』。《（禮記・）玉藻》云：『天子搢珽，諸侯荼。』此上文王搢珽，則此當作『搢荼』方足相配。漢人隸書從『竹』與從『艸』多互易，故書『荼』蓋或作『笨』，校者不審，遂改為『笏』矣。」王應麟曰：「《（禮記・）玉藻》：『笏，諸侯以象』，曰荼，『前詘後直。』《五經要義》：『笏以記事，防忽忘。』《禮圖》云：『度二尺有六寸，中博三寸，其殺六分去一。』晉宋以來謂之手板。古者笏搢之以記事，不執之以為儀，宇文周百官始執笏。」鴻恩按，〈玉藻〉：「天子搢珽，諸侯荼，前詘後直。」鄭玄注：「荼，讀為『舒遲』之『舒』。諸侯唯天子詘焉，是以謂笏為荼。」益可證孫說「荼」誤為「笏」之由。今改「十」為「才」，改「笏」為「荼」。❾旁天子而立于堂上　孔晁曰：「旁，謂差在後也。」唐大沛曰：「旁謂差在後，是南面矣。侍于左右者，固東西面也，孔注誤。蓋圖中所繪公卿燕翅立，故正文曰旁天子。」❿唐公虞公南面立焉　孔晁曰：「唐、虞二公，堯、舜後也。」王應麟曰：「《（禮記・）樂記》：『武王克殷，未及下車，封帝堯之後于祝（祝，東海祝其縣），帝舜之後于陳。』《史記（・周本紀）》以祝為薊。」唐大沛曰：「為此篇者不知堂下南面是背君而立，故舛謬至此。」朱右曾曰：「堂下，謂中階之左右。」鴻恩按，〈樂記〉尚有「封黃帝之後于薊」，〈周本紀〉說與〈樂記〉不合。錢穆曰：「《呂覽・慎大》云：『封黃帝之後于鑄（祝）。』《韓詩外傳》、《潛夫論》皆謂『封堯後于鑄』，《史》蓋承《呂覽》之誤。」祝（鑄），錢穆據〈郡國志〉「濟北蛇丘有鑄鄉城」，定於今山東肥城（《史記地名考》第四五六頁），譚其驤《中國歷史地圖集》第一冊第一七～一八頁所標鑄（祝）也當今肥城東南。他們都不認為是祝其縣（何秋濤以祝其在今江蘇贛榆西南）。陳，今河南淮陽。⓫殷公夏公立焉　王應麟曰：「《史記（・周本紀）》：武王克殷，求禹之後，得東樓公封于杞。《書・序》：成王命微子啟代殷後。」殷公指宋微子，名啟，紂之庶兄。武王曾立紂子武庚繼殷祀，武庚與管叔叛周，周公東征平亂，封微子，都今河南商丘。杞，今河南杞縣。唐大沛曰：「經傳無殷公、夏公之稱，且序殷公于夏公之上亦倒置。曰皆南面亦猶上文之誤也。」

⓬綄有繁露三句　「綄有繁露，朝服九才，物皆搢荼」，「九才」原作「五十」。「荼」原為「笏」。孫詒讓曰：「有繁露之『有』，亦當為玉名。校者因璑繁露『璑』省作『無』，遂改此文以儷之。又疑或當為『珛』之省，《說文・玉部》：『珛，朽玉也。』與璑纂正相次，其字它書不經見，或即此玉，蓋亞于三采之璑。此四公冕旒用之，降于王也。五十，亦當為『五采』，謂毳冕五章也。依《〈周禮・春官・〉典命》，子男之服以五為節，唐、虞、夏、殷四國，爵為上公，于周為賓恪〔敬〕，而冕服乃下與子男同，亦與禮次未合。竊疑『五』當為『九』之誤，『笏』亦當為『荼』，與前同。」鴻恩按，《戰國縱橫家書》第八章：「薛公之相齊也，伐楚九歲」，整理者注曰：「九歲疑是五歲之誤，總計從西元前三〇三年開始伐楚到西元前二九九年薛公相秦，首尾只有五年。」是「五」誤為「九」之例，孫說則是「九」誤為「五」之例，二者恰可互證。今改「五十」為「九才」，改「笏」為「荼」。

⓭阼階之南　上原有「為諸侯之有疾病者」八字，盧文弨曰：「趙云：『下文有之，此處疑衍。』」丁、唐本從刪。孫詒讓曰：「趙校是也，朱本失刪。」今刪之。阼階，東面的臺階，接待賓客時，主人走東面的臺階，客人走西面的臺階。

⓮祝淮氏榮氏次之三句　「祝淮氏、榮氏次之，珪瓚次之，皆西面」，唐大沛曰：「大會諸侯，無用珪瓚事王，珪瓚是物，亦不得云『西面』。舊本『皆西面』三字，在『彌宗旁之』上，沛案當在下，蓋祝與彌宗同是西面，故云皆西面，不然何用『皆』字？」鴻恩按，或「珪瓚次之」在「皆西面」之下，或以兩句「次之」以類相從，致生語病。至「皆西面」可適用於淮氏、榮氏二人，「彌宗旁之」未必在上。陳逢衡、朱右曾以為「彌宗旁之」句屬下，似是。孔晁曰：「淮、榮，二祝之氏也。」陳逢衡曰：「惠士奇《禮說》曰：『〈春官〉太祝、小祝、男巫、女巫皆傳祝由〔以祝禱符咒治病的方法〕之術。』此淮、榮二祝亦古祝由之類。」朱右曾曰：「祝，主祭祀之贊詞，能知山川，敬于禮儀，明神之事者以為祝。」何秋濤釋淮氏、榮氏曰：「《元和姓纂》十四：周有淮夷，小國，後世氏焉。《書・序》曰：『王俾榮伯作〈賄肅慎之命〉，疏曰：「榮，國名，周同姓諸侯，為王卿士。」』」珪瓚，朱右曾曰：「瓚，盛鬯酒之器，以珪為柄。」

⓯彌宗旁之　王應麟曰：「古以宗伯為上宗，彌宗蓋宗人。」潘振曰：「彌宗，小宗伯。」朱右曾曰：「彌，如招弭〔招福弭災〕之弭。宗，尊也，弭祝之所也。旁之，謂次珪瓚南而少後。弭，止也。」《〈儀禮・〉士喪禮》注：「巫掌招弭以除疾病。」鴻恩按，王、潘與朱說不同，然旨不相背。《周禮・小祝》「掌小祭祀……彌災兵，遠罪疾。」大宗伯部屬男巫「春招弭，以除疾病」。謂彌宗為「宗人」、「弭祝」均可，其職責即「除疾病」，彌通「弭」，孫詒讓釋「彌災兵」之「彌」曰：「竊疑漢時通用弭為彌。……此經凡云彌者，並取安息禦止之義。」彌宗即負責消除疾病禍災之宗人。朱釋為「弭祝之所」則不確。

⓰為諸侯有疾病者之醫藥所居　王應麟曰：「此見遇

臣之厚，處事之周。」

⑰相者太史魚大行人　相者，贊禮的人。《周禮・秋官・司儀》鄭玄注曰：「出接賓曰擯，入贊禮曰相。」孔晁曰：「魚，太史名及大〔程本等作『太』〕行人皆贊相賓客禮儀也。」王應麟曰：「《（周禮・）春官》：『太史，下大夫。大會同朝覲，以書協禮事，及將幣〔孔疏：「謂璧帛之等。」〕之日，執書以詔王。』《（周禮・）秋官》：『大行人，中大夫。掌大賓之禮，大客之儀。』」

⑱皆朝服二句　「皆朝服，絻有繁露」，「有」上原無「絻」字。唐大沛曰：「『有』字上疑脫『絻』字。」鴻恩按，唐說是，上文皆作「絻無繁露」、「絻有繁露」，可為證，今增「絻」。孫詒讓曰：「『有』亦當為『珛』之省。」祭祀祝禱者、醫病者及相禮者，都屬主人一方，故均在阼階一邊。

⑲郭叔掌為天子菉幣焉　孔晁曰：「郭叔，虢叔，文王弟。菉，錄諸侯之幣。」王應麟曰：「《左氏傳》（僖公五年）：『虢叔，王季之穆也，在畿內。謂之西虢。』」西虢，在今陝西寶雞東。陳逢衡曰：「虢叔為文王卿士，此郭叔是其後。菉，通作『錄』，以簡牘錄其物也。此庭實之物，蓋郭叔掌之。」朱右曾亦曰：「《（尚書・）君奭》言『武王惟茲四人迪哲』，時虢叔已死矣。此郭叔蓋文王弟若孫。」何秋濤曰：「《左傳》虢國字，《公羊》皆作『郭』。《說文・虎部》：『虢，虎所攫畫明文也。』郭在〈邑部〉，云：『齊之郭氏墟……亡國也。』據此則國名之虢正當作郭，虢乃假借字耳。」鴻恩按，何氏之說無從論定，《說文》、《古文字詁林》都不能證成其說。所可知者，虢、郭為通假字。幣，貢獻於天子的玉帛等物品。唐大沛曰：「此上皆言堂上堂下，當在第一成壇內。」

⑳絻有繁露　孫詒讓曰：「『有』亦當為『珛』之省。」

㉑內臺西面正北方　唐氏曰：「『正，當作『上』。下文有『中臺之外』，故孔以內臺為中臺，其地當在第二成壇，與三壇為中，故曰中臺，亦曰內臺。其東邊立者，西面上北方，如〈明堂位〉所謂『西面北上』是也。若『正北方』則與堂上正對，何以言『西面』？下文『上』訛作『正』者三。」鴻恩按，疑唐說是，《古文字詁林》第一冊第三四頁「上」字所列《漢印文字徵》、《石刻篆文编》確有「上」字形近「正」之例。且下文之「西方東面正北方」等朱右曾亦解為「自北而南也」。朱曰：「臺即壇也，壇有三成。鄭康成說，上等為堂，堂方二丈四尺，三等，每面各一丈二尺。上言堂下，是上等也；此言內臺，是中等也；下言外臺，是下等也。其次自北而南，故云『正北方』伯父、中子與應侯、曹叔相對。不重言比、要、荒三服，省文也。」「正」字譯文從唐說。

㉒應侯曹叔伯舅中舅　唐大沛曰：「當先序同姓，後及異姓乃合。曹叔振鐸，則成王叔父也，今序于應侯下，亦倒置矣。」孔晁曰：「應侯，成王弟。曹叔，武王弟。皆國名，為諸侯。二舅成王之舅，姜兄弟也。」（據王應麟本引）王氏曰：「《左氏傳》（僖公二十四年）：『應，武之穆也。曹，文之昭也。』傳曰，齊，甥舅之國。」潘氏曰：「中，通『仲』。」陳逢衡曰：「伯舅、中舅，指異姓侯國言。孔以姜兄弟釋此，誤。王應麟引《左氏》昭公十二年齊，甥舅之國為解，亦誤。蓋皆泥于武王妃邑姜之說與《爾雅》『母之昆弟為舅』也。不知〈曲禮〉

明云：「同姓謂之伯父、叔父，異姓謂之伯舅、叔舅。」下文伯父、中子泛指同姓。必求其人以實之，鑿矣。」應，楊伯峻曰：「《通志・氏族略二》謂為武王第四子所封國，故城當在今河南省魯山縣東三十餘里應鄉。傳世有應侯鐘。」曹，武王弟叔振鐸封國，在今山東定陶。㉓比服次之三句　這是古代的畿服制，古籍所說頗多分歧。顧頡剛先生〈畿服〉一文有翔實考證。《國語・周語上》祭公謀父曰：「先王之制：邦內甸服，邦外侯服，侯衛賓服，夷蠻要服，戎狄荒服。」此五服說，「非純出臆想」，然而徵諸文獻，如《禮記・王制》：「千里之內曰甸，千里之外曰采，曰流。」和《史記・秦始皇本紀》諸臣議帝號所說甸、侯、夷相同，均為三服，因而顧先生斷定「甸服也，侯服也，要服也，皆古代所實有；賓服也，荒服也，則文家所析出。」未必「事實上如此」（《史林雜識初編》第四頁）。劉起釪依顧說，又據《尚書》記載，曰：「古代確曾實行三服制（見〈康誥〉、〈召誥〉、〈酒誥〉，有侯、甸、男三服）。」（《尚書校釋譯論》第四七二頁）楊寬先生未否認甸、侯、賓三服，而曰：「西周王朝原有『荒服』制度。以『夷蠻』和『戎狄』分成『要服』和『荒服』，是不確切的。」證以金文和文獻，氐羌部族和蠻夷部族都屬於荒服（《西周史》第四五三～四五七頁）。楊說似是對於顧說的補正。本篇的「比服」，諸書未見，注家說各不同：㈠孔晁曰：「此服名因于殷，非周制也。」何秋濤說同。㈡指侯服、甸服。王應麟曰：「比，近也。比服，侯、甸。」唐、何說同。㈢指賓服。陳逢衡曰：「比，親也，去侯服不遠。」又曰：「《國語》次賓于甸侯之外、要荒之內，則比服即賓服。」㈣丁宗洛曰：「比，輔也，輔近王畿之地。」㈤指賓服，而包侯服。孫詒讓曰：「以《國語》考之，『比』當為『賓』，一聲之轉。〈禹貢〉『蠙珠』，《說文・玉部》作『玭』，是其例也。此比服、要服、荒服，即〈周語〉所謂『侯衛賓服，蠻夷要服，戎狄荒服』也。〈周語〉又有『邦內甸服，邦外侯服』，此侯服已包于賓服之中，而無甸服。」孫包侯服異於陳說。㈥指侯服（陳漢章）。㈦「顯為〈王會〉篇作者新構之王畿別名」（顧頡剛、史念海《中國疆域沿革史》第五八頁）。鴻恩按，今從第七說，理由見下文「方千里之外為比服」注。服，服事天子。要，要約；約束。荒，荒遠；少數民族居住的地區。㉔西方東面正北方二句　陳逢衡曰：「十三字當在『比服次之』之上，與上條『伯舅、仲舅』緊接為是。蓋伯舅中舅、伯父中子即所謂侯甸男也。一在西面，一在東面，外則比服、要服、荒服，序次井然。」朱右曾曰：「其次自北而南，故云『正北方』。伯父中子與應侯曹叔相對，不重言比要荒三服，省文也。」鴻恩按，朱說可以釋陳氏之疑。唐大沛曰：「中子，當作仲父，『子』字訛耳。」孔晁曰：「伯父，姬姓之國。」盧文弨曰：「舉伯父可以包叔父，中子則仲叔季弟之倫也。」陳逢衡曰：「應侯、曹叔則同姓之親近者，此伯父、中子則同姓之疏遠者。」何秋濤曰：「《書・呂刑》：『王曰：「伯父伯兄，仲叔季弟，幼子童孫，皆聽朕言。」』此云中子，亦其比也。」鴻恩按，據此，則「子」字不誤。伯父、伯兄均指大宗，仲子則包大宗以外之「仲叔季弟」等，盧氏、何氏均依〈呂刑〉為說。㉕方千里之內為比服四句　劉師培曰：「此疑前人注釋之詞，猶《尚書・大誓》之有「故」、《禮經・喪服》之有「傳」，故舊本均入正文。宜仿畢校〈夏小正〉、《山海經》之例別其文為細書。」顧頡剛曰：「合〈禹貢〉與《周官》觀之，可知自戰國以至西漢，為畿服說者凡分二派。其一，以方五千里為天下，方三千里為中國者，〈禹貢〉派也。」《尚書・皐陶謨》以方五千里為天下，《呂氏春秋・慎勢》、《禮記・王制》以方三千里為中國，均同〈禹貢〉。「至于《逸周書・王會》曰：『方千里之內為比服……方三千里之內為荒服』，雖亦三千里，而以天下為說，則失〈禹貢〉本義矣。其二，以方萬里為天下、方六千里為中國者，《周官》派也。」（《史林雜識初編》第一三頁）天下由五千里變成萬里，「中國」由三千里變成六千里，其時代之孰先孰後不言可知。而〈王會〉以三千里為天下，疆界、視野均比〈禹貢〉、《周禮》狹小，按照邏輯，它的時代應當早於〈禹貢〉，顧先生說它「失〈禹貢〉本義」恐不合於實際。這是一。第二，《商頌・玄鳥》曰「邦畿千里」，據《國語・魯語下》閔馬父之言，「正考父校商之名頌十二篇于周太師」（韋昭引《毛詩・序》曰：「微子至于戴公，其間禮樂廢壞，有正考父者，得〈商頌〉十二篇于周太師，以〈那〉為首」），正考父生活於西周末春秋初，則〈商頌〉之作，至遲不晚於春秋初年，而體會〈魯語〉、《毛詩・序》語意，〈商頌〉之作必在西周。則此文方千里為比服即天子身邊的甸服、王畿方千里，和可能是最早記載「邦畿千里」的〈商頌〉一致，故本文以三千里為天下則不足為奇，這應當是西周人乃至時代更早的思想觀念。第三，顧、劉都認為古代確曾實行三服制，楊寬認為西周確有荒服，則本文與三家之說均有一致處。但是，比服直接要服、荒服，而無侯服、賓服，也不合理，所以多家注者都以為指甸、侯、賓服。「比，近也」，也可說通。但這又與「方千里之內為比服」直接抵觸，上古的甸、侯、賓三服是否凡方千里？這一條記載尚需進一步研究。朝于內，指內臺。㉖堂後東北二句　唐大沛移「為諸侯有疾病者醫藥之所居」於此句下，曰：「蓋醫藥所在之處，必設帷帳蔽之，此可以意度者也。」鴻恩按，唐之移恐非是，醫藥與上文之祝、彌相關。㉗浴盆在其中　孔晁曰：「雖不用而設之，敬諸侯也。」唐大沛曰：「壇壝宮內原非澡浴之所，浴盆疑即盥盤。」唐說當是。㉘其西三句　「其西，天子乘車立焉，青帟陰羽鳧旌」，「乘車立焉」原作「車立馬乘」，「青帟」原作「六青」，章檗本「六」作「亦」，王應麟本、盧本、朱本作「六」。劉師培曰：「《隋書・禮儀志五》引作『張羽鳧旌』。」孫詒讓曰：「古天子無乘六馬之制（詳《詩・鄘風・干旄》孔疏引鄭康成《駁五經異義說》）。〈五子之歌〉乃偽古文《書》，不足取證。此疑當作『天子乘車立焉』。上文唐公、虞公立焉，殷公、夏公立焉，文例正同。『六』舊本作『亦』，今考舊本不誤，『亦』即『帟』字之省，『亦青』當作『青帟』。此讀『青帟，陰羽』句。今本『焉』訛為『馬』，『亦』訛為『六』，『乘』字誤移箸『車立焉』下，『亦』字又到箸『青』字上遂不可通耳。

王、何讀『青陰羽』句，甚不辭。朱讀為『馬乘六青』，青非周之所尚，天子馬亦不宜純用此色也。」鴻恩按，「車立馬乘」不成辭，「六青」亦應是「青帟」壞倒，上文可以為證，今從孫說改。乘車，安車。古車立乘，此指可以坐的車，漢代稱安車。王應麟曰：「鳧，似鴨而小，長尾，背上有文。陸璣曰：『青色，卑腳，短喙。』」唐大沛曰：「蓋堂後西北隅為天子維縶車馬處，有鳧旌建于此。」朱右曾曰：「蓋鳧羽以為旌，皆建于車上。」鳧旌，用野鴨羽毛作竿飾的旗。按，據《周禮・春官・司常》天子之旌建於車上。

㉙其左泰士二句　「其左泰士，臺右彌士」，盧文弨曰：「『右泰士』之『右』，或疑『左』。謝（墉）云：『文云「中臺之外，其右泰士」，則在臺之前。下云「臺右」側旁臺而立者。上「右」字不必疑是「左」字。』」朱右曾改「左」為「右」。鴻恩按，依謝說，則朱改未必是，亦與孔注不合，今改回「左」字。孔晁曰：「外，謂臺之東西也。外臺右泰士，右彌士，言尊王。太、彌，相儀之事也。」盧文弨曰：「惠云『泰士，理官』。」陳逢衡曰：「是時會同，舉行嘉禮，焉用刑官？」孫詒讓曰：「惠說是也。泰士即大士，亦即大司寇也。《禮記・月令》鄭注云：『有虞氏曰士，夏曰大理，周曰大司寇。』大士，即大理也（士、理古字通）。《左》僖二十八年傳云：『士榮為大士。』《晏子春秋・諫上篇》有泰士子牛，正與此同。彌士，疑小司寇士師之屬。」鴻恩按：「《周禮・大司寇》：『凡朝覲會同，前王。』賈公彥疏：『司寇在王前為導也。』」陳逢衡之疑蓋偶爾失察。

㉚受贄者八人二句　孔晁曰：「受賓幣士也。四人東面，則西面四人也。」陳逢衡曰：「受贄，受諸侯之貢也。九州之外各以所寶為贄。」何秋濤引《周禮・大行人》，上公與侯、伯、子、男朝見，都要「廟中將幣三享」，鄭玄注：「三享皆束帛加璧，庭實〔陳列於廟堂的貢獻物品〕惟國所有。」《大戴禮記・朝事》曰：「奉國地所出重物而獻之，明臣職也。」《周禮・小宗伯》：「大賓客，受其將幣賫。」《周禮・服不氏》：「賓客之事則抗皮。」鄭司農注：「謂賓客來朝聘，布皮帛者，服不氏主舉藏之。」《周禮・校人》：「凡賓客，受其幣馬。」何氏據此曰：「貢獻之物，小宗伯受其總數，皮則服不氏受之，馬則校人受之，其餘玉帛庭實各有司存，不言可知矣。」

㉛陳幣當外臺　陳逢衡曰：「五字當為一節，所謂庭實唯國所有也。」陳是說此言陳放諸侯貢獻之所，故又曰：「『天玄𩡧宗馬十二』當另為一節，與下三項皆王朝所設以備觀瞻者。」唐大沛曰：「陳幣，即王朝自為陳設者，非諸侯所陳之方物。」鴻恩按，陳、唐均以「天玄𩡧宗馬」以下為朝廷所陳設之物，但於「陳幣當外臺」理解不一。依陳說，此句當屬上。「幣」為諸侯進貢之物，故孔晁釋為「陳束帛被馬于外臺」。此說非不通。然朝廷所有之物，實亦四方所貢獻，故亦言「幣」；且此處上下文都是說朝廷方面：朝廷的受幣之人、所陳幣物、為諸侯安排的休息處及守衛營牆的衛士，尚未言及四方貢獻。今從唐說。

㉜天玄⿱髟𩡧宗馬十二　⿱髟𩡧，王應麟本作「𩡧」，章檗本作「⿰馬欠」，盧文弨曰：「『⿰馬欠』字無考。」陳逢衡曰：「𩡧，當為『⿱髟𩡧』。宗，與『鬃』字通，或傳寫脫去

上半耳。」何秋濤亦曰：「『髦』字疑本皆是『𩬅』字。『嵌』固不成字，然上『山』乃『廾』之訛，旁『欠』乃『毛』之訛，尚可推而知也。」鴻恩按，「𩬅」作為毛布解，則為「髦」的異體字，王曰：「髦，罽（毛織品）也。」故作「髦」。𩬅又作力涉切，陳、何以為通「鬣」（《楚辭・九歌》「凌余陣兮躐余行」，躐一作「𩬅」，可以為證），通「鬣」則不能寫作「髦」。陳、何也都認為釋為「髦，罽也」，則「髦、宗馬」為二物，髦與馬無所取義。下文「嵌」王應麟本正作「𩬅」。自屬「𩬅」之訛，今改。鬣，《說文》：「髮鬣鬣也。」段注：「動而上指貌。」王應麟、朱右曾、何秋濤、孫詒讓都以為是四方所獻。王、何均引《儀禮・覲禮》中言諸侯貢獻之文，朱以「宗猶先也，以髦先馬，猶《左傳》『以乘韋先』牛」，孫疑「天」當為「先」，「言于四方為最在前也。」竊疑陳、唐說是。且《儀禮・覲禮》明言：「天子乘龍，載大旆」，鄭玄注：「大旆，太常也。《（大戴禮記・）朝事儀》『天子建太常十有二旒，樊纓十有二就，貳車十有二乘。』」《左傳》哀公七年曰：「周之王也，制禮上物，不過十二，以為天之大數也。」（楊伯峻注：「古代以天空唯十二次，故制禮以十二為極數。」）因而〈覲禮〉曰：「奉束帛，匹馬卓上，九馬隨之」，鄭注：「卓猶的也，以素的一馬以為上，書其國名。馬必十匹者，不敢斥王之乘，用成數，敬也。」這裏均言十二則是陳、唐說的有力證據。然而何秋濤曰：「鄭注『素的』，乃指帛之白者而言，以束帛加匹馬之上。孔注即用鄭注。此篇馬十二為數者，蓋當時尚未定用十匹之制也。」何說尚未定用十匹之制，恐未必，本文寫作不能肯定在周初。但說「匹馬卓上」有帛，當是。《周禮・大宰》鄭玄注、《儀禮・聘禮》胡培翬《正義》，均以玉馬皮帛釋「幣」，《儀禮・士相見禮》賈公彥疏則曰：「玉馬皮圭璧帛皆稱幣。」此處四句所說，則玉馬皮帛以至圭璧（下文「琰」，孔晁曰：「珪也」）一應俱全，利用朝會展覽此諸物，大約是對前此進獻者的一種表彰。王應麟曰：「畫繢之事，天謂之玄。玄與黑別。黑者，北方之正色。六入為玄，則有黑有赤。赤者陽之正，黑者陰之正，惟天體備陰陽之正色。」陳逢衡曰：「𩬅、鬣通，謂領毛也。《（禮記・）明堂位》所謂『夏后氏駱馬黑鬣』是也。宗，亦不訓『尊』（潘振有此說），當與『鬃』字通。蓋謂此所陳之馬，其𩬅與鬃皆天元（玄），而其數則十二也。」朱右曾曰：「（玄）在緅緇之間，天之色也。」鴻恩按，《爾雅・釋畜》「青驪繁鬣」，郝懿行《義疏》曰：「《左傳》定十年疏及《釋文》引舍人注：『鬣，馬髮也。』」可證鬣與鬃尚有別，故陳說「𩬅與鬃」。

㉝二方玄繚璧綦十二　「二方」原作「玉玄」。章本、盧本「玉」字並作「王」，朱本據王應麟本改為「玉」。章本「璧綦」作「碧基」。陳逢衡曰：「郭景純曰：『碧，亦玉類也。』碧字不必改為圭璧之璧。基，與『璂』通，璂讀如『綦』，蓋玉之小者，亦不必改作『綦』也。」何秋濤曰：「《周官・弁師》曰：『王之皮弁，會五采玉璂』，鄭注：『璂，讀如綦車轂之綦。』《說文》：『璂，弁飾也，往往冒玉也。』鄭則易琪為綦，『皮弁之縫中每貫結五采玉以為飾，謂之綦。』蓋鄭意謂經文琪字

乃玉名，故易為綦字。」孫詒讓曰：「玉玄繚璧綦十二，『玉』與下『璧』文複。下文兩言『玄繚璧』，上並無『玉』字，『玉』疑當為『二』之誤，下又挩『方』字。『二方』與『參方』、『四方』，文亦正相儷也。孔說並失之。『玄繚璧綦』、『玄繚璧琰』，『璧』下並著璧名，惟參方『玄繚璧』下無之，亦疑有挩字也。」鴻恩按，今從孫說改「玉」為「二」，亦「方」字。孔晁曰：「玄繚，謂以黑組〔絲帶〕紐之。基〔盧氏改為『綦』〕，玉名。」璧，環形有孔的玉。王應麟曰：「《爾雅》：『肉倍好謂之璧。（肉，邊也。好，孔也。）』東方之美者有醫無閭之珣玗琪焉。綦，即琪也。《（考工記・）玉人》：『璧九寸，諸侯以享天子。』《（禮記・）郊特牲》：『東帛加璧往，德也。』《（儀禮・）聘禮・記》：絢組，尺，注云：五采成文曰絢，用五采組〔絲帶〕長尺為以繫，所以束玉，使不墜。絢組繫亦名繅藉〔五彩的絲繩。繅，通藻〕。〈聘禮〉曰：上介屈繅以授賓，其組上以玄為天，下以絳為地。」鴻恩按，王氏此處所引〈聘禮〉文、鄭注，都是大意，非原話，並有賈公彥疏中語及王氏本人解語。何秋濤曰：「孔氏以綦為玉名，浚儀〔王應麟〕引珣玗琪證之者，考《說文》『珣』字：『醫無閭之珣玗琪，〔醫無閭山所產玉石。醫無閭即今遼寧醫巫閭山。琪，或作「璂」，段玉裁注：「蓋醫無閭、珣玗璂，皆東夷語。」〕《周書（・顧命）》所謂夷玉也。』錦州出錦川石，美者瑩潤如玉，大者可作几，《爾雅》列于九府，〈顧命〉陳于東序，誠重之也。」潘振曰：「玄繚，玄組綬也。」朱右曾亦依《說文》曰：「綦，帛蒼艾色。」鴻恩按，潘、朱對於「綦」字理解非是，與下文「玄繚璧琰」比較可知。❸❹參方玄繚璧豹虎皮十二　唐大沛曰：「參，當作『東』，草書『參』與『東』相混而訛。」按，參，通「三」。唐說可商，說見下。孔晁曰：「參方，陳幣三所也。璧、皮兼陳也。」王應麟曰：「虎豹之皮，示服猛也。」❸❺四方玄繚璧琰十二　唐大沛曰：「四，當作『西』。蓋東幣當外臺，玩『當』字義是在南方，當外臺之中，此則言東西二方所陳也。南方陳馬、璧，東方陳璧、皮，西方陳璧、琰，皆各十二，如孔說不改正文，則三方、四方在何處所耶？」鴻恩按，唐說不僅要改正文，且「二方玄繚璧綦十二」，又在南、東、西之何處所？還是孫說圓通。孔晁曰：「琰，珪也。有鋒銳，陳之四所，方列之也。」王應麟曰：「《（考工記・）玉人》：『琰圭九寸，判規。』圭之銳上者。」鴻恩按，〈玉人〉之文曰：「琰圭九寸，判規，以除慝，以易行。」《周禮・典瑞》鄭玄注引鄭司農曰：「琰圭有鋒芒，傷害、征伐、誅討之象者。」因而陳逢衡亦曰：「此圭以喻諸侯有不庭者則天討有加焉，故陳之四方，使知所警也。」何秋濤之說不同，以為圭璋皆銳上，孔、王之說皆不切。且〈玉人〉自言琰圭，此篇自言璧琰，不必強合。《說文・玉部》：「琰，璧上起美色也。」言璧而不言圭，言起美色，而不言剡上，曰璧琰，所以別於諸璧也。鴻恩按，何氏自是一說，可備參。❸❻外臺之四隅　王應麟本「四隅」下有「每隅」二字，義明。❸❼命之曰爻閭　爻閭注說紛紜。陳逢衡曰：「沈赤然曰：『諸侯無「爻」字之稱，古文「安」字似爻，疑本是

「安」字，為諸侯安息之閭耳。」」王應麟釋「㕚」為「交」，陳逢衡釋為「聯上下之交」；唐大沛以為「㕚」為「友邦」之「友」之誤；朱右曾以為「設于臺之四隅，如卦㕚」。鴻恩按，諸侯不能稱友邦，與〈牧誓〉之「友邦」有異。陳說、朱說亦未見其是，竊以陳引沈赤然說較妥，㕚閭，即安息處，孔晁曰：「每角張帟，息者隨所近也。」似別無深意。本書〈武順〉曰：「左右一卒曰閭」，朱右曾曰：「左右一卒，如里之有門，故曰閭。」諸侯休息處所應有士卒守衛，因稱閭。㊳周公旦主東方之所三句　「之所」，原作「所之」，唐大沛曰：「孔以周公旦主東方，故云然。然東方之馬，周公主之，是周公竟為管馬之人矣，如注說，是太公亦為管馬之人矣。此事理所必無者。今以『周公旦主』四字屬上文，增『之』字以成句，而以此二句與下二句為一節，以皆言東方也。舉東方則西方可知，並南、北二方亦可知。故篇中不具載。」鴻恩按，唐說是，此句當有誤，《萬有文庫》朱本標為「周公旦主東方，所之青馬黑鬛」，次句不辭。今從唐說「周公旦主東方之所，青馬黑鬛，謂之母兒」。孔晁曰：「周公主東方，則太公主西方，東青馬，則西白馬矣。馬名未聞。」王應麟曰：「鬛即『鬣』字。」陳逢衡曰：「孔說太泥，此會以周公主其事，猶湯定憲令以伊尹主其事也。」丁宗洛曰：「兒，即『貌』字。兒有倪音，母兒宜從貌。」劉師培曰：「王說是也。《爾雅・釋畜》云：『青驪繁鬣，騥。』青馬黑鬛即《爾雅》之青驪繁鬣也。《禮記・明堂位》云：『周人黃馬繁鬣。』熊安生以『繁』為黑，此其證也。若『母兒』之『母』字，殆即《爾雅》『騥』字之轉音歟？」鴻恩按，《說文》「鬣」或從「毛」作「𣰽」，段玉裁曰：「鬛即『𣰽』，隸體多假『葛』為『巤』。」又《爾雅》邢昺疏曰：「毛色青黑而髦鬣繁多者名騥。」㊴其守營牆者三句　何秋濤曰：「此節承上東方言，則亦專指守東方營牆者言也。衣青者，東方之色，執矛亦東方之兵也。以東方推而言之，則守南方營牆者，當衣赤，操弓執戟；守西方營牆者，當衣白，操弓執戈；守北方營牆者，當衣黑，操弓執殳。此不言者，舉一方以該其餘也。此節只言東方之守者，而不及餘方，向固疑之。今細玩孔氏注：『戟也，各異方』五字，恍然悟此節之下必有奪文無疑也。蓋原文紀西、南、北各方守者所執之兵而別著異名，故孔氏以『戟也』釋之，又謂其『各異方』耳。」孫詒讓曰：「此守營牆之士，衣及兵各依方色。東方執矛，與《管子・幼官篇》『東方兵尚矛』、《淮南子・時則訓》『春其兵矛』、《穀梁傳》楊士勛疏引徐邈說『五兵矛在東』並合。但矛與戟迥異，孔不宜合為一。竊疑此正文及注『矛』字並當為『子』。《左》莊四年傳：『授師子焉。』《方言》云：『戟，楚謂之釨。』釨、子字同。蓋子、戟古音近通用，故孔以戟釋子也。子與矛形近而誤。」王本孔晁曰：「矛，戟也，名異。」據孫說，其本字應為：「子〔矛〕，戟〔釨〕也，名異。」王應麟曰：「營牆，壝宮之牆也。」潘振曰：「營，謂回環之。」陳逢衡曰：「青衣，賤者之服，不必泥定東方二字。後世兵卒衣青本此。」按，陳此說與諸家之說不同。劉師培曰：「古字營通作『環』，故

《說文》「自營曰私」，《韓非子》或作「環」。營牆者，即《左傳》所謂「環列」也。」環列，即布列環衛。

【語　譯】成周的朝會，壇上張設著紅色的承塵，裝飾著淺黑色的羽毛。天子面向南站立，王冠上垂掛著瑲玉繁露，身穿九采朝服，腰裏插著珽玉笏。唐叔、荀叔、周公在王左面，太公望在右面。都戴冠冕，也都是瑲玉繁露，著七采朝服，腰插的手板是荼，陪侍天子站在堂上。

堂下的右面，唐公、虞公面向南站立；堂下的左面，殷公、夏公站在那裏，都是面向南。冠冕上是珛玉繁露，著朝服九采，腰裏插的手板都是荼。

阼階南面，祝淮氏、榮氏依次站立，都是面向西而立，以珪為柄的盛酒器就放在旁邊。消除疾病的宗人靠近的，是為有病的諸侯放置醫藥的場所。贊禮的太史魚、大行人，都著朝服，冕有珛玉繁露。

堂下的東面，郭叔主管為天子登記諸侯的貢品，冠冕為瑲玉繁露。

內臺面向西以北方為上，是應侯、曹叔、伯舅、仲舅，下面依此是比服諸侯、要服諸侯、荒服諸侯。西方面向東以北方為上，伯父、仲叔季弟依次站立。方圓千里之內為比服，方圓二千里之內為要服，方圓三千里之內為荒服：這都是朝於內臺的諸侯。

堂後面東北方向，張掛著紅色承塵，有浴盆在承塵之下。堂後的西面，天子的車駕停駐在那裏，青色的承塵裝飾著淺灰色的羽毛，野鴨羽裝飾的旌旗插在車上。

中臺外面，其左面是大司寇，右面為大司寇的屬官彌士。接受貢品的八個人，其中面向東的四人（，面向西的四人）。

陳放的貢品對著外臺，（第一處）玄色鬣鬃的駿馬十二匹，第二處玄色絲帶所繫的璧和琪十二塊，第三處玄色的絲帶所繫的璧十二塊、虎豹之皮十二張，第四處玄色絲帶所繫美色的璧十二塊。

外臺的四角張掛著紅色承塵，為諸侯設置，想休息的都在那裏休息，稱之為安息之所，有士卒守衛。

周公旦主管東方的貢品，那裏有黑鬣毛的青馬，叫做母兒。那些守衛圍牆的人，都穿青色衣服，帶著弓箭，手持長矛。

西面者正北方：稷慎大麈❶；穢人前兒❷——前兒，若獼猴，立行，聲似小兒❸；良夷在子❹——在子，鱉身人首，脂其腹，炙之藿，則鳴曰「在子」❺；揚州禺禺——魚名❻；解隃冠❼；發人鹿——鹿者，若鹿，迅走❽；俞人雖馬❾；青丘狐九尾❿；周頭煇羝——煇羝者，羊也⓫；黑齒白鹿白馬⓬；白民乘黃⓭——乘黃者，似狐，其背有兩角⓮；東越海盒⓯；歐人蟬蛇⓰——蟬蛇順，食之美⓱；於越納⓲；姑妹珍⓳；具區文蜃⓴；共人玄貝㉑；海陽大蟹㉒；自深桂㉓；會稽以鼉㉔：皆西嚮㉕。

【章　旨】立於壇東面、面向西的二十個東南方國家，所進獻的各種珍異獸類和魚、蛤及揄冠、肉桂等物產。

【注　釋】❶西面者正北方二句　唐大沛曰：「『正』當作『上』。東邊西面立者以北方為上。即以文義言之，西面者立東方，東夷之人也，與『正北方』三字不相承接也。惟西面者上北方，則《禮》有明文。『正』為『上』字之訛無疑。」朱右曾曰：「稷慎至會稽二十國，皆列于臺東西面，其序則自北而南也。」孔晁曰：「稷慎，肅慎也。貢麈，似鹿。」王應麟曰：「《(周禮・)大行人》：『九州之外為蕃國，世壹見，各以其所貴寶為摯（通「贄」）。』《山海經（・大荒北經）》：『大荒之中，有山曰不咸，有肅慎氏之國』，(《山海經・海外西經》：)『(肅慎之國)在白民北』，注：『去遼東三千餘里。』《急就篇》注：『(麈)似鹿，尾大而一角，談說者飾其尾，執之以為儀。』」陳逢衡曰：「《左傳》(昭公九年)：『肅慎、燕、亳，吾北土也。」《竹書紀年》、《大戴禮・五帝德》、《史記・五帝紀》並作「息慎」，稷、息、肅古通用。不咸山，今之長白山也。」孫詒讓曰：「《大戴禮記・少間》盧注曰：『周武王時（「武」當作「成」），肅慎貢文麈。』盧所見本『大』或作『文』。下孔注『大麈』文兩見，則孔本自作『大』。」楊寬曰：「肅慎在今長白山以北，直到黑龍江流域。」（《戰國史》第二八六頁）秦漢改稱挹婁，南北朝後之勿吉、靺鞨、女真及今之滿族都與肅慎有淵源關係。鴻恩按，稷慎大麈，意即肅慎所進獻之物為麈，句中省略了動詞，下同。今人於麈之理解不一。一說，為「古書」所說似鹿的一種動物，尾可以作拂塵，似只是「古書」所言，不能辨指何種動物。一說即指麋，嚴章福《說文校議議》和段玉裁《說文》注主此說：「今人所謂麋者即《說文》之麈。」「今所謂麈，正古所謂麋也。」《漢語大詞典》、《漢語大字典》、湯可敬《說文解字今釋》等均從徐珂《清稗類鈔・動物類》之說：「麈，亦稱駝鹿，滿洲語謂之堪達罕，產於寧古塔、烏蘇里江等處之沮洳地。俗稱四不像。」鴻恩按，寧古塔即今黑龍江寧安（也曾移治吉林省吉林市）。寧古塔、烏蘇里都在古肅慎地域，恰與本文所說「稷慎大〔文?〕麈」一致，應當不是巧合。又，「麋鹿」「尾長，下垂到踝關節。」（《辭海》）此說、徐珂之記均可證實嚴、段麈、麋為一物說，並非「古書」所載不可考知之物。❷穢人前兒　孔晁曰：「穢，韓穢，東夷別種。」王應麟曰：「《後漢書・東夷傳》：『濊，北與高句驪〔古國，在今遼寧新賓至鴨綠江〕、沃沮〔今吉林延吉至朝鮮咸境南道〕，南與辰韓〔今韓國東部〕接，東窮大海，西至樂浪〔郡治在今朝鮮平壤市南〕。』《爾雅》注：『鯢魚似鮎，四腳，前似獮猴，後似狗，聲如小兒啼，大者長八九尺。』」宋祁《益部方物圖》：『魶魚，四足，能緣木，聲如兒啼。』」陳逢衡曰：「穢即濊。朝鮮國之江原道為古濊貊國。前兒，即《山海經》之人魚，互見〈北山經〉、〈中山經〉。郝懿行曰：『鯢，古文省作兒。』蓋此魚四足，若獮猴，聲似小兒，又能立行，以其有似于人，故謂之人魚。」《說文解字今釋》：「鯢，俗稱娃娃魚。」穢，亦稱貊、貉、穢貊、濊貉、韓穢，西周前穢、貊單稱。分布於松嫩平原、鴨綠江流域及朝鮮半島。秦漢以後的夫餘、高句驪、沃沮、百濟都和穢有淵源關係。鯢、魶、大鯢，為一物，是現存最大的兩棲動物。鴻恩按，「前兒〔鯢〕」之「前」前人無說，唯潘振釋為淺黑，即「翦」字之義，未知是否。❸前兒四句　獮猴，章、盧、潘、陳、唐均作「獼猴」，潘釋為「毉獼之獼，嬰兒也。」亦可通，參上注。朱本作「獮」，即「獼」。唐大沛曰：「貢物下所釋，各本皆作正文，但所釋語多不經，且或有或無，故別之于正文之外，而蓋目為『原注』，即謂作者原是自說自解。」下文凡有如此之釋文者，釋文前唐本均標有「原注」二字。前引劉師培之說與此相近。鴻恩按，蓋鯢四足，能緣木，故曰「若獮猴」，陳逢衡因而特別強調「實是魚，不是猴」。❹良夷在子　孔晁曰：「樂浪之夷也。貢奇獸。」唐大沛曰：「奇獸當作『奇魚』，故下文云：『亦奇魚也』，傳寫誤。」何秋濤曰：「漢樂浪郡治，即今朝鮮之平安道平壤府治是也。」陳逢衡曰：「在子不知何物。《通雅》云：『在子，鱉身人首。』案良夷濱于東北海，例以穢人前兒、揚州禺禺，則『在子』為水族似可信。」朱右曾曰：「愚謂良，讀如郎。」鴻恩按，「樂浪」之「浪」，《漢書・武帝本紀》元豐三年「樂浪」師古注），朱故曰「良（浪）夷」之「良」。何秋濤列舉《山海經》之一種獸、一種鳥、一種魚（陵魚）等物釋在子，終曰：「在子不知何物，諸說皆未確。」❺在子五句　「在子，鱉身人首，脂其腹，炙之藿，則鳴曰在子」，「鱉」字王本作「幣」，朱本據王本補。陳逢衡曰：「幣，疑作『弊』。《玉篇》：『弊，獸名。』《格致鏡原》引〈王會〉『弊身』作『鱉身』，並附于鱉類之末。」劉師培曰：「唐段成式《酉陽雜俎》十六云：『在子者，鱉身人首，炙之以藿，則鳴曰在子。』是『身』上當補『鱉』字，『雚』當從王本作『藿』。《容齋續筆》十三引作『弊身』，『雚』亦作『藿』。弊、幣二字均係『鱉』訛。」今據以上諸證改「幣」為「鱉」。藿，豆葉（王應麟）。潘振曰：「塗脂于其腹，以藿炙之，獸自鳴曰『在子』。」❻揚州禺禺二句　「揚州禺禺——魚名」，或斷為「揚州禺——禺，魚名。」何秋濤曰：「畢尚書（畢沅）云『揚州禺，經也；禺，魚名，注也。』以王氏《補注》推之，仍當以禺禺二字為正名也。」孔晁曰：「亦奇魚也。」王應麟曰：「《說文》：『鰅，魚名，皮有文，出樂浪東暆（西漢樂浪郡東暆縣在今韓國江原道之江陵，東濱大海）。周成王時揚州獻鰅。』〈上林賦〉『禺禺』，郭璞曰：『禺禺，魚，皮有毛，黃地黑文。』」陳逢衡曰：「禺禺即鱅鱅，見《山海經・東山經》，其狀如犁牛。《博物志》：『東海中有牛體魚，其形狀如牛。』即此禺禺。徐廣曰：『禺禺，魚牛也。』」唐大沛曰：「貢禺魚皮也。上文前兒，想亦非臘即皮。」何秋濤曰：「此揚州，當是今朝鮮國京畿道所屬之揚州，所以知其然者，蓋上文肅慎、穢人、良夷，下文發人，皆在東北海濱。今案《呂氏春秋・恃君覽》曰：『夷穢之鄉，大解、陵魚、其、鹿野、搖山、揚島。』此皆東北地名。大解即下文之『解』，則揚島蓋即此揚州矣。《（山海經・）東山經》云：『樕螽之山，食水出焉，而東北流注于海。其中多鱅鱅之魚，其狀如犁牛，其音如彘鳴。』是鱅鱅之魚產于東北陬近海之地。蓋〈王會〉揚州即在此處。」鴻恩按，司馬相如〈上林賦〉「鰅鱅鰬魠，禺禺鱋魶」，徐廣曰：「鰅，皮有文，出樂浪。禺禺，魚牛也。」徐說「鰅」同《說文》，而以「禺禺」為「魚牛」，同〈東山經〉之「鱅鱅」。王念孫《廣雅疏證》以鰅為有文采的班魚，可以其皮飾器。鱅有二義，一即郭璞所謂「似鰱而黑」，花鰱，俗稱胖頭魚，此與本文無關。一即為怪魚「魚牛」。依徐廣注只有禺禺與鱅鱅一樣「狀如犁牛」，《博物志》東海的「牛體魚」及《廣韻》之「鱅，似牛，音如豕」，同屬一物。禺禺、鱅鱅音近。究屬出於樂浪用其皮飾器的「鰅」，還是狀似牛、音似豕的「鱅鱅」，二說斷句不同，釋義不同。今依陳逢衡、何秋濤說。❼解隃冠　上文何秋濤引〈恃君覽〉：「夷穢之鄉，大解、陵魚……多無君」，可證大解為種族名，在夷穢之鄉。何曰：「解國地在東北陬，蓋即今之費雅喀部人，俗稱之魚皮島者也。在三姓（今黑龍江依蘭」以東，混同江〔黑龍江匯合松花江後到烏蘇里江口一段的別稱〕口海口大島也。下文『北唐以閭，閭似隃冠』，閭狀似驢而一角。郭璞注《山海經（・北山經）》云：『閭，即羭也。』今按「隃冠」之「隃」當為「羭」字之通借。羭，羊也。言解國以羊皮冠為獻也。按，〈海外東經〉有玄股之國，其為人衣魚食鷗，又有勞民國，為人手足面目盡黑。郝氏懿行曰：『今東北邊有魚皮島人，正以魚皮為衣也，其冠以羊、鹿皮戴其角，如羊鹿然。』今之魚皮島隃冠，即其所冠之羊皮冠戴其角者也。」鴻恩按，居住於今三江（黑龍、松花、烏蘇里）交匯處的赫哲族，即有「魚皮部」、「魚皮韃子」、「黑斤」等稱，他們過去就是以魚皮為衣的，其族源可上溯至肅慎。此可旁證解地的方位，戴羊皮冠也是合於情理的。❽發人麃四句　「發人麃——麃者，若鹿，迅走」，「麃」原作「鹿」，王應麟本作「鹿人」。《史記・武帝本紀》《索隱》引此作「麃」，陳逢衡曰，邵晉涵《爾雅正義》引亦作「麃」。盧、陳、朱均從改。陳又曰：「竊疑此條當是『發人麃』，麃音麕，下從几，與『儿』形相似，**儿**即古文『人』字，後世傳寫誤分為二，故王伯厚所見本為『鹿人』也。」何秋濤曰，「麃」為傳寫之誤，「鹿人」為鹿中別一種，淺人妄刪「人」字。鴻恩按，何說姑存疑，陳氏二說較可據。孫詒讓曰：「《大戴禮記・少閒篇》盧注云：『北發，北狄地名。其地出迅足鹿。』劉賡《稽瑞》引此云：『鹿若疾走。』疑古本作『發人以鹿若，鹿若迅走』，蓋以『鹿若』為獸名。」孫說「鹿若」存參。孔晁曰：「發，亦東夷。」發人，發為種族名。古籍或稱發，或稱北發，常與肅慎、朝鮮並提。錢穆引錢大昕云：「《大戴・少閒篇》『海外肅慎、北發、渠搜、氐、羌』之文凡四見。」（《史記地名考・中國與四夷・北發》）麃，即獐。何秋濤曰，吉林境內有二發河，輝發河旁明代有輝發國，蓋皆因發人之故。《歷史地圖集》第一冊第四二頁所標戰國時之發，即在今吉林南境輝發河畔。❾俞人雖馬　潘振曰：「渝水，在遼西臨渝，東出塞。」陳逢衡曰：「山海關本古渝關地，此俞人當在其左近。」劉師培曰：「《漢書・地理志》遼西郡臨渝縣下云：『渝水，首受白狼，東如塞外。』又交黎縣下云：『首受塞外，南入海。』此即今之大淩河，俞人當為渝水附近之國，在今錦州旁。」鴻恩按，《歷史地圖集》標俞於錦州西北大淩河、朝陽附近。王應麟曰：「〔孔晁注：〕雖馬，巂如馬，一角，不角者曰騏。補曰：《爾雅》：『驨，如馬，一角。』」陳逢衡曰：「《山海經・北山經》：『帶山有獸焉，其狀如馬，一角，有錯〔厲石〕，其名曰臛疏。』」郝懿行曰：『巂、雖、疏俱聲相近。』《廣雅》：『鐫，錐也。』」王氏疏證曰：「《爾雅・釋獸》「驨如馬，一角」，亦以其角形如錐而名之。故《逸周書・王會篇》謂之雖馬，雖、錐聲相近也。』」何秋濤曰：「《玉篇》云：『驨，騏驥也。』」❿青丘狐九尾　孔晁曰：「青丘，海東地名。」陳逢衡曰：「《一統志》：『青邱在高麗境。』」《竹書紀年》：「〔夏〕柏杼子征于東海及王壽，得一狐九尾。」《山海經》之〈大荒東經〉、〈海外東經〉青丘國，都有「狐九尾」，〈南山經〉說詳：「青丘之山，有獸焉，其狀如狐而九尾，其音如嬰兒，能食人，食者不蠱。」袁珂曰：「漢代石刻畫像及磚畫中，常有九尾狐與白兔、蟾蜍、三足烏之屬列于西王母座旁，『食人』之傳漸隱，『為瑞』之說終張。」（《山海經校注．海外東經》第二五七頁）錢穆曰：「東方色青，青州、青丘，取義一也。」（《史記地名考．中國與四夷》第八頁）⓫周頭煇羝三句　「周頭煇羝——煇羝者，羊也」，劉師培曰：「《玉海》一百五十二引此文，自注云：『〔煇羝〕一作抵煇。』」「羝」字章本作「𦍩」或作「𦍣」，都是「羝」字異體。孔晁曰：「周頭，亦海東夷也。」周頭有多種解釋，潘振曰，即《山海經．大荒南經》之「驩頭國」，「古文驩作鴅，鴅似鵃，故後人誤為周頭也。郭注云：『驩兜，堯臣。有罪，自投南海而死。帝憐之，使其子居東海而祠之。』」鴻恩按，《玉篇》：「鴅，人面鳥喙。」《廣韻》說同。與〈大荒南經〉所說「驩頭人面鳥喙」相合。陳逢衡曰，《山海經》有驩頭國、周饒國（〈海外南經〉）、雕題國（〈海內南經〉），不知誰是。何秋濤曰：「周頭，亦曰周饒，即焦僥國，以其人短小而有是名。其國有二，一在西南，一在海東。此次于青丘之後，故知為海東之國也。畢〔沅〕尚書曰：『周饒即焦僥，音相近也。』郝懿行曰：『周饒又聲轉為侏儒。』（〈魏志．東夷傳（．倭）〉：『女王國，又有侏儒國在其南，人長三四尺。』）曰『煇羝』者，當是周頭方言，因而記之。今蒙古語猶呼羊為『煇』，亦一證也。」袁珂曰：「郭璞云：『《詩含神霧》曰：「從中州以東四十萬里，得焦僥國人。」』」鴻恩按，郭璞所說方位、《三國志．東夷傳．倭》所言侏儒，均可證周頭在東海中。煇羝，羝為公羊，如何氏說，則煇義亦為羊，煇羝即羊，故曰「煇羝者，羊也」。然則潘振釋「煇」為赤色，非是。⓬黑齒白鹿白馬　黑齒，孔晁曰：「黑齒，西遠之夷也。」唐大沛曰：「當云『東之遠夷也。』」王應麟曰：「《山海經》（〈海外東經〉、〈大荒東經〉）：『黑齒國在青丘北，為人黑齒。』注：『齒如漆。』《呂氏春秋（．求人）》：『禹東至鳥谷青丘之鄉，黑齒之國。』」陳逢衡曰：「黑齒有二，一在東南，一在西南。〈伊尹四方令〉之黑齒在西南，即《異物志》所謂『西屠〔部族名〕以草染齒，染白作黑』是也。而此黑齒則在東南，黑齒乃其水土使然。」白鹿白馬，劉師培曰：「疑一本作『鹿』，一本作『馬』，校者合而一之。」（下文「鼓鍾、鍾牛」注）⓭白民乘黃　唐大沛「民」作「氏」，何秋濤亦疑「民」為「氏」字之訛。《山海經．大荒西經》「白民」原作「白氏」，袁珂則據宋本改為「白民」。孔晁曰：「白民亦東南夷。」王應麟曰：「《山海經（．海外西經）》：『白民之國在龍魚北，白身被髮。有乘黃，其狀如狐，其背上有角，乘之壽二千歲。』《（後漢書．）東夷傳》『九夷』有白夷。漢〈郊祀歌〉『訾黃』注：『一名乘黃，龍翼而馬身，黃帝乘之而仙。』《淮南子（．覽冥）》：『飛黃伏皁』注：『飛黃，乘黃也，出西方，狀如狐，背上有角，乘之壽千歲。』宋〈符瑞志〉：『舜時地出乘黃之馬。』」劉師培曰，祝穆《事文類聚後集》三十八引〈王會〉云：「乘黃，一名飛狐，有五肉角。」道藏本《軒轅黃帝傳》云：「又有騰黃之獸，其色黃，狀如狐，背上有兩角。」鴻恩按，諸說乘黃之名與形狀不盡一致，然而大體相近，可以騎乘。陳逢衡以為白民非東南夷、非白夷，〈大荒東經〉白民之國疑是錯簡，本屬〈大荒西經〉，曰：「白民自在西，故《山海經》白氏之國列之〈大荒西經〉，而白民之國亦列之〈海外西經〉也。白氏即白民。《淮南・覽冥訓》注：『飛黃出西方。』則白民在西，信矣。〈墬形訓〉：『海外三十六國，自西北至西南方有白氏。』即此白民無疑。」何秋濤則曰：「疑白民在東方。」以為〈魏志・東夷傳〉所說不著衣之裸國即白民。陳漢章以東方白民即九夷之白夷，且曰：「〈海外西經〉之白民，或今白種，非〈大荒東經〉之白民也。」鴻恩按，陳漢章說似合於《山海經》，乘黃為西方白民之物。⑭乘黃者三句　「乘黃者，似狐，其背有兩角」，章本「狐」字作「騏」，無「其」字，盧本未改，王念孫據《山海經》注、《文選・曲水詩・序》注、《初學記・獸部》引文校正，唐、朱從改。劉師培引用多種書，進一步證實王說。⑮東越海侴　海侴，《文選》注訛為「侮食」、「晦食」（盧注、劉注），當因蛤作「侴」，盧、陳、唐、朱本均作「侴」。侴，即「蛤」字。典籍多作「蛤」，《說文》作「侴」。孔晁曰：「東越則海際。侴，文侴。」王應麟曰：「《通典》：東越即閩川地。《本草經》：文蛤，表文〔殼表有文理〕，生東海。」陳逢衡曰：「今福建福州府，周為七閩地，後屬越，秦為閩中郡。海蛤，一名陸，見《爾雅（・釋魚）》，其狀圓而厚，外有理縱橫，即蚶子也〔陳說據《爾雅・釋魚》「魁陸」郭璞注引《本草》及郭氏語〕。」何秋濤曰：「《元和郡縣志》：『福州貢海蛤。』《圖經》云：『久爛者為海蛤，未爛有文理者為文蛤』也。」鴻恩按，古人蚶、蛤不分，蚶又稱魁蛤，邢昺《爾雅》疏亦曰：「字書云：『蚶，蛤也。』」同陳氏說。蛤今屬雙殼綱蛤蜊科，蚶屬雙殼綱蚶科，同綱不同科，蛤殼面光滑或為中心文，蚶為自殼頂發出的放射文，像瓦壟。海蛤是海中各種蛤類的總稱。⑯歐人蟬蛇　王應麟本「歐」作「甌」，不重「蟬蛇」二字。劉師培曰：「《路史・國名紀四》亦引作『甌』，引注同。《玉海》百五十三仍引作『歐』，自注云：『一本作「甌」。』（甌、歐互用。）」按，前人於歐地所在、蟬蛇為何物有不同理解。孔晁曰：「東越，歐人也，比交州〔東漢改交趾刺史部為交州，治所先後在今廣西梧州、廣東廣州〕蛇特多，為上珍也。」唐大沛曰：「比者，猶近來。王本無『比』字，又無『特多』、『也』三字，皆非。」王應麟曰：「《山海經（・海內南經）》：『甌居海中。』注：『今臨海永寧縣〔浙江溫州〕即東甌，在岐海中。』」楊氏《南裔異物志》：『蚺唯大虵，既洪且長，采色駮犖，其文錦章。』（交州蚺蛇長十丈，圍七八尺。）」潘振曰：「珠崖儋耳〔今海南儋州西北〕，謂之甌人，屬南越。珠崖，今廣東瓊州府。廣東別號東越。廣州貢蛇，見《唐・志》。蟬蛇，蚺蛇〔大蛇；蟒蛇〕也。」陳逢衡曰：「竊疑東甌即東越，不得分為二國。此甌人當是西甌。《漢書・南粵王傳》師古曰：『西甌即駱越也。言西者，以別東甌也。』《漢書・南粵傳》又云：『西有西甌，東有閩粵。』《寰宇記》：『永嘉〔隋改永寧為永嘉〕為東甌，鬱林〔今廣西玉林一帶〕為西甌。」〈郡國志〉又謂「鬱林是西越」。永嘉在浙江溫州，鬱林在廣東〔在歷史上鬱林曾與廣州屬同一政區〕，是東越即東甌，歐人即西越。《通典》：「貴州〔今廣西貴港〕，古西甌駱越之地。」尋按諸說，歐人當在今廣東、廣西境，蓋其土俗喜啖蛇，故《淮南子》云：「越人得蚺蛇以為上品。」蟬蛇，《路史．國名紀》引作「鱓蛇」，蟬、鱓古通用。《倦遊雜錄》云：「嶺南人好啖蛇，易其名曰茅鱓」是也。」朱右曾曰：「永嘉西南有東甌故城。《爾雅翼》曰：『蟬似蛇，無鱗，體有涎沫。』《類篇》云：『蛇蟬，黃質黑文。』今字作鱓，生水岸泥窟中。」何秋濤曰：「《山海經》所敘自東而西，首舉甌人，列閩之前，則甌人必是溫州之東甌也。蟬本訓蜩，蟬、蛇為二物。」俞樾亦釋蟬蛇為鱓魚：「《山海經》郭注曰：『鱓魚如蛇。』蓋以其似蛇而得蛇名，實非蛇也。」鴻恩按，孔、潘、陳以「歐人」指鬱林一帶或曰廣西、廣東之越人，即西甌（潘說是闡發孔說，故曰廣東別稱東越，乃相對西甌而言），並且均以蟬蛇為蛇。王、朱、何則以「歐人」指東甌（王又以「蟬蛇」為交州之蛇，陷於自相矛盾），故朱釋為「鱓」即鱔魚，而何氏則以之為蟬、蛇二物。竊以「歐人」指廣境之越，非指浙、閩之東越，陳氏說可信。《淮南子．人間》載，秦發卒五十萬，分五路軍「以與越人戰，殺西嘔〔甌、歐〕君譯吁宋。」此即秦始皇三十三年之事（《史記．秦始皇本紀》）。秦攻「越人」的目標是今桂林、柳州、南寧、玉林、梧州和廣州一帶，《中國歷史地圖集》第二冊第一一頁所標秦代「西甌」恰在這一帶。這裏所謂「越人」、「歐」是指西甌（嘔），與陳說相合。孔注「東越」應如潘說指「東越」即廣東，蓋相對西越（西甌）而言，稱東越、東粵，後世遂有廣西、廣東之稱。浙、閩既有溫州之東甌，又有建安之西甌（見下文「具區文蜃」注），道理相同，都是就近相對而言。蟬固與鱓（鱔）音近相通，與蚺亦音近相通。釋為蚺蛇，與廣人喜啖蛇的習俗完全一致。⓱蟬蛇順二句　「蟬蛇順，食之美」，朱右曾曰：「順，謂縱切之。」俞樾曰：「順，讀為『馴』。蟬蛇順者，言其性馴善也，雖有蛇名而實非蛇也。」鴻恩按，俞氏於「順」斷句，釋為「馴」，甚是。⓲於越納　何秋濤曰：「越都會稽，此云『於越納』，下云『會稽以鼉』，或疑其複出，不足為據。於越本作「干越」。干音干戈之「干」。自顏師古注《漢書》，改「干」為「于」，而以《春秋》之「於越」釋之，實為謬誤。〈王會〉之「干越」蓋既改為「于越」之後，又依《春秋》改「于」為「於」，輾轉變易，故其跡尤隱。」又曰，或釋干越為二國，即吳越，或釋為一國。何氏持後說，依《漢書》孟康、韋昭注「南方越名」，「今餘干縣，越之別名」，定為「越之別一種，其地即今之江西饒州府餘干縣治是也」。孫詒讓曰：「《御覽》八百四十，引作『於越獻舟』，疑『納』本作『內』，即『舟』之誤。」何秋濤曰：「納，乃『魶』之假借字。《說文》：『魶，魚，似鱉無甲，有尾無足，口在腹下。』考其形狀，即今銅盆魚也。納與魶古字相通，或止作納字，加魚旁，以為分別文耳。」何氏詳為考證，顏色有黃、白、紫黑之異，形狀如圓盤，如團扇，如車輪，大者三四百斤，尾極毒，能螫人。魟為今名，鰂、鰿為古名。此鰂與義為鯢的「鮒」不同。陳漢章曰：「吳、干初本為敵國，其後屬吳，字作『邗』。《說文》：『邗，國也，今屬臨淮〔漢臨淮郡，邗在今江蘇揚州〕。一曰：邗本屬吳。』吳有邗地，遂稱吳越為干越。其地非豫章之餘漢〔漢之餘漢即隋以後之餘干〕可知。」鴻恩按，何、陳氏均以「於越」應作「干越」（參王念孫說），因為下文還有「會稽」，於越、會稽均指越，不應重出，於是何氏釋「干越」為餘干之越，陳氏則釋為吳越。鰂為海魚，言內地之餘干越獻海魚，不合於情理；言吳、越二國獻鰂，亦不可能；孫氏說亦非堅證。孟康釋為「南方越名」似可從。《通典・州郡・古南越》：「自嶺而南，當唐虞三代，為蠻夷之國，是百越之地，亦謂之南越，古謂之雕題。」此姑從干越為南方之越與鰂字說。⑲姑妹珍　孔晁曰：「姑妹〔字誤〕，國，後屬越。」王應麟曰：「《（國語・）越語》：『句踐之地，西至于姑蔑。』《輿地廣記》：『衢州龍游縣本姑蔑，越西鄙。』《春秋》（隱元年）：『盟于蔑。』《公羊》、《穀梁》作『眛』（亡結反）。妹亦『蔑』字也。」姑蔑，《越絕書》作「姑末」，何秋濤曰：「蔑、眛、末、妹可相通借者。春秋時為越西境，而周初入貢，則固自為一國矣。珍，孔氏無注，浚儀〔浚儀即今河南開封，王應麟先世為浚儀人〕以為珍物，與前後文體例不合。今按，珍與瑱通。《廣韻》：『瑱，玉名也。』凡從『㐱』之字古多與從『真』之字通用，故《說文》『㐱髮』之『㐱』，《毛詩》作『鬒』，或又作『黰』。鎮、瑱、珍，聲類皆同。今衢州府西有球川，亦以玉為名，是其地古嘗產玉。」俞樾曰：「珍字當為一物，今按，乃『珧』字之誤。珧字篆書與珍相似，因而致誤。《爾雅・釋魚》：『蜃小者珧。』《山海經・東山經》：『其中多蜃、珧。』是珧與蜃同類。此云姑妹珧，下句云具區文蜃，正以類相從矣。」鴻恩按，二說各有其據，未知是玉是蜃，疑俞說近情，譯文從之。「妹」字或作「妹」，朱右曾本明確作「妹」（《萬有文庫》本誤為「妹」）、何秋濤、俞樾等都作「妹」，今人譯注本都誤作「妹」。妹喜之「妹」（從末不從未）。⑳具區文蜃　具區，原作「且甌」，朱右曾據《御覽》卷九四一改為「具區」。孫詒讓從朱校，以《稽瑞》亦引作「具區」，釋曰「吳之震澤」，孫曰：「孔注當云『具區在吳越間』〔今孔注為『且甌在越。』〕，蓋本《爾雅・釋地》說。吳越之間有具區〔今太湖〕，傳寫因訛作『且甌』。校者疑東西甌皆屬越，不涉吳境，遂刪『吳』字、『間』字。今本又改作，文義更不可通矣。」何秋濤曰：「此且甌蓋閩越之西甌也。考《（山海經・）海內南經》郭璞注：『閩越即西甌，今建安郡是也。』《一統志》：『古甌城在福建建寧府建安縣東南。』此城實閩越之西甌。又按，且與查通。建寧府崇安縣有查源洞，查字從木且聲，地名查源，疑時崇安溪水本有且名，甌城在且水之旁，故曰『且歐』。」陳漢章亦以為具區為澤藪，「古未聞吳國外有建國于具區者，自當作且甌，為周七閩之一。」鴻恩按，今浙江溫州一帶，戰國時稱甌越，秦時稱東甌，以情理言，今福建建甌既有「甌城」，則可相對溫州之甌而稱為西甌，郭璞「閩越即西甌」之說，應可以成立。何氏引宋樂史《太平寰宇記》：「漢吳世子劉駒發兵圍東甌。」指建安，引《建安縣志》：「東甌城在縣東南百餘里南十里」，何氏以二「東」字「皆誤」，疑是後人地理觀念擴大，相對於今廣西境內之西甌而言，稱建安之甌為「東甌」。總體而言，言且甌為「具區」之誤，比較能落實，言「且甌」不誤，則「且」字之釋未知是否。文蜃，孔晁曰：「大蛤也。」《國語・晉語九》「雀入于海為蛤，雉入于淮為蜃」，韋昭注：「小曰蛤，大曰蜃，皆介物蚌類也。」

㉑共人玄貝　共，凡四解：一、陳逢衡曰：「《路史・顓頊紀》百越之屬有『供人』，即『共人』也。又《國名紀》高陽氏後有供人。」二、多種版本「共」字作「若」，「若」即若耶。何秋濤曰：「孔氏以為吳越之蠻，蓋即越之若耶山也。《越絕書》云：『若耶大冢者，去縣（指會稽縣而言）二十五里。』今若耶山在浙江紹興府會稽縣南四十四里，若耶溪出焉。」三、若為「苦」訛。劉師培「疑正文本作『苦』，『苦』即《（尚書・）禹貢》之『枯』也。苦、枯互通。枯近雩都，詳鄒漢勛《讀書偶識》。《御覽》九百四十一引《六韜》云：『散宜生生于九江之浦，得大貝。』正與枯國地合。（據《山海經（・西山經）》，則文貝之屬不必定產海瀕。）」四、「共」為「其」訛。陳漢章曰：「《呂氏春秋・恃君覽》云：『夷穢之鄉，大解、陵魚、其、鹿野、搖山、揚島、大人之居，多無君。』其，或即此經之『其人』，而傳寫為『共』歟？」而劉師培以「若」字「于古無徵。」陳漢章曰「古未聞有建國于若耶山溪間者。」則「若」字不可從。陳漢章又曰，以「枯」為國名不可從。鴻恩按，今《尚書・禹貢》「惟箘簵楛」，各本皆作「楛」，《說文・竹部》引作「楛」而〈木部〉引作「枯」，有二體（《尚書校釋譯論》第六六六頁）。釋「枯」為國名，各家不取。至於一、四之說，陳漢章依《呂覽》以「共」當作「其」，而《呂覽》注者又依本篇以「其」當作「共」（陳奇猷《呂氏春秋校釋・恃君覽》注）。查《山海經・大荒東經》「大荒之中，日月所生……有綦山，有搖山」，搖山正與〈恃君覽〉之「搖山」相合，而「其、綦古字通」（《廣雅・釋詁》「綦，蹇也」王念孫疏證），然則〈大荒東經〉綦山之「綦」，可視為〈恃君覽〉之「其」。夷穢屬東夷，綦山、搖山為「日月所生」，與之同見於〈大荒東經〉者尚有「大人之國」、「大蟹（解？）」，《路史・國名紀》曰供人為顓頊高陽氏之後，傳說顓頊都城為今河南濮陽，此均與〈恃君覽〉所說不相背。「供人」屬百越，自為「吳越之蠻」，共、供相通，共、供、其三字均為姓氏（都有可能為部族名），「其」、「共」都有根據，應有一是。今譯文姑從「共」。王應麟曰：「《爾雅》：『玄貝，貽貝（乾製品稱淡菜）。』注：『黑色貝也。』《說文》：『貝，海介蟲也。古者貨貝，周而有泉（《周禮・地官・司徒》「泉府」賈公彥疏：「泉與錢，古今異名。」《漢書・食貨志下》「故貨……流于泉」，師古引如淳曰：「流行如泉也。」），至秦廢貝行錢。』〈禹貢〉揚州『島夷卉服，厥篚織貝。』」何秋濤曰：「《字林》作『蚮』，云：『黑貝也，大才反。』」邵望平《九州風土考古叢考》曰，「織貝」有兩種用途，一是海島之民

將貝殼製成扁圓珠，「貫以麻線為短串」以為貨幣（西元前兩千多年前的馬廠期墓葬中已用貨貝），一是縫綴於麻質衣服以為盛裝。劉起釪等以為華東地區如舟山島民「可能以織貝進貢」（均見《尚書校釋譯論》第六三八頁），此島夷「織貝」亦或與「共人文貝」相關。㉒海陽大蟹　孔晁曰：「海水之陽，一蟹盈車。」海陽有數說，《戰國策・楚策一》蘇秦說楚威王：「楚東有夏州、海陽」，吳師道曰：「盧藏用云：『在廣陵東，今揚州海陵縣（今泰州）。』劉氏云：『楚之東境。』」陳逢衡曰：「山南為陽，水北為陽。〈王會〉所云海陽當是《漢・志》遼西郡之海陽。《呂氏春秋・恃君覽》：『夷穢之鄉，大解陵魚。』大解即大蟹也。穢即濊貊。故《山海經》『女丑有大蟹』，列之〈大荒東經〉。」何秋濤據《吳越春秋》「越王追奔攻吳，兵入于江陽松陵。……見伍子胥頭。……于是越軍明日更從江出，入海陽于三道，之翟水，乃穿東南隅以達。」又據蕭齊曾於江蘇常熟北設海陽，遂以為常熟之海陽，「與楚東之形勢正合」。鴻恩按，遼西海陽為漢之海陽，其地在今河北灤縣境，何說為蕭齊時海陽，未見先秦名其海陽之確據。譚其驤《歷史地圖集》，以海陽為地區名，以今江蘇泰州、海安以南為海陽（當時尚無如皋以南及南通、啟東一帶陸地），正在「楚之東境」（該書第一冊第四五頁），與《戰國策》注相合。今從譚說。《山海經・海內北經》：「大蟹在海中。」郭璞注：「蓋千里之蟹也。」千里之蟹，不可作貢品，自是神話。孔注可從。鴻恩按，《呂氏春秋・恃君覽》之「大解、陵魚」明指部族名，這裏指蟹，應是產大蟹、陵魚之族，又稱之大解、陵魚。㉓自深桂　自，或校作「鼻」，多校作「目」，目深，以為即《山海經・海外北經》、〈大荒北經〉之深目國（陳逢衡、何秋濤）。孔晁曰：「自深，亦南蠻。」《歷史地圖集》以自深與《山海經》深目國無關，亦不以「自深」字誤，標「深（自深）」於今湖南永州瀟水流域（第一冊第四六頁）。王應麟曰：「《山海經（・南山經）》：『招搖之山，多桂。』」朱右曾曰：「《埤雅》云：『桂有三：一曰菌桂，葉似柿；二曰牡桂，葉如枇杷而大，《爾雅》所謂梫木桂（肉桂）；三曰桂，葉如柏：皆生南海山谷間。』」何秋濤曰：「《說文》：『深水出桂陽南平，西入營道（今湖南寧遠南偏東）。』漢桂陽郡南平縣在今湖南藍山縣東五里，其水名深而地產桂。」湯可敬《說文解字今釋》：「深，即今湘水支流之一的瀟水，今瀟水上源至江華瑤族自治縣一段仍稱深水。」譚其驤說與孔注、《說文》一致。今從之。㉔會稽以鼉　王應麟曰：「《越絕書（・紀地）》：『禹封大越，上苗山會計，更名會稽。』《山海經（・中山經）》：『江水多鼉。』注：『似蜥蜴，長二丈，有鱗彩，皮可以冒鼓。』」朱右曾曰：「會稽山在浙江紹興府東南。」鼉，同「鼍」。即今揚子鱷，我國特產，今分布於安徽南部及與之交界的浙江沼澤地區。㉕皆西嚮　孔晁曰：「自大塵已下至此嚮西面也。」

【語　譯】立於壇東面、面向西的方國以北邊的為上位：肅慎進獻的是麋鹿；穢人進獻的是淺黑色的娃娃魚——淺黑色的娃娃魚形狀像獼猴，能站起來行走，叫聲像小孩的聲音；浪夷進獻的是在子——在子鱉的身子，人的腦袋，把油脂塗在牠腹部，燃著豆葉燒牠，牠就叫喚說「在子」；揚州進獻的是魚牛——魚牛是魚名；解國進獻的是羊皮冠；北發人進獻的獐子——獐子這種動物樣子像鹿，長於快跑；俞人進獻的是長著一角的驢馬；青丘進獻的是狐狸，長著九條尾巴；周頭進獻的是煇羝——煇羝，就是羊；黑齒國進獻的是白鹿、白馬；白民國進獻的是乘黃——所謂乘黃長得像狐狸，牠的背上卻有兩個角；東越進獻的是海蛤蜊；歐人進獻的是蚺蛇——蚺蛇性情溫順，吃起來味道很美；南方越進獻的是銅盆魚；姑妹進獻的是珧；具區進獻的是有文理的大蛤蜊；共人進獻的是黑貝；海陽進獻的是大蟹；自深進獻的是桂；會稽進獻的是豬婆龍：上面的進貢諸侯都面向西。

正北方❶：義渠以茲白❷——茲白者，若馬❸，鋸牙，食虎豹；央林以酋牙——酋牙者，若虎豹，尾長參其身，食虎豹❹；北唐以閭——閭似隃冠❺；渠叟以鼩犬——鼩犬者，露犬也，能飛，食虎豹❻；樓煩以星旄——星旄者，珥旄❼；卜盧以紈牛——紈牛者，牛之小者也❽；區陽以鱉封❾——鱉封者，若彘，前後有首❿；規規以麟——麟者，仁獸也⓫；西申以鳳鳥——鳳鳥者，戴仁、抱義、掖信⓬；氏羌以鸞鳥⓭；巴人以比翼鳥⓮；方煬以皇鳥⓯；蜀人以文翰——文翰者，若翬雉⓰；方人以孔鳥⓱；卜人以丹沙⓲；夷用闟木⓳；康民以桴苡⓴——桴苡者，其實如李，食之宜子；州靡費費——其形人身，反踵，自笑，笑則上脣翕其目，食人，北方謂之土螻㉑；都郭生生——生生若黃狗，人面，能言㉒；奇幹欺羽——欺羽者，善芳，頭若雄雞，佩之令人不眛㉓：皆東嚮㉔。

【章　旨】立於壇西面、面向東的二十個西方國家，所進獻的珍獸、瑞鳥及丹沙、烏木等特異物產。

【注　釋】❶正北方　唐大沛以「正」字當作「上」。潘振曰：「此節無『東面者』三字，省文爾。」朱右曾曰：「自此至奇幹二十國，列于臺西東面，亦自北而南也。」何秋濤曰：「自此義渠以下至奇幹，皆在西方，故列于西皆東向。」鴻恩按，「東面者」三字不應省。❷義渠以茲白　胡三省曰：「義渠，西戎國名，秦取之以為縣。」（《資治通鑑》卷二周顯王四十二年）陳逢衡曰：「《一統志》：『甘肅慶陽府，春秋戰國義渠戎地。』」春秋戰國時，義渠地處秦國西北，即今甘肅寧縣西北，有陝西北部、甘肅北部和寧夏部分地（《戰國史》第二八五頁）。據《史記・匈奴列傳》、《漢書・匈奴傳》、《後漢書・西羌傳》及《歷史地圖集》義渠之出現在春秋初年，春秋、戰國之際，義渠強盛，築城數十，自稱王。秦厲共公伐義渠虜其王，秦惠王伐取其二十五城，秦昭王三十五年（西元前二七二年），秦滅義渠。而本文說，義渠於成王時來進貢，與以上記述不合。但今本《竹書紀年》商王武乙記事曰：「三十年，周師伐義渠，乃獲其君以歸。」王國維疏證以為其說據《逸周書・史記》，其文記周穆王時已言及義渠之亡。唯商代周滅義渠，不見於他書記載，只有學者認為作於戰國時代的〈王會〉、〈史記〉兩篇與今本《竹書紀年》相互證明，終西周之世諸書無義渠蹤影，它又是怎樣復現於春秋戰國之世的？此說頗可疑。孔晁曰：「茲白，一名駮。」王應麟：「《爾雅（・釋畜）》：『駮，如馬，倨（鋸）牙，食虎豹。』《山海經（・西山經）》：『中曲山有獸如馬，而白身黑尾，一角，虎牙爪，音如鼓，名曰駮。食虎豹，可以禦兵。』」唐大沛曰：「如此獰惡之物狀，必非可馴畜之物，安能檻之數千里而入貢耶？」鴻恩按，《爾雅・釋畜》邢昺疏曰：「所以與〈釋獸〉異篇者，以其『畜』是畜養之名，獸是毛蟲總號。故此篇唯論馬、牛、羊、彘、犬、雞，前篇則通釋百獸之名。」獸、畜有別，駮在〈釋畜〉篇，則在可以畜養之列。又，此篇所說之物未必確實進貢。❸茲白者二句　原作「茲白者，若白馬」，俞樾曰：「若白馬，當作『若馬』，此言獸形如馬，非必白馬。今考諸書〔下列《爾雅》、《詩經・晨風》毛傳、《說文・馬部》〕言駮者，皆言如馬，然則『白』為衍文無疑矣。《文選・曲水詩・序》李善注引此文曰：『茲白者，若馬。』馬上正無「白」字。」今據以刪「白馬」之「白」。

❹央林以酋牙五句　「酋牙」原作「酋耳」，王應麟曰：「央（一作『英』）林。《山海經（・海內北經）》：『林氏國有珍獸，大若虎，五彩畢具，尾長于身，名曰騶吾，乘之日行千里。』吾，宜作『虞』。」王引《書大傳》，散宜生之於陵氏取怪獸虞（騶虞），並以於陵、英林音相邇。陳逢衡亦以「陵」、「林」通用。何秋濤曰：「央林當即春秋時之棫林，央與於、於與棫皆一聲之轉。蓋央林滅後地入于秦，為棫林地也。棫林當在涇陽縣西境。央林、於陵、棫林、林氏皆為一地矣。」何氏又曰：「臧氏庸曰：『酋耳即騶虞。酋與騶聲相近。』莊氏葆琛曰：『耳，當為「牙」，牙即「吾」字。』耳與牙隸字極相似，因而致誤。毛、鄭所見本必皆作『酋牙』。今本〈王會〉多誤衍之文，以諸書參校應作：『酋牙者，若白虎黑文，尾參于身，食虎豹。』《毛詩》說『騶虞義獸，白虎黑文，食自死之肉，不食生物，人君有至信之德則應之』，疑古本〈王會〉『食虎豹』下當有『不食生物』之文，今本奪去也。」劉師培曰：「〈王會〉所挩之文不僅如莊、何所補，竊以此文當作：『酋牙者，若虎豹，白質黑文（毛傳、《鄭志》、《說文》、《五經異義》均云「白虎黑文」，今知「虎」當作「質」者，唐〈李勣碑〉、〈開業寺碑〉「虎」並作「贙」，與「質」相近。考司馬相如〈封禪文〉述騶虞云「白質黑章」，班固〈典引〉述騶虞云「緇文皓質」，與本書「白質黑文」同。毛傳「白虎黑文」義不可通，其本文必作「白質」。此外，他書因以白虎即騶虞。蓋三國六朝之時傳本已誤。《御覽》八百九十所引則曰「騶虞即白虎」，此尤後人臆改古籍之證也。《淮南・道應訓》備述散宜生獻殷之物，亦先舉騶虞，復舉白虎），尾參于身，食虎豹，不食生物，不履生草（此四字據《詩》釋文所引補）。今本文多挩誤。』」鴻恩按，今據諸家「酋耳」當作「酋牙」之說，改「耳」為「牙」。劉說「白質黑文」甚是，唯眾人所引「白虎黑文」皆曰出毛傳，本書與《山海經》無此句，《山海經》郭璞注引《周書》亦無之，毛傳亦未言引據《周書》，不能肯定本書與毛傳完全一致，此姑存疑。原作「身若虎豹」，何、劉刪「身」字，今從刪。「尾長參其身」《山海經》作「尾長于身」，郭璞引《周書》為「尾參于身」，郭璞〈騶虞贊〉同。與下文「般吾白虎黑文」不盡相同。今姑存盧、朱「尾長參其身」之舊。參，此通「三」，這裏是三倍的意思（劉師培引聶氏《三禮圖》十一引作「若虎豹，尾長參倍其身」）。「不食生物，不履生草」二句，與毛傳「義獸」說一致，本文無「義獸」說，何氏不補（何氏「疑」奪去「不食生物」，「疑」而已），今從。❺北唐以閭二句　「北唐以閭——閭似隃冠」，陳逢衡本「冠」作「寇」，陳曰：「『寇』字當衍。」何秋濤於「隃冠」持二說，一曰「蓋即解國之羊皮冠，上戴其角，與閭之戴角同形」；一曰「此文本無『冠』字，涉上文『解隃冠』而誤衍，彼言解國獻羊皮冠，當有『冠』字，此言閭有角似羭，不當言『羭冠』也。考郭注《山海經》『閭即羭也』，羭下亦無『冠』字，足證今本之舛誤矣。」鴻恩按，冠字

當是衍文，姑存以待考。孔晁曰：「北唐戎，在西北者也。」王應麟曰：「《山海經（・北山經）》：『縣雍之山〔今在晉陽西〕，其上多玉，其獸多閭。』注：『閭即羭也，似驢而歧蹄，角如麢羊，一名山驢。』《（儀禮・）鄉射禮》『于郊則閭中』，注：『閭，獸名，如驢，一角。或曰如驢，歧蹄。』北唐，即晉陽〔今太原西南〕也。」陳逢衡曰：「北唐者，《漢書・地理志》：『中山國唐縣〔今河北唐縣東北〕』，注：『堯山在南。』應劭曰：『故堯國也，唐水在西。』必加『北』者，所以別于晉陽之唐及當陽〔今湖北當陽〕春陵之上唐鄉〔漢陽諸姬之唐在今湖北隨州西北〕也。《山海經》綸山、美山、即谷之山皆多閭，並見〈中山經〉。是物似羊非羊，似驢非驢，故《廣志》直謂之驢羊也，《廣志》引見《初學記》。然則正文『隃』即『羭』字之誤，蓋謂閭似羭也。《南史》：『滑國野驢有角』，即閭。又〈西山經〉錢來之山有獸，其狀如羊而馬尾，名曰羬羊。郭注：『今大月氏國有大羊，如驢而馬尾。』」北唐凡數說：晉陽（王應麟）；中山國唐縣（潘、陳）；晉國北之戎國（何秋濤：「叔虞既因故國為唐侯，其北之戎國亦自名為北唐」）；「疑在今陝西北境，在山西之西。」（劉師培）鴻恩按，《歷史地圖集》定西周之北唐於今太原西南（第一冊第一七頁），同於王說。中山國之唐縣，春秋戰國即名唐（或曰陽），但不見北唐之稱。閭，今人不曉其詳，似驢故有山驢、野驢之稱；有角、歧蹄，故又曰似羊，有驢羊之稱。或曰即今之驢（驢、閭古今音俱同），恐非是。❻渠叟以鼩犬五句　王應麟曰：「〈禹貢〉：『渠搜。』《（漢書・）地理志》朔方〔今夏州〕有渠搜縣。《西域圖記》：『鉢汗國在蔥嶺之西五百餘里，古之渠搜國。』《山海經（・海內北經）》：『馬成之山有獸，如白犬而黑頭，見人則飛。』露犬蓋此類。」王念孫曰：「〈海內北經〉：『蜪犬如犬，青，食人從首始。』注曰：『音陶，或作「蚼」，音鉤。』《說文》『蚼』字解曰：『北方有蚼犬，食人。』即本于〈海內北經〉也。地與事皆相近。彼作蚼犬是本字，此作鼩犬，是假借字。」王念孫以為「鼩」字作「鼩」者形似而誤，鼩是鼠屬，與蚼犬無涉。而劉師培則舉《玉篇》舊本、《容齋續筆》並作「鼩」。鴻恩按，鼠屬似不能食人、食虎豹，今從王說。潘振曰：「（露犬，）露降無聲，喻飛之輕捷也。」何秋濤曰：「漢朔方之渠搜非此所謂渠搜。渠搜之在西域有明徵矣。據《漢書》，大宛北與康居接，並在蔥嶺西。今伊犁西北哈薩克諸部落即古渠叟地。」劉起釪〈禹貢〉「渠搜」注曰：「〈王會〉作『渠叟』，《漢・志》承之。《大戴禮記・五帝德》則作『渠廋』。《穆天子傳》則作『巨蒐』，似渠搜在今祁連山之南，與析支〔今青海貴德、貴南之西〕、昆侖〔徐旭生《讀山海經札記》以為古昆侖丘即青海高原〕依次在今青海省境。渠搜在〈王會〉篇中記其貢鼩犬，自漢至唐常貢名馬，同屬獸類〔漢武帝置朔方郡，下設渠搜縣，只是採用古名，實際與古渠搜無關〕。」❼樓煩以星旄三句　星旄之「旄」原作「施」。孔晁曰：「樓煩，北狄。」王應麟曰：「《（漢書・）地理志》：雁門樓煩縣，故樓煩胡也（故城在代州崞縣〔西漢時在今山西大同渾源縣〕東。《（史記・）趙世家》：

主父出代西，遇樓煩王于西河。）」何秋濤所說範圍較大，自陰山西直至太原北。《歷史地圖集》定春秋、戰國之樓煩在今內蒙古呼和浩特至今山西神池縣一帶（第一冊第二八、三八頁）。星旄，文與解均有不同。一作「星旄」，《文選》揚雄〈甘泉賦〉「流星旄以電爥（燭）」，李善曰：「言星旄之流，如電之光也。《周書》曰：『樓煩星旄者，羽旄（以羽毛和旄牛尾為飾的旌旗）也。』鄭玄曰：『可以為旌旗也。』」張銑曰：「旄，以旄牛尾為之，飾以星文，其光如電。」王應麟曰：「施，一作『旄』。（『珥旄』下引）《文選》注曰：『羽旄』。旄，以旄牛尾。《山海經（・北山經）》：『潘侯山有獸，狀如牛，而四節生毛，名曰旄牛。』注：『背、膝及胡、尾皆有長毛。』」星旄，即以羽毛和旄牛尾為飾的星光閃爍的旗。持「星施」說者，如唐大沛曰：「齊欒施字子旗，巫馬施亦字子旗：施者，旗也。當作『星施』為是。珥旄，謂以犛牛尾析而著旗之兩旁也。」朱右曾曰：「《說文》云：『施，旗貌。珥，瑱也（耳飾）。』蓋垂旄于旗若珥然。」劉師培又有一說：「盧校云：『《北堂書鈔》引作「樓煩黑旌，鳧羽，旌也。」』所引《書鈔》係據陳禹謨本。今考舊本《書鈔・旌部》引作『樓煩黑旌者，乃旄也，常四張，羽鳧，旗也。』雖字有訛挩，然所據之本，作『旌』不作『施』，『星』復作『黑』，注文亦與孔殊（繹注意蓋以上『陰羽鳧旌』釋『黑旌』），蓋非孔本（《玉海》一百五十四引『珥』作『羽』）。」鴻恩按，揚雄賦用「星旄」，李善引《周書》亦作「星旄者，羽旄也」；《書鈔》作「黑旌……旄也」，舊本〈旌部〉作「黑旌……旗也」，均不見「施」字。王應麟引李善兩注「珥旄」之「旄」，可證其下文注：「旄，以旄牛尾。」乃注「星旄」之「旄」，義同張銑「星旄」之注，故下文引〈甘泉賦〉，此本作「旄」其證一；王氏凡三注「旄」，始終不注「施」，表明王氏以「星旄」為正，此其證二；章檗本孔注（「珥旄，所以為旄羽耳」），亦無「施」字，此其證三。疑隋唐以前之本作「旄」不作「施」。劉以作「黑旌」者非孔本，然祖本應當相同，「星旄」與「黑旌」形近，故致誤。馬敘倫《說文解字六書疏證》以為《說文》「齊欒施」以下十一字是後人注，非《說文》原有。馬說當是，「施」形容旌旗逶迤之狀，諸書並不釋之為旗，欒施雖字子旗但不可釋「施」為旗，正如孔子弟子冉耕字伯牛，不能就釋「耕」義為「牛」一樣。釋為旌旗，應作「旄」不作「施」，段玉裁曰：「旄是旌旗之名。以犛牛尾注旗杆，故謂此旗為旄。」（《說文》「旄」字注）今改為「星旄」。

❽卜盧以紈牛三句　孔晁曰：「卜盧，盧人，西北戎也，今盧水是。」卜盧，即濮盧。陳逢衡曰：「卜與濮通，此必在百濮左右，故曰卜盧。」劉師培曰：「此節所陳之國均在西方，且下文又有巴蜀，則卜盧即《書・牧誓》之濮盧。非《左傳》盧戎之盧，蓋在今四川南界，即古瀘水附近之地也。卜盧者，蓋盧國之近于百濮者也，故下文別言卜人，猶方揚之別于方人也。」劉說與清光緒間呂吳調陽纂《彭縣志》以盧即瀘水戎，在馬湖（今四川雷波）之說相同（顧頡剛《史林雜識初編》第二八頁引）。徐中舒、顧頡剛、譚其驤等均以盧即《左傳》之盧

（盧）戎，顧楝高《春秋大事表》曰，在今湖北中廬鎮，南漳縣東。《歷史地圖集》自商至春秋盧均在今湖北襄陽西南（即南漳境）（第一冊第一三、一七、二九頁），與呂吳氏、劉氏說不同。譚《歷史地圖集》東漢以前未曾見「瀘水」。紈牛，章本牛訛作「羊」，《彙校集注》曰：「王應麟本並作『紈牛』。」鴻恩按，今查元至元六年慶元路儒學刻明初修本影印原書版《逸周書》，均作「紈」不作「紈」。王氏曰：「紈與『絿』同。《詩（・周頌・良耜）》『有捄其角。』捄，曲貌。《穀梁傳》（成公七年）『觓（音球，原作斛，誤）角』，注：『球球然角貌。』」何秋濤曰：「紈有曲義，亦有小義。曲義取與句、丩同音。《說文》：『句，曲也。』『丩，相糾繚也。』」然則紈即牛角彎曲的小牛。❾區陽以鱉封　區陽有數說，近是者有二。王應麟引盛弘之《荊州記》「武陵郡西有陽山，山有獸如鹿，前後有頭，常以一頭食，一頭行。山中有時見之者。」劉師培曰：「區陽當從王說，當即古酉陽，酉陽以酉水得名，故湘、黔、蜀交界之所，均可名為酉陽。又湘、黔之交有鱉水，蓋以產鱉封得名。證以《荊州記》之說，尤與〈王會〉之文合。不必泥于《山海經》巫咸山產並封之說也。」而潘振、何秋濤以為「區」是水名。《山海經・大荒西經》明言「屏蓬（並封）」所在為「日月所入」之山。陳逢衡引胡應麟曰：《山海經・海外西經》：「并封在巫咸東，其狀如彘，前後皆有首。」引吳任臣《山海經廣注》所引《游氏臆見》「西區陽有鱉封，謂之兩頭鹿。」何氏曰：「今陝西延安府有區水，產鱉封之區陽，當即區水之陽也。疑《山海經（・海外西經）》本作『並封在巫咸西』，傳寫誤『西』為『東』耳。〈西山經〉云：『申山，區水出焉，而東流注于河。』《水經注》：『區水，世謂之清水。』水出今陝西安塞縣西北蘆關嶺，入于河。區水所經郡邑皆在西戎地，即為今延安府地灼然無疑矣。」鴻恩按，王、劉說與何說均有理據。西漢荊州刺史部武陵郡（治所在湖南溆浦，東漢、晉荊州治常德，酉陽在常德之西）沅水支流有酉水，水北有酉陽縣；古酉陽所以稱區陽，區蓋「區域」、「地域」之義（《論語・子張》劉寶楠《正義》：「凡地域謂之區」）。又，趙永復《水經注通檢今釋》曰：「區水（清水）」即「今延河」。按，延河入河口，距山西夏縣不甚遠，陳氏所引「西區陽」說，與何說相合，唯彼此有黃河阻隔，一般可能不直言東西，且夏縣不在西河之濱，與《山海經》「在巫咸東」之說不一致。二者相較，似劉氏酉陽說勝。

❿鱉封者三句　孫詒讓曰：「《稽瑞》引『陽』作『易』，蓋『易』之訛，末有『黑文』二字。〔下引〈海外西經〉，末句作『前後皆有黑首』，比陳氏引文多一『黑』字。袁珂《山海經校注》作『前後皆有首，黑』。〕劉引與《山海經》『黑首』文合，疑古本實有『黑文』二字。」鴻恩按，鱉封，〈海外西經〉作「並封」，〈大荒西經〉作「屏蓬」，袁珂曰：「並封、屏蓬、鱉封皆聲之轉，實一物也。聞一多〈伏羲考〉（《聞一多全集》第一冊）謂並封、屏蓬本字當作『並逢』，『並』與『逢』俱有合義，乃獸牝牡相合之象也，其說甚是。神話化遂為異形之物矣。」（《山海經校注》第二三〇頁）⓫規規以麟三句　孔晁曰：「規

規，亦戎也。麟，似鹿，牛尾，一角，馬蹄也。」（規規，章本、孔注並作「規矩」，此據王應麟本校正）王氏曰：「《爾雅》：「麐〔同麟〕，麕〔同麞，獐鹿〕身，牛尾，一角，角端有肉。」陸璣《〔毛詩〕疏》云：「音中鍾呂，行中規矩，不履生蟲，不踐生草，王者至仁則出。」宋〈符瑞志〉：「成王時麒麟遊苑。」」陳逢衡曰：「《說苑・辨物》：『麒麟行步中規，折旋中矩。』規矩命國其殆以此歟！（不知章本是否因此而誤作『規矩』。）」何秋濤曰：「規與『邽』古字通。《史記・秦本紀》云：『武公十年，伐邽、冀戎，初縣之。』《漢・地理志》隴西有上邽縣，應劭曰：『故邽戎邑也。』《〔山海經・〕西山經》有邽山，畢尚書曰：『山在今秦州〔治今甘肅天水市〕西北三十里。』」劉師培曰：「《史記・西南夷列傳》『巂、昆明』，《索隱》引崔浩曰：『巂、昆明，二國也。』巂、規古通。《爾雅・釋鳥》『巂周』，郭注云：『子規鳥。』《史記・曆書》作『秭鳺』，《集解》引徐廣曰：『即子規鳥也。』此巂、規通用之徵，疑即巂國。故與西方諸邦並列。」楊伯峻曰：「麟，即麒麟，何法盛《徵祥說》：『牡曰麒，牝曰麟。』然中國實無此獸，今非洲有名奇拉夫之長頸鹿，有人疑即古之麒麟。」鴻恩按，何、劉所說各有其據，均不違〈王會〉之旨，未知孰是。⓬西申以鳳鳥三句　西申，有二說。陳逢衡曰：「《後漢・西羌傳》宣王征申戎，疑即此西申也。」何秋濤曰：「〈西山經〉有申山，『區水出焉』，畢尚書注：『疑即陝西安塞縣北蘆嶺關。』又有上申之山，畢注：『疑指米脂縣北諸山也。』又有申首之山，『申水出于其上』，畢注：『當在榆林府北塞外，今有海子山，是歟？』惟安塞之申山最在于西，殆即西申也。西申國當在山北，為今鄂爾多斯右翼前旗境。」陳漢章曰：「《史記・秦本紀》『申侯之女為大駱妻』，秦先世保西垂，在中國之西，故曰西申。」鴻恩按，以秦「在中國之西」稱之西申，此說恐不能成立。王應麟曰：「《爾雅〔・釋鳥〕》：鳳，一名鶠。注：『〔瑞應鳥。〕雞頭，蛇頸，燕頷，龜背，魚尾，五彩色，高足，六尺許。』《山海經〔・南山經〕》：『丹穴之山有鳥，其狀如雞〔何秋濤曰：「《史記正義》、《文選・注》、《藝文類聚》、《初學記》引《山海經》並作『其狀如鶴』」〕，五采而文，名曰鳳皇。首文曰德，翼文曰義，背文曰禮，膺文曰仁，腹文曰信，自歌自舞，見則天下安寧。』」袁珂曰，「首文曰德」以下王念孫引多證，校作「翼文曰順，背文曰義」，同於〈海內經〉「鸞鳥鳳鳥」一節之文。袁珂曰：「《論語・子罕》曰：『子曰：「鳳鳥不至，河不出圖，吾已矣夫！」』孔子猶興不至之嘆，則其傳說之古可知已。」鴻恩按，無論〈南山經〉鳳身德、義、禮、仁、信之「文」，還是〈海內經〉德、順、義、仁、信之「文」，均與本文「戴仁、抱義、掖信」不盡一致（「戴仁」應當是說首文），然而意思又相近。這樣的內容都應出於戰國時代。唐大沛則以獻麟、鳳（及下文之鸞）之說不可信：「麟、鳳不常見，即見，亦非可羅而致之者，何由以之入貢耶？規規、西申不見他書，恐亦作者任意云然耳。」⓭氐羌以鸞鳥　孔晁曰：「氐地之羌，不同，故謂之氐羌，今謂之氐矣。」孔注原三「氐」字、

「矣」字俱訛，據王本、盧本訂正。王本、盧本孔注之前六字作：「氐羌地，羌不同。」下文與孔注同。陳本、唐本、何本並同王、盧。朱本作「氐地羌，羌不同。」劉起釪說，羌是各種羌族的總名，氐羌是羌族中一支的專名，孔晁注是說「氐羌為住在氐地的羌族。」即《山海經・海內經》所說「伯夷父生西（四）岳，西（四）岳生先龍，先龍是始生氐羌。氐羌，乞姓。」亦即甲骨文「來氐羌」、《詩經・商頌・殷武》「昔有成湯，自彼氐羌」之「氐羌」（《古史續辨》第一七二頁）。孔氏曰：「鸞文于鳳，亦歸于仁義者也。」王氏曰：「《山海經（・西山經）》：『女床之山有鳥，狀如翟而五彩文，名曰鸞鳥，見則天下安寧。』」⓮巴人以比翼鳥　孔晁曰：「巴人，在南者。比翼鳥，不比不飛，其名曰鶼鶼。」王應麟曰：「《郡縣志》：『渝州，古巴國也。閬、白二水東南流，曲折如巴字故謂之巴。』《爾雅》『鶼鶼』注：『似鳧，青赤色。』《山海經（・西山經）》：『崇吾之山有鳥，其狀如鳧，而一翼一目，相得乃飛，名曰蠻蠻，見則天下大水。』注：『比翼鳥也。』」按，《中國歷史地圖集》商代即有巴族，自商至戰國巴國均在今重慶市。童書業依《左傳》、《戰國策》的記載，以為巴在楚之西北，漢水上游，川陝間大巴山應為巴族根據地（《童書業歷史地理論集》第二四三頁）。鴻恩按，《山海經・海外南經》、〈大荒西經〉亦均有比翼鳥，今人說是「傳說中的鳥」。比翼，翅膀挨著翅膀。比，並列。⓯方煬以皇鳥　章本、陳本、唐本「煬」字作「揚」，王本、明趙標本作「煬」，盧本、朱本、劉氏《補正》從王本作「煬」。孔晁曰：「方揚，亦戎別名也。皇鳥，配于鳳者也。」陳逢衡曰：「方揚，疑亦揚越之別種。」唐大沛曰：「竊疑麟、鳳、鸞、皇四物，並屬粉飾其辭，而又杜傳數國名以實之，大抵後人所增益也。」何秋濤曰：「孔氏蓋以方揚為揚戎也。《左傳》僖十一年：『揚拒、泉皋、伊雒之戎同伐王城。』《國語（・鄭語）》：『北有洛、泉、徐、蒲』（韋昭注：『皆赤狄，隗姓也。』）知此戎種類不一，然其始當在西方，非居于伊雒也。考秦、晉之遷陸渾之戎于伊川，其戎始居瓜州，今甘肅安西州地。以是推之，揚拒、泉皋之戎，蓋亦自西方遷至者。」劉師培曰：「下文『方人以孔鳥（《御覽》九百二十四引作「西方獻孔雀」）』，《斠補》疑『方』即『彭』，其說是也。此文方煬似亦近彭之國。《續漢書・郡國志》武陽（治今四川彭山縣東）有彭亡聚，劉注引《南中記》云：『縣南二十里有彭望山。』又引《益州記》云：『縣有彭祖冢，彭祖祠。』據劉說，周初彭國當亦彭祖後裔所封。」鴻恩按，奇物不必實有，然方國、部落、族名應非出於杜撰，依「卜盧即盧，氐羌即羌」（孫詒讓），則「方揚（或彭煬）」即指揚或煬，何氏所舉「揚拒」之戎，或即此部族。「煬」字不見於國名、族名、姓氏，應不是本字，陳、唐依章本作「揚」，當是。本文鳳、皇分說，因為鳳為雄，皇為雌，故《史記・司馬相如列傳》《索隱》引司馬相如追求卓文君之詩，有「鳳兮鳳兮歸故鄉，遨游四海求其皇」之句，後遂有樂曲〈鳳求凰〉。⓰蜀人以文翰三句　「翬雉」原作「皋雞」。陳逢衡曰：「臧玉林《經義雜記》曰：『皋雞』當為『翬雉』之誤。《說文・羽部》：『翰，天雞，赤羽也。』《逸周書》：『文翰，若翬雉。一名鷐風，周成王時蜀人獻之。』是許氏所見《周書》本作『翬雉』。《爾雅・釋鳥》：『鶾〔陸德明《經典釋文》：「本又作翰」〕，天雞』，邢疏曰：『〈王會〉篇云：「蜀人以文鶾——文鶾者，若翬雉。」』是邢氏所見《周書》亦作『翬雉』而不作『皋雞』。《(爾雅・)釋鳥》『伊洛而南，素質、五采皆備成章，曰翬。』孫炎曰：『翬雉，白質、五采為文也。』」陳以為《說文》、邢疏都引作「翬雉」，表明漢、北宋之本相同，南宋本始誤，應據以訂正。鴻恩按，今從《說文》、《爾雅疏》改作「翬雉」。朱本「文翰」後無「者」字，邢疏、章本、盧本均有，今補。孔晁釋「文翰」曰：「鳥有文彩者。」王氏曰：「蜀，見于《(尚書・)牧誓》、《華陽國志》。黃帝為子昌意娶蜀山氏，後子孫封焉。秦以其地為蜀郡（今成都府）。」何秋濤曰：「『鶾』字本訓為雞之肥者，『翰』字則訓為天雞，〈王會〉文翰即天雞是也。郝氏懿行曰：『今所謂天雞出蜀中者，背文揚赤，膺文五彩，爛如舒錦，一名錦雞，未知即《爾雅》所釋否也。』秋濤按，此雞既蜀產，又有文彩，與《爾雅》、〈王會〉俱合，其為文翰無疑。」鴻恩按，今人以為翰即赤羽之山雞，又稱錦雞，屬雉類。李學勤曰，位於四川廣漢南興鎮的三星堆文化遺址群即屬於古代蜀國遺存，面積六平方公里，均有牆（土埂）圍護。遺址年代自新石器晚期延續至商、周之際。據揚雄〈蜀王本紀〉載，著名蜀王有蠶叢、魚鳧、杜宇、開明等。蠶叢一系蜀王很可能相當夏、商、西周時代。《大戴禮記・帝繫》、《世本》、《山海經・海內經》載，黃帝之子昌意降居若水（今雅礱江），娶蜀山氏之女，生顓頊（唯《山海經》昌意、顓頊之間多韓流一世）。孔廣森《補注》：「《漢書》稱〈帝繫〉曰『顓頊五世而生鯀』。」夏王和蜀王均為顓頊之後的傳說，反映了夏、蜀文化應有一定的關聯存在。有趣的是，三星堆文化遺存確實表現了與二里頭文化的共同點（《當代學者自選文庫・李學勤卷・三星堆與蜀國古史傳說》）。⑰方人以孔鳥 方人有「戎別名」（孔晁）、九夷之「方夷」（王應麟）等說，陳逢衡據《漢書・西域傳》「罽賓國出孔雀」、《續漢書・西南夷》「滇池出孔雀」、「西域條支國出孔雀」，證此鳥多產於西南。孫詒讓曰：「方人國無考，以聲類求之，疑『方』當為『彭』，古字通用（《說文・示部》：『鬃，从示，彭聲，或作祊，从方。』是其例）。《書・牧誓》云：『及庸、蜀、羌、髳、微、盧、彭、濮人。』此上文之卜盧即盧，氐羌即羌，蜀人即蜀，卜人即濮（詳王、盧、朱、何說），諸國與彭並相近。孔安國云：『盧、彭在西北，其同列，宜也。』」《尚書》偽孔傳曰彭「在西北」，未確指其地。顧頡剛不同意彭為今四川彭縣之說，考定彭「在今湖北」、「楚國北部」、「漢水流域」（《史林雜識初編》第二八、三二頁）。《左傳》桓公十二年「楚師分涉于彭」，杜注：「彭水，在新城昌魏縣。」王夫之《春秋稗疏》：「昌魏縣在房縣北，則彭之為國，濱于彭水，當在上津縣〔今湖北鄖西西北〕南也。」劉起釪據此曰：「彭既『濱于彭水』，只能是在鄖縣以南臨近房縣的南河〔古彭水〕流域之地。」（《尚書校釋譯論》

第一一三七頁）《歷史地圖集》亦定彭於湖北房縣（第一七頁）。陳夢家不同意孫說，「卜辭自有彭字」，這裏的「方人」即《竹書紀年》的方夷，在今「沁陽之北、太行山以北的山西南部」（《殷墟卜辭綜述》第二七〇頁）。丁山以為，方夷與漢山陽郡方輿縣有關，鄭杰祥從丁說，以為方輿在今山東魚台縣西（《商代地理概論》第一六〇頁）。王應麟釋孔鳥曰：「《異物志》：『大如雁而足高細頸，隆背似鳳，自背及尾皆珠文，五彩光耀，長短相次，羽毛末皆員（圓）文，五色相繞，頭戴三毛，長寸以為冠，足有距，迎晨則鳴相和，人指其尾則儛（舞）。』」⑱卜人以丹沙　王應麟本「沙」字作「砂」。卜即「濮」字。杜佑《通典》引本文「卜人」釋曰：「卜人蓋濮人也。」（何秋濤引）王應麟曰：「〈牧誓〉注：『濮在江漢之南。』〈禹貢〉：『荊州貢丹。』《（周禮・夏官・）職方氏》：『荊州其利丹、銀。』」何秋濤曰：「〔南山經〕：『雞山，其上多金，其下多丹雘』。何氏證雞山在雲南保山縣，惟此地有濮人有丹砂。錢穆（周初地理考）解〈牧誓〉八族，以為除羌以外之七族均在「周之東南，未見為西南僻遠之蠻夷也」，「濮水乃大河分流，在延津、滑縣之境。」（《古史地理論叢》第七六頁）顧頡剛（牧誓八國）曰：「集諸證觀之，濮地在楚之西南，可以論定。滇中與蜀中，後世固有名『濮』之地與人，而古代則無是。杜預、常璩所說在雲南之濮人，實際並不名濮。觀《呂氏春秋・恃君覽》『僰人……無君』，『僰』字音『匐』，亦即音『濮』，音同而已。非一字也。僰為傣族。」（《史林雜識初編》第三一頁）童書業曰：「濮族即今倮儸。彼等所居之地為金沙江、黔江及大渡河一帶。近人羅香林言：今山東之濮縣、河北之濮陽，凡古濮水所經，皆濮族居地。此說雖亦有理，但無確證。要之，濮族曾居中原之地，則毫無疑問也（拙作《春秋史》、呂思勉《中國民族史》、傅斯年《古代民族史》等均曾言之）。」（《童書業歷史地理論集》第九一頁）譚其驤《歷史地圖集》，定西周之濮於今大巴山以南、重慶東北部至湖北恩施、咸豐一帶；譚氏定春秋時之百濮於今湖南長沙以西、澧水之南直至湘水之西（該書第一七、二一頁）。鴻恩按，羅羅或倮儸即今之彝族，彝族源於氐羌，不源於濮。林惠祥《中國民族史》亦不以羅羅與濮族為一系（林氏書有「羅羅緬甸系」、「僰撣系」等，「上古之濮」屬於「僰撣系」，則不視濮為羅羅，然以「僰」為「濮」，則顧說證其誤）。丹砂即朱砂，可作藥用，亦可作染料。⑲夷用䦈木　章本「䦈木」作「䦈采」，盧、陳、唐、朱各本均從王本改作「䦈木」。孔晁曰：「夷，東北夷也。」王應麟曰：「《山海經（・海內西經）》：『夷人在東胡東。』」何秋濤曰：「此『夷』當即『波斯』二字，音與『夷』字近也。」劉師培曰：「夷，疑『矛』誤。古文矛與『夷』形近，因以致誤。」鴻恩按，夷多作泛稱，孔、王所注「夷」之方位均與上下文不一致。疑何說、劉說近是。王本所引孔注「䦈木」為：「木生水中，黑色而光，其堅若鐵。」王應麟曰：「《集韻》：『䦈，木名。』」（茲消切）《南方草木狀》：「文木樹高七八丈，色正黑，若水牛角。」」潘振曰：「漢交州出瑿木，今烏文木，見《古今注》。瑿同翳。」

陳逢衡引「或曰」釋「用」為國名，以為此句文法與上文「稷慎大麈」一例，《路史》：「《風俗通》云：『古用國見《毛詩》，在高唐。』說見〈國名紀・周世侯伯〉。案高唐亦齊地。」髳國方位，較有影響者為以下二說：巴蜀或川南滇北；晉之茅津渡。《尚書・牧誓》偽孔傳：「髳、微在巴蜀。」劉師培曰：「矛，即〈牧誓〉之『髳』也。《史記・周本紀》正義、王應麟《詩・地理考》三引《括地志》云：『姚府〔治所在雲南姚安，其地有唐代所設之髳州〕以南，古髳國之地也。』是髳為西南古國。此列巴、蜀、卜、方之後，猶〈牧誓〉列髳于蜀、盧、彭、濮〔即方卜〕間也。」郭沫若〈宿楚雄〉：「濮髳北會無遺跡，諸葛南來有舊營。」是以髳在雲南，同劉氏說。而楊筠如曰：「髳字又作『茅』，成元年《左傳》：『王師敗績于茅戎。按《括地志》茅津及茅城在陝州河北縣西二十里。』」（《尚書核詁》）錢穆曰：「《左傳》成公元年有茅戎，《方輿紀要》：『大陽津在陝州〔今河南三門峽市〕西北三里〔今山西平陸〕，黃河津濟之處，《志》云津北對茅城，古茅邑也。』」顧頡剛〈牧誓八國〉、譚其驤《歷史地圖集》、劉起釪《尚書校釋譯論》，均主在今山西平陸茅津渡，不認為髳在雲南。目前此說占主導地位。此外，何秋濤曰：「《古今注》：『烏文木出波斯，舶上將來烏文門焦。然溫、括、婺等州亦出之。』《本草綱目》曰：『烏木，出海南、雲南、南番。』」鴻恩按，釋「用」為國名，雖有根據，然本篇上下文之「良夷」、「高夷」、「山戎」、「犬戎」、「揚蠻」，夷、戎、蠻都作為中心詞，沒有「夷用」這樣的結構（「蠻荊」見於《詩經》，但這種結構少見）。且用國在齊之高唐，與上下文諸國之方位不合。這裏仍釋「用」為以。門焦即烏木，屬柿樹科，常綠喬木。烏木為熱帶植物，齊、晉、「東北夷」、「東胡東」不產此木。何氏波斯說難以成立，因為通西域是西漢時事，在典籍中找不到先秦時已通西域或東南亞之證。以此而論，唯劉氏、郭氏所持《括地志》之髳在雲南說與門焦之產地相合，山西平陸不可能產熱帶植物門焦，除非「夷」不是「矛」之訛。此有待高明之考定。⑳康民以桴苡　唐大沛曰：「疑『民』為『居』字之訛。」孫詒讓曰：「此『康』與方、卜諸國相次，疑當為『庸』之訛。」鴻恩按，先秦未通西域，不應有「康居」之名，孫說是，「康」應作「庸」。劉師培曰：「《詩・周南・芣苢》釋文云：『《山海經》及《周書・王會》皆云：「芣苢，木也，實似李，食之宜子，出于西戎。」衛氏傳及許慎並同此。王肅亦同，王基已有駁難也。』據陸〔德明《釋文》〕所引，似『桴苡者』三字下舊本當有『木也』二字，為今本所無。《詩疏》引王基以〈周南〉芣苢為草名，以《周書》桴苡為西戎之木，則《周書》固有桴苡為木之語矣。《爾雅・釋草》：『芣苢』郭注：『《周書》所載同名耳，非此芣苢。』」孫詒讓曰：「庸，蓋〈牧誓〉之庸。《左》文十六年傳：『庸、濮伐楚』，杜注云：『庸，今上庸縣〔今湖北竹山縣西南〕。』」王應麟曰：「《山海經》：芣苢，木也。王肅引《周書》云：『芣苢如李，出于西戎。』王基駁云：『〈王會〉所記雜物、奇獸，皆四夷遠國各賚土地異物以為貢贄，非〈周南〉婦人所得采。芣苢為馬舄之草，非西戎之木也。』」陳逢衡曰：「《山海經・西山經》：『崇吾之山，有木焉，員葉而白柎，赤華而黑理，其實如枳，食之宜子孫。』《藝文類聚》引郭氏《圖贊》曰：『車前之草，別名芣苢。〈王會〉之云，其實如李。名之相亂，在乎疑似。』此贊分疏，確切不易。」

㉑州靡費費七句　「州靡費費——其形人身，反踵，自笑，笑則上唇翕其目，食人，北方謂之土螻」，此節文字已據王應麟本、王念孫說校正。孫詒讓曰：「『費費』上惠校有『以』字。」王念孫曰：「《山海經・西山經》：『昆侖之邱有獸焉，其狀如羊而四角，名曰土螻。』此與費費同名而異物，然其字亦作土螻。」而陳逢衡之說與王不同：「《廣韻》亦云：『土螻似羊，四角，其銳難當，觸物則斃，食人。』蓋即下文『高夷嗛羊，羊而四角』也。此『食人，北方謂之吐嘍〔章本如此〕』八字，定屬『高夷』下錯簡。」鴻恩按，此之土螻「人身，反踵」而「食人」，〈西山經〉之土螻（羊妻）「如羊，四角」而「食人」，二者不同，陳氏未能證明下文高夷嗛羊為昆侖之羊（土螻），似不能認定是錯簡。何秋濤從王說，當是。又，孔注、王應麟、陳逢衡並言費費即梟羊，費費、梟陽與羊無涉，當作梟陽，〈海內南經〉、《漢書》注、《淮南子・氾論》均作「梟陽」或「嘄陽」，「羊」字當因昆侖土螻「如羊而四角」而誤認。州靡，在今雲南。陳逢衡曰：「《山海經・大荒西經》有壽麻之國，壽麻即州靡。又《漢・地理志》益州郡有收靡，李奇云：『靡音麻。』然則此國當在西南。」何秋濤曰：「州靡，諸家次于巴濮之後，當為西南夷。陳藏器《本草拾遺》曰：『狒狒出西南夷。』《史記（・西南夷傳）》『靡莫之屬』，《正義》曰：『靡非在姚州北，即靡莫之夷。』唐姚州在今雲南楚雄府姚州北，靡莫又在其北。蓋即古州靡國地也。」孫詒讓曰：「靡，疑即〈牧誓〉之『微』，微、靡古音近字通。《神農本草經》『營實一名牆微』，《別錄》『一名薔蘼』，是其證也。《史記正義》引《括地志》：『唐有微州〔今雲南永仁，其東南之靡州在今元謀〕，與姚州地相近。』」劉師培曰：「州、壽古通。何氏以為古靡莫在今楚雄府，是也。漢有收靡縣屬益州郡，在今雲南嵩明州〔今雲南嵩明〕，蓋即古靡國地。收靡者，殆即州靡二字異讀之音歟？古代從『丩』、從『九』之字聲義均同，故『尻』從『九』聲，通作『州』，如《爾雅（・釋畜）》『白州，驠〔郭注：「州，竅。」邢疏：「謂馬之白尻者名驠」〕』是也。亦州、收古通之旁證。」陳漢章曰：「《呂覽・恃君篇》又云『餘靡之地』，《漢書・地理志》有收靡，《華陽國志》作升麻。」鴻恩按，譚氏《歷史地圖集》壽靡（州靡、餘靡）見於戰國時期，在今昆明以北、金沙江以南地區。漢代之收靡在今昆明東北之尋甸自治縣，唐代則稱之升麻。則州靡即今雲南楚雄彝族自治州北部和昆明北部一帶地。孫說微、靡相通，唐代微州、靡州、升麻、麻州（今宣威）都在這一帶，與《尚書》偽孔傳「髳、微在巴蜀」之說相近。費費，人形動物。王應麟曰：「《山海經（・海內南經）》：『梟陽國在北朐之西，其為人，人面長唇，黑身有毛，反踵，見人笑亦〔「笑亦」當作「則」〕笑。』注：『〈海內經〉謂之贛巨人，今交州〔含今廣

東、廣西大部和越南中、北部〕、南康郡〔今江西南康〕深山中皆有此物也。長丈許，腳跟反向，健走，被髮，好笑。」」《爾雅・釋獸》作「狒狒」：「狒狒如人，被髮迅走，食人。」屬靈長類猴科，今在非洲及阿拉伯半島有分布。㉒都郭生生四句「都郭生生——生生若黃狗，人面，能言」，盧文弨曰：「《山海經》注都郭作『鄭郭』。」王應麟本「生生」作「狌狌」，即猩猩。「生生」下原有「欺羽」二字，章本無之。陳逢衡以此與下條本為一條，下條「頭若雄雞」即是說「欺羽」。丁宗洛以為衍文。唐大沛以為原注、孔注均不言「欺羽」，不必補。俞樾「未詳欺羽」之義，又以為國名，當在下文「奇幹善芳」上。鴻恩按，據諸家說，則「欺羽」在此條無著落，《山海經・海內南經》郭注引《周書》亦無「欺羽」，今從陳、俞說，移於下條。何秋濤曰：「諸書記猩猩產于交阯、哀牢〔今緬甸和我國雲南各一部〕、邛都〔今四川西昌一帶，西漢即指西昌〕等境，皆在西南徼，無出北地者。以今考之，當即交州西南之都昆國也，杜佑《通典・邊防部》敘南蠻曰：『邊斗國、都昆國、拘利國、比嵩國並隋時聞焉。』按昆與郭一聲之轉。扶南〔中南半島古國〕地近交阯，故有猩猩可以充貢也。」《山海經・海內南經》「狌狌知人名，其為獸如豕而人面」，郭璞注引《周書》曰：「鄭郭狌狌者，狀如黃狗而人面。」鴻恩按，何說「隋時」所聞國名，先秦恐未必「聞」。王應麟曰：「今交阯封溪縣〔在今越南河內市東英縣古螺〕出猩猩，狀如獾㹠，聲似小兒啼。」何秋濤曰：「能言，則人教之言，如鸚鵡之類，非謂其生而能言也。」㉓奇幹欺羽五句　「奇幹欺羽——欺羽者，善芳，頭若雄雞，佩之令人不昧」，此條文字脫誤甚，注解紛紜。盧文弨曰：「郭注〈西山經〉引『昧』作『眯』，眯目也。」陳逢衡之言大略曰：奇幹，國名，無考。《格致鏡原》引作「奇翰」，誤。郝注《山海經》引作「奇幹」。善芳為物亦無考。鵸鵌見《山海經（・西山經）》，即是〈王會〉之欺羽，音相近也。據此則上文「欺羽」當在此條。今誤入上文耳，故孔注亦謂善芳是鳥名也。余意古本當是：「都郭生生、欺羽——生生若黃狗，人面，能言；鵸鵌善笑，頭若雄雞，佩之令人不昧。」蓋一國貢二物，故連敘而及之。此條古來脫誤已久，故引用者承襲而不知其誤也。余謂欺羽轉為「鵸鵌」，誤為「奇幹」，而善笑又誤為「善芳」，自是定論。唐大沛曰：「陳說太鑿，存此一說耳。」朱右曾曰：「〈西山經〉云：『翼望之山有鳥焉，其狀如烏，三首六尾而善笑，名曰鵸鵌，服之令人不厭。』注引《周書》曰：『獻芳不眯。』疑『幹』或『餘』字之訛。」朱右曾是以「奇幹」為「奇餘」，自是以「奇餘」為「鵸鵌」。孫詒讓曰：「〔唐劉賡〕《稽瑞》『淮茅三脊』下引〈王會〉云：『奇幹獻善茅，皆鄉善者。〔陳逢衡引《文選・曲水詩・序》李善注引《周書》曰「成王時貢奇幹善芳者，頭若雄雞，佩之令人不昧。」劉、李引文、理解均不同。〕』則劉所見本亦有『獻』字，但說善茅，與今本絕異，未詳。」潘振、何秋濤以為奇幹為國名，即《山海經・海外西經》所言：「奇肱之國，一臂三目。有鳥焉，兩頭，赤黃色，在其旁。」何氏引《楚辭・招魂》注：「幹，體也。」以為「奇幹猶言奇體，即奇肱之謂也。」又引畢沅釋鵸鵌曰：「〈王會〉『奇幹善芳』云云，畢注以鵸鵌即善芳，其所出之山名翼望。」是何氏又以奇幹為鳥名，依違於國名、鳥名二者之間。鴻恩按，此條雖經多方詮釋，終難落實。竊以陳逢衡合二條為一之說不可取，凡西向者二十國，東向者二十國，彼此對稱；合為一條，則為二十國對十九國，此與下文南向者十四國、北向著八國應不同。奇幹應為國名，或如潘、何之說，為西方之奇肱國（或另有誤字）。幹、肱二字雙聲。奇肱在〈海外西經〉屬西方之國，與上文各國方位一致。奇幹既為國名，而孔注以「善芳」為鳥名而不知其所據。陳說「欺羽」即鵸鵌，正是所獻之物。如此，則「善芳」即指鵸鵌「善笑」。「欺羽」與鵸鵌，音相近，其說可通。笑、芳形近，以「芳」為「笑」訛，亦可通。〈西山經〉言鵸鵌「服之使人不厭」，與本文欺羽「佩之令人不昧」，含義相同，故郭璞直引本文「服之使人不昧」釋鵸鵌。因疑此條應本作：「奇幹欺羽──欺羽者，善笑，頭若雄雞，佩之令人不昧。」陳逢衡曰，《春秋繁露．郊語篇》「鴟羽去昧」，鴟羽亦「欺羽」之轉，去昧即不昧，高誘《淮南》注：「楚人謂厭為昧。」〈西山經〉郭注：「不厭，不厭夢也。」即不作惡夢。「奇幹欺羽」今作一條處理。㉔皆東嚮　何秋濤曰：「自義渠以下至此國，皆在西方，故列于西而東向。」

【語　譯】（排列於臺西面而東向者，）以北為上：義渠進獻茲白──茲白，樣子像馬，長著鋸牙，吃虎豹；央林進獻酋牙──酋牙，樣子像虎豹，尾長等於其身體的三倍，吃虎豹；北唐進獻閭──閭，樣子像羊；渠叟進獻豹犬──豹犬，就是露犬，能飛，吃虎豹；樓煩進獻星旄──星旄，就是把旄牛尾懸掛在旗杆上，像人的耳飾；卜盧進獻紈牛──角彎曲的牛，是牛中的小型牛；區陽進獻鱉封──鱉封，樣子像豬，前後都有腦袋；規規進獻麟──麟，是仁愛之獸；西申進獻鳳鳥──鳳鳥擁戴仁，懷抱義，扶持信；氐羌進獻鸞鳥；巴人進獻比翼鳥；方揚進獻皇鳥；蜀人進獻有文采的天雞──有文采的天雞，樣子像素地與五采成文的山雞；方人進獻孔雀；卜人進獻朱砂；鬈人進獻烏文木；庸人進獻桴苡──桴苡，它的果實像李子，吃了以後容易生子；州靡進獻狒狒──狒狒長著人的身子，腳跟反向，看見人就笑，一笑上唇就遮住牠的眼，吃人，北方叫牠土螻；都郭進獻猩猩──猩猩，樣子像黃狗，長著人的臉，能說話；奇幹進獻欺羽──欺羽，喜歡笑，頭的樣子像雄雞，佩帶牠使人不作惡夢：以上皆面向東。

北方臺正東❶：高夷嗛羊——嗛羊者，羊而四角❷；獨鹿邛邛——邛邛善走也❸；孤竹距虛❹；不令支玄獏❺；不屠何青熊❻；東胡黃羆❼；山戎戎菽❽；其西，般吾白質黑文❾；屠州黑豹❿；禺氏騊駼⓫；大夏茲白牛——茲白牛，野獸也，牛形而象齒⓬；犬戎文馬——文馬而赤鬣縞身，目若黃金，名古黃之乘⓭；數楚每牛——每牛者，牛之小者也⓮；匈奴狡犬——狡犬者，巨口赤身，四足果⓯：皆北嚮⓰。

【章　旨】講述站立於北臺的十四方國及其所獻物品。約而言之，東邊七國為東北夷，西邊七國為西北夷。

【注　釋】❶北方臺正東　唐大沛曰：「正，當作『上』。」即列於北方壇上的方國，面向南，以在東面者為上。朱右曾釋此句為「在臺北之東」，何秋濤釋為「列于北方臺正東」。唐說當是，列於北方之方國南向，下文列於南方之方國北向，周王居中，方國四合。朱、何說疑非是。❷高夷嗛羊三句　孔晁曰：「高夷，東北高句驪。」王應麟曰：「《(後漢書・)東夷傳》：『高句驪在遼東之東千里，南與朝鮮、穢貊，東與沃沮，北與夫餘接。』」據《歷史地圖集》，戰國時高夷在燕長城以外、今遼寧撫順以東。潘振曰：「嗛者，頰裏貯食處也，寓木之獸及鼠皆有之。」陳逢衡曰：「《(山海經・)北山經》：『歸山有獸，狀如麢羊，四角，馬尾而有距，其名曰驔。』當與嗛羊相似。」何秋濤曰：「自高夷以下至山戎凡七國，皆東北方之國也。」❸獨鹿邛邛二句　「獨鹿邛邛——邛邛善走也」，首句「邛邛」下原有「距虛」，盧說為後人妄增入，朱本據刪之。唐大沛亦以「本文原是『獨鹿邛邛』，原注亦當云『邛邛善走也』」。王念孫曰，上下文六國皆東北夷，則獨鹿亦東北夷也。獨與涿古聲相近，獨鹿即涿鹿也。其地在今宣化府保安州〔今河北涿鹿〕南，非西方之戎明矣。」劉師培曰：「竊以據孔注觀之，似正文當作『邛邛若距虛，善走也』。故孔以似距虛為釋。」劉說可備考。邛邛，王應麟曰：「《爾雅(・釋地)》：『西方有比肩鳥焉，與邛邛、岠虛比，為邛邛、岠虛嚙甘草，即有難，邛邛、岠虛負而走，其名謂之蟨。」注：「《呂氏春秋（・不廣）》曰：「北方有獸，其名為蟨，鼠前而兔後，趨則頓，走則顛。」然則邛邛、岠虛亦宜鼠後而兔前，前高不能取甘草，故須蟨食之。今雁門廣武縣夏屋山中有獸，形如兔而大，相負而行，土俗謂之蟨鼠。」《穆天子傳》：「邛邛、岠虛日走五百里。」張揖以為，邛邛青獸，其狀如馬；距虛似贏〔騾〕，而小。」鴻恩按，邛邛岠虛是一是二，向有不同說法，王應麟舉出三證，證明是二獸，唐大沛、朱右曾、何秋濤說同。又參下注。❹孤竹距虛　孔晁曰：「孤竹，東北狄。距虛，獸也，驢騾之屬。」王應麟曰：「《括地志》：『孤竹故城在平州盧龍縣〔今河北秦皇島盧龍縣〕南十二里，殷時諸侯國，姓墨胎氏。』」陳逢衡引崔豹曰：「驢為牡，馬為牝，則生騾。馬為牡，驢為牝，生駏驉。」何秋濤曰：「是距虛與邛邛大異，郝氏懿行作《爾雅義疏》臚舉各家以言二物者為是，可稱定論。」❺不令支玄獏　何秋濤曰：「〈王會〉孔注曰：『獏，白豹。玄獏則黑豹。』今本『豹』字皆誤作『狐』。」王應麟曰：「《（國語・）齊語》：『北伐山戎，刜令支，斬孤竹。』注：『二國，山戎之與也。』《爾雅》：『獏，白豹』，注：『似熊，小頭，庳腳，黑白駁，能舐食銅鐵及竹骨。或曰豹，白色者別名獏』」。陳逢衡曰：「應劭曰：『令音鈴。』《一統志》：『直隸永平府，令支故城在遷安縣〔今河北唐山市遷安西南〕。』」楊慎曰：「古地名多有『不』字，如《春秋》之不羹，《史》之不周、不姜，《山海經》之不津、不庭，或曰不讀作『丕』，古無丕字，不即丕也。」據此，則不令支及下文不屠何之『不』，俱當讀如『丕』，係助語辭，如句吳、於越之類。」何秋濤曰：「《爾雅》郭注有二說，前說謂獸似熊黑白駁，後說豹白色者，豹與熊殊類，當以後說為長。」❻不屠何青熊　王應麟曰：「《說文》：『熊似豕，山居冬蟄。』」陳逢衡曰：「鄧立誠曰：『《漢書・地理志》遼西郡有令支縣，又有徒河縣，徒河即屠何也。』漢徒河縣在今直隸永平府大寧衛東百九十里錦縣西北。劉恕《（資治通鑑）外紀》周惠王三十三年，齊桓公救燕破屠何，即徒河。」據《歷史地圖集》，春秋之屠何先後在今遼寧錦州和河北涿鹿東北之摩笄山，戰國時屠何仍在摩笄山。❼東胡黃羆　孫詒讓引《稽瑞》、《白帖》「羆」並作「熊」，以為唐本作「熊」。孔晁曰：「東胡，東北西卑〔孫詒讓曰當即鮮卑〕。」王應麟曰：「〈伊尹朝獻・商書〉：『正北東胡。』《（史記・）匈奴傳》：『燕北有東胡。』《爾雅（・釋獸）》：『羆如熊，黃白文，似熊而長頭，高腳，猛憨多力，能拔樹木。關西呼為豭熊。』《詩（・大雅・韓奕）》韓侯：『其追其貊，奄受北國……獻其……黃羆。』」陳逢衡曰：「孫炎曰：『羆有赤黃二種，而古者以黃為貴。』」何秋濤曰：「蓋熊、羆同類，俗人不識羆，故呼為人熊耳。」《歷史地圖集》東胡在燕之北和山戎之西北。鴻恩按，由《詩經・韓奕》所說「北國」「獻其黃羆」，則此條亦應作「黃羆」，唐本「熊」字蓋不確。❽山戎戎菽　孔晁曰：「山戎，亦東北夷。戎菽，巨豆。」王應麟曰：「《（史記・）匈奴傳》燕北有山戎，「山戎越蒹而伐齊。」《括地志》：「幽州魚陽縣，本山戎無終子國。」《漢書（・天文志）》「戎叔」注：「胡豆也。」」陳逢衡曰：「《（詩經・）大雅・生民》：『蓺之荏菽』。鄭箋：『戎菽，大豆也。』」鴻恩按，據《歷史地圖集》，春秋、戰國時之山戎在今遼寧大淩河南北、朝陽一帶。無終國先後在天津薊縣、河北崇禮西北。❾其西二句　孔晁曰：「其西，次西也。」朱右曾曰：「謂在臺西也。」鴻恩按，以上七國和此下七國，皆在臺之北，面南（見下文），分列東七國、西七國。猶上文之東二十國、西二十國然。王應麟曰：「《鄭志》：『張逸問《詩・傳》「白虎黑文」，答曰：「周史〈王會〉云。」文缺「黑文」二字。』《詩》釋文：『騶虞，義獸也。白虎黑文，不食生物，有至信之德則至。』」陳逢衡曰：「《史記・司馬相如傳》：『般般之獸，樂我君王。』注：『謂騶虞也。』則般吾即騶虞之轉，洵為定論矣。」陳氏又引「或」人之說，《漢書・地理志》有搬陽縣，其地在般水之陽。朱右曾曰：「『般般』之獸，般般當是部落之名，猶之『規規』也。吾者騶虞也。《（山海經・）海內北經》曰：『林氏國有珍獸，名曰騶虞。』《文選・東京賦》注：『騶虞或作「吾」。』是也。」鴻恩按，今參陳、朱之說，以般為部落之名（只是不知其地所在），以吾為騶虞。又「央林以酋牙」條劉師培已證「白虎黑文」為「白質黑文」之誤，今改「白虎」為「白質」，且據王、劉之說，增「黑文」二字。據文例，此條當作：「其西，般吾——吾者，白質黑文」。❿屠州黑豹　孔晁曰：「屠州，狄之別也。」王應麟曰：「《晉史》：『北狄有屠各。』《山海經（・海內經）》：『幽都山多玄虎、玄豹。』」陳逢衡曰：「《異物志》有西屠，《爾雅・疏》有東屠。又《路史》黃帝戮蚩尤，遷其善者于鄒屠。高陽氏娶于鄒屠。」何秋濤曰：「屠州蓋即休屠也。〈匈奴傳〉有休屠王，後地入于漢，今甘肅涼州府，《一統志》以為即休屠王地。涼州府鎮番縣〔今甘肅民勤〕之東北有休屠澤，休屠澤即取是澤以為名。〈海內經〉幽都之山，屠與都、州與幽亦皆音近。」鴻恩按，所列諸「屠」，未知孰是，由此節所言方位及孔、王、何之注，屠應在北狄或西北，休屠與下條禺氏（月氏）相鄰，何氏解禺氏、犬戎，數楚均在西北。⓫禺氏騊駼　孫詒讓曰：「《稽瑞》引『禺』作『愚』。」孔晁曰：「禺氏，西北戎夷。騊駼，馬屬。」王應麟曰：「《山海經（・海外北經）》：『北海內有獸，狀如馬，名騊駼，色青。』《字林》：『北狄良馬也。一曰野馬。』《史記（・匈奴列傳）》：『匈奴奇畜則騊駼。』」何秋濤曰：「禺、月一聲之轉，禺氏蓋即月氏也。氏音支。〈伊尹四方令〉云：『正北月氏。』又云：『請令以騊駼為獻。』月氏本行國，不恒厥居，疑本在正北方流沙之外。」鴻恩按，《歷史地圖集》有「月氏（禺氏）」，在今甘肅合黎山西南，綿亙於其西北至東南（該書第一冊第三一頁），與何氏說相合。⓬大夏茲白牛四句　盧文弨曰：「（原注）十一字，誤入（孔）注中，惠據洪本增入正文，與《初學記》正同。」孔曰：「大夏，西北戎。」王曰：「〈伊尹朝獻・商書〉：『正北大夏。』《山海經（・海內東〔袁珂曰：『「東」當作「北」』〕經）》：『國在流沙外者，大夏。』

《史記（・大宛列傳）》：「大夏在大宛西南二千餘里。」」劉師培曰：「茲讀《左傳》哀八年『使吾水滋』之『滋』，與『淄』同，黑誼。茲、白即駁。《山海經・西山經》謂駁『白身黑尾』，是駁名『茲白』，由色雜黑、白得名。茲白牛者，以色似駁馬得名。」童書業以「夏人起於西北」，認為本文「正北大夏」，「據劉翼謀先生等考證，此大夏約在今山西省北部或綏遠省（今內蒙古自治區中部）。《漢書・地理志》隴西郡又有大夏縣（今甘肅廣河縣西北），決非偶然。至夏部族之在遠西者，古時稱為西夏。」（《童書業歷史地理論集》第四頁）楊伯峻注《左傳》昭公元年「遷實沈于大夏」曰：「據杜注，大夏即今太原市。服虔以為『大夏在汾、澮之間』，則當今山西翼城、隰縣、吉縣之區。」⑬犬戎文馬四句　「犬戎文馬——文馬而赤鬣縞身，目若黃金，名吉黃之乘」，盧、唐、朱本無「而」而重「文馬」二字，「文馬」依文例當重。王本、章本、陳本不重「文馬」而「馬」、「赤」間有「而」字。鴻恩按，竊以「而」字不可刪。言「文馬」而鬣赤、身縞，解釋中兼含轉折意，故有「而」字，今據補。或作「古皇」，或作「吉黃」，王念孫曰：「作『吉黃』者是也。《文選・東京賦》注引《瑞應圖》云：『騰黃，神馬，一名吉光。』光、黃古同聲，吉光即吉黃也。」王應麟曰：「《書・傳》：『文王伐犬夷。』隴以西有畎戎。《山海經（・海內北經）》：『犬封國曰犬戎國，有文馬，縞身，赤鬣，目若黃金，名曰吉量，乘之壽千歲。』」何氏曰：「顧氏棟高云：『犬戎，西戎之別在中國者，在今陝西鳳翔府境，其本國則今西寧府西北樹敦城（今青海共和東南）是也。』」鴻恩按，《歷史地圖集》商代即有犬戎，西周時所說獫狁即犬戎，在今甘肅環縣至陝西志丹一帶。春秋時期，犬戎則西南移，在今甘肅渭源至通渭一帶（該書第一冊第一七、二二頁）。戰國時則不見犬戎。縞，白色。乘，一車四馬為乘，這裏引申為馬。⑭數楚每牛三句　孔氏曰：「數楚，亦北狄也。」王應麟曰：「《爾雅》注：『犤牛庳小，今之㹀牛，又呼果下牛。』」郝懿行《義疏》曰：「數楚每牛，即此類也。犤與每聲近又相轉也。」盧文弨曰：「《（山海經・）西山經》：『黃山有獸，如牛而蒼黑，大目，其名曰𤛘。』」何秋濤曰：「數楚蓋西戎，非北戎也。」何氏據〈西山經〉「數歷之山，楚水出焉，而南流于渭」及郭璞注：「今始平槐里縣（今陝西興平）有黃山」，因曰：「每牛既在黃山，數歷山又在黃山附近之地，則黃山在興平無疑，數歷之即為數楚亦無疑。〈王會〉列數楚與犬戎相次，犬戎在西，則數楚亦在西，是皆炳然可據者。」⑮匈奴狡犬四句　「匈奴狡犬——狡犬者，巨口赤身，四足果」，原無「口」、「赤」二字。王應麟本作「四足」，而章檗本作「四尺」。盧本、陳本、唐本、朱本均從王本作「四足」。王念孫釋「果」為「裸」，「四足無毛之謂與？」陳逢衡曰：「顏注《急就篇》、《瑞應圖》俱云『赤身』，與《說文》異。果與倮（裸）通，謂竊毛也，蓋如虎豹之屬。」朱右曾曰：「胡犬深毛，惟狡犬四足無毛也。」孫詒讓曰：「《稽瑞》云：『豹犬口鉅』，注引作『匈奴獻豹犬。』又云：『豹犬鉅口，赤身，四足。』則此文『鉅』下挩『口赤』二字。《說文》云：『〔匈奴有狡犬，〕巨口，黑身。』（豹，即『狡』之訛。）」朱駿聲、劉師培以為「足」應作「尺」。劉又以「果」當作「踝」，「蓋踝者，足之隆然圜起者也。」鴻恩按，《急就篇》、《瑞應圖》、《稽瑞》均曰「鉅口，赤身」，今從之，增「口、赤」二字。《說文》：「狡，少狗也。」「足」、「果」說不同，今視為「足」、「裸」。王國維曰：「見于商、周間者，曰鬼方、曰混夷、曰獯鬻。其在宗周之季，則曰玁狁。入春秋後，則始謂之戎，繼號曰狄。戰國以降，又稱之曰胡、曰匈奴。綜上諸稱觀之，則曰戎、曰狄者，皆中國人所加之名；曰鬼方、曰混夷、曰獯鬻、曰玁狁、曰胡、曰匈奴者，乃其本名。」（《觀堂集林》卷十三〈鬼方昆夷玁狁考〉）鴻恩按，匈奴為戰國時之稱，已成學術界共識，然則本文之時代從可知矣。

⑯皆北嚮　朱右曾、何秋濤皆曰「北」當作「南」，何氏曰：「以下文諸國皆北向推之可知。若均北向，則此句不必複出矣。」自高夷至此皆南向。

【語　譯】排列於北方臺上（面向南）的，以東方為上：高夷進獻的是嗛羊——嗛羊這種動物，是羊但有四個角；涿鹿進獻的是邛邛——邛邛是一種善跑的動物；孤竹進獻的是距虛；不令支進獻的是黑豹；不屠何進獻的是青熊；東胡進獻的是黃熊；山戎進獻的是胡豆；臺的西面：般進獻的是騶虞——騶虞這種動物，白地黑花；屠州進獻的是黑豹；月氏進獻的是駒駼；大夏進獻的是黑白花的牛——黑白花的牛，是野獸，樣子像牛而長著大象般的牙齒；犬戎進獻的是花馬——花馬的鬃毛是紅色，身子是白色，眼睛像黃金一樣，稱為吉黃馬；數楚進獻的是每牛——每牛這種動物，是一種小牛；匈奴進獻的是少壯的狗——少壯的狗，巨大的嘴巴，紅色的身子，四腳無毛：以上都面向北。

權扶玉目❶；白州比閭——比閭者，其華若羽，伐其木以為車，終日行不敗❷；禽人菅❸；路人大竹❹；長沙鼈❺。其西，魚復鼓鐘、鐘牛❻；揚蠻之翟❼；倉吾翡翠——翡翠者，所以取羽❽，南人致象❾：皆北嚮。其餘皆可知自古之政❿。

【章旨】講述站在臺南東邊和西邊的方國所進獻的貢品。

【注釋】❶權扶玉目　劉師培曰：「權扶，即讙朱，讙、權均從雚聲。扶又朱字之誤也。《山海經・大荒南經》云有讙頭之國。〈海外南經〉云：『讙頭國或曰讙朱國。』郭注云：『讙兜，堯臣，有罪，自投南海而死，帝憐之，使其子居南海而祠之。』（《淮南・地形訓》『亦作讙頭國』。）地瀕南海，與孔注南蠻訓合。」玉目，孔注：「玉之有光明者，形小也。」何秋濤曰：「玉目，即今之水晶。水晶本名水精，取其瑩澈晶光，猶人之目中瞳，人謂之目精也。」陳漢章舉《山海經・南山經》之「水玉」，郭注：「今水精也。」《廣雅・釋器》：「水精謂之石英。」陳因曰：「水晶不足以當玉目之名，此唯貓精石似之。《格致鏡原》（卷三十三）：『貓睛出南蕃，性堅，黃如酒色，睛活者中間有一道白橫搭，轉側分明，與貓兒眼睛一般，驗十二時無誤，一名貓兒眼。』」鴻恩按，陳說當是，貓睛石為高檔寶石，玉目似不指水晶。朱右曾曰：「此下五國在臺南少東，魚復以下在臺南少西。」❷白州比閭五句　孔晁曰：「白州，東南蠻，與白民接也。水中可居曰洲，洲中出此珍木。」陳逢衡、何秋濤以「華」當作「葉」，傳寫之誤。劉師培曰：「《御覽》九百六十一引作『白洲』。《類聚》七十一引作『終日行』，今本捝『日』字。（《稽瑞》亦作『終日行不盈。』）」鴻恩按，王本、章本孔注同有兩個「洲」字，而「白州」不作「白洲」，與《御覽》有異。《山海經・大荒東經》與〈海外西經〉有白民國，與東南蠻之白州不應相接。「華」字當依陳、何說作「葉」，華、葉形近，古書不乏互誤之例。并櫚即今棕櫚，其葉可以作扇，確為羽形。王應麟引《廣志》曰：「椶，一名并櫚，葉似車輪。」何秋濤曰：「福建延平府有栟櫚山，栟閭極多。延平在諸水之間本有洲名，其水又有白水之名，故古謂之白州。比閭即并閭，比、并一聲之轉。《本草拾遺》云：『其皮作繩，入水千年不爛。』」皆與〈王會〉所紀為車終行不敗之說合。」今依劉說據《類聚》、《稽瑞》增「日」字。❸禽人菅　孔晁曰：「亦東南蠻。菅草堅忍。」陳逢衡曰：「《(路史・)國名紀》：『高陽氏後有禽人。』或謂即《山海經・海外南經》之羽民。」何秋濤曰：「菅蓋即《異物志》之香菅，《吳錄》謂之香茅者也。實零陵所產，《吳錄・地理志》曰：『零陵、泉陵有香茅，古貢之縮酒。』」劉師培曰：「《漢書・古今人表》『禽敖』，顏注云：『即黔敖。』是古『黔』字或作『禽』。此文『禽人』疑即楚黔中地之舊國也。《史記・秦紀》《正義》引《括地志》云：『黔中故城在辰州沅陵縣西二十里，辰沅之際，菁茅所生。』《史記・夏本紀》『包匭菁茅』，《正義》引《括地志》云：『辰州盧溪縣西南三百五十里有包茅山。』《武陽記》云：『山際出包茅，有刺而三脊，因名包茅山。菅即香茅，故黔人以之致貢。』」鴻恩按，由《左傳》僖公四年可知，楚國對周天子進獻包茅，由《尚書・禹貢》可知，荊州「包匭菁茅」，二說一致。至何、劉所言，時人以零陵（今湖南零陵西南）、沅陵（今湖南沅陵西南）所產之「菅」進貢，似所無之事。說詳研析。❹路人大竹　孔晁曰：「路人，東南蠻。貢大竹。」朱右曾曰：「路音近駱，疑即駱越。劉昫曰：『廣鬱縣，古駱越所居，今廣西南寧府地。』」何秋濤曰：「路、露、駱古字并通，夏、殷露伯即周初路人，蓋越之支而封于閩地者也。路人在東南，閩地亦在東南，正為密合。史言東甌姓騶氏，（按，《史記・東越列傳》曰：『姓騶氏。』《集解》曰：『騶，一作駱。』）後子孫又姓露氏，皆原于此。《異物志》云：『篔簹竹生水邊，長數丈，圍一尺五六寸。』《異苑》云：『建安有篔簹竹。』（今福建建寧府）」劉師培曰：「《（尚書・）禹貢》：『惟箘簵楛，三邦厎貢厥名』。《史記・夏本紀》《集解》引馬注云：『箘簵楛三國所致貢，其名善。』鄒漢勛《讀書偶識》謂簵國即此路人。竊以三國均以所產之物為名。（與碭山以產文石得名同。）簵地產竹，自以從竹之字為正。《說文》云：『古文簵从輅聲。』」❺長沙鼈　孔晁曰：「特大而美，故貢也。」何秋濤曰：「〈王會〉所紀則成周之初，長沙自為一國，厥後乃地入于楚。《摭言》云：『沅江鼈甲九肋者稀。』」鴻恩按，何氏堅信此為周初事，不確，春秋時尚無長沙之名。❻魚復鼓鐘鐘牛　陳逢衡曰：「《山海經・中山經》有鼓鐘山，《水經・河水注》有鼓鐘城，此鼓鐘是國名。蓋謂鼓鐘貢鐘牛，而魚復所貢疑闕。或謂當是『魚復牛，鼓鐘鐘。』」劉師培曰：「鼓疑『致』字之訛，猶下云『南人至眾（即致象）』。孔注云：『美遠致也』，疑所據之本亦作『致鐘牛』。孔注舊文蓋作『貢致鐘而似牛形者，美致遠也。』」又曰：「〈王會〉所舉各邦之獻品，未有一國兼兩物者。（上文云『黑齒白鹿白馬』，疑亦一本作『鹿』，一本作『馬』，校者合而一之。）鼓鐘、鐘牛，二『鐘』字一為衍文。鐘牛者即犝牛也。《爾雅・釋畜》『犝牛』，《字林》云：『犝，牛名。』《後漢書・西南夷傳》云：『有牦牛無角，一名童牛。』（童、犝、鐘三字，古並通用。）犝牛即童牛，所產之區近巴蜀，故魚復以為貢品。其名曰犝者，山無草木曰童，故牛無角亦曰犝，此即牦牛之別種也。『鼓鐘牛』，鼓即『獻』字之訛。與前文『央林以酋耳』『夷用門焦木』一律。」今從劉說，致、獻均通，從字形而論，「鼓」應是「致」字之誤。王應麟曰：「『魚復，今夔州奉節縣。《十道志》：『夔州，春秋時魚國，漢為巴郡魚復縣。』」鴻恩按，先秦無「魚復」之名，「復」字疑是後人所加。❼揚蠻之翟　王應麟本、章檗本「揚蠻」均作「蠻揚」。朱右曾參王念孫說改為「揚蠻」。盧、陳、唐本未改，均作「蠻揚」，即揚州之「揚」。陳逢衡以為蠻揚即揚越、揚粵，「揚州之南越」，本揚州之分。俞樾曰：「此篇之例，皆于國名之下，即繫以所貢之物，又或加『以』字，從未有于國名下加『之』字以足句者。疑本作『楊之蠻翟』，故孔注曰『楊州之蠻貢翟鳥』。（按，孔注作『揚』）」何秋濤、陳漢章均以「蠻楊」即揚越。只是蠻揚地廣，蠻越為一國，「蠻揚疑即陽山也。在今廣東連州陽山縣東」（何秋濤）；《呂覽・恃君》百越之際有陽禺之國，即此楊越（陳逢衡）。鴻恩按，據《歷史地圖集》，陽禺在今廣東陽山縣東（第一冊第四六頁），與何氏所說「蠻揚」為一地。翟，雉名。《左傳》注：「南方曰翟雉。」今俗呼山雞（王應麟）。❽倉吾翡翠三句　倉吾，同「蒼梧」。王應麟曰：「《山海經（・海內經）》：『南方蒼梧之丘。』《禮記》注：『蒼梧于周南越之地，楚吳起南並蠻越，遂有蒼梧。』《爾雅》：『翠鷸』注：『似燕，紺色，生鬱林（今廣西桂平西）。』《異物志》曰：『翠鳥似鷰，翡赤而翠青，其羽可以為飾。』」潘振曰：「翡翠雄曰翡，雌曰翠。」何秋濤曰：「〈禹貢〉：『揚州貢齒、革、羽毛』，傳曰：『羽，鳥羽。』《正義》曰：『翡翠，孔雀之屬。』」按，戰國時之倉吾在今廣西東部梧州北蒙山縣、昭平、賀州至廣東懷集一帶（《歷史地圖集》第一冊第四六頁）。❾南人致象　此句與「皆北嚮」原在「其餘皆可知自古之政」句下，文字不銜接，顯係錯簡，此據丁宗洛本、何秋濤本移上。致象，原作「至眾」，王應麟本作「致眾者」。致、至相通。何氏曰：「南人致眾，義無所取，眾當作『象』，字形相近，故訛。此言南越之國，以象為貢也。《嶺表錄異》曰：『廣之屬郡潮（今潮州府）、循（今嘉州府）州多野象。』」孫詒讓曰：「《稽瑞》引作『成王時南人獻白象。』則『象』上當有『白』字。」劉師培曰：「何氏曰：『眾當作「象」』，其說最確。惟此語增「者」字，于例不合。蓋「者」字乃「箸」字之脫文，言南人以象箸為貢也。』」鴻恩按，「至（致）眾」既不成辭，而《稽瑞》引作「獻白象」，記載又證明古代我國南方確有象，今故改「眾」為「象」。陳漢章曰：「《呂覽・古樂篇》：『周公以師逐象至于江南。』〈禹貢〉荊、揚二州貢齒亦皆象齒，則此南人自當致象齒，但不必為象箸。」鴻恩按，《稽瑞》引作「獻白象」，則非箸、非齒，而是大象。❿其餘皆可知自古之政　孔晁曰：「餘，謂眾諸侯貢物也，言政化之所至也。」朱右曾曰：「古之政，謂〈禹貢〉及〈伊尹獻令〉也。」

【語　譯】（臺南東面，）讙頭進獻的是貓睛石；白州進獻的是棕櫚——棕櫚這種植物，它的葉子就像羽毛，砍伐它的木頭做成車子，終日運轉也不毀壞；禽人進獻的是（供祭祀縮酒用的）香茅；路人進獻的是異常碩大的竹；長沙進獻的是鱉。他們西面：魚國進獻的是犢牛；蠻揚進獻的是山雞；倉吾進獻的是翡翠鳥——翡翠這種鳥，用來採取牠的羽毛；南人進獻的是象牙：以上的諸侯都是面向北。由其餘諸侯進獻的貢品，也都可以知道自古以來的政教。

伊尹朝獻❶　商書

湯問伊尹曰❷：「諸侯來獻，或無馬牛之所生❸，而獻遠方之物，事實相反❹，不利。今吾欲因其地勢所有❺，獻之必易得而不貴，其為四方獻令❻。」

伊尹受命，于是為四方令，曰：

「臣請正東❼：符婁、仇州、伊慮、漚、深、九夷、十蠻、越漚、鬋髮文身❽，請令以魚皮之鞞、鰞鰂之醬、鮫瞂、利劍為獻❾。

「正南：甌、鄧、桂國、損子、產里、百濮、九菌❿，請令以珠璣、玳瑁、象齒、文犀、翠羽、菌鶴、短狗為獻⓫。

「正西：昆侖、狗國、鬼親、枳、已、闟耳、貫胸、雕題、離身、漆齒⓬，請令以丹青、白旄、紕罽、江歷、龍角、神龜為獻⓭。

「正北：空同、大夏、莎車、姑他、旦略、豹胡、代翟、匈奴、樓煩、月氏、孅犁、其龍、東胡⓮，請令以橐駞、白玉、野馬、騊駼、駃騠、良弓為獻⓯。」

湯曰：「善。」

【章旨】〈伊尹朝獻〉是〈王會〉篇的附錄。內容為，伊尹受商湯之命所制定的諸侯向朝廷進獻貢品的法令。

【注釋】❶伊尹朝獻　這是〈王會〉的一篇附錄。孫詒讓曰：「考《漢書·藝文志》無〈商書〉，而小說家有《伊尹》二十七篇，疑〈朝獻〉即《伊尹》書之一篇。秦漢人錄附《周書》，而劉向校定，遂因而存之耳。」鴻恩按，孫說甚是，這是一篇晚出的小說，文字比正文更淺近，並非商代歷史文獻。原有「不《周書》，錄中以事類來附」，朱本刪之。孫詒讓曰：「『不』下當挩『在』字。此十字疑劉向校書時所加。若《晏子》、《春秋》、《韓非子》常有此例。」❷湯問伊尹曰　湯，商湯，商朝開國之君。伊尹，商湯賢相。❸馬牛之所生　指當地馬牛所生產之物。❹事實相反　貢獻者本國之事，而所獻者他國之實，是相反也（潘振）。❺地勢所有　指地勢高下、出產不同。❻其為四方獻令　陳逢衡曰：「《竹書紀年》：『湯二十五年定獻令。』即此事。」鴻恩按，陳引《紀年》出於今本《竹書紀年》。王國維《今本竹書紀年疏證・序》曰：「今本所載殆無一不襲他書」，「所增加者年月而已」，「年月又多杜撰」，並說「余懼後世復有陳逢衡輩為是紛紛也，故寫而刊之。」王國維對於陳氏對今本《竹書紀年》的態度提出了批評。其，表示祈請語氣。❼正東　鴻恩按，前人於此無解，竊疑「正東」、「正南」等不同於今口語之正東、正南。正，《爾雅・釋詁》：「正，長也。」《廣韻》：「正，君也。」正東，治理東方的諸侯。理解為正東方，不合情理，因為東方偏北、偏南的諸侯均需進貢。故曰八方會同。❽符婁仇州伊慮漚深九夷十蠻越漚鬋髮文身　孔晁曰：「九夷、十蠻者，東夷、蠻越之別稱。鬋髮文身，因其事以名也。」王應麟曰：「符婁，《後漢（書）・東夷傳》云：『夫餘國在玄菟北。挹婁，古肅慎之國。』仇州，海中洲。漢遼東郡有無慮縣，顏氏注：『即所謂醫無閭。』漚深，即甌也。〈東夷傳〉夷有九種：曰畎夷、干夷（《傳》作『于夷』）、方夷、黃夷、白夷、赤夷、玄夷、風夷、陽夷。《爾雅》六蠻，此云十蠻，言其非一而已。《世本》：『芉姓，東越。』閩君皆其後。漚，亦甌也。《（史記・）趙世家》云：『鬋髮文身，甌越之民也。』〈吳世家〉注：『常在水中，故斷其髮，文其身，以象龍子，故不見傷害。』」孫詒讓《墨子閒詁・非攻中》「九夷」注：「此九夷與吳楚相近，蓋即淮夷，非海外東夷也。九夷實在淮泗之間，北與齊魯接壤。」陳逢衡曰：「漚深，疑即目深。十蠻，蓋夏末殷初之際，其類有十，與周八蠻不同。且此是東十蠻，與《爾雅》六蠻專指南方者又別。越漚，即東越漚人。」何秋濤曰：「濊即夫餘二字之合音。仇州，今閩東之琉球國也。漚，當即溫州之東甌也。深，疑即〈王會〉之目深也。劉氏《七經小傳》云：『九夷，蓋在徐州、莒、魯之間，中國之夷，非海外之夷也。』九夷、十蠻，蓋部落眾多，本非一地。上已有漚，則此漚，疑即建寧府之西甌也。」劉師培曰：「今考《大戴禮記・用兵篇》盧注云：『殷之夷國東方十，南方六，西方九，北方十有三。』即據本文為說，則盧本孔注衍『九』字甚明。蓋漚深為二國（何云：漚即溫州之東甌，深疑即目深）。」鴻恩按，依孫詒讓、《七經小傳》之說，則「九」字不衍。綜合王、何之說則為十個部落：夫餘、挹婁、仇州、伊慮、東甌、深、九夷、十蠻、西甌、鬋髮文身。但《歷史地圖集》定「縛婁（符婁）」、「深」在南不在東，符婁在今廣東惠州境內，博羅之北，並非夫餘、揖婁二國，夫餘之出現在秦，揖婁之出現在東漢，都不見於戰國，更不用說西周；《地圖集》又以「深（自深）」在今湖南零陵西南（見該書第一冊第四六頁、第二冊第三〇、四〇頁）。均與此所說不相合，定夫餘、揖婁為先秦方國，不合於歷史實際。除非作者不明乎此。醫無閭山，在今遼寧北寧西。❾魚皮之鞞䱷鰂之醬鮫瞂利劍為獻　魚皮之鞞，用鯊魚皮做的刀劍鞘。《說文》：「鞞，刀室也。」一說是刀鞘末端的裝飾物。䱷鰂之醬，章本、盧本「䱷」字原闕，王應麟引《說文》：「烏鰂，魚名。」盧文弨疑王本是「烏」字。王念孫舉《北堂書鈔》引作「䱷」，唐本、朱本據《書鈔》補。陳逢衡曰：「烏鰂魚，一名烏賊，一名墨魚。醬蓋以烏賊骨為之。」鮫瞂，鯊魚皮做的盾。鮫，鯊魚。瞂，盾。❿區鄧桂國損子產里百濮九菌　王應麟曰：「百濮見《左傳》，區，即甌駱。」陳逢衡曰：「《一統志》：『雲南普洱府，本古產里地。』段長基《歷代沿革表》曰：『普洱府，古產里也，一名車里。』」何秋濤曰：「浚儀以區為甌駱，蓋指西甌駱也。」劉師培曰：「損子疑即鄖國。《說文》云『鄖，漢南之國』也。鄖、損并從員省。菌，即〈禹貢〉之『箘』，字以從『竹』為正。（春秋麇國疑箘異文。《御覽》引潁容《春秋釋例》云：『麇在當陽（潁容所說當陽在今湖北荊門南）。』）」鄖，在今湖北安陸。鴻恩按，戰國時南寧西南及越南北部有駱越，今溫州有甌越，至秦代又有東甌、西甌之說（《中國歷史地圖集》第一冊第四六頁、第二冊第一一～一二頁），則此處之甌，必指越族。鄧，當即《左傳》之鄧，在今湖北襄樊北。陳漢章以為《御覽》引作「隑」，當在曲江所在之桂陽，其說不可據，「隑」當是「鄧」的同音字「隥」之訛誤。桂國，注者多曰「蓋桂陽也」，不確，桂陽為西漢時郡名及縣名，在今湘、粵境內。戰國時之桂國，《歷史地圖集》定於今廣西桂平西南（該書第一冊第三一、四六頁）。戰國時百濮在長江南北，分布於今四川達州、重慶萬州區、湖北利川市一帶。產里當從陳說，損、菌，當如劉說。如此，南方則為七國，非《大戴》盧注所說六國。⓫珠璣玳瑁象齒文犀翠羽菌鶴短狗為獻　珠璣，璣是小、不圓的珍珠。玳瑁，爬行類動物，似龜，甲有文，生南海中，可做裝飾品，也可入藥。文犀，有文理的犀角。鴻恩按，古代中國有犀、象，《爾雅・釋地》：「南方之美者，有梁山（衡山）之犀、象焉。」又見陳夢家《殷墟卜辭綜述》（第五五五頁）。翠羽，翡翠的羽毛。菌鶴，孔氏曰：「可用為旌翳。短狗，狗之善者也。」陳逢衡曰：「蓋九菌所產之鶴。」短狗，陳逢衡曰：「短狗或亦九菌所出，故菌狗在《（山海經・）海內經》，而菌山亦列其次也。蓋菌人短小（《山海經・大荒南經》『有小人名曰菌人』），其所產之物亦可類推，《山海經》曰『青獸如兔（名曰菌狗）』，可以證矣。《駢雅》『菌狗，兔屬』，蓋據《山海經》說。」⓬昆侖狗國鬼親枳已闟耳貫胸雕題離身漆齒　已，章本作「巳」，諸本多作「已」。朱右曾曰：「離身，舊作離邱，據《文選》注及王本訂。」闟，一作「闒」，二字通。孔晁曰：「九者西戎之別名也。闟耳、貫胸、雕題、漆齒，亦因其事以名之也。」《文選・三月三日曲水詩・序》李善注「離身」：「《爾雅》曰：『北方有比肩人也，迭食而迭望。』郭璞曰：『此即半體之人，人各有一目、一鼻、一孔、一臂、一腳，亦猶魚鼠之相合爾。』」王應麟曰：「〈禹貢〉『昆侖』，王肅曰：『昆侖在臨羌西。』狗國，犬戎也。《（禮記・）王制》『南方曰蠻，雕題』。雕，刻鏤也；題，額也。刻其肌以丹青涅之。《山海經（・海內南經）》有雕題國（在鬱水南）。《通典》：『百越古謂之雕題。』離身，《山海經（・海外西經）》有三身國，一首三身。漆齒，《山海經》（〈大荒東經〉、〈海外東經〉）有漆齒國，齒如漆。」潘振引《南土志》曰：「黑齒蠻在永昌關（今雲南保山市）南，以漆漆其齒，見人以此為飾，寢食則去之。」陳逢衡曰：「據《一統志》：『昆侖山在甘肅肅州（治所在今酒泉）西南。』《戰國策》蘇代約燕王曰：『楚得枳而國亡。』《一統志》：枳在今四川重慶府涪州。枳已或枳巴之誤。又湖北襄陽府有邔縣，枳已疑即『枳邔』。闟耳，即《（山海經・）海外北經》之聶耳，〈大荒北經〉儋耳（郭注：『其人耳大下儋，垂在肩上。』袁珂：『儋當為瞻。《說文》十二云：「瞻，垂耳也。」』），《淮南・地形》有耽耳，《博物志》有檐耳，皆謂是也。《漢・地理志》犍為郡漢陽有闟谷。」何秋濤曰：「《墨子（・安死）》云：『舜西教乎西戎，道死，葬南己之市。』《呂氏春秋・安死篇》：『舜葬于紀市。』紀市為戎灼然可據。昆侖國當即在昆侖山旁。當以《爾雅》『河出昆侖虛』之言為斷。戴氏震《水地記》：『河源以南，唐吐蕃今西藏之境，古昆侖國在焉。』《說文》云：『闟，樓上戶也。』當取耳孔洞達為義。穿胸者亦不過雕鏤其胸以為飾，非真胸背穿透也。沈佺期〈泛海〉詩：『嘗聞交趾郡，南與貫胸連。』似貫胸在交趾南矣。〈海內南經〉又有離耳國，與雕題相屬，郭注：『鎪（挖刻）離其耳，分令下垂以為飾，即儋耳也。』《水經注》亦云儋耳即離耳也。』」依劉師培曰：「鬼、親、枳、已為四國。鬼國即夔，《左傳》（僖公二十六年）楚子滅夔，《公羊傳》作『隗』，《漢書・地（理）志》以秭歸縣即古歸子國。夔、隗、歸、鬼，古字通用。夔為古鬼方之邊陲，夔字即沿古鬼方之名，則鬼國即今夔州附近之地矣。親國即鄈，古字新、親通用。《漢書・人表》云：『女志，鯀妃，有鄈氏女。』《大戴禮》作莘。莘與鄈同，在今郃陽（西周時莘在今陝西合陽東南，大河之濱。錢穆考郃陽之莘，乃姒姓國，禹後別封者。《世本》『鯀納有莘氏女』之莘，在今山東曹縣北。二莘不同姓。《史記地名考》第五九頁，商務印書館。）。若枳即《國策》『楚得枳而國亡』之枳，已即『巴』字之訛文。」鴻恩按，《歷史地圖集》在合黎山西南越過月氏為昆侖（楊寬認為昆侖山即今甘肅祁連山），與陳引《一統志》基本相合（第一冊第三一頁）。《尚書・禹貢》「雍州」有「昆侖」，顧頡剛曰：「〈禹貢〉作者提到『昆侖』，只當它一個西戎國名看，它的地位和析支、渠搜相等。」（《昆侖傳說和羌戎文化》第六節）徐旭生曰：「唐蘭先生曾告余，昆侖實指祁連。今細核之，其說甚近，然尚有小誤。蓋昆侖乃青海高原，祁連山似為經中槐江之山或恒山。祁連有水北流，而昆侖水絕無北流者……昆侖不曰山而曰丘，明非山也。」（〈讀山海經札記〉，《中國古史的傳說時代》第三四六頁）劉起釪曰：「神話被〈禹貢〉作者淨化為一座實際的山，放在雍州。並有西戎中的一族居住，即以昆侖為其族名。其地當在今青海境內，具體地點不明。」並指出漢代以河源之南，而後於臨羌縣置昆侖祠，於廣至縣（今甘肅安西西南）置昆侖障（皆見《漢・志》），以及現在之昆侖山脈，皆以後的事（《尚書校釋譯論》第七五七頁）。楚得枳、國亡，是西元前二七九年楚將莊蹻「略黔中以西而攻至滇池」時事（楊寬《戰國史料編年輯證》第八五二頁），次年秦破楚都郢，楚遷都於陳（今河南淮陽）。「巴」字當是，巴即今重慶，與枳相鄰，且與此節之「西」相合。陳、何之說均不在西。闟，可通闟，如《戰國策・齊策一》「闟踘」，《史記・蘇秦列傳》作「蹋鞠」。闟，僭，二字音近。王國維曾提出鬼方在汧、隴之間或岐周之西而包其東北，學者多認為鬼方活動於晉南一帶（王玉哲《中華遠古史》第三七七～三八〇頁），劉氏以為鬼方及於夔地，即今湖北秭歸一帶，未知是否。

⓭丹青白旄紕罽江歷龍角神龜為獻　孔晁曰：「江歷，珠名。龍解角，故得也。」王應麟曰：「《荀子（・王制）》：『南海有曾青丹干，西海有文旄。』〔注：『曾青，銅之精，可繪畫及化黃金者。丹干，丹砂也，蓋一名丹干。』『旄，牦牛尾。文旄，謂染之為文彩也。』〕何承天《纂文》：『紕，氐罽〔氐族人織的毛織品〕。』」何秋濤曰：「《藝文類聚》引范子計然曰〔計然，或說是人名，范蠡師事之。或說是范蠡所著書篇名，這裏應是指著作〕：『空青出巴郡，白青、曾青出弘農、豫章，白青出新淦。青色者善。』紕、罽疑是一物。《詞林海錯》云：『江歷，珠名，即江驪（黑龍）也。』《五侯鯖》云：『江珠即琥珀，千年茯苓所化。或云即江歷也。』」

⓮空同大夏莎車姑他旦略豹胡代翟匈奴樓煩月氏孅犂其龍東胡　孔晁曰：「十三者北狄之別名也。」王應麟曰：「《爾雅》：『北戴斗極〔郝疏：北斗中也〕為空桐。』黃帝西至于空桐（山，在隴右）。大夏在西域。《楊子》：『大夏之西莎車國，治莎車城。』代，北狄之別，秦漢代縣，今蔚州〔河北蔚縣〕。翟，與『狄』同。樓煩在晉北。月氏居敦煌、祁連間〔主要在酒泉、張掖一帶地〕。《漢・匈奴傳》有〔隔〕昆、龍〔『龍』為衍文〕、新犂。」王念孫曰：「《玉海》『代翟』作『戎狄』。作『戎狄』者是。」陳逢衡曰：「《史記・大宛傳》：『樓蘭，姑師邑。』姑師、姑他，疑一地也。或曰姑他、虖沱，一聲之轉耳。孅犂，或謂即薪犁國。」朱右曾曰：「莎車國，今葉爾羌地〔新疆喀什地區莎車，葉爾羌河流經其地〕。孅犂，亦作『纖離』，李斯文〔〈諫逐客書〉〕：『乘纖離之馬』，即此。」何秋濤曰：「《括地志》云：『笄頭山一名崆峒山，在原州平高縣西百里〔實在今甘肅平涼西〕。然此西方與正北無涉。錢氏坫《爾雅・釋地》注以今順天府薊州（今天津薊縣）東北有空桐山，然其地甚近，似非『戴斗』之空同。以管見推之，當在今蒙古地直北斗之下也。姑他，《漢書・匈奴傳》：『姑夕王……至姑且水北，姑且疑即姑他矣。』旦略，或曰當從別本作『且略』。《補注》以『代翟』為正，注文分代與翟為二，浚儀地理之學最精，

必不誤。孅犂，蓋即新犁，孅、新一聲之轉，孅犂在匈奴之北也。其龍，蓋即龍城，龍亦作蘢，《史記》云：「將軍衛青出上谷至蘢城，是蘢城地南直上谷。」」孫詒讓曰：「王云：『豹胡，北胡也。』何云：『且，一作「且」。』作『且』是也。且蓋『柤』之省。《國語・晉語》：『獻公田，見翟柤之氛。』韋注：『翟柤，國名。』是也。豹胡，即上云不屠何青熊。孔云：『不屠何，亦東北夷也。』豹、不一聲之轉。《墨子・非攻中篇》云：『雖北者且一不著何，其所以亡于燕、代、胡、貊之間者，亦以攻戰也。』不著何即此豹胡。且一疑亦即此且略也（詳《墨子閒詁》）。二國方域與聲讀並合，可以互證。」鴻恩按，《歷史地圖集》定「空同氏」於今寧夏自治區固原西南，六盤山主峰之北，與甘肅平涼西之崆峒山相近，即部族、方國名（該書第一冊第二二、三三頁）。郝懿行《爾雅義疏》引《莊子・在宥》釋文所引司馬云「空同當北斗下山也」（此何氏說所從出），郝氏疑而未敢定。大夏，童書業曰：「《（逸）周書》稱：『西夏性仁非兵，唐（即湯）伐之，西夏以亡。』（〈史記〉篇）西夏必在今甘肅、新疆一帶。（古『夏』、『西』二字可以互訓。如鄭公孫字子西，陳公子西字子夏，此可證夏人與西方必有關係也。）夏人起自西方，後漸東遷，約跨今豫、晉、陝三省交界一帶之地。」（《童書業歷史地理論集》第五～八頁）代翟，王念孫、唐大沛以為應作「戎狄」，王應麟、何秋濤以代、翟為二國，陳逢衡、朱右曾以代翟為一國，盧文弨改孔晁注「十二」為「十三」，即以為「正北」凡為十三國。如從王、何說則為十四國。未知孰是。今仍姑以「代翟」連讀，以合「十三」之數。

⑮以橐駞白玉野馬騊駼駃騠良弓為獻　橐駞，即駱駝。《史記・匈奴列傳》：「其奇畜則橐駝、驢、騾、駃騠。」白玉，潘振曰：「出玉河（玉龍喀什河），在于闐城外（于闐為國名，在今新疆和田一帶，于闐河即今和田河流經其地），源出昆山（昆侖山）。」何氏引陶弘景《本草》注：「疏勒、于闐諸處皆善，潔白如豬膏，叩之鳴者是真也。」野馬，《爾雅》：「野馬如馬而小，出塞外。」（王應麟）騊駼，《說文》：「北野之良馬。」（何秋濤）駃騠，《說文》：「馬父贏子也。」段玉裁注：「當作『馬父驢母，贏也。』」「今人謂馬父驢母者為馬騾，謂驢父馬母者為驢騾。」良弓，王應麟曰：「《後漢・東夷傳》：『句驪別種名小水貊，出好弓，所謂貊弓。』」

【語　譯】

伊尹朝獻　商書

湯問伊尹說：「諸侯來進獻貢品，有的沒有當地馬牛所生產的物品，而進獻遠方的物產，進獻之事與本地物產之實際相反，很不適宜。現在我想就其地勢高下出產物的不同，一定進獻容易得到並且不貴重的貢品，請制定四方諸侯進獻貢品的命令。」

伊尹接受囑託，於是制定諸侯進貢的命令，回報道：

「下臣請求治理東方的諸侯：符婁、仇州、伊慮、漚、深、九夷、十蠻、越漚、剪髮文身，請讓他們用魚皮刀劍鞘、烏賊醬、鯊魚皮盾、鋒利的劍，作為貢品；

「治理南方的諸侯：甌、鄧、桂國、鄖子、產里、百濮、九箘，請讓他們用珠璣、玳瑁、象牙、有紋理的犀角、翡翠毛、九箘的鶴、短小的狗，作為貢品；

「治理西方的諸侯：昆侖、狗國、夔、𡠗、枳、巴、闟耳、貫胸、雕題、離身、漆齒，請讓他們用丹砂青臒、白色牦牛尾、毛織品、江珠、龍角、神龜，作為貢品；

「治理北方的諸侯：空同、大夏、莎車、姑他、相略、不屠何、代翟、匈奴、樓煩、月氏、孅犁、其龍、東胡，請讓他們用駱駝、白玉、野馬、騊駼、駃騠、貂弓，作為貢品。」

湯說：「好。」

【研析】《詩經・清廟・序》曰：「周公既成洛邑，朝諸侯。」今本《竹書紀年》成王七年載：「周文公……城東都。王如東都，諸侯來朝。」又，二十五年載：「王大會諸侯于東都，四夷來賓。」王國維《今本竹書紀年疏證》指出，其所據為「《書・洛誥》：『孺子來相宅。』『汝其敬識百辟享。』」二十五年所記，《疏證》以為其所依據即《逸周書・王會解》。《詩・序》和今本《竹書紀年》七年所說都應是依據《尚書・洛誥》；說二十五年所記依據本文，《周書・序》「周室既寧，八方會同」也是一證。〈洛誥〉周公告成王語之「百辟享」，即諸侯享獻之事：「汝其敬識百辟享，亦識其有不享。享多儀，儀不及物，惟曰不享，惟不役志于享。」除此之外，別無成王朝諸侯的實際記載，本文所寫疑由〈洛誥〉「百辟享」而聯想生發。

前人討論本文寫作時代，意見分歧。注釋者大多認為本文為成王朝會諸侯的記錄，沒有懷疑。只有王應麟、唐大沛以為「本依圖畫而為之。」（王）唐大沛說得最為明白：「不思為此文者據圖而作，第記圖中之所有耳，其遂謂為成王時之實錄乎？」今人則有如下之說：

〈王會〉主要是記載六十多個遠方的國家和地區帶來的稀奇古怪的產物。不言而喻，這個「成周之會」完全是虛構的，當時不可能有這樣一些國家和地區帶來那麼多奇怪的東西，來參加這樣一個盛會。……作者顯然是有意識地將許多奇異的事物集中地寫在一起，目的似乎就是借「成周之會」這樣一個題目來寫這些奇異的事物。……合在一起就成為一本袖珍的《山海經》，很可觀了。

（胡念貽《中國古代文學論稿》第三六九～三七二頁）

《逸周書》裏面較晚各篇，如〈王會解〉原是記周初的史實，但是篇裏面有秦、漢時通行的大夏、匈奴等名稱，篇末「伊尹朝獻」一段裏面也有大夏、胡、代、匈奴、樓煩等名稱……預言千百年後的國族名稱，怎不叫人懷疑！即使這篇是周初所作，內容也經秦、漢人所增竄。（蔣善國《尚書綜述・逸周書》第四四五頁）

戰國時代已有小說家產生……《逸周書》中，就收輯有假託西周歷史的故事，最為後人所愛讀的就是〈王會解〉。……儘管它是小說性質，並非真有其事，但它是戰國的作品，所敘述的先秦少數民族的情況，還是很值得我們珍視的史料。

（楊寬《西周史》第八六九～八七〇頁）

是否果真依據圖畫，不敢斷言，但對虛構和史實兩種不同說法，本人同意虛構說，這個看法可能是一針見血的。文章的興趣在於鋪排〈明堂〉所說萬國「方賄」，即殊方異域的珍禽異獸、草木蟲魚，與成書於戰國時代的《山海經》一書趣尚相同。試問，朝廷集中這麼多奇異之物做什麼用？胡念貽把此文的作意說得很到家了。周公曾經諄諄告誡：「無淫于觀、于逸、于遊、于田，以萬民惟正之供。無皇曰：『今日耽樂。』」本文與周公的思想完全相反，真成為偽古文《尚書・旅獒》所說「玩物喪志」、「貴異物賤用物」了。這是因為〈無逸〉和〈王會〉是不同時代的作品，〈王會〉的寫作在戰國，而且作者是寫小說。

戰國時代，思想解放，民智大開，興趣廣泛，視野宏闊，諸凡天地之弘，宇宙之曠，物類之繁，學者研判之深，幾無所不至。於是有「合同異」、「離堅白」；於是有「飛鳥之景（影），未嘗動也」，「一尺之棰，日取其半，萬世不竭」；於是有《穆天子傳》，「北絕流沙，西登昆侖」，寫了許多不見經傳的游牧地區的戎狄部族；於是有《山海經》，怪鳥奇獸，珍草異木，礦產水流，海外山表之種種描述；於是又有鄒衍怪迂之論、閎大不經之語：「先列中國名山大川，通谷禽獸，水土所殖，物類所珍」（《史記·孟子荀卿列傳》）；於是有本文收取當時所能搜集到的六十多個方國、部落及其所產各式各樣的珍奇。陳逢衡引胡應麟的話說：「〈王會〉怪鳥奇獸多出入《山海經》。」因為它們都是同一時代的作品（《山海經》、〈王會〉可能還都雜有秦漢之物）。《尚書·禹貢》寫九州的物產、貢品、少數民族分布，其寫作時代雖然意見不一，但都承認其中有戰國時代的內容（《西周史》第五六五頁、《尚書校釋譯論》第八三三～八四〇頁）。

唐大沛說：「前賢但見其華贍可愛，遂信為東都朝會之盛事具見于此。予細讀之，甚不滿意。因此篇膾炙人口，矜奇好異者尤喜觀之。予則以謂無關禮制，無足重輕，未免拂人所好。」唐大沛看透了本文不過是作小說，所以他說「無關禮制，無關重輕」。這比以為此篇是實錄者高明很多。但他所說據圖而作，不知是否符實。四夷的六十多個方國、貢物，沒有文字說明，不知來龍去脈，難以寫出這樣的作品。作者肯定廣事搜集，除了文字記載（如〈伊尹朝獻〉），還有民間傳說，可能還有作者的實地考察。全篇出於虛構，但方國、貢物絕大部分確有事實根據。例如「稷慎大麈」，證以清代徐珂《清稗類鈔·動物類》之說和段玉裁《說文》「麈」字注：「今所謂麈，正古所謂麋也。」這一帶正是古代肅慎之地，因為麈、麋混淆，麋鹿「尾長，下垂至踝關節」，則所謂麈實際就是麋鹿四不像。「解隃冠」，何秋濤以為解國俗稱之魚皮島者也。在三姓以東，在混同江（這裏指黑龍江）口海口大島也。而《山海經·北山經》郭璞注，以「隃冠」即羊皮帽子。〈海外東經〉郝懿行注：「今東北邊有魚皮島人，正以魚皮為衣也，其冠以羊、鹿皮戴其角，如羊、鹿然。」魚皮島既為江口海口大島，則指庫頁島，清初此島屬清吉林三姓副都統轄地。而居住於三江（黑龍、松花、烏蘇里）交匯處的赫哲族，即有「魚皮部」、「魚皮韃子」之稱，他們過去就是以魚皮為衣的，族源可上溯至肅慎。〈王會〉所說、後代文字記述與現存事實，三者完全吻合。雖然是小說，所說很有價值，足以讓後人敬佩。文中的社會內容相當豐富。如此多的民族、部落的史料，尤有價值。東北至肅慎、庫頁島、朝鮮、韓國，東至東海青丘等諸多島國，東南至閩越，北至林胡、匈奴，西北至禺氏（月氏）、昆侖、渠叟、大夏，在今青海、甘肅、新疆直至阿富汗、哈薩克斯坦之境，西南至巴蜀、雲南的廣大地域，南至兩廣、海南、今越南境內。我們只想到古代交通不便，可能低估了古人的資訊來源和活動能力，例如〈禹貢〉、《山海經》等，使用今天的話說，都具有「全國」範圍的信息。《尚書・酒誥》所說商代人「肇牽車牛遠服賈」之類的販運貿易，本文所說國家、部落之間的外交，還有派遣間諜、出兵作戰，都是上古資訊傳播的途徑。有文獻記載，民間傳說，可能還離不開作者的實地考察。〈伊尹朝獻〉，不知是後人附錄還是本文原有附錄，其中包括三十九個方國和二十三種貢品，其中貢品都有實用價值，有別於本篇正文。

本文所說方國，並非春秋戰國華夏族實際統治或勢力範圍實際達到的地區。顧棟高《春秋大事表・春秋列國疆域表》卷四有〈春秋時楚地不到湖南論〉：「洞庭至春秋之世……楚之疆域斷斷無此。」所以《禮記》注：「楚吳起南併蠻越，遂有蒼梧。」吳起仕楚在其晚年，死於西元前三八一年。吳起晚年楚始有蒼梧，之前，蒼梧屬揚越。此前周、楚沒有蒼梧之地。故《歷史地圖集》至戰國始出現蒼梧。錢穆據司馬相如〈上林賦〉上林苑「左蒼梧，右西極〔《爾雅》：『西至于豳國為極』〕，在西安西」，以蒼梧在上林東，即今陝西商縣（商洛商州區）東南，並不指湖南零陵為蒼梧也（《史記地名考》第七二頁「蒼梧」）。《山海經・海內南經》「蒼梧之山，帝舜葬于陽，帝丹朱葬于陰。」郭璞注：「今丹陽〔今河南、陝西兩省間丹江以北地區〕復有丹朱冢也。《竹書》亦曰『后稷放帝朱于丹水。』與此義符。」商洛正在丹水流域。郭璞之說與顧棟高、錢穆的考證正相合。錢穆進一步解釋：「自楚人遠拓，而往者每每以北方雅名勝跡，移之南土，故蒼梧、九疑、零陵，各在一方，今曰『崩蒼梧之野，葬江南九疑，是為零陵』，乃并蒼梧、九疑、零陵為一，而猶益之曰『江南』；若亦一一以實地掩之，則幾成汗漫荒唐之辭矣。」（同上第七五頁「九疑」）關於昆侖，錢穆曰：「漢人所指昆侖要之在此敦煌、酒泉南祁連山中。」又根據《水經注》「河水南出龍門口，東有三累山，其山層密三成，故俗以三累名山。《爾雅》：『山三成為昆侖丘。』斯山豈亦昆侖丘乎？」因曰：「然則最先所指昆侖，或即此三累之山，亦情理所有。山在今韓城縣西北。」（同上第七九～八二頁「昆侖」、「昆山」）錢先生所說蒼梧、昆侖，不易為一般人接受，但他認為先秦時蒼梧不到湖南、廣西，昆侖不到河源，無疑是正確的；後世所說方位是動態變化和擴大的結果，應當是情理之常。這說明，文中含有的信息，遠超過實際統治的區域。

本文先東北，而不是先西北，也暗示著它寫作的時代，政治中心已經東移。在《歷史地圖集》中，本文東北之穢、發、高夷、醫無閭、俞諸部落，只見於戰國，不見於前代，這也表明了《地圖集》作者對於本文時代的看法。

此外，關於「戎」、「狄」之稱，王玉哲糾正王國維說：「自周末至春秋初但有『戎』號，至春秋莊、閔以後，才有『狄』名。」（《中國歷史大辭典・先秦史》「戎」字條）據《史記・南越列傳》及〈東越列傳〉、《歷史地圖集・戰國時期全圖》，閩越、駱越之出現均在戰國時期，則朱、何所說只適合於戰國，本文作者亦據戰國情形立說。所有這些，都有助於辨別本文的寫作時代。

〈洛誥〉的「百辟享」，強調儀式、儀節的重要：「享多儀；儀不及物，惟曰不享。」本文寫了受獻者的服冕，受獻者、來獻者的位次，並無其他儀節，重點則是所獻貢品之奇異（有一些鳥獸是根本不存在的，有的除了奇異則毫無用場），這與〈嘗麥〉詳寫儀節不同，與〈洛誥〉強調儀節也不同。據劉起釪對〈洛誥〉所作分析，周公談「百辟享」的一段，是周公請成王到成周舉行大祭祀的典禮，注意進獻貢品的諸侯（「百辟」）是否誠心。而成王則命周公代表舉行。十二月成王到成周舉行冬祭。整篇文章都沒有再提「百辟享」之事，也沒寫「八方會同」（如此大事是應當寫的）。由此看來，今本《竹書紀年》等所寫成王七年、二十五年朝見諸侯，並無根據，二十五年之事即以本篇為據。

作為小說，胡念貽肯定該文，寫得很認真，很具體，很有真實感，「像是如實地記錄一樣」。作者有「非凡的想像力」，「構思是巧妙的」，「故事的虛構；具體的細緻的生活描寫；許多奇異事物集中地寫在一起：這是〈王會〉篇所具有的特點，這就可稱得上是一篇小說了。」

卷八

祭公第六十

（傳本與清華簡對照）

【題解】唐大沛曰：「此篇序穆王敬問祭公，與祭公告王及三公之辭也。穆王時，祭公以老臣當國，如成王之倚周公若柱石然。今〈祭公〉病不瘳，故穆王勤勤懇懇願公告以懿德。」又曰：「西周真古書，淵懿質摯，必出於當時良史之筆。」祭公，雷學淇考證：「祭公謀父者，周公之孫，其父武公與昭王同沒於漢。謀父其名也。為大司馬兼三公也。」（《竹書紀年義證》卷二十一）祭公與康王為從堂兄弟，於穆王為祖輩。祭，封國名，《左傳》僖公二十四年：「凡、蔣、邢、茅、胙、祭，周公之胤也。」祭地在今河南鄭州市西北，近黃河。本文在《禮記・緇衣》稱為〈葉（「祭」字之誤）公之顧命〉（顧命，《尚書・顧命》孔疏：「言臨將死去，回顧而為語也。」）楊寬曰：「祭為畿內之國，原為周公之子的封國。祭國之君常被周王任以為卿士而執政，如周穆王的卿士為祭公謀父。」（《西周史》第五五七頁）這是西周時代的一篇作品。《周書・序》曰：「周公云歿，王制將衰，穆王因祭祖不豫，詢謀守位，作〈祭公〉。」

簡本：王若曰❶：「祖祭公❷，哀余小子❸，眛其在位❹，旻天疾威，余多時假懲❺。我聞祖不豫有遲❻，余維時來見，不淑，疾甚❼，余畏天之作威。公其告我懿德❽。」祭公拜手稽首❾，曰：「天子，謀父朕疾維不瘳❿，朕身尚在茲，朕魂在朕辟昭王之所⓫，亡圖不知命⓬。」王曰：「嗚呼，公，朕之皇祖周文王、烈祖武王⓭，宅下國⓮，作陳周邦⓯。維時皇上帝宅其心⓰，享其明德⓱，付畀四方⓲，用膺受天之命⓳，敷聞在下⓴，我亦維有若祖周公暨祖召公㉑。茲迪襲學于文、武之曼德㉒，克夾卲成、康㉓，用畢成大商㉔，我亦維有若祖祭公，修和周邦㉕，保乂王家㉖。」王曰：「公稱丕顯德㉗，以余小子揚文、武之烈㉘，揚成、康、昭主之烈㉙。」王曰：「嗚呼，公，汝念哉！——遜措乃心㉚，盡付畀余一人㉛？」

傳本：王若曰：「祖祭公，次予小子，虔虔在位，昊天疾威，予多時溥愆，我聞祖不豫有加，予惟敬省，不弔，天降疾病，予畏天威。公其告予懿德。」祭公拜手稽首，曰：「天子，謀父疾維不瘳，朕身尚在茲，朕魂在于天昭王之所，勖宅天命。」王曰：「嗚呼，公，朕皇祖文王、烈祖武王，度下國，作陳周維皇皇上帝度其心，置之明德，付畀于四方，用應受天命，敷文在下，我亦維有若文祖周公暨列祖召公。茲申予小子追學于文、武之蔑，用克龕紹成、康之業，以將天命❶，用夷居之大商之眾，我亦維有若祖祭公之盭和周國，保乂王家。」王曰：「公稱丕顯之德，以予小子揚文、武大勛，弘成、康、昭考之烈。」王曰：「公，無困我哉！俾百僚明乃心，率輔弼予一人。」

【章　旨】周穆王之公卿大臣、長輩祭公病危，穆王前往探視，並懇求遺言給與訓示。

【注　釋】簡本 ❶王若曰　王這樣說，這是史官記錄時所加的話（有時是宣讀王命時加入此語）。王，周穆王，武、成、康、昭王之後的第五位周王，名滿，昭王之子。《夏商周年表》定穆王西元前九七六～前九二二年在位。《國語・周語》記穆王將征犬戎，祭公勸諫而穆王不聽。《竹書紀年》記穆王遠遊，北征、西征、東征至於九江。《穆天子傳》是戰國人追記穆王西征事跡的，唐蘭、楊寬等認為「有歷史根據」（《西周史》第六章〈穆天子傳真實來歷的探討〉）。若，如此。❷祖祭公　孔晁曰：「祭公，昭穆〔之序〕于穆王在祖列。」《國語・周語上》「祭公謀父」韋注：「周公之後也，為王卿士。謀父，字也。」徐元誥《國語集解》引汪遠孫曰：「《逸周書・祭公》孔晁注：『謀父，祭公名。』按，韋以為字，非也。」楊伯峻曰：「祭，《廣韻》以為周公第五子所封。」孫詒讓曰：「祭公，同姓，年齒又長，故王尊禮之曰『祖』，不必較論世次也。《國語・晉語》：『年過七十者，公親見之，稱曰王父。王父不敢不承命。』韋注：『稱曰王父，尊而親之，所以盡其心也。』此與彼義略同。」❸哀余小子　哀，傳本作「次」，朱右曾刪「次」字，今恢復。簡文注：「哀，《說文》：『閔也。』今《逸周書》作『次』，劉師培《周書補正》引或說云：『「次」當作汶，汶、閔同。』」鴻恩按，《詩經・周頌・閔予小子》鄭箋：「閔，悼傷之言也。」簡文「哀余小子」之「哀」即悼傷之義。余小子，古代帝王對先王或長輩的自稱。❹昧其在位　糊里糊塗地在於王位。昧，簡文注：「《說文》：『闇也。』」鴻恩按，即今語所說糊塗。傳本「虔虔」，孔晁注：「虔，敬。」即恭敬，誠心，與簡文義不同。❺旻天疾威二句　「旻天疾威，余多時假懲」，「假懲」傳本作「溥愆」。傳本「旻」字作「昊」。「余」字孔晁屬上讀，孔曰：「言昊天疾威于我，故多是過失。」穆王把祭公患病，視為上天怒己。旻天，《詩經・王風・黍離》毛傳：「仁閔覆下，則稱旻天」。疾威，猶言甚怒（唐大沛）；震怒（馬承源《商周青銅器銘文選・師詢簋、毛公鼎》「疾威」注）。時，是；此。黃侃手批《經傳釋詞》、《古代漢語虛詞詞典》謂「時」是指示代詞「是」的借字。假懲，簡文注：「假，訓『大』。懲，《詩・小毖》箋：『艾也』，意為懲戒。『假』與今本『溥』義近，『懲』與今本『愆』形似。」《左傳》昭公十二年子革對楚靈王說：「昔穆王欲肆其心，周行天下，將皆必有車轍馬跡焉。祭公謀父作〈祈招〉之詩以止王心，王是以獲沒于祇宮。」鴻恩按，這裡所說「愆」應是指穆王「欲肆其心」的征伐、出遊。穆王只用一個指示代詞「時（是）」代指其「愆」，未明說事由，證明事情明顯，他和祭公均知曉。❻不豫有遲　不豫，《爾雅・釋詁下》：「豫，安也。」朱右曾曰：「禮，天子有病稱不豫〔見《白虎通・闕文・雜錄》〕，諸侯曰負茲，今言不豫，尊之也。」有遲，「有」是形容詞「遲」字詞頭。遲，簡文注：「《廣雅・釋詁三》：『久也。』此言不久於世。」鴻恩按，遲字義為「久」，句意為不豫時間久，久病不癒，注解為「不久於世」，不確。❼余維時來見三句　「余維時來見，不淑，疾甚」，此段文字，簡文、傳本都有「余維（予惟）」、「不淑（弔）」、「疾」，證明祖本相同，而今除「不淑」即「不弔」外，其餘不相應。今從簡文。郭沫若曰：「叔又讀為弔。古書不淑與不弔兩通。」（《古文字詁林》第七冊頁四二五）弔，善。❽公其告我懿德　蓋求遺言訓己之意（陳逢衡）。其，這裏表示祈請語氣。懿德，美德。❾拜手稽首　兩種禮節。孔晁曰：「拜手，頭至手。稽首，頭俯地。」詳見〈酆保〉篇注。❿不瘳　疾病不癒。⓫朕魂在朕辟昭王之所　意謂靈魂已在昭王那裏了。李學勤曰：「祭公自知病重，認為魂已升天，侍於曾經服侍的昭王，可見當時觀念，先王在天，而人死後魂與軀體分離。在其他西周文獻中，這個觀念沒有表露得這樣明白。」⓬亡圖不知命　簡文注：「圖，謀也。」句意大約是說，我沒有謀慮，不知天命會如何。傳本「勖宅天命」，唐大沛曰：「勖，懋，勉也。宅，居也。」⓭皇祖周文王烈祖武王　皇祖，對先祖的敬稱。皇，光明；偉大。引申為對上天或先人的敬稱。烈祖，有功業的祖先。⓮宅下國　簡文注：「宅，何尊（《集成》六〇一四）：『余其宅茲中國。』今本作『度』，通假字。」鴻恩按，宅、度均為鐸韻定紐字。這裏的本字應當是「度」，義為揣度，「宅」是通假字。下國，孔晁注：「為諸侯也。」對上帝言，故曰下國（陳逢衡）。或以為下國指周，非是。⓯作陳周邦　簡文注：「作，《詩・駉》傳：『始也。』陳，《周禮・內宰》注『猶處也。』」⓰宅其心　簡文注：「宅心，語見《書・立政》。」唐大沛曰：「即《詩（・大雅・皇矣）》所謂『帝度其心，貊其德音。』之意。」毛傳：「心能制義曰度。」按，〈立政〉之「宅心」或釋為「居」，或釋為「度」，度是，即揣度之義。⓱享其明德　傳本作「置之明德」，意相通。孔晁曰：「置明德于其身也。」即賦予他們光明的品德。享，本指祭享鬼神、天子，下享上也，亦有「上饗下」，即享受、接受之義。置，《呂氏春秋・恃君》高誘注：「置，立也。」⓲付畀四方　簡文注：「語見《書・康王之誥》。」畀，義為給與。⓳用膺受天之命　因此接受了上天的大命。用，連詞，以。膺，當；接受。⓴敷聞在下　簡文注：「語見《書・文侯之命》。」《史記・周本紀》引此句作「布聞天下」。譯「敷」為「布」。傳本「聞」字作「文」，孔晁解為「文德」，不確。㉑我亦維有若祖周公暨祖召公　傳本稱周公為「文祖」、召公為「烈祖」，潘振曰：「文祖，周公制作多文，故曰『文祖』。」簡文無「文」、「烈」，是，二字應是後人所加。劉師培曰：「『烈祖召公』以上語屬上節，『茲申余小子』以下別為一節，與上對文。考《尚書・君奭》舉商臣以例周臣，〈文侯之命〉舉先正以例晉文，與此篇文例正同。此文

「我」字確係衍文。「亦維有若」云云，冢上文文、武言，與下「我亦維有若祖祭公」云云對詞……「茲申予小子」以下，猶〈文侯之命〉篇「閔予小子」下，別為節也。明己身亦賴召公為輔，自今本衍「我」字而其義不可通。朱本以「召公」以上屬上節，較盧本為長。未刪「我」字，其失則同。」今從劉說，維簡文亦有「我」，今不刪。亦，吳昌瑩：「亦之承上者，其義同『又』。」即「兩種動作行為相繼發生或兩種情況相繼出現」（《古代漢語虛詞詞典》「亦」）㉒茲迪襲學于文武之曼德　茲，如此；這樣。迪，遵循。襲，簡文注：「《漢書・揚雄傳》注：『繼也。』」即沿襲；繼承。曼，簡文注：「《詩・閟宮》傳：『長也。』」《廣雅・釋詁》：「長，善也。」傳本「申」應是「迪」之殘誤，《尚書・君奭》有「茲迪彝教」。傳本有「予小子」，簡本無，疑是後加。倘原有「予小子」，則「迪」須釋為語助。「蔑」原應作「蔑德」，脫「德」字。簡文注：「曼，明母元部字，蔑，明母月部，可通假。」㉓夾卲成康　夾卲，簡文注：「『義為輔佐。』夾，《倉頡篇》：『輔也』；卲，通『紹』。」紹，《說文》：「繼也。」傳本「夾卲」作「龕紹」，《方言》卷六：「龕，受也。揚越曰龕。」錢繹箋疏：「《逸周書・祭公》云：『用克龕紹成康之業。』言能受成康之業而紹之也。」㉔畢成大商　畢成，簡文注：「成，《儀禮・少牢饋食禮》注：『畢也。』」大商，詞見《詩・大明》。」《爾雅・釋詁上》：「畢、拔，盡也。」《爾雅・釋詁下》郝懿行義疏：「《（詩・）綿》傳云：『成，平也。』《（周禮・）小司徒》注：『成，猶定也。』」然則「畢成」之意為盡平，全部平定。鴻恩按，又疑「成」、「威」形近而訛。《說文》：「戍，滅也。」「威，滅也。從火戌。」羅振玉曰：「卜辭中戌象戉形，與戉殆是一字。」《增訂殷虛書契考釋》卷中）林義光以為「戍」由「『人』之反文」與「戈」組成，「以戈擊之。戍、殺古同音，當即『殺』之古字」（《文源》卷六，羅、林說引自《古文字詁林》第十冊頁一二〇七）《莊子・大宗師》「成然寐」，成，陸德明釋文：「本或作『戍』，音恤。簡文云『當作滅。』」可証戍、成、威以形近或義近而生訛。然則「畢成」或即「畢威」，即盡威。傳本「用夷居之大商之眾」，朱本刪上「之」字。孔晁注曰：「夷，平也。言大商，本其初也。」言「大商」是「本其初」，言盡威或平大商，則自武王滅紂，至成王初，「周公居東二年，則罪人斯得」（〈金縢〉），「三年踐奄」（《尚書大傳》），即盡威大商。傳本「用夷居之大商之眾」，與簡文差別較大，疑為後人添改。「夷，平也」（《左傳》昭公十七年「夷民者也」杜預注）「夷，滅也。」（《國語・周語下》「夷其宗廟」韋昭注）。平、滅是「夷」之常見義。則「夷」與「成」、「戍」、「威」義同或相近，「用夷大商」與「用畢成大商」意可通。孔注與簡文之差別，僅在有無「畢」字。如果孔晁所見本作「夷居」，他不應只注「夷」。查先秦典籍，「夷居」似僅見於《墨子・天志中》引〈大誓〉「紂越厥夷居，不肯事上帝」（〈非命上〉引作「夷處」，〈非命中〉引作「紂夷之居」），孫詒讓引江聲云：「夷居，倨嫚也。」偽古文《尚書・泰誓》「惟受（紂）……乃夷居弗事上帝」，孔傳曰：「平居無故廢天地百神宗廟之祀，慢之甚。」以「平居」釋「夷居」，以「慢之甚」說廢祭祀。唐大沛曰：「夷居，言平定安居也。」孔、唐之說均與簡文不合。傳本「居」疑是後人據《墨子》、偽孔本《尚書》所作旁記之文，「之眾」則是臆增。㉕修和周邦　修和，簡文注：「《書‧君奭》作『修和』，云：『惟文王尚克修和我有夏。』」今本作『執和』，即師詢簋（《集成》四三四二）『盭龢』、史墻盤（《集成》一〇一七五）『敾龢』」。又見李學勤〈祭公謀父及其德論〉，載《古文獻叢論》頁一〇〇。鴻恩按，《說文》「盭」字段注：此「戾」之正字，戾行而盭廢。盭「從弦省，從盩」，故傳本「盭」字作「執」。盭和，安定和協。「戾」字，訓定。（馬承源《商周青銅器銘文選》卷三頁一五四）陳逢衡引施彥士曰：「此言我所以紹先業，乂王家者，平日維賴祭公之執和也。此稱其以往之功。」㉖保乂王家　保全治理王家。乂，治。㉗公稱丕顯德　稱，舉也。（孔注原作「舉行也」，此據朱訂。）丕顯，大明（《尚書‧康誥》偽孔傳）；英明。丕，副詞，用於動詞或形容詞前，表示程度之甚，可譯為「很」、「大大地」。（《古代漢語虛詞詞典》頁三九七）㉘文武之烈　文王、武王的功業。烈，《詩經‧周頌‧武》毛傳：「業也。」即功業。㉙揚成康昭主之烈　彰顯成王、康王、昭王的功業。昭主，指昭王，穆王之父，名瑕。其十六年、十九年兩次伐楚，先有得後失敗。沒於漢水而死。有人認為，溺水而獲救。前說是，詳見下文。主，簡文注：「《爾雅‧釋詁》：『君也。』」傳本「昭考」，《公羊傳》隱公元年，何休注：「生稱父，死曰考。」㉚遜措乃心　簡文注：「措，《說文》：『置也。』師訊鼎（《集成》二八三〇）：『遜純乃用心。』」鴻恩按，純，應通「遁」，遜措、遜遁，義近，即謙遜、退避。穆王要祭公「念」國事，告訴他「懿德」，本意是不能「遜措乃心，盡付畀……」，但說話中發生了轉折，通過反問表示否定。祭公說「朕疾維不瘳」以後，一連三個「王曰」。錢穆曰，古人尚未有篇章觀念，所謂記言，亦僅摘要記述大旨，「因此，《尚書》記言，多更端別起。雖前後之間，亦自有條貫，然往往將一番話，分作幾段說」。如〈酒誥〉連用王曰凡四次，〈無逸〉凡七更端。（《中國學術思想史論叢㈠》頁一六二、一六六，三聯書店版）本文第三次「王曰」，簡文與傳本差別較大，但「公……哉……乃心……余一人」相同，且「盡」與「率」義近，「付畀」與「輔弼」音相近。如果我們猜想不錯，一定是原文有了殘誤，後人據殘文以意改補，遂有傳本之文。㉛余一人　天子的自稱。《禮記‧曲禮下》：「君天下，曰天子；朝諸侯、分職、授政、任功，曰『余一人』。」孔疏：「余，我也。內事，故不假以威稱。但自謂『余一人』者，言我是人中之一人，與物不殊，故自謙損。」

傳本 ❶以將天命　簡本無此句。各本作「天命」，朱本作「大命」，義並通，但作「大」，不知所據，今改回。將，奉行。朱右曾注：「奉也。」

【語譯】王這樣說：「祖父祭公，憐憫我晚輩小子，糊糊塗塗地在天子之位。蒼天震怒，是因為我多有過錯，應該受到這樣的大懲戒。我聽說祖父的疾病有時日了，我為此來探望，不幸，公之疾病加重。我懼怕上天發怒。祈請公訓示我美好的德行。」祭公拜手，叩頭，說：「天子，謀父的疾病是不能痊癒了，我的身體還在這裏，魂魄已經在我君昭王那裏了。我沒有謀慮，不知天命會怎樣。」王說：「唉，公啊！我偉大的先祖文王、建立了功業的先祖武王，揣度天下形勢，開始處於周。這偉大的上帝度量文王、武王的心地，賦予他們光明的德行，交付給他們天下四方，因此承受了上天的大命，他們的聲望布散於天下。又有像祖父周公及祖父召公這樣大臣的襄助。這樣，遵循、追學於文王、武王的美德，能輔佐成王、康王，來奉行天命，因而盡滅大商。我又有像祖父祭公這樣的長輩安定和協周圍，保全治理王家。」王說：「公稱揚偉大的光明的德行，讓我小子發揚文王、武王的功業，光大成王、康王與先父昭王的功業。」王說：「唉，公，你可要思念這些事呀！——還是謙遜地退避，都交付給我一個人處理？」

公懋拜手❶，稽首，曰：「允哉❷！」乃召畢桓、井利、毛班❸，曰：「三公❹，謀父朕疾維不瘳，敢告天子：皇天改大邦殷之命，維周文王受之❺，維武王大敗之，成厥功❻。維天奠我文王之志❼，董之用威❽，亦尚宣臧厥心❾，康受亦式用休❿，亦美懋綏心⓫，敬恭之。維文武中大命⓬，戡厥敵⓭。」公曰：「天子，三公，我亦上下譬于文武之受命⓮，皇戡方邦⓯，丕維周之旁⓰，丕維后稷之受命是永厚⓱。維我後嗣，方建宗子⓲，丕維周之厚屏⓳。嗚呼，天子，監于夏、商之既敗，丕則亡遺後⓴，至于萬億年㉑，參敘之㉒。既沁㉓，乃有履宗㉔，丕維文武之由㉕。」公曰：「嗚呼，天子，丕則寅言哉㉖。汝毋以戾茲罪辜亡時遠大邦㉗，汝毋以嬖御塞爾莊后，汝毋以小謀敗大作，汝毋以嬖士塞大夫卿士㉘，汝毋各家相乃室㉙，然莫恤其外㉚。其皆自時中乂萬邦㉛。」公曰：「嗚呼，天子，三公，汝念哉。汝毋□眩唐唐㉜，厚顏忍恥㉝，時維大不淑哉㉞！」

祭公拜手，稽首，曰：「允。」乃召畢桓、于黎、民般，公曰：「天子，謀父疾維不瘳，敢告天子，皇天改大殷之命，維文王受之，維武王大克之，咸茂厥功。維天貞文王之董用威，亦尚寬壯厥心，康受乂之式用休。亦先王茂綏厥心，敬恭承之。維武王申大命，戡厥敵。」公曰：「天子，自三公上下，辟于文武。文武之子孫，大開方封于下土。天之所錫武王時疆土，丕維周之基，丕維后稷之受命，是永宅之。維我後嗣，旁建宗子，丕維周之始並。嗚呼，天子，三公，監于夏、商之既敗，丕則無遺後難，至于萬億年，守序終之。既畢，丕乃有利宗，丕維文王由之。」公曰：「嗚呼，天子，我丕則寅哉寅哉。汝無以戾反罪疾喪時二王大功，汝無以嬖御固莊後，汝無以小謀敗大作，汝無以嬖御士疾莊士、大夫、卿士，汝無以家相亂王室，而莫恤其外，尚皆以時中乂萬國。」公曰：「嗚呼，三公，汝念哉。汝無泯泯芬芬，厚顏忍醜，時維大不弔哉！」

【章　旨】祭公說文武得天命、得民心，勤奮治理而得天下，宗法、分封是周的治國經驗，夏商敗亡提供的是教訓。指出五個「毋以」警戒穆王。語重心長又語氣嚴厲。

【注　釋】❶公懋拜手　祭公勉強拜手。懋，簡文注：「《說文》：『勉也。』」❷允哉　允，孔晁曰：「言信如王告。」于鬯曰：「『允』當一字為句。」❸畢桓井利毛班　三位大臣名，即下文所稱「三公」。畢桓之「桓」，簡文作「鳥」字旁，今仍從傳本。傳本「于黎」即簡文「井利」之訛與通假；毛班，傳本作「民般」，當據簡文訂正為「毛班」。毛班，簡文注：「井利、毛班，見《穆天子傳》。《穆傳》又有畢矩，不知是否與此畢桓有關。畢桓，《香草校書》已指出為『人氏名，疑畢公高之後。』」鴻恩按，顧棟高《春秋大事表‧姓氏表》：「毛氏，出文王子毛叔鄭。」楊寬曰，毛班，是文王之子毛叔鄭五世孫，原為伯爵，職掌繁、蜀、巢三地號令，升為公爵。受穆王派遣率軍征伐東國痟戎，三年靖東國。見班簋。（《西周史》頁五五八）楊伯峻《春秋左傳注》隱公四年注：「《通志‧氏族略》二云：『周公之第四子受封于邢。』金文常見『井侯』、『井伯』，劉節《古史考存‧古邢國考》謂井即邢。今河北省邢臺市境有襄國故城，即古邢國。」❹三公　三位有「公」爵的大臣，執政公卿。畢、邢、毛是本文「三公」，但祭公位在畢、邢、毛之上，〈克殷〉篇也出現周公、召公、太公、畢公四位公。西周官制有沒有「三公」制，是一個有爭議的問題，說詳本文「研析」。❺周文王受之　周文王，簡文「周文王」，當依傳本無「周」字。❻成厥功　《說文》：「功，以勞定國也。」傳本作「咸茂厥功」，不知「咸茂」是否有誤。朱右曾曰：「茂，豐也。」❼維天奠我文王之志　奠，定，今本作「貞」，通假字。❽董之用威　簡文注：「《左傳》文公七年引《夏書》：『董之用威。』」楊伯峻注：「董，督也。以威刑督理之。」❾亦尚宣臧厥心　簡文注：「宣，《左傳》僖公二十七年注：『明也』。臧，《說文》：『善也。』」傳本宣作「寬」，王引之《經義述聞》卷六：「宣與廣義相因。」朱駿聲《說文通訓定聲‧乾部》第十四：「宣……與寬略同。」此或宣作寬之由。傳本臧作「壯」，以二字同屬陽韻、齒音。尚，希望。❿康受亦式用休　康，安。式，丁聲樹、裘錫圭曰：「可以表示可能、意願、勸令等意義。」（裘錫圭〈卜辭異字和詩書裏的式字〉，《古文字論集》頁一二九、一三〇）。這裏即表示意願、勸令之義。休，《左傳》文公七年楊伯峻注：「美也，喜也，慶也。」傳本有「乂之」二字而無「亦」，「亦」當有，乂之式用休，指以美善治理之，有「乂之」語意明確。⓫美懋綏心　美，簡文原作「𡵂」，注曰：「讀為『媺』（美）今本『先王』之『先』，疑即『𡵂』字之訛。」美即上句之「休」。懋，勉力；奮力。此句意謂美善的治理與本身所作之努力，能安撫百姓之心。鴻恩按，上文說「宣臧厥心」，厥指文王，這裏的「綏心」應當是說安撫天下百姓之心，故有下文「戡厥敵」之效果。傳本「綏厥心」，當衍「厥」字。茂，通「懋」，勉。綏，安；安撫。⑫維文武中大命　因為文王、武王符應天命。中，簡文注：「《禮記・月令》注：『猶應也。』」傳本「申」是「中」字之訛。⑬戡厥敵　指平定殷商。戡，克；平定。唐大沛曰：「此上八句承上『咸茂厥功』而申言之。」⑭上下譬于文武之受命　上下，指時間的先後。譬，傳本作「辟」，即「譬」字。譬，通曉；明白。《後漢書・杜詩傳》李賢注：「譬猶曉也。」傳本「自三公上下，辟于文武」，文字衍脫錯亂。⑮皇㪟方邦　皇，大。㪟，簡文注：「《廣雅・釋訓》：『盛也。』」方邦，即方國。」傳本「文武之子孫」，與下文犯複，明係後加。此處傳本文字多於簡文，或後人不滿於簡文之簡括，而有意加詳。「大開方封于下土」，王引之改「方封」為「封方」，釋曰：「封、邦古字通，方、旁古字通。」朱右曾從其說。證以簡文，王說封、邦相通，是，其餘不確。方封，即簡文之「方邦」，言大開方國於下土，與簡本文不同意同。今改回「方封」。簡文無「天之所錫武王時疆土」句，而學者研究，「西周無『所』字結構」（周玉秀《逸周書的語言特點及其文獻學價值》頁一六七），恰可證此句為西周以後人所加。⑯丕維周之旁　丕維，連詞，承接上文，猶丕乃、丕則，意猶「於是就」、「就」。旁，簡文注：「《說文》：『溥也。』《廣雅・釋詁一》：『大也。』」傳本「基」，基業；基礎。⑰后稷之受命之永厚　后稷，周人始祖，名棄。其母為姜嫄，履大人跡而生后稷。后稷長於農耕。《詩經・大雅・生民》是周人描述后稷的史詩。厚，簡文注：「《國語・魯語上》注：『大也。』」⑱方建宗子　立大宗的嫡長子制。方，簡文注：「《廣雅・釋詁》：『大也。』」今本作「旁」，莊述祖《尚書記》校作「方」。」建宗子，孔晁注：「建宗子，立為諸侯。」宗子，大宗的嫡長子。⑲屏　簡文注：「《書・康王之誥》：『建侯樹屏。』」屏，屏障。傳本「始並」，始，乃；才。並，通「屏」。⑳亡遺後　敗亡遺傳於後世。傳本「後」下有「難」字，不應有。㉑萬億年　喻時間長遠。億，古代以十萬為億。㉒參敘之　簡文注：「參，《荀子・解蔽》注：『驗也。』敘，《國語・晉語三》注：『述也。』」意云夏商敗亡為後世引為教訓。」傳本「守序終之」，守相傳之序而永終，意不同於簡文。㉓沁　簡文注：「清母侵部，疑讀為匣母侵部之『咸』，訓為『終』。」既畢，這樣做了；做到這樣。㉔有履宗　簡文注：「履，《爾雅・釋詁》：『福也。』」有履宗，有福祐於宗室。」㉕文武之由　簡文注：「由，《荀子・哀公》注：『道也。』」傳本「文王由之」應從簡文作「文武之由」。俞樾曰：「上文並以『文武』連文，此亦當然，宜據注（『文武之德』）訂正。」㉖寅言哉　傳本無「言」而作「寅哉寅哉」，誤，「言」不可省。寅，敬（孔晁）。㉗毋以戾茲罪辜亡時遠大邦　簡文注：「戾，《爾雅・釋詁》：『罪也。』時，訓『是』。遠，《說文》：『遼也。』」鴻恩按，「戾茲罪辜」，傳本作「戾反罪疾」，戾、罪二字義同，而茲與反、辜與疾，字、義異。不知「茲」在這裏作何解。辜，《說文》：「罪也。」則「罪辜」同義。《淮南子・覽冥》高誘注「戾，反也。」

則「反」似為「戾」之注文。今依「戾」、「罪」理解句意，應無大錯。毋以，不能，表示禁止。無、毋通（唐大沛）。孔晁注：「戾反罪疾，謂己所行也。」唐大沛曰：「穆王好勤遠略，將征犬戎，祭公諫之不從，故首以此戒之。」朱右曾曰：「『反仁為戾』（《賈子・道術》文），『背理為反』（《管子（・七臣七主）》注），『以貧苦民為罪』（《賈子・大政》文），急政害民為疾。」朱說甚辯，惜不與簡文合。鴻恩按，亡時，簡文整理者訓「時」為「是」，似可讀為本字。傳本「喪時」由「亡時」而來，「二王大功」為臆加。據《西周史》記載，穆王先後征伐淮夷和東國痡戎、伐揚越至九江，又西征犬戎。㉘汝毋以嬖御塞爾莊后三句　「汝毋以嬖御塞爾莊后，汝毋以小謀敗大作，汝毋以嬖士塞大夫卿士」，簡文注：「以上數句，《禮記・緇衣》引作：『毋以小謀敗大作，毋以嬖御人疾莊后，毋以嬖御士疾莊士、大夫、卿士。』郭店簡《緇衣》引作『毋以小謀敗大圖，毋以嬖御塞莊后，毋以嬖士塞大夫、卿士。』上博簡略同。」簡文「士」字作「李」，注：「來母之部，讀為從母之部之『士』。」嬖御，孔晁曰：「寵妾也。」塞，《說文》：「隔也。」《國語・晉語八》「塞其忠」韋昭注：「絕也。」傳本「固莊后」，王念孫曰：「固讀為婟，音護。與嫉、妒同義。婟之通作『固』，猶疾之通作『嫉』。下文曰『疾莊士』，疾亦固也。」莊述祖曰：「固，塞。」孔晁：「莊，正也。」唐大沛曰：「蓋穆王多寵妾，故祭公顧命戒之。」孔晁曰：「小謀，不法先王也。大作，大事也。」孔晁曰：「言無親小人疾君子。」嬖士，陳逢衡引〈緇衣〉注云：「嬖御士，愛臣也。」卿士，即卿事，周王朝的執政者。周初，卿事寮和太史寮為最高行政機關。金文載周公之子明保掌卿事寮，即卿士（卿事）。（見《西周金文官制研究》第一〇二頁）㉙毋各家相乃室　簡文注「相，《小爾雅・廣詁》：『治也。』《左傳》昭公二十五年：『季公亥與公思展與公鳥之臣申夜姑相其室』，注同。」鴻恩按，季公亥、公思展、共鳥即所謂「各家」，《尚書・洪範》孔穎達疏引王肅曰：「大夫稱家。」〈皇門〉「以家相厥室」，潘振曰：「家，卿大夫也。」傳本脫「各」，不明「相」為動詞而復添「亂」，又以「家相」連讀，釋為「陪臣執國命」，遂生誤。唐大沛曰：「此上五者，必皆穆王生平常有此失，故舉之以為戒也。」㉚外　孔晁曰：「謂王室之外也。」㉛其皆自時中乂萬邦　簡文注：「《書・洛誥》：『其自時中乂，萬邦咸休。』」偽孔傳曰：「曰其當用是土中（指成周洛邑）為治，萬國皆被美德。」孔晁曰：「言當盡用是中道治天下也。」鴻恩按，這裏是祭公使用當初周公對成王所說的話，（「其自時中乂」亦見於〈召誥〉，于省吾以為皆周公語，見劉起釪《尚書校釋譯論》頁一四四八）要穆王仍以成周為都城治理天下。「自時中」表明「中」指地域，不指中道。這是建議穆王節制出遊，多在都城治理天下。㉜汝毋□眩唐唐　「眩」字本作「孯」，簡文注：「毋字下一字左從糸。孯，從臤聲，疑讀為同在匣母真部之『眩』，《廣雅・釋言》：『惑也。』」□眩，傳本原作「汝無泯泯芬芬」，孔晁曰：「泯芬，亂也。」潘振曰：「泯泯，昏也。芬芬，亂也。」《尚書・呂刑》

有「泯泯棼棼」。《漢書・司馬相如傳下》：「視眩泯而亡見兮，聽敞怳而亡聞。」簡文為「眩」，傳本為「泯」，其含義相應。唐，簡文注：「《說文》『大言也。』從庚聲字多有空虛之意。」㉝厚顏忍恥　簡文注：「厚顏，《詩・巧言》：『顏之厚矣。』」莊述祖曰：「貪榮祿也。」陳逢衡曰：「泄泄，〔懈怠〕沓沓之貌。」㉞時維大不淑哉　依簡文此句完了正是一段話結束，祭公下面的話，還有一次「曰」，一次「公曰」，即兩次另起。而應是傳本省略「曰」與「公曰」，不再有另起，話也不全，故傳本此句後未加引號。

【語　譯】祭公勉力拜手，稽首，說道：「確實呀！」就召來了畢桓、邢利、毛班，祭公說：「三公，謀父的病是不能治癒了。冒昧地報告天子：偉大的上天改變對大殷的命令，是文王接受天命，是武王大敗殷商，成就了他們建國的功勞。是上天定下了我們文王的大志，督責他使用威力，也希望使他的心思開闊善良，安受天下又盡力以美善治理之，美善的治理、奮勉盡力足以安定天下百姓之心，他總是謹慎恭敬地治理天下。因為文、武應合天命，平定了他們的大敵殷紂。」祭公說：「天子，三公，我明曉文王、武王接受天命以前、以後的情況，當時盛行方國制度，於是就有了周的疆土的擴大，於是后稷的受命就成為永遠的重大。我們的後代子孫，正在建立大宗的嫡長子制度，這才是周的重要屏蔽。唉，天子，鑑於夏、商的已經敗亡，則其敗亡遺留後世，以至於萬億年，就只是引為教訓了。該做的都做了，就有福佑於宗室，就是文、武之道了。」祭公說：「唉，天子！我就恭敬地說吧。你可不要因為乖戾罪過無有是處就疏遠大國，你不要讓寵妾隔絕正后，你不要讓小謀慮壞了大事業，你不要讓身邊寵臣隔絕大夫、卿士，你不要讓各卿大夫治理你的家室，卻不憂念外庭非議。都要通過天下之中成周洛邑治理諸侯各國。」「唉，天子，三公，你們可要思慮呀！你們可不要糊塗亂說，厚著臉皮忍受醜恥，這可是大不善呀！」

曰：「三公，事，求先王之恭明德❶；刑，四方克中爾罰❷。昔在先王❸，我亦不以我辟陷于難❹，弗失于政❺，我亦維以沒我世❻。」公曰：「天子，三公，余維弗起朕疾❼，汝其敬哉❽！茲皆保胥一人❾，康保之❿；蠥服之⓫然毋夕㡭⓬，維我周有常刑⓭。」王拜稽首舉言⓮，乃出。祭公之顧命⓯

昔在先王，我亦維丕以我辟險于難，不失于正，我亦以克沒我世。嗚呼，三公，予維不起朕疾，汝其皇敬哉！茲皆保之。」曰：「康子之；（攸）勖教誨之，世祀無絕，不，我周有常刑。」王拜手稽首黨言。

【章　旨】祭公最後結合自身經歷囑三公行事不失於正，又以「周有常刑」警告穆王、三公。

【注　釋】❶恭明德　恭，指恭敬處事。明，美好；光輝。❷克中爾罰　中，《禮記・月令》鄭玄注：「猶應也。」傳本脫「曰三公」至「中爾罰」十八字。❸昔在先王　先王，指穆王之父周昭王。昭王，康王之子，名瑕。南征楚，溺於漢水而死。《初學記》卷七引古本《竹書紀年》：「周昭王十六年，伐荊楚，涉漢，遇大兕。」又曰：「十九年，天大曀，雉兔皆震，喪六師于漢。」後者所說，當即《左傳》僖公四年所說「昭王南征而不復」。❹我亦不以我辟陷于難　傳本「亦」下有「維」字，疑簡文脫。傳本「丕以」，莊述祖已校「丕」為「不」，孫詒讓已校「險」為「陷」，均與簡文相合。這句是說祭公不因昭王遇難而陷於危難。我辟，我君。❺弗失于政　「政」通「正」。鴻恩按，這句連上句讀，可知是祭公對昭王南征提出了批評，實言外之意是，南征、遇難是「失于正」。❻我亦維以沒我世　「我亦維以」傳本作「我亦以」，脫「維」。鴻恩按，以，這裏作代詞用，猶「此」。王引之《經傳釋詞》「目以已」條：「《爾雅》曰：『已，此也。』或作『以』。《禮記・祭統》：『衛孔悝之〈鼎銘〉曰：「對揚以辟之勤大命，施于烝彝鼎。」』以，此也。言對揚此君之勤大命。」」傳本「以」下有「克」，鴻恩按，簡文亦應有，《詩經・周頌・思文》「克配彼天」、〈魯頌・泮水〉「克明其德」、《尚書・盤庚》「克從先王烈」、上文「克中爾罰」，均與「克沒我世」句法相近，皆早期文獻，可相比對。這句說，只因為自己守正輔王而得保首領。這幾句所述昭王南征情況，《史記・周本紀》載：「昭王南巡狩不返，卒于江上。其卒不赴告，諱之也。」《呂氏春秋・音初》說詳：「周昭王親將征荊，辛餘靡長且多力，為王右。還反涉漢，梁敗，王及蔡〔祭〕公抎〔隕〕于漢中。辛餘靡振王北濟，又反振蔡公。

周公乃侯之于西翟，實為長公。」陳奇猷《呂氏春秋校釋》引漢高誘注、今人馬敘倫《讀呂氏春秋記》均主昭王溺水得救說，陳以為《御覽》八七四所引《竹書》語「王南巡不反」，係據《史記》增入，唐大沛亦力主不死說。然昭王南征溺水死，文獻足徵。以溺水不死，實係誤說。「王及祭公隕于漢中」，辛餘靡當下施救二人，當然是「振」，至於人之死活，恐辛餘靡也不及辨，當時定不了「因溺傷遂卒於漢或竟以溺死」。(雷學淇《竹書紀年義證》卷二十語) 由用「振」字而斷定昭王未死，不可信據。李學勤肯定「第一代祭公一直活到昭王末年。……《水經・沔水注》有鄭公潭，『言鄭武公與王同溺水於是』，這個鄭武公很可能是祭公的訛傳。」(〈祭公謀父及其德論〉，《古文獻叢論》頁九八)，李說穩妥。雷學淇以「鄭武公」之「鄭」字是「郟字之誤」，應是。本文之祭公曰：「昔在先王，我亦維丕以我辟險于難，不失于正」，即是用自己的經歷和堅持正確做法，教誡三公輔佐好穆王。謀父襲父職，居朝輔穆王，故其病重受到敬重。《國語》第一篇「穆王將征犬戎」，祭公謀父諫以「先王耀德不觀兵」，即「不失于正」事例。❼弗起朕疾　我的病是好不了了。起，治癒。❽汝其敬哉　傳本「敬」上有「皇」字，莊述祖曰：「讀曰況，茲也，益也。」孫詒讓亦引《尚書・無逸》「則皇自敬德」釋此「皇」。鴻恩按，莊、孫之說是，疑簡文本有「皇」。《詩》、《書》中，用作虛詞茲、滋即益、更加，與何況義的「皇」屈指可數，公認的此義之「皇」，如《書・無逸》「小人怨汝詈汝，則皇自敬德」(皮錫瑞《今文尚書考證》：「《漢石經》：『則兄曰敬德』，韋注《國語》云：『兄，益也。』」) 和〈秦誓〉「惟截截善諞言，俾君子易辭，我皇多有之。(皮錫瑞考證：《公羊傳》文公十二年引作『而況乎我多有之。』)」此後此義之「況」多見，而此義之「皇」則幾乎為僅見，故後人添加此「皇」的機率極小。由這句話，可知祭公自認為自身對於王朝之重要，看不出他已經退休而有退休者的思想意識。❾茲皆保胥一人　簡文注：「胥，《爾雅・釋詁》：『相也。』一人，指王。」茲皆保，莊述祖曰：「茲，此也。保，猶任也。所言皆宜任以為己責。」❿康保之　原作「康□之」，傳本「康」上有「曰」字，簡文無，祭公每段開端多為呼告語「天子」、「三公」，此處無有，語勢連貫，不像開端。簡文注：「康，《爾雅・釋詁》：『安也。』下一字右從子，左半所從不清。」然則傳本「康子之」之「子」為半字，而「之」下原有「攸保」二字，前人視為正文，不確。「□」漫漶不清，只存半字「子」，讀者揣測其形，似「攸」、似「保」，遂記於「之」下而誤入正文。鴻恩按，簡文原「康□之」應作「康保之」：理由之一，傳本之「攸保」，二字形大體相近，但與上下文不銜接，明係外加；理由之二，「右從子」，而甲骨卜辭「保」字作仔，古文字學者的共識是，「象人負子於背之形」，「象人負子之形」(《古文字詁林》七頁二五八「保」)。《說文》曰：「保，養也。从人，从孚省。」「孚，从爪，从子。古文孚，从禾。禾，古文保。」不管「保」從人、子或從人、孚省，都是「右從子(古文字亦有左從子者)」，故此句之「□」應當就是前人記於

「之」下的「保」，可以肯定；理由之三，西周有「康保」用語，《周書・康誥》：「別求聞由古先哲王，用康保民。」為孔傳：「用其安者以安民。」。有此三證，應當可以使長久寄存於「之」下的「保」字回歸原位。⓫龔服之　龔，簡文本作「孽」文之省，服，本作「伓」。簡文注：「孽，通作『龔』，《楚辭・天問》注：『憂也。』」伓，即『倍』字，並母之部，讀為並母之部之『服』，《爾雅・釋詁》：『事也。』」則憂事之，即要求穆王、三公以憂患心情治理國家。鴻恩按，簡文「龔服」句傳本無對應語句，傳本「勖教誨」句而簡文無對應語句，照常理推測，「勖教誨之」應是「龔服之」相應內容，實則不相應。⓬然毋夕盬　「盬」簡文原作「□」，簡文注：「夕，邪母鐸部字，疑讀為喻母鐸部之『斁』，《說文》：『終也。』『夕』下一字不清，疑『盬』，即『絕』字，句意即乃無終絕。」依此，簡文「無終絕」意與傳本「世祀無絕」相應，今取「盬」字。然，《經傳釋詞》：「乃也。」《古代漢語虛詞詞典》：「然，用於動詞前，作狀語。表示兩事物相承或相因。可譯為『乃』。」故簡文注以「乃」釋「然」。⓭維我周有常刑　傳本無「維」而有「不」字。考察「維」字，其「為也」、「僅也」之義出現甚早，見於《尚書・周書》，但表示轉折義的極少，只有如《國語・吳語》：「吳國為不道……吾欲與之徼天之衷，惟是車馬、兵甲、卒伍既具，無以行之。」裴學海《古書虛字集釋》指出這個「惟」為「轉語之詞」，翻譯者譯作「只是」，甚是。鴻恩按，此處之「維」，與〈吳語〉同。今現代漢語「只是」、「不過」一類詞，都有表限止和表轉折雙重用途。這個「維」即如此，譯為「只是」、「但是」均可。故傳本無「維」需要「不」作轉折，而簡文有「維」則不需要「不」。常刑，簡文注：「《書・費誓》：『汝則有常刑。』《周禮・小宰》：『國有常刑。』」孫詒讓正義：「常刑，謂官刑之常典。」⓮王拜稽首舉言　依本文慣例和傳本，「拜」下應當有「手」字，應是受〈皋陶謨〉「禹拜昌言」影響，脫「手」。簡文注：「舉，《莊子・應帝王》成玄英疏：『顯也。』今本作『黨』，《廣雅・釋詁一》：『善也。』義近。《書・皋陶謨》：『禹拜昌言』，《說文》『昌，美言也』，與此句例相似。」⓯祭公之顧命　簡文注：「此五字為篇題。」《禮記・緇衣》引「毋以小謀敗大作」三句稱「〈葉公之顧命〉曰」，《禮記集解・緇衣》孫希旦《集解》：「葉，當作『祭』，字之誤也。將死而言曰顧命。祭公之顧命者，祭公謀父將死告穆王之言也。」鴻恩按，〈祭公之顧命〉是當時之篇名，後簡稱為〈祭公〉，正如《尚書・金縢》，清華簡篇題作〈周武王有疾周公所自以代王之志〉（書於該篇最後一支簡「簡背下端」）。

【語　譯】祭公說：「三公，做事，要追求先王的敬慎處事；用刑，天下能夠應合你們的刑罰。過去在先王時候，我也是因為不使我君陷於危難，不錯失正道，我也因為這個得以壽終。」祭公說：「唉，天子，三公，我正因為不能治癒我的病，你們要更加敬慎呀。這些事你們都要安保輔助天子。安保國事，憂患地處置國事，就不會世祀斷絕。但要注意，我周有恆常的刑罰。」王拜手稽首，感謝祭公訓教的美善之言。

【研　析】《史記·周本紀》說：「昭王之時，王道微缺。……穆王即位……王道衰微。」《國語·周語上》載祭公謀父阻止穆王征犬戎，主張「耀德不觀兵」；《左傳》昭公十二年記祭公謀父作〈祈招〉詩，諫穆王遊行天下，提出「形（刑，成也）民之力，而無醉飽之心」。都有助於瞭解穆王和祭公的思想與為人，可以作為本文的參考。

祭公訓教的內容，首先，繼承了西周初年由周公、召公倡導的「敬德」思想，使用了「明德」、「旻德」、「顯德」、「恭明德」（還有穆王說到的「懿德」）四、五個「德」字，反復強調統治者必須用道德治國理民：「式用休」、「美懋綏心」，即美善的治理措施，勤勉的治理作風，得到百姓的歡欣和擁戴。祭公還重視分封制、宗法制對於周王朝的意義。認為這就是文武之道，是周的治國經驗。針對穆王的表現，祭公提出五條勸誡：不要輕易疏遠大國，不要讓寵妾隔絕正后，不要讓小謀慮壞了大事業，不要讓寵臣隔絕大夫、卿士，不要讓各卿大夫治理你的家室，卻不憂念朝廷外面非議。他還要求穆王在天下之中，即成周洛邑治理各國，應當是提醒他不要老在外面遊樂。祭公對於三公使用措辭更加嚴厲：「汝毋□眩唐唐，厚顏忍恥」，自然也是有為而發。總之，我們通過本文透露出的信息，體會到了穆王時期，周王朝「王道衰微」的現實。祭公「在一定意義上已經預見到西周晚年到春秋王朝出現的某些弊端」（李學勤〈祭公謀父及其德論〉）。

「祭公顧命之辭，首言文、武之功德，願王法文、武以守緒業，復以王所不足者切實戒之，其戒三公，凜然正色，以規其過，古大臣侃侃之風裁，千載猶可想見也」（唐大沛）。祭公身處王朝轉折時期，與穆王已相處多年，已經看到了穆王、三公不爭氣，好征伐，好遊樂，「厚顏忍恥」，他雖然語重心長，實亦無能為力，處境艱難。

在老臣彌留之際，穆王似也不缺禮數，他說：「旻天疾威，余多時假懲」，看來他知道自己的過錯，他可能真的像《左傳》中子革所說，本來「欲肆其心，周行天下」，也曾經大肆西征、東征，由於「祭公謀父作〈祈招〉之詩以止王心，王是以獲沒於祗宮」（《穆天子傳》注：「穆王元年築祗宮於南鄭。」），或許祭公死後穆王稍有收斂。王充曾經說：「夫穆王之治，初亂終治，非知昏于前，才妙于後也。前任蚩尤之刑，後用甫侯之言也。」（《論衡・非韓篇》）王充認為《尚書・呂刑》是穆王時作品，此尚未有定論，劉起釪斷然否認其間有任何聯繫，而錢穆考證，「五行學說既起，乃始有五刑之編配」（〈周官著作時代考〉，《兩漢經學今古文平議》頁三八六，商務印書館）錢說可信，〈呂刑〉大講「五刑」與「五辭」、「五罰」、「五過」、「五極」，其寫定必在戰國「五行學說既起」之後，與穆王無關，且史家也沒有穆王「初亂終治」之說。

李學勤主編清華簡〈皇門〉「說明」曰：「簡本為戰國寫本，但所用語詞多與《尚書》中的《周書》諸篇及周初金文相似……知其所本當為西周文獻。」本文為西周中期文獻，但為「戰國寫本」，與〈皇門〉相同，故文中出現了一個代詞「而」。〈祭公〉的用語，多有與金文相同者，如「膺受天之命」、「旻天疾威」、「修和于政」、「其皆自時中乂萬邦」、「克夾卲成、康」、「中大命」等等（參李學勤〈師詢簋與祭公〉《中國古代文明研究》第五二頁）。虛詞多用維、時（是）、用、哉、厥、式、丕維、丕乃、丕則等等，一望而知，都屬於先秦早期。劉起釪認為：《逸周書》中「〈克殷〉、〈世俘〉、〈商誓〉、〈度邑〉、〈作洛〉、〈皇門〉、〈祭公〉七篇，可確認為西周文獻（雖然文字在傳寫中當受東周影響，但主要保存了原貌）。」（《尚書學史》第九六頁）

有學者指出，「西周時期無『所』字結構」，而本文有兩個「所」字結構，即「昭王之所勛」、「天之所錫」，從而認為本文「寫定時代應當稍晚一些」（周玉秀《逸周書的語言特點及其文獻學價值》頁一六七、一六九），今簡本〈祭公〉出土，證明兩個「所」字結構，都出於傳本，前一個，應當在「所」字斷句，第二個，簡文無有此句，係後人添加。這當然愈加證明西周無「所」字結構。西周金文，除了被定為「西周晚期」的屖敖簋蓋銘文有一例虛詞「而」之外，尚未見虛詞「而」（管燮初《西周金文語法研究》、崔永東《兩周金文虛詞集釋》），本文有一例「而」，應可由「戰國寫本」作解。

西周是否確有「三公之制」，今學術界意見不一：在古代典籍中，太師、太傅、太保稱為三公。從銘文看，它與西周情況不符，只是反映後世的情況。文獻資料表明，「凡言三公者多戰國秦漢以後人所為。……周初實行的是兩寮執政的制度，故周召二公各主一寮。」（張亞初、劉雨《西周金文官制研究》頁二、一〇一～一〇二，一九八六年）《大戴禮記‧保傅》和賈誼《新書‧保傅》都說成王有「三公」，「召公為太保，周公為太傅，太公為太師」。「三公」的稱謂是後起的，但是當時確有「公」的稱謂。（自注：「太傅之官不見於西周金文，因此尚難證實。」）卿事寮的長官，早期是太保和太師，中期以後主要是太師……太保、太師和太史，都稱為『公』。……如召公官為太保，周公官為太師，畢公官為太史。成康之際，除召公官為太保，周公、太公官為太師，畢公官為太史以外，稱公的還有毛公和蘇公。這個毛公的官職不詳，蘇公官為太史。西周擔任太師之職、稱為卿士的執政大臣，同時往往有兩人。直到春秋時代，周朝還沿用這種制度，經常設有左右二卿士執政。（《西周史》頁三一六、三三六、三三九、三五六，一九九九年）篇中屢稱「三公」，證明當時確有三公之制，居群臣之首。（李學勤〈祭公謀父及其德論〉，《古文獻叢論》頁一〇一，一九九六年）最重要的是在簡文中發現了當時三公的名號，對西周制度的研究也具有很重要的意義。（李學勤主編《清華大學藏戰國竹簡（壹）》頁一七三〈祭公之顧命〉「說明」，二〇一〇年）

由三家的論述，大約可以得出初步結論：第一，西周的執政機關是卿事寮和太史寮，其長官稱「公」，即王朝執政之卿；第二，「公」有時為兩位，有時為三位或更多，西周時，會出現「三公」執政的現實，但沒有定員、定制，因而「三公」不是專有名詞；第三，西周時「二公」、「三公」屬於兩寮，與秦漢之「三公」太師、太傅、太史不相同；第四，學術界對這個問題有不同看法，還需要進一步的資料和研究。

史記第六十一

【題　解】《周書‧序》曰：「穆王思保位惟難，恐貽世羞，欲自警悟，作〈史記〉。」陳逢衡引鄭環曰：「此記歷序炎、黄以至周初二十八國滅亡之由，俾戎夫朔望以聞，蓋至此王之悔悟切矣。」這是傳統的說法。當代學者沒有人認為本文出於西周。文中所述史實亦未必出於「炎、黃以至周初」。

維正月❶，王在成周。昧爽❷，召三公、右史戎夫❸，曰：「今夕朕寤，遂事驚予❹。」乃取遂事之要戒❺，俾戎夫主之❻，朔望以聞❼。

【章　旨】周王夢見過去的事，使他從夢中驚醒，清早召見三公、右史戎夫，命戎夫每逢初一、十五閱讀歷史事實的要戒給王聽。

【注　釋】❶維正月　今本《竹書紀年》曰：「二十一年，祭文公薨。二十四年，王命左史戎夫作〈記〉。」王國維曰：此處事實皆據本書，「年月又多杜撰」（《今本竹書紀年疏證》）。近年頗有人研究今本《紀年》，有人認為是沈約改編古本《紀年》而成，「非偽書可比」（楊朝明《周公事迹研究》附錄〈沈約與今本竹書紀年〉）。倘依此說，則今本《紀年》之年月非杜撰。然當今學術界信從今本《紀年》者實在罕見。王，穆王（孔晁）。成周，即東都雒邑。一說「當作宗周，謂鎬京也。」（陳逢衡）❷昧爽　潘振曰：「昧，晦也。爽，明也。欲明未明之時。」三公，見上篇注。❸右史戎夫　「右」字原作「左」。孔晁曰：「戎夫，左史名也。」盧文弨曰：「《(漢書・) 古今人表》作『右史』，訛。」王念孫曰，鈔本《北堂書鈔・設官部》注引《周書》、《太平御覽・職官部》引文，均作「右史」。《周書》本作「右史戎夫」。劉師培曰：「竊以作『右』是也。《禮記・玉藻》云：『動則左史書之，言則右史書之。』《公羊疏》一引《六藝論》云：『左史所記為《春秋》，右史所記為《尚書》。』《文心雕龍・史傳》亦云：『左史記事。』是《春秋》屬左史而《尚書》則屬右史也。雖《漢書・藝文志》作『右史記事』……然《大戴禮記・盛德》云：『內史，太史左右手也。』盧注云：『太史為左史，內史為右史。』又何晏《論語集解》引孔注云：『左丘明，魯太史。』近俞氏正燮作《左丘明子孫姓氏論》，據《廣韻》所引《風俗通》，謂丘明姓丘，書稱《左氏傳》，以居左史之官言。據俞說，記事既屬左史，則記言之職自屬右史。此篇所記雖前代存亡之跡，然其文既列《周書》，則戎夫當為右史昭然甚明。《玉燭寶典・序》云：『周穆右史陳朔望以官箴。』所據之本正作『右』，其碻證也。（《文選・思玄賦》李注引古文《周書》有越姬竊孕，穆王問左史氏史豹、史良事，是穆王別置左史，與戎夫靡涉。）」朱右曾曰：「左史，史官記動者。」鴻恩按，以《禮記．玉藻》、《漢書．藝文志》記載相反，左史、右史之分職，兩千年來莫衷一是。今王、劉二氏之所辨析，詳確可據，故不憚篇幅之費以錄之，以解歷史疑案。朱氏不以左史說誤，則以此篇為記動，其說亦據〈玉藻〉。《漢書．古今人表》「各本」均作「右史戎夫」，此戎夫又「惟見《逸（周）書．史記解》」（梁玉繩《人表考》卷四），說明漢代《周書》不誤，與〈玉藻〉一致。《漢書．藝文志》「左史記言，右史記事」應屬班固誤記。且由此證明，今本《竹書紀年》言「左史戎夫」亦屬錯誤。今據〈玉藻〉，參王、劉之說，改「左」為「右」。❹今夕朕寤二句　潘振曰：「日入為夕。天未明，猶夕也，故曰今夕。」朱右曾曰：「遂，往也，夢人以往事相驚。」❺要戒　重要的警戒之言。❻俾戎夫主之　俾，劉師培曰：「《書鈔》『俾』字作『畀』，義亦較長。」鴻恩按，俾、畀字通。畀，給與。❼朔望以聞　唐大沛疑「望」字為「日」或「旦」字之訛，因草書形近，「古書無『朔望』二字連文。朔旦是聽政之期，望日則否，故疑之。」孔晁曰：「月朔、望日于王前讀之。」（孫詒讓以惠校孔注為「月旦月望」，近是，前〈大聚〉篇注亦云「朔，月旦」，可以互證。）盧文弨曰：「朔望之稱蓋始于此。《禮記（．祭義）》云：『朔月（月朔，初一）、月半。』亦指朔望也。」鴻恩按，唐大沛所說為聽朝，《禮記》所說「朔月、月半」為「巡牲（巡視犧牲）」，事不同，且僅此一見，〈大聚〉所說亦指月旦，未及望日。唐氏說古書無「朔望」連文，《尚書》、《詩經》、《春秋》與三傳、《儀禮》、《周禮》、《呂氏春秋》、《禮記》等書，均不見「朔望」連文，可證盧說不確，焉有西周中期已有「朔望」連文，終春秋戰國之世，不見「朔望」之詞？（至西漢始見）古人言「朔」多說「朔月」，見於《詩經》、《禮記》，「朔望」連文，足證本文晚出。

【語　譯】在正月，王在成周。天將明未明之時，召見三公和右史戎夫，王說：「今夜我從睡夢中醒來，是夢見以往的事情把我驚醒。」就取來往事重要的警戒之言，交給戎夫主管，命他每月的初一、十五讀給王聽。

信不行，義不立，則哲士凌君政❶。禁而生亂，皮氏以亡❷。

諂諛日近，方正日遠，則邪人專國政。禁而生亂，華氏以亡❸。

好貨財珍怪則邪人進❹，邪人進，則賢良日蔽而遠。賞罰無信，隨財而行，夏后氏以亡❺。

嚴兵而不仁者其臣懾，其臣懾則不敢忠，不敢忠則民不親其吏；刑始于親，遠者寒心，殷商以亡❻。

樂專于君者，權專于臣，權專于臣則刑專于民❼。君娛于樂，臣爭于權，民盡于刑，有虞氏以亡❽。

奉孤以專命者，謀主必畏其威而疑其前事❾。挾德而責數，賢能日疏，位均而爭，平林以亡❿。

大臣有錮職嘩誅者危⓫。昔者質沙三卿，朝而無禮，君怒而久拘之，嘩而弗加⓬，三卿謀變，質沙以亡。

外內相間，下撓其民，民無所附，三苗以亡⓭。

弱小在彊大之間，存亡將由之，則無天命矣⓮。不知命者死。有夏之方興也，扈氏弱而不恭⓯，身死國亡。

嬖子兩重者亡⓰。昔者義渠氏有兩子⓱，異母，皆重。君疾，大臣分黨而爭⓲，義渠以亡⓳。

功大不賞者危。昔平州之臣，功大而不賞，諂臣日貴，功臣怒而生變，平州之君以出走[20]。

召遠不親者危。昔有林氏召離戎之君而朝之，至而不禮，留而弗親，離戎逃而去之[21]。林氏誅之[22]，天下叛林氏。

昔者曲集之君[23]，伐智而專事[24]，彊力而不信其臣，忠良皆伏[25]。愉州氏伐之[26]，君孤而無使[27]，曲集以亡。

昔者有巢氏有亂臣而貴[28]，任之以國[29]，假之以權，擅國而主斷[30]。君已而奪之，臣恐而生變[31]，有巢以亡。

柯小不勝斧者亡[32]。昔有鄶君嗇儉[33]，減爵損祿，群臣卑讓[34]，上下不臨[35]。後君小弱[36]，禁罰不行，重氏伐之，鄶君以亡[37]。

久空重位者危。昔有共工，自賢[38]，自以無臣[39]，久空大官，下官交亂[40]，民無所附，唐氏伐之[41]，共工以亡[42]。

犯難爭權疑者死[43]。昔有林氏、上衡氏爭權[44]，林氏再戰而勝，上衡氏偽義弗克，俱身死國亡[45]。

知能均而不親，並重事君者危。昔有南氏有二臣貴寵，力鈞勢敵，競進爭權，下爭朋黨，君弗能禁，南氏以分[46]。

昔有果氏好以新易故，故者疾怨，新故不和，內爭朋黨，陰事外權，有果氏以亡(47)。

爵重祿輕，比□不成者亡(48)。昔有畢程氏，損祿增爵，群臣貌匱，比而戾民，畢程氏以亡(49)。

好變故易常者亡。昔陽氏之君(50)，自伐而好變，事無故業，官無定位(51)，民運于下(52)，陽氏以亡。

業形而愎者危(53)。昔穀平之君(54)，愎類無親(55)，破國弗克，業形用國(56)，外內相援(57)，穀平以亡。

武不止者亡。昔阪泉氏用兵無已(58)，誅戰不休，并兼無親(59)，文無所立(60)，智士寒心，徙居至于獨鹿，諸侯叛之，阪泉以亡。

很而無親者亡(61)。昔者縣宗之君，很而無聽，執事不從，宗職者疑，發大事，群臣解體，國無立功，縣宗以亡(62)。

昔者玄都賢鬼道，廢人事，謀臣不用，龜策是從，神巫用國，哲士在外，玄都以亡(63)。

文武不行者亡(64)。昔者西夏性仁非兵(65)，城郭不修，武士無位，惠而好賞，財屈而無以賞[66]，唐氏伐之[67]，城郭不守，武士不用，西夏以亡。

美女破國。昔者績陽彊力四征，重丘遺之美女，績陽之君悅之，熒惑不治，大臣爭權，遠近不相聽，國分為二[68]。

宮室破國。昔者有雒氏宮室無常，池囿廣大，工巧日進，以後更前，民不得休，農失其時，饑饉無食，成商伐之，有雒以亡[69]。

【章　旨】縷述歷史上導致二十八國國家滅亡、國王身死國滅或國家分裂、國君出走的因由，即右史戎夫朔望以聞的往事之「要戒」。

【注　釋】❶哲士淩君政　奸雄之士得乘間以操國柄（陳逢衡）。朱右曾曰：「哲士，智謀之士，如陳氏厚施竊國，羽翼既成，急之生變。」❷皮氏以亡　皮氏因之而亡。皮氏，古諸侯（孔晁）。今山西絳州河津縣（今河津）西有皮氏城（朱右曾）。鴻恩按，戰國時皮氏為魏邑，秦置皮氏縣。❸華氏以亡　華氏因之而亡。華氏，陳逢衡、陳漢章以為華與辛、莘多混，華即莘。陳曰：「《路史・國名紀》注：『華氏，《六韜》作辛氏。』」商、周時期，商湯娶於莘之莘，在今山東曹縣西北（一說在今河南開封陳留東北），周文王娶於莘之莘，在今陝西合陽東南。而朱右曾據《國語・鄭語》韋注：「華，華國也。」以為即河南鄭州東南之華城（《中國歷史地圖集・西周時期中心區域圖》載其地）。未知孰是。❹邪人進　《呂氏春秋・當染》「夏桀染于干辛、歧踵戎」，高誘注：「干辛、歧踵戎，桀之邪臣。」❺賞罰無信三句　「信」字原作「位」。丁宗洛曰：「位，疑『信』訛。」劉師培曰：「《路史・後紀四》作『刑賞無信，隨財以行』，似所據之本作『無信』。」今據改為「信」。孔晁曰：「桀由好財亡也。」朱右曾曰：「《管子（・輕重甲）》曰：『女華者，桀之所愛也；曲逆者，桀之所善也，湯皆事之以千金。』」夏后氏，即夏王朝。后，君；帝王。❻嚴兵而不仁者其臣懾六句　唐大沛曰：「『嚴兵』疑當作『嚴刑』。」孔晁曰：「紂以暴虐亡也。」唐大沛曰：「不敢忠，謂不敢進忠言也。為吏者忠言不進于上，則民間之疾苦無由上達，故民怨之，不親其吏。」朱右曾曰：「嚴兵，猶嚴刑也。《史記（・殷本紀）》云：紂以百姓怨望，諸侯有叛者，乃重刑辟〔法〕。臣不敢忠則不仁，不仁則民莫敢親。」刑始于親，指紂剖比干，囚箕子，即刑自其親貴始。❼樂專于君者三句　孔晁曰：「君荒于樂，則權臣專斷，用刑濫矣。」❽君娛于樂四句　孔晁曰：「專則致爭而刑殺之，盡被刑也。」有虞氏，舜傳天下給禹，禹封舜子商均為諸侯，在今河南商丘虞城縣。記載中有虞氏之君虞思即舜之後人。有，用在朝代、部族等專有名詞前面作詞頭（有人稱為助詞），本篇多見，如有夏、有巢氏、有雒氏等。❾奉孤以專命者二句　俞樾曰：「『謀主』二字不可曉，疑當作『其主』，言其主必畏而疑之也。『其』誤作『某』，又誤作『謀』耳。」孔晁曰：「謀主（俞氏曰亦『其主』之誤），謂孤長大也。前事，謂專命。」畏其威，嫌逼己也（陳逢衡）。劉師培曰：「『疑』『謀』與『膴』同。《詩・小雅・小旻》『民雖靡膴』，〈大雅・緜〉『周原膴膴』，《韓詩》作『腜』。《儀禮・公食大夫禮》鄭注：『膴，大也。』《詩・小旻》孔疏同。」鴻恩按，如劉說，則「膴」字屬上讀，意為輔佐幼主而擅命侈大。二說均可通，今用俞說。❿挾德而責數四句　「挾德而責數，賢能日疏，位均而爭，平林以亡」，原無「賢能」二字。孫詒讓曰：「此以『挾德而責數』為句，言挾奉孤之德而數責報于小主也。『日疏』上疑挩『大臣』二字，大臣即指奉孤之臣。位均而爭，亦冡此而言。」劉師培曰：「《路史・國名紀六》作『挾德責數，賢能日疏』，是今本挩『賢能』二字。」鴻恩按，《路史》證實了孫氏挩字之說，今據補「賢能」二字。挾，仗恃；依仗。位均，勢位與之相當。平林，陳逢衡曰：「《一統志》：『湖北德安府隨州東北有平林故城。』《元和志》：『平林故城在隨縣東北八十里。』當是古平林國也。」⓫錮職嘩誅者危　錮職，禁錮其職，使不得仕，即下文「久拘之」（唐大沛）。錮，猶廢也（朱右曾）。嘩誅，不服罪（朱右曾）。⓬昔者質沙三卿四句　陳逢衡曰：「質沙，炎帝時諸侯。質，一作夙，又作宿。《路史・後紀》：『炎帝大臣錮職而嘩誅，臨之以罪而弗服。其臣箕文諫之不聽，殺之。三卿朝而無禮，怒而拘焉。嘩而弗加，嘩卿貳，質沙之民自攻其主，以歸。』即謂此也。」古文宿、質形相近，故或作質或作宿（朱右曾）。孫詒讓曰：「加，疑當為『訶』之叚字，古音可、加聲相近。嘩而弗加，謂三卿嘩噪而君不訶止也。」三卿，指質沙國的執政大臣。《禮記・王制》：「大國三卿，皆命于天子。」孔穎達疏：「《春秋左傳》云：季孫為司徒，叔孫為司馬，孟孫為司空，此是三卿也。」鴻恩按，春秋所謂三卿（司徒、司馬、司空），西周中晚期金文稱「參有司」（《西周金文官制研究》第一四〇頁）。質沙官制、地望等皆不知其詳。⓭外內相間四句　劉師培曰：「《路史・國名紀六》作『三饒』，其釋詞曰：『美言聞于內，惡言聞于外，內外不相聞。』或云三苗。」是羅（泌）所據本『苗』作『饒』。『內外不相聞』即『外內相間』之訛，自以今本為長。」外，指臣。內，指君。朱右曾曰：「間，離間。撓，亂也。《史記（・孫子吳起列傳）》吳起曰：『三苗之國，左洞庭，右彭蠡（今鄂東、皖西南長江北岸濱江諸湖澤），不修德義而禹滅之。』」夏代三苗之地約當今武漢以南東達安徽境內（《歷史地圖集》第一冊第一〇頁）。

⑭則無天命矣　孔晁曰：「命在彊大者也。知命則存，不知命則足以亡矣。」⑮有夏之方興也二句　孔晁曰：「有夏，啟也。戰于甘，滅扈也。」朱右曾曰：「馬融曰：『有扈，夏同姓國。』今陝西西安府鄠縣〔戶縣〕有扈谷。」啟得天下，有數說：禹傳益，而啟受眾人擁戴（《孟子・萬章上》）；啟殺益自立（古本《竹書紀年》）；禹名傳天下於益，其實令啟自取之（《戰國策・燕策一》）。參方詩銘《古本竹書紀年輯證》第二頁。《史記・夏本紀》：「有扈氏不服，啟伐之，大戰于甘。遂滅有扈氏。」梁玉繩曰：「《尚書》疏云：『有扈見堯舜受禪，啟獨繼父，故不服。』而《左傳》昭元年，晉趙孟又以扈與三苗並稱。」陳逢衡亦言有扈包藏禍心。有扈之地，錢穆、劉起釪以為在今河南鄭州以北黃河北面之原陽縣。而《中國歷史地圖集》仍主前說。⑯嬖子兩重者亡　不分嫡庶寵愛兩個兒子國家將滅亡。嬖，寵愛。兩重，孔晁曰：「王不別長庶而寵秩〔品級第次〕同。」⑰義渠氏有兩子　義渠氏，西戎國名，詳見〈王會〉篇「正北方」注❶。⑱大臣分黨而爭　孔晁曰：「各有所事而爭立也。」⑲義渠以亡　此言義渠滅亡之由甚詳，與諸書所言，義渠王與秦宣太后亂而有二子，宣太后詐殺義渠王，起兵伐滅義渠，時為秦昭王三十五年（西元前二七二年），其情不同。今本《竹書紀年》曰周滅義渠於商代武乙三十年（夏商周斷代工程專家組〈夏商周年表〉定武乙於西元前一一四七～前一一一三年，在位三十五年），「周師伐義渠，乃獲其君以歸」。時代大為提前，穆王時則可以言義渠之亡矣，然言「嬖子兩重，君疾，大臣分黨而爭」以亡，亦未見與本文相合。「二子」、「獲其君以歸」之說，頗有與宣太后亂而有二子及秦厲共公三十三年「伐義渠，虜其王」（《史記・秦本紀》）的影子。今本《竹書紀年》之說可疑。陳漢章曰：「此義渠非即〈王會〉之義渠。若〈王會〉之義渠則秦滅之。」鴻恩按，〈王會〉之「王」為成王，彼時之義渠既為秦滅之，後事提前，明為造說，此為穆王，何不可秦滅之？除〈王會〉外，諸書不言西周有義渠，不知本文、〈王會〉、今本《竹書紀年》是否出戰國及今本《紀年》作者之誤說。⑳功大不賞者危六句　「功大不賞者危。昔平州之臣，功大而不賞，諂臣日貴，功臣怒而生變，平州之君以出走」，「功臣」下原有「日」字，「出走」原作「走出」。朱駿聲云：「『日』即『臣』之誤，『日』字當刪。」孫詒讓曰：「朱校是也，後有巢氏亦云『臣怒而生變』。正文『走出』，依注當作『出走』。」今據朱、孫二氏說校改。孔晁曰：「有功不賞而貴諂臣，有德不官而任姦佞，宜其出走也。」平州，潘振曰：「《春秋》宣元年傳注：『平州，齊地，在泰山牟縣西〔今山東萊蕪西〕。』」㉑昔有林氏召離戎之君而朝之四句　孫詒讓曰：「林氏即英林也。〈王會〉篇云：『英〔央〕林以酋耳〔牙〕。』《山海經・海內北經》云：『林氏國有珍獸，名曰騶吾。』郭注引《六韜》云：『紂囚文王，閎夭之徒詣林氏求得此獸獻之。』」何秋濤云：「英林當即春秋時之棫林，《左傳》襄十四年杜注云：『棫林，秦地。』當在今涇陽縣西境。驪戎在今臨潼縣東二十四里，與涇陽相距尤近。」離戎，即驪戎。據《中國歷史地圖集》商、

西周驪山有驪山氏，當即後世所說驪戎。㉒林氏誅之　林氏聲討他。誅，有聲討、殺戮之義，這裏指殺戮。㉓曲集之君　《書鈔》舊本四十二引作「典焦之君」（劉師培）。㉔伐智而專事　自誇其智，自專國事。伐，自稱其能。彊力，以土地甲兵之力為彊也（潘振）。㉕伏　隱處。㉖愉州氏伐之　愉州氏，陳逢衡引〈國名紀〉「愉」字作「榆」。孔晁曰：「曲集、愉州，皆古諸侯。」㉗無使　無忠良可使。㉘有巢氏有亂臣而貴　有巢氏，潘振疑為殷之諸侯，陳逢衡曰「蓋夏商時侯國」。陳引施彥士曰：「疑即南巢。周為巢伯國，今廬州府東一百八十里巢縣是。」朱右曾引《太平寰宇記》云：「古居巢城陷為巢湖，湖在今安徽巢縣西。」㉙任之以國　整個國家將委任他治理。㉚斷　斷決國政。㉛君已而奪之二句　「君已而奪之，臣恐而生變」，劉師培曰：「《博物志》九作『已而奪之』，無『君』字。此『已』字似當作『忌』，謂忌其擅國主斷而取其政也。已，即『忌』省。」今從劉說。下句「恐」字原作「怒」，盧、唐均以孔注「懼」字是釋「恐」字，說是，今從改。孔晁曰：「秉政則專生殺，專生殺則多怨〔此句據唐校〕，君奪其政，懼禍見及，故作亂也。」㉜柯小不勝斧者亡　原作「斧小不勝柯者亡」。唐大沛曰：「正文疑當作『柯小不勝斧者亡。』柯、斧字誤倒耳。柯小不能勝斧，則易折損，難以運斧，猶君褊小微弱，不能任用群臣也。玩注意，謂柯喻君，執政柄者也；斧喻臣，為君用者也，孔所據之本蓋猶未誤倒，今當乙正之。」孔晁曰：「柯所以秉，喻君；斧所以用，喻臣。」柯，斧柄。鴻恩按，竊以唐說是，「斧小不勝柯者亡」，則亡者為斧，非柯，與孔注、與「鄶君以亡」均不合。今從唐說乙正。㉝有鄶君嗇儉　有鄶國君吝嗇節省。有鄶，朱右曾曰：「鄶〔檜〕國，陸終〔顓頊後裔〕子萊言〔亦作求言〕之後，妘姓也。故城在河南開封府新鄭縣西北。」周平王二年（西元前七六九年）鄭桓公滅鄶。㉞卑讓　屈抑（唐大沛）。㉟上下不臨　孔晁曰：「言不相承奉也。」唐大沛曰：「上不能臨下。」㊱後君小弱　「君」字原作「鄶」，是丁、朱臆補，「君」是陳、唐據〈國名紀〉所補。孫詒讓曰：「以文義推之，似言鄶君後嗣孤弱也。」後君，即後嗣，今從陳、唐補。㊲重氏伐之二句　唐大沛曰：「〔今本〕《竹書紀年》載帝嚳使重帥師滅有鄶，恐亦依託〈史記〉篇為之。至于春秋檜國，《詩》有〈檜風〉，則為鄭桓公所滅者也。又案〔《國語・楚語下》：〕南正重司天以屬神，在高陽氏〔顓頊〕時，〔《今本》〕紀年》謂高辛氏時，帝使重滅鄶，時代亦不合。」朱右曾曰：「重氏，少昊氏木正〔句芒〕之後。《左傳》注云：『高平方與縣西北有重亭。』今在山東濟寧州魚臺縣北〔《中國歷史地圖集》第一冊第二六頁今魚臺西有重館，應為一地。又，山東巨野西南有重丘，與重館相近〕。言鄶君以亡，則國未滅也，其後鄭桓公滅鄶。」王國維曰：「重氏，蓋國名，〔今本《紀年》〕作偽者刪『氏』字，以為重黎〔顓頊後裔，即帝嚳時火正祝融。一說重黎為二人，重為少昊之後，黎即祝融〕之重，遂繫之帝嚳時。」〔方詩銘《古本竹書紀年輯證》附載王國維《今本竹書紀年疏證》〕劉師培據王符《潛夫論・志氏姓》，引用本文，而言會（鄶）君驕貪嗇儉，滅爵損祿，「詩人憂之」，作〈羔裘〉、〈匪風〉，而「會（鄶）仲不悟」，遂以見亡。王符所述之會（鄶）明係《詩經・鄶風》之「鄶」；會仲與《國語・鄭語》所說鄭所滅鄶君「會仲」相合。鄭玄《詩譜》說，〈羔裘〉、〈匪風〉二詩作於夷王之後。這就證明，鄶滅是鄭桓公時之事，在穆王之後。今本《紀年》高辛十六年有使重滅鄶之辭，「偽文竄入，蓋在宋後」。劉氏以為，據《潛夫論》，此文「嗇儉」上似亦有「驕貪」二字。鴻恩按，唐、劉所說，是本文晚出之鐵證，本文作者把東周初年發生的事，說成西周中期以前的史官已經「朔望以聞」了。㊳昔有共工二句　共工自認為賢能。共工，炎帝之後，姜姓。堯時水官。《漢書・地理志》河南郡共縣，班固自注：「古國。」即《莊子・讓王》的「共首」、《荀子・儒效》的「共頭」，在今河南輝縣，此即共工族的所在地。地與顓頊的活動區域濮陽相近，故《淮南子・天文》載其與顓頊「爭為帝」。其治水不善，《國語・周語下》說他「壅防百川，墮高堙庳」（鯀即採用共工氏治水的方法）。詳見徐旭生《中國古史的傳說時代》第五四、一六六、一六九頁。㊴自以無臣　謂無可用之臣（唐大沛）。㊵久空大官二句　無大臣，故小臣亂。㊶唐氏伐之　唐是堯的國號，漢代班固於《漢書・地理志》「蒲反〔今陝西永濟西〕」下自注：「有堯山」，「平陽〔今山西臨汾西〕」下顏師古注引應劭曰：「堯都也。」又在「中山國唐縣〔今河北唐縣東北〕」下自注：「堯山在南。」顏師古引應劭曰：「故堯國也。唐水在西。」張晏曰：「堯為唐侯，國于此。」「望都〔今河北唐縣東北〕」下顏注引張晏曰：「堯山在北，堯母慶都山在南，登堯山見都山，故以為名。」依此，則唐氏之侯國在今河北唐縣一帶。㊷共工以亡　《尚書・堯典》載：舜「流共工于幽州〔馬融注：『北裔也。』傳說在今北京密雲塞外之地〕」。㊸犯難爭權疑者死　犯難，冒犯險難（潘振）；兵凶戰危（唐大沛）。疑，不果為疑（孔晁）。疑者死，劉師培曰：「戴望校語云：『「疑」當讀「擬」，謂二國勢均力敵，終則兩傷也。』說亦可通，惟〈武紀解〉亦云：『臨權而疑，必罹其災。』」自以孔說為確。《吳子・治兵篇》曰：「三軍之腹〔鐵琴銅劍樓藏影宋寫本『腹』字作『災』〕，生于狐疑。」」㊹林氏上衡氏爭權　林氏，見注⑳。上衡氏，陳逢衡曰：「《管子・輕重戊》有衡山之君，疑即上衡國。」鴻恩按，〈輕重戊〉所說為春秋時衡山國，「魯削衡山之南，齊削衡山之北」，證明衡山在齊南、魯北。黎翔鳳曰，《水經・濟水注》：齊長城防門去平陰三里，北有光里，齊人言「廣」音與「光」同，即《春秋》所謂「守之光里」者也。黎曰：「齊人於此設防，當為防衡山，與齊南魯北地望正合。」「『衡』音同『廣』同『光』。」（《管子校注》第一五二八頁）㊺林氏再戰而勝三句　章檗本「而勝」作「弗勝」，盧、朱據注校為「而勝」，陳、唐未改，唐仍據「弗勝」為說，王念孫《雜志》從盧校，劉師培亦主孔注。今從盧、朱。孔晁曰：「林氏恃勝，上衡氏怠義，所以俱亡。」王念孫曰：「偽，讀曰『為』，為義而弗克，故注云『怠義』。非詐偽之『偽』。」鴻恩按，〈輕重戊〉所說為齊桓公、管仲「制衡山之術」，導致衡山「奉國而歸齊」，事與此不同，未知其是否上衡氏。㊻知能均而不親八句　盧文弨據《水經注》改章本「竟進爭權」之「竟」為「競」，孫詒讓曰：「此書『競』字多作『竟』，皆古文叚借。不必據改。」按，陳、唐、朱俱改，今不再改回。孔晁曰：「二臣勢鈞而不親，權重養徒黨，所以分國也。」知，同「智」。陳逢衡曰：「《路史・夏后紀》：『禹後有南氏，以二臣勢均爭權而分。』〈楚地紀〉云：『漢江之北為南陽，漢江之南為南郡者是。』」孫詒讓曰：「韓嬰敘《詩》云：『其地在南郡、南陽之間。』《呂氏春秋（・音初）》所謂禹自塗山巡省南土者也。《史記・殷本紀》說殷後有男氏，《索隱》引《世本》『男』作『南』。《潛夫論・五德志》云：『南、男字通。』」㊼昔有果氏好以新易故六句　孔晁曰：「有果，亦國名也。外權，謂外大國。」陳逢衡曰：「〈國名紀〉『有果』，今果州。」今四川南充西北有果山，唐、宋均於此設果州，治今南充。陰事外權，外資大國之援。陰事，私事（潘振）。劉師培曰：「事，與『植』同。《禮記・郊特牲》鄭注云：『事，猶立也。』謂陰樹外邦之權也。」鴻恩按，讀「植」即讀「傳」，傳，立也（《釋名》），置也（《玉篇》）。於此讀「事」本字可通，曰讀「植」似考慮與上句「爭」字相配。㊽比□不成者亡　丁宗洛以為闕文是「民」字，朱右曾疑是「名」。鴻恩按，疑是「祿」字。王符《潛夫論・敘錄》曰：「聖人養賢以及萬民，先王之制皆足代耕。增爵損祿，必〔畢〕程以傾。先益吏俸，乃可致平。故敘〈班祿〉。」劉師培引此「增爵損祿，必程以傾」二句以證本文。查王符〈班祿〉之文曰：「上下大小，貴賤親疏，皆有等威，階級衰殺，各足祿其爵位。」「其班祿也，祿足以代耕……天子三公采視公侯，卿采視伯，大夫視子男。」「是故明君臨眾……使皆皁〔厚也〕于養生而競于廉恥也。」王符似由本文引出「班祿」的題目，「使皆皁于養生」，猶今所謂高薪養廉。「比祿不成」，指「祿輕」、「損祿」，即安排官員俸祿的等級不善。《漢書・石奮傳》顏師古注：「比，校考也。」《禮記・檀弓上》鄭玄注：「成，猶善也。」㊾昔有畢程氏五句　唐大沛曰：「戾民蓋與厲民同，言相與苛刻于民以自奉也。」朱右曾曰：「責臣之廉而祿不贍用，故貌為窮匱以罔上，實則比黨虐民，為君斂怨也。畢程，即周程邑，蓋王季滅之。」畢程，在今陝西咸陽東北。或單稱程（見本書〈大匡第十一〉「維周王宅程三年」），或稱畢程、畢郢。《孟子・離婁下》「文王卒于畢郢」，楊伯峻注引劉台拱《經傳小記・釋畢郢》曰：「畢者，程之大地名；程者，畢中之小號也。」《歷史地圖集》以為在今咸陽東北極近之畢、程二地（第一冊第一九頁）。戾，暴虐。㊿陽氏之君　唐大沛曰：「《春秋》閔二年：『齊人遷陽。』杜注：『陽，國名。』」楊伯峻注：「陽，國名，據顧棟高《〈春秋〉大事表》，姬姓。《周金文存》第二卷五九頁有鼎銘云：『叔姬作陽伯旅鼎，永用。』若此，叔姬為陽伯之女，則陽為姬姓。陽故城在今山東省沂水縣西南。此蓋齊人逼徙其民而取其地。」此陽與朱右曾所說同地。然則此又一春秋之世的亡國。(51)事無故業二句　政事無舊業，任官無常位（潘振）。[52]民運于下　下面的百姓都遷移了。[53]業形而愎者危　專門用刑而性情剛愎的人處境危險。業形而愎，唐大沛曰：「專務于刑，如業此者然，而性則剛愎。」形、刑通（盧文弨）。[54]穀平之君　陳逢衡曰：「戴清曰：『《春秋》桓公七年：「穀伯來朝」，杜注：「穀國在南郡筑陽縣北。」』今襄陽府穀城縣東有穀城，不知即穀平故地否也。」楊伯峻曰：「郭沫若《殷契粹編》有卜辭云：『王氏㱿』，唐蘭、于省吾俱以為『穀』字，詳于省吾《雙劍誃殷契駢枝三編》，似穀國殷商已有之。孔穎達云『不知何姓』，《通志・氏族略》以為嬴姓。故稱在今湖北省穀城縣西北。」依此，則穀為殷商古國。[55]愎類無親　剛愎乖戾沒有親近的人。類，孔晁曰：「類，戾也。」盧文弨曰：「趙云：『類，當作纇。』」朱駿聲曰：「類，讀為盭。〔《說文》段注：『盭，此乖戾正字，今則戾行而盭廢矣。』〕」孫詒讓曰：「類、戾聲相近，不必改『纇』。《春秋繁露・王道篇》云『食類惡之獸』，義與此同。」[56]破國弗克二句　唐大沛曰：「破人國而不勝，惟刑用于國，如殺將士之類。」[57]外內相援　劉師培曰：「援，疑『擾』訛。《路史・國名紀》亦作『援』，則宋本已然。」朱右曾曰：「愚謂外內相援，如紂之前徒倒戈之類。」鴻恩按，朱說可通。[58]阪泉氏用兵無已　孰為阪泉氏，有二說。盧文弨曰：「惠云：『阪泉氏蓋蚩尤也。』趙〔曦明〕疑是炎帝之後。」陳逢衡、陳漢章主蚩尤說。朱右曾與趙說同。梁玉繩、楊伯峻、劉起釪都以為阪泉氏指蚩尤，阪泉之戰指黃帝與蚩尤之戰。典籍所載黃、炎之戰與黃帝、蚩尤之戰，均發生於涿鹿，而阪泉即在涿鹿（張守節引《晉太康地理志》、《括地志》）。蚩尤為九黎氏之君，非炎帝之後。徐旭生列舉四證證明蚩尤屬於東夷集團，不屬於炎、黃華夏集團，徐氏、劉起釪指出《路史・蚩尤傳》：「蚩尤，姜姓，炎帝之裔也。」是妄說（《中國古史的傳說時代・東夷集團》、《尚書校釋譯論》第一九二六頁）。梁玉繩曰：「阪泉之戰即涿鹿之戰，是軒轅勤王〔指帝榆罔〕之師，而非有兩事。故《逸周書・史記解》稱蚩尤為阪泉氏，斯為確證。」鴻恩按，阪泉之戰即涿鹿之戰，此說有理據。[59]無親　不論親疏。[60]文無所立　指禮樂制度方面無所樹立。[61]很而無親者亡　章、陳、唐本「很」均作「佷」，與「很」字同。傲很無與相親者（唐大沛）。很，盭也，知過不更，聞諫愈甚（朱右曾）。[62]昔者縣宗之君八句　陳逢衡曰：「縣宗，《六韜》作『懸原』。宗職，〈國名紀〉作『守職』。」很而無聽，不納忠言。執事不從，作事不順理（朱右曾）。宗職者，主職事者（唐大沛）。大事，戎事；戰爭。《左傳》成公十年：「國之大事在祀與戎。」解體，離心（朱右曾）。鴻恩按，縣宗，前人無說。宗國及其君宗子，見於《左傳》文公十二年，是群舒（均在今合肥西南一帶）之一，偃姓，皋陶之後，在今安徽桐城北。古懸瓠城在今河南汝南，距宗不遠。不知二者與此縣宗有無關係。[63]昔者玄都賢鬼道七句　丁宗洛曰：「本段『昔者元〔玄〕都』之上，以上下各段例之，似脫領綱一句。浮山云：『〈酆保〉篇有「神巫靈寵以惑之」語，與此相同，應補云「神巫寵惑者亡」。』」廢人事，原作「廢人事天」，潘振曰：「『天』字當衍。」陳逢衡引《路史・帝顓頊紀》：「『小昊氏衰，玄都氏黎實亂天德，賢鬼而廢人，惟龜策之從……』蓋謂此也。當少昊氏之衰，玄都氏黎實亂天德，自潰而亡。」唐本作「廢人事」，删「天」字。唐曰：「《路史・帝顓頊紀》「小昊氏衰，元都氏黎實亂天德」云云及〈國名紀〉皆本之《周書・史記篇》，《紀年》亦然，不須引彼以證此。」劉師培曰：「《博物志》九無「天」字，是也。」又曰：「「神巫用國，《博物志》九作「忠臣無祿，神巫用國」，《路史・國名紀六》引《周書》同，或今本挩「忠臣無祿」語。又案此文玄都似即《(國語・)楚語》所云九黎〔『及少皞之衰也，九黎亂德，民神雜糅』〕，《路史・國名紀六》以為少昊時諸侯，亦據《國語》。」陳漢章曰：「《書・呂刑》：『蚩尤惟始作亂，延及于平民，罔不寇賊。』鄭注：『學蚩尤為此者，九黎之君在少昊之代也。』〈楚語〉曰：『九黎亂德，民神雜糅』，正與此經符合。」龜策，龜為卜，策為筮。神巫，巫交鬼神，故曰神。用國，管理國家。用，為；治理。哲士在外，哲士被棄置於外。鴻恩按，唐說《紀年》據本文，甚是，劉說本文、《路史》「玄都黎」同《國語》說，則劉說是，陳漢章為劉說增加了證據。今從删「天」字。據《博物志》、《路史》當增「忠臣無祿」，唯原文「謀臣不用，龜策是從」一正一反，「神巫用國，哲士在外」一反一正，語甚有序，增「忠臣」句於「神巫」句上，則語序紊亂。陳引〈國名紀〉「謀臣不用，龜策是從；忠臣無祿，神巫用國」，無「哲士在外」句，其語序為正反、正反，亦有序。《博物志》蓋用其意而已，今不補。[64]文武不行者亡　俞樾曰：「『文』字，衍文也。其下曰：『昔者西夏性仁非兵，城郭不修，武士無位』云云，是西夏之亡以武不行，非以文不行也。」劉師培曰：「田普實校語云：『「文」字疑當作「汶」，即「泯」之叚，猶言廢兵弗用。』其言是也。孔氏所據本蓋已作『文』，故注與本節旨乖。」按，俞、田之說可以互證。[65]西夏性仁非兵　指西夏國君天性仁愛反對用兵。西夏，其地不詳，前人注曰：《左傳》昭公元年稱今山西太原為大夏；今湖北境內有夏水，此在夏水之西。[66]財屈而無以賞　財力耗竭沒有物品可賞。屈，竭盡。[67]唐氏伐之　唐氏討伐他。唐氏，孔晁曰：「堯帝。」唐大沛曰：「竊以唐氏非謂帝堯，帝嚳時始封堯為唐後，堯以前唐之為地必有諸侯國于此者，其即此篇所謂唐氏歟？不可考矣。」[68]昔者績陽彊力四征七句　孔晁曰：「重丘之君畏其並己，惑之以女。君昏于上，權分于下，所謂二也。」唐大沛曰：「溺于色，怠于政，政柄下移，大臣爭權，遠近之民不聽命。」績陽，陳逢衡引《路史・小昊紀》與〈國名紀〉俱作「青陽」，然青陽在湖南長沙，遠不相及。劉師培曰：「《博物志》九作清陽，《路史・後紀二》、〈國名紀六〉並作青陽。〈後紀〉注云：『《六韜》作「績陽」，誤。』是所據《周書》亦作『青』。惟《玉海》、《困學紀聞》引此作『績』。」鴻恩按，陳所說「遠不相及」，依劉說仍不得其解。四征，四出征伐。重丘，《左傳》襄公十七年「飲馬于重丘」，楊伯峻注：「古國名。《路史・國名紀六》引此《傳》以證《逸周書・史記解》，是也。重丘當今山東茌平縣西南二十里。」鴻恩按，此重丘與上文注㊲之重氏不同地。熒惑，眩惑；迷惑。㊾昔者有雒氏宮室無常九句　工巧，原作「土功」。孫詒讓曰：「工功，疑當作『巧工』，注同。」劉師培曰：「《斠補》云『土功』當作『工巧』（《斠補》作『巧工』）。今考《國名紀六》引作『巧工』，即『工巧』倒文。孫說是。洛，當作『雒』。《路史》謂《六韜》作有熊，『熊』即『雒』，其證也。」今據劉說與《國名紀》改為「工巧」、「雒」。鴻恩按，三國魏改「雒」為「洛」，本文自應作「雒」。陳逢衡曰：「有洛，蓋洛伯用之後。」陳漢章曰：「古有洛國。《楚辭．天問》『帝降夷羿……而妻彼洛嬪？』王逸注：『蓋夷羿奪洛伯之妻耳。』《水經．洛水注》引《紀年》：『洛伯用與河伯馮夷鬬。』若河伯之國，自殷上甲微假其師伐有易後，至《穆天子傳》有河宗柏夭。」而朱右曾以為《左傳》宣公十五年晉景公「立黎侯還，及雒」之「雒」，朱與楊伯峻所說其地不同，方位亦不對，不可取。饑饉，穀不熟而饑，菜不熟而饉（潘振）。成商，成湯。湯號曰成。

【語　譯】君主不實行誠信，不樹立正義，智謀之士就會侵犯國君的政事。這時要禁制他就會產生禍亂，皮氏因此而滅亡。

阿諛奉承的人一天天接近，端方正直的人一天天疏遠，那麼邪惡的人就會專擅國政。要禁制他就會產生禍亂，華氏因此而滅亡。

喜好財貨珍奇異寶，邪惡的人就會升官得勢。邪惡的人升官得勢，賢能的人就會一天天被埋沒而疏遠。賞罰沒有信用，隨著財務的多少行事，夏后氏因此而滅亡。

刑罰嚴厲又沒有仁愛之心的君主，他的臣下就會恐懼；臣下恐懼，就不敢進獻忠心；不敢進獻忠心，百姓就不會親近那些官吏。刑罰從親近的人開始，疏遠的人就會戒懼擔心。殷商因此而滅亡。

君主一心享樂的，權力就會由大臣專斷；權力由大臣專斷，刑罰就會專門用於百姓。君主快活於享樂，臣下爭奪於權勢，百姓受盡刑罰的痛苦。有虞氏因此而滅亡。

輔佐幼主而專斷朝命的大臣，其君主一定畏懼他的威勢而懷疑他以前的行事。仗恃自己對君主有功德而責求、數落君主，關係一天天疏遠，兩方面權位相當而爭執不已，平林因此而滅亡。

大臣有被禁錮職務而不服罪的，國家處境危險。過去質沙的三卿朝見君主卻沒有禮貌，君主憤怒而長久地拘留他們，三卿喧噪而君主不加訶止，三卿陰謀變亂，質沙因此而滅亡。

朝廷內外彼此離隔互不信任，給下面的百姓造成混亂，百姓無所依附，三苗因此而滅亡。

弱小國家處在強大國家之間，小國的存亡只能聽由大國擺布，就沒有天命了。不懂得自身命運將聽由大國的，會遭遇殺身之禍。夏朝正當興盛的時候，扈氏弱小而不恭敬聽命，導致身死國亡。

不分嫡庶寵愛兩個兒子的，國家會滅亡。從前義渠氏有兩個兒子，兩個母親所生，都受寵愛。君主患病，大臣分黨爭立新君，義渠因此而滅亡。

功勞大而不給與賞賜的，國君處境危險。從前平州的臣子功大得不到賞賜，而阿諛之臣一天天顯貴，功臣憤怒產生了變亂，平州的君主因此而出走。

招來遠方諸侯而不加親近的，處境危險。從前林氏招離戎的君主來朝見，到了不給與禮遇，留住又不親近，離戎君主逃離了林氏，林氏殺死離戎之君，天下諸侯叛離林氏。

從前曲集的君主誇耀自己聰明而自專國事，相信強力壓制，不信任其臣下，忠良之臣全都隱居了。愉州氏來攻打，曲集之君勢孤力單，沒有良臣任使，曲集因此而滅亡。

從前有巢氏有昏亂之臣卻很顯貴，國君把國事交給他承擔，把權力借給他使用，專擅國事而獨斷專行。終致國君忌恨他而奪了他的權。此人恐懼而產生變亂，有巢氏因此而滅亡。

斧柄小不能承擔斧子之任的會滅亡。從前有鄶之君吝嗇儉省，減少爵位又減少俸祿，群臣屈從忍讓，君主不能監臨臣下。此後君主幼弱，禁令刑罰不能實行，重氏來伐，鄶君因此而滅亡。

長期空缺重要職位的，危險。從前有共工氏自認為賢能，自認為沒有可以任用的臣子，長期空缺大官的職位，下面的官員一起亂來，人民無所依附。唐氏來伐，共工氏因此而滅亡。

冒險爭奪權力，猶豫不果斷的會滅亡。從前有林氏、上衡氏爭奪權力，林氏兩戰兩勝（卻仰仗勝利輕視對方）；上衡氏行義卻不能做到底，結果雙方都是國君身死而國家滅亡。

智能相當而不相親近，一起受到重用而共事君主的，國家危險。從前有南氏兩個臣子顯貴受寵，二人力均勢敵，爭著向上爬，爭權奪利，又在下面爭奪黨羽，國君禁止不了，南氏國因此而分裂。

從前有果氏喜好用新人替代舊人，老大臣嫉妒怨恨，新、舊大臣不親和，在朝廷內爭樹黨羽，暗中奉事外國的勢要，有果氏因此而滅亡。

爵位大但俸祿少，安排官員俸祿的多少不善的，會滅亡。從前畢程氏減少俸祿增加爵位，群臣表面上裝出窮乏的樣子，實則勾結起來（横徵暴斂而）虐害百姓，畢程氏因此而滅亡。

喜好變易舊法、常規的，會滅亡。從前陽氏的國君，自誇才智而喜好改變，政事沒有故舊之業，官員沒有一定之位，下面的百姓都遷走了，陽氏因此而滅亡。

專以使用刑罰為事而性情剛愎的，處境危險。從前穀平的君主，剛愎乖戾沒有親近的人，想攻破人家的國家不能獲勝，治理國家又以用刑為事，內部的反對勢力和外部勢力相互支援，穀平因此而滅亡。

使用武力不休止的，會滅亡。從前阪泉氏用兵沒完沒了，征戰無休無止，吞併別國不講親疏，而禮樂制度無所樹立，聰慧之士失望痛心。移居至於獨鹿，諸侯背叛，阪泉因此而滅亡。

傲很沒有親近的人，會滅亡。從前縣宗的君主，傲很不聽從勸諫，行事不順理，主司職事的人疑惑不決。發生戰爭，群臣離心，國家無人立功，縣宗因此而滅亡。

從前玄都看重鬼神之道，廢棄人事，不重用智謀之士，只聽從龜卜策筮，神巫管理國事，明哲之士排斥於朝廷之外，玄都因此而滅亡。

一概不用武力的，會滅亡。從前西夏的國君性仁愛反對用兵，城牆不修繕，武士無勢位；又仁惠好賞賜，至於財力窮竭沒得可賞。唐氏來伐，城池不能防守，武士不為所用，西夏因此而滅亡。

美女會敗壞國家。從前績陽奮力四出征伐，重丘國送給他美女，績陽之君喜歡上美女，迷惑於女人而不治理國家，大臣爭權奪利，遠近的百姓都不聽命，國家分裂成兩半。

大肆修建宮室會敗壞國家。從前有雒氏宮室建築變化無常，水池園囿不斷擴大，工程的巧麗一天天改進，用新的更改舊的，人民得不到休息，農業錯失良機，以至於鬧饑荒沒有食物，成商來伐，有雒因此而滅亡。

【研析】《周書・序》說本文出於穆王時代。但是它的文風顯然屬於戰國之世。文字淺顯易懂，大量使用複音詞，大量、頻繁而熟練地使用三十多個連詞「而」，介詞「於」九見而「于」僅一見（出土之〈祭公〉無介詞「於」，只有介詞「于」），這應當是「戰國中後期『於』字逐漸占了優勢」（《古代漢語虛詞詞典》「於」字）的表現。作者重視「賞罰」，本文「賞」字五見，「罰」字二見；重視「智士」、「哲士」、「武士」，標誌著士階層地位的提高。這些，都是戰國時期所特有的現象。唐大沛說：「古書無『朔望』二字連文。」盧文弨指出《禮記》中有「朔月、月半」指朔望，但未見「朔望」並用，有，則自漢代始。這是本文晚出之證。

讀了本文，自然聯想起《韓非子》的〈亡徵〉。「敦煌寫本伯三四五四號錄有《周志廿八國》，與今本《逸周書・史記》大致相同。」（《文獻學價值》第二六頁）本文寫了二十八國的滅亡或分裂、君主出走，〈亡徵〉寫了國家可亡的徵象四十七條。兩相比較，值得注意的是，彼此頗有相似的情形，例如〈亡徵〉說（這裏只節錄相近的語句）：

好宮室臺榭陂池，罷露百姓，煎靡貨財者，可亡也。

事鬼神，信卜筮，可亡也。

很剛而不和，愎諫而好勝，不顧社稷而輕為自信者，可亡也。

國小而不處卑，力少而不畏強，無禮而侮大鄰，可亡也。

大臣兩重，內黨外援以爭事勢者，可亡也。

法禁變易，號令數下者，可亡也。

城郭惡，無守戰之備而輕攻伐者，可亡也。

嬰兒為君，大臣專制，可亡也。

藏怒而弗發，懸罪而弗誅，使群臣陰憎而愈憂懼，而久未可知者，可亡也。

親臣進而故人退，不肖用事而賢良伏，無功貴而勞苦賤，可亡也。

所說這些內容都是相同或相近的，有些用詞都相同，表明一篇文章的作者看到過另外一篇。但是兩篇文章都有自己的個性、思想、風格，都不是模仿對方。韓文更為通俗朗暢，內容涉及面更廣，相形之下本文顯得古樸。周玉秀考證《逸周書》文章的寫作時代說：「有些篇章是戰國末期乃至漢人根據傳說或原有文獻改作的，具有明顯的戰國末期至漢代的語言特點。」她舉出的篇章就有〈史記〉（《文獻學價值》第二七二頁）。原有文獻的改作，這一論斷應當接近於實際。二十八國雖有少數穆王以後的，大多數應源於上古歷史。

以前很多注釋者相信本文為穆王時實錄，又引今本《竹書紀年》為證。幸有唐大沛以為今本《紀年》的相關記錄依託本文，劉師培依據東漢王符、鄭玄說，揭穿了其中破綻。王符《潛夫論·志氏姓》云：「會〔鄶〕君驕貪嗇儉，滅爵損祿，群臣卑讓，上下不臨。詩人憂之，故作〈羔裘〉，閔其痛悼也；〈匪風〉，冀君先教也。會〔鄶〕仲不悟，重氏伐之……遂以見亡。」劉師培曰：「王符所述，當係《魯詩》。故誼〔宜〕復引此書為證。則鄶即《詩·鄶風》之『鄶』矣。據鄭氏《詩譜》說，〈羔裘〉、〈匪風〉均作于夷王之後。王符所云『會仲不悟』，似與《國語·鄭語》所云鄶仲合。所云『驕貪』又即〈鄭語〉所謂『驕侈貪冒』也。則此事自在穆王後。竊以此節非戎夫所陳，乃東周史官所附入，猶《爾雅》張仲孝友諸文，為後人所足也（見《西京雜記》三）。所云重氏伐鄶，似與鄭人并鄶為一事。自今本《竹書紀年》于高辛十六年有使重滅鄶之辭，偽文竄入，蓋在宋後。（知者，羅泌、羅苹所見本均無『高辛滅鄶』之語矣。）」劉氏證明了有鄶亡於鄭桓公，認為今本《紀年》「高辛伐鄶」乃「偽文竄入」（尚不以今本《紀年》不可信）。唐、劉所說，就構成本條晚出鐵證。其實，義渠、陽氏之亡也是後事，惜無直接證據，故唐、劉不言義渠、陽氏之事晚出。清代注家中，唐大沛時有通達之論，見解在儕輩之上。

王充說：「周穆王之世，可謂衰矣，任刑治政，亂而無功。甫侯諫之，穆王存德，享國久長，功傳于世。夫穆王之治，初亂終治，非知昏于前，才妙于後也，前任蚩尤之刑，後用甫侯之言也。」（《論衡·非韓篇》）可惜王充立論的根據被今人否定，《尚書·呂刑》即〈甫刑〉，實與穆王無關，《史記·周本紀》的相關記載不確（參《尚書校釋譯論·呂刑·討論》）。《左傳》昭公十二年也說祭公謀父以〈祈招〉之詩止王心，穆王是以獲沒於祇宮。加上本文，三件事都是說穆王能悔過，吸取教訓。雖然在歷史上穆王並無賢名。單以本文論，讓史官定時念誦「遂事之要戒」，用古代亡國的教訓鞭策督勵自己，陳逢衡據此而言：「知穆王非耄荒之主矣。」唐大沛也說：「果爾，穆王誠賢主哉！」

職方第六十二

【題解】《職方》原為《周禮・夏官》的《職方氏》，可能曾經抄出單行，而被收入本書。文字與《周禮》相同，極少差異。《周禮》鄭玄注：「職，主也，主四方之職貢者。職方氏，主四方官之長。」

職方氏掌天下之圖❶，辯其邦國、都鄙、四夷、八蠻、七閩、九貉、五戎、六狄之人民❷，與其財用、九穀、六畜之數❸，周知其利害❹。乃辯九州之國❺，使同貫利❻。

東南曰揚州❼，其山鎮曰會稽❽，其澤藪曰具區❾，其川三江❿，其浸五湖⓫，其利金錫竹箭⓬，其民二男五女⓭，其畜宜雞狗⓮，其穀宜稻。

正南曰荊州⓯，其山鎮曰衡山，其澤藪曰雲夢⓰，其川江、漢⓱，其浸潁、湛⓲，其利丹、銀、齒、革⓳，其民一男二女，其畜宜鳥獸，其穀宜稻。

河南曰豫州⓴，其山鎮曰華山㉑，其澤藪曰圃田㉒，其川滎、雒㉓，其浸波、渚[24]，其利林、漆、絲、枲[25]，其民二男三女，其畜宜六擾[26]，其穀宜五種[27]。

正東曰青州[28]，其山鎮曰沂山[29]，其澤藪曰望諸[30]，其川淮、泗[31]，其浸沂、沭[32]，其利蒲[33]、魚，其民二男三女，其畜宜雞犬，其穀宜稻、麥。

河東曰兗州[34]，其山鎮曰岱山[35]，其澤藪曰大野[36]，其川、河、泲[37]，其浸盧、維[38]，其利蒲、魚，其民二男三女，其畜宜六擾，其穀宜四種[39]。

正西曰雍州[40]，其山鎮曰嶽山，其澤藪曰弦蒲[41]，其川涇、汭[42]，其浸渭、洛[43]，其利玉石[44]，其民三男二女，其畜宜牛、馬，其穀宜黍、稷。

東北曰幽州[45]，其山鎮曰醫無閭[46]，其澤藪曰貕養[47]，其川河、泲[48]，其浸菑、時[49]，其利魚、鹽[50]，其民一男三女，其畜宜四擾[51]，其穀宜三種[52]。

河內曰冀州[53]，其山鎮曰霍山，其澤藪曰揚紆[54]，其川漳[55]，其浸汾、露[56]，其利松、柏[57]，其民五男三女，其畜宜牛、羊，其穀宜黍、稷。

正北曰并州[58]，其山鎮曰恒山[59]，其澤藪曰昭餘祁[60]，其川虖池、嘔夷[61]，其浸淶、易[62]，其利布帛，其民二男三女，其畜宜五擾[63]，其穀宜五種[64]。

【章旨】說職方氏的職掌，並縷述九州的山、河、湖泊、男女概率、水利、物產等，都是有關職貢者。

【注　釋】❶圖　地圖。❷都鄙四夷八蠻七閩九貉五戎六狄之人民　孔晁曰：「國曰都，邑曰鄙，東方曰夷，南方曰蠻，西方曰戎，北方曰狄。閩，蠻之別，貉，狄之別。八、七、九、五、六，見非一之言也。」盧文弨曰：「四夷，其大名也，故不言四。」❸財用九穀六畜之數　財用，錢穀貨賄。九穀，黍、稷、稻、麻、粱、菽、大小豆、小麥。六畜，馬、牛、羊、雞、犬、豬。❹利害　年歲豐歉、水道通塞、民俗奢儉之類（陳逢衡）。❺九州之國　朱右曾曰：「周之九州，分為三列：揚、荊為一列，豫、青、兖、雍為一列，幽、冀、并為一列：自南而北，由陽而陰也。」❻使同貫利　孔晁曰：「貫，是也。」賈公彥曰：「使同其事利，不失其所。」❼揚州　或說應作「揚州」，或說應作「楊州」，顧頡剛考證以為從《史》、《漢》作「揚」是，作「楊」非是（《尚書校釋譯論》第六二五頁）。九州州域前後有變化。朱右曾曰：「〈禹貢〉：揚州北至淮，東至海。《爾雅》言殷制〔說《爾雅》所言為『殷制』不可信〕九州，『江南曰揚』，則北不得淮，周以淮為青州浸，疑同于殷。」❽其山鎮曰會稽　鎮，名山安地德者也（鄭玄注）。《尚書・堯典》「封十有二山」，孔傳：「每州之名山殊大者，以為其州之鎮。」會稽，山名，在今浙江紹興。❾澤藪曰具區　湖泊稱太湖。澤藪，湖泊。澤，聚水的窪地。大澤曰藪。具區，即太湖。「在蘇州西南四十五里，廣三萬六千頃，中有七十二山，一名震澤。」（潘振）❿三江　有種種說法，劉起釪曰：「紛歧爭議，無一正確，由於〈禹貢〉作者為西北人，對於東南山水過於隔膜，遂多捕風捉影，如說漢水與江水平行入海，即其大謬。當如〈河渠書〉、〈貨殖傳〉所說『三江五湖』，皆概指非實數。大抵『三江』只是指彭蠡澤以東長江及其支流諸水。」（《尚書校釋譯論》第六三〇頁）⓫其浸五湖　水利灌溉靠五個湖。浸，可以為陂池用以灌溉者。⓬金錫竹箭　金，即銅（參劉起釪〈禹貢〉「金三品」注）。錫，白鑞（即焊錫）。竹箭，竹名，可以做箭，《爾雅・釋地》：「東南之美者，有會稽之竹箭也。」孫詒讓曰，鄭玄之意，以竹為大竹，箭為篠，乃竹之小者。劉師培曰，《竹譜》稱為「箭竹」。⓭二男五女　孔晁曰：「九州土氣，生民男女各不同。」鴻恩按，言揚州人男女出生比率為二比五，乃古人非科學之說法，下同。⓮其畜宜雞狗　「雞狗」下原有「鳥獸」二字。《周禮》作「鳥獸」，章檗本作「雞犬鳥獸」，《彙校集注》曰，諸本「犬」作「狗」。盧本、陳本均作「雞狗鳥獸」，同朱本。于鬯以為「鳥獸」二字係《周禮》之文衍入，雞狗即鳥獸，如《周書》原同於《周禮》，不應無端衍入「雞狗」二字，且下文皆舉兩字為文例。鴻恩按，于說有理，「鳥獸」居後，應是後增，今刪「鳥獸」。⓯荊州　陳逢衡曰：「荊州取名于荊山也。施彥士曰：『荊，木名，山多荊，故名荊山，而州亦被以荊名矣。』」衡山，在今湖南衡山縣。朱右曾曰：「荊州北界，〈禹貢〉以荊山，《爾雅》以漢水，此以波水，則此州界，殷〔指《爾雅》所言者〕大于夏，周又大于殷也。」⓰雲夢　古代湖澤名，跨江南北，《漢書・地理志》：「南郡華容縣〔漢代的華容在今荊門東稍偏南，不在長江南〕雲夢澤在南，荊州藪。」⑰江漢　長江、漢水。漢水自陝西流入湖北，至武漢匯入長江。⑱潁湛　潁水和湛水。潁水，源出今河南登封嵩山西南，東南流入安徽，至壽縣正陽關入淮河。為淮河最大支流。湛水，源出今河南汝州寶豐縣東南魚翅山西北，東至襄城縣南入汝水（參朱右曾）。⑲其利丹銀齒革　丹、齒、革，朱砂、象牙、犀兕革。《爾雅》：「南方之美者，有梁山〔邵晉涵：即衡山〕之犀、象。」鴻恩按，殷墟甲骨卜辭與地下出土動物骨骼均有犀、兕與象（陳夢家《殷墟卜辭綜述》第五五五頁）。荊州更在殷墟之南，可證當時荊州、豫州有此類動物。⑳豫州　朱右曾曰：「河自華陰東至底柱、孟津，過雒汭之大伾〔山名，在今河南浚縣〕，其南為豫，其北為冀，三代皆同。愚謂華陰今屬陝西同州府，華山屬豫，則其西為雍矣。」蒙文通曰：「豫，大象也，豈豫州古亦產象，故以大象名也？《呂氏春秋・古樂篇》：『商人服象，為虐于東夷，周公遂以師逐之，至于江南。』是象故嘗生活于黃河中下游也。」（《古地甄微》第一七頁）㉑華山　在今陝西華陰南。㉒圃田　在今河南中牟西，戰國魏惠王引河水注入圃田澤，成為黃河下游和鴻溝水系間調節流量的水庫，後淤塞為平陸。㉓滎雒　滎澤和雒水。滎澤在今河南鄭州西北，於今滎陽北受河水，與黃河、濟水相通，後成為平陸。雒水，即今洛水，出陝西商洛故上雒縣東北，東流至洛陽，至鄭州鞏義市入黃河。㉔其浸波溠　《周禮》此句原作豫州，「其浸潁、湛」在荊州，鄭玄注：「潁出陽城，宜屬豫州，在此非也。」章本、盧本同《周禮》，朱本從《說文》改，與鄭說合。波水，源出今河南魯山縣西北，南流入滍水（今沙河），復入汝水。溠水，亦名扶恭河，源出今湖北隨州西北雞鳴山，東南流入溳水。《說文》：「溠水在漢東，荊州浸也。」㉕枲　大麻；麻布。〈禹貢〉曰：「豫州貢漆、枲、絺、紵，纖、纊。」㉖六擾　即六畜，馬、牛、羊、豕、犬、雞。孔晁曰：「家所畜曰擾。」㉗五種　指黍、稷、菽、麥、稻。種，種植；種植的作物。㉘青州　潘振曰：「東方少陽，其色青，其氣清，歲之首，事之始，故以青為名焉。」朱右曾曰：「此青州當夏、殷之徐州，而兼得豫東之望諸，其徐州西北岱、大野，則割以屬兗，《爾雅》云：『泲〔濟〕東曰徐州。』是徐、兗以泲為界，而此不然也。」㉙沂山　在今山東中部，東北—西南走向，長百餘公里，主峰在臨朐南。㉚望諸　即孟諸、盟諸，澤藪名，在今河南商丘東北，虞城西北。春秋時為田獵場所。舊跡今已不可辨識。㉛淮泗　水名。淮水，源出河南桐柏山，東經河南、安徽，流入江蘇洪澤湖，其入海河道，因黃河奪淮，河道淤高，逐漸以入江為主。洪澤湖以下，主流經高郵湖由江都三江營入長江，另一部分經蘇北灌溉總渠由扁擔港入黃海。泗水，在山東西南部，源出山東泗水縣東蒙山東麓，四源並發，故名。西經曲阜、兗州，折南至濟寧東南魯橋鎮，入運河。古泗水自魯橋以下又南循今運河至南陽鎮，穿南陽湖而南，經昭陽湖西、江蘇沛縣東，南至徐州東北循淤黃河東南流至淮陰西南，注入淮河。是淮河下流第一大支流。㉜沂沭　沂水和沭水。沂水，源出今山東沂源魯山，南流經臨沂，入蘇北平原，流入京杭運河和駱馬湖，下游匯灌河，在灌雲東燕尾港入黃海。沭水，源出今山東沂山南麓，同沂水平行南流，入江蘇境內。河道紊亂，主要分兩支東流，經薔薇河到臨洪口入黃海。㉝蒲　水生植物，可以製席，嫩蒲可食。㉞河東曰兗州　朱右曾曰：「河自大伾折而東北，至大陸〔大陸澤，又稱巨鹿澤〕之東南，與冀分界，又東北為九河〔說詳《尚書校釋譯論》第七九二～七九四頁。又《古史續辨．九河考》〕，至逆河，與幽分界。其南泲水過菏澤，貫巨野，與青分界。又東包岱至淄水之源，折而北，得漢千乘及勃海之西境，與幽分界，蓋比夏、殷縮其東北而贏其西南焉。」㉟岱山　即泰山，在今山東泰安北，亦稱岱宗、岱山。㊱大野　大野澤，又稱巨野澤，故址在今山東巨野北，古濟水中流在此通過，東有水道與古泗水相接。㊲河泲　黃河、濟水。泲，《周禮．職方》、《漢書．地理志》、《說文》作「泲」，其他書均作「濟」。黃河下游，先秦時與今道不同，說詳注㉚。濟水，古代四瀆〔單獨入海的河川長江、黃河、淮水、濟水〕之一。有黃河南北兩部分。《尚書．禹貢》：「導沇水〔濟水的別稱〕，東流為濟，入于河。」這是河北部分。又曰：「溢為滎，東出于陶丘北，又東至于菏，又東北會于汶，又東北入于海」，這是河南部分。河北部分源出今河南濟源西王屋山，下游屢經變遷。河南部分本為黃河分出的支流，因分流處與河北濟口隔岸相對，古人遂目為濟水的下游。據《漢書．地理志》濟水自今滎陽北分黃河東出，流經今原陽南，封丘北，至山東定陶西，折東北注入巨野澤，又自澤北出經梁山東，至東阿舊治西，自此以下至濟南北濼口，略同今黃河故道，自濼口以下至海，略同今小清河河道。㊳盧維　鄭玄以「盧維」當作「雷雍」，字之誤也。雷雍，即雷夏澤和雍水。〈禹貢〉言兗州曰：「雷夏既澤，雍、沮會同。」雷夏，澤名，在今山東鄄城東南。雍水，據《括地志》、《元和志》唐代猶有灉水在雷澤縣〔今山東菏澤東北〕西北平地，會同沮水流入雷夏澤，應係古灉〔雍〕水的殘留部分。劉起釪曰「雍」字作「灉」是衛包改本，《尚書》古今文本皆不作「灉」。㊴四種　黍、稷、豆、麥四樣種植作物。㊵雍州　朱右曾曰：「殷、周雍州俱兼〈禹貢〉梁州之地，嶽本名岍，亦曰吳嶽、西鎮山。古之西嶽也。《〔漢書．〕地理志》曰：『吳山在汧〔今陝西隴縣東南三里〕。』」㊶弦蒲　在今陝西隴縣西，《水經注》：「汧水出汧縣之蒲谷鄉，決為弦蒲澤。」㊷涇汭　涇水和汭水。涇水，渭河支流，源出寧夏六盤山東麓，東南流經甘肅，至陝西高陵入渭河。汭水，朱右曾曰：「出平涼府華亭縣〔今甘肅華亭〕西，東至涇州〔今甘肅涇川縣〕入涇。」㊸渭洛　渭水和洛水。渭水，黃河最大支流，源出甘肅渭源鳥鼠山，東流橫貫陝西，在潼關入黃河。洛水，今陝西洛河，亦稱北洛水，渭水支流。源出白於山西端，東南流經志丹、洛川、蒲城等縣，到大荔南三河口附近入渭河。㊹其利玉石　今陝西藍田、終南山產玉石。〈禹貢〉曰：「雍州貢璆琳琅玕。」《漢書．地理志》曰：「京兆藍田縣出美玉。」《漢書．東方朔傳》：「南山〔終南山〕多玉石。」〔朱右曾〕㊺幽州　陳逢衡引《釋名》云：「幽州在北，幽昧之地也。」朱右曾曰：「此幽州于〈禹貢〉為青州，而兼得兗之東境、河、泲入海處。于《爾雅》為營州。」(46)醫無閭　鄭玄曰：「在遼東。」一稱六山、廣寧山，簡稱閭山。在遼寧西部、大凌河以東，東北—西南走向。(47)貕養　在今山東萊陽東，久已乾涸，《中國歷史地圖集》僅在戰國時期標有此澤。(48)河泲　黃河、濟水。河，即今黃河。據譚其驤考證，先秦時，《尚書・禹貢》所載黃河在今天津東南入海；《山海經・山經》所載黃河在今天津東北入海；《漢書・地理志》所載黃河，「卻是見于記載的最早的一條黃河下游河道，並且是春秋戰國時代長期存在著的河道」，在今河北黃驊入海（《長水粹編・西漢以前的黃河下游河道》）。所以這裏說幽州有河水。(49)菑時　菑水和時水。菑水，即淄水，源出今山東萊蕪原山，戰國前淄水單獨入海。《史記・河渠書》：「于齊，則通菑、濟之間」，蓋戰國溝通淄、濟，分淄入濟，後淄水入海之流遂絕，今合小清河入海。時水，上游即發源於今山東淄博臨淄西南的烏河，自臨淄西北以下，古分兩支：一支西流入濟，久涸，故稱「乾時」；一支北流折東略循小清河合淄水入海。(50)其利魚鹽　〈禹貢〉曰：「青州貢鹽、絺、海物。」鄭玄曰：「海物，海魚也。」(51)四擾　牛、馬、羊、豕（孔晁）。(52)三種　黍、稷、稻。(53)河內曰冀州　朱右曾曰：「河內謂西河之東、南河之北、東河之西，此冀州小于〈禹貢〉，同于《爾雅》。霍山，一名太岳，在山西平陽府霍州北，其北蓋即并州境矣。」(54)其澤藪曰揚紆　鄭玄曰：「陽（原文如此）紆，所在未聞。」盧文弨曰：「揚紆，《周官》（即《周禮》）作『揚紆』，《爾雅》作『楊陓』。」朱右曾曰：「俱云秦藪，則不在此也。冀藪當云巨鹿（巨鹿澤在今河北巨鹿西北）。」鴻恩按，《爾雅・釋地》曰：「秦有楊陓。」《呂氏春秋・有始覽》：「秦之陽華」，高誘注：「陽華在鳳翔，或曰在華陰西。」二說均以屬秦。俞樾《諸子平議・呂氏春秋二》以為當在華陰，揚紆、楊陓，并陽華之叚音，此言為冀州藪，乃傳寫之訛。(55)漳　朱右曾曰：「清漳水也，出山西平定州樂平縣（今昔陽）西南少山大黽谷。」鴻恩按，漳水入河北，會潞水東流，東北經臨漳東北流，至曲周入河（即譚其驤所說「〈禹貢〉河」）。(56)汾露　汾水和潞水。汾水，黃河第二大支流，在山西中部。源出寧武管岑山，經太原南流到新絳折向西，在河津西入黃河。潞水，即今濁漳河。朱右曾曰：「出山西潞安府長子縣西發鳩山，東至河南彰德府林縣入清漳水。」鴻恩按，戰國時無清漳、濁漳之稱，只有漳水、潞水之名。(57)其利松柏　陳逢衡引賈公彥曰：「霍山見有松、柏焉。」(58)正北曰并州　潘振曰：「以天下之勢言之，冀州在西河之東，雍州在西河之西，而并州在冀州之北，故曰正北。」朱右曾曰：「此于〈禹貢〉為冀州之地，于《爾雅》則幽州也。」(59)恒山　在今河北曲陽與山西接壤處。漢、宋避諱改稱常山。自漢至明祀恒山都在曲陽，清順治中移祀北嶽於山西渾源境恒山後。(60)昭餘祁　在今山西祁縣西南、介休東北，又稱大昭、昭餘，唐宋以後，日漸涸塞。(61)虖池嘔夷　滹沱河和嘔夷水。虖池，今作「滹沱」，池、沱二字古音相同。源出今山西五臺山東北泰戲山，西南流經繁峙、原平，東折入河北，經靈壽、正定，至安平入河（譚其驤所說「〈山經〉河」）。朱右曾曰：「古者，虖池、淶水，當會大河入海。」朱說是，今為子牙河北源。嘔夷，一作漚夷，鄭玄以為即祁夷水，即今桑乾河支流壺流河。《漢書・地理志》、《水經注》以為即滱水，即今大清河支流唐河。《中國歷史地圖集》持後說。62 淶易　淶水和易水。淶水，源出今河北淶源淶山，東北流入北京房山區，東南流至雄縣入河（「〈山經〉河」），即今拒馬河。易水，為淶水支流，源出今河北易縣西山谷中，今為大清河上源支流。63 五擾　牛、馬、羊、豕、犬。64 五種　黍、稷、菽、麥、麻。

【語　譯】職方氏掌管天下的地圖，辨識其中的諸侯國，都城和鄉邑，四夷、八蠻、七閩、九貉、五戎、六狄的人民，及其錢糧財貨、九穀、六畜的數量，詳細地瞭解它們的有利和不利條件。在這個基礎上，分辨九州的所有國家，使之同享利益。

東南方叫做揚州，它的鎮州大山叫做會稽，它的大湖泊叫做具區，它的河流主要是三條江，它的水利灌溉主要靠五個湖，它的物產主要是銅、錫和箭竹，它百姓的男女比例是二比五，那裏適宜飼養的禽畜是雞、狗，那裏適宜種植的穀物是水稻。

正南方叫做荊州，它的鎮州大山叫做衡山，它的大湖泊叫做雲夢，它的河流主要是長江、漢水，它的水利灌溉主要靠波水、溠水，它的物產主要是朱砂、白銀、象牙和犀牛皮，它百姓的男女比例是一比二，那裏適宜飼養的禽畜是鳥獸，那裏適宜種植的穀物是水稻。

大河以南叫做豫州，它的鎮州大山叫做華山，它的大湖泊叫做圃田，它的河流主要是滎水、雒水，它的水利灌溉主要靠潁水、湛水，它的物產主要是林木、漆、蠶絲和大麻，它百姓的男女比例是二比三，那裏適宜飼養的禽畜是馬、牛、羊、豬、狗、雞，那裏適宜種植的穀物是黍、稷、菽、麥、稻。

正東方叫做青州，它的鎮州之山叫做沂山，它的大湖泊叫做望諸，它的河流主要是淮河、泗水，它的水利灌溉主要靠沂水、沭水，它的物產主要是蒲製品和魚類，它百姓的男女比例是二比三，那裏適宜飼養的禽畜是雞、狗，那裏適宜種植的穀物是水稻和麥。

大河以東叫做兖州，它的鎮州之山叫做泰山，它的大湖泊叫做大野，它的河流主要是黃河、濟水，它的水利灌溉主要靠雷夏澤、雍水，它的物產主要是蒲製品和魚類，它百姓的男女比例是二比三，那裏適宜飼養的禽畜是馬、牛、羊、豬、狗、雞，那裏適宜種植的穀物是黍、稷、豆、麥。

正西方叫做雍州，它的鎮州之山叫做嶽山，它的大湖泊叫做弦蒲，它的河流主要是涇水、汭水，它的水利灌溉主要靠渭水、洛水，它的物產主要是玉石，它百姓的男女比例是三比二，那裏適宜飼養的牲畜是牛、馬，那裏適宜種植的穀物是黍、稷。

東北方叫做幽州，它的鎮州之山叫做醫無閭，它的大湖泊叫做貕養，它的河流主要是黃河、濟水，它的水利灌溉主要靠淄水、時水，它的物產主要是魚類和食鹽，它百姓的男女比例是一比三，那裏適宜飼養的牲畜是牛、馬、羊、豬，那裏適宜種植的穀物是黍、稷、稻。

大河之內叫做冀州，它的鎮州之山叫做霍山，它的大湖泊叫做揚紆，它的河流主要是漳水，它的水利灌溉主要靠汾水、潞水，它的物產主要是松樹、柏樹，它百姓的男女比例是五比三，那裏適宜飼養的牲畜是牛、羊，那裏適宜種植的穀物是黍、稷。

正北方叫做并州，它的鎮州之山叫做恒山，它的大湖泊叫做昭餘祁，它的河流主要是滹沱河和嘔夷水，它的水利灌溉主要靠淶水、易水，它的物產主要是布帛，它百姓的男女比例是二比三，那裏適宜飼養的家畜是牛、馬、羊、豬、狗，那裏適宜種植的穀物是黍、稷、菽、麻、麥。

乃辨九服之國❶，方千里曰王圻❷，其外方五百里為侯服❸，又其外方五百里為甸服❹，又其外方五百里為男服❺，又其外方五百里為采服❻，又其外方五百里為衛服❼，又其外方五百里為蠻服❽，又其外方五百里為夷服❾，又其外方五百里為鎮服❿，又其外方五百里為藩服⓫。

凡邦國，公侯伯子男，以周知天下⑫。凡邦國，大小相維⑬，王設其牧⑭。制其職，各以其所能；制其貢，各以其所有⑮。王將巡狩⑯，則戒于四方曰：「各脩平乃守⑰，考乃職事⑱，無敢不敬戒，國有大刑⑲。」及王之所行，道⑳，率其屬而巡戒命㉑。王殷國㉒，亦如之㉓。

【章旨】說明畿服制度，職方氏如何辨明九服之國，和天子對諸侯國的管理、巡狩，職方氏做天子巡狩的先導。

【注釋】❶九服之國　九服，九部分行政區劃，指除王圻之外的侯、甸、男、采、衛、蠻、夷、鎮、藩九服。鄭玄曰：「服，服事天子也。」顧頡剛曰：「服者，事也，謂政事之設施也。設施有差別，故服名亦有其等次。」（《史林雜識初編・畿服》）劉起釪進一步具體為：「『服』的原義是為天子服務中有關的服事、職務、官位之類。」（《尚書校釋譯論》第八一六頁）❷方千里曰王圻　天子直接管轄的、都城周圍縱橫千里的地域。《詩經・商頌・玄鳥》：「邦畿千里。」《左傳》襄公二十五年：「昔天子之地一圻。」方千里，指面積縱橫各為千里。圻，同「畿」。《說文》「畿，天子千里地」，段玉裁注：「即天子五百里田也，五百里自其一面言，千里自其四面言。」❸侯服　賈公彥疏：「侯之言候，為王斥候（偵察；候望）。」❹甸服　甸之言田，為王治田出稅。❺男服　男，任也；任王事（孔晁）。❻采服　采，事也；為王事民以供上。❼衛服　衛，為王捍衛。❽蠻服　孔晁曰：「用事差簡慢。」賈公彥疏：「言『蠻』者，近夷狄，蠻之言縻（牽制；束縛），以政教縻來之，自此以下皆夷狄……《（周禮・）大行人》總謂之藩國。蠻服，〈大行人〉謂之要服，言『要』，亦是要（約）束為義。」鴻恩按，《國語・周語上》內史過言曰：「猶有散遷、懈慢而著在刑辟，流在裔土，于是乎有『蠻夷』之國。」漢代馬融、應劭都有「蠻，慢也」之說，馬、應、孔可能都取內史過之說。❾夷服　以其在夷狄中，故以夷言之。❿鎮服　以其入夷狄深，故須鎮守之（賈公彥）。⓫藩服　藩屏四境。朱右曾曰：「舊說〈禹貢〉五服，每面二千五百里，通五千里；職方九服共四千五百里，通王圻為五千五百里，大于〈禹貢〉者五百里云。」鴻恩按，朱說不確。「方千里曰王圻」，則其一面為五百里，如段玉裁所說，加九服之四千五百里，為五千里，故顧頡剛曰〈職方〉之天下萬里為「兩面數」（詳見《史林雜識初編》第一二頁）。⓬凡邦國三句　「凡邦國，公侯伯子男，以周知天下」，此數句《周禮・職方氏》作：「凡邦國，千里封公，以方五百里則四公，方四百里則六侯，方三百里則七伯，方二百里則二十五子，方百里則百男，以周知天下。」鄭玄注：「以此率遍知四海九州邦國之數也。方千里者，為方百里者百。以方三百里之積，以九約之，得十一有奇，云『七伯』者，字之誤也。」鴻恩按，據《周禮》和本文下文，「凡」字下應有「邦」字，今據補。公侯伯子男，五等爵位。《周禮》中的公、侯、伯、子、男，分為三等，如上公九命（「命」等於魏晉以後的「品」），侯、伯七命，子、男五命（《春官・典命》）；諸公之地其食者半，侯、伯之地其食者參之一，子、男之地其食者四之一（《地官・大司徒》）。「金文中子、男二稱乃西周晚期以後才出現。因此，可能《周禮》所反映的三等、五等爵制是西周晚期以後的情況。」（《西周金文官制研究》第一四四頁）周知，遍知。⓭大小相維　鄭玄注：「大國比（親近）小國，小國事大國，各有屬，相維聯也。」賈公彥引《禮記・王制》曰：「五國以為屬，屬有長。十國以為連，連有帥。三十國以為卒，卒有正。二百一十國以為州，州有伯。」⓮設其牧　選諸侯之賢者為州長。牧，九州之長。⓯制其職四句　孔晁曰：「連率（帥）牧監，各任能也；土地所有，乃貢之。」⓰巡狩　天子出行，視察邦國。狩，亦作「守」，諸侯為天子守土，故稱「守」。《孟子・梁惠王下》：「巡狩者，巡所守也。」⓱脩平乃守　脩平，治理。脩，通「修」。修、平都有治理的意思。乃，汝。⓲考乃職事　完成你們的職務。考，成；辦好。⓳大刑　賈公彥疏：「謂殺之也。」⓴及王之所行二句　「及王之所行，道」，「王」字下原有「者」字，《周禮》作「及王之所行，先導」。潘振、朱右曾以「者」字衍，當依《周禮》，今刪「者」字。潘據《周禮》加「先」字。㉑率其屬而巡戒命　孔晁曰：「職方白所戒之命。」朱右曾引賈疏曰：「王將發行之時，即在王前巡行前日所施戒令。」鴻恩按，「其」字指職方，孔說是，「戒命」當如賈疏。㉒王殷國　王會各國諸侯。孫詒讓曰：「當為王巡守在侯國而會諸侯。」殷，眾。㉓如之　與巡守同（鄭玄）。

【語　譯】於是分辨九服的國家。縱橫千里之地叫做王畿，王畿之外四面各五百里是侯服，又其外四面各五百里是甸服，又其外四面各五百里是男服，又其外四面各五百里是采服，又其外四面各五百里是衛服，又其外四面各五百里是蠻服，又其外四面各五百里是夷服，又其外四面各五百里是鎮服，又其外四面各五百里是藩服。

大凡邦國，由公、侯、伯、子、男封地的大小，就可以遍知天下邦國共有多少。所有大國小國要相互聯繫保全，由天子選舉賢良的諸侯任州長管理之。設定他們的職務，都要依據他們的能力；規定各國的貢品，都必須是各國所出產的。天子將要巡狩，就告戒四方諸侯說：「各自治理好你們守衛的國家，完成好你們的職務，不要膽敢不戒慎，國家有最嚴重的刑罰在。」等天子出行的時候，職方做先導，率領其屬下視察前時發出的戒令執行情況。天子巡狩在諸侯國會見諸侯，也如同巡狩一樣。

【研　析】《尚書・禹貢》談九州，又說畿服制，〈職方〉的內容，主要是受〈禹貢〉的影響，而有進一步加工，有一些變化。

〈禹貢〉、〈職方〉、《呂氏春秋・有始覽》、《爾雅・釋地》都說九州，又各有不同。〈禹貢〉九州為冀、兗、青、徐、揚、荊、豫、梁、雍；〈職方〉有幽、并，而無徐、梁；〈有始覽〉有幽，而無梁；《爾雅》有幽、營，而無青、梁。童書業認為各書州名有不同，州域亦略不同，「大致以《呂氏春秋》之說最為近古，以其較少託古之色彩也。其文云：『河、漢之間為豫州，周也；兩河之間為冀州，晉也；河、濟之間為兗州，衛也；……』由此知『九州』制度之背景，實為春秋、戰國之疆域形勢。」（《童書業歷史地理論集・傳說中的州服制》）《呂氏春秋》所說誠為春秋、戰國間形勢，然言其「最為近古」，恐未必然。說詳下文。

蒙文通舉出很多例子，說明〈禹貢〉不知者，而〈職方〉知之。如曰：「波即滍水，入汝者也。溠即湞水，入漢者也。湛入汝，潁入淮者也。〈禹貢〉不記，而〈職方〉言之，非日辟而南乎？〈禹貢〉于兗州曰：『濰、淄其道』，〈職方〉于兗州曰『其浸盧、維』，于幽州曰『其浸淄、時』……此非濟域之南所知益遠乎？」《蒙文通文集》第四卷《古地甄微》第二章）其例甚多，不煩列舉。〈職方〉的時代晚於〈禹貢〉這是不待言的。郭沫若推論《周禮》一書「可能是戰國時學者所作，其述作時曾『纂集遺聞佚志，參以己見而成一家言』」（引自《西周金文官制研究》第一六六頁），因而〈職方〉的寫作也在戰國，而不會晚到西漢。

顧頡剛先生認為，「區畫天下的九州說是春秋時發生的，西周人決不知道有這回事。」（《州與嶽的演變・區畫天下的九州》）劉起釪接受邵望平關於九州新的研究成果，同意〈禹貢〉九州之說「出於西元前一〇〇〇年（當商代武丁時期）以前，其後迭經加工而成今本」（《尚書校釋譯論》第八三六頁）。從文獻記載而言，《左傳》襄公四年（西元前五六九年）魏絳說：「昔周辛甲之為大史也，命百官，官箴王闕。于〈虞人之箴〉曰：『茫茫禹跡，畫為九州。』」辛甲是由商入周的周初大臣，如果魏絳的話可靠，則辛甲時已有「九州」之說，正證明了邵望平之說的可信。齊靈公時〈叔夷鐘〉銘文有：「虩虩〔虩虩〕成唐〔湯〕，又敢〔有嚴〕在帝所，尃受天命……伊小臣隹補〔伊尹惟輔〕，咸又〔有〕九州，處禹之堵〔都〕。」齊靈公於西元前五八一～前五五四年在位，顧先生說：『咸有天下，處禹之都』，正可與《左傳》的『芒芒禹跡，畫為九州』相聯貫。這意思是說：禹平水土之後，畫分天下為九州；成湯既受了天命，他便得到禹的九州，住在禹所住的地方。這樣的觀念實和後來的傳統觀念非常相像。」他又引用〈商頌‧玄鳥〉「方命厥后〔指商王湯〕，奄有九有〔域〕」，〈長發〉「帝命式于九圍」，「武王〔湯〕載旆……九有有截〔斬獲〕。」〈殷武〉篇「天命多辟，設都于禹之績〔跡〕」。據《史記‧宋世家》說，〈商頌〉作於宋襄公時，襄公死於西元前六三七年。高亨《詩經今注‧詩經簡述》據《國語‧魯語下》言正考父「校」〈商頌〉和《左傳》昭公七年言「正考父佐戴、武、宣」所載，而〈商頌〉中有歌頌宋武公的〈殷武〉，宋宣公於西元前七四七～前七二九年在位，但〈魯語〉言正考父「校」，〈商頌〉中之〈殷武〉可能是頌揚宋宣公，雖然可能是正考父作品，但其中必有正考父以前的作品，說它們不晚於西周末不能算是武斷。顧先生認為「諸種材料可以互證」，但他還是只承認「春秋時人確有此種觀念」，「似乎是春秋中葉的事」，這自然是說辛甲時不可能有此種觀念（同上）。問題在於，齊靈公時《左傳》還沒有產生。〈叔夷鐘〉同樣早於《左傳》，其作者看到〈商頌〉的可能性也不大。三者先後或同時分別產生於宋國、齊國、晉國，卻都把九州或九域與禹連在一起，這肯定不是出於偶然。其中《左傳》時代在最後，而《左傳》卻又提出了自己的根據，即辛甲和〈虞人之箴〉，並非簡單抄襲前二者是很顯然的。誰又能斷定《左傳》所說必定是杜撰？《國語‧魯語上》：「共工氏之伯九有也，其子曰后土，能平九土。」（《禮記‧祭法》中「九有」、「九土」都作「九州」）又，本書〈嘗麥〉篇：「蚩尤乃逐帝，涿鹿之阿河，九隅無遺。」古人釋「九隅」為「九州」（按，隅、域都有「方也」、「分也」之義）。而學者以為〈嘗麥〉是西周作品（詳〈嘗麥〉研析）。這樣看來，西周時就已經有了「九域」、「九圍」、「九隅」或「九州」的觀念，並非晚至春秋才有的。

關於畿服制，《尚書・酒誥》有「內服」、「外服」之說，內服指王朝百官，外服指四方諸侯，這可能源於殷商，是畿服制的源頭。〈召誥〉稱「庶殷侯、甸、男邦伯」，〈酒誥〉稱「侯、甸、男、衛邦伯」或「庶邦侯、甸、男、衛」，〈康誥〉稱「侯、甸、男邦、采、衛、百工」（〈職方〉即以這裏的侯、甸、男、采、衛作為前五服），〈君奭〉有「侯、甸」。采、衛，或說是職位名，官名，童書業、劉起釪以為是有采邑而不能與侯、甸、男並立的附庸小國。而「值得注意的是，西周金文中所記當時外服諸侯只有侯、甸、男三種。」與〈康誥〉「侯、甸、男邦」相合（《尚書校釋譯論》第一二九六頁）。楊樹達對此條金文侯、甸、男的解釋是：「善射者謂之侯，善狩獵者謂之田，善耕作者謂之男。換言之，侯者，戰鬥英雄也；田者，狩獵英雄也；男者，耕種英雄也。」（《積微居金文說》卷一〈夨令彝三跋〉，馬承源《商周青銅器銘文選》以為是周昭王時器）顧頡剛、劉起釪都認為最初實行的即三服制。嗣後，則有《國語・周語上》祭公謀父所說系統的「五服」：「夫先王之制：邦內甸服，邦外侯服，侯、衛賓服，夷、蠻要〔約也〕服，戎、狄荒服。甸服者祭，侯服者祀，賓服者享，要服者貢，荒服者王。日祭，月祀，時享，歲貢，終王，先王之訓也。」顧頡剛說：「斯蓋就當時形勢加以理想化，作更精密之分析與更整齊之規劃，而試定此五種稱謂，原非事實上確有此等嚴整之界線。」至〈禹貢〉之「五服」則更精密，如言「甸服」：「五百里甸服：百里賦納總，二百里納銍，三百里納秸服，四百里粟，五百里米。」顧頡剛指出：「蓋〈周語〉但列五服之名而已，地不必齊，域不必方，大有贏縮之可能；而此則確定其界畫為每服五百里，五服為二千五百里，兩面數之則方五千里，各服之中又都按里數以定職事，秩序至為嚴峻。試問人間真能有此呆板之界畫否耶？……凡此種種，足證〈周語〉尚近事實，而〈禹貢〉多出想像，非事實所許可矣。」「〈禹貢〉之五服已支離矣，而《周禮・夏官・職方氏》則更謬戾。」顧頡剛引童書業之說：「『侯、甸、男』者，三等有邦之君也，此『殷爵三等』之說所由來；『采、衛』者，二等附庸也。合侯、甸、男、采、衛即為『周爵五等』，而後世訛傳五等為公、侯、伯、子、男矣。」顧曰：「予意，〈周語〉之文雖非必信，而得其大齊，若《周官》〔《周禮》〕所言則《〈尚書・〉周書》『侯、甸、男邦、采、衛』之文，而增益以『蠻、夷、鎮、藩』，生吞活剝，定以斬然整齊之里數，責以截然形式化之貢物，此必不信者也。」顧先生統考〈禹貢〉至《周禮·職方》，總括言之曰：「為畿服說者凡分二派。其一，以方五千里為天下、方三千里為中國者，〈禹貢〉派也。……其二，以方萬里為天下、方六千里為中國者，《周官》派也。」

《周禮》這部書，是公認的既包含歷史資料，又寫進了作者的社會理想，有加工改造，〈職方〉屬於《周禮》，自然不可能例外。

作為歷史資料，〈職方〉自有其價值。如當時各州的河流湖澤遠遠多於現代，水利灌溉發達，戰國時經濟繁榮，文化發展，應當與此相關。動物、植物、河流水運等的古今變化，都可由〈職方〉探求。如蒙文通所說，「彼時北土之竹，多且賤也。……今則竹已為北地所罕見，此古今之變也。」「由〈職方〉鄭注以觀，則幽、并、兗、豫皆宜稻。……見古時北方產稻之盛。」（《古地甄微》第一八頁）

卷九

芮良夫第六十三

【題解】 芮良夫，《詩經・大雅・桑柔》鄭玄箋：「芮伯，畿內諸侯，王卿士也。」芮伯名良夫。今陝西大荔南芮鄉、北芮鄉，即西周時芮國故址。成王時有芮伯，王室同姓大夫，為王朝司徒，伯爵。良夫即其後代。周厲王任用虢公長父及榮夷公，皆好專利、作威，卻不管大難臨頭，故芮伯戒之。本文即芮良夫諫戒厲王與執政之辭。莊述祖曰：「百篇《（尚）書》無言厲王者，而《周書》記厲王事惟是篇。」《詩經》中最長的一篇〈桑柔〉，即「芮伯刺厲王也」。陳逢衡曰：「芮伯一詩一書，真苦口藥石也。」

厲王失道，芮伯陳誥，作〈芮良夫〉❶。

芮伯若曰❷：「予小臣良夫❸，稽首謹告❹。天子惟民父母❺，致厥道❻，無遠不服❼；無道，左右臣妾乃違❽。民歸于德，『德則民戴；否則民讎❾。』茲言允效❿，于前不遠⓫。商紂不改夏桀之虐，肆我有周有家⓬。嗚呼！惟爾天子嗣文、武業，惟爾執政小子同先王之臣⑬，昏行罔顧，道王不若⑭，專利作威，佐亂進禍⑮，民將弗堪⑯。治亂信乎其行，惟王暨爾執政小子攸聞⑰。古人求多聞以監戒⑱，不聞是惟弗知⑲；爾聞爾知，弗改厥度，亦惟艱哉⑳！后除民害㉑，不惟民害㉒，害民乃非后，惟其讎㉓。后作類，后㉔；弗類，民不知后㉕，惟其怨㉖。民至億兆㉗，后一而已，寡不敵眾，后其危哉㉘。嗚呼！野禽馴服于人，家畜見人而奔，非禽畜之性，實惟人，民亦如之㉙。

【章　旨】芮伯說明「德則民戴；否則民讎」，天子不為民除害而害民，就成為民的仇敵了。

【注　釋】❶厲王失道三句　這三句章本無之，《群書治要》有。王念孫引「或曰」，言本書有序，本篇不當有此數語。王以〈大匡〉、〈程典〉、〈謚法〉與本篇文同一例，不得以此數語為重出。唐大沛、朱右曾從《治要》補。鴻恩按，芮伯諫言倘為史官記錄，則此數句肯定為後人所加。陳夢家雖然說《尚書》中「〈召誥〉、〈洛誥〉、〈多士〉、〈多方〉四篇有關周公的有一小段敘言」（《尚書通論》第一六六頁），但那是說明說話的時間、背景等，與這裏明言「作〈芮良夫〉」的起因明顯不同。通觀今文《尚書》，均無此種體例。周厲王，周夷王之子，名胡，在位三十七年（西元前八七七～前八四一年）。好利，暴虐侈傲，任用榮夷公、虢公，又使人監謗者，監者以告，則殺之。國人莫敢言，「道路以目」。芮良夫、召公先後進諫，不聽。終於引起國人暴動，襲擊厲王，厲王出奔彘（今山西霍縣東北）。召公諫厲王弭謗，見《國語・周語上》。陳誥，陳述告誡。誥，告訴；告誡。誥、告，本同一詞，上告訴下，下告訴上都叫誥，後人加以區別，誥特指上告下，這裏未加區別。❷若曰　這樣說。這是史官做記錄時的語言。唐大沛曰：「古慎、順字通，孔注釋『謹告』二字曰：『謹，慎也，慎其事而告之也。』」，慎，孔注作「順」，與「慎」通。」《尚書・微子》「微子若曰」，非天子而使用「若曰」，與此相同。陳夢家於此有說，見本文「研析」。❸予小臣良夫　我小臣良夫。小臣，臣對君的自稱。❹稽首謹告　章本作「稽道謀告」，《群書治要》作「稽首謹誥」，

《史略》作「稽首謀告」。王念孫曰：「稽道，即『稽首』，道從『首』聲，故通用。若作『謀告』，則義不可通。」❺天子惟民父母　天子是百姓的父母。惟，句中語氣詞，用以幫助判斷。❻致厥道　盡為民父母之道（唐大沛）。厥，其，在這裏靈活指代第二人稱代詞「爾」，猶言「你的」。❼服　歸附；順從。❽左右臣妾乃違　身邊的奴僕也會違背。左右臣妾，指身邊奴僕。臣妾，奴僕，男曰臣，女曰妾。❾德則民戴二句　「德則民戴；否則民讎」，「否則」朱本改作「否德」，章本、盧本、陳本、唐本均作「否則」。王念孫曰：「否德，不德也。〈堯典〉《正義》曰：『否、不，古今字。』『否德』與『德』正相對，今本作『否則』者，涉上句『則』而誤，《群書治要》正作『否德民讎』。晚出古文《尚書・伊訓》『德惟治，否德亂』，即本于《逸周書》。」《彙校集注》曰：「《四部叢刊》本作『否則』，或王所見本異。」又，高明曰：「商承祚云：『悳匿』，有作『側匿』、『仄慝』，音同形異』，案義亦相同。悳即德字之省，與側、仄古為雙聲疊韻，互為通用。如《尚書・伊訓》：『德惟治，否德亂』；《逸周書・芮良夫》作『否則民讎』；《群書治要》『否則』而作『否德』，足為德、側互用之證。」（《古文字詁林》第二冊第四七三頁引）依此，則「則」為「德」之借字，朱本不必改。鴻恩按，以上兩說均可通。章、盧本直接，今從。❿允效　確實應驗了。⓫不遠　指近世，即下文所說商紂、夏桀時。⓬商紂不改夏桀之虐二句　「商紂不改夏桀之虐，肆我有周有家」，二句均據《群書治要》訂正。惟《治要》「不」字作「弗」，故王念孫從「弗」為說。肆，故。家，國家。⓭惟爾天子嗣文武業二句　惟，連詞，表示假設與讓步，意猶縱使、雖然。陳逢衡曰：「惟爾天子嗣文、武業，尊其名，重其任以警之也。召穆公《（詩經・大雅・）民勞》之篇所謂『戎（汝）雖小子，而式（用；作用）宏大』也。」鴻恩按，陳說之意，以「惟」用同「雖」。今從其說。此句與下句「惟」字用法相同。小子，劉師培曰：「《書鈔》三十引『子』作『人』。」鴻恩按，下文亦作「小子」，似不誤。對於宗親中年輕的同輩或晚輩稱小子。芮良夫為周王室同姓，為老臣，故稱執政者為「小子」。同先王之臣，謂位同先王之臣（孔晁）。⓮昏行罔顧二句　王念孫引王引之曰，「昏，亂也。罔，無也。言爾執政小子，既亂行而無所顧忌，又導王為不順之事也。下文『專利作威，佐亂進禍』，正所謂『昏行罔顧』也。」⓯佐亂進禍　佐，助。進禍，猶召禍（唐大沛）。⓰堪　忍受。《國語・周語上》召公告訴厲王：「民不堪命矣。」意與此同。⓱治亂信乎其行二句　孔晁曰：「行善則治，行惡則亂，皆所聞知。」潘振曰：「民之治亂，于君相所行之善惡信之。」暨，與；和。攸，用同「所」。⓲監戒　謂監前事知戒也（唐大沛）；以古為鑒，將以審己之得失（朱右曾）。⓳不聞是惟弗知　朱右曾曰：「不聞不知，無責也。」王念孫解下文「爾聞爾知」三句曰：「上文言『不聞是惟弗知』，此文言既聞既知而不改，則末（無）如之何也，若無此三句，則上文皆成不了語矣。」鴻恩按，王、朱之意相合。⓴爾聞爾知三句　此三句與孔注，唐本、朱本依王念孫說據

《群書治要》補。孔晁曰：「知而不改，無可如何，故曰難也。」厥度，你們的常態。㉑后除民害　君王為民除去作威作福之臣。后，君王；君主。民害，指專利、作威之臣。㉒不惟民害　不是害民的。惟，為；是。《玉篇》：「惟，為也。」㉓惟其讎　而為民之讎矣（潘振）。㉔后作類二句　「后作類，后」，潘振《周書解義》、唐大沛本、朱右曾《萬有文庫》本下一「后」字均屬下句，以「后弗類」作解，《春秋左傳注》文公元年「周芮良夫之詩曰：『大風有隧，貪人敗類。』」楊伯峻注引本文，作「后作類，后；弗類，民不知后」，楊斷句是，今從之。類，孔晁曰：「善也。」潘振曰：「君遠利為善。」㉕民不知后　若不知有君者（唐大沛）。㉖惟其怨　惟怨而已（潘振）。㉗億兆　十萬為億，十億（百萬）為兆。㉘危哉　《治要》作「殆哉」。㉙野禽馴服于人五句　「野禽馴服于人，家畜見人而奔，非禽畜之性，實惟人，民亦如之」，「如之」二字以上原為闕文，王念孫、唐大沛、朱右曾據《治要》補。王氏以為「家畜」與「野禽」誤倒，觀孔注（「人養之則擾服，雖家畜，不養則畏人，治民亦然也」）訛已久矣。鴻恩按，原文不改，今譯文從王說。又，王釋此數句曰：「實惟人也，民之于君也，善之則如家畜……」於「人」字點斷，而《萬有文庫》朱本「人民」不斷，今從王讀。實，是；此（王引之《經傳釋詞》）。

【語　譯】厲王無道，芮伯陳述告誡，作〈芮良夫〉。

芮伯這樣說：「我小臣良夫，稽首恭敬地上告，天子是百姓的父母，竭盡自己為父母之道，沒有什麼遠方的人不來歸附；不行正道，就是身邊的奴僕也會背離。人民歸附有道德的人，『有道德則人民擁戴，無道德是人民仇敵。』這個話確實有效驗，就在前世並不遙遠。商紂不改變夏桀的暴虐無道，所以我們周室擁有了國家。唉！縱然你天子承繼了文王、武王的基業，縱然你們執政的年輕人位同先王之臣，昏亂行事無所顧忌，引導王倒行逆施，專擅國家利益，一味威猛，助亂召禍，百姓將不能忍受。國家政局或太平或昏亂，人們是通過政局相信君相施政行動的好、壞的，這是王和你們執政的年輕人所聞知的。古人追求聞見廣博以為借鑒警戒，沒有聞見是無知，還可以推諉，可你們聽說了，知道了，就是不改變你們的常態，也就很難辦啦！君主是為民除害的，不是害民的；害民就不是君主了，而是人民的仇敵。君主做善事，是君主；不做善事，民就不知道你是君主，那就只是他們怨恨的對象了。民多至十萬、百萬，君主就是一個罷了，寡不敵眾，君王就處在危險的境地了。唉！家畜已經被人馴服，野禽看見人就跑走，不僅禽、畜的天性如此，這也是人的特點，民眾也是如此。

「今爾執政小子，惟以貪諛事王❶，不勤德以備難❷。下民胥怨❸，財力單竭❹，手足靡措❺，弗堪戴上，不其亂而❻？以予小臣良夫，觀天下有土之君❼，厥德不遠❽，罔有代德❾，時為王之患，其惟國人❿。嗚呼！惟爾執政朋友小子⓫，其惟洗爾心，改爾行，克憂往愆，以保爾居⓬。爾乃聵禍翫烖⓭，遂非弗悛⓮，余未知王之所定⓯，矧乃□□⓰。惟禍發于人之攸忽，于人之攸輕⓱，心不存焉，變之攸伏⓲。爾執政小子不圖大囏⓳，偷生苟安，爵以賄成，賢智箝口，小人鼓舌，逃害要利，並得厥求，唯曰哀哉⓴。

「我聞曰，以言取人㉑，人飾其言；以行取人，人竭其行㉒。飾言無庸㉓，竭行有成。惟爾小子，飾言事王，實蕃有徒㉔，王貌受之，終弗獲用，面相誣蒙，及爾顛覆㉕。爾自謂有餘，予謂爾弗足㉖；敬思以德，備乃禍難㉗。難至而悔，悔將安及㉘？無曰予為，惟爾之禍㉙。」

【章　旨】芮伯斥責執政小子「惟以貪諛事王」，致使小人得勢，民眾怨恨，而他們卻不考慮將有覆滅之災。

【注釋】❶以貪諛事王　用貪瀆阿諛事奉君王。貪瀆阿諛。專利為貪，面從〔原作「曲從」，劉師培曰，《慧琳音義》兩引《周書》均作「面從」〕為諛（孔晁）；愛財為貪，諂上為諛（潘振）。❷不勤德以備難　朱右曾曰：「勤者，盡心盡力之謂。備，豫防也。」❸胥怨　相與怨上。❹單竭　耗盡。單，通「殫」。竭盡。❺手足靡措　手足沒有安放處，言動輒得咎，不知如何做才是。❻不其亂而　不是會作亂嗎。而，句末語氣詞，表示感嘆語氣。❼有土之君　指諸侯，諸侯都有封地。❽遠高；大。❾罔有代德　沒有人有代周之德。❿時為王之患二句　盧文弨曰：「今諸侯無有若湯、武者，故患不在諸侯而在國人。」時，是；這樣看來。其，表示揣測語氣之詞。⓫惟爾執政朋友小子　你們執政結黨的年輕人。惟，用於句首，意在引出話題。執政朋友小子，陳逢衡曰：「小人攬權，未有不植黨者。《（詩經・大雅・）桑柔》曰：『嗟爾朋友』，總括之也。」⓬其惟洗爾心四句　孔晁曰：「洗心、改行憂往過，則安爾之居位。」⓭瞶禍翫烖　對於災禍假裝不知道，當兒戲。孔晁曰：「瞶，陽不聞。翫，心不愓。」⓮遂非弗悛　掩飾過錯而不改。⓯余未知王之所定　我不知王怎樣得到平安。⓰矧乃□□　二闕文，朱本原為「小子」，章本原為闕文，盧文弨疑是「小子」，莊述祖、朱右曾從盧校。陳逢衡：依孔注當是「諛臣」。唐大沛曰：「正文『乃』字即指『執政朋友小子』，二空圍疑當作『攸居』，以上文『保爾居』及注中『得其所』互證之，似當作『攸居』也。」鴻恩按，唐說較勝，「小子」、「諛臣」雖也可通，似不如「攸居」切合，又「攸居」亦與「所定」相合。今譯文從唐校。矧，況。乃，你們（執政小子）。⓱惟禍發于人之攸忽二句　「惟禍發于人之攸忽，于人之攸輕」，王念孫曰：「《群書治要》『于人之攸輕』上有『咎起』二字。」⓲心不存焉二句　心所不存，即上文所謂「人之攸忽，人之攸輕」（王念孫）。潘振曰：「蓋德不在民，則無道矣，民變即伏于中。」⓳不圖大囏　大囏，即上所云國人為患也。囏，大篆「艱」字。⓴賢智箝口五句　逃害要利，莊述祖據《北堂書鈔》改「逃害」為「曲躬」。孫詒讓以為莊校是。劉師培曰：「莊所云《書鈔》乃陳禹謨本，今考舊本《書鈔》卷三十作『匪宮要利，並得取水』，『取水』為『厥求』之誤，『匪宮』為『逃害』之誤，昭然甚明。是唐本《周書》亦作『逃害要利』也。陳氏未考《周書》，因改『匪宮』為『曲躬』，莊氏據之，《斠補》亦據之，未足從。」鴻恩按，今從劉說。孔晁曰：「賢者靖默以逃害，小人佞諂以要利，各得其求，君子為之哀也。」要，求取。㉑取人　選舉人才。㉒竭其行　盡其力於做事。㉓無庸　無用；無功。㉔實蕃有徒　章本作「寔」，盧本校作「實」，陳同盧，朱同章。《王力古漢語字典》曰，實、寔解作「是」時可以通用，「餘不通用。朱駿聲曰：「（實）與寔字音義俱別。」」今依盧校。孔晁曰：「蕃，多。徒，眾，言非一也。」鴻恩按，偽古文《尚書・仲虺之誥》「（簡賢附勢，）實繁有徒」，蔡沈曰：「實多徒眾。」意與此同。實，實在。㉕王貌受之四句　孔晁曰：「貌，謂外相悅而無實也。君臣之相誣蒙，必相及共顛覆之也。」

朱右曾曰：「誣，妄也。蒙，欺也。如木之顛，如器之覆。」鴻恩按，「面相誣蒙」，孔、潘均言「君臣之相誣蒙」，句意實際是說執政小子一方誣蒙厲王，上言小子「飾言事王」、王「終弗獲用」，都是說厲王是誣蒙的受事一方，並沒有說他誣蒙小子。相，在這裏只偏向一方，是說執政小子一方為施事，厲王為受事。及爾顛覆，《詩經・邶風・谷風》「及爾顛覆」，鄭箋：「及，與也。」本文的顛覆為滅亡之意，《詩經・王風・黍離・序》「閔周室之顛覆」，孔疏：「閔傷周室之顛墜覆敗。」㉖予謂爾弗足　孔晁曰：「言其不足于道義也。」㉗敬思以德二句　用道德的觀念敬慎的思考，防備你們的禍患。以，用。乃，汝；你們的。㉘安及　何及。㉙無曰予為二句　不要認為我說謊話恐嚇你們，是你們自己製造了禍患。為、偽字通（唐大沛、朱右曾）。朱曰：「無謂予偽以禍害相恐喝，予實見爾有必然者也。其後國人果叛，流王于彘。」

【語　譯】「現在你們執政的年輕人，只用貪財和諂諛奉事君王，不盡心於道德以預防禍難。下面的民眾一起怨恨，財力竭盡，動輒得咎，不可能擁護在上位的人，不就要作亂嗎？憑我小臣良夫觀察天下的諸侯，他們的道德不高，沒有人具備代替周的德行，這樣看來，為王禍患的，只有國人。唉！你們執政結黨的年輕人，應該清洗你們的心胸，改變你們的行為，能夠憂慮以往的過錯，以保住你們的職位。可是你們對於災禍竟然裝聾作瞎當兒戲，掩飾過錯而不改。我不知道王用什麼辦法得到平安，更何況你們能有什麼辦法。禍患發生於人所忽略的地方，過錯發端於人所輕視的地方。不放在心上的事情，變局就隱伏在裏面。你們執政的年輕人，不考慮大難在即，過一天算一天，苟且偷安，官爵靠賄賂辦成，賢明的人封住嘴不說話，小人搖唇鼓舌地煽惑，要避害的，要求取私利的，都得到他們所追求的利益，這種局面只能說可悲呀。

「我聽說，通過言辭選舉人才，人們就會粉飾他們的言辭；通過行為選舉人才，人們就會盡力於他們的行為。粉飾言辭沒有功用，盡力於行為才會有成就。你們年輕人粉飾言辭奉事君王，實在多有徒眾，王表面上接受了奉事，最終得不到實用。你們當面欺妄蒙騙君王，王將要與你們一起被推翻了。你們自己說道義足夠，我看你們缺少道義，用道德的觀念敬慎地思考，防備你們的禍患。禍患來了才後悔，後悔哪裏還來得及？不要認為我說假話恐嚇你們，是你們自身製造了禍患。」

【研　析】作為一位老臣，芮伯這篇誥辭單刀直入，直言做王的兩條道路與無道的嚴重後果：「德則民戴；否則民雠。」敬德保民是西周初年周公、召公執政的指導思想，如今厲王無道，任用執政小子「昏行罔顧，道王不若，專利作威，佐亂進禍」，知錯不改，民不堪命，夏桀、商紂就是前車之鑒了。芮伯還有針對性地提出君、民關係的標準，說明君到底是幹什麼的：「后除民害，不惟民害」，「后作類，后」；並且再提嚴重警示：「害民乃非后，惟其雠」，「弗類，民不知后，惟其怨……后其危哉。」芮伯對於「后」即君主的定位，是有歷史意義的，這也是歷代許多政治家、思想家所反復強調的。不過芮伯對於昏聵的厲王說得更為透徹：「民至億兆，后一而已，寡不敵眾，后其危哉。」對於執政小子，芮伯一方面指出他們「以貪諛事王」，「面相誣蒙」，造成「下民胥怨，財力單竭，手足靡措」，「偷生苟安，爵以賄成，賢智箝口，小人鼓舌」的政治局面；另一方面，著重指出他們「瀆禍翫烖，遂非弗悛」，如果不洗心改行，「克憂往愆」，「敬思以德」，就將遭到覆滅的下場，後悔就來不及了。此外，芮伯斷定厲王、執政小子必將大難臨頭，發難的就是「國人」。芮伯的判斷非常正確。

《國語．周語上》：「厲王說〔悅〕榮夷公，芮良夫曰：『王室其將卑乎？夫榮公好專利而不知大難。』」此可證此文所說「執政小子」，即榮夷公之流。《詩經．大雅．桑柔．序》說：「〈桑柔〉，芮伯刺厲王也。」此說乃據《左傳》文公元年：「周芮良夫之詩曰：『大風有隧，貪人敗類。』」二句是〈桑柔〉中的詩句。依此，則〈桑柔〉確為芮良夫的詩。方玉潤《詩經原始》據「天降喪亂，滅我立王」，定該詩作於「國人已畔，厲王已逐」的共和時期。當時詩人「靡所止疑，云徂何往？」「自西徂東，靡所定處」，正在漂泊途中。與本文正相銜接。本文與〈周語〉、〈桑柔〉可相互參證。

關於本文的寫作時代。陳逢衡引明胡應麟《三墳補逸》曰：「〈芮良夫解〉通章俱格言軌論，而辭氣絕類成、宣間，非戰國時人筆也。」清代莊述祖《尚書記》把本書中〈商誓〉、〈度邑〉、〈皇門〉、〈祭公〉、〈芮良夫〉、〈嘗麥〉、〈世俘〉七篇列為《尚書》。魏源《書古微》：「芮良夫之詩，夫子既取入〈大雅〉矣，此篇斷無不見之理。且其忠告憂勤，亹亹乎成、康、周、召之道，與〈無逸〉、〈君奭〉相表裏。」蔣善國同意莊述祖說而有所補充（以上均見《尚書綜述》第四四〇～四四二頁）。唐大沛曰：「此篇芮伯告王及執政之書也，必出芮伯之手。厲王無道，任用小人，政亂國危，芮伯以老臣憂國，披肝瀝血而言之，惜乎君臣皆不悟也。」今人陳夢家曾說：「《〈尚書・〉微子》是微子與父師對話而作，『微子若曰』『父師若曰』，尤為不當。此乃春秋時宋人追擬之作，已不明『王若曰』為史官宣命之制。」（《尚書通論》第一六九頁）可想而知，對本文的「芮伯若曰」，他也會作如是觀。趙光賢以為本文是「西周中葉所作」（〈逸周書略說〉）。楊寬說「可能有後人增飾的地方，但基本上是可信的」（《西周史》第八六九頁）。而劉起釪「確認為西周文獻」的七篇沒有〈芮良夫〉，不僅如此，他提到本書的五十二個篇目也沒有〈芮良夫〉，莫非屬於他所說《逸周書》中「約有四十來篇為戰國時作品，實非《書》類篇章」（《尚書學史》第九六、一〇四頁）？李學勤認為〈芮良夫〉「可信為西周作品」（《逸周書彙校集注・序言》）。

本文在西周九篇史書中時代最晚，與周初乃至〈祭公〉相對照，有一個十分顯著的特點，即通篇只言人事，無一語說到天命、上帝、鬼神之事，甚至想到取「代」厲王的人，也只言「代德」，完全不說天命，這在九篇中是唯一的一篇。這是周初以來的一個大變化，與《左傳》中重民輕神的傾向相互銜接了。

周玉秀從語言學角度作了多方面分析，〈芮良夫〉不用「也」，有一個代詞「余」，有一個「春秋始有」的疑問代詞「安」，還有「所」字結構「余未知王之所定」，周玉秀斷定本文有「春秋以後的語言特徵」（《文獻學價值》第二七二頁）。如果說，本文的時代在西周，而有後代若干語言現象，應當是符合實際的。楊寬先生的說法應當比較符合實際。

大子晉第六十四

【題　解】大子，即「太子」。諸本作「太子」，惟王念孫、朱右曾作「大子」（稱師曠為「大師」）。《左傳》除引《春秋》作「世子」外，太子均作「大子」。《詩經》中太王、太伯、太祖、太叔、太師等，「太」亦均作「大」。而《尚書》則作太王、太師、太保、太史等。王、朱依《詩經》、《左傳》。大、太，音學家或認為古音相同，或認為音極相近，故一字有兩寫（「世」亦音近「大」、「太」）。太子晉，周靈王（西元前五七一～前五四五年在位）太子，名晉。後世於太子晉有不少神化和傳說，陳逢衡有詳述。本文已有神化的色彩。

晉平公使叔譽于周❶，見太子晉而與之言❷，五稱而三窮❸，逡巡而退❹，其言不遂❺。歸告公曰：「太子晉行年十五❻，而臣弗能與言❼，君請歸聲就、復與田❽，若不反，及有天下，將以為誅❾。」平公將歸之，師曠不可曰❿：「請使瞑臣往與之言⓫，若能幪予⓬，反而復之⓭。」

【章　旨】晉叔譽讚揚太子晉有才能，建議晉平公退還所侵周地。師曠不同意，願往周探究竟。

【注　釋】❶晉平公使叔譽于周　晉平公派叔譽出使成周。晉平公，春秋時晉國之君，名彪，悼公之子。西元前五五七～前五三二年在位。平公時晉國都城在新田（今山西侯馬西）。使叔譽于周，孫詒讓曰：「《潛夫論》作『聘于周』，《白帖》三十七引《帝王世紀》亦云『聘周』，此疑挩一字。」叔譽，即叔向，晉國大夫。羊舌氏，名肸，食邑於楊（今山西洪洞東南）。叔譽自平公為太子時即為平公之傅。《國語・周語下》有「晉羊舌肸聘周」一章，即靈王二十二年「太子晉諫靈王壅穀水」的下一章。唐大沛以為，師曠適周即在此年。周，周天子都城成周（約在今河南洛陽王城公園一帶）。❷見太子晉而與之言　碰見太子晉跟他談話。太子晉，孫詒讓曰：「《風俗通義・正失篇》云：『《周書》稱「靈王太子晉幼有盛德，聰明博達。」』《潛夫論・志氏姓篇》亦云：『周靈王之太子晉，幼有成德，聰明博達，溫恭敦敏。』今書無此文蓋有佚挩。《御覽》三百七十四引《風俗通》云：『謹案《周書》：「靈王生而有髭，王甚神聖，亦克修其職，諸侯服享，二世休和。」』疑此篇佚文。」❸五稱而三窮　劉師培曰：「盧校云：『三窮，舊作五窮。《潛夫論（・志氏姓）》引作「三窮」。《御覽》百四十六同。』今考《初學記》十、《文選・齊故安陸昭王碑》李注，並作『三窮』。」唐司馬承禎《上清侍帝晨桐柏真人圖贊》引同。」句意謂，說五件事而叔向三次詞窮。五稱，說五事（孔晁）。❹逡巡而退　畏畏縮縮的退了出來。逡巡，退蹜貌（唐大沛）。❺不遂　不順遂；不成功。❻行年十五　孫詒讓曰：「《御覽》三百八十五引《尸子》云：『周王太子晉生八年，而服師曠。』與此『行年十五』又異。」行年，指當時的年齡。行，經歷。❼弗能與言　劉師培曰：《文選・齊故安陸昭王碑》李注引「弗」作「不」，《圖贊》同。❽歸聲就復與田　歸還聲就、復與的土地。聲就復與，劉師培曰：「復與，疑『陽樊』之訛，陽訛為『復』，與〈克殷解〉『乃出場于厥軍』，場當作『復』例同。樊、與亦字形相近（晉圍陽樊出其民，見《左傳》〔僖公二十五年〕）。」孔晁曰：「聲就、復與，周之二邑，周衰，晉取之。」鴻恩按，陽樊，在今河南濟源西南，濟源北與山西為鄰。聲就未詳。❾若不反三句　劉師培曰：「此冢上語，請歸周田言，『反』疑『及』字誤羨之文，『若不』即『若否』也，故下文陳其害。」誅，責罰。胡念貽曰：據《左傳》載，叔向淵博的學問和隨機應變的口才在當時是第一流的，他的「五稱而三窮」，是對太子晉聰明才智的極力渲染（〈逸周書中的三篇小說〉）。❿師曠不可曰　師曠認為不行。師曠，晉國大夫，名曠，字子野。目盲，官為太師（樂官之長）。有政治見解，直言敢諫。⓫請使瞑臣往與之言　劉師培曰：「瞑臣之稱，猶《晏子春秋・雜篇上》齊太師自稱『冥臣』也。（孫星衍《音義》云《韓詩外傳》、《文選》注並作『盲』。）冥、瞑古通。《圖贊》作『臣請瞑而往與之言。』」⓬幪予　蒙蔽我。幪，覆蓋，引申為蒙蔽。鴻恩按，桂馥《說文解字義證》曰，幏，字或作「幪」，通作「蒙」。王念孫《廣雅疏證・釋詁》亦曰：「幏、冡、蒙并通，今俗語猶謂覆物為蒙。」⓭復之　歸還他。復，歸還。

【語　譯】晉平公派遣叔譽出使成周，見到太子晉而和他談話，談了五件事，有三件事叔譽詞窮，畏畏縮縮地退了出來。叔譽的談話不成功。他回到晉國告訴平公說：「太子晉年僅十五歲，而我不能夠和他交談。請您歸還聲就、復與的土地給周。如若不然，等到他即位擁有天下，將會因為這件事責罰我們。」平公打算歸還給周，師曠認為不可以，說道：「請讓盲臣前往和他交談，他要能蒙蔽我，我回來我們就歸還他。」

師曠見太子，稱曰：「吾聞王子之語，高于泰山❶，夜寢不寐，晝居不安❷，不遠長道❸，而求一言❹。」王子應之曰：「吾聞大師將來，吾心甚喜，吾年甚少，既已見子，喜而又懼，盡忘吾度❺。」

師曠曰：「吾聞王子，古之君子，甚成不驕⑥，自晉如周⑦，行不知勞。」

王子應之曰：「古之君子，其行至慎：委積施關，道路無限⑧，百姓悅之，相將而遠⑨，遠人來驩，視道如咫⑩。」

師曠告善⑪。又稱曰：「古之君子⑫，其行可則⑬，由舜而下，其孰有廣德⑭？」

王子應之曰：「如舜者天，舜居其所，以利天下⑮，奉翼遠人⑯，皆得已仁⑰：此之謂天⑱。如禹者聖，勞而不居，以利天下，好與不好取⑲，必度其正⑳：是之謂聖。如文王者其大道仁，其小道惠㉑，三分天下而有其二，敬人無方，服事于商㉒，既有其眾，而遑失其身㉓？此之謂仁。如武王者義，殺一人而以利天下㉔，異姓同姓，各得其所：是之謂義㉕。」

師曠告善。又稱曰：「宣辨名命㉖，異姓惡方㉗，王、侯、君、公，何以為尊，何以為上㉘？」王子應之曰：「人生而重丈夫㉙，謂之胄子㉚；胄子成人，能治上官，謂之士㉛。士率眾時作，謂之伯㉜；伯能移善于眾㉝，與百姓同㉞，謂之公㉟。公能樹名生物㊱，與天道俱㊲，謂之侯㊳；侯能成群，謂之君㊴。君有廣德，分任諸侯而敦信，曰予一人㊵，善至于四海，曰天子，達于四荒，曰天王㊶；四荒皆至，莫有怨訾㊷，乃登為帝。」

師曠罄然㊸。又稱曰：「溫恭敦敏，方德不改㊹，開物于初，下學以起㊺，尚登帝臣㊻，乃參天子㊼，自古誰也㊽？」王子應之曰：「穆穆虞舜，明明赫赫㊾，立義治律㊿，萬物皆作(51)，分均天財(52)，萬物熙熙(53)，非舜而誰(54)？」師曠東躅其足(55)，曰：「善哉，善哉！」王子曰：「大師何舉足驟(56)？」師曠曰：「天寒足跔(57)，是以數也。」

【章旨】師曠發問，太子晉問答，幾往幾來，師曠心服太子的口辯、才識。

【注釋】❶高于泰山　言無上也（孔晁）。❷夜寢不寐二句　潘振曰：「寢不寐，坐不安，愛慕之至也。」不安，至飢渴也（孔晁）。❸長道　遠道；遠路。❹求一言　皆師曠謙辭（唐大沛）。❺吾聞大師將來六句　「吾聞大師將來，吾心甚喜，吾年甚少，既已見子，喜而又懼，盡忘吾度」，原文作「吾聞大師將來，甚喜而又懼。吾年甚少，見子而懾，盡忘吾度」。劉師培曰：「《御覽》三百七十二引作『吾心甚喜』，卷四百六十七引亦作『吾聞太師將來，吾心甚喜。既已（陳逢衡亦引作『已』，孫詒讓引作『以』）見子，喜而又懼』，是今本挩二語也。楊慎本與《御覽》合」。鴻恩按，劉引文與今本差異較大。蓋今本省略，故脫「吾心」、「既已」，合併「而又懼」於上文，又刪「喜」而補「而懾」，造成「又懼」與「而懾」語複。劉引《御覽》無「吾年甚少」一語，似不順。今均據《御覽》與楊慎本改。盡忘吾度，王念孫曰：「忘與『亡』同。亡度，失度也。」唐大沛曰：「度，禮儀之度。」❻甚成不驕　唐大沛曰：「成，盛也，見《釋名》。言王子有古君子風，雖甚盛，不以驕人。」❼如周　到周國去。❽委積施關二句　唐大沛曰：「委積，見《周官・小宰》及〈大司徒〉，鄭注云：『委積，謂牢米薪芻，給賓客道用也。』又云：『少曰委，多曰積，皆所以給賓客。』施、弛同，謂弛關禁。」限，猶「阻」（朱右曾）。鴻恩按，二句謂供給委積，開放關禁，路途沒有限阻。❾相將而遠　相扶遠行。將，扶持。❿遠人來驩二句　俞樾曰：「驩，讀為『觀』。下文曰：『國誠寧矣，遠人來觀。』即其證也。」朱右曾曰：「八寸曰咫，喻近也。」劉師培曰：「咫與慎、限、遠協韻，亦古韻支、真通轉例。」鴻恩按，此節言古君子之行事，故孔晁曰：「言己不及古君子。」⓫告善　善王子所言（唐大沛）。

⑫古之君子　由下文可知，指舜、禹、文王、武王。故潘振曰：「指有天下而言。」⑬則　法；效法。⑭由舜而下二句　孔晁曰：「問舜以下可法則之君子也。」⑮舜居其所二句　唐大沛曰：「舜無為而治，其德如天。《論語（・衛靈公）》：『(舜)恭己正南面而已矣。』」即此旨。」⑯奉翼遠人　奉養撫育四方之人。⑰皆得已仁　「得」下之字，或寫作「巳」，如章本；或寫作「已」，如朱本、孫詒讓說；或寫作「己」，如盧本、潘本、唐大沛說。唐曰：「己，與『其』通，《詩（・揚之水）》『彼其（舊讀忌）之子』，一作『彼己之子』，言天下皆得其仁澤。」孫詒讓曰：「『已』與『以』同，言以仁得民也。」鴻恩按，「巳」可以讀「已」。《說文》「巳」字段玉裁注：「漢人『巳午』與『已然』無二音，其義則異而同也。」《說文通訓定聲》亦曰：「經、傳止息之義皆作此『巳』字。」至於「已」「己」則難定是非，因為已、其相通，已、以相通，均見《經傳釋詞》卷五、卷一，好在唐說、孫說於此皆可通。⑱此之謂天　孔晁曰：「言其仁合天道。」舜無為，任自然，故曰合於天道。鴻恩按，《論語・陽貨》：「子曰：『天何言哉？四時行焉，百物生焉，天何言哉？』」《春秋繁露・深察名號》：「天不言，使人發其意；弗為，使人行其中。」即此「天」之意。⑲勞而不居三句　「勞而不居，以利天下，好與不好取」，好與不好取，原作「好取不好與」。陳逢衡曰：「『好取不好與』當作『好與不好取』，孔以『貪財利』訓此，不合。」唐大沛、孫詒讓說同，孫曰：「諦審孔注，似所見本已訛。」劉師培曰：「今考《路史・後紀・夏后紀》正作『好與而不好取』，是宋本未訛。」唐大沛曰：「勞于治水，不遑寧居，以利天下之民。」陳、朱均以「不矜不伐」釋「勞而不居」，潘振亦曰「不居，謙也」，是都以不居功為說。鴻恩按，與、取句之誤，今正。「勞而不居」句，如以「勞」為勞苦之「勞」（孔晁曰：「盡力溝洫，勞也。」），則「居」當如唐說；如釋「勞」為「功」，潘振曰：「民功曰勞。」（王引之《經義述聞・爾雅上》「家大人曰：勞有三義，一為勞苦之勞，一為功勞之勞，一為勞來之勞。」）則如潘、陳、朱之說。今從孔、唐說。⑳必度其正　取、與必合正道（唐大沛）。㉑如文王者其大道仁二句　朱右曾曰：「大道言其全體，小道言其散見。」仁，仁愛。惠，分人以財謂之惠（唐大沛）。本書〈謚法〉篇：「愛人好與曰惠」；「柔質慈民曰惠」。㉒三分天下而有其二三句　《論語・泰伯》：「三分天下有其二，以服事殷，周之德其可謂至德也已矣。」本書〈程典〉篇有「文王合六州之眾，奉勤于商」，與此相合。敬人無方，陳逢衡曰：「因人之才德而生敬，不以常格拘用賢之典，猶成湯『立賢無方』之意。」鴻恩按，《孟子・離婁下》：「立賢無方」，焦循《正義》引《禮記・注》曰：「方，常。」㉓遑失其身　「遑」字原作「返」。唐大沛曰：「返，當為『遑』字之訛。失，古與『佚』通。惟正文原是『遑佚其身』，故孔注以『勞謙恭儉，日夜不息』解之。是孔所據之本，原不誤也。《書（・無逸）》曰：『文王卑服，即康功、田功。……自朝至于日中昃，不遑暇食，用諴和萬民。』即『遑佚其身』之謂也。」又曰，孔注

末句「返失之也」當作「逴佚勤也」。鴻恩按，唐說是，「日夜不息」等正釋「逴佚其身」之意，今從注文改「返」為「逴」。逴者，何也。《詩經・邶風・谷風》「逴恤」，鄭玄釋「逴」為「何」。「失」字本讀「佚」，不必改。《說文》「佚」字段玉裁注：「古失、佚、逸，字多通用。」失（佚），即「逸」，安逸。㉔殺一人而以利天下　殺紂而有利於天下。一人，紂也（孔晁）。武王殺紂，詳見本書〈世俘〉、〈克殷〉。㉕異姓同姓三句　「異姓同姓，各得其所：是之謂義」，陳逢衡曰，楊慎本「各得其所」，「所」字作「儀」。唐大沛曰：「《釋名》：『儀，宜也，得事宜也。』《（詩經・小雅・）由儀》箋詩疏：『（由儀，）萬物之生，各得其宜也。』據此，則『儀』與『義』並訓為『宜』，是古字本可通用也。義者，宜也。宜者，善也。故注以儀為善，是輾轉相訓也。楊本好改字，殆因注訓『儀，善』，故改『所』為『儀』，不足據。」異姓，姚、姒、子之類（潘振）。同姓、異姓各得其所，指武王封建諸侯。《左傳》昭公二十八年記載：「武王克商，光有天下，其兄弟之國者十有五人，姬姓之國者四十人。」異姓即《呂氏春秋・慎大覽》所說，封黃帝之後於鑄，封帝堯之後於黎，封帝舜之後胡公滿於陳，封夏后之後東樓公於杞，封微子啟於宋（此條又據《荀子・成相》）。紂子武庚也封於商王畿北部「俾守商祀」。姜尚及劉康公、單襄公、蘇忿生等也都得到封地（楊寬《西周史》有「武王分封的異姓諸侯」、「武王分封的同姓親屬」二節）。㉖宣辨名命　唐大沛曰：「名之命必有義。宣辨，明辨也。董子（《春秋繁露・深察名號》）曰：『鳴〔叫；呼〕而命者為名。』」命，取名；命名。㉗異姓惡方　陳逢衡曰：「惡方，疑作『異方』。〈晉語（四）〉曰：『異姓則異德，異德則異類。』」方，鴻恩按，上文「敬人無方」，潘振釋「方」為「類」，此陳引「異類」釋「異方」，二者同。㉘何以為尊二句　「何以為尊，何以為上」，劉師培曰：「《圖贊》『上』作『下』，與『尊』對文，是也。」今從劉說。㉙丈夫　男孩子。㉚冑子　帝王、貴族的長子。唐大沛曰：「冑，嗣也，又長也。《書・舜典》『教冑子』，孔傳：『冑，長也，謂元子以下至卿大夫子弟。』」㉛冑子成人三句　唐大沛曰：「謂才德成就，非既冠稱成人之謂。治上官則非有司之事，士蓋謂王朝之元士。」鴻恩按，元士為周天子之士，不同於諸侯之士。《禮記・王制》：「天子之三公之田視公侯……天子之元士視附庸〔附於諸侯〕。」又，《白虎通・爵》：「王者太子亦稱士……以為人無生得貴者，莫不由士起。《（儀）禮・士冠禮》曰：『天子之元子，士也。』」㉜士率眾時作二句　唐大沛曰：「率眾職因時舉政，是謂百官之長。伯，長也。」㉝移善于眾　善政移於眾職，使皆善（唐大沛）。㉞與百姓同　使百姓同好義（唐大沛）；同其好惡（朱右曾）。㉟謂之公　公正無私（朱右曾）。㊱樹名生物　孔晁曰：「立名生物，謂化施于民也。」唐大沛曰：「樹立聲名，生養萬物。」㊲與天道俱　以大公之心與天道同其運用（唐大沛）。㊳謂之侯　陳逢衡曰：「《白虎通（・爵）》：『侯者，候也。候順逆也。』能候順逆，則與天道俱矣。」鴻恩按，「公能樹名生物，與天道俱，謂之侯」，自西周晚期以來，就有了公、侯、伯、子、男五等爵（《西周金文官制研究》第一四四頁），顯然公在侯上。本文排列，師曠問「王、侯，君、公」之尊卑，應是故亂其序，使說高下。至太子晉回答，固是周制，亦侯在公上，公上為侯，侯上為君，與他書所說相反，如《周禮・春官・大宗伯》「公執桓圭」，賈公彥疏引《孝經援神契》：「二王之後稱公，大國稱侯。」《爾雅・釋詁》：「帝、王、公、侯，君也。」《穀梁傳》桓公十八年「薨稱公」，范甯曰：「公，五等之上。」侯與王相鄰，僅見於畿服制之名稱，「甸服」即王畿之外即為「侯服」，顧頡剛曰：「侯服，諸侯也。」（〈畿服〉）則侯服包括公與侯。本書前人注未有議及此者，不知其故。㊴侯能成群二句　孔晁曰：「成謂成物，群謂之長也。」《荀子・王制》：「君者，善群也。群道得，則萬物皆得其宜，六畜皆得其長，群生皆得其命。」鴻恩按，《禮記》孔穎達疏、《公羊傳》何休注均以天子、王者、諸侯皆稱君，說同《爾雅》。這裏的「君」，潘振說「指畿外諸侯」，實似與王沒有明確界限，較適於周文王。㊵分任諸侯而敦信曰予一人　朱右曾曰：「《（禮記・）曲禮（下）》曰：『朝諸侯，分職授政任功，曰「予一人」。』」孫希旦曰：「予一人，天子自稱，謙言己亦人中之一人耳，猶諸侯稱孤、寡也。」鴻恩按，甲、金文作「余一人」。鄭玄曰：「余」、「予」，古今字。㊶善至于四海曰天子二句　「善至于四海曰天子，達于四荒曰天王」，孔晁曰：「四海，四夷。四荒其表。」（「其表」原作「四表」，據孫詒讓所引《玉燭寶典》引文改。）陳逢衡曰：「《獨斷》曰：『天王，諸夏之所稱，天下之所歸往。』天王者，即《書（・洪範）》所謂『天子作民父母，以為天下王也。』」四海、四荒見《爾雅・釋地》。據《山海經》「大荒」諸經次「海外」諸經之外，則「四荒」固遠于四海也。」劉師培曰：「《禮記・曲禮下》孔疏引《五經異義》云：『許慎謹案：《春秋》左氏云：「施于夷狄稱天子，施于諸夏稱天王，施于京師稱王。」』《穀梁》成八年疏引賈逵云：『畿內稱王，諸夏稱天王，夷狄稱天子。』此為左氏古說。所云『夷狄稱天子』，與此文合。惟彼以天王之稱遍于天子，此則天子之稱遍于天王，說各不同。又《爾雅・釋地》云：『觚竹、北戶、西王母、日下，謂之四荒。』『九夷、八狄、七戎、六蠻，謂之四海。』此即孔注『四海』、『四夷』所本。惟彼以四海遠于四荒，此則四荒更遠于四表，說又不同。」《春秋左傳注》曰：《春秋》經文言周天子派遣使臣，「稱『天子使』者一，『王使』者三，『天王使者十二』，其實一也。」㊷四荒皆至二句　「四荒皆至，莫有怨訾」，原無「皆」字。孫詒讓曰：「《玉燭寶典》引作『四荒皆至』，今本脫『皆』字，當據補。」鴻恩按，《寶典》語氣完足，今補。訾，嘆恨（孔晁）。陳逢衡曰：「『莫有怨訾』，《書（・堯典）》所謂『協和萬邦，黎民于變時雍〔是和〕』也。」乃登為帝，陳逢衡曰：「登，升也。帝則無以加矣。」羅根澤〈古代政治學中之「皇」「帝」「王」「霸」〉曰：「帝之名容或甚早，而鑄成政治學之名詞，則在戰國之末。《左傳》僖二十五年卜偃曰：『今之王，古之帝也。』足證古帝與王無別……至《呂氏春秋》謂：「帝者同氣，王者同義」（〈應同〉），「士所歸，天下從之帝。帝也者，天下之適也；王也者，天下之往也」（〈下賢〉）。則帝王不一，而王政之上復有帝政矣。」（《諸子考索》第一一五、一二五頁）鴻恩按，西元前二八八年秦人約齊並稱東、西帝，則是時王稱帝之始。本文之「帝」高於「王」，故曰「登」。孔晁總注以上數節曰：「合五等之尊卑而論事義以為之名者也。」潘振曰：「以上三節，解王、侯、君、公之名命，連類而互發之。」鴻恩按，太子晉所言為帝、王（天王、天子、予一人）、君、侯、公、伯、士，孔言「五等」，或是視帝、王及君為一等（「今之王，古之帝也」）。㊸罄然　自嚴整也（孔晁）。陳逢衡曰：「罄然，當如罄折之義，蓋心服王子之言而不覺其身之俯也。」鴻恩按，陳氏以「罄」通「磬」。㊹方德不改　朱右曾曰：「方德，常德也。」孫詒讓曰：「方，疑當作『成』，即《潛夫論》所云『幼有成德』也。（成德，《風俗通義》作『盛德』，《左》文十八年傳『以誣盛德』，孔疏引服虔本作『成德』，云：『成就之德。』與彼義同。）」鴻恩按，二說均通，今從孫說。㊺開物于初二句　上句原作「聞物□□」。孔晁注「初，本也。起其物義也」，丁宗洛因補闕文下一字為「初」。劉師培曰：「《圖贊》作『開物于初，下學以起』，當據補。」潘振曰：「聞物理于天下，而庶物以明，行本事于一家，而人倫以察，惟知下學而已。」丁宗洛曰：「起，疑是精進不已意。注『起其物義也』，語未甚明晰。」朱右曾取丁「精進不已」說。唐大沛以「起其物義」釋「下學以起」，與丁、朱同。鴻恩按，《圖贊》與孔注相符，今據改、補。惟依今本孔注順序，「初」字釋上句，則下句「起其物義」是釋「下學以起」。而丁以為「語未甚明晰」，潘注不知闕文為何，雖是揣測而言，前三句應是說首句「聞物□初」，故有「庶物」有「本」字；後二句解「惟知下學」，故言「人倫以察」二語。潘「惟知下學」語氣與丁、朱「精進不已意」，均即朱熹《集注》所說「但知下學自然上達，此但言其反己自修，循序漸進耳」。《論語・憲問》：「子曰：『下學而上達。』」，何晏曰：「下學人事，上知天命。」可以為此證。由丁之說，比對潘注，頗疑「起其物義」一句原在「初，本也」之上，後人見「起其物理」之「起」與「下學以起」，俱有「起」字，誤以此解下句而移於下。《周易・繫辭上》「開物成物」，韓康伯釋「開物」曰：「通萬物之志。」即通曉萬物的義理。本書〈程典〉「德開」，孔晁亦曰：「開，通也。」「通」字之義即通達，明曉。《荀子・正名》「足以相通」楊注：「通，得其理。」《莊子・讓王》：「君子通于道之謂通。」均可適用於解此句。又，《說文》：「闡，開也。」《周易・繫辭下》「闡幽」，韓康伯注：「闡，明也。」《資治通鑑・晉紀四》「開物成務」，胡三省注：「開，明之也。」亦可證「開」字即有「明」義，故釋為「通」。然則「起其物義」是解「開物」應無疑義。㊻尚登帝臣　「尚」字，朱本與章本、盧本同，陳本、唐本、劉師培作「上」，尚字通「上」。㊼乃參天子　於是繼承為天子。參，承（唐大沛）。㊽自古誰也　盧文弨曰：「『誰』下卜〔世昌〕本有『能』字。」陳本據補。「也」字原無，劉師培謂《圖贊》有，當據補。今從。孔晁注此節曰：「問最賢之人也。」㊾穆穆虞舜二句　穆穆，美（朱右曾）；和美。虞，舜號有虞氏，故稱虞舜。明明，明察。赫赫，威嚴顯赫。鴻恩按，此句俱出《詩經·大雅·大明》：「明明在下，赫赫在上。」原意是說上帝對於下土的監察。㊿立義治律　立道義，治法律。(51)萬物皆作　作，興作。(52)分均天財　唐大沛曰：「天生財利，上下均如，其分有之。」天財，天然的資財物產。(53)熙熙　和樂的樣子。(54)非舜而誰　「誰」下原有「能」字，盧文弨疑衍。王念孫引《文選·封禪文》注引此無「能」字，陳、朱刪「能」。王念孫以此節赫、作為一韻，財、熙為一韻，末句不入韻。(55)東躅其足　以腳踏地。東躅，原作「東躅」，朱據王念孫考證改正。孫詒讓據《釋名》之釋、劉師培據《圖贊》所引，均證實應作「東躅」。孔晁曰：「東〔束〕躅，踏也。」王念孫曰：「東躅，疊韻字，謂數以足踏地而稱善也。故王子曰：『大師何舉足驟？』」(56)舉足驟　舉足頻數。驟，數；屢次。(57)足跼　《說文》「跼，天寒足跼也。」段玉裁注：「跼者，句曲不伸之意。」孔晁注此數句曰：「王子戲問，故師曠戲答。」

【語　譯】師曠見到太子，說道：「我聽說王子的話語高過泰山，夜裏睡不著，白天坐不安，不以長道為遠，來求取王子的一句真言。」王子回應說：「我聽說太師要來，心裏很高興，我年紀很小，既已見到你，又高興又害怕，全失去了自己的禮數。」

師曠說：「我聽說王子有古君子之風，雖然很有盛德但不傲慢，從晉國到成周，路途上不覺得疲勞。」王子回應說：「古代的君子，他們的行為最謹慎：路途中供給賓客儲積的禾米薪芻，開放關禁，道路沒有限制阻礙。百姓喜歡他，相互扶持遠行；遠方的人來探望他，視路途如同咫尺。（我不能與古君子相比。）」

師曠告稱講得好。又說道：「古代的君子，他的行為可以效法，從舜以下，哪些人有廣遠的道德？」王子回應說：「像舜，道德如同上天，舜坐在他的位子上，而有利於全天下，奉養撫育四方的人，天下都得到他的仁德：這叫做仁德合於上天。像禹，十分聖明，勞苦而不得安居，以此有利於天下，喜歡付與不喜好索取，取、與一定合於正道：這叫做聖明。像文王，他的大原則是仁愛，他的小原則是施恩惠，三分天下已經擁有二分，重用人不拘常道，仍舊服事著殷商；既已擁有那麼多民眾，哪裏還有自身的安逸？——這叫做仁愛。像武王，是恰當合宜，殺一個紂而有利於天下人，不管異姓、同姓，各得其所：這叫做恰當合宜。」

師曠告稱講得好。又說道：「明辨命名的道理，姓不同則類別不同，王、侯、君、公等等，什麼是尊貴，什麼是卑下？」王子回應說：「人們生來就看中男孩子，稱他為冑子，冑子成就才德，能管理高級官員，叫做元士；元士率領眾官員依照時機興舉政事，叫做伯；伯能夠把善政推廣到眾官員，與百姓同好惡，叫做公；公能夠樹立聲名，生養萬物，與天道一起運行，叫做侯；侯能成就萬物為君長，叫做君。君有廣大之德，分配職事、任命諸侯而敦厚忠信，稱作予一人；推廣善行到達四海，稱作天子；推廣善行到達四方荒遠之地，叫做天王。四方荒遠之地都來朝見，沒有誰有怨恨，就上升為帝。」

師曠表現出心服恭敬的樣子。又說道：「溫和、莊敬、敦厚、聰敏，盛德不改，通曉萬物的義理，社會人事之學精進不已，上升為帝臣，於是繼承為天子，從古以來是誰呢？」王子回應道：「和美的虞舜，明察在位，威嚴顯赫，樹立道義，治理法律，百事興旺，均分自然物產，人人和樂，除了舜還能有誰？」師曠以腳踏地，說道：「好哇好哇！」王子說：「太師為什麼屢次抬腳呢？」師曠說：「天寒冷，一隻腳拳曲不伸，所以屢屢抬腳。」

王子曰：「請入坐❶。」遂敷席❷，注瑟於師曠。師曠歌無射❸，曰：「國誠寧矣，遠人來觀❹；脩義經矣❺，好樂無荒❻。」乃注瑟於王子。王子歌嶠❼曰：「何自南極，至于北極，絕境越國，弗愁道遠❽？」

師曠蹶然起曰❾：「瞑臣請歸。」王子賜之乘車四馬❿，曰：「太師亦善御之⓫。」師曠對曰：「御，吾未之學也。」王子曰：「汝不為夫詩⓬，詩云：『馬之剛矣，轡之柔矣，馬亦不剛，轡亦不柔，志氣麃麃，取予不疑⓭。』以是御之。」

師曠對曰：「瞑臣無見，為人辯也⑭，唯耳之恃⑮，而耳又寡聞而易窮⑯。王子，汝將為天下宗乎⑰？」王子曰：「大師，何汝戲我乎？自太皞以下，至于堯、舜、禹，未有一姓而再有天下者⑱，夫木當時而不伐，夫何可得⑲？且吾聞汝知人年之長短，告吾。」師曠對曰：「汝聲清汗，汝色赤白，火色不壽⑳。」王子曰：「然。吾後三年，將上賓于帝所，汝慎無言，殃將及汝㉑。」

師曠歸，未及三年，告死者至㉒。

【章　旨】王子晉招呼師曠到燕室坐，賓主賦詩奏歌，師曠告歸及王子之不壽。

【注　釋】❶請入坐　孔晁曰：「交言于堂，故更入燕室坐。」鴻恩按，燕室為安居休息之室。先在堂上交談，主客均須依照禮儀，入燕室則不拘禮。如《儀禮・燕禮》所說：「賓反入……說屨，升，就席」，鄭玄曰：「凡燕坐，必說〔脫〕屨，屨賤，不在堂也。禮者尚敬，敬多則不親。燕安坐，相親之心。」初，師曠立於堂上，不脫屨。今入燕室，師曠亦脫屨，就席而坐（古人席地而坐）。《儀禮》所說為君主待賓之禮，太子晉待賓亦應大致如此。❷敷席　布席。❸注瑟於師曠二句　「注瑟於師曠。師曠歌無射」，原無「於師曠」三字。孫詒讓曰：「下云『乃注瑟于王子，王子歌〈嶠〉曰』，則此文『師曠』上疑當有『於』字，下亦當重『師曠』二字。」此句之「瑟」，劉師培曰，《御覽》引作「琴」，下「注瑟于王子」，《書鈔》亦引作「琴」。注，謂取瑟授之（唐大沛）。鴻恩按，潘、陳釋「注」欠明晰。《廣雅・釋詁》：「措、鉒、放，置也。」王念孫曰：「注，與鉒通。」則注瑟即置瑟，然而需要說明將瑟「注」於即置於何地，師曠目盲，須遞到師曠手上。無「於師曠」則句意不完，孫說甚是。今比照下文「注瑟於王子」，加「於師曠」三字。歌無射，孔晁曰：「歌此辭而音合于無射之律。」無射，古代音樂的十二調之一，其中陽律六，陰律六，共十二律，無射為六陽律之一。無射相當於古代七音的「變徵」，亦即現代音樂的 #A，簡譜的 #4（王力《古代漢語》下冊第一分冊《古代文化常識(一)》）。❹國誠寧矣二句　劉師培曰，此曲一、三句末兩「矣」字，《書鈔》均作「兮」。陳逢衡曰：「贊美之辭也。」遠人，潘振曰：「曠自謂也。」❺脩義經矣　進修道義有常。經，有常（唐大沛）。❻好樂無荒　這是《詩經・唐風・蟋蟀》的原句。意為喜好逸樂而不要過度。荒，逸樂過度。鴻恩按，陳逢衡依《詩》之原意，定「脩義」二句為「戒勉之辭」，恐不確。周雖衰落，師曠以陪臣見周太子，既已心服其才辯，太子又無逸樂之事，「戒勉」豈不無的放矢？又「脩義經矣」之「矣」，表已然或肯定語氣，陳說與「矣」不合。❼王子歌嶠曰　孔晁曰：「嶠，曲名也。」劉師培曰：「《說文》：『⿺辶喬，善緣木之士也。讀若王子⿺辶喬。』段玉裁云：『王子⿺辶喬，蓋即王子喬，周靈王太子晉也。』據彼說，似許君所據本當作『王子⿺辶喬歌』。《列仙傳》云：『王子喬，周靈王太子晉也。』《潛夫論・志氏姓篇》述子晉事與《周書》同。下言『後人（當作「世人」）以其豫自知去期，故傳稱王子喬仙』，則喬為子晉異名。語似有本，『喬』見《周書》，未足疑也。喬、晉互稱，與本篇王子、太子互稱例同。孔本作『歌嶠』，所據與許君見本異。」鴻恩按，《爾雅・釋山》：「銳而尖，嶠。」邵晉涵曰：「本作『喬』，《淮南・泰族訓》引《詩（經・周頌・時邁）》『及河嶠嶽』，今《詩》作『喬』。」《潛夫論》、應劭《風俗通義・正失》均曰「傳稱王子喬仙」，或《列仙傳》一書，確為東漢人所作（《四庫全書總目》卷一四六〈列仙傳〉引黃伯思《東觀餘論》說）。許慎寫作「嶠」與今本《逸周書》最相近；王符、應劭年世晚於許慎，而言「世人」、「後世」以其自豫知死期，故「傳稱王子喬仙」，是王、應及讀王子成仙的《列仙傳》。這樣看來，太子晉即王子喬（嶠），已是東漢人《列仙傳》作者和許、王、應的共識。故劉曰「語似有本」。惟不得無疑者，本文出現「嶠」字獨此一處，又作「歌嶠」。其詳情不得而知。❽何自南極四句　孔晁曰：「師曠作新曲美王子也，王子述舊曲謙（原作諫，今據陳逢衡說改）也。」潘振曰：「王子歌之以諷師曠，若有以詰之，蓋諭其來意矣，故曠請去也。」唐大沛曰：「極謂極星，言南北極以喻相去甚遠也。絕，截也。」鴻恩按，《說文》「極」字，段玉裁曰：「凡至高至遠，皆謂之極。」❾蹶然起曰　蹶然起，劉師培曰：「《圖贊》作『蹷然而起』。」孔晁曰：「蹶然，疾貌。」❿賜之乘車四馬　孔晁曰：「《禮（記・曲禮上）》：『為人子，三賜不及車馬。』此賜則白王然後行可知也。」陳逢衡曰：「為人子者不敢以車馬予人。《（禮記・）坊記》曰：『父母在，饋獻不及車馬，示民不敢專也』」。鴻恩按，孔引〈曲禮〉非是，彼所言為人子不敢接受天子之賜車馬，以免榮美超過父親，非指人子以車馬賜人，鄭注、孔疏均有明說，故潘振曰：「孔引『三賜』之文，恐誤。」陳引〈坊記〉，與此相合。唐大沛曰：「此賜自出于王子，不出于王，豈必白于王哉？」乘車四馬，一輛車、四匹馬。古代一車駕四馬，故曰。⓫亦善御之　或以此句為疑問句，誤。《古代漢語虛詞詞典》引此句曰：「亦，用於祈使句，可譯為『請』、『希望』。」善御，御，駕馭車馬。這裏是喻御世（潘振）。⓬不為夫詩　沒有研究過那首詩。為，猶治也（潘振）。夫詩，那首詩。⓭馬

之剛矣六句　孔晁曰：「馬不剛，轡不柔，言和擾〔柔順〕也。麃麃，亦和擾也。」潘振曰：「人之志如轡，人之氣如馬，麃麃而和，當取則取，當予則予，和義也。不疑于心，和之至也。以和御之，無乎不宜。蓋隱指歸田之事矣。」陳逢衡曰：「《左〔傳〕》襄二十六年國子賦〈轡之柔矣〉，杜注：「逸詩，見《周書》。義取寬政以安諸侯，若柔轡之御剛馬。王子蓋欲晉以寬政安撫諸侯，故于師曠歸，而特歌此詩以託意也。麃麃，武貌。取予不疑，六轡在手也。」朱右曾曰：「麃麃，盛也。取予，猶磬控〔馳馬和控馬，語出《詩經・鄭風・大叔于田》〕也。言馬志氣之盛，由磬控不疑于心也。」鴻恩按，此一節文字，陳、朱「麃麃」之釋均有其據，然陳說此節諷晉安撫諸侯，疑不合文意。依朱說，則似純講駕車馬，師曠目盲，不可能親駕車馬，大講駕車術，不相合。晉國叔譽方歸，師曠復來，師曠又反復探測其識見，敏慧如太子晉，會看不破師曠來意？當晉國君臣於取予周田疑而不定之際，詩中明言「取予不疑」，豈非對症下藥？且下文師曠坦承「瞑臣無見，為人辯也」。然而下文師曠改換話題，證實太子「不壽」的印象，達到了使周目的，故下文無歸周田之事。竊疑潘說雖未必確切，所說「取予」應符合太子晉意。孔注一再言「和」也應是此意。（惟孔釋「麃麃」為「和擾」不知其據，麃通「包」，釋為包涵，包容？）⑭為人辯也　替人辨別什麼。辯，通「辨」。別（孔晁）；辨別。⑮唯耳之恃　只憑耳聽。⑯窮　困屈（潘振）。⑰為天下宗乎　指做周天子。宗，宗主。⑱自太皡以下三句　陳逢衡、丁宗洛均以一姓不能再興之說有訛誤，丁曰：「其意當是謂子孫未有少年聰慧而中興者。」鴻恩按，訛誤之說無據。《國語・周語下》叔向聘周，高度評價單靖公，亦曰：「異哉！吾聞之曰：「一姓不再興。」今周其興乎！其有單子也。」韋昭注：「一姓，一代也。」即一個朝代。可證春秋時人有「一姓不再興」之說。而依照《國語》一書，堯、舜、禹、湯、后稷均為黃帝子孫（參顧頡剛《中國上古史研究講義・國語》），太子晉之說自不可通。但《詩經》、《尚書》、《論語》、《墨子》、《孟子》、《楚辭・天問》、《荀子》中都還不見黃帝、炎帝之說（《荀子》中始出現「五帝」一詞）。而本書〈嘗麥〉有黃、炎，此或為不同地域、不同學派而有不同傳說、不同信從之故。孔晁曰：「言自庖犧〔伏羲〕至禹，其子孫未有期運〔機運〕當時，斯不立矣。言周衰未盡，已必不立也。」（從盧文弨校。）太皡，古代帝王之一，風姓之祖，其遺墟在陳（今河南淮陽境）。《左傳》昭公十七年：「大皡氏以龍紀。」杜注：「太皡，伏羲氏，有龍瑞。」鴻恩按，學界今已考定，太皡為我國古代三個部族中東夷集團的首領，約處漁獵之世，見於《國語》、《左傳》記載。而伏羲出於南方苗蠻集團的傳說。戰國時人誤把伏羲和太皡當成一人。（伏羲始見於《周易・繫辭》、《莊子・人間世》，戰國中期以前之書，不見伏羲。詳見徐旭生《中國古史的傳說時代》第五五、二七九頁。）堯，祁姓。舜，姚姓。禹，姒姓。古人姓、氏之得，〈周語下〉有皇天「賜姓」之說，陳立《白虎通疏證》歸納姓氏有九種來源（見該書第四〇三頁）。⑲夫木當

時而不伐二句　「夫木當時而不伐，夫何可得」，上句「木」字原作「大」，下句首字「夫」原作「天」。唐大沛疑「大」為「木」字之誤，「天」字亦誤。丁宗洛訂正二字為「木」、為「夫」，朱右曾從丁。鴻恩按，此二句是太子晉說自身，由下句用一「且」字，表示進層關係可知，應是說你既知人年壽，又何必問「天下宗」之事。此二句有二「夫」字，前一「夫」為語氣詞，表示要發議論。後一「夫」為指示代詞，可譯為「那」。⑳汝聲清汗三句　「汝聲清汗，汝色赤白，火色不壽」，劉師培舉《潛夫論・志氏姓》、《風俗通・正失》、《類聚》十六、《御覽》卷三八八所引，文字雖不盡同，但「汝色赤白」均在「汝聲清汗」之前，劉以「汝色」句當在上。鴻恩按，丁宗洛引《御覽》卷七二九、七三一及劉引《圖贊》皆「聲」句在前，「色」句在後，未知孰是。師曠憑耳辨聲，由聲辨色，故應先聞聲後辨色，今姑不改以俟考。孔晁曰：「清，角也。言音汗（丁校作『清』）沉木，木生火，色赤。知聲者，則色亦然。」陳逢衡曰：「此以五行休咎推人之壽命，清汗，謂清而渙散，在五行屬木。色赤白，火刑金也，且克木，故不壽。」鴻恩按，孔、潘、陳、朱等，均以五行釋此三句，而各有不同。孔釋「清」，是，《淮南子・俶真》「清角之聲」，高誘注：「商聲也。」《論衡・感虛》：「清角，木音也。」《呂氏春秋・孟秋紀》：「其音商，律中夷則。祭先肝。衣白衣，服白玉。」高誘注：「商，金也，其位在西方。竹管音與夷則和，太陽氣衰，太陰氣發，萬物雕傷。肝，木也。白，順金色也。」《國語・周語上》：「司商協民姓」，韋昭注：「商，金聲，清。」《荀子・王制》「審詩商」，楊倞注：「商，謂商聲哀思之音。」於五行，西方屬秋，故商聲淒哀，所謂「清」也。《禮記・玉藻》「衣正色」，孔穎達疏：「火，赤。」此即所謂火刑金、剋木之意，由此推斷出太子不壽的結論。㉑將上賓于帝所三句　孔晁曰：「死必為賓于上帝之所。鬼神之事秘，不欲令人知之。」陳逢衡曰：「後世以王子晉為仙人，本此。」㉒未及三年二句　孔晁曰：「未及三年，並歸之年為三年，則王子年十七而卒也。」《風俗通》、《潛夫論》以下俱有「孔子聞之曰：『惜夫殺吾君也！』」唐大沛曰：「孔子生于靈王二十一年（唐依《公》、《穀》記載，依《史記・孔子世家》則為二十二年）。師曠適周，據《國語》推之，當即二十二年。事後二年，王子死，若如此，孔子生方四歲，安得有此嘆？思是附會之語。」鴻恩按，有人說本文為小說，有人說是賦，自然可以附會，然僅由年歲而言，說服力不強，孔子年長後「聞之」，亦可為之感嘆。

【語　譯】王子說：「請到裏面坐。」於是鋪好席子，把瑟遞到師曠手上。師曠彈奏無射之調，歌唱道：「國家確實安寧啊，遠方的人來觀光。進修道義有常道啊，喜好逸樂而不過度。」歌罷就把瑟遞給王子，王子嶠奏樂歌唱道：「為什麼從遙遠的南極，來到北極，穿越邊境跨過國家，而不怕路途遙遠？」

師曠迅速地起身說道：「盲臣請求回歸。」王子賜給他一輛車、四匹馬，說：「請太師細心駕馭。」師曠回答道：「駕馭車馬我從未學習過。」王子說：「你沒有研究過那首詩，詩裏說：『馬兒剛烈啊，轡繩就柔軟啊。馬不剛烈，轡繩就不再柔軟。志意和順，操控收放不再疑惑於心。』就依據這個駕馭。」師曠回答道：「盲臣看不見，替別人辨別什麼，只憑著耳朵，可是耳朵聽到的又很少，容易困窘。——王子，你將要做天下的宗主吧？」王子說：「太師，你為什麼要戲弄我呢？從太皞以下直到堯、舜、禹，未有一姓而第二次擁有天下的。樹木不及時砍伐，怎麼可以得到呢？再說我聽說你知道人年壽的長短，請告訴我。」師曠回答道：「你的語聲淒清汗漫，你的臉色紅而又蒼白，火紅之色應當不長壽。」王子說：「是，過三年，我要到上帝那裏作客，你千萬不要說出去，那將遭受禍殃。」

師曠回到晉，不到三年，報告王子死亡的使者就到了晉國。

【研　析】《漢書·藝文志》小說家有「《虞初周說》」，顏師古注引應劭說：「其說以《周書》為本。」這表明了《逸周書》對於漢代小說發展的影響。魯迅《中國小說史略》說：「今本《逸周書》中惟〈克殷〉、〈世俘〉、〈王會〉、〈太子晉〉四篇，記述頗多誇飾，類於傳說，餘文不然。」〈太子晉〉「頗似小說家」。呂思勉《經子解題》也說此篇「頗類小說家言」。胡念貽〈逸周書中的三篇小說〉一文，指出〈克殷〉、〈世俘〉是歷史文獻，「至於〈王會〉和〈太子晉〉，一望而知是虛構」，〈殷祝〉也是「理想化的歷史小說」。胡氏對〈太子晉〉作了詳細深入的分析，頗多好評：「它結構嚴整，匠心獨運」，在藝術形式上「是接近成熟了」，「兩個人物的面目都寫得比較清楚」，「作者是具有較高藝術修養的」（《中國古代文學論稿》）。胡氏認為，作品中的兩個人物「都具有神異色彩，但師曠是晉國的『太師』，是為晉國的宮廷服務的。他去見太子也是負有政治上的使命。他處處對太子晉試探，帶有進攻的味道。太子晉是一個十五歲的少年，他有高超的智慧，但很純真、坦率，對於師曠完全沒有防禦。」兩個人的對話，「一層一層深入，直到師曠完全探明了太子晉的意向，才告別而歸。」這一理解，與潘振說相對立。注文中我附和了潘振，因為太子晉「取予不疑」，正是諷師曠之語，以為太子晉不能視破師曠的來意，不合乎文意，小看了太子晉的聰慧。

還有人認為，〈大子晉〉「其實是一篇竄入《逸周書》的戰國古賦」，屬於《漢書・藝文志》雜賦中「客主賦」：鋪陳誇飾，主客問答，序與結語用散體語言，對話則韻散間出，與漢賦體制比較，「一一相合若符契」。「客主賦是先秦古體之見錄於班〈志〉者，其產生時間或稍前於成相雜辭和隱書」（劉光民〈逸周書中的一篇戰國古賦〉，《文史知識》一九九五年第一二期）。

說「頗似小說家」，即指本文有文藝筆法，有故事情節，刻畫人物形象，講究結構藝術，肯定其細節描寫出於虛構等。但說「似」或「類」小說家，對於本文的事件、情節是否虛構，則基本沒有表示意見。我們知道太子晉死前，叔向確曾聘周，有《國語・周語下》的歷史記載為證。但本篇事件的主體，即師曠為確定是否歸還周田而探訪太子晉的對談，不見於他書記載，不知道事情的有無。如果完全出於虛構，自是小說。應是依據傳說敷演成篇。《漢書・藝文志》小說家有《師曠六篇》，班固自注：「見《春秋》，似因託之。」這裏提供了一個線索，即師曠已成為一個依託史事的小說人物。

說本篇是早期的賦，有道理。戰國晚年，是賦的產生期，宋玉、荀子是戰國賦的代表作家。賦的出現不是偶然的。除宋、荀以「賦」命名的篇章之外，宋玉的〈對楚王問〉（《文選》卷四十五）、《商君書》的〈更法〉（與《戰國策・趙策二》「武靈王胡服騎射」大同）、〈莊辛對襄王問〉（《戰國策・楚策四》）、〈吳起對武侯問〉（《魏策一》）等等，在體制上與〈大子晉〉基本相同，有序、有結語，主體部分是對問，都是鋪陳、排比、散韻間出，只是在四字句的使用方面，〈大子晉〉似更超過以上各篇。某種文體的產生要具備一定條件。這樣的賦體和相類文章的產生，都在戰國晚期。

有人認為，本篇出於春秋晚年的史官之手。不知其所據。《春秋經》一萬六千五百一十二個字（《春秋左傳注・前言》引清汪汲《十三經紀字》），其中只在文公八年、宣公八年有兩個連詞「而」，而本文八百六十來字卻有二十個連詞「而」，每四十多字就有一個「而」，它們能出於同一個時代嗎？

王佩第六十五

【題解】本文用首句「王者所配在德」的二字作為標題。這是先秦很多書的做法，如《詩經》第一篇的首句是「關關雎鳩」，〈關雎〉就用作第一篇的命題，《論語》的第一篇首句是「學而時習之」，就用〈學而〉作為第一篇的標題。不同的是，「王佩」二字能夠講出意思，即王者所佩服、所服膺的是道德。佩，佩服；心悅誠服。

王者所佩在德，德在利民，民在順上[1]。合為在因時[2]，應事在易成[3]。謀成在周長，有功在力多[4]。昌大在自克[5]，不過在數懲[6]。不困在豫慎[7]，見禍在未形[8]。除害在能斷[9]，安民在知過[10]，用兵在知時[11]，勝大患在合人心[12]。殃毒在信疑[13]，孽子在聽內[14]。化行在知和[15]，施舍在平心[16]。不幸在不聞其過[17]，福在受諫[18]，基在愛民[19]，固在親賢[20]。禍福在所密[21]，利害在所近[22]，存亡在所用[23]，離合在出命[24]。尊在慎威[25]，安在恭己[26]，危亡在不知時[27]。見善而怠[28]，時至而疑[29]，亡正處邪，是弗能居[30]，此得失之方也[31]，不可不察[32]。

【注釋】[1]德在利民二句　孔晁曰：「言以利民為德也，天子事天所以威下使事上。」唐大沛曰：「德之所施在利于民，大端不外養與教。」朱右曾曰：「民利則順以事上。」孔、朱對次句的解釋有不同，本文「有功在多力」，「見禍在未形」，「用兵在知時」，均戰國時常見語，此時有的學者強調民要「順」，如墨子提出「上同」，韓非主張君主專制，故孔注不把利民與順上看成因果關係。❷合為在因時　唐大沛曰：「為所當為，在因時致宜也。」合為，猶當為（朱右曾）。❸應事在易成　「在」字原作「則」。俞樾曰：「此篇自『王者所配在德』至『危亡在不知時』，凡二十九句，皆有『在』字，獨此句作『則』字，與上下文不一律，疑當作『應事在易成』。易之言速也。《史記・天官書》徐廣注：『易，猶輕速也。』《漢書・天文志》蘇林注：『易，疾過也。』是『易』有疾速之義。事機之來，間不容髮，故曰『應事在易成』。易成，猶速成也。」鴻恩按，今據上下文改「則」為「在」。應，對應；適應。❹謀成在周長二句　俞樾曰：「『周』疑『用』字之誤。」唐大沛曰：「周遍長久，其謀乃成。輔以群力，事則有功。」鴻恩按，趙奢謂田單曰：「古者四海之內分為萬國，城雖大無過三百丈者，人雖眾無過三千家者。今取古之為萬國者分以為戰國七，能具數十萬之兵，曠日持久數歲。今千丈之城、萬家之邑相望也，而索以三萬之眾圍千丈之城，不存其一角，而野戰不足用也，君將以此何之？」（《戰國策・趙策三》）《韓非子・五蠹》：「上古競于道德，中世逐于智謀，當今爭于氣力。」與次句意思相通。❺自克　自我克制。❻不過在數懲　不犯錯誤在能時時警惕自己。不過，沒有過錯。數懲，時時警惕。數，屢次。懲，懲前毖後之「懲」。❼豫慎　事前謹慎。❽見禍在未形　《老子》第六十四章：「其未兆易謀。……為之于未有，治之于未亂。」未形、未兆、未有，均指事情還沒有跡象、沒有苗頭的時候。《戰國策・齊策四》：「無形者形之君也。」《鄧析子・轉辭》：「無形者有形之本。」均即此意。❾除害在能斷　斷，決斷。即「當斷不斷，反受其亂」之「斷」（語出《十大經・觀》，唐蘭先生以為《十大經》即《黃帝四經》之一）。《國語・越語下》：「得時不成，反受其殃。」「天予不取，反為之災。」亦即此意。❿安民在知過　唐大沛曰：「政不利民者，過也，當知之。」⓫用兵在知時　相機而動（唐大沛）。鴻恩按，此即《十大經・兵容》「因時秉宜，兵必有成功」之意。⓬勝大患在合人心　舉合民心，何患之有哉（孔晁）？協眾情則大患可解，故曰勝（唐大沛）。⓭殃毒在信疑　唐大沛曰：「殃毒，猶言禍害。可疑者信之，不能明決，故釀成殃毒。」朱右曾曰：「信所可疑，謂聽讒間。」⓮孽子在聽內　孫詒讓曰：「『子，疑當為『孳』之借字，言災孽之蕃孳也。」劉師培曰：「孔注：『內聽于孽孽而吐于中言，宜其生災也。』案《國語・晉語一》云：『好內，適〔嫡〕子殆，社稷危。』韋注云：『好內多嬖妾專擅，故適子殆；國家亂，則社稷危。』本文孔注或『于孽』二字當作『于嬖孽』，涉正文而誤。據彼說似正文當有『災』字，與上『殃毒』對文。」鴻恩按，孫說可通，「孽」有「災」義，故孫氏以「災孽蕃孳」釋之，扣合孔注之「災」字。然劉氏以為「孽孳」與「殃毒」尚非對文，又疑正文當有「災」字，孫說仍不能相合。下文「化行」與「施舍」亦非對文。今從孫說。子、孳、茲、滋音義通（《白虎通義・爵》「子者，孳也」陳立疏證）。⑮化行在知和　孔晁曰：「可否相濟曰和。」化，教化。⑯施舍在平心　孔晁曰：「施謂施惠，舍謂赦罪。」唐大沛曰：「或施予或舍置，道在平情，所謂稱物平施也。」鴻恩按，竊以「施舍」應從《左傳》昭公十三年杜預注：「施舍，猶言布恩德」。王引之《經義述聞・左傳中》曰：「古人言施舍者有二義：一為免徭役，一為布德惠。蓋古聲舍、予相近，施舍之言賜予也。」平心，用心公正。⑰不幸在不聞其過　過不聞則不知改，是人之大不幸也（唐大沛）。⑱福在受諫　容納忠言，故利於行而得福。⑲基在愛民　陳逢衡曰：「《書（・五子之歌）》：『民為〔惟〕邦本，本固邦寧。』故基在愛民。」立國以愛民為始基（唐大沛）。⑳固在親賢　親賢所以致治保邦，故國固。㉑禍福在所密　所與密者賢，則福（唐大沛）。㉒利害在所近　近賢則利。㉓存亡在所用　用賢則存。㉔離合在出命　離合，猶從違也，視出令之善否（唐大沛）。離合，民心向背也（朱右曾）。《漢書・主父偃傳》引《周書》曰：「安危在出令，存亡在所用。」在命令的意義上，「命」和「令」是同義詞（《王力古漢語字典》）。㉕尊在慎威　威得其宜則尊（孔晁）。㉖安在恭己　行己以恭則安泰。恭己，恭敬地約束自己。㉗危亡在不知時　非時而妄動故危亡（唐大沛）。背時則逆天，逆天者亡（朱右曾）。㉘見善而怠　怠惰不能行善。㉙疑　猶豫不決。陳逢衡曰：「『見善而殆，時至而疑』，本太公對文王語，見《六韜・守土》篇。」亡正處邪，失正道處邪僻。㉚是弗能居　陳逢衡曰：「猶云『雖與之天下，不能一朝居』也。」（語見《孟子・告子下》）朱右曾曰：「雖有天位，弗能安居。」㉛此得失之方也　這是或得或失的法則。方，道；術；法則。唐大沛曰：此節「總上文言之。」㉜察　細看；詳審。

【語　譯】王者所敬佩的在於道德，道德的存在在於利民，民的職責在順從君上。該做的事情要緊的在利用好時機，處理事情要緊的在迅速辦成。計謀能成功在於考慮周到長遠，建立功勞在於有足夠多的力量。昌盛壯大在於能克制自我，不犯錯誤在於能常常警戒自己。不出現困難在於事前謹慎，預見禍患在禍患尚未形成之時。消除禍患在於能做決斷，安定民眾在於懂得不利民的過錯，用兵作戰要緊的在懂得選擇時機，戰勝巨大禍患關鍵在聚合人心。禍害的出現在於信從讒言，災孽的產生在於偏聽內寵。教化得以施行在於懂得協和人心，施予德惠要緊的在用心公正。人的不幸在於聽不到別人講自己的過錯，幸福在於能納諫免除禍端，立國的根本在於愛民，國家的鞏固在於親近賢人。國家得福還是遭禍，在於君主和什麼樣的人關係密切；國家得利還是受害，在於君主和什麼樣的人親近；國家或存或亡，在於君主任用什麼樣的人；民眾或服從或背離，在於君主頒布什麼樣的政令。受尊重在於慎用威力，處境安泰在於恭敬地約束自己，危亡在於不懂得天時。

遇到善事而怠惰不做，時機來了而猶豫不決，失去正大之道而陷於邪僻，這樣就不能有安居之地。這就是或得或失的法則，不能夠不留神。

【研　析】丁宗洛論曰：「此篇多粹精語，家、國、天下之道莫不具備。」唐大沛曰：「此篇百七十五字，而修己治人之道、治亂興衰之故，備于此矣，當錄之為座右銘。」「家、國、天下之道」，「修己治人之道、治亂興衰之故」，即本文內容。

本文用格言體寫成。陳逢衡曰：「通體皆格言。」格言體文章盛行於戰國中期以後，這時的非格言體文章中也有很多格言。西元一九九三年湖北荊門郭店楚墓出土簡書，有被命名為《語叢》的三篇文章，都「類似格言」，時間在戰國中期偏晚，其中就有這樣的格言：「性生強，強生立（堅定），立生斷；性生弱，弱生疑，疑生北（敗北）。」與本文的「斷」與「疑」談的是同一個論題，只是《語叢》是從人性的角度著眼。西元一九七三年底長沙馬王堆三號漢墓出土帛書《經法》四篇，唐蘭先生以為即《漢書・藝文志》所載之「《黃帝四經》四篇」（此後有的學者即正式用為書名）。唐先生以為此書的寫成「應該是戰國前期之末到中期之初」，是黃老派「為首」的著作。他列舉《四經》中百餘條格言，如「極而反，盛而衰，天地之道也」、「聖人不巧，時反是守」、「當斷不斷，反受其亂」、「取予不當，流之死亡」等等，都為同時或此後之著作所引用，如《管子》、《周易・繫辭》、《國語・越語下》、《慎子》、《申子》、《尸子》、《鶡冠子》、《荀子》、《韓非子》、《戰國策》、《文子》、《呂氏春秋》、《莊子》外、雜篇、《大戴禮記》等。又如本書〈武紀〉「臨權而疑，必離其災」，「時至而不迎，大祿乃遷」；又如《戰國策》中，有「聖人不能為時，時至而弗失」（〈秦策三〉），「敵不可易，時不可失」（〈秦策四〉），都是唐先生沒有列舉的，但都與本文「用兵在知時」、「除害在能斷」、「危亡在不知時」、「時至而疑……」等，意思一致。

譚家健教授《黃老帛書之文化考察・格言諺語集錦》，以《黃帝四經・稱》為「格言名句或諺語雜抄性質」，並歷數《逸周書・王佩》、《文子・上德》、《鄧析子・轉辭》、銀雀山漢簡《守法守令・要言》及《淮南子・說林》、《說苑・談叢》均為「戰國秦漢時期」格言名句彙編式文章（《先秦散文藝術新探》）。

從本文所表現的思想看，當時正是班固所說先秦諸子「相滅亦相生」、「相反而皆相成」（《漢書・藝文志・諸子略》）的階段，很難說它屬於哪一家的思想。不過，不引詩書，不談仁義、禮樂，重「謀」，講「用兵」，強調「知時」，是它的特點。竊以就本文的思想傾向而言，似應屬於戰國晚期黃老學派的作品。《黃老帛書・十大經・觀》主張「愛民」：「優未（優惠）愛民，與天同道。」《經法・君正》說：「人之本在地，地之本在宜，宜之生在時，時之用在民，民之用在力，力之用在節。」「無父之行，不得子之用；無母之德不能能盡民之力。父母之行備，則天地之德也。……號令闔（合）于民心，則民聽令；兼愛無私，則民親上。」短短的本文說到〈觀〉、〈君正〉所說的「時」（因時、知時、時至）、「民」（愛民、利民、安民——這與《逸周書》的主調不同，除〈謚法〉、〈本典〉和本文以外，全書基本沒有愛民、安民的話）、「力」（力多、盡民之力）三個方面。愛民、順民心、重民力，表述得十分清楚。「除害在能斷」，「用兵在知時」，反對「時至而疑」，這是黃老著作慣常的主張。《經法・論約》主張「審觀事之所始起」，「定禍福、死生、存亡、興壞之所在」。本文則說：「禍福在所密，利害在所近，存亡在所用，離合在所命」，「勝大患在合人心」，可以說是一呼一應。

本文可與〈殷祝〉、〈周祝〉並讀。

殷祝第六十六

【題　解】殷祝，殷即商。商王盤庚自奄（今山東曲阜）遷都於北蒙（今河南小屯村一帶），曰殷。於是商朝又稱殷或殷商。一般認為，湯建國後稱商，商初無「殷」名。但《山海經・大荒東經》郭璞注引古本《竹書紀年》有「殷王子亥」、「殷主甲微」，而今本《竹書紀年》夏朝時有「商侯遷于殷」，王國維據此曰「此事或可信」（《觀堂集林》卷十二〈說自契至湯八遷〉）。鴻恩按，學者考証，上甲微之殷，在今河北臨漳縣故邯城西南；盤庚之殷，在今河南安陽西北，二地相距三十里。祝，官名。陳逢衡曰：「商祝，見《儀禮・士喪禮》，又見〈既夕〉……祝辭止『陰勝陽』數語，前則備錄其事，如《詩》之有序也。」朱右曾《周書・序》注〈殷祝〉曰：「《儀禮》有商祝、周祝，謂習于商、周之禮者，在《周禮》則喪祝之職也。此及下篇〈周祝〉」蓋商祝、周祝所記，故以名篇。」本文篇末有「誓」，李學勤曰：「《周禮》所載祝官，有大祝、小祝、喪祝、甸祝、詛祝。祝的作用無不與文辭有關」（《說文》：「祝，主贊詞者」、《周禮・大祝》：「大祝掌六祝之辭」、孫詒讓《周禮正義》：「凡祝官亦通稱祝史，古者通謂掌文辭之官為史，故祝稱祝史」），「專掌文辭」。（李學勤〈稱篇與周祝〉，載《簡帛佚籍與學術史》。）誓辭出於祝官，故本文稱〈殷祝〉。高似孫《史略》此篇題作「〈殷說〉」。孫詒讓曰：「此與下〈周祝〉二篇與『祝』義全不相蒙，疑並當作『說』。」鴻恩按，據朱之注釋、李之考證，則孫氏失考，而李即引孫氏《周禮正義》為一證。陳逢衡確切解釋了篇題與「祝辭」的關係。

本文寫夏之末帝桀與商朝開國之君湯政權易手之事，收入本書則不倫，蓋因其與下篇〈周祝〉同作於戰國後期，又同以「祝」為篇名。

湯將放桀，居中野，士民聞湯在野，皆委貨扶老攜幼奔之❶，國中虛。桀請湯曰：「國所以為國者，以有家❷；家所以為家者，以有人也。今國無家、無人矣，君有人，請致國❸，君之有也❹。」湯曰：「否。昔大帝作道，明教士民，今君王滅道殘政，士民惑矣，吾為王明之❺。」

【章旨】士民逃桀就湯，桀讓天下給湯，湯不接受。

【注釋】❶湯將放桀四句　「湯將放桀，居中野，士民聞湯在野，皆委貨扶老攜幼奔之」，「居中野」原作「于中野」，「奔」

下原無「之」字。《史略》引首句作「湯放桀，居中野」，「于」字作「居」。孫詒讓、劉師培據《太平御覽》引《尚書大傳》「湯放桀，居中野，士民皆奔湯」、《路史・後紀》注引《（帝王）世紀》「湯退居中野，老幼虛國奔之」，「于中野」亦均作「居中野」，「奔」下《大傳》有「湯」、《世紀》有「之」。鴻恩按，依以上三書改作「居中野」（孫、劉以為「居」下有「于」字）「奔」下補「之」字。孔晁注湯放桀中野曰：「此事不然矣，或者欲解之。」放，盧文弨引謝氏曰：「湯之放桀，亦如舜之封象。」陳逢衡以放義即「安置」。中野，地名（唐大沛）；邑名（朱右曾）；是湯之所居，若如今本，則似桀被放居中野（孫詒讓）。鴻恩按，商始祖契封於商，在今河南商丘（依王國維〈說商〉說），湯始都之亳，或曰河南商丘，或曰鄭州商城，或曰偃師商城，夏桀都城傳說在斟鄩（今河南鞏義），大都不出今河南或黃河中下游一帶。委貨，委棄財貨。委，棄。❷國所以為國者二句　周代稱「天下、國、家」，天下謂天子所轄之地，國謂諸侯之國，家謂卿大夫之家（參《孟子・離婁上》「天下國家」趙岐注）。後世國家漸成為泛稱。❸致國　獻上國家。致，送；獻。孔晁曰：「此國為〔盧曰：為，當作『謂』〕天下也。」唐大沛曰：「國，謂王畿之國，據此，則桀欲以王位〔『位』字漫漶〕讓湯也。然當日事〔『事』字漫滅，以意增〕實不然矣。」❹君之有也　歸君所有。君之有，即「君有」，加「之」取消句子獨立性，使之成為句子成分。❺昔大帝作道五句　孔晁曰：「大帝謂禹，明禹之事于士民也。」唐大沛曰：「作，為也，為聖王之道。明先王之道與政。」

【語　譯】湯準備安置桀，自己退居到中野。士民聽說湯在中野，都放棄財物扶老攜幼投奔湯，國中變得空虛無人。桀請求湯說：「國所以能成為國，是因為有家；家所以能成為家，是因為有人。如今國中沒有家、沒有人了。君有人，請讓我獻上國，歸君擁有。」湯說：「不，從前大帝禹創制法則，明白地教誨士民，如今君王滅除先王的法則，殘害政務，士民都迷惑了，我替王講明先王的法則和政事。」

士民復致于桀❶，曰：「以薄之君❷，濟民之殘❸，何必君更❹？」桀與其屬五百人南徙千里，止于不齊，不齊士民往奔湯于中野❺。桀復請湯，言「君之有也❻。」湯曰：「否。吾為君王明之。」士民復重請之❼。

【章旨】桀避士民南徙以讓湯，湯不接受。

【注釋】❶致于桀　到桀那裏去。致，詣（潘振）；到。❷薄之君　指湯。薄，即亳，湯所居也（孔晁）。《史記・殷本紀》：「湯始居亳，從先王居。」薄之地，自來眾說紛紜，王國維考證在今山東曹縣南二十餘里（〈說亳〉），《歷史地圖集》第一冊從王說。❸濟民之殘　救濟民眾疾苦。❹何必君更　唐大沛曰：「猶言君何必更？蓋謂民既歸湯，則聽之而已，君何必更之也？」❺桀與其屬五百人南徙千里三句　「桀與其屬五百人南徙千里，止于不齊，不齊士民往奔湯于中野」，「不齊士」三字，朱右曾據盧說補。陳逢衡曰：「《尚書大傳》曰：『桀與屬五百人南徙十里，止于不齊，不齊士民往奔湯。』據此，則『千里』誤，當作『十里』，而『不齊』下有『不齊士』三字。又〔明〕孫瑴《古微書》引〈殷祝〉與今本同。」唐大沛曰：「作『十里』是也。惟與中野相去不遠，故士民可奔湯。」鴻恩按，下條注陳引《路史・後紀》亦作「千里」，陳、唐亦未改「千」字。不齊，地名（孔晁）。❻言君之有也　盧文弨曰：「『言』下亦當有『國』字。」❼復重請之　丁宗洛曰：「士民重請皆歸湯不歸桀。」復，又。重，再。

【語譯】士民又到桀那裏去，說道：「我們憑藉薄的君主救濟民害，又何必改換君主？」桀和他的部屬五百人往南遷徙一千里，留住不齊。不齊的士民，又奔到湯所在的中野。桀又請求湯，說「（國）是君所有的。」湯說：「不。我替君王說明白。」士民又再次請求歸於湯。

桀與其屬五百人徙于魯❶，魯士民復奔湯。桀又曰：「國，君之有也，吾則外，人有言，彼以吾道是邪？我將為之❷？」湯曰：「此君王之士也，君王之民也，委之何？」湯不能止桀。湯曰：「欲從者，從君。」桀與其屬五百人去❸。

【章旨】桀遷徙到魯，自言因為士民反對他，他不能繼續為君，並最終率其屬離開。

【注釋】❶魯　地名（孔注）。❷吾則外四句　陳逢衡曰：「據《大傳》『吾聞海外有人，與五百人俱去。』」陸次雲《八紘繹史》：『桀曰：「海外有人。」與其屬五百人北徙沙漠。』其說誤。《呂氏春秋・慎大覽》：『桀走，逐之至大沙。』大沙，地名。」鴻恩按，《尚書大傳》言「海外」，《列女傳》言「流于海，死于南巢之山」（吳毓江《墨子校注・三辯》）及「北涉沙漠」之說，蓋皆「大水」、「大沙」之望文生義。陳奇猷《呂氏春秋校釋》「呂調陽曰：『大沙即南巢也，今桐城西南有沙河埠，其水東經故巢城，而東入菜子湖也。』」譚戒甫曰：『《墨子・三辯篇》作「湯放桀于大水」，「水」疑「沙」之壞脫字。』」朱右曾曰：「吾則外，言見外于士民也。以吾道為是，猶可留而為之，今不然也。」《彙校集注》曰：「邪，諸本作『耶』。」鴻恩按，陳本、唐本「邪」字均作「耶」，證明「彼以吾道是邪」，必為問句——桀反問湯，邪、耶是用於疑問或反問的語氣詞，邪為正字，「耶」為「邪」的訛變，《說文》無「耶」字（《王力古漢語字典》），此為問句，下句亦作問句為順通。朱注是，體會朱注，可知多家注均為誤釋。❸桀與其屬五百人去　「去」字下盧本、朱本增「居南巢」三字。陳逢衡曰：「考《大傳》、《古微書》引俱無。去者，去居南巢也。」劉師培曰：「孔注：『居南巢之地名。』此文各本悉同，似無訛脫。惟孔注衍『名』字。盧本以『居南巢』三字為正文，又改孔注為『南巢，地名』，臆說無據。《御覽》八十三引《大傳》，與此文同。」鴻恩按，今據陳、劉說刪「居南巢」，孔注應刪「名」字。唐大沛曰：「《春秋地理今釋》：『南巢，今江南廬州府巢縣〔今安徽巢湖市〕東北有居巢故城。』」《歷史地圖集》所標南巢則與注❷呂調陽所說方位相合。唐又曰：「湯帥師伐夏，見于〈商誓〉，實錄也。桀敗而奔之于南服荒裔之國地名巢者，湯不迫之，桀因居焉，故謂之放。非湯獲桀而置之于南巢之地。」

【語　譯】桀和他的徒屬五百人遷徙到魯。魯士民又投奔湯。桀又說：「國，是君所有的，我就是外人了。人們有議論，他們認為我的做法是對的嗎？我還要繼續做下去？」湯說：「這是君王的士，君王的民，拋棄他們幹什麼？」湯不能留住桀。湯說：「想跟隨的跟隨君王。」桀和他的徒屬五百人就離開了。

湯放桀而復薄，三千諸侯大會❶。湯取天子之璽，置之天子之坐左❷，退而再拜，從諸侯之位。湯曰：「此天子位，有道者可以處之❸。天下非一家之有也，有道者之有也。故天下者，唯有道者理之，唯有道者紀之，唯有道者宜久處之❹。」

湯以此三讓三千諸侯，諸侯莫敢即位❺，然後湯即天子之位。與諸侯誓曰：「陰勝陽即謂之變，而天弗施；雌勝雄即謂之亂，而人弗行❻。」故諸侯之治政，在諸侯之大夫治與從❼。

【章旨】湯三讓天子之位，三千諸侯莫敢即位，湯終即位為天子。

【注釋】❶三千諸侯大會　三千諸侯盛大聚會。三千諸侯，古代所謂諸侯國，往往只是一些小部落，數量較多，所以號稱三千、萬國、萬方。如《尚書・湯誥》：「王歸自克夏，至于亳，誕告萬方。」孔穎達疏：「湯之伐桀當有諸侯從之，不從行者必應多矣。」陳逢衡注本書〈商誓・序〉「商王之諸侯」曰：「周時千七百七十三諸侯，而孟津來會者八百，其外九百餘國，皆商諸侯也。」❷取天子之璽二句　「取天子之璽，置之天子之坐左」，十二字與「退而」之「而」，朱本依王念孫說據鈔本《北堂書鈔》、《藝文類聚》等增補。蔡邕《獨斷》引衛宏曰：「秦以來天子獨以印稱璽。」孫氏因曰：「然則自周以前璽為上下通稱，故特別言之曰『天子之璽』。而今本無此文，則後人不知古義而刪之也。」❸有道者可以處之　孔晁曰：「讓諸侯之有道者。」❹天下非一家之有也六句　「天下非一家之有也，有道者之有也。故天下者，唯有道者理之，唯有道者紀之，唯有道者宜久處之」，劉師培曰：「賈子《新書・修政語下》述師尚父語云：『故天下非一家之有也，有道者之有也，故夫天下者唯有道者理之，唯有道者紀之，唯有道者使之，唯有道者宜處而久之。』理、紀、使、久與有協韻，本文疑當與同。今作『久處』失其韻矣。(孔所注之本已誤。)」鴻恩按，劉說是，「宜久處之」當作「宜處而久之」。紀，治理；管理。孔晁曰：「久處，久居天子之位。」❺湯以此三讓三千諸侯二句　「湯以此三讓三千諸侯，諸侯莫敢即位」，朱右曾本不重「諸侯」二字。王念孫曰：「《類聚》、《御覽》并引作『湯以此三讓三千諸侯，諸侯莫敢即位』，今本『讓』上無『三』字，『諸侯』二字又不疊，皆寫者脫之。」鴻恩按，朱本已依王說增「三」，今復據《類聚》、《御覽》增「諸侯」二字。《夏商周斷代工程階段成果報告》估定湯即位約在西元前一六〇〇年左右。❻陰勝陽即謂之變四句　孔晁曰：「逆天道，故不施；雌勝雄，女淩男之異——逆人道，故不行焉。」陳逢衡曰：「人弗行，則不從。此以夫婦寓君臣之義。」朱右曾曰：「下必順上，所以教治也。述湯誓，見下不順上，乃陰勝陽、雌勝雄，大亂之道也。」變，奇異；怪誕。❼故諸侯之治政二句　「故諸侯之治政，在諸侯之大夫治與從」，孫詒讓曰：「此文有挩誤，疑當作『故諸侯之治在政，大夫之治與從。』與，讀為『舉』，言臣在從君也，孔注意亦似如是。」劉師培曰：「賈子《新書・大政下》云：『故古聖王君子不素距人，以此為明察也。國之治政，在諸侯、大夫、士；察之理，在其與徒。君必擇其臣，而臣必擇其與徒。』即本此文，惟亦有訛挩。竊以本書之文當作：『故諸侯之治在政，大夫士之治在與徒。』謂國之治否，繫于政，而治身與否，繫于所用之人也。從、徒形近致訛。理，即『治』也（唐人『治』為『理』）。惟此以『諸侯』代『國』。」閻振益、鍾夏《新書校注》曰：「何本、周本作『以此為明察也。察國之治，在夫諸侯；察士之理，在其與徒。』俞樾曰：『察也』二字誤倒，『侯』字衍文，『士察』二字亦誤倒。下文云『君必擇其臣』，即所謂『察國之治，在諸大夫』也。又云『臣必擇其所與』，即所謂『察士之理，在其與徒』也。政乃語詞，猶言正在于此也。王耕心謂『正字衍』。如俞說，則此文當為：『以此為明也。察國之治，政在諸大夫；察士之理，在其與徒。』刪『政』亦治。劉師培另有說，嫌迂曲。」鴻恩按，劉說〈大政〉之文本此，蓋是，但彼此之文均多衍脫錯亂。聯繫〈大政〉上下文，俞說更貼切。疑俞、劉之說似尚均有未合。結合〈大政〉考慮，疑此文本作「故國之治，政（正）在諸侯；大夫之治，在與徒。」「之」字寫法本與「士」字不同，但據《古文字詁林》所載，有與「士」近似者，疑「士」之出現，應為「之」字誤衍，可以無論。湯即位不應言「諸侯之治」，〈大政〉言「國之治」，即指湯之治，「正在諸侯」，正在於諸侯之是否從順，以切誓辭，故孔曰「言下必順上，所以教治也」，此為君臣同誓之由，也是言君擇其臣之意。「諸侯」字誤，應從〈大政〉作「國」。「大夫之治，在與徒」，言臣擇其所與。原文「之」字誤淆於「大夫」上，又據上句和〈大政〉「治」下脫「在」字。譯文據此。

【語　譯】湯安置了桀，回到薄，三千諸侯大聚會，湯取天子的印璽，放在天子坐位的左面，退下來拜了兩拜，隨從諸侯就位。湯說：「這是天子的坐位，有道的人可以坐在這裏。天下不屬於一家所有，是有道的人所擁有。所以天下只有有道的人治理它，只有有道的人經管它，只有有道的人適宜長久坐在這個位子上。」

湯把這個位子讓了多次，三千諸侯沒有誰敢於即位。然後湯就天子之位，與諸侯共同盟誓，說：「陰性超過陽性，就叫做怪異，上天就不會給予佑助；雌性勝過雄性，就叫做變亂，人就不會從行。」所以國家治理得好壞，恰好在諸侯是否從順；大夫治理得好壞，在於他的部屬選擇得如何。

【研析】唐大沛說：「此篇不言伐夏而飾征誅之事為揖讓之風，雖非實錄，然曲意摹寫民之歸湯與湯之謙讓不遑，可謂工于立說矣。竊疑作者其有寓意耶？彼殆見武王誅紂之事，心不韙之，故借湯放桀一事，形容比儗，以寓古今世運升降之感耶？未可知也。」朱右曾說：「愚謂此篇之作，蓋在春秋之季，政在大夫，駸駸有代興之勢。故陳古以刺今。謂湯放桀，非湯放之，乃桀自不能居而去，非專政逐君者得以藉口。末述湯誓，見下不順上，大亂之道也。」唐、朱論作者之作意，唐以為諷古，朱以為刺今，二說並不矛盾，都是說本文反對以武力奪取政權，強調要在人民衷心支持下接受擁戴。孟子曾說『湯始征，自葛載』，十一征而無敵于天下。東面而征，西夷怨；南面而征，北狄怨，曰：『奚為後我？』民之望之，若大旱之望雨也。」（《孟子·滕文公下》）本文則更進一步，與孟說不同，說商湯代夏桀，完全是人民拋棄了桀，儘管湯再三勸說百姓歸附桀，但人民還是堅決擁戴湯。湯根本不動用武力，純粹是揖讓而得政權。所說與〈世俘〉中武王的大動干戈不同，與春秋時代以弒父、弒君手段篡奪政權更加不同。本書的軍事著作，強調仁義之師和安撫懷柔政策，與《孟子》有一致之處。本文作者則乾脆以為只要贏得民心，根本用不著軍事。

唐大沛、朱右曾都認為本文不是實錄，是有寓意的文學創作。胡念貽指出本文是歷史小說，這篇小說「寫桀所以失天下，在於失民心；湯所以得天下，在於得民心。得民心，就是『有道』的標誌」，本文不講天命，也不正面講敬德，而是把春秋戰國時代興起的新思想（「順民心」）寫到夏桀商湯的時代，因而這不是寫歷史。兩個主要人物桀與湯，也都不同於歷史人物的桀和湯（胡念貽《中國古代文學論稿·逸周書三篇小說》）。

查出土文獻黃老帛書（或稱《黃帝四經》）之〈稱〉說：「聖人不為始，不專己，不預謀，不為得，不辭福，因天之則。」「天制寒暑，地制高下，人制取予。取予當，立為聖王；取予不當，流之死亡。」《十大經·果童》說：「靜、作得時，天地與之。」《經法·論約》說：「功合于天，名乃大成。」這是黃老學派關於得天下「因天之則」的主張，這些論述，似可足以證明本文是黃老道家在運用本派理論塑造典型。與下一篇〈周祝〉並讀，特別是「用彼大道知其紀，加諸事則萬物服，用其則必有群，加諸物則為之君……則為天子」並讀，其意就更為明瞭。而從《老子》開始提出的作為世界本原的「道」字，本文中出現了八次，而道家各派都使用「道」作為他們共同的術語（陳鼓應《黃帝四經今註今譯・重排版序》）。〈稱〉又曰：「主陽臣陰，上陽下陰。」也與本文含義完全一致。因此本文作者應是黃老學派的學者。他所說夏桀、商湯的交接天下，既不同於儒家，更不同於法家，實為宣傳其學派的觀點而已。同以「祝」命名的〈殷祝〉肯定是一篇黃老學派的作品，兩篇同名，又放在一起，絕非偶然。本文主旨「得民心者得天下」，與孟子一致，但孟子終究有「東面而征」、「南面而征」，沒有離開征伐。這裏的「湯」，完全是「因天之則」，故「天地與之」。這同時可以說明，本文產生時代是在孟子之後。

此外，本文「士民」一詞出現七次，而今文《尚書》、《國語》、《左傳》、《論語》、《孟子》、三《禮》等都不見「士民」；《詩經・大雅・瞻卬》有一個「士民」，鄭玄釋為「士卒與民」，與此文「士民」作為一詞而指人民、百姓不同；《墨子》只在〈辭過〉、《莊子》只在雜篇「士民」一、二見，戰國末期之《管子》、《荀子》、《戰國策》、《韓非子》、《呂氏春秋》，「士民」則分別出現七、五、十三、十四、八次，僅《韓非子・初見秦》一文即出現八次。又如「君王」一詞，本文出現三次，而今文《尚書》、《周易》、《論語》、《孟子》、《荀子》中都沒有，《詩經・小雅・斯干》說王太子有一個「君王」，鄭、孔都釋為他將來「或為諸侯之君，或為天子之王」，還不是一個詞。有意思的是，《國語》、《左傳》只用「君王」稱呼楚、吳、越三國之君，《春秋》、「三傳」對周天子從不稱「君王」，均稱「天王」。至《戰國策》、《呂氏春秋》才把「君王」作為對戰國之君的通稱。唐蘭曰：「君字之義，與『尹』字同，周初猶承用此義。《易・師》之九二曰：『王三錫命。』而上六曰：『大君有命。』明『大君』非王也。金文習見天君，即大君。而〈天尹鈴〉及〈作冊大鼎〉並作天尹，即『大尹』也。〈作冊大鼎〉曰『揚皇天尹大保室』，此天尹並兼大保者，必為召公奭。然則《周書・君奭》諸篇之稱君，亦即『尹』也。是君本王臣之稱也。至於戰國，則大夫可封其宗族為君，更自稱王。然則大夫之稱為君，其為襲王臣之稱。或由國君之稱所推衍。」（《古文字詁林》第二冊第三一頁引《智君子鑑考》）李孝定曰：「卜辭稱『多君』，與多尹、多臣、多公同意，為人臣之稱，唐氏之說是也。」（同上第三三頁引〈金文詁林讀後記〉）可證本文湯對夏朝天子稱「君王」，用的卻是戰國人所用稱呼，此蓋作者所不自覺者。故朱右曾以本文作於春秋之季不可信。

周祝第六十七

【題解】周祝，周朝的祝官，祝官代宣王命，以之為題。祝，詳見上篇題解。

本文是一篇黃老學派的作品，又有濃重的陰陽五行家氣息。黃老作品，在本書中有〈王佩〉、〈般祝〉和本篇，本篇表現得最為充分。

曰維哉！其時告汝❶，不聞道，恐為身災❷。讙哉民乎❸！朕則生汝，朕則刑汝❹，朕則經汝，朕則皐汝❺，朕則壽汝❻，朕則名汝❼。

故曰❽：文之美而以身剝，自謂智者故不足❾。角之美殺其牛，榮華之言後有茅❿。石有玉而傷其山，萬民之患故在言⓫。凡彼濟者必不怠，觀彼聖人必趣時⓬。時之行也勤以徙，不知道者福為禍⓭；時之從也勤以行，不知道者以福亡⓮。

故曰：肥豕必烹，甘泉必竭，直木必伐⓯。地出物而聖人是財，雞鳴而人為時，觀彼萬物且何為來⓰？

【章旨】此章提出問題。先有小序，後說自全免禍之要點。

【注釋】❶曰維哉二句 「曰維哉！其時告汝」，于鬯以「告」字絕句。鴻恩按，于說誤。曰，語氣詞，用於句首，有協調句式作用，無義，見俞樾《古書疑義舉例》五十。潘振曰：「祝官開讀也。」潘說可，乃祝官代讀王言，惟「曰」字上則應有主語（王）。維哉，思念呀！維，通「惟」。思（唐大沛）；念（朱右曾）。其時告汝，將把這些事曉告你們。其，副詞，要；將。時，代詞，是；此。

❷不聞道二句　「不聞道，恐為身災」，章本「不聞」作闕文，程、鍾、吳、王等本作「不聞」，潘、陳、丁、朱本並從。盧文弨以「不聞」非是。唐大沛據孔晁下注「告以善道是生之」，疑是「以善」二字。鴻恩按，唐補「以善」，而成「以善道，恐為身災」，則不可通，今從眾說。孔晁曰：「言所以告汝，不聞道為身災也。」

❸讙哉民乎　孫詒讓曰：「《史略》作『攘哉民心哉民』，文似有誤衍。『讙』疑當從高〔似孫〕本作『攘』，訛作『讓』，傳寫又訛作『讙』耳。」鴻恩按，孫說應作「攘」，然未言「攘」何所取義，上應「不聞道，恐為身災」，則可為警告語，「攘」為擾攘、紛亂之義，（《淮南子・兵略》高誘注：「攘，亂。」）乃「不聞道」之狀；亦可為勸告語，《說文》：「攘，推也。」乃推讓、謙讓之本字，欲其遵道。又《廣雅》、《方言》亦均曰：「讙，讓也。」則與後一義相通。今取「讓」義。

❹朕則生汝二句　孔晁曰：「告以善道是生之，是以教之以法也。」朕，第一人稱代詞，我，秦以前天子、庶民均可用。本文為祝官代讀，則「朕」為天子。則，是；是要。生汝，使你們活。刑汝，有二解，潘、陳、唐俱從孔說，朱右曾解此二句為「善者生之，惡者刑之」，以刑為處罰義。鴻恩按，孔、潘、陳、唐並讀「讙」本字，釋為「喜悅」（潘）、「讙虞〔娛〕」（陳、唐），故以「刑」為「教之以法」、「示之以法」，今從孔注釋「刑」為「法」。然朱右曾蓋慮及「不聞道為身災」，而釋「讙」為「眾盛」，不釋為「喜悅」；下文言「陳五刑，民乃敬」，「被之以刑，民始聽」，朱說亦自有據，待究。

❺朕則經汝二句　「朕則經汝，朕則皇汝」，章本、盧本、陳本原無後四字，而有「朕則亡汝」，孔晁注作「經記汝，昌皇汝，殺亡汝」。盧文弨曰：「一本云：『案注似脫「朕則皇汝」。』」陳逢衡曰：「當添『朕則昌汝』于『經汝』下。」唐大沛曰：「正文非脫一句，乃『皇』字誤為『亡』字也。皇，古文俗作『自』，省作『自』，稍殘缺似『亡』字，故誤作『亡』字。後人見正文有『朕則亡汝』句，遂于〔孔〕注中妄加『殺亡汝』三字，不知于義既不倫，且多一句矣。正文六句，生、刑、經、名韻協，皇與壽協，注不應多一句也。」唐改為「朕則皇汝」而無「朕則亡汝」。朱本添「朕則皇汝」，復保留「朕則亡汝」。鴻恩按，唐說有理。今姑從唐說，刪朱本「朕則亡汝」。經，治理。皇汝，豐富你們的財貨。

❻壽汝　民不犯法，不中絕命（陳逢衡）；導其妻子使養其老，所以延年（唐大沛）。

❼名汝　王念孫曰：「名者，成也。《廣韻》引《春秋說・題辭》曰：『名，成也。』（《廣雅》同。）」鴻恩按，這六句是要表明下面的話非常重要，乃「道」之所在，關係諸人命運，故曰可以「生汝」等等。

❽故曰　俞樾曰：「故者，承上之詞也；而古人亦或用以發端。」（《古書疑義舉例》五十）楊伯峻曰：「故，仍是連詞，不表因果關係的結果，而是承接上

文，相當於今天的『便』、『就』、『於是乎』。」《古漢語虛詞》鴻恩按，唐大沛以「故曰」為衍文，陳漢章以為「故」通「古」，「『故曰』猶古人有言曰。」二說不確，應從俞、楊說。❾文之美而以身剝二句　「文之美而以身剝，自謂智者故不足」，朱右曾於「美」下增「也」字，王念孫以「智」下「也」為衍文，刪之。鴻恩按，「自謂智也者」語贅，「也」字當刪，則上句亦不當增「也」。唐大沛同。今刪上句「也」。孔晁曰：「狐貉俱以文受害，人自賢則愚惡反見。」唐大沛曰：「才美外露，反以剝，喪其身。才智自賢不日益而日損。」剝，去皮。鴻恩按，此「故」，通「顧」。反而。《經傳釋詞》：「顧，與『反』同義」。❿角之美殺其牛二句　劉師培曰：「《文子・符言篇》：『茅』作『愆』，徐注云：『後招身禍。』」孔晁曰：「言牛以角死，虛言致穢也。」盧文弨曰：「惠半農云：『茅，讀作「矛」。』文弨案，注云『致穢』，正釋『茅』字。惠以矛與牛韻，故讀從之，非改字也。」陳逢衡以為讀作「矛」，當作「戈矛」解。唐大沛以榮華之言，謂如華之榮而不實者。于鬯曰：「此言榮華之言，兵戈即在其後耳。孔解謂『虛言致穢』，未得其義。」鴻恩按，孔釋「茅」為「穢」乃茅廁之「茅」，亦自成義，王利器《文子疏義》中孔注「致穢」之意曰：「後人言茅司當本此。」⓫石有玉而傷其山二句　「石有玉而傷其山，萬民之患故在言」，第二句末三字原作「在□言」，王念孫據《文子・符言》「石有玉，傷其山……黔首之患固在言」，改為「故（固）在言」，唐、朱從。孔晁曰：「山以有玉故傷，人以有言受患。」鴻恩按，此二句原在「凡彼濟者」二句之下，唐大沛審文義是錯簡，上文「文之美而以身剝」二句與此意同。以上六句均承「恐為身災」而言。「凡彼濟者」二句另起意，且「觀彼聖人必趣時」與下文「時之行也勤以徙」相接，文意通順。今從唐說移正。⓬凡彼濟者必不怠二句　盧文弨曰：「《潛夫論（・救邊）》引曰：『凡彼聖人必趨時。』」孔晁曰：「以不怠故濟，以趨時故聖。」唐大沛曰：「不怠，勤敏也。敏則有功，故事濟。聖人及時有為，是不怠于時也。」趣時，與時代、形勢相適應；隨時代、形勢的變化而變化。即《史記・太史公自序》所論道家「與時遷移，應物變化」之意。趣，追求；迎合。唐又曰：「此二句是綱領，下文反復申明之。」⓭時之行也勤以徙二句　「時之行也勤以徙，不知道者福為禍」，《文子・符言》下句與此相同，上句為「時之行，動以從」，王念孫以「勤」為「動」字之誤，「言時之行也變動而遷徙，人不知變動以從時，則鄕之為福者今反為禍也。《文子》作『動以從』，是其證。下文『時之徙也勤以行』，勤亦『動』之誤。」唐大沛曰：「『勤』字正承『不怠』言之，『行』、『徙』皆『動』字義，何須又加『動』字？」劉師培曰：「『徙、禍古韻不協，或舊本『徙』作『移』。」鴻恩按，朱右曾同於唐，亦不改「勤」，今從唐、朱。劉以「徙」當作「移」，未確。移、禍固皆為歌部韻，然徙為支部韻，《詩經》無支、歌合韻之例，《楚辭》則有（見王力《楚辭韻讀》、《詩經韻讀》），〈周祝〉作於戰國，故其用韻與《楚辭》同。孔晁曰：「不徙以及時，人故失其福也。」唐大沛曰：「勤以趨時，斯為知道者矣，知道斯獲福矣，所謂敬勝怠者吉也。不然者，怠于自修，此禍之所由致，所謂怠勝敬者滅也。」⓮時之從也勤以行二句　「時之從也勤以行，不知道者以福亡」，「之」下一字或作「從」或作「徙」。盧本、陳本、唐本、朱本作「從」，章本作「徙」。丁、唐主「徙」，唐曰：「從，當作『徙』。此二句與上文一義，轉換數字反復以詠嘆之耳。」鴻恩按，「從」作「徙」文字整齊，然「從」、「徙」並通。朱右曾曰：「因時在敏，不知道則怠以棄福。」⓯肥豕必烹三句　劉師培曰：「《文子・符言》同。《墨子・親士》作『甘井近竭，招木近伐。』（《意林》引『近』作『先』。）《莊子・山木》作『直木先伐，甘井先竭』。『必』字疑亦『先』訛。」鴻恩按，《文子疏義》王利器引王叔岷曰，《御覽》卷四五九引《文子》作「先竭」，《類聚》引《淮南子》亦作「先竭」。黃老帛書《十大經・行守》：「直木伐，直人殺。」即本文之意。孔晁曰：「以其供人用，自然理。」唐大沛曰：「讓則勤能有功，怠則罔濟，亦自然之理也。」又曰：「自篇首至此皆為民言之，兩『道』字，承篇首『道』字，『福亡』承篇首『災』字。蓋望民遵善道、斂才就實、勤事乘時，于以弭禍而招福。」⓰地出物而聖人是財三句　「地出物而聖人是財，雞鳴而人為時，觀彼萬物且何為來」，「財」字原作「時」，「來」字原作「求」。盧文弨曰：「依注則正文『求』字乃『來』之誤，又『且』字亦似誤衍。」唐大沛改「求」為「來」。孫詒讓曰：「時，當為『財』，涉下句『雞鳴而人為時』而誤。」劉師培曰：「《斠補》云『時當為「財」』，其說是也。孔注『聖人則之』，則即『財』誤。傳解云：『故凡土地之間者，聖人裁之，並為民利。』裁、財古通。（《文選・豪士賦・序》注引《尸子》云：『天生萬物，聖人財之。』語本此。）」鴻恩按，《管子・心術下》：「凡物載名而來，聖人因而財之，而天下治。」亦為孫、劉之說添一證。「是時」今改為「是財」；「求」改為「來」。財、來同韻部。孔晁曰：「萬物自然不為人來，聖人則〔財〕之，如因雞鳴而以為時也。」地順時而生萬物（唐大沛）。人謂眾人，為善為利，皆雞鳴而起也（陳逢衡）。

【語　譯】要考慮呀！我要把這些話告訴你們：不聞道，恐怕就要成為自身的災禍。謙讓吧民眾啊！我是要使你們活得好，我是要使你們曉得法度，我是要管理好你們，我是要使你們富足，我是要使你們延年益壽，我是要使你們功成名就的。

於是說：鳥獸皮毛美麗的，牠的身體因此而被宰割；人自認為聰明的，反而顯示他的愚拙。角長得美麗的，那牛就會被屠宰；好聽華麗的言辭之後，就會有噁心的事情到來。石頭中有玉，那座山就會被毀壞；大眾的禍患，本來在多言招災。凡是成功的人，必定勤敏不懈怠；看那聖人，必定是適應形勢、時機而有作為。

時光不停地運行，人就要抓住時機勤奮辦事，不懂得道的人怠惰放棄時機，福就會轉化成禍害；時光不停地遷移，人就要追著時機勤奮做事，不懂得道的人怠惰放棄時機，就會把本有的福變成滅亡之災。

所以說：肥豬首先遭受烹煮，甜美的泉水首先乾涸；挺直的樹木首先被砍伐。大地生長萬物，聖人把它們當做財物；早晨雞叫，人們把它當作起床活動的時間。看一看那萬事萬物，都是因任自然，哪一樣是為人而來的？

故天有時人以為正，地出利而民是爭❶。人出謀，聖人是經❷；陳五刑，民乃敬❸。教之以禮民不爭，被之以刑民始聽，因其能民乃靜❹。

故狐有牙而不敢以噬，貆有爪而不敢以撅❺，勢居小者不能為大❻。特欲正中，不貪其害❼，凡執道者不可以不大❽。

故木之伐也而木為斧，賊難之起自近者❾。二人同術，誰昭誰暝？二虎同穴，誰死誰生❿？

故虎之猛也而陷于擭，人之智也而陷于詐⓫。葉之美也解其柯；柯之美也離其枝，枝之美也拔其本⓬。儼矢將至，不可以無盾⓭。

故澤有獸而焚其草，大威將至不可以為巧；焚其草木則無種，大威將至不可以為勇⓮。故天之生也固有度，國家之患離之以故；地之生也固有植，國家之患離之以謀⑮。

故時之還也無私貌，日之出也無私照⑯；時之行也順至無逆，為天下者用大略⑰。火之燀也固定上，為天下者用牧⑱；水之流也固走下，不善故有桴⑲。故福之起也惡別之？禍之起也惡別之⑳？故平國若之何㉑？頃國、覆國、事國、孤國、屠國㉒，皆若之何㉓？

故日之中也仄，月之望也食；威之失也陰食陽，善為國者使之有行㉔。是彼萬物必有常，國君而無道以微亡㉕。

【章　旨】世間萬事萬物的運行都有它的常規，國家的治理就是要執道以避禍求福。國君無道國家就會滅亡。

【注　釋】❶故天有時人以為正二句　唐大沛曰：「正、政通。天有四時，人因之以為政，《(禮記・)月令》一書備矣。」鴻恩按，疑此處之「正」可釋為常道、法則。民是爭，孔晁曰：「爭，謂爭共斂之也。」陳逢衡曰：「趨事赴功，各務所獲，是為爭。」是爭，「是」為動詞「爭」的賓語，近指「地出利」之「利（收穫物）」，倒置在動詞前。上文「(聖人)是經」是同樣的結構。《詩經》及上古韻語有此語法。❷人出謀二句　唐大沛曰：「人出謀以治國家，聖人因時經紀其政，如下文云云也。」❸陳五刑二句　孔晁曰：「敬上命也。」唐大沛曰：「刑，當作『行』，以聲誤。德行之『行』也。陳布五常之行以訓之，民乃知敬德也。」劉師培曰：「敬，即『儆』字，孔說蓋非。」鴻恩按，唐說不可取，「陳五刑」，文字通順，言「陳德行」或「陳五常之行」則欠通。劉說「敬即『儆』」，顯然是讀「刑」本字。五刑，五種刑法。據《尚書・堯典》、《周禮・司刑》指墨、劓、宮、刖、大辟（殺）。❹教之以禮民不爭三句　孔晁曰：「有禮則讓，故不爭。聽，順。靜，服，謂不為亂也。」朱右曾曰：「因其能者，農、工、商、賈各有業也。」鴻恩按，黃老帛書《道原》：「分之以其分，而萬民不爭。」分之以其分，即本文末章所說使百姓守名定分。❺故狐有牙而不敢以噬二句　「故狐有牙而不敢以噬，貆有爪而不敢以撅」，「貆有爪」章本作「貆有蚤」，盧文弨據《說文》校作「貆有爪」。盧《校正補遺》又曰：「蚤，當作『叉』音爪，叉為手足甲。」鴻恩按，《說文》「叉」字段玉裁注：「叉、爪，古今字。古作叉，今用爪。」依段注，則盧不必作此說。劉師培曰：「《書鈔》引作『貆有爪』。」唐大沛曰：「狐、貆二喻承上文，言小人不敢逞欲，以上之政教有以服之也。」朱右曾曰：「貆，讀若桓，豪豬也。喻民有爭心而不敢肆也。」噬，咬。撅，同「掘」。❻勢居小者不能為大　唐大沛曰：「勢，疑當作『埶』，埶與『藝』通，亦與『勢』通。埶〔藝〕，才能也。故孔注云『材埶〔藝〕』。上文注亦云『小能』，是孔以才能訓『埶』字也。傳寫悞耳。或曰勢以勢位言，存參。」孔晁曰：「雖有其材埶，不便故。」朱右曾讀為「勢」：「勢，力也。局于識量，不勝大任。」❼特欲正中二句　「特欲正中，不貪其害」，特欲，章、盧、唐本作「特欲」，陳、朱本「特」作「持」。陳曰：「八字有訛誤。」唐大沛曰：「『欲』字悞。玩孔注『中正不立』，則知正文作『特立中正』，傳寫者悞作『欲』字，又『中正』字倒也。」鴻恩按，陳、朱蓋以為「持欲正中」可以成意，故以意改「特」為「持」。無據不應改文，今恢復「特」，姑依唐說以俟考。孔晁曰：「不貪害也〔唐大沛：疑當作『不貪欲也』〕，中正不立。」唐釋此八句曰：「特立者，特然自立，中正不偏也。嗜欲之害，無所貪求也。」❽凡執道者不可以不大　「執」字原作「勢」，丁宗洛、朱右曾改為「執」。唐大沛曰：「勢，疑原本是『埶』字，『勢道』，疑當作『執道』，執與『埶』相似故悞。」鴻恩按，唐說可信據。孔晁曰：「不大其度，至道不行也。」唐大沛曰：「執，守也，持也。謂執持治國之道者，識量不可以不大也。大則量無不周，識無不到，吉凶禍福了然于先幾之見矣。」❾故木之伐也而木為斧二句　「故木之伐也而木為斧，賊難之起自近者」，「起」字下章本有「者」字，盧文弨以為衍文而刪之。丁宗洛曰：「此『者』字乃『首』字訛。」丁說可存參。陳逢衡曰：「伐木為柯，是助斧伐木也。賊難之起自近者，則宦官、宮妾不可不防。」朱右曾曰：「聲色、臭味、安佚，皆性之賊。」斧，這裏指斧柄，即柯。❿二人同術四句　孔晁曰：「成者能昭，猛者能生。」陳逢衡曰：「心專者昭，力弱者死。」鴻恩按，下二句一言「虎之猛」，一言「人之智」，即為此二句之答案。孔曰「猛者能生」，說是；而「成者能昭」，則應說「智者能昭」才是。昭、暝，前景光明、黑暗。⓫故虎之猛也而陷于擭二句　孔晁曰：「虎以食陷阱，人以欲陷詐。」陳逢衡曰：「此戒猛不可恃，智不可依也。是故聖人以德不以力，以誠不以偽。」鴻恩按，上文說在一定條件下可恃智與猛，這裏說智、猛又不可一味憑恃，甚至因智、猛招禍。擭，捕獸的機檻。⓬葉之美也解其柯三句　朱右曾曰：「葉，當為『華』。」孔晁曰：「此言飾末業，覆本質也。」陳逢衡曰：「言德為才累也。」朱右曾曰：「言有大美，必有大患。禍患之幾伏于衽席。」劉師培曰：「《國策·秦三》范雎云：『詩〔志〕

曰：木實煩者披其枝，披其枝者傷其心。』與此文相似。」柯，樹枝（這裏與「斧柯」之義有別）。本，樹木之根。⓭儼矢將至二句　盧文弨曰：「儼矢，即嚴矢。」朱右曾曰：「儼乎若矢。」孫詒讓曰：「儼矢無義，『儼』當為『侯』，即『鍭』之借字。《爾雅・釋器》云：『金鏃翦羽謂之鍭。』郭注云：『今之鉀箭是也。』《方言》：『（箭鏃）廣長而薄鐮謂之鉀。』《周禮・司弓矢》云：『鍭矢用諸近射、田獵。』《淮南子・兵略訓》云：『疾如鍭矢。』」盾，喻為人當有所備護（孔晁）。

⓮故澤有獸而焚其草四句　「故澤有獸而焚其草，大威將至不可以為巧；焚其草木則無種，大威將至不可以為勇」，「草」字下原有「木」字，王念孫《雜志》以為衍文，「草」與下文「巧」字為韻，陳本、朱本因之刪「木」（唐亦以為衍文），第三句「木」字盧以為可以不刪。「不可以為巧」章、盧、朱三本無「以」字，陳、唐本有。于鬯疑「巧」字本作「扑」，扑，箠也，擊也，扑者不可以禦大威，故曰不可以為扑，且扑與「木」為韻，「木」不可刪，以王說武斷。鴻恩按，誠如于說，文應徑作「大威將至不可扑」，「不可為扑」其語豈不迂曲？可言「為巧」，不可言「為扑」。竊以于說非是。又，上下文並作「不可以」（「不可以不大」、「不可以無盾」、「不可以為勇」），獨此句無有，陳、朱添「以」，語順，今從。孔晁曰：「亦言貨以危身，禍至不可救也。」唐大沛曰：「種，類也。獸類將盡殲矣。罹此大禍，則勇者亦無所用其力矣。國家禍亂已成，悔之無及，其滅亡也必矣。」⓯天之生也固有度四句　孔晁曰：「以言患因事而起。故，事也。」陳逢衡曰：「言天有常度，國有舊章，皆當遵循，若離之以故，則國家之患不免矣。故，謂故常。盧文弨曰：『離，罹也。』衡案，離音荔，力智切，去也。離之以謀，謂棄而不理。」唐大沛以「故」為事故，說同孔注。朱右曾以為「離，遠也；絕也」，以「故」為「舊章」，說同陳氏。劉師培又曰：「下云『離之以謀』，『故』亦謀也。《文選・景福殿賦》李注引賈逵《國語》注云：『故，謀也。』」鴻恩按，「故」、「離」之釋，其說不同，今用孔、盧之說。大意是，天地所產生的諸種事物，都有固定的常規、種植的根苗，國家產生禍患，就是因為遭遇到事故，或不善於謀劃。⓰故時之還也無私貌二句　王念孫曰：「孔注曰：『還，謂至也。』諸書無訓『還』為『至』者。『還』當為『遝』，『遝』與『逮』同。《爾雅》：『逮，及也。』及亦至也，故孔云『還〔遝〕謂至也』。又云『時至並應，日出普照』，以日出比時至，則當言時之逮不當言『時之還』也。」丁宗洛曰：「無私貌：謂榮枯之狀適應四時之氣耳。」唐大沛曰：「時至而品物咸彰，其貌顯著，大公無私也。日出而光于四方，普照萬物，亦大公無私也。」陳逢衡讀為「環」，朱右曾讀為「旋」，謂循環、周而復始也。鴻恩按，王說「還」應為「遝」、「逮」，是從孔注訓為「至」著眼，陳、朱不從王說而以為讀「環」、讀「旋」，是從正文本身著眼。各成其說。但孔注既釋為「至」，則孔本當為「遝」、「逮」，似應如王、唐之說。貌，即《荀子・禮論》楊倞注：「貌，象也。」即今所說貌相，與下句「照」字相對。⓱時之行也順至

無逆二句　盧文弨曰：「『至』字疑衍。」陳逢衡曰：「『順』字疑衍。」唐大沛曰：「正文似無衍字。」孔晁曰：「言當以大略順時也。」唐大沛曰：「四時流行順其序而無違逆，故生生不已而晦明代運，萬古有常。言當用天地無私之大道也。略，道也。」朱右曾曰：「略，要也。以簡御繁也。」鴻恩按，《說文》「略」字段玉裁注：「凡舉其要而用功少皆曰略。略者，對『詳』而言。」⑱火之燀也固定上二句　盧文弨曰：「定，疑『走』之訛。」孔晁曰：「燀，燃也。火曰炎上。牧，謂法也。」唐大沛曰：「牧，無訓『法』者，注『法』字蓋『治』字之訛，《廣韻》：『牧，治也。』夫天地之間莫大于水火，火炎上，當象其明以居上而臨下。《小爾雅》：『牧，臨也。』《廣韻》訓『治』，作治民解，亦通。」⑲水之流也固走下二句　孔晁曰：「水性就下，坎險在前，不利于行，故濟以桴。道濟天下當如是，是皆所謂大道也。」⑳故福之起也惡別之二句　孔晁曰：「惡，于何也。言其微也。」唐大沛曰：「凡禍福之起，始于至微，當于端倪、甫兆而別之。《中庸》所謂『禍福將至：善，必先知之；不善，必先知之』。」別，分辨。㉑平國若之何　唐大沛曰：「蓋謂平國其所以守成者，果若之何也?」又曰：「《周禮・大司寇》『平國用中典』，鄭注：『平國，承平守成之國也。』」㉒頃國覆國事國孤國屠國　頃舊作「須」，依王念孫說據《荀子・性惡》改，頃、傾同，傾，危也，傾國與覆國義相近（王念孫）。覆，顛覆也，顛尚可扶，猶未至滅，注不當訓「滅」。事，謂為人役也，孟子所謂小國役大國是也。孤國，無與國相助，又無良臣相輔。屠國，謂土地為人所割，日漸削小。此皆將亡之國（唐大沛）。㉓皆若之何　唐大沛曰：「言若之何其至此也?陵夷至此則國幾不國矣，滅亡在瞬息之間，可不深長思哉?」丁宗洛引「或云：『事』字直畫不透頭，乃『爭』字。」朱右曾亦以「事」當作「爭」，引《玉篇》云：「古文『爭』字。」鴻恩按，《字彙補》有不出頭的「事」字，曰：「古『爭』字。」（《漢語大字典・一部》引）「爭國」見於《左傳》昭公二十一年、《荀子・仲尼》，均指爭奪國君之位，此或指爭君位之國或被強國爭奪之國。㉔故日之中也仄四句　仄，傾斜，即「昃」字，指日偏西。望，月光盈滿時，在農曆每月十五（小月）或十六（大月）。食，月食，今字作「蝕」。前二句寓有「泰極必否，盛極必衰」之意。孔晁曰：「以日蔽于陰，喻君行失道。」唐大沛曰：「《易（・豐・彖）》曰：『日中則昃，月盈則食，天地盈虛，與時消息。』此自然之理也。」朱右曾曰：「臣陰君陽，魁柄失則臣淩君。」有行，言行列不紊也。㉕是彼萬物必有常二句　唐大沛曰：「是以知萬物必有常道，所以歷久而不廢，國之所由微弱滅亡者，其君無道故也。」鴻恩按，而，如果，假設連詞（《詞詮》），用於假設或條件分句的主、謂之間。

【語　譯】所以天有四時人以為是法則，地出產財利百姓就爭著收穫。人想出謀略，聖人要經劃度量；頒布五刑，百姓便會警惕。用禮教誨，百姓就不爭奪；施用刑罰，百姓才會聽從；利用他們的技能，百姓便會安靜。

所以狐狸有牙卻不敢來咬，豪豬有爪卻不敢來掘。才藝小的人，不能當大任；特立中正的人，不貪求嗜欲之害。凡是執道的人識量不可以不博大。

所以樹木遭受砍伐，而斧柄就是樹木做成的；賊難之起可能就是宦官、宮妾之類近在身邊的人。兩個人手段相當，他們的前景誰個光明誰個暗淡？兩隻虎同處一個穴，到頭來哪一隻死哪一隻生？

所以老虎兇猛會陷進捕獸的機檻，人機智聰明卻會陷入別人的騙局。花朵美麗它的枝條會遭受折斷，花枝美麗會被折離它的大枝，大枝美麗這棵樹就會被連根拔起。鋒箭即將射來，不可以沒有防箭的盾牌。

所以湖澤有獸，就會燒掉湖邊的草；大災禍要到來，就不能玩弄技巧。焚燒湖澤的草木，就斷絕了族類；大災難要到來，就不可以憑恃勇力。天生萬物本來有常規，國家產生災患，就因為遭遇到事故；地生萬物本來有種下的根苗，國家產生災患，就因為失於計算。

所以四時到來，對萬物的貌相沒有偏私；太陽出來，對萬物的照耀沒有偏向。時光的運行順序而至，從沒有違逆；治理天下的，要實行天地大公無私的大道。火的燃燒本來火勢向上走，治理天下的人就運用這種精神治理人民；水的流勢本來是向下，有坎險不便於是就產生了木筏。

所以福的興起在何處分辨？禍的產生由何處辨別？所以承平守成的國家怎麼個治理它？將要傾倒的國家、眼看要覆滅的國家、被爭奪的國家、孤立無援的國家、被人分裂的國家，都應該怎麼來處理？

所以太陽在中天的時候，就意味著要西斜；月亮在盈滿的時候，就意味著要虧缺。威勢喪失意味著臣下侵奪君權，善於運用治國之道的可使之各行其道，尊卑不亂。因此世間萬物一定有常道，國君如果無道，國家就會由微弱而滅亡。

故天為蓋，地為軫，善用道者終無盡❶；地為軫，天為蓋，善用道者終無害❷；天地之間有滄熱❸，善用道者終不竭。陳彼五行必有勝，天之所覆盡可稱❹。故萬物之所生也性于從，萬物之所反也性于同❺。故惡姑幽，惡姑明，惡姑陰陽，惡姑短長，惡姑柔剛❻？

故海之大也而魚何為可得？山之深也虎豹、貔貅何為可服❼？人智之邃也奚為可測？跂動噦息而奚為可牧❽？玉石之堅也奚為可刻❾？陰陽之號也孰使之？牝牡之合也孰交之？君子不察福不來❿。

故忌而不得是生故，欲而不得是生詐⓫。欲伐而不得生斧柯，欲鳥而不得生網羅，欲彼天下是生為⓬。維彼幽心是生包，維彼大心是生雄，維彼忌心是生勝⓭。

故天為高，地為下，察汝躬奚為喜怒；天為古，地為久，察彼萬物名于始；左名左，右名右，視彼萬物數為紀⓮。紀之行也，利而無方，行而無止⓯；以觀人情，利有等，維彼大道，成而弗改⓰，用彼大道知其極，加諸事則萬物服⓱。用其則必有群，加諸物則為之君⓲。舉其脩則有理，加諸物則為天子⓳。

【章旨】「善用道」就要研究天地萬物存在變化的道理、奧妙，體味自然界存在的等級名分，使民眾克服私心，安分守己。這就可以成為天子。

【注　釋】❶故天為蓋三句　孔晁曰：「言用道，動靜法天地。」唐大沛曰：「蓋員〔圓〕象天，軫方象地。天覆地載，譬之于車，覆以蓋，載以軫，道之所以運行于無窮也。善用道者亦如之。」按，戰國時有天圓地方之說，如《大戴禮記・曾子天圓》、《管子・心術下》、《呂氏春秋・序意》、〈圜道〉等，都講「天道圓，地道方」，「戴大圓，體大方」等等。〈圜道〉說：「天道圜〔圓〕，地道方，聖王法之，所以立上下。……皆有分職，不能相為……主執圜，臣處方，方圜不易，其國乃昌。」臣主分職不同，不能相互替代，與此處文意相通。軫，車廂底部後面的橫木，也指車廂底部四面的橫木。《考工記・輈人》：「軫之方也，以象地也。」❷無害　猶言無弊。❸滄熱　冷熱。滄，寒冷。鴻恩按，〈圜道〉又曰：「雲氣西行，云云然，冬夏不輟；水泉東流，日夜不休；上〔指雲〕不竭，下〔指海〕不滿；小〔水源〕為大〔海〕，重〔水〕為輕〔雲〕：圜道也。黃帝曰：『帝無常處也，有處者乃無處也。』」這一節都是用自然界周而復始的循環比喻治國之道的沒有窮盡，即本文用道「無盡」、「無害」、「無竭」之意，本文說的「天地」都指天地之道，同於《大戴》、《呂覽》。❹陳彼五行必有勝二句　孔晁曰：「言五行相勝以生成萬物，盡可稱名之也。」唐大沛曰：「五行，水、火、木、金、土也。天地之道，不過陰陽五行化生萬物，天地萬物之理偉于此矣，安往而不可稱舉哉！」鴻恩按，水、火、木、金、土是《尚書・洪範》對於五行的排序，被人稱為經典序（龐樸《中國文化十一講》第五三頁）；土、木、金、火、水是鄒衍陰陽五行理論的五行相勝序，勝，指五行相剋。即：木剋土，金剋木，火剋金，水剋火，土剋水，這也就是鄒衍「五德終始」或稱「五德轉移」的理論。❺故萬物之所生也性于從二句　孔晁曰：「從，謂立也。始異終，故曰『反』也。」唐大沛曰：「萬物稟陰陽五行之氣以生，所謂性也。性有偏有全，有美有惡，各從其性，故曰性于從。及氣盡而反，其始受于天者，故曰性于同。始則有終，終則復始，陰陽五行之氣所變化也。」朱右曾曰：「五行以生為體，以勝為用，萬物生成，皆五行之妙用。悉可稱名而尋繹也。從，順。飛潛動植各具一性，而原始要終，莫非氣化之自然，川流殊派，敦化〔仁愛敦厚，化生萬物〕則同。」鴻恩按，五行相生序，載《呂氏春秋・十二紀》、《禮記・月令》：木、火、土、金、水，即木生火、火生土、土生金、金生水、水生木。性于從、性于同，這類語法結構較少見，「于」字當是《經傳釋詞》、《詞詮》所說「唯蔡于感〔憾〕」、「土于何有」的「倒用」法，即賓語前置，句意謂，萬物生成時各隨其性，萬物回歸自然時則同為一性。❻故惡姑幽五句　「柔剛」原作「剛柔」，與上文不協韻，諸家依王念孫說改正。姑，且也（孔晁）；語詞（陳逢衡）。唐大沛曰：「惡姑，猶云惡乎，詰問之詞也。故、乎音同，故通。夫陰陽五行變化無端，即如夜幽晝明，月陰日陽，冬日短夏日長，春氣柔秋氣剛之類，相對待，相流行之妙道，非至明者惡乎知之？」鴻恩按，「惡乎」用於詢問原因，潘振亦釋為「惡乎如此」，合於文意。惟不見姑、乎相通之例。而「姑」與「故」

相通，《呂氏春秋・季春》「姑洗」高誘注：「姑，故。」）惡故，即何故。未知是否。❼故海之大也而魚何為可得二句　孔晁曰：「言皆以貪餌自中鉤、檻也。」貔貅，猛獸。貔，白狐（《爾雅》）；豹屬，出貉國（《說文》）。一說即貔，一說貔之牝者曰貅。❽人智之邃也奚為可測二句　「人智之邃也奚為可測？跂動噦息而奚為可牧」，陳逢衡曰，玄應《一切經音義》三處引《周書》均作「跂行喘息」，朱右曾曰，《文選》注引作「跂行喙息」。劉師培曰，慧琳《一切經音義》三處所引亦並作「喘」，「喘」即「噦」訛。卷十二所引《周書》有「翾飛蠉動」一語，或亦此下捝文。《新語・道基》、《淮南・俶真》、《文選》李注引《春秋元命苞》「跂行喘（或作「喙」、「噲」）息，蜎（或作「蠉」）飛蠕動」，均二語並文。鴻恩按，黃老帛書《道原》有「跂行蟯重（動）」，《經法・論》又有「跂行喙息，扇蜚（飛）蠕動」（《文物》西元一九七六年本作「耎」即「蝡」」，陳鼓應《黃帝四經今註今譯》本作「蠕」），《淮南子・原道》亦有此二語。由此可知，戰國秦漢論「道」之文，均有此語，乃前後相承，蠉、翾、扇韻部均同，蠕、蝡、蟯，聲母皆同。視此處行文，未必有「蠉飛蠕動」四字。噦，氣逆；乾嘔。今各書均作「喘」或「喙」，未有作「噦」者，疑是，劉氏以「喘」字訛，當作「噦」，非是。邃，深。跂動喘息，有足能行走者，有口能呼吸者，均指動物。孔晁曰：「誠于是故可測，牽于是故可牧。」丁宗洛曰：「牧當是馭制意。蓋言跂動喘息必有所為而，然則人得而馭制之。」❾玉石之堅也奚為可刻　原無「為」字，朱據王念孫說依前二句「奚為」文例補。陳逢衡曰：「有切磋琢磨之功，故可刻。」丁宗洛曰：「經旨蓋言剛者必折，雖以玉石之堅人究能雕刻之。」唐大沛以為孔、陳諸說尚不足以明文意（見下注）。❿陰陽之號也孰使之三句　陳逢衡曰：「號讀平聲，謂怒號也。蓋陰陽二氣之激蕩，《易（・繫辭上）》所謂『鼓之以雷霆』，《莊子（・齊物論）》『萬竅』發而為聲是矣。」唐大沛曰：「十（八？）句與上下文語意相貫。大旨蓋謂，萬物之情狀不可枚舉，而皆有至理存焉，即如魚游于海，獸生于山，人藏其智，動息者不一類，玉與石皆質堅，而何以可得、可服、可測、可牧、可刻也？蓋有可其所可者在矣。以此類推，非至明者孰能知之？又如陰陽怒號，發而為聲，雷風交作，孰則使之？二氣相感，牝牡構合，氤氳化醇，孰使交之？此其理為至微矣，非聰明聖智者不能知也。君子格物以致知，窮理以盡性，明乎天地之道，通乎萬物之情，是以法天地以治萬物，吉無不利也。非然者明不至，則昧于道，道由不明故不行。道之不行，福何自而來哉？」朱右曾曰：「凡此皆自然之理，君子之為政，亦因其自然者而已。」交之，使之交，「交」在這裏是使動用法。鴻恩按，這一節是說，天下萬物皆生自無形無聲之「道」，其深微奧妙的道理，非常人所能知。所以《黃帝四經・道原》說：「故唯聖人能察無形，能聽無聲。……知人之所不能知，服人之所不能得。是謂察稽（至）知極。聖王用此，天下服。」⓫故忌而不得是生故二句　「故忌而不得是生故，欲而不得是生詐」，原「生故」作「生事」，「故」字屬下句。王念孫曰：「此文本作『是生故』，注本作『生故謂生變也』（今本注文『變』上脫『生』字），後人誤以『故欲而』不得連讀，遂于上句加『事』字，並改注文之『生故』為『生事』矣，不知『生故』與『生詐』對文，而下句內本無『故』字也。此篇之文皆以一『故』字統領下文，，未有連用兩『故』字者，且『故』與『詐』為韻（詐，古音莊助反）。若增入『事』字，則既失其句，而又失其韻矣。」鴻恩按，陳逢衡以「事、詐協。」說誤。事屬之韻，詐屬鐸韻，《詩經》有之、魚合韻，為「古合韻」，不見之、鐸旁對轉，至《楚辭》則之、魚合韻亦無之（王力《詩經韻讀》第一七八頁、《楚辭韻讀》）。孔晁曰：「生詐，謂詐為〔偽〕求之。」忌，嫉妒。是，代詞，復指「忌而不得」，推論其所生後果，意為「這就會」。下句與下文同樣結構之「是」同此。⑫欲伐而不得生斧柯三句　唐大沛曰：「欲得天下是生作為。為者，人謀也。」朱右曾曰：「此言生民有欲，故天下多故也。為，取也。」孫詒讓曰：「為，當讀『偽』，經典多通用。」鴻恩按，為，即有為之「為」，為得到天下而「為」。孫說恐未是，且「生偽」與上「生詐」義複。唐說是。⑬維彼幽心是生包三句　孔晁曰：「包，謂包藏陰謀；雄，謂雄桀于人也；勝，謂勝所忌。」唐大沛曰：「自『忌而不得』至此，承上文言之，蓋謂不察則不明，蔽其明則私意起，而天下從此紛紛然多事矣。于是有忌心焉，有欲心焉，有幽心、大心焉。有幽心則陰謀包藏，有大心則氣概雄桀，有忌心則勢欲勝人。老子欲天下絕聖棄智，豈無謂哉！」幽心，害人者心不可明，是謂幽心（潘振）。大心，有睥睨一切之意（陳逢衡）。鴻恩按，維彼，蓋猶「即彼」，猶「就是那」。王叔岷曰：「惟，猶『即』也。字亦作『維』。」（《古籍虛字廣義》卷二「惟、唯、維」）⑭故天為高九句　朱右曾曰：「天下之亂，皆生于不安分，分生于名，循其名而察之，則天高地下固其所也，奚為喜怒乎？是故名以名者非人也，物始而名始矣。以名立紀者亦非人也，名定而分定，分定而紀立矣。」左名左，右名右，名有一定，不可移也（陳逢衡）。數為紀，以禮數為綱紀。數，道；禮。鴻恩按，此言天高地下及名左名右等等，就人而言，即其等級名分、尊卑高下，此均以禮數為法則而定，人法天地、法自然，自應安分守己。「天為高，地為下」之意，與黃老帛書《經法．道法》「天地有恒常，貴賤有恒位」、與《周易．繫辭》「天尊地卑，貴賤位矣」，含義相同。黃老帛書《稱》：「天地之道，有左有右，有牝有牡」，陳鼓應注：「『左右』、『牝牡』（雌雄）是對立統一的，有左必有右，有牝必有牡，此為天造地設、自然而然……〈稱〉：『上陽下陰』。可知先秦的陰陽說是這樣的：左、上、高、貴，屬陽；右、下、低、賤，屬陰。」這表明本文與黃老帛書術語與思想的聯繫。⑮紀之行也三句　綱紀的實行，澤及萬物，不分方所，而且沒有止息之時。⑯以觀人情四句　唐大沛曰：「此承上文，察于其始而行之有紀，以是而觀于人之用情，其利雖有等差，不能一致，而原其用情之始，率性而行，皆本自然之理也。蓋天地之大道，萬古以來一成而弗改矣。」朱右曾曰：「人情無不嗜利，聖人制其等，蓋欲其以道制欲，故其紀一成而弗改也。」鴻恩按，唐說不如朱說明快。上文曰：「教之以禮民不爭，被之以刑民始聽。」民明禮，則可安於等級制度，這裏又說等級名分乃是天地之間的大道。⑰用彼大道知其極二句　極，中也（孔晁）。唐大沛曰：「用大道者知其極至之理，則加諸政事而萬物服從矣。萬物，猶言萬民，蓋『極』為中道，〔《論語・堯曰》〕堯之『允執其中』，〔〈中庸〉〕舜之『用中于民』，《〈尚書・〉洪範》『虛極』，〈大學〉言『止至善』，又言『無所不用其極』，皆此旨也。此二句最精要，下文推衍以足其義。」⑱用其則必有群二句　則，法度；準則。必有群，人往歸之。加諸物，猶言加乎民（陳逢衡）。君者，群也。為，與「謂」通（唐大沛）。⑲舉其脩則有理二句　王念孫曰：「修〔引同孔注〕，即『條』字也。條必有理，故曰『舉其條，則有理』。孔以『修』為『綱例』，義與『條』亦相近。」唐大沛曰：「王云『脩』當讀作『條』，據此，則『條』者繩也，見《禮〔記〕・雜記》『喪冠條屬』注，蓋為繩以舉綱也，故注云『謂綱例』，亦統領大要之意也。統領大要，則萬事各就其緒而不紊，加諸政事以立為法度，合乎天地大中之道，所由垂衣端拱無為而天下治矣。」

【語　譯】所以天就像車蓋，地就像車軫，善於用道的始終無窮盡；地就像車軫，天就像車蓋，善於用道的始終沒有害；天地之間有寒熱，善於用道的始終沒窮竭。天地設五行土、木、金、火、水必定相剋，天下萬物全都可以稱舉其名。

所以萬物生成時各自隨順其性，萬物回歸自然時也回歸同一性質。所以怎麼就是夜晚，怎麼就是白天，怎麼是月陰日陽，怎麼會冬日短、夏日長，怎麼會春氣柔、秋氣剛？

所以海那樣大為什麼可以捕到魚？山那樣深為什麼可以制服兇猛的虎豹貔貅？人的智慧如此深邃為什麼可以測度？一切用足行走、用口呼吸的動物為什麼能夠牧養？玉石如此堅硬為什麼可以雕刻？陰陽激盪，雷電風雨的怒號是誰指使的？牝牡交媾是誰使之交合的？君子不做深入考察福不會到來。

所以嫉妒別人而自己得不到這就會產生事故，自己有欲望而得不到這就會產生詐偽。想要砍伐樹木卻做不到就產生了斧子柄，想要捕捉鳥卻做不到就產生了羅網，想要取得天下這就會產生爭奪的行動。就是那隱秘之心這就會產生陰謀，就是那傲大之心這就會產生雄桀，就是那嫉妒之心這就會產生勝過別人的行動。

所以天是在高處，地是在下面，仔細想想你自身到底為了什麼喜悅，為了什麼憤怒；天長地久，仔細考察那萬事萬物從取名起始，左面稱左，右面稱右，看那萬事萬物都是以禮數為法則的。這種法則的實行，對於天下人都有利，一直實行到永遠。以此觀察社會人情，人們所得利益的多少存在著等級，就是那天地的大道（統御著人世），一成都不能改變。用那天地的大道，知道它是中正的法則，施之於政事，萬民就會服從。用大道的法則，必定有民眾歸往；施之於民眾，就可以做他們的君主。舉其綱，就有條理；施之於民，就成為天子。

【研　析】本文很得注家好評。陳逢衡說：「讀其書者，可與涉世，可與存身，可與遠害，可與盡年。通篇悉為韻語，似銘、似箴。」丁宗洛說：「此篇縱橫恣肆，頗近戰國風尚矣。然荀卿無其排奡，莊周無其暢茂。」唐大沛推崇其「奇絕」：「文筆古奧瑰奇，陸離斑駁，似《詩》之比興，似《易》之彖象，其義則若斷若續，若合若離，驟讀之莫辨其端倪，莫窮其歸宿，有望洋而嘆已耳。」然而陳氏說它「蓋直開老氏《道德》之先」，唐氏以為「予反覆讀之，竊嘆作者其有憂患乎？其當厲、幽無道之世乎？不然，憂國憂民之心何若是之剴切纏綿而無已也？」陳、唐都把時代弄錯了，誤認戰國作品，出於西周、春秋之世。

本文涉及內容頗為廣泛。小至遵道預防「身災」：收斂才智，不說華而不實的話，適應形勢和時機，勤敏做事不懈怠，以避禍招福。大至治民、治國：大地出產財、利，如何才能使民不爭不搶地予以分配？教以禮、陳以刑，百姓就會聽命不爭，這種辦法就等於使「狐有牙而不敢以噬，貛有爪而不敢以撅」。聖人、執道者要善於分析各個方面、不同形勢下出現的問題，而採取相應的防患措施。天地、時序的運行大公無私，有常道，有法則，國家禍患、所有禍福均非偶然發生，物極必反，盛極而衰，國君失去威權則臣下凌君，應當分辨國家的不同狀況和不同狀況的國家，做有針對性的治理。但是，如果國君無道，那國家就必定滅亡。天道圓，地道方，君臣分職明確，則道之用周而復始，沒有窮盡之時。嫉妒、欲望是產生事端、機詐的起因。社會人事應當因循自然，「天為高，地為下」，「左名左，右名右」，「視彼萬物數為紀」，讓民眾遵守等級名分，以大道為綱紀，就可以抑制人的欲望，受到萬民擁戴而成為天子。文章的題目也許是託古，文中的論述實際是說怎樣才能成就天子的事業，是為統一天下，為新天子上臺而出謀劃策。

約成於戰國中後期的黃老帛書《經法・論約》有云：「故執道者之觀于天下也，必審觀事之所始起，審其刑（形）名，刑名已定，逆順有立（位），死生有分，存亡、興壞有處。然後參之于天地之恒道，乃定禍福、死生、存亡、興壞之所在。是故萬舉不失理，論天下而無遺策。故能立天子，置三公，而天下化之，之謂有道。」本文實含有這樣的意思，只是帛書說得更為透徹。

司馬談論六家要旨，明確說道家吸收了陰陽等各家思想，他說道家：「因陰陽之大順，采儒、墨之善，撮名、法之要，與時遷移，應物變化，立俗施事，無所不宜」，「以虛無為本，以因循為用。無成勢，無常形，故能究萬物之情。不為物先，不為物後，故能為萬物主。有法無法，因時為業，有度無度，因物與合。故曰『聖人不朽，時變是守。虛者，道之常也；因者，君之綱也。』」又說：陰陽家「序四時之大順」，「此天道之大經也，弗順則無以為天下綱紀。」（《史記・太史公自序》）他所說道家實即道家黃老學派。本文中老子的思想還很突出，例如：「文之美而以身剝」、「角之美殺其牛」、「石有玉而傷其山」、「肥豕必烹」、「虎之猛也而陷于擭」、「葉之美也解其柯」等等，但是文中的很多思想已經不同於老子，不僅有陰陽家思想，以禮教民、守等級名分，則是儒家思想；「陳五刑」，「被之以刑」，則是法家思想；「天之所覆盡可稱」，「左名左，右名右」，則是形名之家循名責實的思想。就道家思想而論，本文已經不是老子的主張無為，而是主張因循自然而又「萬舉不失理」的有為，或者說在「大道」指導下的有為。

唐蘭先生認為黃老帛書作成於戰國中期，也有人認為作於戰國末期，本文論及五行與相剋、相生即萬物的生滅輪迴並論，可知本文的寫作必在戰國後期鄒衍的陰陽五行理論流行之後。文中《老子》以為世界本原的「道」字使用了十次，陰陽家「序四時之大順」、「敬授民時」的「時」字使用八次，「天地」（或『天……地……』）、「萬物」各使用七次，「陰陽」使用三次，「柔剛」使用一次，禍、福、災、患等使用多次。本文中「究萬物之情」即探討天道運行規律及社會人情的意識十分突出，如「地出物而聖人是財，雞鳴而人為時，觀彼萬物且何為來？」「故福之起也惡別之？禍之起也惡別之？……是彼萬物必有常。」「故惡姑幽？惡姑明？

……故海之大也魚何為可得？山之深也虎豹貔貅何為可服？……君子不察福不來。」「故天為高，地為下，察汝躬奚為喜怒？……視彼萬物數為紀。」（由疑問代詞「孰」、「奚」、「惡」的運用，周玉秀認為〈周祝〉時代「應在戰國末期」）最後落實到行綱紀、「用大道」而「為萬物主」——做天子。可以肯定地說，這是一篇表現了黃老思想與陰陽家思想的作品。只要把它與黃老帛書、與被視為黃老學派作品的《管子》之〈心術上〉、〈下〉、〈白心〉、〈內業〉等相對照，就會發現它們的思想、語彙都很接近。如在黃老帛書中，「道」字出現八十六次，「時」字六十五次，「陰陽」四十七次、「剛柔」十一次（陳鼓應《黃帝四經今註今譯》書首），其餘在注釋中已經隨文指出。

譚家健教授《先秦散文藝術新探·逸周書與先秦文學》指出：「〈周祝〉值得特別注意。」稱它為「各種謠諺的集錦」，「數句為一節，每節押韻，各節相對獨立」。舉例分析了文中多彩的句式，並引用古今多家學者對本文的評論，如說饒宗頤指出「故海之大也」一段和屈原〈天論〉、《莊子·天運》都是就自然現象提出疑問等。譚文從文學角度研究《逸周書》可能是最為詳盡的。

需要指出的是，研究《逸周書》的學者，似乎沒有留意本書中有黃老學派的作品。

卷十

武紀第六十八

【題解】武紀，軍事的綱紀。紀，要領；法則。這是一篇關於軍事的長篇論文。唐大沛曰：「〈武穆〉、〈武稱〉、〈大武〉、〈武紀〉，皆兵家要言，而〈武紀〉尤醇正。」

幣帛之間有巧言令色❶，事不成❷；車甲之間有巧言令色❸，事不捷❹。克□事而有武色，必失其德❺；臨權而疑，必離其災❻。□□不捷，智不可□❼。□于不足，并于不幾，則始而施；幾而弗免，則無功❽。

國有三守：卑辭重幣以服之❾，弱國之守也❿；脩備以待戰，敵國之守也⓫；脩山川之險而固之，僻國之守也⓬。伐服不祥⓭，伐戰危⓮，伐險難⓯，故伐善者不伐三守。

伐國有六時、五動、四順⓰。間其疏⓱，薄其疑⓲，推其危⓳，扶其弱，乘其衰⑳，暴其約㉑，此謂六時㉒。扶之而不讓㉓，振之而不動㉔，數之而不服㉕，暴之而不革㉖，威之而不恐，未可伐也，此謂五動㉗。立之害，毀之利，克之易，并之能，以時伐之，此謂四順㉘。立之不害，毀之不利，唯克之易，并之不能，可伐也㉙。立之害，毀之未利，克之難，并之不能，可動也㉚。靜以待，眾力不與爭，權弗果，據德不肆國，若是，而可毀也㉛？地荒而不振㉜，德衰而失與㉝，無苦而危矣㉞。

求之以其道，□□無不得㉟；為之以其事，而事無不成㊱；有利備，無患事㊲。時至而不迎，大祿乃遷㊳；延之不道㊴，行事乃困。

不作小□動大殃㊵。謀有不足者三：仁廢則文謀不足，勇廢武謀不足，備廢則事謀不足㊶。

【章　旨】主要講如何把握戰機，依據不同情況或打、或不打、或擾動、或扶植，提出「不伐三守」與「六時」、「五動」、「四順」。

【注　釋】❶幣帛之間有巧言令色　幣帛之間，如聘問之類（唐大沛）。幣帛是聘問時所送禮品玉、帛、車、馬等。巧言令色，好其言善其色，立心不直（潘振）。鴻恩按，「巧言令色」，初見於《尚書・皐陶謨》，又見於《論語・學而》和〈陽貨〉。❷事不成　不能成其好；辦不好外交關係。❸車甲之間有巧言令色　車甲之間，指戰爭。古代使用戰車作戰，所以以車和盔甲代指戰爭。❹捷　獲勝。❺克□事而有武色二句　闕文唐大沛補「戎」字，朱駿聲補「畺」字。鴻恩按，唐補可從。克戎事，即善於作戰。克，能。潘振曰：「有武色者，得勝而驕。德，謙德。」唐大沛曰：「戎事捷而色震矜，非大勇也。德謂勇德。」❻臨權而疑二句　陳逢衡曰：「離，與『罹』同。《六韜・軍勢》：『用兵之害，猶豫最大；三軍之災，莫過狐疑。』」臨權，當權發令之時（唐大沛）。❼□□不捷二句　「□□不捷，智不可□」，丁宗洛補作「不成不捷，智不可恃」。朱駿聲補作「戎事不捷，智不可逞」。似朱補勝，今從。❽□于不足五句　「□于不足，并于不幾，則始而施；幾而弗免，則無功」，闕文丁補「強」，朱補「謀」。孫詒讓曰：「始，當為『殆』，即『怠』之叚字。施，當為『弛』。《周禮・小宰》『斂弛之聯事』，鄭注云：『杜子春弛讀為「施」。』」免，與『勉』通。「無功」上當有「則」字。不幾，則後文「舉而不幾其成」義，謂舉事而志不求其成，則事必怠惰而廢弛；求其成而不奮勉，則亦無功。」鴻恩按，依孫說方可貫通。闕文姑從「謀」，可通。并，兼併；吞併。幾，希望，即下文陳逢衡注：「幾，冀也。」始與殆、怠，同從「台」得聲，同為之部韻。《說文》「始」字段注：「有叚『殆』為『始』者。」孫詒讓《札迻》卷五：「『病始于少瘳』，此『始』當作『殆』。」說與此同。「無功」上原無「則」，上句作「則始而施」有「則」，今依孫說據上句補。❾卑辭重幣以服之　言辭謙卑禮物豐厚以事奉大國。❿弱國之守也　善事強大，所以守國（唐大沛）。⓫敵國之守也　勢均力敵有以禦侮，是善守也（唐大沛）。敵，匹敵。⓬脩山川之險而固之二句　「脩」原作「循」，孫詒讓曰：「當作『脩』，形近而誤。」鴻恩按，孫說是，循、脩常互誤，今正。僻，險僻。⓭伐服不祥　伐服與殺降同，故不祥（陳逢衡）。⓮伐戰危　兩敵相當，未知孰勝，故危。⓯伐險難　山川險阻不敢遽入，故難。⓰伐國有六時五動四順　見下文注。⓱間其疏　離間其疏遠之臣。⓲薄其疑　及其謀未定而迫擊之。薄，迫。⓳推其危　推，有二解：推，如《尚書・仲虺之誥》「推亡固存」之「推」（推翻；推倒）（陳逢衡）、摧（唐大沛）；去（朱右曾）。鴻恩按，下句「扶其弱」，陳釋為：「扶猶助也，因其飢饉喪亂而助之，所以服其心也。」朱右曾曰：「推，去也。《荀子》曰：『孤獨而晻謂之危。』弱者綱紀存而人民寡。」朱解為去除其危，與扶助弱者，上下二句含義一律，與陳、唐不同，竊以朱說可從。⓴乘其衰　乘，乘時。衰者，志氣衰而政事亂（朱右曾）。㉑暴其約　當其窮約之時出不意以犯之（陳逢衡）。約，貧困。㉒時　可乘的時機。㉓扶之而不讓　扶助之而不知退讓，是彼未甚弱也（唐大沛）。㉔振之而不動　震恐之而國事不動搖。振，通「震」。㉕數之而不服　數其罪過卻不屈服。㉖暴之而不革　劉師培曰：「革，與『諽』同。《說文》：『諽，飭也。讀若戒。』原本《玉篇・言部》引《倉頡篇》云：『諽，一云戒也。』又云：『字書或為悈字。』」則暴之不革，謂憑陵其國，仍弗戒懼也，與下「不恐」對文。」今從劉說。㉗動　擾動；騷擾。動之以觀其強弱。㉘立之害六句　唐大沛曰：「植立之則終為外患，摧挫之利于我，勝之也其勢易，并其土地力亦能。如此，則伐必有功，順時勢也。」鴻恩按，能兼併其土地，此指鄰國而言。㉙立之不害五句　陳逢衡曰：「唯『克之易』疑在『并之不能』句下。蓋立、毀、并俱未能如願，而唯必勝之勢在我，則舉師以伐之可也。」朱右曾曰：「越國鄙遠，得之而不能居，故『立之不害，毀之不利』。」鴻恩按，此就非鄰國而言，故曰立不害，毀不利，并不能。㉚立之害五句　唐大沛曰：「立之未免有害，而毀、克、并三者又不能，可動而未可伐也。動，蓋震恐之意。」朱右曾曰：「壤地雖同，而彼之戰守有餘，故立之害，毀之不利。」鴻恩按，此就鄰國而言，其戰守有餘，故三者不能。動，乃擾動、騷擾之義。朱右曾曰：「凡六時、五動、四順，皆戰國之陰謀，非聖人除亂救民之道。」㉛靜以待六句　陳、朱、于鬯各有說。唐大沛以「義未詳。陳補注恐亦非是。」朱右曾曰：「彼不與我爭力，使我雖有威權而無所用，徒以兵甲亟作，德不布國人。若是而可毀乎？言不可毀也。」于鬯以「靜以待」為句，「眾力不與爭」為句，「權弗果」為句，「據德不肆國」為句，曰：「必指敵而言也，不必涉我而言也。」鴻恩按，朱解「德不肆國」甚勉強，于說較可取。眾力，蓋指兵力。權，謀略。果，果敢；勇決。肆，放縱。㉜地荒而不振　民有離心，不奮力以耕種（朱右曾）。振，整頓；整治（劉師培）。㉝德衰而失與　唐大沛曰：「君不修德，內失良臣之輔，外失鄰國之好」。與，親附；結交。㉞無苦而危矣　唐大沛曰：「『苦』字疑是『告』字之訛。惟無與，故無告也。」㉟求之以其道二句　「求之以其道，□□無不得」，闕文陳逢衡、丁宗洛補「而事」，唐大沛補「而志」，朱駿聲補「而謀」，劉師培曰，當為「而道」。道，謂交鄰之道（朱右曾）。㊱而事無不成　「事」原作「時」，是誤字。朱右曾說「時，當為『事』」。鴻恩按，劉說、朱說均是。今改「時」為「事」。以上四句原文應為：「求之以其道，而道無不得；為之以其事，而事無不成」。又疑闕文為「而求」。唐大沛曰：「道所當為者各有其事，如務農、講武之類，用力為之，無有不成之時（事）。」㊲有利備二句　劉師培曰：「《左傳》襄十一年魏絳引《書》曰：『居安思危，則有備無患。』即約此文。偽《（古文尚）書・說命》亦襲之。」楊伯峻曰：惠士奇《春秋左傳補注》引《逸周書・程典篇》：「于安思危……不備，無違嚴戒。」梁履繩《左通補釋》又云：「下《傳》有『思則有備，有備無患。』蓋括《周書》之義。」楊曰：「〈程典〉作于何時，殊難論定，《左傳》作者亦未必得見，梁說僅資參考。《戰國策・楚策四》虞卿言『臣聞之《春秋》：「于安思危，危則慮安」』，亦不言《周書》。」鴻恩按，〈程典〉「于安思危」同魏絳所引之《書》，王鳴盛《尚書後案》謂偽古文《尚書・周官》「居寵思危」本於《左傳》。與惠說異。而梁履繩所引《周書》「思則有備，有備無患」應指此〈武紀〉。劉說同梁履繩。楊伯峻以梁說亦指〈程典〉則誤。是惠士奇、梁履繩、劉師培均以〈武紀〉早於《左傳》。鴻恩按，《左傳》成書於戰國中期，引用本文亦有可能；又或本文之初稿早於《左傳》。利備，利國之道豫為之備（唐大沛）。鴻恩按，此「利」疑與《漢書・高帝紀》「與利田宅」之「利」義同。顏注：「利，便好也。」㊳時至而不迎

二句　時至而不迎，則坐失時機，大福不可再得（唐大沛）。遷，徙；失去。㊴延之不道　求之不以其道。延，迎；求。㊵不作小□動大殃　唐大沛改「作」為「以」。唐、朱右曾疑闕文為「謀」字。唐曰：「言不以小人之謀致國家之大害。〈祭公〉篇曰『無以小謀敗大作』，義亦類此。」潘振曰：「伐國者，不可起小謀動大殃。」亦以闕文為「謀」。動，引起；招致。㊶仁廢則文謀不足三句　陳逢衡曰：「文謀，謂教化興也。武謀，謂韜略勝也。事謀，謂兵、食裕也。」唐大沛曰：「謀，謂先事圖謀。非仁不足興文教，非勇不足圖武功，非豫備不足籌軍事。事，謂足食、足兵之類。」

【語　譯】在國家的聘問往還中，使用花言巧語、媚態偽情的人，外交事務就辦不成；在戰陣之間，使用花言巧語、媚態偽情的人，戰爭就不能獲勝。能作戰卻有驕矜的神色，必定喪失謙虛之德；面對權變之機卻狐疑不決，必定遭受禍殃。作戰不能獲勝，就不能憑智力逞強。在謀略方面欠缺，兼併土地方面沒有希望，就會怠惰鬆弛；希求成功而不奮力，就不會成功。

國家有三種守衛的方式：用謙卑的言辭、厚重的禮品去服事大國，這是弱國的守衛；整修武備以等待敵人來犯，這是對等國家的守衛；修築山川的險阻，使之更牢固，這是險僻國家的守衛。討伐歸服的弱國不吉祥，攻伐作好了戰鬥準備的敵國有危險，攻打地勢險固的國家難獲勝。所以善於攻伐的不攻打這三種防守。

攻伐別國有六時、五動、四順。離間敵國君主疏遠的臣子，在敵人狐疑不決的時候去攻打它，排除對方的危機（使之感激我），扶植弱小的國家（使之歸服我），乘敵國的衰落攻打它，趁敵國的貧困侵犯它。這叫做六種利用時機而處置。扶助它卻不退讓，震驚它卻不動搖，責備它卻不屈服，侵陵它卻不戒懼，威嚇它卻不驚恐：這樣的國家不可以攻伐。這叫做五種擾動試探其強弱。扶植它有害，摧毀它有利，戰勝它容易，兼併它可能：那就按時攻打它。這叫做四種隨順時勢。扶植它沒害處，摧毀它沒好處，只有戰勝它容易，兼併它的土地卻不可能，對這樣的國家可以攻伐它。扶植它有害處，摧毀它沒好處，戰勝它很難，兼併它的土地卻不可能，對這樣的國家可以騷擾它。靜觀以待機會，不與我以兵力相爭，用權謀而不果敢逞強，修養品德而不放縱於國事，這樣的國家可以摧毀嗎？土地荒蕪了人民不肯奮力耕作，道德衰敗而沒有親附者，這樣的國家孤苦無告，已經處在危險之中了。

使用恰當的方法去追求，所追求的都能得到；做的是應辦的事，事情都能辦成；有很好的武備，就沒有禍患。時機來了卻不抓住利用，大福就跑掉了；延求時機而不用正確的方法，行事就會處於困境。不設小圖謀而引出大禍殃。圖謀欠缺的有三種情況：仁廢棄，禮樂不足，文教就不能興起；勇廢棄，韜略不足，武功就不能建立；足食足兵廢棄，沒有事先的籌劃，就不會有像樣的軍事。

國有本，有幹❶，有權❷，有倫質❸，有樞體❹。土地，本也；人民，幹也；敵國侔交，權也❺；政教順成，倫質也；君臣和□❻，樞體也。土地未削，人民未散，國權未傾，倫質未移，雖有昏亂之君，國未亡也❼。

國有幾失居之不可阻，體之小也❽；不果鄰家，難復飾也❾；封疆侵凌，難復振也❿；服國從失⓫，難復扶也。大國之無養，小國之畏事⓬，不可以本權失鄰家之交，不可以枉繩失鄰家之交⓭。不據直以約，不虧體以陰⓮。不可虞而奪也，不可策而服也，不可親而侵也，不可摩而測也，不可求而循也⓯。

施度于體不慮費，事利于國不計勞⓰。失德喪服于鄰家⓱，則不顧難矣；交體侵凌⓲，則不顧權矣；封疆不得其所，無為養民矣⓳；合同不得其位，無為畏患矣；百姓屈急，無為藏蓄矣⓴；擠社稷㉑、失宗廟、離墳墓、困鬼神、殘宗族，無為愛死矣㉒。卑辭而不聽，□財而無枝㉓，計戰而不足㉔，近告而無顧㉕，告過而不悔㉖，請服而不得，然後絕好于閉門脩險㉗，近說外援㉘。以天命無為，是定亡矣㉙。

【章旨】國家有本、幹、權、倫質、樞體。論述重點是與鄰國、大國同盟關係的重要，不能因常變、曲直失掉與鄰國的交誼。又主張講誠信反謀詐。不幸失去與國遭受侵略，就要不顧一切地決一死戰了。

【注釋】❶國有本二句　潘振曰：「如木之有本也，如木之有幹也。」❷權　權勢；威重。❸倫質　倫理（朱右曾）；條理。❹樞體　樞機之體（朱右曾）；樞要之體。❺敵國侔交二句　朱右曾曰：「侔，齊等也。以邦交離合為輕重，亦縱橫者之說。」❻君臣和□　闕文唐大沛補「一」，朱駿聲補「輯」。朱補可從。❼土地未削六句　鴻恩按，五者中，君未足輕重，無關乎國家存亡，這也應當是戰國時代的思想。昏亂，謂無道（唐大沛）。《孫子・計》：「經之以五事，一曰道……」「主孰有道？」強調君主有道，與此不同。❽國有幾失居之不可阻二句　「國有幾失居之不可阻，體之小也」，陳逢衡、唐大沛以此十三字「語有脫誤」，「不可句讀」。朱右曾曰：「幾失，失國之幾。阻，疑也。君臣相猜，國政誰恤？」則朱氏斷句為：國有幾失，居之不可阻，體之小也。鴻恩按，朱說恐為硬解，甚不順通。故劉師培曰：「本文有誤。繹其詞義，似指國失險阻言。上云『循山川之險而固之』，下云『然後絕好于閉門循險』，本文所述，當亦類是。竊疑『可』是衍文，或係『向』訛，謂所居之地不修險阻也。『事小』一語，與下文不類，亦有舛誤。」❾不果鄰家二句　「果」字丁、朱改為「畏」，無據，陳、唐不改，今改回「果」字。對鄰國失約，後事不能兌現，難再粉飾（參陳說）。❿封疆侵凌二句　唐大沛曰：「為強大侵凌，勢弱，故難振。」振，救。一說振興。⓫服國從失　劉師培曰：「『從失，即『縱佚』省形，謂國屬于人，仍縱佚自安，不思自奮也，故下云『難扶』。」縱佚，放任安逸。佚，通「逸」。⓬大國之無養二句　唐大沛曰：「此二句似承上二句言，蓋謂大不字小，故小國疑畏，不肯服事大國。」無養，不能愛養（小國）。⓭不可以本權失鄰家之交二句　朱右曾曰：「本權，猶言常變。繩，直也。小國之存亡，聽命于大國，不可以常變、曲直計較也。」⓮不據直以約二句　唐大沛曰：「不自據抗直以為約信，不虧己德以□媚于人。」朱右曾曰：「據直以約，若子產之爭承〔爭取降低貢賦的等級〕。虧體以陰，若句踐臣于吳而陰謀之。」⓯不可虞而奪也五句　唐大沛疑「求」為「來」字之誤。陳逢衡曰：「策，謀也。虞而奪、策而服，如晉取虞、號之謂。親而侵，外雖親附而包藏禍心。摩而測，揣摩嗜好以娛其心志，如越以美女獻吳之類。求而循，先以卑辭下之，使不設備，而隨以兵襲其後也，如秦以五丁伐蜀之類。此皆詐偽之師，非堂堂之舉，故不可。」唐大沛曰：「此段文義古奧，不甚可解。此五句似承上文說。蓋謂國雖小弱，而不失所與，不恃抗直，不陰行媚悅。此必其君之賢，而能固守疆土者。欲虞而奪之不可……而皆不可也，以其國之根本猶固也。如此說，似屬可通，然亦不敢必其為是也。」朱右曾曰：「虞，騙也。摩，迫切〔近〕也。」鴻恩按，陳、朱之解有不同，然均解為不可用詐偽之師。測，謂測其虛實。⑯施度于體不慮費二句　陳逢衡曰：「用所當用也，勤所當勤也。」朱右曾釋「施」為「用財」。體，唐大沛、于鬯釋為「禮」，于氏曰：「體，當讀為『禮』，二字本多通用，義亦相成。施度于體者，謂凡施度必合于禮。若謂必合于體，則無義矣。且下文『先衰亡者，皆失禮也』，彼『禮』字正與此『體』字相照。（下文『時而失禮』，『唯禮』，『本之以禮』，諸『禮』字亦並由此生發。）此出『體』字，下文出『禮』，文異義同，古書通例也。」鴻恩按，文曰「不慮費」，「施」字從朱氏說。⑰失德喪服于鄰家　喪失德義與對鄰國的事奉。喪服，失去所奉事之國。⑱交體侵淩　謂敵國互相侵淩（朱右曾）。⑲封疆不得其所二句　「不」下原有「時」字，丁宗洛刪之，劉師培曰：「下云『合同不得其位』與此對文，『不』下不當有『時』字，『時』即『得』誤，蓋或本作『得』，校者合而一之。」今刪「時」。唐大沛曰：「邊境不安，無以養民而使之安也。」無為，不能；沒有辦法。⑳合同不得其位四句　「合同不得其位，無為畏患矣；百姓屈急，無為藏蓄矣」，二、四句「無」下原無「為」字。丁宗洛曰：「此二層『無』下脫『為』字。」劉師培曰：「合同，疑當作『會同』，謂會同失其所列之位也。以上下文例之，『無』下似當補『為』字。屈，即〈五權解〉『極賞則淈』之『淈』（朱右曾注：『淈，讀為屈，竭也。』）。」鴻恩按，丁、劉說是，陳、唐釋為「其誰與畏患」，曲為圓說，與作「無為」意相通，今依上句及下句「無為愛死」增「為」字。講虛詞之書多不收本書句例，而以「無為」即不必、沒必要，不適用於此，潘、唐解為「無以」，甚是，何為、奚為之「為」，並「以」義（《經詞衍釋》卷二）。㉑擠社稷　擠，墜（潘振）。㉒無為愛死矣　言當以身殉國也。愛，吝惜。鴻恩按，本文對於「宗廟」、「墳墓」、「宗族」極重視。㉓□財而無枝　闕文唐大沛、朱駿聲補「賂」字。無枝，財竭無可支取。枝，與「支」同。㉔計戰而不足　與之戰而兵力不足以勝敵。㉕近告而無顧　近告鄰國，莫之顧恤。㉖告過而不悔　謝過於大國，大國不聽其悔過，仍未許平。㉗然後絕好于閉門脩險　于，朱右曾曰：「曰也。」鴻恩按，此「于」，應用同「以」（《詞詮》）。㉘近說外援　近說以固民氣，援交以待外援（陳逢衡）。㉙以天命無為二句　「以天命無為，是定亡矣」，陳逢衡斷句為：「以天命，無為是，定亡矣。」釋曰：「多難興邦，未必不從效死中借一也。不為是，則死亡可必也。」此依唐大沛、《萬有文庫》朱右曾標點本斷句，唐曰：「國之存亡，聽之天命，而人力無所為，鮮有不亡者矣。」朱曰：「言竭力事大，大國不恤，然後存亡可聽之天命也。」以，聽憑；依恃。斷句不同，意略有別。

【語　譯】國家有根本，有主幹，有威權，有條理，有運轉的樞要之體。土地，是根本；人民，是主幹；與別國結盟交好，是威權；政治教化順通成功，是條理；君臣和睦，是樞要之體。土地沒被削割，人民沒有流散，國家的威權沒有傾覆，政治教化沒有改變，即使有昏亂的君主，國家也不會滅亡。

國家……不修險阻……對於鄰國失了約信，很難再加以粉飾；疆界遭受大國侵犯，很難再救援；所歸服的國家放縱安逸，很難再加以扶植。大國不保護小國，小國就不會奉事大國。然而不能因為常道或權宜失去與鄰國的交誼，不能因為曲直失去與鄰國的交誼。與鄰國交往，不能憑直道約結，不能表面卑屈而暗中謀算。不能用欺詐的手段去奪取，不能用計謀使對方服從，不能表面親近而暗中侵略，不能迫近對方窺測虛實，不能卑辭求告又順勢襲擊。

用財度量禮的要求，不考慮花費大小；事情有利於國家，就不計慮是否勞苦。喪失德義與對鄰國的奉事，就顧及不了危難產不產生了；同盟國侵犯，就顧及不了威勢有沒有了；邊境受蹂躪不安寧，就沒辦法養民了；會同得不到應得的位次，就不要害怕禍患產生了；百姓窮竭困乏嚴重，就不要再儲蓄錢糧了；一旦墜失社稷，喪失祖廟，離開祖墳，不能祭鬼神，宗族受殘害，那就不能吝惜生命了。謙卑的言辭對方不聽，餽贈禮物而財竭無處支取，計慮作戰而兵、糧不足，向近鄰告急而不肯顧念，承認過錯而不以為悔罪，請求歸服也不被接受，然後只好和它斷絕友好關係，以閉門整修山川險阻，動員國內百姓，爭取外力援助。聽從天命無所作為，這就一定會滅亡了。

凡有事❶，君民守社稷、宗廟，而先衰亡者，皆失禮也❷。大事不法弗可作，法而不時弗可行，時而失禮弗可長，得禮而無備弗可成，舉物不備而欲致大功于天下者，未之有也❸。勢不求周流，舉而不幾其成，亡❹；薄其事而求厚其功，亡❺；內無文道，外無武跡，往不復來者，亡；有悔而求合者，亡❻。不難不費而致大功，古今未有。

據名而不辱，應行而不困，唯禮❼；得之而無逆，失之而無咎，唯敬❽；成事而不難，序功而不費❾，唯時❿；勞而有成，費而不亡，唯當⓫；施而不拂，成而有權，久之而能□，唯義⓬。不知所取之量⓭，不知所施之度⓮，不知動靜之時，不知吉凶之事，不知困達之謀⓯，疑此五者，未可以動大事⓰。恃名不久⓱，恃功不立⓲，虛願不至⓳，妄為不祥⓴。

太上敬而服，其次欲而得，其次奪而得，其次爭而克，其下動而上資其力㉑。凡建國君民㉒，內事文而和㉓，外事武而義㉔，其形慎而殺㉕，其政直而公。本之以禮㉖，動之以時，正之以度，師之以法㉗，成之以仁：此之道也㉘。

【章旨】動用軍事，建立大功，要做到合於法、選準時機、得禮、有備。要避免衰亡，就要做到禮、敬、時、當、義。最後總結說，禮、時、度、法、仁，就是武紀之道。

【注釋】❶事 戰事。❷而先衰亡者二句 唐大沛曰：「皆由平日失禮之故。禮以經國家，恤民人，定社稷，守宗廟，國之所以長存也。失之，故至衰亡。」❸大事不法弗可作六句 「大事不法弗可作，法而不時弗可行，時而失禮弗可長，得禮而無備弗可成，舉物不備而欲致大功于天下者，未之有也」，「致」字原為闕文，丁、朱補「致」，唐大沛疑是「立」，致、立義可相通，今姑存「致」。唐大沛曰：「國之大事在祀與戎，此謂戎事。法，先王之法。作，起也。雖合先王弔民伐罪之法，而時猶未至，則當待之。時至可行，又必慎始敬終，無失綱紀，乃可長久。合乎禮而選將、厲兵及一切軍需皆當具備，功乃有成。非然者，舉物不備，安得立大功于天下乎？」物，人也，故唐說選將。❹勢不求周流三句　唐大沛曰：「周流，猶言周遍。經營國勢，不能事事皆到。舉事而不期于成功，有始無終，其究也必至敗亡。」陳、朱「勢不求周」為句。劉師培曰：「『周流』連文。（《易・繫辭》『周流六虛』疏云：『周遍流動也』則周流猶遍行。）」幾，通「冀」。期望。❺薄其事而求厚其功二句　唐大沛曰：「輕薄其事而妄冀大功，必至大敗，亦取亡之道。」❻內無文道六句　「內無文道，外無武跡，往不復來者，亡；有悔而求合者，亡」，「來者」下原無「亡」字。陳逢衡疑「跡」下、「來者」下均脫「亡」字。丁、朱於「來者」下補「亡」字。唐大沛不疑不補。唐大沛曰：「文道，謂文治。武跡，謂武功。往聘鄰國而不見答，是輕我也。始相背後乃悔，而求與相合為圖存之計，凡此者皆勢微而將亡也。」跡，通「績」（陳逢衡）。❼據名而不辱三句　唐大沛曰：「據尊名而不愧辱，應行之事而不困塞，唯動合于禮也。」行，謂弔民伐罪之義（陳逢衡）。❽得之而無逆三句　「得之而無逆，失之而無咎，唯敬」，王念孫曰：「『無咎』當為『有咎』，敬則『無逆』，不敬則『有咎』，故曰：『得之而無逆，失之而有咎，唯敬。』今本『有』作『無』者，涉上文『無逆』而誤。」鴻恩按，朱、唐均引王說而不改字，唐本眉批曰：「臨事而敬，雖偶失之，亦無大□，說亦可通。似改為『有咎』，」書寫未畢，而意已明白。今姑不改。陳逢衡曰：「得之而無逆，如湯、武之征誅；失之而無咎，如文王之服事。失之，謂勿取也。」❾序功而不費　褒獎有功者而不耗費錢財。序，排位次；提拔；獎勵。❿時　時機；機會。鴻恩按，此即《戰國策・秦策三》所說「聖人不能為時，時至而弗失」、「時不可失」之「時」。故陳逢衡曰：「成事而不難，序功而不費，此天人交贊之會。」⓫唯當　唯事當其可（陳逢衡）。⓬施而不拂四句　「久之而能□」之闕文，陳、唐疑是「守」，丁、朱疑是「安」，潘振以「變通」釋之，朱駿聲補「通」字。鴻恩按，蓋其意為，施行不違背人情，成功而中乎權宜，久而能變通，只有以義制事能做到。⓭所取之量　所求取的限量。取諸人有限量（唐大沛）。⓮所施之度　所施行的制度。鴻恩按，度，朱右曾釋為「法度」。文末曰：「正之以度，師之以法」，度、法分言，則「度」指制度、規則。⓯困達之謀　行不行得通的謀劃。困達，窮通；行不通行得通。⓰動大事　發動戰爭。⓱恃名不久　恃名者無實，名則不久（唐大沛、朱右曾）。⓲恃功不立　恃功者驕盈，功必不立。⓳虛願不至　唐大沛曰：「虛願莫償，故不至。」朱右曾曰：「虛願不修，政福不至。」鴻恩按，《戰國策・齊策四》顏斶對齊宣王曰：「故曰：『矜功不立，虛願不至。』此皆幸樂其名華而無其實德者也。」言「故曰」則前已有此說，應是引用本文。虛願，虛空的願望。⑳妄為不祥　逆天妄為，禍必來（朱右曾）。㉑太上敬而服五句　唐大沛曰：「太上，言最上者也。聖人敬修其德而天下服從；其次德化少遜，亦能從欲而得，不以兵爭；又其次以兵力奪取人之國；又其次兩敵相爭而能勝之；其最下者聚眾舉事，妄動于下，上資其力，為王者驅除計耳。」朱右曾釋「上資其力」曰：「適足為興王驅除難耳。」上，即唐所說「王」和朱所說「興王」。資，借。㉒君民君，君臨；統治。㉓文而和　教文德而和平（唐大沛）。㉔武而義　修武功而義正。㉕其形慎而殺　其用刑慎而省減。形，通「刑」。殺字讀「殺禮」之「殺（音曬）」（劉師培）。㉖本之以禮　禮主嚴肅，用武之本。㉗師之以法　師出以律也（陳逢衡）。訓練之使師出以律（唐大沛）。鴻恩按，以「師之以法」之「師」為名詞，非是，其餘四句之「本之」、「動之」、「正之」、「成之」，「之」字前均為動詞，「師」亦不例外，即《史記・秦始皇本紀》「今諸生不師今而學古」之「師」。句意謂把法作為學習對象。㉘此之道也　鴻恩按，「道」字朱本原作「謂」，章、盧、陳、唐各本均作「道」，朱改「謂」未作任何說明，今據各本改回。

【語　譯】凡是發生戰爭，君主、百姓必須謹守社稷、宗廟，首先衰敗滅亡的國家，都是因為失掉了禮的緣故。戰爭不合於法不可以發動，合於法而不是合適時機不可以進行，是合適時機而失禮不可能長久，得禮卻沒有充分準備也不可能成功。選將、厲兵等不周備卻想在天下建立大功，是從來沒有過的。經營國勢，不求事事周遍、實行，行事而不務希成功，會滅亡；鄙薄其事卻又希求建立大功，會滅亡；內無文治，外無武功，往聘鄰國而不來答報，會滅亡；曾經背盟，又後悔尋求與人聯合，會滅亡。不經過艱難、不耗費錢財而獲取大功，古往今來從未有過。

擁有聲名而不受侮辱，順應時勢而行卻不困塞，只有遵禮；得到了而不拂逆，偶失之而無甚災禍，只有敬慎；事情成功而不感到困難，褒獎軍功而不耗費錢財，只有選時機；勞苦而有成就，耗費而財不窮盡，只有行事得當；施行了而不背謬，成功了而合乎權宜，時間長久而能變通，只有行義。不了解所求取的應當有限量，不了解所施行的應當有標準，不了解舉止動靜應當選擇時機，不了解行事應當從吉避凶，不了解行得通行不通的謀劃，在這五個方面猶豫不決，就不能發動戰爭。仰仗聲名（而無實際）不可能長久，仰仗功勞

（而居功自傲）功必不立，徒有願望（不做努力）不可能實現，胡作非為必然有禍殃。

最上等的是使人崇敬而歸服，其次是求取的欲望（不通過戰爭途徑）而得到，其次是用兵強奪而得到，其次是通過戰爭而戰勝對方，最次的是興兵妄動，應運而興的王者借用了他的力量。凡是建立國家統治人民，對內要教文德而和平，對外要建武功而義正，他用刑謹慎並省減刑罰，行政正直而公平。把禮當作行動的根本，把握時機採取行動，用一定的標準匡正自己，把法度當作學習對象，用仁愛求取成功：這就是武紀的要道。

【研　析】對於本文的作成時間，朱右曾據本文內容已經有說明：「凡六時、五動、四順皆戰國之陰謀，非聖人除亂救民之道。」「以邦交離合為輕重，亦縱橫者之說。」本文說：「敵國侔交，權也」，「不可以本權失鄰家之交，不可以枉繩失鄰家之交」，不管出於常道或權宜之計，不管事情的是非曲直，除非「告過而不悔，請服而不得」，都不可斷絕與鄰國的邦交，這種說法和戰國晚期縱橫家擬作的遊說辭一致，都把邦交放在極重要地位，如蘇秦說趙王：「安民之本，在于擇交，擇交而得則民安，擇交不得則民終身不得安。」（《戰國策・趙策二》）當代學者也認為〈武紀〉是戰國時代的作品。劉起釪說：「〈武稱〉、〈允文〉、〈大武〉、〈大明武〉、〈小明武〉、〈柔武〉、〈武順〉、〈武寤〉、〈文政〉、〈武紀〉等十餘篇，是戰國兵家之作。」（《尚書學史》第九七頁）楊寬以為，《逸周書》可能為戰國兵家所編輯，其中有真實的《周書》逸篇，「又輯錄戰國時人偽託的篇章，還採輯一些戰國時代的論著……更直接編入不少戰國時代兵家的著作。」（《西周史》第八五九頁）周玉秀從語言特點分析，認為〈武紀〉「定是戰國時代的作品」，「大致當在戰國時代」（《文獻學價值》第一四八、二六九頁）。至於齊宣王（西元前三一九～前三〇一年在位）時的顏斶引用本文，已經在戰國後期。《左傳》成書在戰國中期（參拙作〈天文學史的發展表明左傳成書於戰國中期〉，載孫綠怡主編二〇〇八年《春秋》《左傳》學術研討會論文集《春秋左傳研究》），也有可能是引用本文。本文「擠社稷、失宗廟、離墳墓、困鬼神、殘宗族，無為愛死矣」，又反復言「禮」，也有可能襲用了以前的言論。

本文論軍事，而重視德禮、仁義，「德」字四見，「禮」字五見，「仁」、「義」各二見。提出：「凡建國君民，內事文而合，外事武而義……本之以禮……成之以仁。」「據名而不辱，應行而不困，唯禮。」「先衰亡者，皆失禮也。」「仁廢則文謀不足。」「施而不拂，成而有權，久之而能□，唯義。」提倡以德服人，「太上敬而服，其次欲而得，其次奪而得」。除儒家之外，戰國人一般不講這些。《戰國策》全書用於道德、品德義的「德」字只有八個（王延棟《戰國策詞典》第一四九頁）。有人以為《孫子》是孫武自著，但即使在《孫子》中，全書不見「德」、「禮」二字，「仁」字凡三見，「義」字一見。《孫子》「明之吳越，言之于齊」，「估計是由孫武後學在齊國結集成書……從內容判斷，似以定在戰國中期更為合適。」（李零《吳孫子發微・導言》第八頁）宋代葉適曾說，「專壹言禮，見于春秋」，晏子、子產「為言禮之宗」（《習學記言序目》卷十一《左傳・昭公》）。本文所表現的傾向，應當是受了儒家思想的影響。強調「德」本是西周的思想，但是本文多言禮，又講仁義，說明作者必在晏子、子產、孔子之後，亦即戰國時期。本文編者把不少文章「附會為文王、武王、周公所作，用來說明西周初期的文治武功。」（《西周史》第八五九頁）所以作者有意突出「仁義之師」。文中還有三個「法」字，似乎由此又可以看出法家思想的影響。多家思想紛然雜陳，是戰國後期作品的特點。

其次，作者強調「時」和「備」，即善於抓時機，做好充分軍事準備。「時至而不迎，大祿乃遷。」「臨權而疑，必離其災。」「成事而不難，序功而不費，唯時。」「備廢則事謀不足。」「大事不法弗可作，法而不時弗可行，時而失禮弗可長，得禮而無備弗可成，舉物不備而欲致大功于天下者，未之有也。」敵國之立、毀、克、并，須慎重考慮，都要以對我之利害、敵我力量之對比和時機之當否而定。這些都是戰國時的思想和語言。

第三，由於主張德禮、仁義，所以作者反對欺詐、陰謀，「不可虞而奪也，不可策而服也，不可親而侵也」。但是「兵者，詭道也」（《孫子・計篇》），作者在戰略戰術上自然又不排斥「兵不厭詐」，主張「間其疏，薄其疑……乘其衰，暴其約」，「毀之利，克之易，并之能，以時伐之」。只要對自己有利，則選擇合適時機，摧毀別人之國，兼而併之。

銓法第六十九

【題解】銓法，銓選人才之法。陳逢衡曰：「《說文》：『稱，銓也。』『銓，衡也。』此蓋有周一代銓選之法雜見于簡冊者，首尾疑有脫落，似是中腹文字。」唐大沛曰：「此篇殘缺不全，僅存此數句，然已得其大要矣。」銓，衡量；選擇。

有三不遠，有三不近，有三不畜❶。敬謀，祗德，親同❷，三不遠也。聽讒自亂❸，聽諛自欺❹，近憝自惡❺，三不近也。有如忠言，竭親以為信❻；有如同好，以謀易寇❼；有如同惡，合計掬慮❽，慮泄事敗：是謂好害❾，三不畜也。

【注釋】❶畜　孫詒讓曰：「《史略》作『芒由』二字，疑故書作『蓄』，高本誤分為二字也。」鴻恩按，畜、蓄都有畜養之義。潘振曰：「養之。」朱右曾曰：「容也。」❷敬謀三句　潘振曰：「祗，亦敬也。敬嘉謀，祗盛德，親同性。」陳逢衡曰：「三者皆國之典型。」朱右曾曰：「親同，同氣之親。」然則敬謀，則指敬重有嘉謀之人，非謂「謀事必敬」（唐大沛說）之意。同，指同姓，可通，本書多處提到同姓；「同氣」指志意相同者，亦通。唐釋為「同寅」即同官，則非是。❸聽讒自亂　讒者變亂是非，聽其言故自我惑亂。❹聽諛自欺　諛者歌功頌德，聽其言則自欺。❺近憝自惡　接近惡人則習於兇險，故自陷於奸惡。憝，奸惡。❻有如忠言二句　竭，敗也（潘振）。敗其所親近者以取信於君（朱右曾）。有如，猶如；好像。❼有如同好二句　唐大沛曰：「義未詳。」潘、陳、朱注都不明晰，朱僅解「易寇」，曰：「詐謀亂國，甚于寇戎。」似釋「易」為替代。（《漢書·趙堯傳》「無以易堯」，顏注：「易，代也。」）寇，入侵者。❽掬慮　劉師培曰：「掬，疑『鞠』段，鞠慮者，猶言窮竭其慮。」❾好害　喜好禍害者。

【語　譯】（銓選人才）有三種人不疏遠，有三種人不接近，有三種人不畜養。敬重有謀略的人，尊敬有道德的人，親近志意相同的人：這是「三不遠」。聽信讒言，惑亂了自己；聽信奉承話，欺騙了自己；接近奸惡的人，自己也變得奸惡：這是「三不近」。好像是一片忠心之言，實際是敗壞其親近的人以取信於君；好像是彼此友好，卻以詐謀亂國，甚於入侵的敵人；好像彼此有共同的憎惡，一起計議窮竭心思，結果是謀慮洩露出去事情失敗：這叫做喜好害人精，這是「三不畜」。

【研　析】這是一篇殘缺的文章，不過所保留的這一部分相當精到。三種人不能疏遠，三種人不能接近，三種人不能畜養收容，條分縷析，說得很深入，這是長期銓選人才的經驗總結。

《周書・序》說：「積習生常，不可不慎，作〈銓法〉。」丁宗洛說：「『積習』二句非〈銓法〉之要旨，恐有誤。」按，如果說此文殘缺，殘缺部分也有可能說的就是「積習生常」。

器服第七十

【題　解】器服，「題曰〈器服〉，而器有明器、用器、食器、車器諸名，服則績、綾、縞、冠等類是也。」（陳逢衡）孫詒讓認為本文是某王大喪明器的清單。

《周書・序》曰：「車服制度，明不苟逾，作〈器服〉。」

此篇文字的錯亂脫誤太多，不可句讀，除有確據者稍作更動外，其餘則據注家考校，以「〔 〕」表示所改動之文，相關原文僅加「（ ）」，仍保留於原處。「簞籥捍」三字加三次括號，是因為三字需分屬三處。無誤而又不更動位置者不加符號。

明器❶，因外有三疲二❷。〔茵外直二橫三。〕

用器❸：（服數櫝❹，四棓、禁、豐、一觴❺。矢韋獨❻。）〔服素櫝，四桮、禁、豐、一觴。矢韋獨。〕〔柲、韘、〕〔捍、〕〔象玦、朱極，韋素獨。〕食器：（甒、迤，膏侯、屑侯❼。）〔甒、匜，膏餱、屑餱。〕〔二瓦豋、樊，菜、膾、五腊。〕

樂器：（鈹、瑹）〔籥、筦〕，參笙一竽，皆素獨❽。

（二九弇、焚，菜、膾、五昔❾。）

纁裏桃枝素獨，簟蒲席，皆素獨斧巾❿。

玄冠績緌，縞冠素紕，（玄冠組武卷組纓⓫。）〔玄組武組纓。〕象琪，繢瑱，絺紳帶⓬。（象玦，朱極，韋素獨⓭。）（簟）（籥）（捍）⓮。

次車羔冒虎純，載輇、棧⓯。（喪勤焚）〔纕勒、樊、〕纓一紿⓰。

【章旨】以上是說各種喪葬器物和死者朝服、喪葬用車等。

【注釋】❶明器　唐大沛曰：「古人葬，用明器。明器者，神明之也。」朱右曾曰：「明器，送死之器，言神明之器，異于人用也。」❷因外有三疲二　此句斷句不同，潘振、唐大沛、孫詒讓、劉師培均於「二」字絕句，于鬯則以「三疲二用」為句。因，即「茵」，墊棺材的褥（潘、唐：「褥也。」朱曰：「所以藉棺者。」）朱駿聲以為「因」為「茵」之古文。于鬯亦以因、茵同字（因字從口從大，大則人也，人臥席上之意）。因外，即棺材墊的旁邊。鴻恩按，明器是給墓主的使用器具。《儀禮・既夕》明說「茵先入」，「乃窆」，下棺後，「藏器于旁」。有三疲二，孫詒讓曰：「當作『直二廣三』，即〈既夕〉之

「縮二橫三」也。「廣」與「橫」古字通。直、有，廣、疲，並形近而誤。」孫說指《儀禮・既夕禮》所說之抗木和上面的茵：「抗木（棺槨上面的木架，加席，擋土），橫三縮（縱；直）二，加抗席三」，「加茵，用疏布，緇剪（淺），有幅，亦縮二橫三」。于鬯於此有詳考。外有三疲二用，「言外有三者，即茵之橫三也；二者即茵之縮二也。云外有三疲者，『疲』當讀為『罷』，『罷』可讀為『疲』。不用為『罷』。（朱右曾亦曰：『疲，不任用也。』）蓋茵之陳者，有橫三，有縮二。及其用之壙中，則橫三不用，而專用縮二。〈既夕〉鄭注云：『及其用之，木三在上，茵二在下，象天三合地二，人藏其中焉。』抗木在下，而茵在上，其陳時層次自如此，至用之壙中，則因在下，而抗木在上，與陳時適一一相反。」鴻恩按，于鬯引申鄭注，言之成理，或「二」下脫一「用」字。❸用器　常用之器（唐大沛）。劉師培曰：「用器與下食器及樂（下亦當補『器』字）並文。蓋此篇亦就用器、食器分析也。」今從唐、孫、劉之斷句。❹服數犢　丁宗洛曰：「犢，疑『櫝』訛。」陳逢衡曰：「數犢，即素獨，犢與韇、韣通，蓋藏弓之函。」服，衣服（唐大沛）。孫詒讓亦以「數櫝」當作「素獨」，且曰：「後象玦、朱極皆素獨，素、數，獨、犢，并音近而訛。此素獨蓋係下『四棓、禁、豐，一觴』等而言，別于矢之韋獨也。」劉師培曰：「服數犢，（孫氏以為即『素獨』是也。）當冢『用器』言，猶之樂器節末亦有『皆素獨』之文也。『服』字上下，均有挩字。」鴻恩按，此文「素獨」「韋獨」均作「獨」，獨此作「犢」，丁宗洛以為「櫝」訛，朱右曾從丁說。「韋獨」、「素獨」，朱皆以即「韣」字。櫝，木匣。韣，皮製的弓箭套。朱說當是。❺四棓禁豐一觴　王念孫曰：「棓，蓋『梧』字之誤，梧、禁、豐，皆飲酒所用。篆文梧、棓二字相似，故梧誤為『棓』。觴，蓋『觴』字之誤，觴亦酒器，故曰『四棓、禁、豐，一觴』。」朱右曾補王說曰：「棓，讀為梧（梧、棓古字通假也），盤、盎之總名。禁，所以庪（庋）甒（盛五斗酒的瓦器），如方案，橢長，足高三寸。豐，承觶（飲酒器）托盤，似豆而卑。」鴻恩按，《說文》「觴」字：「觶實曰觴，虛曰觶。」即斟滿酒的觶叫觴，如此，則「一觴」亦可釋為一個斟滿酒的觶。酒器「名之禁者，為酒戒也」（《禮記・玉藻》疏）。❻矢韋獨　章檗本「矢」字作「荒」，盧本校為「夭」。陳逢衡曰「夭」當作「矢」，朱右曾本作「矢」，朱曰：「《周禮・司弓矢》云：『大喪供明弓矢。』此不言弓，闕文也。」韋獨，裝弓箭的袋。獨，與「韣」通。韣，以韋為之。韋，皮。❼甒迤二句　王念孫曰：「迤，蓋『匜』字之誤。匜，所以盛水，故次于甒下。草書『迤』字與『匜』相似。」陳逢衡曰：「甒，罌也。《儀禮・士冠禮》：『一甒醴』，疏：『甒為酒器，中寬下直，上銳平底。』」朱右曾曰：「迤，當為『酏』。〈既夕〉云：『甒二，醴酒醯醢屑。』」俞樾曰：「王氏以『迤』為『匜』字之誤，當從之。甒、匜者，二器也。膏侯、屑侯者，器中所實也。侯，讀為『餱』。《說文・食部》：『餱，乾食也。』」膏餱，蓋和之以脂膏。屑餱，蓋雜之以薑、桂之屑。《儀禮・既夕》注曰：『屑，薑、桂之屑。』是也。《文選・思元〔玄〕賦》曰：『屑瑤蕊以為餱兮。』此屑、餱二字之證。作『侯』者，假字也。」陳漢章曰：「王讀『迤』為『匜』，俞讀『侯』為『餱』，皆是也。膏侯，即《周禮・醢人》之『酏食』，鄭注：『酏，餰〔稠粥〕也。』《〔禮記・〕內則》曰：『取稻米，舉糔溲〔以水調和粉麵〕之，小切狼臅膏〔胸腔的脂肪〕以與稻米為餰。』鄭注餰又云：『若今膏餈，古名膏餱，一也。』屑侯，即《〔周禮・〕籩人》之粉餈。先鄭注：『粉，豆屑也。餈，謂乾餌餅之也。』粉餈，既以豆屑餅之，故即名屑餱矣。」鴻恩按，王說「迤」字當是「匜」之誤，俞、于同其說，而朱以為「酏」。王、俞、于說勝朱說。《禮記・內則》「敦、牟、卮、匜」，鄭玄注：「卮、匜，酒漿器。」則「匜」不僅僅盛水洗手使用，盛酒自是食器。孫詒讓以「匜非食器，王校非是」，乃偶失考。依俞、陳之說，孫詒讓以兩「侯」字讀為「雍（饔）」，亦非是。❽樂器四句　「樂器：（鉍、璞），參笙一竽，皆素獨」，「樂」下原無「器」字，唐大沛、孫詒讓、劉師培認為「樂」下應有「器」。唐以「鉍璞」當在上文「服」字下，皆服飾之類也。孫詒讓認為「鉍」當是「瑟」之異文；朱右曾讀「鉍璞」為「琴瑟」，未塙。劉師培曰：「『鉍璞』二字乃『矢韋獨』下之錯簡也。《儀禮・既夕記》云：『弓矢之新沽功，有弭飾焉亦張可也，有柲。』鄭注云：『柲，弓檠〔正弓弩的器具〕，弛則縛之于弓裏，備損傷。』此明器有柲之徵。鉍，疑即柲。劉氏以璞為楪，又以楪為『韘〔射箭的扳指〕』字之叚。《說文》云：『韘，射決也，所以拘弦。』是柲、韘類同，故二字並文。下文『象玦、朱極、韋矢獨〔原文為「韋素獨」，劉以此為射具，改「素」為「矢」，似非疏誤〕』七字，似當在此二字下。玦、韘亦同物也。」參笙一竽，皆素獨，「參」同「三」。參笙一竽，章本、盧本作「參冠一竽」，朱右曾依王念孫說訂改，朱曰：「笙十三簧，竽二十六簧，皆以素布為韣。」劉師培曰：「『參冠一竽，《玉海》七十八引作參笙一竽，《雜志》據之。竊以『笙』字固當據補，惟『冠』係『筦』訛，《穆天子傳》六載盛姬葬禮云：『樂□人陳琴瑟□竽籥欲筦而哭。』其證也。（下文『簞龠捍』三字，籥疑此節錯簡。簞與上複，疑衍文。捍當上屬『象玦』句。）」陳漢章以「鉍璞」應為金屬、石屬樂器。鴻恩按，「樂」字下今依上文「用器」、「食器」之例，增「器」字，「鉍璞」二字譯文今姑從劉師培說，移於上，原文暫不移位。劉曰「冠」乃「筦」訛，劉說應是，二字音近形亦近，笙非「冠」訛，參《穆天子傳》應增「筦」。又，下文「簞、籥、捍」，三者互不相干，劉說「籥」、「捍」甚是。「籥」應在此節。「簞」即後文「蒲席」上所缺「簞」之散落，「籥」、「筦」今姑補於「參笙」之上。❾二丸弇焚二句　「二丸弇、焚，菜、膾、五昔」，唐大沛曰：「此八字當在『膏侯屑侯』下，以皆食器所有之物也。」孫詒讓曰：「丸弇，當作『瓦𢍚』。《說文・豆部》：『𢍚，禮器也。从廾持肉在豆上。讀若鐙。』經典通作『登〔本作豋〕』、『鐙』。《爾雅・釋器》：『瓦豆謂之登。』《續漢書・禮儀志》說大葬明器云：『有瓦鐙。』瓦𢍚即瓦鐙也。焚，當為『樊』，即『槃』之借字亦以瓦為之，故與鐙類舉。《續漢・志》明器有瓦槃十，即此也。丸、瓦，弇、鼻，焚、樊，並形近而誤。『菜膾五昔』，當屬食器「膏侯屑侯」下，誤錯箸于此。」陳逢衡曰：「弇、焚，疑食器，焚音燔。菜，旨蓄〔蓄積的美菜〕。牛與羊、魚聶〔切成薄片〕切之為膾。五昔者，魚腊、兔腊、雉腊、豕腊之類。」昔，通「腊」。乾肉。鴻恩按，依諸家說，則此八字當移「食器」一節。❿纁裏桃枝素獨三句　纁裏桃枝，以淺絳色之絹或布為竹席底襯。纁，淺絳色。《爾雅・釋器》：「三染謂之纁。」桃枝，竹名。《竹譜》云：「皮赤，編之滑勁可為席。」《周禮・司几筵》謂之次席，後世謂之桃笙。簟，竹席；方文席。蒲席，《尚書・顧命》謂之底席。蒲，水草。皆以素布為䋙而繫斧巾焉。《爾雅》云：「斧，謂之黼。」巾，配巾。《周禮・冪人》「掌供巾冪。凡王巾，皆黼。」賈公彥疏：「黼者，白與黑作斧文。」（參陳逢衡、朱右曾注）⓫玄冠纘緌三句　「玄冠纘緌，縞冠素紕，玄冠組武卷組纓」「纘」上原無「冠」字。王念孫曰：「『玄』下當有『冠』字，與下句『縞冠素紕』文同一例。《（禮記・）玉藻》亦云『玄冠朱組纓，緇布冠纘緌，縞冠素紕。』」朱右曾亦疑「纘」上脫「冠」字。孫詒讓曰：「王、朱校是也。玄冠纘緌，即玄冠之纓，下不當更云玄冠，此『玄冠』二字即上文之挩而誤移于此者。下當云『玄組武組纓』，武與卷同物，亦不當兩出，疑『卷』即『武』字之注，誤入正文，而注又挩一『武』字耳。」鴻恩按，今依王、朱據〈玉藻〉於「纘」上補「冠」字。末句依孫說。玄冠，黑色之冠，朝服，天子、諸侯、士通用，而以朱組纓、丹組纓、綦組纓分等級。纘緌，畫有文飾的帽帶。纘，畫。緌，帽帶繫結以後的垂飾，《禮記・內則》「冠緌纓」，孔穎達疏：「結纓頷下以固冠，結之餘者，散而下垂，謂之緌。」縞冠，以生絹做的冠。素紕，以素繒緣冠兩邊及冠卷之下畔（朱右曾）。紕，緣邊。組，絲帶，這裏指繫冠的絲帶。武，冠卷。今之工具書，或說冠卷是冠上的結帶，或說是帽的下沿。查《說文》：「紘，冠卷也。」湯可敬《說文解字今釋》引《儀禮・士冠禮》「緇組紘纁邊」，鄭玄注：「有笄者屈組為紘，垂為飾。」賈公彥疏：「謂以一條組于左笄上繫定，繞頤下，又相向上仰屬于笄屈繫之，有餘因型為飾也。」又，《禮記・禮器》「朱紘」，孔穎達疏：「紘，冕之飾，用組為之，以其組從下屈而上屬之于兩旁，垂餘為纓。」可證帽沿說不確。⓬象琪三句　「象琪，纘瑱，絺紳帶」，「琪纘」二字原闕，潘振以為應作「笄象」（與原文而成「象笄象瑱」），朱駿聲補「邸笄」。「琪瑱」是王念孫、朱右曾據《玉海》補。王曰：「琪，與『璂』同。《說文》：『璂，弁飾，往往〔歷歷〕冒〔蒙；列布〕玉也。从玉，綦聲，或从基。』《周官・弁師》：『王之皮弁，會五采玉璂。』《釋文》：『璂，本亦作「琪」。』」朱右曾曰：「《周禮・弁師》『玉璂』注云：『皮弁之縫，中結五采玉以為飾。』此則用象骨也。纘瑱，以纘懸瑱。纘，似纂〔絲帶〕而赤色。瑱，充耳也。天子以玉，諸侯以石。絺紳帶者，以絺為帶而垂其首。紳，帶之垂者。」絺，細葛布。⓭象玦三句　象玦，射箭用具，著於右手大指以鉤弦，用象骨製成，俗稱扳指。玦，亦作「決」。

朱極，用紅色熟牛皮做成的指套，套在食指、將指、無名指上，以利放弦（防放箭多則手指疼痛）。極，放。韋素獨，韋獨、素獨已見前，此處可解為同一物，亦可認為韋獨、素獨之省文（丁宗洛引丁浮山說）。⓮簟篇捍　唐大沛以「簟」為席，朱右曾以為「簟」字之訛，圓形竹器，以盛篇、捍。陳、唐以「篇」為「篇」，是古代寫字用的木牘，朱以為即鍵（鑰匙，丁浮山亦解為鑰），朱又舉或曰：「書篇也。」則與陳、唐說相合。捍，即拾，射箭時套在左臂上的套袖。鴻恩按，此句之「捍」為射具，與上文「玦」、「極」相次，此字屬「用器」一節。「篇」屬於「樂器」一節，已見於上文。陳漢章於「簟篇」有解，似未是。劉師培曰，下文之「蒲席」缺「簟」字，又以此「簟」為衍文，竊以此「簟」即「蒲席」句之「簟」，應歸下文。⓯次車羔冒虎純二句　「次車羔冒虎純，載軨、棧」，「虎」字原為闕文，「軨棧」原為「枉綫」。朱右曾曰：「冒，覆式（軾）者也。《（禮記・）玉藻》云：『君羔幦虎犆。』幦即冒，犆即純。闕處當是『虎』字。純音準，緣也。」孫詒讓曰：「朱云『幦即冒』，案『冒』當為『冥』，即『幎』之省文也。《周禮・冥氏》鄭注讀為『冥方』之『冥』。『冥方』即算術之方冪也。幦，《周禮・巾車》並作『幦』，與幎、冥聲類同。」劉師培曰：「朱校云：『純』即『犆』，闕處當是『虎』字，其說是也。純，讀為『緇』（純、緇相通），甾、直古通。（《五經文字・上》云『犆』與『特』同。）載枉綫，此似指喪車言也。『綫』字疑即棧車之『棧』。《周禮・巾車》職謂服車五乘，士乘棧車。《說文》謂『竹木之車曰棧』。或天子之喪，遣車以下亦兼用之。『枉』疑『軨』字殘形，即軨車也。」陳逢衡亦以「綫」為「棧」。鴻恩按，今依朱、劉說據〈玉藻〉補闕文「虎」字。軨車為無輻條的四輪車。《禮記・喪大記》「大夫葬用輴」，鄭玄注：「軨車，柩車也。」《周禮・遂師》：「大喪……共（供）丘籠及蜃車之役」，鄭玄注：「蜃車，柩路（車）也。行至壙，乃說（稅；放下），更復載以龍輴。蜃，《禮記》或作『摶』，或作『軨』。」賈公彥疏：「大喪，謂王喪也。」又，《儀禮・既夕禮》「賓奠幣于棧」，鄭玄注：「棧，柩車也。」賈公彥疏：「棧車即柩車，以其賓由輅西而致命。此棧車、柩車即蜃車，四輪迫地，無漆飾，故言棧也。」依鄭注、賈疏，則「軨」字、「棧」字均可以成立，今依劉說據諸經及注疏改正。而且，由鄭注，可知軨車、棧車及蜃車之用為柩車，則毫無疑義。次車，貳車；副車。朱右曾以為可能是《儀禮・既夕記》所云「乘車載旜（旌旗之屬），道車載朝服，槀車載蓑笠」之「道車」。羔冒虎純，以羔皮覆蓋車前的橫木或車廂木方格的圍欄，所以有時說「覆式（軾）」，有時說「覆笭（軨，車廂圍欄）」，而以虎皮為緣飾，即「以虎皮飾幦」（孫希旦《禮記集解》）。純，鑲邊；緣飾。與「犆」義同。鴻恩按，朱右曾以為此次車相當於道車，則以為其所載為朝服。「玄冠纘緌」至「絺紳帶」所說即朝服。⓰喪勤焚纓一給　丁浮山曰：「喪，應與纕通，《類篇》：『湘纕，淺黃色。』」潘振以「勤」或當作「勒」，馬頭絡銜也。王念孫以「勤」為「勒」字之誤，「勒」上又脫一字。「焚纓，蓋『樊纓』

之誤。《周官・巾車》有『樊纓』，又有『龍勒』，是其證。焚，本作『樊』，與『樊』相似而誤。」朱右曾從以上諸說。喪勒、樊纓，都是馬飾。樊，馬腹帶，與馬背上的皮帶韅都用來穩定車轅。纓，又叫鞅，圍在馬頸的皮套，用以繫靷繩以拉車前行。《周禮・巾車》：「錫樊纓」，鄭玄注：「樊，讀如『鞶帶』之『鞶』，謂今馬大帶也。纓，今馬鞅。」惟「紿」字，章、盧、陳、唐、劉本作「給」，丁、朱本作「紿」。丁浮山曰：「《說文》『絲勞（絲勞損）即紿』，音殆，或作『給』，非。」朱右曾曰：「以『紿』飾纓，示不任用也。」劉師培曰：「《墨子・節葬下》云：『今王公大人之為葬埋……文繡素練，大鞅萬領，輿馬女樂皆具。』所云『大鞅萬領』，似即此文之『焚（即「樊」）纓一紿』，『大』疑『樊』挩，『鞅』即『纓』也。惟『萬領一紿』皆係訛文。」「紿」係訛文，丁、朱「紿」之說，亦恐未是。

【語　譯】墓中置放明器。（棺槨上面的）褥墊之外直放抗木兩個，橫放抗木三個（上面再覆蓋席子）。

使用器具：盛衣服的白色木箱。四只杯子、酒器禁、豐，一只斟滿酒的觴。盛箭的皮袋，矯正弓的弓擎，射玦，射箭用的皮護袖，象牙做的射玦，大紅色的手指套，皮的白色袋子。

食用器具：酒器瓦罌、匜，食器中放著油膏與含有菫、桂末的膏。兩只盛放熟食的瓦鐙和槃，其中有菜、細切的魚、肉，五種乾肉。

音樂器具：有籥、箢，三個笙，一個竽，都有白布袋。

以淺絳色布為裏子的桃枝席，盛在白布袋中。竹席、蒲席都是白布袋，繫著有斧文的配巾。

黑色的冠，繪有紋飾的冠纓；生絹做的冠，以素繒緣邊。用黑色絲帶繞於頤下上繫於笄，形成帽卷又散而下垂為纓。皮冠的縫用象牙裝飾，用赤色絲帶懸繫充耳，用細葛布為束腰大帶並垂其餘以為飾。

副車以羔皮覆蓋軾，以虎皮為緣飾，靈柩即載於輇車、棧車。淺黃色的馬絡頭、馬腹帶、皮頸套等全部供給。

器（因名）〔茵外〕有三❶，幾玄茵❷。纁裏桃枝素獨，〔簟〕蒲席，皆素獨布巾，玄（象）〔幏〕玄純❸。

【章　旨】這一節應當是說諸侯之禮。

【注　釋】❶器因名有三　孫詒讓曰：「『器因名有三』，此與上文『明器因外有三疲二』句相類，疑『名』即『外』之訛，而上下并有捝文，或即涉上文而衍。『因』當讀為『茵』。」鴻恩按，此句殘缺，「因名」雖可解，整句不知何意，不可語譯。❷幾玄菌　「菌」字，章本作「菌」，盧本作「菌」，陳、唐同盧本而曰「當作『茵』。」朱右曾《萬有文庫》本作「茵」，注文亦改為「茵」，是誤文，其書之湖北崇文書局本正文、注文均作「菌」，不誤。其注曰「菌，芝也」可證非「茵」，「茵」無此種注。丁浮山曰：「《禮記・郊特牲》：『丹漆雕幾之美』，注：『雕，刻鏤之也。幾，漆飾。』此『幾』疑與『雕幾』之『幾』同義。」朱右曾曰：「幾，如雕幾之『幾』，附纏之為沂鄂〔器物上的凹凸紋理〕也。菌，芝也，漆為菌形，以飾車也。」鴻恩按，菌即靈芝，蓋形，常見者為玄、紫二色（《說文繫傳》）。幾玄菌應是說車，今從朱說。❸纁裏桃枝素獨四句　「纁裏桃枝素獨，〔簟〕蒲席，皆素獨布巾，玄象玄純」，朱本「枝」字下原無「素獨」，也無「簟」字。章本、盧本原作「纁裏桃枝獨，蒲席，素布獨巾」，王念孫曰：「桃枝、蒲席，皆素獨，謂桃枝席、蒲席，皆以素櫝盛之也。布巾別是一物。《周官・冪人》疏：『布巾，畫布巾』，是也。」王刪去了「枝」下「獨」字。劉師培曰：「此節之文已見前節，惟『桃枝』下捝『素』字，『蒲』下捝『簟』字，『素斧』作『素布』，餘則悉同。猶此上『器因』五字，與本篇首語相複也。疑本篇分記王禮、侯禮。上節『素斧獨巾』，《雜志》謂當作『素獨斧巾』，此節『素布獨巾』，《雜志》謂當作『素獨布巾』。斧巾惟天子用之，布巾則否。則此篇分記王、侯明器，亦其徵矣。」鴻恩按，依劉說則「枝」下原有之「獨」字不當刪，且應增「簟」字。據原文參王校、劉說，則此處文字應作「纁裏桃枝素獨，簟蒲席」，其餘相同，即加「素」，改回「獨」，由「簟籥捍」移來「簟」。朱右曾曰：「載于次車，故別出之。巾有繪玄象者，有以玄繒緣邊者。」孫詒讓曰：「象，當作『冡』，即『幏』之省。《方言》云：『幏，巾也。』朱以『象』為繪象，失之。」鴻恩按，《說文》：「幏，蓋衣也。」陳逢衡曰：「《爾雅》：『緣謂之純。』注：『衣緣飾也。』」即鑲邊。

【語　譯】……車子上刻鏤凹凸紋理，漆成黑色車蓋形的菌作為裝飾。以淺絳色布為裏子的桃枝席，盛在白布袋中。竹席、蒲席，都是白布袋，繫著布配巾。覆蓋著黑色的鑲有黑色緣飾的巾。

【研　析】孫詒讓說：「此篇記大喪明器之目，可補禮經之闕。《禮記・禮器》云：『喪禮，忠之至也；備服器，仁之至也。』鄭注云：『謂大斂、小斂之衣服，葬之明器。』即此篇名之義。依《左・成二年傳》說，諸侯以上，乃得有樊纓。《(禮記・)玉藻》云：『君羔幦。』《周禮・冪人》云：『凡王巾，皆黼。』又《(周禮・)繕人》注云：『抉，天子用象骨。』而此篇有樊纓、羔冒、斧巾、象抉，其為王禮明矣。所列器服，多《(儀禮・)士喪禮》所不具，而與《續漢・志》漢大喪儀多相應。疑叔孫通、曹褒諸人固嘗捃校及之，惜文字闕落失次，不能盡通耳。」劉師培曰：「《儀禮・既夕禮》所記明器，于食器而外，有用器、樂器、役器、燕器之別，舊說謂均士禮。鄭注云：『士禮略也，大夫以上，兼用鬼器、人器也。』然大夫以上之制今不克考，其概略見於此篇雜志。今考《續漢書・禮儀志》述大喪葬禮云……合二者觀之，所用之物，雖參時制，然均以此為本，取以相勘，訛文脫字，猶克推見也。」孫、劉均肯定本文是寫某王或大夫以上人的大喪的明器，「明器之目」，即明器的清單。唐蘭先生考證馬王堆辛追墓遺冊時，曾說：「《逸周書》這一篇很像是戰國後期楚國人寫的」（《文史》第一〇輯）。唐說和孫、劉之說可以統合，是一個新的進展。羅家湘充分論證了本文是一篇遺冊，這是對的，卻又引申陳夢家說這篇遺冊是墓主「魏國大臣的家臣所記，時間在戰國後期當是魏襄王二十年，即西元前二九九年」，斷定「〈器服〉是西元前二九九年的遺冊」（《逸周書研究》第五〇～五七頁），這個結論恐不確，《逸周書》與汲冢無關可以認為是定論。

本文錯亂極嚴重，記述又簡略，從語言特點考慮本文時代，確無所措手足。但是從社會學角度著眼，用具、衣著等語彙出現和存在的時代，無疑可以為文章出現的時代提供線索。讓我們選擇若干器物的語彙，看看不同著作中該詞的有無和字頻：

	《詩經》	《尚書》	《周易》	《儀禮》	《論語》	《周禮》	《國語》	《左傳》	本文	《墨子》	《荀子》	《韓非子》	《呂氏春秋》	《禮記》
明器	0	0	0	1	0	0	0	1	1	0	1	0	0	8
獨(櫝、韣)	0	0	0	櫝 1 韣 2	櫝 2	0	櫝 2	櫝 2	櫝 1 韣 7	0	0	櫝 3	韣 1	櫝 1 韣 3
甒	0	0	0	10	0	0	0	0	1	0	0	0	0	2
蒲席	0	0	0	0	0	0	0	0	2	0	0	0	0	4
匜	0	0	0	11	0	0	1	1	1	0	0	0	0	1
組纓	0	0	0	1	0	0	0	0	1	1	0	0	0	4
縞冠	0	0	0	0	0	0	0	0	1	0	0	0	1	3
朱極	0	0	0	1	0	0	0	0	1	0	0	0	0	0
樊纓	0	0	0	0	0	6	0	繁纓 1	1	0	0	0	0	繁纓 3

注：此表據《中國古代文學史電子史料庫·先秦卷》統計。

「明器」，見於《左傳》、《儀禮》、《荀子》，各出現一次，而《禮記》使用多達八次。「蒲席」僅見於本文與《禮記》，「縞冠」僅見於本文、《禮記》和《呂氏春秋》，「朱極」僅本文與《儀禮》各一見。本文與《禮記》相同者最多（八項），其次是《儀禮》（六項），首先是三書性質有相類之處，其次也必是時代相近。與《左傳》相同者四項，居第三位。

《儀禮》「成書當在戰國初期到中葉」（楊寬《戰國史》第六七五頁），《儀禮》經文，「不會晚于戰國中期前段（前三九〇～前三四〇年）」（王暉《古文字與商周史新證》第三六九～三七〇頁），《禮記》成書於戰國秦漢間（任繼愈《中國哲學發展史·秦漢卷》第一六三、一六四頁）。由此可以說明，本文的寫作應當在戰國時期。既然本文與《禮記》最為接近，《禮記》、本文有而《儀禮》沒有的又有三項，這就很難說本文的時代接近《儀禮》而不是更接近《禮記》。唐蘭先生判定為「戰國後期」應當是很正確的。

周書·序

【題　解】《周書》，即後來所稱《逸周書》。當代學者以為先秦之書《左傳》，即曾引用本書，於其名，則或稱之「書」，或稱之「周書」，或稱之「周志」（志者，記也；古記也；古之書也；所以記載庶事之書志；《春秋·傳》所謂《周志》，《國語》所謂《鄭書》之屬是也：均見宗福邦等《故訓匯纂》「志」字），《韓非子·說疑》又稱之為「周記」，早期尚未有定名，正如《太史公書》、《太史公記》、《太史公百三十篇》，最後定名為《史記》。戰國末年，《戰國策》、《呂氏春秋》、《墨子·七患》、《韓非子·難勢》直至《史記》、《漢書》均稱之《周書》。所以，劉起釪說，《周志》就是《周書》（《古史續辨》第六一八頁）。劉向編定此書並作序言，稱之為《周書·序》（說詳研析）。班固《漢書·藝文志》載：「《周書》七十一篇。」自注曰：「周史記。」顏師古注：「劉向云：『周時誥誓號令也。蓋孔子所論百篇之餘也。』」至許慎《說文解字》「祢、翰、豲」等字下則屢稱《逸周書》，始有《逸周書》之名。

陳逢衡曰：「此輯《周書》既成，因作序以繫于末，蓋倣百篇《書·序》為之。」唐大沛曰：「此序蓋戰國時人編書者所作，時代先後每有顛倒，序語亦不盡可憑信。」朱右曾曰：「序文與本書時有不相應處。宋時此書有兩本，一本序在書末，一本散冠各篇之首。見陳振孫《書錄解題》。」

昔在文王，商紂並立❶，困于虐政，將弘道以弼無道❷，作〈度訓〉。

殷人作教，民不知極❸，將明道極❹以移其俗，作〈命訓〉。

紂作淫亂，民散無性冒常❺，文王惠和，化服之，作〈常訓〉。

上失其道，民散無紀，西伯修仁❻，明恥示教，作〈文酌〉。

上失其道，民失其業，□□凶年❼，作〈糴匡〉。

文王立，西距昆夷❽，北備獫狁❾，謀武以昭威懷，作〈武稱〉。

武以禁暴，文以綏德❿，大聖允兼⓫，作〈光（允）文⓬〉。

武有七德，□王作〈大武〉⓭、〈大明武〉、〈小明武〉三篇。

在程遭大荒⓮，謀救患分災，作〈大匡〉。

文王在程，作〈程寤〉、〈程典〉⓯。

□□□□□□□□□□□□□□□□□□□□□□□□□□□□□作〈九開〉⓰。

文王唯庶邦之多難[17]，論典以匡謬[18]，作〈劉法〉[19]。

文王卿士諗發教禁戒[20]，作〈文開〉[21]。

維美公命于文王[22]，修身觀天[23]，以謀商難[24]，作〈保開〉。

文王訓乎武王以繁害之戒[25]，作〈八繁〉[26]。

文王在酆，命周公謀商難[27]，作〈酆保〉。

文啟謀乎後嗣[28]，以修身敬戒[29]，作〈大開〉、〈小開〉二篇。

文王有疾，告武王以民之多變[30]，作〈文儆〉。

文王告武王以厚德之行[31]，作〈文傳〉。

文王既沒[32]，武王嗣位，告周公禁五戎[33]，作〈柔武〉。

武王忌商[34]，周公勤天下[35]，作大、小〈武開（武）〉二篇。

武王誶周公維道以為寶[36]，作〈寶典〉。

商謀啟平周[37]，周人將興師以承之[38]，作〈酆謀（謀）[39]〉。

武王將起師伐商，寤有商儆[40]，作〈寤儆〉。

周將伐商[41]，順天革命[42]，申諭武義[43]，以訓乎民，作〈武順〉、〈武穆〉二篇。

武王將行大事乎商郊[44]，乃明德于眾，作〈和寤〉、〈武寤〉二篇[45]。

武王率六州之兵車三百五十乘以滅殷[46]，作〈克殷〉。

武王既克商，建三監以救其民[47]，為之訓範[48]，作〈大匡〉[49]。

□□□□□□，作〈大聚〉[50]。

□□□□□□□□作〈世俘〉[51]。

武王既釋箕子囚，俾民辟寧之以王[52]，作〈箕子〉。

武王秉天下，論德施□而□位以官，作〈考德〉[53]。

武王命商王之諸侯綏定厥邦[54]，申義告之，作〈商誓〉。

武王平商，維定保天室[55]，規擬伊雒，作〈度邑〉。

武王有疾，□□□□□□□□□□[56]。

命周公輔小子，告以正要[57]，作〈五權〉。

武王既沒，成王元年，周公忌商之孽[58]，訓敬命[59]，作〈成開〉。

周公既誅三監[60]，乃述武王之志，建都伊、雒，作〈作雒〉[61]。

周公會群臣于閎門，以輔主之格言[62]，作〈皇門〉。

周公陳武王之言以贊己言，戒乎成王，作〈大戒〉。

周公正三統之義[63]，作〈周月〉。

辨二十四氣之應(64)，以明天時，作〈時訓〉。

周公制十二月賦政之法(65)，作〈月令〉。

周公肇制文王之謚義以垂于後(66)，作〈謚法〉。

周公將致政成王(67)，朝諸侯于明堂，作〈明堂〉。

成王既即政，因嘗麥以語群臣而求助(68)，作〈嘗麥〉。

周公為太師(69)，告成王以五則(70)，作〈本典〉。

成王訪周公以民事(71)，周公陳六徵以觀察之，作〈官人〉(72)。

周室既寧，八方會同(73)，各以職來獻(74)，欲垂法厥世(75)，作〈王會〉。

周公云歿(76)，王制將衰，穆王因祭祖不豫(77)，詢謀守位，作〈祭公〉。

穆王思保位惟難，恐貽世羞(78)，欲自警悟(79)，作〈史記〉。

王化雖弛(80)，天命方永，四夷八蠻攸尊王政(81)，作〈職方〉。

芮伯稽古作訓(82)，納王于善，暨執政小子(83)，咸省厥躬(84)，作〈芮良夫〉。

晉侯尚力，侵我王略(85)，叔向聞儲幼而果賢(86)，□復王位(87)，作〈太子晉〉。

王者德以飾躬(88)，用為所佩，作〈王佩〉。

夏多罪，湯將放之，徵前事以戒後王也(89)，作〈殷祝〉(90)。

民非后罔乂91，后非民罔與為邦，慎政在微92，作〈周祝〉。

武以靖亂，非直不克93，作〈武紀〉。

積習生常，不可不慎94，作〈銓法〉。

車服制度，明不苟逾95，作〈器服〉96。

周道於焉大備97。

【注釋】❶並立　紂為殷王，文為周王，故曰並立。❷弼無道　糾正無道的紂王。鴻恩按，此說非是，〈度訓〉是戰國人著作，與文王無關。前人之注亦均不可信。詳見篇內注釋與研析，「度訓」含義見該篇題解。此類問題此處均不再詳述，下面各篇皆同此。❸極　中；準則。❹將明道極　劉師培曰：「『極』，疑衍文，此與上文『將弘道』句同，涉上語『民不知極』衍。」可從劉說。❺民散無性冒常　「冒」字章檗本作「習」，盧校從之。朱本從程、趙等多本作「冒」。盧疑此六字中尚脫二字。孫詒讓曰：「此當作『民散無紀』，與下〈文酌〉篇序正同。『無』下挩一『紀』字，『性冒常』上又挩一字。冒常，謂抵冒常法也。」劉師培曰：「盧謂句有挩字，是也。考《人物志・八觀篇》云『妒惑之色，冒昧無常。』疑此四字與彼同。」鴻恩按，劉氏已據孫說改「無性」為「無紀」。依孫、劉則此句為「民散無紀，冒昧無常」，待考。唐大沛曰：「此三篇脈絡貫通，千古內聖外王之道，備于此矣。蓋同時一手所作，後人妄分為三也。此序似未達作訓之本旨，而以己意序之，不足信也。」鴻恩按，唐氏以此三篇為一手所作，較可信，但以此為《尚書・顧命》所謂周之「大訓」，則不可信。❻西伯修仁　西伯，西方諸侯之長，梁玉繩《史記志疑》以為殷以王季為西伯，周文王因之。陳逢衡曰：「此篇與西伯脩仁之說不甚符。」唐大沛曰：「序與本篇文意不合。」朱右曾曰：「此篇言斟酌為政之事，無明恥示教之意。」❼□□凶年　闕文丁宗洛補「以救」，朱駿聲補「閔恤」。朱右曾曰：「（羅匡）告羅以救荒。然篇中有成年、年儉、年飢、大荒四節，非僅言荒政也。」❽昆夷　畎戎。❾獫狁　北狄。《詩經・小雅・采薇・序》：「文王之時，西有昆夷之患，北有獫狁之難。」唐大沛曰：「此篇非文王時書。」❿綏德　安定有德之人。⓫允兼　確實兼有文德武勇。⓬光（允）文　「允」為「光」字之訛。光文，弘揚文德。⑬□王作大武　盧文弨曰：「所脫疑不止一字，俗本作『文王』，非。」朱右曾曰：「《文選·魏公九錫文》注引《周書》太公曰：『同惡相助，同好相趨』，今此二句在〈大武〉篇，然則此序當云：『太公謨乎文王』，盧說是也。」武有七德，指禁暴、戢兵、保大、定功、安民、合眾、豐財。⑭在程遭大荒　「在程」原作「穆王」。盧文弨曰：「穆王當作『文王』。」孫詒讓曰：「本篇云：『惟周王宅程三年，遭天之大荒』，則疑『穆王』當作『在程』，『在』或省作『左』，與『王』形近而訛，傳寫又到箸（倒著）『程』下，遂不可通。《詩·大雅·皇矣》《正義》云：《周書》稱『文王在程，作〈程寤〉、〈程典〉』，即據敘文也。」鴻恩按，孫說是，「穆王」誤，宅程者為文王，今依孫說參序文改作「在程」。⑮文王在程二句　朱右曾曰：「舊闕脫，據《詩·皇矣》《正義》補。」⑯□□□□□□□□□□□□□□□□□□□□□□□□□□□□作九開　鴻恩按，據目錄，原脫〈程典〉、〈程寤〉、〈秦陰〉、〈九政〉及〈九開〉序文，而闕文二十八外加「作〈九開〉」三字，凡三十一，朱右曾補〈程寤〉、〈程典〉合序凡九字（為此文中最短之序），而未去空圍。然則〈秦陰〉至〈九開〉三篇序文亦只有二十二字，如果空圍為據實書寫，則必有兩篇或三篇合序者，上文〈大武〉、〈大明武〉、〈小明武〉三篇合序為十七字。唐大沛曰：「嘗疑《周書》古簡，每簡蓋十四字，說見〈周祝〉及〈文政〉，今此序缺二十八字當是脫兩簡，則每簡十四字之說，此亦可證。」⑰唯庶邦之多難　唯，唯、惟同，思也。庶邦，各諸侯國。⑱論典以匡謬　論國家的法典、制度用來匡正謬誤。⑲劉法　王引之《經義述聞》：「《逸周書·敘》：『作〈劉法〉』，劉法者，陳法也。」劉，鋪陳；陳，述。《爾雅·釋詁》：「劉、旅，陳也。」）⑳誥發教禁戒　告訴（文王）。頒發教令、禁條。㉑文開　凡言「開」者，皆開導訓誨之意（朱右曾）。㉒維美公命于文王　維，句首助詞。美公，朱右曾曰：「美公未聞，疑『太公』之訛。」孫詒讓曰：「美，疑當為『姜』，姜公即『太公』也。《抱朴子·接疏篇》亦稱太公為『姜公』。」㉓觀天　觀看天象。㉔謀商難　謀禦商難（潘振）；謀免商難（陳逢衡）。㉕繁害之戒　繁害，陳逢衡曰：「此戒奢之義。繁則有害也。其目有八，故曰『八繁』」。朱右曾曰：「臨下以簡，君道也。簿書程石（登錄程姓、石姓等等的賬冊，喻繁瑣），則必有害矣。」此篇亡，未知陳、朱說誰是。㉖八繁　章本作〈文繁〉，諸本作〈八繁〉。鴻恩按，《史略》作「八繫」，則宋本為「八」，「繫」應即「繁」字訛誤。朱說篇意，皆就「文」上說，朱氏蓋以章本作〈文繁〉，乃以篇意致誤。㉗謀商難　陳逢衡曰：「是篇詞明義正，俱格言，其不可解者，則中有脫誤故也。」朱右曾曰：「篇中皆保國之謀，言謀商難，非也。」㉘文啟謀乎後嗣　丁宗洛、唐大沛均以為「文」應作「文王」。啟謀，開導謀慮。㉙敬戒　即儆戒。孫詒讓曰：「即本篇之八儆、五戒也。敬、儆字通。」㉚多變　無常。㉛厚德之行　「厚」字原作「序」。孫詒讓曰：「『序』當為『厚』。本篇文王曰：『吾厚德而廣惠，忠信而志愛，人君之行。』此檃栝其語，故曰『厚德之行』。」劉師培以《史記・趙世家》「厚」誤為「序」之例證孫說之是。鴻恩按，據此，今改為「厚」。㉜沒　死。沒與「歿」為古、今字。㉝禁五戎　禁止五種會導致戰爭的事。㉞忌商　憎惡商朝。㉟周公勤天下　孫詒讓曰：「『周公』下當有挩文。『天下』當作『天命』。〈大開武〉篇云：『在周其維天命』，〈小開武〉篇云：『王召周公旦曰：「余夙夜忌商，不知道極，敬聽以勤天命。」』是其證也。又大小〈開武〉，當作大、小〈武開〉。」鴻恩按，「周公勤天下」不合原文意，必有誤。篇名改作〈武開（武）〉，原「武」字仍存之。㊱武王誶周公維道以為寶　「誶」字原作「評」。《讀書雜志》引之曰：「『評』字義不可通，『評』當為『誶』。《爾雅》：『訊，告也。』《釋文》『訊』作『誶』。〈寶典〉篇武王告周公曰：『有義是謂生寶』，故言武王誶周公維道以為寶也。隸書『卒』字或作『卆』（見漢〈北軍中侯郭仲奇碑〉），與『平』相似，故『誶』訛作『評』。」鴻恩按，誶義為「告」，與本文相合；隸書「誶」、「評」形近，故訛。今據改。㊲商謀啟平周　俞樾曰：「義不可曉，疑當作『商啟謀乎周』。〈大開〉、〈小開〉序曰：『文啟謀乎後嗣』，與此文法正同。啟猶發也。啟謀也者，猶《禮記・內則》所云『出謀發慮』也。『啟謀』二字誤倒，而『乎』字又誤『平』，乃失其義矣。」鴻恩按，俞說應是。㊳承之　應之。㊴鄷諜（謀）「謀」為「諜」字之訛，詳見題解所引孫詒讓考證，今改。㊵寤有商儆　見〈寤儆〉題解。㊶周將伐商　唐大沛曰：「二篇亦非武王將伐商時作。」朱右曾曰：「〈武順〉言軍制順乎三才（天、地、人）。〈武穆〉言軍行之紀律。」㊷革命　更改天命，指以周革殷，改朝換代。按，兩篇中實未言及此意。㊸申諭武義　申明用兵的正義。㊹將行大事乎商郊　將於商郊牧野用兵作戰。㊺作和寤武寤二篇　唐大沛曰：「二篇文筆不類，疑非同時所作。〈和寤〉殘缺不全，〈武寤〉似〈周頌〉、逸詩，乃頌美之辭。當在克商以後所作，非將伐商時所作也。」㊻率六州之兵車三百五十乘以滅殷　率六州之兵車，唐大沛曰：「本篇明云周車三百五十乘，而序乃云率六州之兵車，誤矣。」朱右曾曰：「《〔尚書・〕牧誓》言從征者八國耳，此云『六州』，蓋廣言之。」㊼救其民　「救」當為「牧」（朱右曾）。㊽訓範　訓告法範（潘振）。範，法。㊾作大匡　原無「作〈大匡〉」三字，「訓範」下接闕文，朱本據丁宗洛說補，丁曰：「此三語的是〈大匡〉之序。」今從之，說詳下注。㊿□□□□□□二句「□□□□□□，作大聚」，原為九個闕文，上補「作〈大匡〉」，則餘六個闕文。陳逢衡曰：「當有『作〈大匡〉、〈文政〉二篇』七字。」丁宗洛言闕處字數不足。朱駿聲補「作〈大匡〉、〈文政〉。武王觀殷」九字。鴻恩按，陳逢衡、朱駿聲均以〈大匡〉、〈文政〉二篇合序，因有「作〈大聚〉」三字，可證〈大聚〉是獨序。朱駿聲則補以為九字，且〈大匡〉、〈文政〉是否合序，亦不可知，總之方框必與脫漏文字不相應。(51)□□□□□□□□作世俘　原無「作〈世俘〉」三字，多三空方。陳逢衡曰：「空方十一字乃序『作〈世俘〉』之義。」丁宗洛於末三空方補「作〈世俘〉」。鴻恩按，陳、丁說是，今從補「作〈世俘〉」，去三空方。52俾民辟寧之以王　陳逢衡、丁宗洛皆以此句是說封箕子於朝鮮之事。陳漢章曰：「『民辟』二字當作『辟民』。《爾雅・釋詁》：『辟，君也。』『俾，使也。』『王』字當作『土』。寧之以土，謂安之以邦土。此謂封箕子於朝鮮也。《尚書大傳》：『武王勝殷，釋箕子囚，箕子不忍周之釋，走之朝鮮。武王聞之，因以朝鮮封之。』即本此序『俾辟民寧之以土』也。」53武王秉天下三句　章、盧、潘、陳各本篇目並作〈耆德〉，朱本據此序文改為〈考德〉。陳逢衡曰：「『施』下空方疑是『惠』字。『考德』誤，篇內作『耆德』，指商室舊臣言，位以官，迪簡（啟迪選拔）之義也。」丁宗洛「施」下亦補「惠」，「而」下補「命」。朱駿聲「施」下補「賞」，「而」下補「定」。鴻恩按，陳夢家以為此〈考德〉，即《漢書・律曆志》所引劉歆《世經》之「〈考德〉曰『少昊曰清』」之「〈考德〉」（《尚書通論》第二八七頁），陳說甚是，注家未言及此，師古亦只曰：「〈考德〉者，考五帝之德也」，未明出處。蓋以篇文亡，又誤為「〈耆德〉」之故。今〈嘗麥〉篇有「乃命少昊清」之語。54武王命商王之諸侯綏定厥邦　丁宗洛曰：「『商王』疑是『商土』。」陳逢衡曰：「周時千七百七十三諸侯，而孟津來會者八百，其外九百餘國皆商諸侯也。」朱右曾曰：「幾、耿、肅、執，皆殷之世族食采寰內者，故謂之諸侯。晢，讀曰『哲』。」55維定保天室　朱右曾曰：「篇內有定天保、依天室二義，此約略言之。」56武王有疾二句　「武王有疾，□□□□□□□□□□」，章本有十一空方，盧本從程本等「疾」上有「有」字，少一空方。陳、唐、朱本均從盧。陳逢衡補「命周公立小子誦，作〈武儆〉」十字。丁宗洛補「命詔周公立後嗣，作〈武儆〉」，朱駿聲補「詔周公屬小子，作〈武儆〉。後」。鴻恩按，此為〈武儆〉篇之序文，依文例下文〈五權〉序首當缺「武王」二字，此末二空方應即「武王」脫文，當屬下，〈武儆〉序只應補八字。57告以正要　孫詒讓曰：「正、政字通。本篇武王召周公旦曰：『先後小子，勤在維政之失，政有三機、五權』，即所謂告以政要也。」58商之孽　指紂子武庚。59訓敬命　「訓」下當脫「王」字（唐大沛）。命，天命。60誅三監　朱右曾曰：「殷東、徐、奄皆三監所監，以誅三監包黜殷踐奄者。」61建都伊雒二句　「雒」字諸本作「洛」，朱右曾改為「雒」，朱改是，說詳本篇注。62以輔主之格言　「以」下當有「求」字（朱右曾）。格言，至言。63三統之義　三統，朱右曾曰：「統，本也。《書大傳》曰：『三統者，所以序生；三王者，所以統天下。是故三統、三王，若循連環。』又曰：『不以二、三月為正者，萬物不齊，莫適所統。』」鴻恩按，「三統」之說出現於漢代，可證這篇序不作於先秦，說詳研析。64二十四氣之應　二十四氣，先秦〈十二紀〉、〈月令〉均無二十四氣的完備記載，〈時訓〉所記二十四氣與《淮南子・天文》相同，故今學術界以為二十四節氣完善於秦漢間，且本篇又記有七十二候，則本篇寫定必在漢代。應，天時休咎的應驗。65賦政之法　頒布政令的辦法。66肇制文王之謚義以垂于後　肇制，開始創制。朱右曾曰：「謚法前古未有，故曰『肇制』。」劉師培曰：「《禮記・郊特牲》云「古者生無爵，死無謚。」鄭注云：「古謂殷以前也。」蓋公因碻定文王之謚，詳述其義，並推及他謚，非周公以前無謚也。乃《左傳》「孟子卒」，孔疏引杜預《釋例》云：「謚者，興于周之始。」」鴻恩按，劉說、杜注非是，謚法非周公創制，起於西周中期，逐漸完備，詳見〈謚法〉注及研析。垂，流傳。(67)致政成王　還政於成王。(68)因嘗麥以語群臣而求助　朱右曾曰：「書訓恤刑，嘗麥特其緣起爾。」(69)周公為太師　張亞初、劉雨曰：「大師（太師）之職未見於殷代卜辭。從西周銘文看，目前僅見於恭王以後。也就是說，這種職官的上限不超過西周中期。」（《西周金文官制研究》第三頁）據此，則成王時不應有太師之官。蓋〈序〉作者不明西周官制。(70)五則　即篇內所言「智、仁、義、德、武」。(71)民事　民間興賢能之事（潘振）。(72)官人　《大戴禮記》作〈文王官人〉。(73)會同　諸侯朝見天子。(74)以職來獻　職，職貢。(75)世　後世。(76)云歿　云，句中語氣詞，義猶「又」。(77)祭祖不豫　祭祖，祭公謀父，周公之孫，穆王的從祖父。(78)恐貽世羞　恐怕留給後人羞辱。(79)警悟　鑒古事以自警覺。(80)王化雖弛　天子的教化雖然癈弛。(81)攸尊王政　於是尊奉王的政令。(82)稽古作訓　考察古代的經驗教訓作成訓誡。(83)執政小子　「小子」原作「小臣」。朱右曾曰：「疑『小子』之訛。」鴻恩按，篇中四稱「執政小子」，而祭公自稱「小臣」，這裏的「小臣」肯定是「小子」之誤，今據篇中文改為「小子」。(84)省厥躬　反省他們自身。(85)侵我王略　陳逢衡曰：「言晉侯侵我王略，周史蓋慨乎言之。」鴻恩按，沒有證據表明此序為周史所作。司馬遷寫戰國史事，於諸國敘事中均稱「我」。略，疆界。(86)儲幼而果賢　儲幼，王儲，指太子晉。(87)□復王位　陳逢衡、丁宗洛均補「思」字，朱駿聲補「將」。(88)德以飾躬　以德修整自身。(89)徵前事以戒後王也　此篇寫商湯事而入《周書》，不相合，如此說，則可彌縫之。徵，求；取。(90)殷祝　應是官名，《儀禮・士喪禮》、《禮記・雜記上》等均有商祝之官，習於商禮而司文辭者。(91)非后罔乂　沒有君主就不能安定。罔，無；不。(92)慎政在微　微，細微之處。朱右曾曰：「微，纖也，隱也。君子察未萌之萌，故兢兢業業，一日二日萬機。」(93)武以靖亂二句　朱右曾曰：「『師直為壯』，然篇中言六時、五動、四順，非直也，唯文而和、武而義，庶乎近之。」(94)積習生常二句　丁宗洛曰：「二句非〈銓法〉之要，恐有誤。」朱右曾曰：「嶺南之犬吠雪，不習見也；爰居（海鳥名）聞鐘鼓則眩，視而悲，不習聞也。國之用人亦然。一佞貢諛，千直獲譴。銓，衡也，所以稱物也。」(95)明不苟逾　明本一作「民」（盧文弨）。苟逾，隨隨便便地超越（等級）。(96)作器服　陳逢衡曰：「此篇脫失多矣，然正其訛字，猶可解者六七。」朱右曾曰：「此序與書不相應。」(97)於焉大備　「於焉」舊作「於乎」，王念孫據《玉海》訂作「於焉」，朱本從訂。王曰：「於焉，即於是也。」

【語　譯】（本序文字較淺顯，又參考價值不大，省語譯。）

【研　析】當代學者說：《逸周書》「各篇小序都指為周史記，但是細看各篇的內容，又多與小序不合。」（蔣善國《尚書綜述》第四三九頁）所謂「都指為周史記」，即〈度訓〉至〈文傳〉二十五篇繫於文王，〈柔武〉至〈五權〉二十一篇繫於武王，〈成開〉至〈王會〉十三篇繫於成王、周公，〈祭公〉、〈史記〉繫於穆王。以上為六十一篇。其餘九篇，〈職方〉講夷蠻尊王政，〈芮良夫〉出厲王時，〈太子晉〉在靈王時，〈王佩〉、〈殷祝〉、〈周祝〉、〈武紀〉、〈銓法〉、〈器服〉，或講王者敬德，或以前事戒王，或說王者要「慎政」以及用武、用人、車服制度等，總之都與周王有關。蔣善國以為今存五十九篇中，二十四篇是近於諸子的政治論、財政論、軍事論和小說等；略近於《尚書》的三十五篇，其中有十篇，與《尚書》諸篇有同等價值。蔣的分類蓋本於他所引明代胡應麟《三墳補逸》之說：

《周書》卷首十數篇，〈後序〉皆以為文王作，而本解絕無明據，且語與書體不倫，蓋戰國纂集此書者所作，攙入之，冠于卷首也。至〈大武〉、〈武稱〉等解，尤為乖謬，近于孫、吳變詐矣。考《周書》終〈太子晉〉，實當靈王之世，其為周末策士之言毋惑也。至〈大匡〉以後，章首率有序，詞氣儼與誥誓相侔，間小弗純，或出後人參雜，非春秋下所能也。

胡應麟明白地指出，前十篇並非史書，序言不合篇意，但對〈大匡第十一〉以後的辨析就很粗略了。

這樣，就提出了一個問題，即《周書·序》作於何時，〈序〉作者與本書是什麼關係？序文表明，〈序〉作者並不清楚許多篇的含義，〈序〉的主觀性很強，他只是依據各篇序言性質的開端所說之某王來寫，不作具體分析。本書是文獻資料的彙編，而且是史書和子書的混合，又上至殷周之際，下至戰國秦漢，限於時代和思想意識的局限，〈序〉作者未能作出如實地表述。最大的可能，〈序〉作者就是本書的纂集者——自〈世俘〉、

〈度邑〉等篇產生以後肯定有多次分合纂集，這裏是指漢代的纂集者。陳夢家《尚書通論・論尚書逸文》對此作過論證。《漢書・藝文志》師古注引「劉向云：周時誥誓號令也，蓋孔子所論百篇之餘也」，《漢書・蕭何傳》師古注云「《周書》者本與《尚書》同類，蓋孔子所刪百篇之外，劉向所奏，有七十一篇」。陳先生說：「師古所述，或本之《別錄》，《周書》七十一篇的編集，當成于向手。」「劉向根據中秘的原始材料而加以整齊成編，如他所編的《新序》、《說苑》一樣。」而「陳振孫《書錄解題》曰：『相傳以為孔子刪書所餘，未必然也。文體與古書不類，似戰國後人仿為之者。』《文獻通考・經籍考》引李燾說：『書多駁辭，宜孔子所不取，戰國處士私相綴輯，託周為名，孔子所未必見。』所見甚是。今以為此書乃劉向據舊本傳記，綴輯而成，有意編為七十篇，又仿《尚書・序》作《書・序》一篇，以求與二十九篇《尚書》合為百篇。其實與《尚書》無關。」又曰：「以《尚書》文為百篇，劉向以前所無。」（《尚書通論》第二八四、二八八頁）按，說「與《尚書》相類」，有些含糊，因為有很多篇不相類；說「文體與古書不類」，「戰國處士私相綴輯」，除西周以外的大多數篇章而言，確是如此。陳先生以為《逸周書》與《尚書》無關也不確，當代學者證明，成書於西周的〈商誓〉、〈度邑〉、〈祭公〉、〈皇門〉、〈世俘〉等史書，在使用第一人稱代詞方面，用「予」而不用「余」，不同於甲、金文而「與《尚書》完全相合」（《文獻學價值》第一一一頁），這表明它們與《尚書》應當有關聯。不過我這裏想說的是，陳先生以劉向為《逸周書》「原始材料」的編集者、作序者，應當是正確的。在這裏補充兩條證據。

第一，〈周月〉篇有「以垂三統」之說，〈周月・序〉也赫然說「周公正三統之義」，這特別引人注意。而「三統」一詞，除本文及其〈序〉之外，在先秦所有其他著作中，一律不見於記載。而且不見於《史記》及其以前的《新語》、《新書》、《公羊傳》和《淮南子》。僅見於《尚書大傳》卷三和董仲舒《春秋繁露・三代改制》，二者不管孰先孰後，反正都是漢代著作。而至西漢後期匡衡、劉向之後才成為常語。劉向上成帝奏章說：「王者必通三統」（《漢書・劉向傳》）。此時漢成帝、梅福、谷永等紛紛說「通三統」、「建三統」、「垂三統」。劉向子歆則撰成《三統曆譜》。陳遵嬀既認為「前漢初年，還沒有確定二十四氣名稱。……一年分為二十四氣大概是前漢初年以後，《淮南子》成書（西元前一三九年）以前。」（《中國天文學史》第九九〇頁）而〈周月〉、〈時訓〉則已寫入二十四氣、七十二候，則必出於漢人，那麼〈周月〉中寫入「三統」就使人聯想到擅長曆法的劉歆，特別是劉向、歆父子負責校中秘書，有機會在《周書．序》中寫入「三統」的，最大可能無疑也是劉向、歆父子。

第二，劉向編《戰國策》，寫了《戰國策書錄》，他編校《周書》後，就可能寫了這篇《周書．序》。本書亡篇有〈耆德〉，《周書．序》作〈考德〉。而《漢書．律曆志》所引劉歆《世經》正有〈考德〉一目：「〈考德〉曰：少昊曰清。」（今本〈嘗麥〉篇亦有「少昊清」語。）《逸周書》傳本誤〈考德〉為〈耆德〉，朱右曾據序文改為〈考德〉。《世經》作〈考德〉，〈序〉亦作〈考德〉，孫詒讓、劉師培都認為，〈耆德〉即《漢書．律曆志》之〈考德〉。這又為《周書．序》出劉家添一證據。

附錄

古今學者論《逸周書》

總論《逸周書》

劉知幾曰：「《逸周書》者，與《尚書》相類，即孔氏刊約百篇之外，凡為七十一章。上自文、武，下終靈、景。甚有明允篤誠，典雅高義；時亦有淺末恒說，滓穢相參，殆似後之好事者所增益也。至若〈職方〉之言，與〈周官〉無異；〈時訓〉之說，比〈月令〉多同。斯百王之正書，五經之別錄者也。」（《史通．六家》）

李燾曰：「書多駁詞，宜孔子所不取。」（〈逸周書考〉，盧文弨本《逸周書》附錄）

洪邁曰：「《汲冢周書》今七十篇，殊與《尚書》體不相類，所載事物亦多過實。其〈克商解〉云……夫武王之伐紂，應天順人，不過殺之而已，紂既死，何至梟戮？俘馘且用之以祭乎？其不然者也。又言武王狩事，尤多淫侈……凡憝國九十有九國，馘磿億有十〔七〕萬七千七百七十有九……無緣所馘如此，蓋大言也。〈王會〉篇皆大會諸侯及四夷事，云……凡此皆無所質信。」（《容齋續筆》，《逸周書補注．集說》引）

丁黼曰：「今所謂《汲冢周書》，多誇詡之辭，且雜以詭譎之說，此豈文、武、周公之事，而孔、孟之所取哉？然其間畏天敬民、尊賢尚德、古先聖王之格言遺制，尚多有之。至于〈時訓〉、〈明堂〉記禮者之所采錄；〈克殷〉、〈度邑〉，司馬遷之所援據，是蓋有不可盡廢者。」（〈逸周書跋〉，盧文弨本附錄）

黃震曰：「《汲冢周書》七十篇，自〈度訓〉至〈小開解〉凡二十三篇，皆載文王遇紂事，多類兵書，而文澀難曉；自〈文儆〉至〈五權〉二十三篇，載文王薨，武王繼之伐商事，其文間有明白者，或類周誥；自〈成開解〉至〈王會解〉十三篇，載武王崩，周公相成王事，間亦有明白者，多類周誥。自是有〈祭公解〉、〈史記解〉，穆王警戒之書也；〈職方解〉繼之，與今《周禮》之〈職方氏〉相類；〈芮良夫解〉訓王暨政臣之書也，〈王佩解〉亦相類。自〈周祝解〉至〈銓法解〉，不知其所指。終之以〈器服解〉，而〈器服〉之名，多不可句。」（《黃氏日鈔・讀雜史》）

方孝孺曰：「其中〈芮良夫〉篇最雅馴，其曰：『后除民害，不惟民害。害民非后，惟其讐。民至億兆，后一而已，寡不敵眾，后其危哉！』嗚呼君子之言！三復其篇，為之出涕。」（《逸周書補注・集說》）

劉大謨曰：「若〈度訓〉、〈命訓〉、〈常訓〉、〈文酌〉、〈允文〉、〈大武〉等解，而盡謂之《周書》可乎？若〈和寤〉、〈武寤〉、〈商誓〉、〈度邑〉、〈時訓〉、〈明堂〉等解，而盡謂之非《周書》可乎？六經而下，求其文字近古，而有裨于性命道德、文武政教者，恐無以逾于此。」（《逸周書補注・集說》）

章學誠曰：「《逸周書》……劉、班以謂『孔子所論百篇之餘』，則似逸《書》，初與典、謨、訓、誥同為一書，而孔子為之刪彼存此耳。……而其中實有典言、寶訓，誠為先王誓、誥之遺者，亦未必非百篇之逸旨，而不可遽為刪略之餘也。」（《文史通義・書教中》）

莊述祖《尚書記》七篇，錄《逸周書》之〈商誓〉、〈度邑〉、〈皇門〉、〈祭公〉、〈芮良夫〉、〈嘗麥〉六篇，從《史記》錄〈湯誥〉一篇。是以此七篇與《尚書》有同等價值，故稱《尚書記》。其書又附錄校定逸書二篇，即〈太誓〉和〈世俘〉，是以〈世俘〉為《尚書》逸篇。

陳逢衡曰：「劉向以為周時誥、誓、號令，今案，其書如〈糴匡〉、〈大匡〉、〈程典〉、〈大聚〉、〈皇門〉諸篇，誠然。餘則不盡如劉說也。至謂是『孔子所論百篇之餘』，則〈皇門〉、〈祭公〉、〈芮良夫〉諸解，豈宜在就刪之列？」（《逸周書補注・集說》案語）

張大業曰：「予嘗竊誦其書……雖語多晦澀，字多訛缺，要足見謨烈之遺。〈皇門〉……古奧深厚……〈商誓〉與〈多士〉、〈多方〉相出入，〈度邑〉、〈作洛〉與〈召誥〉、〈洛誥〉相發明，〈嘗麥〉與〈呂刑〉相仿佛，〈祭公〉、〈芮

良夫〉與〈無逸〉、〈君奭〉相近似，意其足相印證者在是乎？」（《逸周書管箋・序》）

唐大沛曰：「是書原本有真古書完具者，有稍殘缺者，有集段簡而成者，有取兵家言指為文、武之書者，有偽敘首尾強屬之某王時者，有本篇已亡譾取他書以當之者。真贗相淆，純雜不一，誠不可不分別觀之也。」（《逸周書分編句釋・凡例》）

又曰：「〈商誓〉、〈度邑〉、〈皇門〉、〈嘗麥〉、〈祭公〉、〈芮良夫〉，與今文《尚書》二十八篇悉同軌轍；〈酆謀〉、〈寤儆〉、〈克殷〉、〈世俘〉，武王時所記錄也；〈作雒〉、〈明堂〉，成王時所記錄也。」（同上）

朱右曾曰：「嗟乎！自周至今殆三千載，苟獲碎金殘石于瓦礫之中，尚寶之如拱璧。《山海經》之謬悠，《穆王遊行》之荒唐，偽《紀年》之杜撰，尚有研覃綴輯之者，況上翼六經，下籠諸子，宏深質古若是書者乎？《漢・志》『儒家』有《周政》六篇、《周法》九篇，『道家』有《周訓》十四篇，皆不傳，傳者唯此。儒者顧不甚愛惜，任其脫爛，或又從而觝排之。甚矣其專己而蔑古也！愚觀此書，雖未必果出文、武、周、召之手，要亦非戰國、秦、漢人所能偽託。……〈克殷〉篇所敘，非親見者弗能，〈商誓〉、〈度邑〉、〈皇門〉、〈芮良夫〉諸篇，大似今文《尚書》，非偽古文所能仿佛。」（《周書集訓校釋・序》）

孫詒讓曰：「《周書》七十一篇，《七略》始著錄。自《左傳》以逮墨、商、韓、呂諸子，咸有誦述。雖雜以《陰符》，間傷詭駁，然古事古義足資考證，信先秦雅記壁經之枝別也。」（《周書斠補・敘》）

梁啟超曰：「《逸周書》……真贗參半，然其真之部分，吾儕應認為與《尚書》有同等之價值也。」（《中國歷史研究法・過去之中國史學界》）

劉師培曰：「《周書》七十一篇，蓋百篇之甹枿，九流之虇萌也。……斯蓋〈世俘〉之屬、〈職方〉之倫，詞或逕符于〈武成〉篇，或別麗于〈周官〉，偏舉已昭，互見則蔓。又《書》以廣聽，旨冀昭後，〈寤儆〉而上，詞顧涉權，慮滋世慝，爰從泠汰；〈周月〉諸解，體乖記言，析類崇謹，芟夷迺及。然……刪而復存，《詩》、《書》一焉。又「三訓」以下，多三聖謀商之跡。度以範民，儉以持邦，備以輔攻，密以謀人家國，書出周史，事匪虛構。」（《周書補正・自序》）

又曰：「《史通・六家篇》云：『……亦有淺末恒說，滓穢相參，殆似後之好事者所增益也。』排觝之詞，蓋貽于此。又《左傳》襄二十六年孔疏云：『……案其書非《尚書》之類。』《穀梁》襄二十四年楊疏云：『《周書》者……今據其書與《尚書》不類，未知是與非也。』」據孔、楊說，蓋以《周書》後出，真偽蔑憑，體與百篇弗類，篇非孔子所刪。窮其立說之隱衷，直以劉、班為誤志。下迄趙宋……悉以汲冢書相目。至于《直齋解題》、《容齋隨筆》，或曰『戰國所仿依』，或曰『事物無質信』，由是李仁甫、劉後村之屬，譁者摘其駁辭，妄者目以怪誕。不知理國用兵，正奇所繇判。粵在周興，三聖謀商，事非一揆，歸于規勝，事有可趣，在審通變權之所行，庸傷翩反？此則政有經權，與道為應；謀有顯密，緣量為施者也。若少庭矢眾，金版鐫銘，啟邦之規，史筆庸能缺載？又伐殷歸狩，《書・序》所載，以證〈世俘〉，詞與表裏；〈旅獒〉越雉，書傳有文，旁律〈王會〉，事出同軌。執是為毀，誣孰甚焉？若夫明人方、胡所論，以迄姚際恒之倫所詆，則近儒考辨，固足相詰，無俟贅詞矣。」（《周書》略說）

呂思勉曰：「全書中涉及哲理及論治道、治制之處，皆與他古書相類。文字除數篇外，皆樸茂淵雅，決非漢後人所能為。所述史跡，尤多為他書所不見，實先秦舊籍中之瑰寶矣。」（《經子解題・逸周書》）

蔣善國曰：「〈克殷解〉、〈大聚解〉、〈世俘解〉、〈商誓解〉、〈度邑解〉、〈作雒解〉、〈皇門解〉、〈王會解〉、〈祭公解〉，〈芮良夫解〉十篇可以與《尚書・大誥》諸篇有同等的價值。」（《尚書綜述・逸周書》）

楊寬曰：「《逸周書》原稱《周書》，具有《尚書・周書》的逸篇性質，其中保存有好多篇真實的西周歷史文件。就史料價值來看，有些篇章的重要性是超過《尚書・周書》的。」（〈論逸周書〉，《西周史》附錄）

《逸周書》的著作時代及其編集

李燾曰：「戰國處士私相綴輯，託周為名，孔子亦未必見。」（〈逸周書考〉，盧文弨本《逸周書》附錄）

陳振孫曰：「相傳以為孔子刪書所餘者，未必然也。文體與古書不類，似戰國後人依仿為之者。」（盧文弨本附錄「直齋書錄解題」）

黃玠曰：「觀其屬辭成章，體制絕不與百篇相似，亦不類西京文字，是蓋戰國之世逸民處士之所纂輯，以備私藏者。性命道德之幾微，文、武政教之要略，與夫〈謚法〉、〈職方〉、〈時訓〉、〈月令〉，無不切于脩己治人，雖其間駁而不純，要不失為古書也。」（〈逸周書舊序〉，盧文弨本《逸周書》卷首）

胡應麟曰：「《周書》卷首十數篇，後序皆以為文王作，而本解絕無明據，且語與《書》體不合，蓋戰國纂集此書者所攙入之，冠于篇首也。至〈大武〉、〈武稱〉等篇尤為乖謬，近于孫、吳變詐矣。考《周書》終〈太子晉〉，實當靈王之世，其為周末策士之言無惑也。至〈大匡〉以後，章首率有序，詞氣儼與誥誓相侔，間小弗純，或出後人參雜，非春秋下所能也。」（《逸周書補注·集說》）

謝墉曰：「愚謂是書文義酷似《國語》，無疑周末人傳述之作。其中時涉陰謀，如〈寤儆〉之嘆謀泄，〈和寤〉之記圖商，多行兵用武之法，豈即戰國時所稱《太公陰符》之謀與？時蓋周道衰微，史臣掇拾古訓以成此書，始于文、武，而終于穆王、厲王也。好古之士，所宜分別觀之。」（〈刊盧文弨校定逸周書序〉）

《四庫全書·逸周書·提要》曰：「其書載有太子晉事，則當成于靈王以後。所云文王受命稱王，武王、周公私計東伐，俘馘殷遺，暴殄原獸，輦括寶玉，動至億萬，三發下車，懸紂首太白，又用之南郊，皆古人必無之事。陳振孫以為戰國後人所為，似非無見。然《左傳》引《周志》『勇則害上，不登于明堂』，又引《書》『慎始而敬終，終乃不困』，又引《書》『居安思危』，又稱周作九刑，其文皆在今書中，則春秋時已有之，特戰國以後，又輾轉附益，故其言駁雜耳。究厥本始，終為三代之遺文，不可廢也。」（《四庫全書總目·史部·別史類》）

姚鼐曰：「吾意是《周書》之作，去孔子時又遠矣，文、武之道固墜矣。《莊子（·雜篇·天下）》言『聖人之法，以參為驗，以稽為決，其數一二三四是也』，此如箕子陳九疇，及《周禮》所載庶官所守，皆不容不以數紀者。若是書以數為紀之辭，乃至煩複，不可勝紀，先王曷貴是哉？吾固知其誣也。」（《惜抱軒文集·辨逸周書》）

汪中曰：「周、秦古書，凡一篇述數事，則必先詳其目，而後備之。其在《逸周書》、《管子》、《韓非子》至多。」（《述學·大學平議》）

朱右曾曰：「愚觀此書，雖未必果出文、武、周、召之手，要亦非戰國、秦、漢人所能偽託。何者？莊生有言：『聖人之法，以參為驗，以稽為決，一二三四是也。』周室之初，箕子陳疇，周官分職，皆以數紀，大致與此書相似，其證一也。〈克殷〉篇所敘，非親見者不能；〈商誓〉、〈度邑〉、〈皇門〉、〈芮良夫〉諸篇，大似今文《尚書》，非偽古文所能仿佛，其證二也。偁引是書者荀息（引〈武稱〉『美女破舌』，『美男破老』，見《戰國策》『田軫〔莘〕為陳軫章』）、狼瞫（引〈大匡〉『用則害上，不登于明堂』，見《左氏・文二年傳》）、魏絳（引〈程典〉『居安思危』，見《左氏・襄十一年傳》），皆在孔子前，其證三也。夫〈酆保〉為保國之謀，〈武稱〉著用兵之難，〈常訓〉之言性，〈文酌〉、〈文傳〉之言政，俱不悖于孔、孟，而說者或誚為陰謀，或譏其偵戾。嗚呼，豈知是書者哉？」（《周書集訓校釋・序》）

顧頡剛曰：「《孟子・盡心下》：『盡信《書》則不如無《書》。吾于〈武成〉……』趙岐注：『《書》，《尚書》。經有所美，言事或過。〈武成〉，《逸書》之篇名，言武王伐紂，戰鬥殺人，血流漂杵。……』此說明孟子時之《尚書》，其中有〈武成〉一篇，言周武王克殷時軍事行動之殘酷……是〈武成〉一篇雖已亡於古文《尚書》而轉得保存於《逸周書》，鄭玄未之考耳，孔廣森《經學卮言》已見及此，惟云『孟子所讀〈武成〉有「血流漂杵」，〈世俘〉乃無之，則又未可竟以〈世俘〉當〈武成〉』。按『血之流杵』祇是狀其戰事之劇烈，不必文中真有此字樣。觀篇中云『馘磿億有七萬七千七百有九』，非『血之流杵』而何！故今定〈世俘〉即〈武成〉，乃一書而二名。此篇所記，容有若干誇張成分，但其著作時代甚早，其所得周初史事之真相遠過於戰國而下所述，在史料中具有甚高價值。」「〈世俘〉這篇文章，因儒家過度宣傳他們理想中的聖王仁政，造成人們對於古代史的錯覺，而〈世俘〉所載事實則是不合於這個錯覺的，所以在戰國時代就被人們壓抑了下去，連墨、道、名、法諸家也不曾引用過。……戰國之世是爭城略地的大屠殺時代，人民痛苦極了，湯、武既受到儒家的宣傳，成為愛民如子的可愛的君主，所以人們就把理想中的聖王面貌套到他們的牌子上……在這種思想和傳說的支配之下，於是有了《逸周書》裏的〈克殷〉，為司馬遷作〈殷本紀〉和〈周本紀〉的根據，成為兩千年來人們所公認的史實。……偏有一位『偽書俗文多不實誠』的王充，在《論衡・語增》裏第一個提出了批評：『察〈武成〉之篇：牧野之戰，血流漂杵，赤地千里。由此言之，周之取殷，與漢、秦一實也；而云「取殷易，兵不血刃」，美武王之德，增益其實也。』」（〈逸周書世俘篇校注、寫定與評論〉，載《文史》第二輯）

谷霽光曰：「《逸周書》原本〔指〈商誓〉、〈度邑〉、〈作雒〉、〈皇門〉、〈祭公〉、〈芮良夫〉六篇〕與《尚書》先後同時……如《尚書・周書》之年代已確定，則亦可定《逸周書》年代亦大體相約，因二書文體、詞章均極相同。」

（〈尚書周書和逸周書事實相同體裁相同幾篇的比較研究〉，載《谷霽光史學文集》第四卷）

趙光賢曰：「《逸周書》除了〈商誓〉、〈度邑〉等篇，文字古奧，可信為西周或以前作品外，其餘都是戰國的東西……《逸周書》各篇文體是對偶，常用數字，完全不像西周文字。試與《周書》與西周金文相比，不同處非常明顯。……如說〈洪範〉已有五行之說，則〈洪範〉之真偽，早已成為問題，讀胡渭的《洪範正論》可知，何況〈洪範〉……並無五色配五行之說。〈柔武〉篇有『維王元祀』的話，與《史記》武王不改元之說正相刺謬。武王不改元之說，已有王靜安先生證明，見王著《周開國年表》。金文中的〈睘卣〉有『唯十有九年』的話，郭沫若定此器為成王時，證明王靜安之說『無可易』。」（《古史考辨・評徐旭生中國古史的傳說時代》）

陳夢家曰：「《漢書・藝文志》有『《周書》七十一篇』，師古注『引劉向云：周時誥、誓、號令也，蓋孔子所論百篇之餘也。』《漢書・蕭何傳》師古注云：『《周書》者，本與《尚書》同類，蓋孔子所刪百篇之外，劉向所奏，有七十一篇。』師古所述，或本諸《別錄》，《周書》七十一篇的編集，當成於向手。」「今所見《逸周書》，當是劉向根據中秘的原始材料而加以整齊成編，如他所編的《新序》、《說苑》一樣。……以《尚書》為百篇，劉向以前所無，所以這七十一篇當是劉向所奏定，以求合於二十九篇，成為百數。《漢書・成帝紀》河平三年（西元前二六年）秋七月『光祿大夫劉向校中秘書』，本傳謂『詔向校中五經秘書』，又謂子歆『受詔與父向領教秘書』。向之奏定《周書》七十一篇當在河平三年以後。」（《尚書通論・論尚書逸文》）

又曰：「七十一篇駁雜不純，其中有西周時代的史影，而其多數皆屬戰國晚期的資料。朱右曾《周書集訓校釋・周書目錄》以為孔子前已有，其證如下：《左傳》文公二年狼瞫引『《周志》有之曰勇則害上……』，見〈大匡〉篇；《左傳》襄公十一年魏絳引『《書》曰居安思危』，見〈程典〉篇；《戰國策》卷三〈秦策〉荀息引『《周書》有言美女破舌』，『《周書》有言美男破老』，見〈武稱〉篇。《四庫全書總目提要》又引《左傳》襄公廿五年衛大叔引《書曰『慎終以始……』及《左傳》昭公六年叔向曰『周有亂政而作《九刑》』，以為『其文皆在今書中（案指《逸周書之〈常訓〉篇及〈祭公〉篇），則春秋時已有……』朱氏所引前兩條，係《左傳》述東周之人引《周志》與《書》，並非『周書』，而《左傳》的撰作時代亦在戰國。朱氏說『此書……要亦非戰國秦漢人所能偽托』，並提出二證。一、『周室之初，箕子陳疇周官分職，皆以數紀，大致與此書相似』，二、〈克殷〉篇所敘非親見者不能，〈商誓〉、〈度邑〉、〈皇門〉、〈芮良夫〉諸篇，大似今文《尚書》，非偽古文所能仿佛。關於一，〈洪範〉一篇實係戰國時體，皆以數紀，與《逸周書》相似，足以證後者成書之晚。至於二，〈克殷〉等篇確乎保存了周初許多史料，這是不能因《逸周書》成書之晚而抹煞的。」(同上)

楊寬曰：「《逸周書》末尾有〈序〉一篇……唐大沛認為『此序蓋戰國時人編書者所作』，是很可能的。從整篇序文來看，編者的編輯要旨，在於闡明文王、武王、周公如何克殷而建國的歷程，強調西周初期的文治與武功，而對武功尤其重視。唐大沛認為其中許多武備書『皆兵家要言』，有些訓告書是首尾偽作而中間雜取兵家之言的。呂思勉先生……認為《逸周書》應入子部兵家。《逸周書》很可能出於戰國時代兵家所編輯，編者以文王、武王、周公的文治與武功作為兵家思想的淵源，因而廣為搜輯資料，編成這樣一部《周書》。書中既收輯有真實的《周書》逸篇，包括〈克殷〉、〈世俘〉等宣揚武王的武功的篇章，〈商誓〉、〈度邑〉、〈作雒〉、〈皇門〉等說明武王、周公文治的篇章；同時又輯錄戰國時人偽託的篇章，還採輯戰國時代的論著，附會為文王、武王、周公所作，用來說明西周初期的文治武功；更直接編入不少戰國時代兵家的著作。」(〈論逸周書〉，《西周史》附錄)

又曰：「《逸周書》確實保存有好多篇《周書》逸篇。……先秦的所謂『書』，主要是指冊命的文件，包括誥、誓、號令之類，確是出於史官記錄的。……劉向說《逸周書》『蓋孔子所論百篇之餘』，當然不可信。孔子刪書之說，原來出於西漢緯書作者的編造。但是不能否認，今本《尚書》(即今文《尚書》)確是戰國時代儒家的《書》的逸〔選〕本。戰國諸子引用《詩》、《書》，都是用作理論依據的……今文《尚書》二十八篇……的祖本，當即出於戰國和秦的儒家所編選。我們只要把它與《墨子》所引的《書》作一比較，便可明瞭。……值得注意的是，今文《尚書》二十八篇中，《周書》要占一半，而大多數《周書》是有關周公的文獻，宣揚的是文、武、周公之道，正是儒家主要的理論根據。而《逸周書》所收輯西周文獻，正是儒家《尚書》選本以外的篇章，而且都是〈書序〉所說百篇之外的。因此，可以說是儒家『所論百篇之餘』的。先秦諸子各有其選讀《書》的標準……《逸周書》的編者，該是以兵家的標準來選取《周書》的，因而它所保存的西周歷史文件，內容很不同於儒家所傳的今文《尚書》。」(同上)

郭預衡先生曰：「其中有誥命之辭，頗似《尚書》的訓誥之體，而文辭卻又不似。如〈酆保〉篇，所述內容和語言形式，確如前人所說：『觀其屬辭成章，體制絕不與百篇相似。』（黃玠《汲冢周書・敘》）在構詞方面，卻同韓非的文章有些相似之點。又如〈文傳〉篇，內容竟講到王霸之業，又講『兵強勝人，人強勝天』，有儒家思想，又雜有霸道，這是比較典型的戰國後期的文字。又如〈史記〉篇，雜陳故事，縱橫馳騁，顯然不是周朝的作品。」（引文刪略，《中國散文史》上〈尚書以外的雜史之文〉）

龐樸曰：「我認為，在中國人思想發展歷程中，曾經有一個雜多階段。它應當晚於混沌觀念所主宰的時代，而比陰陽五行觀念出現得更早。假如混沌是一，那麼雜多就是二，陰陽為三，五行則是四，它們依次出現在歷史舞臺上。」「兩部很有名的文獻都反映了雜多思想：一部是《尚書・洪範》篇，另一部就是《逸周書》。……從其文筆、文風來看，它大體上是戰國時人整理成書的；但是從內容來看，儘管被稱為『周書』，其中的某些思想可能出現得更早。《逸周書》的雜多思想就應該是非常久遠的。那麼早到什麼時候呢？《尚書・洪範》篇給出了答案。……〈洪範〉說『天乃錫禹洪範九疇』，是上帝賜給夏禹王的。」「在我看來，洪範九疇是標準的雜多思想。因此，我們似乎可以把雜多看作夏代的主要思想。」「雜多思想在《逸周書》裏闡述得更充分、更徹底。《逸周書・文酌》說：『民生而有欲、有惡……（省略）聚有九酌。』萬物被分成不同的類；每一類下分列著一定的數，數又排出新的類，類又帶出新的數。其中，數是抽象的，類則比較具體；而數、類既使得數具體化，又使得類抽象化，形成一個介乎抽象與具體之間的東西。於是數和類共同構成了一個適用於天下萬物的分類標準，我叫它數類。在中國歷史上，曾經有一個時期用數類來規定事物。」（《中國文化十一講》第二講〈雜多〉）

李學勤曰：「〈世俘〉、〈商誓〉、〈皇門〉、〈嘗麥〉、〈祭公〉、〈芮良夫〉等篇，均可信為西周作品。其餘諸篇，〈度訓〉、〈命訓〉多篇文例相似，可視為一組，而《左傳》、《戰國策》所載春秋時荀息、狼瞫、魏絳等所引〈武稱〉、〈大匡〉、〈程典〉等篇，皆屬於這一組。由此足見在書中占較大比例的這一組，時代也不很遲。同屬於上述一組的〈小開〉篇，開首云：『維三十有五祀，王念曰：多□，正月丙子拜望食無時，汝開後嗣謀。』據〈序〉，該篇在周文王時，是一次值得珍視的月食記錄。董作賓先生《殷曆譜》曾作過專門討論。近年來曆學研究有不少新進展，對〈小開〉月

食也應重加審定，這將有助於推斷《逸周書》的著作時代。」（《逸周書彙校集注·序言》）

譚家健曰：「《逸周書》各個時期的文章，有一個共同特點是，愛以數字概括所述觀點而後條分縷析，有如今之所謂提綱。如〈大武〉，〈文政〉，〈小開武〉，這種寫法，《左傳》、《國語》、《孫子兵法》中偶爾可見，而戰國後期的《韓非子》、《呂氏春秋》越來越多。到西漢董仲舒作《春秋繁露》，不但用數字概括社會問題，而且把自然現象也數字化，並與政治倫理相配合，組成了一個神秘的數字體系。這種方法產生和發展的原因何在？《逸周書》在其形成過程中起了什麼作用？尚有待進一步研究。」（〈逸周書與先秦文學〉，載《先秦散文藝術新探》）

周玉秀曰：「《逸周書》普遍運用以數為紀之法，是繼承了〈洪範〉的，但這些篇章的作者巧妙地將〈洪範〉中箕子所述大法改造成文、武、周公的言論，而又加以發揮補充，難免攙進了作者所處時代的意識，那就是戰國以後的思想。因此，我們不能據〈洪範〉以數為紀遽定《逸周書》中相關篇章的寫定時代在西周。〈洪範〉的改定時間在春秋末戰國初，則《逸周書》中相關各篇改定時間不會早於〈洪範〉，應當是戰國時代。」「《管子》中的若干篇章在內容和行文方面與《逸周書》中一些篇章極其相似，尤其是它們用數字排比的方式。〔以《管子·五輔》與《逸周書·大武》相比〕」「《逸周書》與《六韜》的關聯。〔《六韜·文韜·明傳》與《逸周書·文傳》是傳聞異辭。〈文韜·六守〉之『六守』、『三寶』，《逸周書》多篇言及，尤與《逸周書·官人》相似。〈文韜·守土〉與《逸周書·和寤》、〈武韜·發啟〉與《逸周書·大武》、〈大開武〉、〈文政〉、〈銓法〉、〈殷祝〉語同或語似，〈龍韜·選將〉與《逸周書·官人》大同小異，皆用數字排比。〕近年來學者認為《六韜》成書必在先秦戰國之世。《逸周書》中相應各篇的內容相似，辭氣相近，寫定時代也當相近。又《六韜》既託為太公之辭，則必與齊人傳播有關。故我們推測，《逸周書》中的相應篇章也應與齊士有關，但編輯此書的人，為突出文、武、周公功業，皆加小序，改成了文王、武王的言辭，我們推測，此編者當在田氏代齊之後。因為田齊要盡可能淡化姜齊的王統和姜齊祖先的影響。這也同戰國中期以後孟軻等儒家學者大講文、武、周公之業的狀況相一致。」（《逸周書的語言特點及其文獻學價值·逸周書的「以數為紀」及其文獻學分析》）

《逸周書》的真偽

孟子曰：「盡信《書》，則不如無《書》。吾於〈武成〉，取二三策而已矣。仁人無敵於天下，以至仁伐至不仁，而何其血之流杵也？」（《孟子．盡心下》）

方孝孺曰：「宋李燾以漢司馬遷、劉向嘗稱之，謂晉始出者非也，此固是矣。劉向謂其書為《周書》，即孔子刪定之餘者則非也。何者？其事有可疑也。略據其大者言之：武王之伐殷，誅其君弔其民而已，其〈世俘篇〉乃曰：『馘魔億有十〔七〕萬七千七百七十有九，俘人三億萬有二百三十夫』，殺人之多若是，雖楚漢之際亂賊之暴，不若是之酷，而謂武王有是乎？所誅以億萬計，天下尚有人乎？周公之用人，不求備于一人，其〈官人〉篇乃曰：『醉之以酒以觀其恭，縱之以色以觀其常，臨之以利以觀其不貪，濫之以樂以觀其不荒』，以詐術啗人而責人以正，雖戰國之世縱橫權數之徒所不為，曾謂周公而以此取人乎？及載武王伐商之事，往往謬誕，與《書》不合。由此觀之，決非《周書》，謂孔子刪書之餘者，非也。」（《逸周書補注．集說》）

姚際恒曰：「《周書》，《漢．志》本有七十一篇。（引劉向〔？〕曰，『今存者四十五篇』，蓋漢時已散失，今此四十五篇已亡矣。）……其〈序〉全仿《書．序》。又〈克殷〉、〈度邑〉等篇襲《史記》，〈時訓〉篇襲不韋〈月令〉，〈明堂〉篇襲〈明堂位〉，〈職方〉篇襲《周禮．職方氏》，〈王會〉篇尤怪誕不經。陳直齋曰：『相傳以為孔子刪書所餘，未必然，似戰國後人仿效為之。』李巽巖曰：『戰國處士私相輯綴。』恒按：不止此，殆漢後人所為也。」（《古今偽書考．史類．汲冢周書》）

梁啟超曰：「孟子因〈武成〉血流漂杵之文，乃嘆『盡信《書》不如無《書》』，謂以至仁伐至不仁，不應如此。推孟子之意，則《逸周書》中〈克殷〉、〈世俘〉諸篇，益為偽作無疑。其實孟子理想中的仁義之師，本為歷史上不能發生之事實，而《逸周書》敘周武王殘暴之狀，或反為真相，吾儕所以信《逸周書》之不偽，正以此也。」（《中國歷史研究法．史料之搜集與鑒別》）

呂思勉曰：「其記周事之篇特多者，著書託古，古人類然。亦或誠有所祖述。今《六韜》即如此。豈能附之《書》

家乎？」（《經子解題・逸周書》）

郭沫若曰：「《逸周書》中可信為周初文字者僅有三二篇，〈世俘解〉即其一，最為可信。〈克殷解〉及〈商誓解〉次之，其它則均係偽託，惟非偽託於一人或一時。〈世俘解〉之可信，除文字體例當屬於周初以外，其中所記社會情形與習尚多與卜辭及古金中所載者相合。今略舉數事如下：㈠國族之多與卜辭合……㈡國族稱方與卜辭合……(3)獵獸之多與卜辭合……㈣用牲之多與卜辭合……㈤用人為牲與卜辭合……準上可知〈世俘解〉必非後人所偽託。」（《中國古代社會研究》附錄〈古代用牲之最高記錄〉）

黃雲眉曰：「今世所傳《逸周書》，亦非古本面目：顏師古注《漢・志》，已云『今之存者四十五篇矣』，安得傳至今世，反較顏師古所見之本為多？則最少十餘篇必為後人偽撰無疑；其他竄亂之處亦多，蓋真偽雜糅之書也。姚氏〔際恒〕謂襲諸書而成固非；《提要》信其篇第為漢代相傳之舊，亦非。而其大部分為極有價值之史料，則不可誣。……雖未必為古本，亦不必定為漢後人作。」（《古今偽書考補證・史類・汲冢周書》）

蔣善國曰：「劉向說《周書》是周時的誥、誓、號令，可是今本《逸周書》卻只有一半是誥、誓、號令，一半類諸子學說，那麼今本《逸周書》真偽參半，不但不是周季原本，並且也不是兩漢的舊面貌。……比唐初顏師古所見本反多出十五篇，篇數先無後有，先少後多，很顯然是經過後人的偽竄。較唐初增多的十五篇，疑是宋人把《汲冢周書十五篇合併到孔晁注的《周書》裏面，另成一《汲冢周書》的結果。」（《尚書綜述・逸周書》）

谷霽光曰：「余於此先假定《尚書・周書》為可靠，則《逸周書》材料〔指〈商誓〉、〈度邑〉、〈作雒〉、〈皇門〉、〈祭公〉、〈芮良夫〉六篇〕亦應可靠，《逸周書》之事實可補《尚書・周書》之不足，而內容、思想復相同，謂其出同一源亦無不可。」（〈尚書周書和逸周書事實相同體裁相同幾篇的比較研究〉，載《谷霽光史學文集》第四卷）

《逸周書》的流傳

班固曰：「《周書》七十一篇。周史記。」師古曰：「劉向云：『周時誥、誓、號令也，蓋孔子所論百篇之餘也。』今之存者四十五篇矣。」（《漢書・藝文志・書類》）

臧琳《經義雜記》曰：「今本闕十一篇，猶存六十篇，較之唐本反多十五篇，可異也。其中〈酆保〉、〈大開〉、〈小開〉……〈書序〉十八篇無注，蓋亡闕之餘，後人掇拾他書補之，故止存其本文。若〈周月〉、〈時訓〉、〈明堂〉、〈官人〉、〈職方〉等篇，為采摭他書，其跡顯然，又令人不能不致疑。」（《逸周書補注・集說》引）

謝墉曰：「班〈志〉載《周書》七十一篇，僅存四十五篇。今其目仍有七十篇，而存者乃有五十九篇，較班〈志〉〔應曰『較師古所見』〕轉多十四篇，此由後人妄分以符七十之數，實祇四十五篇未嘗亡耳。且如〈大武〉以下，並論攻伐之宜，文氣不斷，不得分為三篇。卷一之〈糴匡〉與卷二之〈大匡〉，俱屬荒政，辭義聯屬，自是一篇。蓋〈糴匡〉之文，即在〈大匡〉中間，如『勤而不賓』、『祈而不賓』、『利民不淫』、『民利不淫』，文義一律，簡冊訛錯，遂分為二。因有『卿參告糴』之句，而妄立『糴匡』之名也。若第四卷〈大匡〉為監殷事，篇內雖有『大匡』、『中匡』、『小匡』之名，不應與前篇同其名目，二者必有一訛。〈武寤〉文勢亦似，竟接前文，非另篇也。……」（〈刊盧文弨校定逸周書序〉）

陳逢衡曰：「是書舊稱《周書》，見《漢書・藝文志》。其後《隋書・經籍志》因之，劉知幾《史通》因之，經注亦多作《周書》，至晁公武《讀書志》，始目為《汲冢周書》。楊升庵辨之甚悉，則當稱《周書》為是。今題《逸周書者，從《說文》引稱《逸周書》以別于《尚書》，故仍從盧本不改。」（《逸周書補注・序略》）

丁宗洛曰：「此書曰『逸』、曰『汲冢』，均非《漢書・藝文志》之舊，然均為宋元以來之通稱。至國朝修《四庫全書》，遂為定號。」（《逸周書管箋・自序》）

朱右曾曰：「《周書》偁『逸』，昉《說文》；繫之『汲冢』，自《隋書・經籍志》。《隋・志》之失，先儒辨之。不逸而『逸』，無以別于逸《尚書》，故宜復《漢・志》之舊題也。其書存者五十九篇并序為六十篇，較《漢・志》篇數，亡其十有一焉。注之者晉五經博士孔晁，每篇題云『某某解弟幾』，此晁所目也。舊但云『某某弟幾』，蔡邕〈明堂月令論〉曰：『《周書》七十一篇，而月令弟五十三。』可證也。唐初，孔氏注本亡其二十五篇。……師古之後，又亡其三，故今孔注祇有四十二篇也。然晉、唐之世，書有二本。孔氏解〈克殷〉『荷素質之旗于王前』云：『一作「以前于王」』；解〈大武〉『三擯厥親』云：『擯』一作『損』。李善注《文選》『邱中』云：『《周書》邱一作「苑」』。

劉知幾《史通》……不言有所缺佚，與師古說殊。《唐書・藝文志》：『《汲冢周書》十卷，孔晁注《周書》八卷』，二本並列，尤明徵也。其合四十二篇之注七十一篇之本而亡其十一篇者，未知何代，要在唐以後矣。」（《周書集訓校釋・周書目錄》）

劉師培曰：「《漢書・藝文志》書類『《周書》七十一篇』……今所傳孔晁注本，自〈度訓〉至〈器服〉篇，計七十。近儒謂《漢・志》七十一篇，其一為序。今考蔡邕〈月令〉篇名云：『《周書》七十一篇，』而『〈月令〉第五十三。』孔本第目與符，自係漢人相承之本。特孔注而外，別本匪一，《玉海》五十四引沈約《諡例・序》云『《周書・諡法一》第五十六、〈諡法二〉第五十七』，是沈氏所見析〈諡法〉為二，此蓋《周書》別本……其第目亦殊今本者。……〈序〉別為篇，自係古本，或即《漢・志》七十一篇舊式也。《玉海》五十四又云：『沈約案：〈諡法上篇〉卷前云：《禮・大戴記》後云：「〈諡法〉第四十二」，又云：「凡有一百四十五諡」。』據約說，蓋六朝之際，《周書・諡法》別有單行本，合《大戴・諡法》為一編，所題第目與今本異，復與分篇之本殊，亦《周書》匪僅一本之證也。考〈克殷〉、〈大武〉諸篇，孔注之文已云『某，一作某』，則孔氏所見亦非一本。……是〈諡法〉析分二篇之本，北宋猶存。要之，均非汲冢本也。」（〈周書略說〉）

又曰：「蓋六朝各本互有殘缺，故迄于唐初，孔注之本僅存四十五篇。……惟當時孔本以外，別本猶繁。……顏注所指現存之數，自屬孔本，非謂各本均僅四十二篇也。嗣孔注僅存四十五篇，後人于孔本已亡、他本尚存者，依目補入，得多十七篇，並序則為十八，其他十一篇，蓋各本均缺，末由補增，此即今本五十九篇並序則為六十所由昉也。稽其時代，蓋當唐宋之間。」（同上）

又曰：「漢人援引斯編，均曰《周書》，惟《說文》或增『逸』字，此非洨長（許慎曾任洨長之官）之故文也。班〈志〉于百篇稱《尚書》，于七十一篇稱《周書》，蓋彼為孔子所存，特標『尚』字，此為孔子所刪，僅冠代名以為別，《後漢書・楊賜傳》所稱至為昭晰，《說文》亦然，今本『莒』篆、『貕』篆所引是也。又『燎』篆引《逸周書》『味辛而不燎』，玄應《究竟字樣》僅云見《周書》，則『逸』字自係後儒所補，具詳嚴可均《說文校議》。且漢人所稱『逸書』，如《白虎通義・爵篇》引『厥兆天子爵』，〈社稷〉篇引『太社惟松』，雖標《尚書》逸篇，均與七十一篇靡涉。或今文二十八篇外僅存之句也。若古文增多十六篇，以其絕無師說，亦稱逸篇，蓋文具說亡曰逸，文、說俱失曰亡。漢注所引「逸書」，大概該斯二類。故與《周書》均別引（晉初杜預注《左傳》猶然）。如《周書》亦有「逸」稱，則與二者奚別？且篇帙具存，非僅隻句，師說故無，亦非中絕。漢儒標題，名實貴覈，「逸」字之稱，奚由而傳？故知自漢迄唐，稱引悉宗班〈志〉，間有「逸」字，均出校者所增也。」（同上）

又曰：「《南史・劉顯傳》云，任昉嘗得一篇缺簡文字，零落無能識者，顯一見曰：『是古文《尚書》所刪逸篇。』昉檢《周書》，果如其說。……以《周書》為古文所刪逸篇，《周書》稱「逸」，或昉于茲。然《史》云「昉檢《周書》」，則斯時七十一篇標題，故無「逸」字，至于唐初顏師古之流所引古籍，雖有「逸周書」，或亦「《尚書》逸篇」之屬。……〈陳湯傳〉所載谷永疏引「記人之功」三語，顏注云：「《尚書》之外逸篇。」……僅曰「逸篇」，仍沿劉顯舊稱，固未嘗逕稱「逸周書」也。……惟二徐所據《說文》、邢昺所據《爾雅》注所引《周書》，已冠「逸」字，則斯名固定自唐季矣。（《史記・五宗世家》索隱引《逸周書・謚法》，「逸」字當亦後儒所補。）宋代藏書之家，既以孔本即「竹書」，故書名所著錄均冠「汲冢」。自明代楊慎刊本，始改標「逸周書」，盧本因之，然與《漢・志》弗符。朱〈序〉謂「宜復《漢・志》舊題」，所說至諦。又謂稱「逸」昉《說文》，則仍考之未審也。（北朝之書若《水經注》、《齊民要術》之屬，所引亦僅標《周書》，又《廣弘明集》九甄鸞〈笑道論〉云：「古縣大而郡小，見于《春秋》及《周書・洛誥》。」〈洛誥〉乃〈作雒〉之訛，均前人引此書，不標「逸」字之徵也。）」（同上）

又曰：「朱〈序〉又云：「每篇題云某某解……」，朱氏所詮，持亦有故，特管子作書，〈牧民〉、〈形勢〉之屬，均綴以「解」，則「解」誼同「說」然，此猶詮明前誼。……或《周書》舊有斯題，以「解」代「篇」。」（同上）

又曰：「「《周書》」之稱僅一，而所以為別則二：或指班〈志〉所錄言，或統周代典籍言。」（同上）

又曰：「《隋書・經籍志・兵類》有《太公六韜》五卷、《太公陰謀》一卷、《太公陰符鈐錄》一卷、《太公金匱》二卷，又有《周書陰符》九卷，蓋輯錄出自後人，故或與《周書》相出入，如〈史記解〉見于《六韜・周志》是也。《六韜》諸籍，自《顏氏家訓》以降，引稱頻數，隋唐所引竟或誤標。《周書》，如《書鈔》卷十，引《周書》曰：「宓犧、神農教而不誅，黃帝、堯、舜誅而不怒。」及考《御覽》七十六所引，則標《六韜》。又《五行大義》五引《周書》，詳述五方神受事，《舊唐書·禮儀志》所載略同，特標《六韜》，《書鈔》一百四十四所引復曰《金匱》，均其徵也。……循斯而推，則『姜公、沃君』之詞，『武考剋商』之事，群籍所引，雖曰《周書》，半屬《陰符》、《六韜》佚句，朱本概輯為逸文，無亦仳辨未嚴乎？」（同上）

又曰：「伏生《書傳》文，亦間與《周書》合，故隋唐迄宋，《大傳》或誤注《周書》。……《御覽》七十六引《周書》云：『三王之統若循環，周則復始』，《選》注所引，兩標《大傳》（〈西征賦〉注及〈游仙詩〉注），朱本定為逸文，亦屬未諦。」（同上）

陳漢章曰：「有《周書》，有《逸周書》，有《古文周書》，有《汲冢周書》，汲冢書與《古文周書》之辨，于《文選》注徵之，《逸周書》與《周書》之辨，于鄦君書〔指許慎《說文》。鄦同『許』〕徵之。自餘則仳判不嚴，掍合為一，或更羼入《六韜》、《陰符》、《金匱》，故《周書》苦難讀也。」（《周書後案·序》）

呂思勉曰：「此書《漢·志》只稱《周書》。《說文》祘字下引之始稱『逸』。（然此語疑非許君原文。）……《漢·志》師古注：存者四十五。然《史通》不言有闕。則唐時所傳，蓋有兩本。故《唐·志》以《汲冢周書》十卷，與孔晁注《周書》八卷並列。師古所見，蓋即孔晁注八卷本，不全。知幾所見，則蒙汲冢名之十卷本，無闕也。……陳振孫《書錄解題》，謂『此書凡七十篇，敘一篇，在其末。』則今本篇名，較之《漢·志》，並未闕少。蓋即知幾所見之本。然篇名具存，而書則已闕十一篇矣。……蔡邕〈明堂月令論〉，謂〈月令〉第五十三，篇數與《漢·志》合，似今本確為《漢·志》之舊。」（《經子解題·逸周書》）

陳夢家曰：「七十一篇《周書》，在東漢古文學家或稱之為『周書』，或稱之為『逸周書』。……許慎《說文》分別《尚書·周書》與七十一篇《周書》，改稱後者為《逸周書》，（所引與今本稍有出入）其例如下：示部祘　《逸周書》曰士分民之祘，均分以祘之也。（〈本典篇〉作均分以祘之則民安）　羽部翰　《逸周書》曰文翰若翬雉。（〈王會〉篇作皋雞）　人部侊　《逸周書》朕實不明，以侊伯父。（〈大戒〉篇脫次句）　豕部豲　《逸周書》（據段注本）曰豲百爪而不敢以撅。（〈周祝〉篇豲作蚤）　文部竘　《逸周書》有竘匠（不見今本）　火部熮　《逸周書》曰味辛而不熮（不見今本）　漢以後若郭璞注《爾雅》，李善注《文選》，皆稱《逸周書》。為了分別起見，用此稱七十一篇，

也是可以的。」(同上)

楊寬曰：「唐代流傳的《逸周書》有兩種版本，除孔晁注本以外，另有一種無注本，曾被誤傳為出土於晉代汲郡的魏墓中……今本既有孔晁注本，又有無注本，當是唐以後學者把兩種殘本合編而成。」(〈論逸周書〉，《西周史》附錄)

劉起釪曰：「《逸周書》……是不在漢代今文、古文兩家《尚書》的篇章之內，又不在「〈書序〉百篇」之內的《書》篇……在先秦時，《逸周書》中一些篇章的文句已有被引用。如《左傳》於文公二年、襄公十一年、襄公二十五年、昭公六年等都曾稱引過《逸周書》之文，《戰國策》的〈秦策〉、〈魏策〉也曾有引用。諸子如《墨子》、《孟子》、《管子》、《韓非子》、《呂氏春秋》及《禮記・緇衣》等也曾引用。西漢司馬遷撰《史記・周本紀》，全文錄載了〈克殷〉、〈度邑〉兩篇。《淮南子》亦曾有引用。東漢許慎《說文解字》、王符《潛夫論・實邊》，徐幹《中論・法象篇》、馬融、鄭玄亦曾引用。可見《逸周書》自春秋戰國迄於西漢、東漢，確在學者中流傳過。」(文有節略，《古史續辨・逸周書與周志》)

周玉秀曰：「『予』和『余』上古同音。甲骨文、金文有『余』無『予』；《尚書》、《論語》、《孟子》等則有『予』無『余』。《逸周書》中二字都有。……西漢是以用『予』為主的。由此看來，《尚書》等書中用『予』，可能是西漢時整理古籍者的用字習慣，或者與今文經學家有關係……《尚書》逸篇與《逸周書》是有關係的，尤其是〈世俘〉、〈商誓〉、〈度邑〉、〈皇門〉、〈祭公〉等篇，許多學者認為是西周文獻……可這幾篇卻多用『予』，只〈芮良夫〉中有一例『余』。……《逸周書》中這幾篇較早文獻用『予』，也是經後人改寫的……〈世俘〉本是《尚書》逸篇，其他幾篇也極有可能屬於此類情形，個別篇目中偶爾兩字並用，那是戰國晚期始有的現象……王力先生說：『《尚書》用「予」，《左傳》用「余」；《尚書》用「汝」，《論語》用「女」，這似乎可用時代不同來說明。……只是寫法不同罷了。』雖然用字不同表現時代不同，但這種不同有時是後代抄寫該書的用字習慣，並不能代表該書的真實寫定時代……《尚書》、《詩經》中的『予』，就是後人改作的結果。《逸周書》中用『余』和用『予』各篇，是來自兩部或兩部以上書的文獻，是經過一次或多次整合的……用『予』諸篇可能與《尚書》有關。」(《逸周書的語言特點及其文獻學價值・

逸周書中的人稱代詞》)

《逸周書》與「汲冢書」之關係

《晉書・束晳傳》:「初,太康二年,汲郡人不準盜發魏襄王墓,或言安釐王冢,得竹書數十車。其《紀年》十三篇……又雜書十九篇:周食田法,周書論楚事,周穆王美人盛姬死事。大凡七十五篇,七篇簡書折壞,不識名題。」(《晉書》第五十一卷)

《隋書・經籍志》	雜史類	《周書》十卷	汲冢書,似仲尼刪書之餘
《舊唐書・經籍志》	雜史類	《周書》八卷	孔晁注
《新唐書・藝文志》	雜史類	汲冢周書十卷	
	雜史類	孔晁注《周書》八卷	
《宋史・藝文志》	書　類	《汲冢周書》十卷	晉太康中於汲郡得之,孔晁注
	別史類	《汲冢周書》十卷	

晁公武曰:「《汲冢周書》十卷,晉太康中,汲郡與《穆天子傳》同得。」(盧文弨本《逸周書》附錄「讀書志」)

李燾曰:「晉孔晁注《周書》十卷。按隋、唐〈經籍志〉、〈藝文志〉,皆稱此書得于晉太康中汲郡魏安釐王冢。孔晁注或稱十卷,或稱八卷,大抵不殊。若此,則晉以前初未有此也。然劉向及班固所錄,並著《周書》七十一篇,且謂孔子刪削之餘。而司馬遷《史記》武王克殷事,蓋與此合。豈西漢世已得入中秘,其後稍隱,學者不道,及盜發冢,幸復出邪?篇目比漢但闕一耳,必班、劉、司馬所□者已。繫之汲冢,失其本矣。」(盧文弨本附錄〈逸周書考〉)

陳振孫曰:「《汲冢周書》十卷,晉五經博士孔晁注。太康中,汲郡發魏安釐王冢所得竹簡書,此其一也。凡七十篇,〈序〉一篇在其末。」(盧文弨本附錄「直齋書錄解題」)

丁黼曰：「今所謂《汲冢周書》……以兩漢諸人之所纂記推之，則非始出于汲冢也明矣。」（盧文弨本附錄「逸周書跋」）

王應麟曰：「《周書》著錄于劉《略》、班〈志〉，非晉時始出，繫之汲冢失其本矣。閎覽洽聞之士如郭景純、王元長，援述者不一，宜與〈禹貢〉、〈職方〉并傳，敘事之祖也。」（《王會篇補注》）

又曰：「汲冢得竹簡書，在晉咸寧五年，而兩漢已有《周書》矣。太史公引〈克殷〉、〈度邑〉；鄭康成注《周禮》云『《周書・王會》備焉』，注《儀禮》云『《周書》北唐以閭』；許叔重《說文》引《逸周書》『文翰若翬雉』，又引『貑有爪而不敢以撅』；馬融注《論語》引《周書・月令》：皆在漢世。杜元凱解《左傳》時，汲冢書未出也，『千里百縣』，『轡之柔矣』，皆以《周書》為據。則此書非始出于汲冢也。」（陳逢衡《逸周書補注》卷首〈集說〉引《困學紀聞》）

楊慎曰：「《漢・藝文志》有《逸周書》七十一篇。（文弨案，《漢・志》無『逸』字。）以今所謂《汲冢周書》校之，止缺四篇。蓋漢以來原有此書，不因發冢始得也。李善注《文選》，日月遠在晉後，而其所引亦稱《逸周書》，不曰汲冢書也。惟宋太宗時修《太平御覽》，首卷引目始有《汲冢周書》之名。蓋當時儒臣求汲冢七十五篇而不得，遂以《逸周書》七十一篇充之矣。（文弨案，隋、唐〈志〉已云『汲冢』矣。）……則此書也，當復其舊名，題曰『逸周書』可也。」（〈逸周書舊序〉，盧文弨本《逸周書》卷首）

謝墉曰：「《漢・志》載《周書》七十一篇，即列于《尚書》之後，而總繫之以辭，則究未嘗別之于《尚書》之外也。至《隋・志》，始降列雜史之首，以為與《穆天子傳》俱汲冢書。然《漢・志》未嘗列《穆傳》，則其非出自汲冢可知，不當牽合。」（〈刊盧文弨校定逸周書序〉）

浦起龍曰：「《困學紀聞》：隋、唐〈志〉繫之汲冢，然汲冢得竹書在晉咸寧五年，而太史公、鄭康成、許叔重、馬融皆引其文，解在漢時。杜元凱解《左傳》時，書亦未出也，亦以《周書》為據。〈束晳傳〉及《左傳・正義》引王隱《晉書》所載竹書之目，亦無《周書》，然則繫于汲冢誤矣。今按：《史通》亦多引其書，皆不冠以『汲冢』，隋、《唐・志》之誤信矣。」（《史通通釋・六家》）

《四庫全書・逸周書・提要》曰：「舊本題曰《汲冢周書》。……然〈晉武帝紀〉及荀勖〈束晳傳〉載汲郡人不準所得竹書七十五篇，具有篇名，無所謂《周書》；杜預《春秋集解・後序》載汲冢諸書，亦不列《周書》之目，是《周書》不出汲冢也。……陳振孫《書錄解題》稱凡七十篇，〈敘〉一篇……與《漢・志》合。……郭璞注《爾雅》稱《逸周書》，李善《文選》注所引，亦稱《逸周書》，知晉至唐初舊本，尚不題『汲冢』。其相沿稱『汲冢』者，殆以梁任昉得竹簡漆書，不能辨識，以示劉顯，顯識為『孔子刪書之餘』，其時《南史》未出，流傳不審，遂誤合汲冢、竹簡為一事，而修《隋・志》者誤采之耶？鄭元祐作《大戴禮・後序》，稱『〈文王官人篇〉與《汲冢周書・官人解》相出入，《汲冢書》出于晉太康中，未審何由相似』云云，殊失之不考。……惟舊本載丁黼〈跋〉，反覆考證，確以為不出汲冢，斯定論矣。」（《四庫全書總目》卷五十〈史部・別史類〉）

陳逢衡曰：「今止亡十一篇，較之師古時反多十五篇。豈〈束晳傳〉所謂雜書十九篇尚存于世，後人乃拾取以補之，因以有『汲冢』之目耶？」（《逸周書補注・集說》案語）

張穆曰：「《周書》，著錄于子駿《七略》、孟堅〈藝文志〉，非出于汲冢，而讀者多懵其源流。」（《王會篇箋釋・序》）

孫詒讓曰：「隋、唐〈志〉繫之『汲冢』，致為疑舛，《晉書》記荀勖、束晳所校《汲冢古文》篇目，雖有《周書》，與此實不相涉。今汲縣晉石刻〈太公呂望表〉引竹書《周志》『文王夢天帝服玄禳以立于令狐之津』云云，迺真汲冢所得《周書》，以七十一篇校之，文例殊異，斯其符驗矣。」（《周書斠補・敘》）

朱希祖曰：「《雜書》十九篇『周食田法，周書，論楚事，周穆王美人盛姬死事。』《雜書》十九篇昔人往往分為三種，曰《周食田法》，曰《周書論楚事》，《周穆王美人盛姬死事》。余案《晉書》卷三十六〈衛瓘傳〉『……其一卷《論楚事》者，最為工妙……』是十九篇中實包括書四種：曰《周食田法》，曰《周書》，曰《論楚事》，曰《周穆王美人盛姬死事》。……《隋書・經籍志・目錄類》有《晉中經》十四卷，荀勖撰。《唐書・經籍》、〈藝文〉二志同，則唐代此書尚存。《隋・志》、兩《唐・志》皆載《汲冢周書》十卷，必本于《晉中經》，非無所據而云然。則當時汲冢所得寫成今隸者，自有《周書》十卷無疑。……束晳考正汲冢書，既重編《紀年》，又改《穆天子傳》六卷為《周王遊行》五卷，抽出《穆王美人盛姬死事》一卷入雜書中，于是雜書中既有《論楚事》一卷、《穆王美人盛姬死事》一卷，尚有十七卷則《周書》十卷、《周食田法》七卷也。……或謂《周書》七十一篇，而汲冢雜書僅有十九篇，其非七十一篇之《周書》明矣。不知篇與卷有別。……雜書十九卷自可包括《周書》七十一篇也。……或又曰，《周書七十一篇，明載于《漢書‧藝文志》。……此亦只知其一不知其二。汲冢各書，有秦、漢以後所未見者，如《紀年》、《穆天子傳》等是；有秦、漢以後所已見者，如《周易》、《周書》是。……晉時《周書》，蓋有二本：一為漢以來所傳今隸本，一為汲冢所出古文本。……《唐書‧藝文志》既載《汲冢周書》十卷，又載孔晁注《周書》八卷……是唐時尚二本并傳也。……自宋以來，蓋以汲冢本補孔晁注本，而去其重複，故孔注僅有四十二篇……仍題曰《汲冢周書》。」（《汲冢書考‧汲冢書篇目考》）

劉師培曰：「淺知士夫，以之下儕汲郡書，流別既眯，擿研絕罕。」（《周書補正‧自序》）

又曰：「今考《晉書‧束皙傳》述汲冢所得書云：『又雜史〔應作「雜書」〕十九篇：《周食田法》，《周書》，《論楚事》，《周穆王美人盛姬死事》。』審繹其語，蓋雜史〔書〕十九篇中有《周書》。……據劉賡《稽瑞》引《汲冢周書云：『伯杼子往于東海，至于三壽，得一狐九尾。』詞與《紀年》相出入。又據《文選》李善注，于《周書》而外，兩引《古文周書》，一為穆王蹟馬（〈赭白馬賦〉注），一為越姬竊孕（〈思元〔玄〕賦〉注），李稱《古文周書》為別，是必汲冢所得。然締審其文，類于《勵志詩》注所引汲冢書，（《勵志詩》注引汲冢書曰：『蒲苴子見雙鳧過之，其不被弋者亦下。』）與今本《周書》迥弗相類，似當別屬一編，惟《隋‧志》稱為似刪書之餘，則與班〈志〉所著錄，或亦略相符合，要之非孔晁所注之本也。……汲冢得書在太康二年……斯時晁或已徂，即或尚存，其注《周書》必不在太康二年後。此即孔注非據汲冢本之碻證。」（《周書略說》）

呂思勉曰：「《隋‧志》繫之汲冢。後人有信之者，有辨之者，亦有調停其說，謂此書漢後久晦，得汲冢本乃復明者。……辨之者是也。」（《經子解題‧逸周書》）

陳夢家曰：「汲冢出書如《穆天子傳》等殘缺錯簡，而《逸周書》今存六十篇（內序文一篇）較為完整，決不類汲冢出土者。」（《尚書通論‧尚書補述‧論尚書逸文》）

劉起釪曰：「至《隋書・經籍志》始誤注：『《周書》十卷。汲冢書。』」（《古史續辨・逸周書與周志》）

李學勤曰：「《晉書・束晳傳》記汲冢竹書『雜書十九篇』，或以《周書論楚事》連讀為一，恐怕是不對的，因為汲冢發現後不久所立〈太公呂望表〉引竹書《周志》即《周書》，內容並非專論楚事。不過《周書》即列於雜書十九篇中，則其篇數不可能多是可以肯定的。《隋・志》把《周書》十卷統指為『汲冢書』，實係誤解。有學者提出今本《逸周書》內無注諸篇來自汲冢，也缺乏根據。孫詒讓《周書斠補》說〈太公呂望表〉所引《周志》與七十一篇書文例殊異，可知今傳《逸周書》同汲冢『實不相涉』。」（《逸周書彙校集注・序言》）

《逸周書》的內容、思想與類別

方孝孺曰：「王者之師禁亂除暴，以仁義為本，〈大武〉篇則曰：『春違其農，夏食其穀，秋取其刈，冬凍其葆』，不仁孰甚焉？其〈大明篇（大明武）〉則曰：『委以淫樂，賂以美女』，不義孰甚焉？此後世稍有良心者所不忍為，曾謂王者之用兵乃若是乎？其（〈文儆〉）為文王之言曰：『利維生痛，痛維生樂，樂維生禮，禮維生義，義維生仁』，此稍知道者所不言，曾謂文王大聖人而為是言乎？其〈文傳〉篇曰：『有十年之積者王，有三年之積者霸』，『霸』之名起于衰世，周初未嘗有之，謂王者不以道德而在乎？積穀之多，是商鞅之徒所不言，而以為文王之言可乎？其他若是者甚眾。」（《逸周書補注・集說》引）

胡應麟曰：「《周書》多論紀綱、制度，敘事之文極少，〈克殷〉數篇外，惟〈王會〉、〈職方〉二解，皆典則有法，而〈王會〉雜以怪誕之文，〈職方〉敘述嚴整過〈王會〉，其規模、體制足以置之夏、商也。」（《逸周書補注・集說》引）

陳逢衡曰：「〈糴匡〉、〈大匡〉（第十一）、〈文傳〉、〈大聚〉，皆為備荒而設，可見周家體恤民隱至意。」「〈武稱〉、〈允文〉、〈大武〉、〈大明武〉、〈小明武〉、〈柔武〉、〈武順〉、〈武紀〉，皆兵法也。諸篇不無戰國謀略先聲，然要是周人手筆，非秦漢以後語。」「〈度邑〉、〈皇門〉、〈祭公〉、〈芮良夫〉，其尤雅者也。」「〈皇門〉……〈嘗麥〉……二篇文辭古奧，定是西周手筆。」（《逸周書補注・卷首・敘略》）

唐大沛曰：「訓誥書：依原本首〈度訓〉、〈命訓〉、〈常訓〉，以著千古帝王相傳之道法；次列〈商誓〉、〈度邑〉、〈皇門〉、〈嘗麥〉、〈祭公〉、〈芮良夫〉，與今文《尚書》二十八篇悉同軌轍；次列〈史記〉、〈周祝〉、〈王佩〉，各成體制，超絕古今，皆先聖不朽之書也。凡十二篇。

「紀事書：〈酆謀〉、〈寤儆〉、〈克殷〉、〈世俘〉，武王時所記錄也；〈作雒〉、〈明堂〉，成王時所記錄也。〈王會〉一篇，究非實錄，姑附載于末。凡七篇。

「政制書：〈大匡〉、〈糴匡〉，紀文王之仁政；〈大聚〉，出周公之手，著豐、鎬之遺規；〈武順〉，為周家世傳之軍政；〈周月〉、〈時訓〉、〈職方〉，以經天緯地；〈官人〉，以進賢；〈諡法〉，以正名：皆帝王經世之要也。凡九篇。

「武備書：〈大明武〉、〈小明武〉、〈允文〉、〈武寤〉，皆韻語古雅；〈武穆〉、〈武稱〉、〈大武〉、〈武紀〉，皆兵家要言，而〈武紀〉尤純正。凡八篇。」（《逸周書分編句釋・凡例》）

呂思勉曰：「〈序〉固舉全書悉指為周史記，但觀本文則無以明之。〈序〉與書頗不合，不足信也。諸篇文體，有極類《尚書》者，（如〈商誓〉、〈祭公〉兩篇是。）亦有全不類《尚書》，而類周、秦諸子，且極平近者。（如〈官人〉、〈太子晉〉兩篇是。又有可決為原書已亡，而後人以他書補之者，如〈殷祝〉篇是。）……今此書亡篇中有〈箕子〉，安知其不與〈洪範〉相出入。〈克殷〉、〈度邑〉兩篇，為《史記・周本紀》所本。〈世俘〉篇記武王狩禽及征國、服國、俘馘、俘寶玉之數，跡似殘虐。然與《孟子》所言：『周公相武王，滅國者五十，驅虎豹犀象而遠之』，隱相符合。孟子自述所見〈武成〉，固亦有『血流漂杵』之語。是此書卻可稱為《尚書》之類也。然如〈武稱〉、〈允文〉、〈大武〉、〈大明武〉、〈小明武〉、〈武順〉、〈武穆〉諸篇，則明明為兵家言。〈文傳〉後半，文字極類《管子》。開塞為商君之術，（參看論《商君書》。）亦以見本篇中。又《漢書・食貨志》：王莽下詔，謂『《樂語》有五均。』今《樂語》已亡，而五均之別，實見本書的〈大聚〉，五均者，抑併兼之政，亦《管子・輕重》之倫也。吾國之兵家言，固多涉及治國。其記周事之篇特多者，著書託古……今《六韜》即如此，豈能附之書家乎？然則此書入之子部兵家，實最妥也。」（《經子解題・逸周書》）

蔣善國曰：「〈文傳解〉的後半說：『不明開塞禁舍者，其如天下何！』文詞很類《管子》。開塞是商君的政策，並且是《商君書》篇名之一，《管子》各篇可能有些篇是《商君書》的作者作的，在這一點上，又可看出〈文傳解〉與法家的關係。又曰：「《周書》……關於誥誓號令的文只占一半。各篇小序都指為周史記，但是細看各篇的內容，又多與小序不合。

劉起釪曰：「我們從《逸周書》中實際得到的《尚書》逸篇，只是〈克殷〉、〈世俘〉、〈商誓〉、〈度邑〉、〈作雒〉、〈皇門〉、〈祭公〉七篇，還有〈程典〉、〈酆保〉等十餘篇，可看作保存有原來資料的加工過的逸書殘存，再就是〈大開〉、〈酆謀〉等近十篇可作逸《書》參考資料，其餘的都非《書》類篇章。」「〈度訓〉、〈命訓〉等三、四篇及〈本典〉、〈官人〉以至〈周祝〉、〈銓法〉等共十一、二篇，同於戰國時諸子百家馳騁論說的文章，有的甚至近於戰國後期文章。〈武稱〉、〈允文〉、〈大武〉、〈大明武〉、〈小明武〉、〈柔武〉、〈武順〉、〈武寤〉、〈文政〉、〈武紀〉等十餘篇，是戰國兵家之作。〈糴匡〉、〈謚法〉、〈明堂〉、〈王會〉、〈職方〉、〈器服〉等篇，與戰國至漢的《禮》家書同。還有顯然成於漢代之文，如〈周月〉、〈時訓〉、〈殷祝〉等篇。」（《尚書學史·逸周書篇目簡況》）

繆文遠曰：「書中雜有儒、道、名、法、陰陽、縱橫、兵權謀諸家之說，當是戰國時人的作品。（高明〈爾雅之作者及撰作之時代〉）」（〈周史遺珍須細讀——逸周書簡介〉，《文史知識》一九八八年第七期）

羅家湘曰：「管理官員的主要手段，〈命訓〉、〈常訓〉分為六極：『命、醜、禍、福、賞、罰。』（〈常訓〉）『夫天道三人道三：天有命、有禍、有福，人有醜、有紼絻，有斧鉞。』（〈命訓〉）《管子·任法》分為六柄：『故明王之所操者六：生之，殺之，富之，貧之，貴之，賤之。此六柄者，主之所操也。』《周禮·天官·大宰》則分為八柄：『以八柄詔王馭群臣：一曰爵，以馭其貴；二曰祿，以馭其富；三曰予，以馭其幸；四曰置，以馭其行；五曰生，以馭其福；六曰奪，以馭其貧；七曰廢，以馭其罪；八曰誅，以馭其過。』《周禮·內史》八柄又作爵、祿、廢、置、殺、生、予、奪。《韓非子·二柄》將此意點明：『明主之所導制其臣者，二柄而已矣。二柄者，刑、德也。何謂刑、德？曰：殺戮之謂刑，慶賞之謂德。』」（《逸周書研究》第六章）

又曰：「《逸周書》五十九篇，可以按內容分別為四類：史書、政書、兵書和禮書。史書：九篇；政書：三十六

篇；兵書：七篇；禮書：七篇。」（同上第一章）

《逸周書》的史學價值

楊寬曰：「西周重要的歷史文獻，主要保存在《尚書》和《逸周書》中。春秋以前所謂『書』，原是指公牘而言，也就是現在的『公文』或『檔案』。當時所有公文、檔案，都出於史官的草擬和記錄，並由史官宣讀和保管。……這就是最原始的史料。《尚書》和《逸周書》中就保存有這樣的西周原始史料，因為這兩種『書』，原來就是『書』的選本。……《逸周書》所收輯的西周文獻，正是儒家《尚書》選本以外的篇章，確是事實，這該是儒家以外另一家的『書』的選本。……至於夾雜在中間的許多戰國時代的作品，也還沒有分別加以清理，恢復其史料價值，這些都有待於我們作進一步的研究和探討。」（《西周史》第四編第一章〈有關武王克商史料的鑒別〉）

繆文遠曰：「《逸周書》涉及面很廣：1.記載了西周一代重要史跡。殷、周興亡，武王克商，是中國古代史上的大事，引起了深刻的社會變化。王國維說：『中國政治與文化之變革，莫劇于殷、周之際。』（以〈世俘〉、〈度邑〉、〈作雒〉、〈芮良夫〉為例。）2.可考古代禮制。（以〈謚法〉、〈周月〉、〈時訓〉、〈嘗麥〉、〈器服〉為例。）3.講述了許多治國用兵之術。（以〈程典〉、〈柔武〉、〈寶典〉、〈周祝〉、〈銓法〉為例。）《逸周書》是周史遺珍，是文化瑰寶，細加探索，可以開闊眼界，獲得對古代文化的新認識。1.有助於瞭解我國統一的多民族國家的發展過程。（如〈職方〉、〈王會〉。）2.拓展研究古代兵法的新領域。（如〈大武〉。）3.豐富對古代財政經濟管理的認識。（如〈糴匡〉、〈大匡〉。）」（〈周史遺珍須細讀——逸周書簡介〉）

《逸周書》的文學性

陳逢衡論〈周祝〉曰：「讀其書者可與涉世，可與存身，可與遠害，可與盡年。通篇悉韻語，似銘似箴，直開老氏《道德》之先，非特荀子〈成相〉之祖。」（《逸周書補注》）

唐大沛曰：「紀事書〈殷祝〉、〈太子晉〉，文筆皆佳。」「謝云：『此篇〔〈太子晉〉〕誕而陋……』沛案，謝說非也。謝所謂誕者，以太子晉預知死期耳。不知即武王亦云『惟二聖告朕靈期』，何誕之有？所謂陋者，只『太師何舉足驟』及『天寒足跔』二戲言耳。不審篇中論古帝王皆有識，即歌詞、詩詞亦屬雅音，何陋之有？竊疑此篇即師曠所自作。故通篇韻語，妙絕古今，誠一種佳文也。」（《逸周書分編句釋・凡例》、〈太子晉〉題解）

丁宗洛論〈王會〉曰：「此篇妙在上下左右，東西南北，敘次則井井有條，鋪排則歷歷如繪。」論〈周祝〉曰：「此篇縱橫恣肆，頗近戰國風尚矣。然荀卿無其排奡，莊周無其暢茂，又何論于為堅白異同之說者。」論〈武紀〉曰：「通篇月朗風柔，澄波漣漪，在全書中另是一種筆致。」「較〈武稱〉諸篇尤為正大。」（《逸周書管箋》）

魯迅曰：「漢應劭說，《周書》為虞初小說所本，而今本《逸周書》中惟〈克殷〉、〈世俘〉、〈王會〉、〈太子晉〉四篇，記述頗多誇飾，類於傳說，餘文不然。」又曰：「〈太子晉〉記師曠見太子聆聲而知其壽，太子亦自知『後三年當賓于帝所』，其說頗似小說家。」（《中國小說史略・神話與傳說》、〈漢書藝文志所載小說〉）

呂思勉曰：「〈太子晉〉，頗類小說家言。」「〈周祝〉，以哲學作成格言，極為雋永。」（《經子解題・逸周書》）

楊憲益曰：「近人研究古代民間歌謠和七言詩起源的……似乎都忽略了這幾篇相當重要的東西，《逸周書》裏的〈周祝篇〉和〈太子晉篇〉及《荀子》裏的〈成相篇〉。……〈太子晉篇〉記載師曠見太子晉的故事，全篇是散文，不過其中師曠與太子問答的話卻是韻文……可以看出兩人的對話顯然是以歌謠的方式進行著的。我們可以聯想到現代在民間還存在的一些歌謠，如西南苗傜的歌曲和北方流行的〈小放牛〉。……這篇裏的若干句子一去掉襯字，便成了七言詩，『乃參天子自古誰』已經是完整的七言詩了。『萬物熙熙非舜而誰』若去掉一個襯字也可以變成七言。〈周祝篇〉七言句是更顯著的被應用了：『凡彼濟者必不怠，觀彼聖人必趣時。石有玉而傷其山，萬民之患故在言。』實際說，全篇所有句子把襯字去掉，差不多都是七言和三言句。『角之美，殺其牛，榮華之言後有茅。天為蓋，地為軫，善用道者終無盡。地為軫，天為蓋，善用道者終無害。……』〈周祝篇〉全篇用韻，朗誦起來，它給人的印象與通俗的蓮花落或花鼓相同。顯然的，當古代人朗誦這篇東西的時候，他們也必用著簡單的敲擊樂器，如小鼓或響板之類。古代的『祝』大概也就是唱數來寶或蓮花落的職業樂人。」（《逸周書・周祝篇》、〈太子晉篇〉和《荀子・成相篇》，載《譯餘偶拾》）

郭預衡先生曰：「《逸周書》的文風是有特點的，某些篇章不但『不與百篇相似』，也和《國語》、《左傳》不同。但是，這部書的文風又是不很統一的，也有些篇章的文風和《國語》、《左傳》大體一致。例如〈命訓篇〉：『福莫大于行義，禍莫大于淫祭，醜莫大于傷人，賞莫大于信義，讓莫大于賈上，罰莫大于貪詐。……撫之以惠，和之以均，斂之以哀，娛之以樂，慎之以禮，教之以義，震之以政，動之以事，勸之以賞，畏之以罰，臨之以忠，行之以權。』像這樣大量的排比，自然也是春秋戰國以來的文風。又如〈常訓篇〉：『天有常性，人有常順，順在可變，性在不改。不改可因，因在好惡，好惡生變，變習有常，常則生醜，醜命生德。』像這樣連續不斷的頂真式的寫法，更是春秋戰國的某些文章裏常見的。」（《中國散文史》上〈尚書以外的雜史之文〉）

胡念貽曰：「《逸周書》中收入了春秋戰國時代的三篇小說，即〈王會〉、〈太子晉〉和〈殷祝〉。」「〈王會〉、〈太子晉〉、〈殷祝〉是屬於文學創作，和我們所認為的小說的基本概念相符。」「記述歷史事實的篇章，雖然可能包含有虛構的成分，它基本上是真實的；小說的篇章，雖然有歷史的影子，它基本上是虛構的：這就把小說和歷史事實嚴格地區別開來。」「小說都是獨立的篇章。它們即使有的是根據民間故事，但也經過了作者較大的藝術加工。它們的故事情節都在一定程度上展開了描寫；人物都有所刻畫；環境和細節都有所鋪敘；結構上能顯出作者的匠心。這些就可以把小說和寓言故事區別開來。」（〈逸周書中的三篇小說〉，載《中國古代文學論稿》）

譚家健曰：「真實的歷史和誇張的學說〔以〈克殷〉、〈王會〉、〈太子晉〉和〈殷祝〉為例，論曰：〈太子晉〉是《逸周書》中最富於文學形象性的一篇〕。」「整齊的韻文和雜采的謠諺〔以〈武寤〉、〈允文〉、〈小明武〉等論用韻，以為與出於戰國中期而用韻的《管子・弟子職》、〈正〉、〈四稱〉、〈內業〉、〈白心〉、〈心術〉出於同期。又舉〈周祝〉和通體皆格言的〈王佩〉為例。以〈周祝〉是雜采各種謠諺的集錦，值得特別注意。其謠諺又見於《莊子・山木》和《墨子・親士》、《文子・符言》；其同語反復的轆轤體，正是民間歌謠的普遍特徵。〕」「從奧澀的『文言』到平易的『白話』。〔以《逸周書》上起西周初，下止戰國末，表現出先秦書面語各個時期的不同特徵，以〈世俘〉、〈商誓〉、〈皇門〉、〈祭公〉為『文言』；〈嘗麥〉可能是春秋初人所模擬，〈芮良夫〉是過渡狀態的新文體；〈度訓〉、〈命訓〉文章近於《左傳》，〈作雒〉是東遷後史官所追記；〈官人〉、〈史記〉、〈武紀〉可為戰國中期以後文章即『白話』的代

表。〔二〕（〈逸周書與先秦文學〉，載《先秦散文藝術新探》）

對《逸周書》校注的評論

顧千里曰：「近世餘姚盧學士文弨雖集合眾家校正刊行，然間一尋覽，但覺尚多棘口嚅心，譬猶鬣叢魚鳧與康莊相錯，每至窘步，輒復掩卷。」（《逸周書補注·序》）

孫詒讓曰：「此書舊多闕誤，近代盧氏紹弓校本、朱氏亮甫《集訓》芟斸蓁薉，世推為善冊。余嘗以高續古《史略》、黃東發《日鈔》勘之，知宋時傳本實較今為善。世所傳錄惠氏定宇校本，略記宋槧異文……盧本亦據惠校，顧采之未盡；朱本于盧校之善者，復不盡從之。而所補闕文，多采丁宗洛《管箋》，則又大都馮臆增羼，絕無義據。蓋此書流傳二千餘年，不知幾更迻寫，俗陋書史率付之不校，即校矣，而求專家通學如盧、朱者，固百不一遘。今讀〈酆諜〉，今本並誤『謀』。〈商誓〉、〈作雒〉諸篇，則盧、朱兩校，亦皆不能無妄改之失，然則此書之創痏眯目，斷跀不屬，寧足異乎？昔讀此書，頗涉讎勘……至近代治此書者，如王氏懷祖《讀書雜志》、洪氏筠軒《讀書叢錄》（二書朱校亦采之），然未盡也。莊氏葆琛《尚書記》、（此書逞臆增竄，難以依據，然亦間有塙當者。）何氏願船《王會箋釋》、俞丈蔭父《群經平議》〔以上人與書名可參閱附錄二〕，其所理董亦多精塙，既學者所習見，則固不煩捃錄矣。」（《周書斠補·敘》）

劉師培曰：「《周書》七十一篇，晉有孔晁注，宋有王應麟《王會解補注》，近儒元和惠氏（士奇）作《禮說》，始援以說經，嗣嘉善謝氏（墉）刊餘姚盧氏（文弨）抱經堂校本，萃合舊刊，旁采惠（棟）、沈（彤）、趙（曦明）、段（玉裁）、二梁（玉繩、履繩）之說，雖義多闡發，然或改移喪真。盧氏而降，則高郵王氏（念孫）作《雜志》（子引之之說亦載入），臨海洪氏（頤煊）作《叢錄》，其于盧校咸足諍違補缺，王說尤精審。別有江都陳氏（逢衡）作《補注》，嘉定朱氏（右曾）作《集解訓釋》〔集訓校釋〕，棲霞郝氏（懿行）作《輯要》，陳侈虛言，朱、郝依文繹意，並鮮疹發，遠出德清俞氏（樾）《平議》下，武進莊氏（述祖）《尚書記》，說尤淩雜。光澤何氏（秋濤）《王會篇箋釋》，惟精攷地。此近儒治此書者之大略也。師培幼治此書，旁考近儒，兼得元和朱氏（駿聲）、江都田氏（普實）、德清戴氏（望）各校本參互考覈，以求其真。近讀瑞安孫氏《周書斠補》，每下一義，旁推交通，百思而莫易，〈嘗麥〉諸篇，詮釋尤晰，雖王氏《雜志》，尚或莫逮。因發笥出舊說，以與孫書互勘。……孔注而外，上采惠、盧、謝、洪、二王、二朱、陳、莊、郝、俞、田、戴之說，迄孫說而止。」（〈自序〉有曰：「近儒校釋，盧、朱差諦，王、洪、俞、戴各揭厥識，惠昭故刊，孫次《斠補》，亦其選也。若夫丁、陳屬注，莊、魏裁篇，曼詞舀字，鮮入鰓理，郝雖率戞而喪促，何復訏怺而多支，稂穈弗掇，指義焉通？」可與此互參。」（《周書補正・跋》）

楊寬曰：「朱右曾與唐大沛都是道光年間的學者，他們的校釋是在前人已有成績的基礎上進行的，又有進一步的成就。朱右曾曾吸取盧文弨、王念孫、洪頤煊以及丁宗洛的成果，唐大沛又曾吸取盧、王、洪與陳逢衡的成果。……近代學者對此書作部分校釋的，有孫詒讓《周書斠補》、劉師培《周書補正》與陳漢章《周書後案》。」（〈論逸周書〉，載《西周史》）

又曰：「值得重視的是唐大沛的見解。……他把此書開頭三篇〈度訓〉、〈命訓〉、〈常訓〉，疑為《尚書・顧命》所謂『周之大訓陳于西序』者，當然不可信。但是他指出〈商誓〉、〈度邑〉、〈皇門〉、〈嘗麥〉、〈祭公〉、〈芮良夫〉等訓誥書與〈克殷〉、〈世俘〉、〈作雒〉等紀事書都是真古書，是可信的。他還說：『〈商誓〉、〈度邑〉、〈皇門〉、〈嘗麥〉、〈祭公〉、〈芮良夫〉，與今文《尚書》二十八篇悉同軌轍。』他在每篇的解題中，又有進一步的說明。」（同上）

《逸周書》的影響

朱右曾曰：「六國以後，書始廣播，墨翟、蘇秦、蔡澤、呂不韋、韓非、蒙恬、蕭何之倫，（〈蘇秦引〈和寤〉『緜緜不絕』四句〉，韓非引〈寤儆〉『無虎傅翼』四句，餘見逸文〔《墨子・七患》、《史記・蔡澤傳》、〈蒙恬傳〉、〈蕭何傳〉、《呂氏春秋・適威》等。〕）以及伏生、大小戴、太史公，時時節取此書。意其時學者誦習，亞于六藝，故劉歆、班固列之〈六藝・書〉九家中，未嘗以孔子刪定之餘夷之〈諸子・雜家〉之例。」（《周書集訓校釋・序》）

劉師培曰：「故百家競興，老摭其英，管、墨、商、韓攟拾咸及。嗣則〈廣文〉、〈大武〉，籌臣通其讃；《六韜》、

〈今版〉，計家副其謜。抵巇飛箝，浸流傾危。蓋見仁見智，理非一軌；根柢六藝，諸子實鈞；意所取拾，不必符儒。崇尚《周書》，斯為盛矣。」（《周書補正．自序》）

參考書目

章檗校刻《汲冢周書》，商務印書館《四部叢刊》影印明嘉靖二十二年刊本
盧文弨校本《逸周書》，中華書局《四部備要》本
王念孫《讀書雜志·逸周書》，江蘇古籍書店
潘　振《周書解義》，嘉慶十年月林堂刊本
莊述祖《尚書記》，上海書店《叢書集成續編》第五冊
郝懿行《汲冢周書輯要》，載《郝懿行集》，齊魯書社
洪頤煊《讀書叢錄·周書》，《續修四庫全書》影印道光二年富文齋刊本
陳逢衡《逸周書補注》，臺灣新文豐出版公司影印道光五年修梅山館刻本
丁宗洛《逸周書管箋》，道光十年刻本
唐大沛《逸周書分編句釋》，臺灣學生書局影印道光十六年手稿本
朱右曾《周書集訓校釋》，上海古籍出版社《續修四庫全書》影印湖北崇文書局光緒三年本
朱右曾《周書集訓校釋》，商務印書館《萬有文庫》斷句本
俞樾《群經平議》第七卷《周書》，《續修四庫全書》影印本
孫詒讓《周書斠補》，《續修四庫全書》影印光緒二十六年刻本
于　鬯《香草校書》第九、十卷《周書》，中華書局
劉師培《周書補正》(附〈周書略說〉)、〈周書王會篇補釋〉中共中央黨校出版社《劉師培全集》第二冊
黃懷信等《逸周書彙校集注》，上海古籍出版社
高似孫《史略·周書》，遼寧教育出版社

王應麟《王會篇補注》，國家圖書館出版社影印元至元六年慶元路刻本
何秋濤《王會篇箋釋》，《續修四庫全書》影印光緒十七年江蘇書局刻本
王國維《觀堂集林》，河北教育出版社
顧頡剛《中國上古史研究講義》，中華書局
顧頡剛《史林雜識初編》，中華書局
顧頡剛〈逸周書世俘篇校注、寫定與評論〉，《文史》第二輯
趙光賢〈說逸周書世俘篇並擬武王伐紂日程表〉，《歷史研究》一九八六年第六期
〈逸周書略說〉，《河北師範學院學報》一九八七年第一期
〈作雒篇辨偽〉，《文獻》一九九四年第二期
〈逸周書克殷篇釋惑〉，《傳統文化與現代化》一九九四年第九期
李學勤《清華大學藏戰國竹簡（壹）》，中西書局
李學勤《李學勤文集》，上海辭書出版社
李學勤《古文獻叢論》，上海遠東出版社
李學勤〈尚書與逸周書中的月相〉，載《夏商周年代學札記》；〈稱篇與周祝〉，載《簡帛佚籍與學術史》；〈師詢簋與祭公〉，載《中國古代文明研究》
裘錫圭《古代文史研究新探》，江蘇古籍出版社
裘錫圭《古文字論集》，中華書局
陳奇猷《呂氏春秋校釋》，學林出版社
王聘珍《大戴禮記解詁》，中華書局
鄭玄注、孔穎達疏《禮記正義》，北京大學出版社《十三經注疏》
鄭玄注、賈公彥疏《周禮注疏》，北京大學出版社《十三經注疏》

孫希旦《禮記集解》，中華書局
劉文典《淮南鴻烈集解》，中華書局
陳遵嬀《中國天文學史》，上海人民出版社
蔡　邕《獨斷》，《四庫全書》（子部）本
張守節《史記正義》附錄《謚法解》，中華書局三家注本第十冊
蘇　洵《謚法四卷》，《四庫全書》（史部）本
汪受寬《謚法研究》，上海古籍出版社
彭裕商〈謚法探源〉，《中國史研究》，一九九九年第一期
胡念貽〈逸周書中的三篇小說〉，載《中國古代文學論稿》，上海古籍出版社
呂思勉《經子解題・論逸周書》，華東師範大學出版社
陳夢家《尚書通論・論尚書逸文》，中華書局
楊　寬〈論逸周書〉，《中華文史論叢》，一九八九年第一期，載入《西周史》附錄
蔣善國《尚書綜述・逸周書》，上海古籍出版社
劉起釪《尚書學史・逸周書篇目簡況》，中華書局
劉起釪《古史續辨・逸周書與周志》，中國社會科學出版社
郭預衡《中國散文史・逸周書》，上海古籍出版社
牛鴻恩、邱少華《先秦經史軍事論譯注》，軍事科學出版社
曹道衡等《先秦兩漢文學史料學・逸周書》，中華書局
譚家健《先秦散文藝術新探》（增訂本），齊魯書社
周玉秀《逸周書的語言特點及其文獻學價值》，中華書局（簡稱《文獻學價值》）
羅家湘《逸周書研究》，上海古籍出版社

劉殿爵等《逸周書逐字索引》，商務印書館（香港）
李學勤主編《十三經注疏》（標點本），北京大學出版社
蔡　沈《書經集傳》，中國書店
皮錫瑞《今文尚書考證》，中華書局
屈萬里《尚書今註今譯》，臺灣商務印書館
劉起釪《尚書校釋譯論》，中華書局
陳夢家《尚書通論》（增訂本），中華書局
蔣善國《尚書綜述》，上海古籍出版社
顧頡剛《尚書通檢》，書目文獻出版社
高　亨《詩經今注》，上海古籍出版社
董治安、王世舜《詩經詞典》，山東教育出版社
周振甫《周易譯注》，中華書局
劉殿爵等《周易逐字索引》，商務印書館（香港）
顧棟高《春秋大事表》，中華書局
童書業《春秋左傳研究》，上海人民出版社
童書業《童書業史籍考證論集》，中華書局
楊伯峻《春秋左傳注》，中華書局第二版
楊伯峻《春秋左傳詞典》，中華書局
洪業等《春秋經傳引得》，上海古籍出版社
韋昭注《國語》，上海古籍出版社
徐元誥《國語集解》，中華書局

朱　熹《四書章句集注》，中華書局
程樹德《論語集釋》，中華書局
楊伯峻《論語譯注》，中華書局
張岱年主編《孔子大辭典》，上海辭書出版社
高　明《帛書老子校注》，中華書局
聶中慶《郭店楚簡老子研究》，中華書局
李　零《郭店楚簡校讀記》，北京大學出版社
李　零《吳孫子發微》，中華書局
孫詒讓《墨子閒詁》，中華書局
錢　穆〈周官著作時代考〉，載《兩漢經學今古文平議》，商務印書館
袁　珂《山海經校注》，上海古籍出版社
馬王堆漢墓帛書整理小組《經法》，文物出版社
陳鼓應《黃帝四經今註今譯》，商務印書館
焦　循《孟子正義》，中華書局
楊伯峻《孟子譯注》，中華書局
張震澤《孫臏兵法校理》，中華書局
王先謙《荀子集解》，中華書局
北京大學《荀子》注釋組《荀子新注》，中華書局
黎翔鳳《管子校注》，中華書局
胡家聰《管子新探》，中國社會科學出版社
蔣禮鴻《商君書錐指》，中華書局

高　亨《商君書注釋》，中華書局
王先慎《韓非子集解》，中華書局
司馬遷《史記》，三家注，中華書局
韓兆琦《史記箋證》，江西人民出版社
班　固《漢書》，顏師古注，中華書局
夏商周斷代工程專家組《夏商周斷代工程一九九六—二〇〇〇年階段成果報告》，世界圖書出版公司
趙敏俐、尹小林《中國古代文學史電子史料庫》
趙敏俐、尹小林《國學寶典》
陳夢家《殷墟卜辭綜述》，中華書局
馬承源《商周青銅器銘文選》第三卷，文物出版社
方詩銘等《古本竹書紀年輯證》，上海古籍出版社
《世本》茆泮林輯叢書集成本，商務印書館
徐宗元《帝王世紀輯存》，中華書局
酈道元《水經注》，王國維校本，上海人民出版社
張亞初等《西周金文官制研究》，中華書局
馬　驌《繹史》，王利器整理本，中華書局
顧頡剛〈昆侖傳說與羌戎文化〉，載《古史辨自序》，河北教育出版社
徐旭生《中國古史的傳說時代》，廣西師範大學出版社
勞　榦《古代中國的歷史與文化》，中華書局
劉起釪《古史續辨》，中國社會科學出版社
王　暉《古文字與商周史新證》，中華書局

王玉哲《中華遠古史》，上海人民出版社
胡厚宣等《殷商史》，上海人民出版社
楊　寬《西周史》，上海人民出版社
楊　寬《戰國史》，上海人民出版社第三版
楊　寬《中國古代都城制度史》，上海人民出版社
任繼愈主編《中國哲學發展史·先秦》，人民出版社
張豈之主編《中國思想學說史·先秦卷》，廣西師範大學出版社
蒙文通《古地甄微》，巴蜀書社
錢　穆《史記地名考》，商務印書館
錢　穆《古史地理論叢》，三聯書店
童教英編《童書業歷史地理論集》，中華書局
譚其驤《長水粹編》，河北教育出版社
譚其驤主編《中國歷史地圖集》，地圖出版社（簡稱《歷史地圖集》）
譚其驤主編《中國歷史大辭典·歷史地理卷》，上海辭書出版社
段玉裁《說文解字注》，上海古籍出版社
朱駿聲《說文解字通訓定聲》，武漢市古籍書店影印臨嘯閣刻本
湯可敬《說文解字今釋》，岳麓書社
郝懿行《爾雅義疏》，中華書局聚珍版
王念孫《廣雅疏證》，江蘇古籍出版社
古文字詁林編纂委員會《古文字詁林》，上海教育出版社
李守奎《楚文字編》，華東師範大學出版社

宗福邦等《故訓匯纂》，商務印書館
高　亨《古字通假會典》，齊魯書社
管燮初《西周金文語法研究》，商務印書館
張玉金《甲骨文虛詞詞典》，中華書局
崔永東《兩周金文虛詞集釋》，中華書局
王引之《經傳釋詞》，岳麓書社
吳昌瑩《經詞衍釋》，中華書局
裴學海《古書虛字集釋》，中華書局
俞　敏《經傳釋詞札記》，湖南教育出版社
社科院語言研究所古代漢語研究室《古代漢語虛詞詞典》，商務印書館
王　力《詩經韻讀》，上海古籍出版社
王　力《楚辭韻讀》，上海古籍出版社
李珍華等《漢字古今音表》，中華書局

校後記

㈠依照三民書局統一要求，本書名喚《新譯逸周書》，而依所定體例，實則校、注、譯、考四者具備。因此筆者在諸方面都花了氣力，用力最多的自然是注釋。其中既有九篇是西周或起於西周的文獻，即楊寬先生所說：「其中保存有好多篇真實的西周歷史文件。就史料價值來看，有些篇章的重要性是超過《尚書・周書》的。」（〈論逸周書〉，《西周史》第八五七頁）這樣，書中也就包括了王國維所說「於六藝中最難讀」的作品「好多篇」，「漢魏以來諸大師未嘗不強為之說，然其說終不可通，以是知先儒亦不能解也。」（〈與友人論詩書中成語書〉，《觀堂集林》卷二）重要、花氣力，是一回事；「最難讀」，是另一回事。「漢魏以來諸大師未嘗不強為之說」，是指《尚書》而言，《逸周書》沒有這樣幸運，只有劉向所作《周書・序》，仍是「終不可通」，西晉孔晁注，堪為參考之資，然而「訛脫仍頻，讎校鮮施」。所以我們所能幸賴的，只有清代盧、王、唐、朱、孫、劉諸大家所奠定的基礎。而筆者學力不足，本書之不能完善，可不言而知。

㈡在清華簡中看到西周文獻〈皇門〉和〈祭公〉，〈程寤〉一篇是久已失傳、含有殷周之際史料的古代傳說，這三篇對注釋《逸周書》而言，真是兩千年來未曾有過的幸運和機遇。二〇一一年四月《新譯逸周書》竣稿寄三民書局，當時已經知道《清華大學藏戰國竹簡（壹）》已於上年十二月出版，但是不好意思再拖延時間參考簡書。今年校畢書稿，玩味清華簡及其注釋，深感不參考清華簡而照舊本出書，無異於不負責任。前人面對錯誤文本，多少猜測、多少翻檢，百思不得其解，故其注釋不能不有誤。而今戰國文本擺放面前，不趕緊使更多讀者讀到正確文本，看到新的注釋，豈不大大辜負前人與讀者?傳承中華文化，也應當無以小善而弗為，遂下決心做了這一工作。如今以清華簡、傳本兩相對照方式，採新舊注釋完成了新的譯注，鑽研中亦若有所得，實在是令人快意的一件事，儘管其中恐亦有「強為之說」者。在這裏，對於清華簡整理者披荊斬棘之勞動謹表深切之謝意。

㈢朱右曾曰：「晉五經博士孔晁，每篇題云『某某解第幾』，此晁所目也。」並證明漢人稱說沒有「解」字。朱說甚是，本書自始注即從其說而刪「解」。今清華簡面世，確證無「解」字。於是我有兩項建議：一，以前，人們稱說《逸周書》篇章，總說「某某解」，已成習慣，今既證彼為孔晁自稱所注《逸周書》，而吾人指稱乃戰國、秦、漢之《逸周書》，自然不必再跟從孔晁，說「某某解」；二，以前說，《逸周書》今存五十九篇，現在可以說今存六十篇了。

(四)漢自劉向、劉歆、班固稱《周書》，許慎稱《逸周書》，自此書名兩歧。直至清代，「四庫全書」、盧文弨、王念孫、陳逢衡、丁宗洛、唐大沛稱《逸周書》；而朱右曾、俞樾、孫詒讓、于鬯、劉師培則稱《周書》。竊觀近年學者著述，似已統一於《逸周書》一名，不見異說：

顧頡剛：〈逸周書世俘篇校注、寫定與評論〉，一九六三。

陳夢家：《尚書通論》第四部〈尚書補述〉「周書」、逸周書與汲冢周書，一九六三。

趙光賢：〈說逸周書世俘篇並擬武王伐紂日程表〉，一九八六。

郭預衡：《中國散文史》「與《尚書》同類的散文著作還有《逸周書》」一九八六。

蔣善國：《尚書綜述》第六編第七章〈逸周書〉，一九八八。

楊　寬：《西周史》附錄〈論逸周書〉，一九八九。

劉起釪：《古史續辨・逸周書與周志》，一九八九。

李學勤〈尚書與逸周書中的月相〉，一九九八。

稱說《周書》易與《尚書》之〈周書〉發生混誤，是學者傾向「逸周書」一邊的主要原因。看來《逸周書》稱說兩歧的局面有可能已經結束。

附帶說，這又不應成為隨意對待別人著作名稱的口實。朱右曾訓釋《逸周書》的著作是《周書集訓校釋》，朱右曾明說：「不逸而逸，無以別于逸《尚書》，故宜復《漢・志》之舊題也。」《漢・志》之舊題即：「《周書》七十一篇，周史記。」而上世紀三十年代商務印書館「萬有文庫」本不顧朱右曾申述，及每卷前後（乃至每一折頁處）充滿的「周書」之名，僅據書之篆文通改為「逸周書」，並當成正式書名，以至謬誤流傳至今。

(五)《逸周書》訛誤衍脫嚴重，校、注事繁，書稿難免疏誤，三民書局編輯部兩位先生認真負責，工作細緻，幫我糾正了不少疏誤，非常感謝他們的敬業精神。這不能不使人想到，這與主編不「主」、責編不「責」，形成鮮明對比。

筆者多年注釋古籍，仍深感校注譯考《逸周書》是一件頗為繁重的工作，加上集錄〈古今學者論逸周書〉、作前言〈逸周書寫作時、地考〉，耗時甚多，自二〇〇四年十月開始注〈度訓〉，至數日前寄〈皇門〉、〈祭公〉、〈程寤〉新注稿給書局，綿延近十個春秋。今日竣事，了卻一樁心願。期盼專家、讀者惠予批評指教，將來或有再版修正之日。

牛鴻恩

二〇一四年七月三十日